JN447303

Industry 4.0 and Management of Technology

제4차 산업혁명과 기술경영

황인극 · 서지원 · 이문수 · 최면중 · 나상균

도서출판 청람

| 머리말 |

제4차 산업혁명이 도래하면서 인공지능, 블록체인, 3D 프린팅, 사물인터넷, 사이버 물리시스템 그리고 메타버스 등은 이미 우리의 세상을 변화시키고 있는 떠오르는 기술들 중 일부가 되었다. 코로나 사태로 인해 오늘날 우리가 한 번도 경험하지 못한 환경에서 기업들은 생존을 위하여 신기술을 도입하여 새로운 돌파구를 마련하려고 많은 노력을 기울이고 있다.

특히 제4차 산업혁명에서 제시하는 다양한 기술들의 융합과 혁신을 통한 신제품개발이나 제조환경의 변화, 빅데이터 분석을 통한 고객관리, 첨단기술을 바탕으로 한 경영전략 등은 경영에서 핵심주제가 되었으며, CEO들의 전략적 계획에서 최우선 순위를 차지하고 있다. 이처럼 급변하는 영역에서 기업은 현재의 과제를 미래의 기회로 전환시키기 위해 많은 노력과 투자를 하고 있다.

이러한 문제는 단순한 경영의 문제로 풀 수 있는 내용이 아니라 현재 전개되고 있는 전반적인 기술을 이해하고 이를 경영에 적절하게 적용시켜야 해결할 수 있는 문제이다. 이를 위해 기업을 경영하는 CEO는 사고방식뿐만 아니라 비즈니스 모델도 현재 상황에 맞게 바꿔야 한다. 즉 고객의 요구를 수용하고, 고객의 요구가 변화함에 따라 즉시 혁신하고, 고객의 미래 요구를 예측하기 위해 완전히 고객중심적으로 변화되어야 하는데 디지털기술을 반영한 기술경영은 이 새로운 접근방식을 가능하게 할 것이다.

본서에서는 제4차 산업혁명 시대를 살아가는 모든 기업들이 날로 발전해 나가는 기술들을 반영하여 어떻게 새로운 기술환경에 적응하며 기업을 경영할지에 대한 방법론을 제시한다. 본서는 크게 세 개의 주제로 나누어진다. 첫 번째 주제는 기술경영과 제4차 산업혁명을 이해할 수 있는 개론으로 구성되었고, 두 번째 주제는 기술경영에 필요한 세부 항목들로 구성되었으며, 마지막 주제는 제4차 산업혁명의 기술을 이해하고 그 기술이 기술경영과 어떻게 접목되는지를 다루는 응용편으로 구성되어 있다.

본서에서 학습한 핵심요소를 근거로 제4차 산업혁명이 진행되는 현재뿐만 아니라 앞으로 진행될 제5차 산업혁명 등 앞에 놓여 있는 과제에 도전과 기회의 주역으로 경쟁력 있는 인재들로 거듭날 수 있는 계기가 되기를 바란다. 그리고 기업들은 새로운 디지털시장에서 기술경영의 지식을 활용하여 미래의 성공을 준비하고 새로운 변화를 통해 한 단계 더 도약할 수 있기를 바란다.

마지막으로 이 책이 출판할 수 있도록 충고와 격려를 아끼지 않으신 도서출판 청람 이수영 대표님과 이 책의 편집을 너무나 마음에 들게 만들어 주신 편집 담당자 이하 관계자 여러분의 노고에 깊은 감사의 말을 전한다.

2021년 12월

저자 일동

| 차례 |

Part 1 | 기술경영과 제4차 산업혁명

01 CHAPTER 기술경영 개론

1. 기술의 개념과 역사 ▪ 3
    1.1 기술의 개념 ▪ 3
    1.2 기술의 역사 ▪ 4
2. 과학과 기술 ▪ 7
    2.1 과학의 정의 ▪ 7
    2.2 과학과 기술의 차이 ▪ 8
3. 기업과 기술 ▪ 9
    3.1 기업이 보유한 기술과 시장 ▪ 10
    3.2 기업의 기술투자와 가치사슬 ▪ 12
    3.3 기술혁신의 성과로서 경제성 ▪ 13
4. 기술의 유형과 속성 ▪ 15
    4.1 제품기술, 공정기술, 경영기술 ▪ 15
    4.2 묵시적 기술과 명시적 기술 ▪ 16
    4.3 다양한 기술의 유형 분류 ▪ 17
    4.4 기술 유형의 통합적 관점 ▪ 19
5. 기술경영 ▪ 20
    5.1 기술경영의 정의 ▪ 20
    5.2 기술경영의 중요성 ▪ 24
    5.3 기술경영의 역사 ▪ 25
    5.4 기술경영분야 연구 최신 트렌드 ▪ 26

연습문제 ▪ 29

참고문헌 ▪ 31

02 CHAPTER

제4차 산업혁명과 기술경영

1. 산업혁명과 기술경영 개요 ■ 32
2. 산업혁명 개념 ■ 33
2.1 제1차 산업혁명 ■ 35
2.2 제2차 산업혁명 ■ 38
2.3 제3차 산업혁명 ■ 41
2.4 제4차 산업혁명(Industry 4.0) ■ 44
3. 인더스트리 4.0의 주요 요소 ■ 47
4. 산업혁명, 경영학과 기술경영의 관련성 ■ 53
4.1 생산관리시대 ■ 54
4.2 인사 및 조직관리시대 ■ 54
4.3 마케팅관리시대 ■ 54
4.4 기획관리시대 ■ 55
4.5 전략경영시대 I: 산업조직론적 관점 ■ 55
4.6 전략경영시대 II: 자원준거 관점 ■ 56
4.7 기술경영시대 ■ 57
5. 미래 기술경영 ■ 57
5.1 미래 기술경영의 필요성 ■ 57
5.2 미래 기술경영의 적용분야 ■ 58
5.3 미래 산업에서 기술경영의 기회 ■ 61
5.4 인더스트리 5.0 ■ 62
연습문제 ■ 64
참고문헌 ■ 66

Part 2 | 기술경영개론

03 CHAPTER

기술전략

1. 기술전략의 개요 ■ 68
1.1 기술전략의 개념 ■ 68
1.2 기술전략의 중요성 ■ 69
1.3 기술전략의 범위 ■ 70
1.4 기술전략과 사업전략 ■ 71
1.5 기술전략 수립 ■ 73
2. 기술전략 수립을 위한 주요 분석 ■ 74
2.1 기술환경분석 ■ 74

2.2 산업구조분석 ▪ 77
2.3 트렌드분석 ▪ 84
3. 기술전략 수립 ▪ 85
3.1 기술전략의 이해 ▪ 85
3.2 기술전략의 비전 및 목표설정 ▪ 86
3.3 기술로드맵 ▪ 89
3.4 기술전략 실행 ▪ 94
연습문제 ▪ 100
참고문헌 ▪ 103

04 CHAPTER

기술혁신

1. 기술혁신의 개요 ▪ 105
1.1 기술혁신의 개념 ▪ 105
1.2 기술혁신의 중요성 ▪ 106
1.3 기술혁신의 주체 ▪ 107
1.4 기술혁신의 유형 ▪ 111
1.5 기술혁신의 발전과정 ▪ 113
2. 기술혁신과정의 패러다임 ▪ 114
2.1 규칙성의 존재 ▪ 115
2.2 불확실성의 감소 ▪ 116
2.3 기술적 기회의 증가 ▪ 116
3. 기술혁신이론 ▪ 117
3.1 선형적 접근(Linear Approach Method) ▪ 117
3.2 단계적 접근(Stage Approach Method) ▪ 120
3.3 상호작용적 접근(Interaction Approach Method) ▪ 124
3.4 시스템적 접근(System Approach Method) ▪ 126
4. 기술혁신지원제도 ▪ 131
4.1 주요 국가들의 기술혁신정책에 있어서의 공통점 ▪ 131
4.2 중소기업의 기술혁신지원제도 ▪ 131
5. 기술혁신 사례 ▪ 134
5.1 블록체인기술을 이용한 금융서비스 ▪ 134
연습문제 ▪ 137
참고문헌 ▪ 140

05 CHAPTER

기술마케팅

1. 기술마케팅의 개요 ■ 142
1.1 기술마케팅의 정의 ■ 142
1.2 기술마케팅의 중요성 ■ 143
1.3 기술마케팅, 기술사업화와의 연관성 ■ 144
2. 기술마케팅의 성격과 특징 ■ 145
2.1 기술마케팅의 성격 ■ 145
2.2 기술마케팅의 특징 ■ 146
2.3 기술마케팅과 전통적 마케팅의 차이점 ■ 147
3. 기술마케팅전략의 수립 ■ 148
3.1 기술마케팅전략 수립 기본과정 ■ 148
3.2 기술마케팅전략의 개념 설정 ■ 149
3.3 거시적 시장분석에 의한 유망시장 분야 설정 ■ 151
3.4 핵심전략기술의 설정 ■ 152
3.5 유망시장영역의 설정 ■ 152
3.6 시장특성분석 ■ 153
3.7 신제품 개념 기획 ■ 156
3.8 기술개발과제 리스트 작성과 중점화 ■ 157
3.9 기술마케팅전략 수립 ■ 158
4. 기술마케팅(기술판매) ■ 159
4.1 판매기술의 선정 ■ 159
4.2 기술가치의 평가 ■ 160
4.3 기술가격의 결정 ■ 160
4.4 기술유통 채널 ■ 161
5. 기술마케팅(기술도입) ■ 163
5.1 기술도입절차 ■ 163
5.2 기술도입을 위한 협상전략 ■ 164
5.3 기술 라이선스계약 ■ 164
5.4 기술제공에 관한 사항 ■ 165
6. 기술마케팅 사례 ■ 165
6.1 나로호 ■ 166
연습문제 ■ 168
참고문헌 ■ 171

06 CHAPTER 신상품개발 프로세스관리

1. 신상품개발 프로세스 ▪ 172
1.1 신제품의 정의 ▪ 172
1.2 신제품개발 프로세스의 정의 ▪ 174
2. 신상품개발의 성공요인 ▪ 185
2.1 프로젝트 수준에서의 핵심성공요인 ▪ 186
2.2 사람과 환경 측면에서의 핵심성공요인 ▪ 188
2.3 전략적 측면에서의 핵심성공요인 ▪ 190
연습문제 ▪ 193
참고문헌 ▪ 195

07 CHAPTER 재무관리(자금조달과 예산관리)

1. 자금조달과 예산관리의 기본개요 ▪ 196
1.1 의의 ▪ 196
1.2 자본시장과 장단기자금의 이해 ▪ 197
2. 자금의 조달 ▪ 198
2.1 의의 ▪ 198
2.2 영업활동을 통한 자금조달 ▪ 199
2.3 투자유치를 통한 자금조달 ▪ 199
3. 예산관리 ▪ 206
3.1 의의 ▪ 206
3.2 자본예산과 투자 ▪ 207
3.3 경제성평가 ▪ 208
3.4 예산수립과 예산관리 ▪ 221
연습문제 ▪ 223
참고문헌 ▪ 225

08 CHAPTER

재무회계 (재무제표와 재무분석)

1. 재무회계의 개념 ▪ 226
1.1 재무회계의 의의 ▪ 226
1.2 회계 기본용어의 이해 ▪ 232
1.3 재무회계의 기본가정과 일반원칙 ▪ 234
1.4 회계와 재무보고 ▪ 237
1.5 회계정보의 질적 특성 ▪ 238
2. 재무제표와 현금흐름 ▪ 240
2.1 재무제표의 의의 ▪ 240
2.2 재무상태표 ▪ 241
2.3 손익계산서 ▪ 248
2.4 현금흐름표 ▪ 253
2.5 자본변동표 ▪ 257
2.6 주석 ▪ 258
3. 재무제표의 해석 ▪ 259
3.1 성장성과 안정성 ▪ 259
3.2 수익성과 생산성, 활동성 ▪ 262
연습문제 ▪ 265
참고문헌 ▪ 267

09 CHAPTER

기술사업화

1. 기술사업화의 개요 ▪ 268
1.1 기술사업화의 정의 ▪ 268
1.2 기술사업화의 전제조건 ▪ 269
2. 기술사업화의 프로세스 ▪ 271
2.1 기술사업화이론 ▪ 271
2.2 기술사업화의 유형 ▪ 274
3. 지식재산권 및 활용 ▪ 276
3.1 지식재산권 ▪ 276
3.2 국제특허 ▪ 282
3.3 지식재산권의 활용 ▪ 283
4. 기술창업 ▪ 283
4.1 기술창업의 개요 ▪ 283
4.2 기술창업의 성공요인 ▪ 287
4.3 죽음의 계곡과 다윈의 바다 ▪ 288

4.4 기술창업의 성공사례(쿠팡, 쏘카) ▪ 288
연습문제 ▪ 291
참고문헌 ▪ 294

10 CHAPTER

프로젝트관리

1. 프로젝트관리의 기본개념 ▪ 295
1.1 프로젝트관리의 의의 ▪ 295
1.2 프로젝트의 정의와 특성 ▪ 296
1.3 프로젝트관리의 정의와 제약조건 ▪ 301
1.4 프로젝트관리표준 및 기본지식체계 ▪ 308
2. 프로젝트의 진행단계와 이해관계자 ▪ 315
2.1 프로젝트 생애주기관리 ▪ 315
2.2 프로젝트 이해관계자 ▪ 318
3. 프로젝트 일정관리 ▪ 319
3.1 일정관리의 개요 ▪ 320
3.2 프로젝트 일정관리 프로세스 ▪ 322
3.3 일정관리 도구 ▪ 333
연습문제 ▪ 342
참고문헌 ▪ 344

Part 3 | 제4차 산업혁명의 핵심요소기술과 기술경영

11 CHAPTER

제4차 산업혁명의 주요 요소기술과 기술경영

1. 인더스트리 4.0 개요 ▪ 346
2. 인더스트리 4.0 주요 요소기술 ▪ 347
2.1 빅데이터 ▪ 347
3. 로봇 ▪ 353
3.1 로봇의 개요 ▪ 353
3.2 로봇의 정의 ▪ 354
3.3 로봇의 장점과 문제점 ▪ 355
3.4 로봇의 분류 ▪ 356
3.5 지능형 로봇 활용의 응용 ▪ 357

3.6 로봇의 미래 비즈니스 모델 ▪ 358
4. 사이버 보안 ▪ 358
4.1 사이버 보안의 개요 ▪ 358
4.2 사이버 위협 공격의 종류 ▪ 359
4.3 사이버 보안의 정의 ▪ 361
4.4 정보 및 사이버 보안의 특징 ▪ 362
4.5 사이버 보안의 종류 ▪ 364
4.6 사이버 보안의 예 ▪ 366
5. 클라우드 컴퓨팅 ▪ 367
5.1 클라우드 컴퓨팅 개요 ▪ 367
5.2 클라우드 컴퓨팅 정의 ▪ 367
5.3 클라우드 특징 ▪ 368
5.4 클라우드 모델 ▪ 370
5.5 클라우드 서비스 ▪ 371
5.6 클라우드 컴퓨팅 응용 ▪ 374
6. 적층제조 ▪ 375
6.1 적층제조의 개요 ▪ 375
6.2 적층제조의 정의 ▪ 376
6.3 적층제조의 기본 프로세스 ▪ 377
6.4 적층제조의 응용 ▪ 379
7. 증강현실과 가상현실(AR/VR) ▪ 380
7.1 AR/VR 개요 ▪ 380
7.2 AR/VR 정의 ▪ 380
7.3 AR/VR기술 ▪ 381
7.4 AR/VR 특징 ▪ 382
7.5 AR/VR 응용 ▪ 385
8. 요소기술의 통합: 시뮬레이션 ▪ 387
8.1 사이버 물리시스템(CPS) 및 디지털 트윈 ▪ 387
8.2 증강현실・가상현실(AR/VR) ▪ 388
8.3 클라우드, 빅데이터분석 및 시뮬레이션 입력 ▪ 389
8.4 사물인터넷(IoT) 및 연결설계 ▪ 389
8.5 적층제조 및 제품설계 ▪ 390
연습문제 ▪ 392
참고문헌 ▪ 394

12 CHAPTER

사물인터넷과 비즈니스 모델

1. IoT ▪ 396
1.1 IoT 개요 ▪ 396
1.2 IoT 정의 ▪ 397
1.3 IoT 기본 3요소 ▪ 400
1.4 IoT 기본특성 ▪ 404
1.5 IoT기술의 핵심기술 ▪ 405
1.6 IoT 계층구조 ▪ 407
1.7 IoT 관련 주요국 정책 동향 ▪ 410
1.8 IoT의 응용분야 ▪ 411
2. 산업용 IoT(IIoT) ▪ 415
2.1 산업용 IoT(IIoT)의 개요 ▪ 415
2.2 IIoT의 정의 ▪ 416
2.3 IoT와 IIot의 차이점은? ▪ 417
2.4 첨단 산업부문의 IIoT기술 활용 ▪ 417
2.5 IIoT 솔루션의 도입효과 ▪ 419
2.6 문제 및 과제 ▪ 421
2.7 IoT와 IIoT의 비즈니스 모델 ▪ 424
연습문제 ▪ 437
참고문헌 ▪ 439

13 CHAPTER

디지털 트윈과 기술경영

1. 디지털 트윈의 개요 ▪ 442
2. 디지털 트윈의 역사 ▪ 443
3. 디지털 트윈의 개념 ▪ 445
3.1 디지털 트윈의 이론적 정의 ▪ 445
3.2 디지털 트윈의 특성 ▪ 447
4. 디지털 트윈의 가치 ▪ 448
4.1 가시성 향상 ▪ 448
4.2 시장 출시기간 단축 ▪ 448
4.3 최적의 작동 유지 ▪ 449
4.4 에너지 소비 절감 ▪ 449
4.5 유지보수비용 절감 ▪ 449
4.6 사용자 참여 증가 ▪ 449
4.7 정보기술 융합 ▪ 450

5. 디지털 트윈 및 관련 개념 ▪ 450
5.1 디지털 트윈 및 물리적·가상공간 ▪ 450
5.2 디지털 트윈 및 가상 프로토타입 ▪ 451
5.3 디지털 트윈 및 제품수명주기 ▪ 452
5.4 디지털 트윈 및 디지털 자산·기업·산업 ▪ 453
5.5 디지털 트윈 및 디지털 스레드 ▪ 454
5.6 디지털 트윈 및 디지털 섀도우(그림자) ▪ 456
6. 산업영역에서 디지털 트윈 ▪ 458
6.1 항공우주분야의 디지털 트윈 ▪ 458
6.2 발전용 디지털 트윈 ▪ 460
6.3 자동차의 디지털 트윈 ▪ 461
6.4 석유와 가스의 디지털 트윈 ▪ 462
6.5 헬스케어 및 의료분야의 디지털 트윈 ▪ 463
6.6 해상운송의 디지털 트윈 ▪ 465
6.7 도시관리의 디지털 트윈 ▪ 466
6.8 농업분야의 디지털 트윈 ▪ 468
6.9 건설에서의 디지털 트윈 ▪ 469
6.10 환경보호의 디지털 트윈 ▪ 470
6.11 보안 및 비상시의 디지털 트윈 ▪ 471
7. 디지털 트윈의 미래 시장 ▪ 473
8. 디지털 트윈 애플리케이션의 당면 과제 ▪ 474
8.1 인지 및 기술수준 ▪ 474
8.2 기술 및 인프라 ▪ 475
8.3 지원도구 ▪ 475
8.4 표준 및 규격 ▪ 475
8.5 비용 제어 및 관리 ▪ 476
8.6 사이버 보안 및 지식재산권 ▪ 476
8.7 디지털 트윈 개발 미흡 ▪ 476
연습문제 ▪ 447
참고문헌 ▪ 479

* 찾아보기 ▪ 481

기술경영과 제4차 산업혁명

Chapter 1 기술경영 개론
Chapter 2 제4차 산업혁명과 기술경영

CHAPTER 01

기술경영 개론

오늘날 경영환경은 코로나로 대변되는 혼돈의 시대라고 할 수 있다. 위기 때에 기회가 오는 것처럼 현재의 복잡한 환경을 극복함으로써 한 차원 높은 경영체질을 구축할 수 있고 또 다른 의미의 기회가 될 수도 있다. 최근 어려운 경영환경을 극복하기 위해 기업 혁신을 달성하고자 하는 다양한 노력이 시도되고 있다. 특히 인더스트리 4.0(Industry 4.0) 시대가 열리면서 글로벌 기업들은 CPS(Cyber-Physical System), 적층제조, 5G, IoT(Internet of Things) 등의 기술의 중요성을 인식하여 기술개발투자를 꾸준히 확대하는 노력과 동시에 기술경영혁신(Technology Management Innovation)을 통한 R&D 생산성 제고 및 연구성과 극대화를 추구하고 있다.

미래는 오는 것이 아니라 만들어가는 것이라는 말처럼 다가오는 미래를 예측하고 준비하는 것을 넘어서 미래에 어떤 모습으로 만들어 나아갈 것인지를 보다 구체적이면서 적극적으로 준비하는 자세가 필요하다. 지난 수년간 경제불황과 코로나로 인해 위축된 환경을 극복하기 위해 기업들도 혁신을 통한 불황 극복의 핵심전략으로서 MOT(Management of Technology)에 대한 연구는 물론 도입 및 적용에 커다란 관심을 보이고 있다. MOT는 기술 및 연구개발부문에 경영의 효율성을 접목하여 최적의 기술개발성과를 도출하고 이를 통해 기업의 이익을 극대화하는 데 목적이 있다. 그러나 최근에는 MOT의 범위가 단순히 기술 및 연구개발부문에 그치지 않고 공급사슬, 생산, 유통, 정보, 창업, 특허 및 인력양성 등 기업활동의 거의 모든 영역에 영향을 미치고 있다고 해도 과언이 아닐 정도로 그 영역이 확대되고 있다.

1 기술의 개념과 역사

일반적인 사람들이 생각하는 기술(technology)이라는 단어는 개념적으로 설명하기 어렵고 아주 복잡한 어떤 것, 즉 IoT, 5G, 로봇, 적층제조 등의 첨단기술을 한정하여 생각하는 경향이 있다. 이러한 기술들은 전문가나 기술자 혹은 과학자만이 발견하고 발명하여 활용하는 대상으로 간주하기도 한다. 또한 어떤 사람들은 기술이라는 단어를 생각할 때 우리가 알지 못하는 새로운 것에 대한 경이로움의 대상으로, 또 다른 사람들은 반대로 고상하지 않은 일종의 천박한 사람들의 작업결과라고 말하기도 한다.

이번 장에서는 이와 같이 아주 복잡하고 다양한 기술의 원리를 배우기보다는, 이러한 기술들을 경영과 어떻게 접목하여 상용화시킬 수 있느냐에 대한, 기업에서 경영혁신을 위한 원천으로서의 기술(Technology for the source of the management innovation)을 다룬다. 이하에서는 어떤 의미에서 시작도 끝도 분명하지 않은 기술이라는 속성들을 하나하나 접근해 가면서, 기술이 과연 무엇인지 그 개념을 파악해 나가기로 한다.

1.1 기술의 개념

기술은 어떻게 정의되고 어디에서 출발하여 무엇을 다루고 있는가를 생각해 보자. 기술(technology)은 그리스어인 '테크네(techne)'에서 유래되었다. 당시 테크네의 개념은 무엇인가를 만들어내는 인간의 능력이라고 생각하여 포이에시스(poiesis, 제작, 생산)라고 하였으며, 지금의 기술, 의술, 예술 등 장인이 가진 창작활동을 실천하는 것으로 해석할 수 있다. 다시 말하면 기술에는 인간의 감각으로 느낄 수 있는 물리적 실체, 이러한 인공적 물체(artifact)를 만들고 활용하는 행위와 능력뿐만 아니라 학술, 예술, 의술 등의 범위까지 확대되는 개념으로 필요한 특정의 목적 지향적 논리(logic)와 지식(knowledge) 그리고 이와 관련된 활동들(activity)이 포함되어 있다고 볼 수 있다.

사전적 의미로는 국립국어원의 표준국어대사전에서는 '과학이론을 실제로 적용하여 자연의 사물을 인간생활에 유용하도록 가공하는 수단' 또는 '사물을 잘 다룰 수 있는 방법이나 능력'으로 정의하고 있다. 또한 '과학을 실지로 응용하여 자연의 사물을 개변·가공하고 인간생활에 이용하는 재주'로 정의하기도 한다. 기술을 인류의 역사와 관련시켜 보면, 기술이란 '지구상에 인간이 출현한 이후 생존과 후손의 번식을 위한 노력에 더하여 물리적, 정신적으로 추구하는 결과를 맺기 위해 인간의 사상을 구체적으로 표현시킨 온갖 과정'이라 말할 수 있다. 따라서 기술은 인간의 삶에 매우 가까이 존재하며, 또한 인간의 다양한 능력을 보완하는 데서 출발하고 있다는 관점에서 기술의 역사에 대해 살펴보기로 한다.

1.2 기술의 역사

인류의 역사는 인간이 사용한 도구와 적용기술에 따라 석기시대와 청동기시대 그리고 철기시대로 분류한다. 이렇게 시대를 구분하는 것은 인류 역사는 곧 기술의 역사와 그 맥을 같이하고 있으며, 기술의 발달과정이 곧 인류의 사회발달상으로 나타나는 데서 찾을 수 있다. 인류 역사를 시간적인 비율로 볼 때 기술이 최첨단으로 발전하게 된 시기는 전체 기간 중 극히 작은 부분에 불과하지만, 전체 기간을 모두 포함하고도 남을 현재의 발달된 과학기술은 인류 역사의 연혁과 그 궤를 같이 한다는 점에서 인류 역사와 기술의 발달을 확인하는 작업은 그 의미가 매우 크다고 할 수 있다.

원시시대의 기술이라고 하면 자연물을 이용하여 자신을 보호하기 위한 생존본능에서 비롯된 것이므로 효율적이거나 체계적이거나 상당한 수준을 보유하지 못한 것으로 추정할 수 있다. 점차 인간들이 모여 살게 되면서 경제활동의 전개에 따른 기술의 발전이 이루어졌고, 기술의 원리를 응용하여 적용한 결과물로서의 도구가 만들어지게 되었다. 석기시대는 구석기시대, 중석기시대, 신석기시대로 구분하여, 구석기시대를 대략 150만년 전부터 1만년 전까지, 중석기시대는 1만년부터 7천년 전까지, 신석기시대는 약 7천년부터 6천년 전까지로 본다. 석기시대의 기술이라고 해야 고작 돌이나 나무, 흙 등과 같은 자연물을 날카롭거나 가늘고 뾰족하게 가공하여 사용하는 정도였다.

청동기시대는 석기시대와 확연히 구분되는 기술사적 의미를 갖는다. 청동은 글자 그대로 구리를 의미하며, 농경활동은 경작에 필요한 보다 정교하고 오래 쓸 수 있는 도구를 요구했으므로 구리는 땅속이나 바위 등에서 얻을 수 있는 좋은 도구용 재료였던 것이다. 구리광석은 흔하지 않았으나 제련이 쉽고 가공이 쉬웠으므로 구리는 부의 상징으로 활용되었다. 특히 이 시대에 개발된 문자는 역사와 종교, 기술의 기록은 물론 의사전달에 따른 다양한 직업을 탄생시켜 지배계급과 피지배계급의 사회적 분화의 결과를 낳게 된다. 청동기시대의 발달 기술은 금속가공기술, 관개기술, 바퀴 달린 차, 고속

회전 녹로, 쟁기, 아치 건축물, 지레의 원리를 이용한 양수기, 비단 직조, 말이 끄는 전차 등으로 나타난다.

구리보다 강하고 얻기 쉬운 철의 제련기술 발달은 도구 등의 사용에 거의 제한이 없는 철기시대를 열어주면서 보다 강력하고 효율적이며 실용적인 도구나 장치, 부품들을 만들고 다룰 수 있게 해주었다. 이때부터 인류는 오늘날의 세분화된 정치 · 경제 · 사회 · 문화의 기초를 이루는 다양한 방면에 철의 사용을 혁명적으로 사용하기 시작했다. 철기시대의 개막은 과학기술의 서막을 알리는 역사적 의미를 갖게 되는 것이다.

르네상스시대와 근대사회를 구분 지을 수 있는 기준은 과학과 기술의 분리라고 할 수 있다. 다시 말하면, 르네상스시대의 레오나르도 다빈치는 과학과 철학, 기술과 사상, 예술의 많은 분야에 전문성을 보였지만 그의 작품들은 시대적 배경이나 역량을 고려할 때 실현 불가능한 것이었을 뿐만 아니라 과학적 이론이 뒷받침되지 않았기 때문에 천부성은 인정되지만 완전한 과학자라고 말하지는 않는다. 따라서 르네상스와 구별되는 근대기술은 분야별 기술의 전문성이 확보되고 과학과 기술이 분리되는 특징을 갖는다. 또한 이 시기에는 자연과학의 수학적 원리가 자연에 대한 지식을 획득하고 전달하는 원리에 대한 문제를 다룸에 있어 종교와의 대립은 불가피했다.

산업혁명(Industrial Revolution)은 영국에서 일정 기간 꽃피웠던 산업주의 부흥시대를 말한다. 산업혁명의 견인차는 역시 증기기관을 꼽을 수 있다. 이미 산업혁명은 면직공업과 철강공업이 선도하고 있었으나 증기기관은 동력을 수력에서 화력으로 전환시킨 역사적 · 기술사적 의미를 갖는다. 이는 과학적 지식이 기술에 응용된 전형적인 사례로 과학과 기술의 결합을 가시적으로 보여주는 증거가 된다. 증기기관은 면직공업에서 동력원으로 사용되었을 뿐만 아니라 철강공업, 증기기관차나 증기선과 같은 운송수단의 발전을 도모하여 산업혁명의 최종적이고 가장 결정적인 단계가 되었다. 공업화의 기원을 18세기 산업혁명으로부터 생각하지만 산업혁명은 이미 중세부터 근세로 그리고 지금도 진행되고 있는 점진적이고도 연속적이며 때로는 혁신적인 과학기술 발전과정이라 할 수 있다.

과학기술의 역사는 전쟁의 역사라 할 만큼 공업화는 전쟁을, 전쟁은 다시 첨단의 과학기술을 요구하며 인간의 끝없고도 허망한 욕심을 메꾸어 나가게 된다. 산업혁명 이후의 공업화도 역시 새로운 기술들이 군사적 목적으로 전용되면서 두 차례의 세계대전에서 군용기술의 급속한 발전을 가져왔고, 이에 따라 전후에 군사기술이 민생기술을

그림 1-1 | 기술의 역사와 미래 기술트렌드

년도	내용
1769	James Watt는 증기엔진을 위한 향상된 콘덴서를 개발
1821	Michael Faraday는 최초의 전기 모터를 시연
1838	Charles Wheatstone은 최초의 전신을 제작
1859	Etienne Lenoir는 최초의 내연기관 개발
1876	Alexander Graham Bell은 전화에 특허를 신청
1879	Thomas Edison은 탄소 필라멘트 전구를 개발
1884	Hiram Maxim은 최초의 자동발사 기관총을 발명
1899	Guglielmo Marconi는 최초의 대서양 횡단 무선 송신
1903	Orville와 Wilbur Wright 형제는 처음으로 모터 비행을 시도
1923	Vladimir Zworykin은 완전한 전자 텔레비전 전송 튜브로 특허
1947	Bardeen, Brattain, Shockley는 새로운 유형의 트랜지스터를 발명
1957	소련은 지구 궤도에 쏘아 올려진 최초의 우주선인 스푸트니크 1호를 발사
1969	Edward Hoff와 Federico Faggin은 최초의 전자 칩인 마이크로프로세서를 개발
1973	François Gernelle은 최초의 마이크로 컴퓨터인 the Micral N을 개발
1977	Steve Wozniak이 디자인한 애플 II는 Steve Jobs의 차고에서 개발되어 대규모로 제조되고 애플 컴퓨터가 마케팅
1982	Bill Gates와 Paul Allen이 만든 Microsoft는 IBM PC용으로 개발된 MS/DOS(Microsoft Disk Operating System)와 호환 PC용으로 개발
1994	Jeff Bezos는 세계 최대의 온라인 판매회사가 되는 아마존 웹사이트를 설립하여 1997년 주식거래소에 상장
1998	스탠퍼드대학의 두 학생인 Larry Page와 Sergey Brin이 검색 엔진인 구글 시작
2005	Mark Zuckerberg는 하버드대학의 동료 학생들을 대상으로 페이스북을 테스트한 후 페이스북을 설립

2021	2022	2023	2024	2025	2026	2027
• 5G 상용화 • 로봇 약사	• 트릴리온 센서 • 인터넷 의류 • 3D 프린팅 카	• 삽입형 스마트폰 • 빅데이터 센서스 • 인터넷안경 • 손안에 슈퍼 컴퓨터	• 유비쿼터스 컴퓨팅 • 3D 인공장기 • 커넥티드 홈	• 3D 프린팅 일반화 • 인공지능 회계감사 • 자가용 대신 카셰어링	• 자율주행차 개막 • 회사 간부 인공지능 • 스마트시티 보편화	• 블록체인 일반화

주도하여 기술을 이전, 파급하는 새로운 흐름이 조성되기 시작했다. 21세기 들어 전자와 정보통신기술, 운송수단의 급속한 발전은 민과 군의 기술적 벽을 허물기에 충분할 만큼 기술의 공유를 가져오게 된다. 오늘날의 과학기술은 지식재산권(Intellectual Property Rights)을 통한 국가산업보호와 무역보호가 국제적으로 이루어지고 있으며, 과학기술의 발달에 따른 환경문제, 에너지, 안전기술 등의 공공재적 기술들이 범국가적 협조를 이끌어내고 있다.

현대의 과학기술은 대자본의 힘에 의한 대량생산과 대량소비의 특징을 갖는다. 무엇보다도 20세기 들어서는 물리이론에 근거한 전기 · 전자분야가 비약적으로 발전하고 반도체의 개발과 이를 이용하고 응용한 컴퓨터기술과 정보매체, 운송수단이 비약적으로 발달하면서 생명공학과 정보통신공학, 이들을 활용하는 기술들이 발전하게 된다. 새로운 과학기술이 생겨나기보다는 기존의 기술을 개량하거나 조합하거나 융합하여 새롭게 보이는, 그리하여 분야의 구분 없이 활용되는 첨단의 기술들이 탄생하게 되는 것이다. 특히 1969년 세계 최초의 인터넷 아르파넷(ARPANET)이 탄생한 이래로 원시적 형태의 이 네트워크가 면모를 드러낸 뒤 불과 50년 만에 인류는 과거 상상도 못한 기술발전 속도와 마주하게 되었고, SF작가 아서 클라크는 "기술이 고도로 발전하면 마술과 구분하기 힘들다"고 했다. 클라우스 슈밥 세계경제포럼(WEF) 이사장은 "우리는 삶의 방식이 완전히 바뀔 기술혁명의 목전에 와 있다"고 말했다. 기술변화에 큰 영향을 미쳤던 과거 기술역사의 흐름과 초연결, 초지능, 초실감으로 상징되는 새로운 시대의 첨단기술과 관련 트렌드로 [그림 1-1]과 같은 것을 들 수 있다.

2 과학과 기술

2.1 과학의 정의

과학은 영어의 'science'와 독일어 'wissenshaft'의 번역어로 모두 라틴어 'scientica(안다)'에서 유래한다. 과학의 사전적 의미는 자연세계에서의 보편적 진리(혹은 법칙)의 발견을 목적으로 하는 체계적 지식, 즉 '자연 및 사회에서의 사물과 과정의 구조, 성질 등을 조사하여 객관적 법칙을 탐구하는 인간의 이론적 인식활동과 그 소산인 체계적 · 이론적 지식, 즉 개념 · 가설 · 법칙명제 · 이론의 총체'를 의미한다. 과학을 한마디로 정의할 수는 없으나 '인간이 겪는 경험을 논리적인 체계로 통합하여 조화로운 질서로 나타나는 자연의 미를 추구하며, 인간의 경험을 확장하고 그것을 질서로 환원하는 것'으로 '지식(knowledge)'을 뜻하기도 한다.

따라서 과학은 '자연이 갖는 법칙(rule)을 아는 인간활동'으로 정의할 수 있으며, 자연이 갖는 원리를 얻어 지식으로 체계화한 학문이라 할 수 있다. 과학을 학문영역에 따라서 취급할 대상별로 나누면 크게 형식과학과 경험과학으로 구분할 수 있으며, 경험과학은 다시 자연과학, 사회과학, 인문과학으로 분류한다.

2.2 과학과 기술의 차이

오늘날의 과학과 기술은 분리할 수 없을 정도의 밀접한 관련이 있기에 과학만 이야기하거나 기술만 이야기하지 않고 과학기술 혹은 기술과학이라는 용어가 사용되고 있다. 〈표 1-1〉에서 설명하는 것처럼 과학은 자연세계에서의 보편적 진리의 발견을 목적으로 하는 체계적 지식을 추구하고 있는 반면, 기술은 자연현상에 대한 논리적이고 체계적인 이해를 기반으로 한 문제해결을 중요하게 생각하고 있고, 그 활동영역도 다르기 때문에 과학과 기술은 분리해서 취급해야 한다.

다만 현대에 들어 과학과 기술의 독특한 영역이 상호 필요에 의해 융합되는 것일 뿐 과학과 기술 사이의 본질적인 관계 때문에 그런 것은 아니다. 과학을 다루는 주체로서의 과학자들은 자연원리를 체계적이고도 합리적으로 정리해 나가며, 정리된 설

표 1-1 과학과 기술의 비교

구분	과학	기술
가치	보편적용 가능한 이론 정립, 자연 합리적 이해, 근본원리 추구	원리보다는 문제해결, 효용과 디자인
대상	자연(발견)	인공(발명)
동기	지적 호기심	실질적 유용성
과정	가설연역적 검증	가설 응용 실현
목적	유연성보다는 이해가 우선	실질생활에서의 유용성 우선

명들은 과학적 뒷받침, 즉 합리적이면서 정확하고 체계를 갖춘 일관성을 지닌 근거를 만들어낸다. 과학자의 사명은 범국민적이며 범세계적이다. 이에 비해 기술자는 주어진 문제의 해결에 초점을 맞추어 활동하며, 그 문제를 해결하는 기술 발전의 평가에서 일관성이나 합리성, 심지어 윤리적인 면이나 도덕성 등의 척도는 큰 문제가 되지 않는다.

최근 기술이 급속도로 발전하면서 기술이 과학을 도구로 사용하고 동시에 기술 자체를 과학처럼 체계적으로 정리하면서 기술과 과학의 차이가 점점 없어지는 추세이다. 19세기 이후 18세기 들어 산업혁명 이후 대규모 소비에 따른 기술의 양적 팽창은 체계화 혹은 과학화를 요구하게 되었다. 따라서 기술자는 새로운 기술의 개발에 과학적 기법을 적용해야 할 필요성을 느끼게 되었고, 이는 기술에 대한 체계적이고 합리적인 수집, 실험적 정리, 자료의 분석, 분석결과의 기술에의 적용 등을 과학으로부터 받아들이게 되었다. 그 결과 19세기 중반부터 과학 지식이 기술에 직접 적용 및 응용되기 시작하면서 과학은 기술과 강력한 결합을 이루게 되었다. 따라서 과학과 기술의 융합은 필연적인 것이었으며, 이런 면에서 디지털시대의 과학과 기술은 분리하여 생각할 수 없으며, 과학과 기술의 융합을 의미하는 과학기술이라는 단어는 생활 속에 자연스럽게 사용하는 것에서도 확인할 수 있다.

3 기업과 기술

기업에서 기술은 어떤 역할을 하며, 어떤 특성을 갖고 있는지를 알아보자. 다음 [그림 1-3]에서와 같이 기업이 가지고 있는 핵심기술은 시장과 밀접한 관계를 가지고 있으며, 기술의 시장화 없이 기업이 성공할 수 없다. 또한 기업의 기술투자 대상이 기업의 가치사슬 전체가 되고, 기술혁신의 성과로서 경제성이 중시된다는 점에서 기술이 기업에 얼마나 중요한 역할을 하는지 충분히 이해할 수 있다.

3.1 기업이 보유한 기술과 시장

기업에서 기술을 파악하는 전통적인 관점은 [그림 1-2]에서와 같이 투입을 산출로 변환하는 과정을 기술의 역할로 보며, 기술을 통해서 기업이 고객에게 제공하기 위한 최종산출인 제품이나 서비스 상품이 생산되고 전달된다는 것을 의미한다.

그림 1-2 | 기업에서의 기술

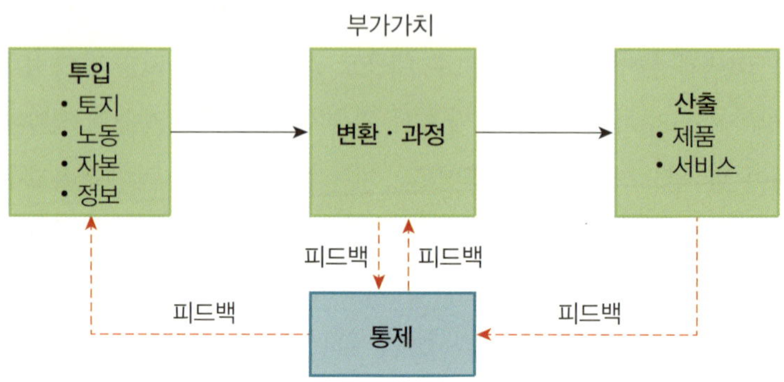

따라서 기술은 기업의 산출(product)과 변환과정(transformation process)에 유·무형적으로 관여하게 된다. 좋은 제품이나 서비스 상품을 산출로서 생산하고 전달하기 위해서는 변환과정에 우수한 기술이 적절한 역할을 해야 한다. 그러나 확장된 개념에서는 기업에서 경영자원으로 활용되는 투입요소, 즉 인력, 설비, 자재, 자금, 에너지, 정보 등에서도 어느 자원의 투입이 적절한 것인지 판단하게 되는 기준이나 프로세스와 산출에 어느 정도 영향을 미치는지를 이해하는 것도 기술의 역할로 인식되고 있다. 또한 기술의 관점에서 외부환경요소와의 영향을 예측하고 분석하여 선정 및 의사결정까지를 포함하는 경영 전반에 내재되는 개념으로 확장되고 있다. 기업 관점에서의 기술의 정의는 〈표 1-2〉와 같다.

기술을 시장화하기 위해서는 기술의 관문과 시장의 관문을 모두 넘어야 할 필요가 있다. 발명이나 특허, 실용실안에 의해 신기술의 싹이 생겨도 아직 기술의 관문은 남아 있다. 성능이나 파급효과, 표준화, 신뢰성 등의 기술과제가 해결되지 않는 한 기술의 관문을 넘을 수 없다. 따라서 연구개발과 기술개발이라고 하는 기술투자가 필요하다. 기술투자의 산을 넘어선다고 하더라도 기술의 관문을 넘은 것뿐이지 아직 시장의 관문을 넘은 것은 아니다.

▌표 1-2 ▌기업 관점에서의 기술의 정의

구분	예시
과업수행, 용역제공 혹은 제품생산을 가능하게 하는 지식이나 정보	홀과 존슨 (Hall & Johnson 1970)
넓은 의미의 노하우(know-how)로서 기업의 관점에서 보면 제품 또는 서비스의 생산 및 판매에 요구되는 정보로 제품기술, 공정기술, 경영기술로 구성	카폰과 글레이저 (Capon & Glazer, 1987)
유용한 목적을 위한 지식의 응용이라고 정의하였으며, 기존의 기술에 새로운 기술적 요소 또는 과학적 지식을 추가함으로써 새로운 기술이 창출	보어(Boer, 1999)
경제적, 사회적 수요가 있는 제품이나 서비스를 생산하고, 유통시키고, 유지할 목적으로 생산요소를 이용하고 통제하는 데 필요한 지식, 기법, 수단을 의미하는 가변적 자원	로복(Robock, 1980)
경제적인 활동에 연계되는 모든 방법	스튜어트(Stewart, 1979)
조직의 투입물을 산출물로 변환시키는 데 필요한 도구, 기법 및 행동	대프트와 스티어스 (Daft & Steers, 1986)
좁은 의미에서 생산방법에 대한 지식의 집합체 또는 기술에 대한 지식이 생산방법으로 전환된 것	달만과 웨스트팔 (Dahlman & Westphal, 1981)

그림 1-3 | 기술과 시장과의 관계(SRI, AT&T)

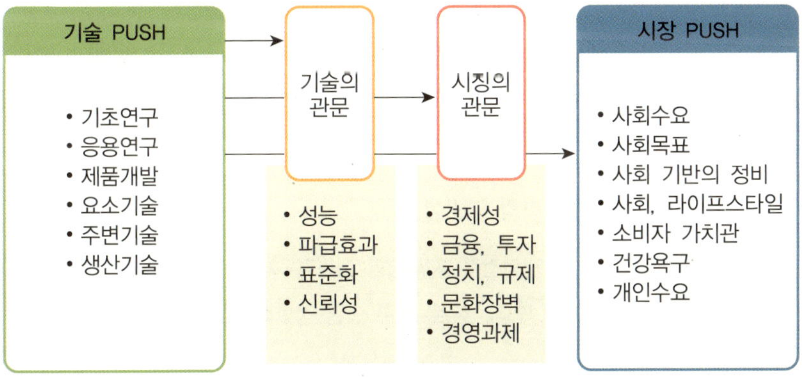

[그림 1-3]에서 제시하고 있는 것과 같이 기업에서 기술적인 측면을 거치고 나면 경영적인 측면에서 시장의 관문을 넘어야 하는데 기술과 경영의 두 가지 균형적인 측면이 해결되지 못한다면 기술의 시장화는 성공할 수 없기 때문에, 이러한 관문을 뛰어넘어 기업의 성공으로 이끌기 위해서 기술경영의 중요성이 점차 증대되고 있다.

3.2 기업의 기술투자와 가치사슬

기업은 기술 및 연구개발부문의 최적의 투자를 통하여 경영의 효율성을 접목하여 최적의 기술개발 성과를 도출하고, 이를 통하여 기업의 이익을 극대화하려고 한다. 인터넷과 정보통신기술의 발달로 인해 전 세계 관련 기업들이 경쟁상대로 되어 있는 현재와 같은 상황에서는 차별화된 기술개발이 매우 중요하며, 기업의 핵심기술의 선택과 투자는 기업과 연관된 가치사슬에 있는 관련 기업의 성패를 결정할 만큼 중요하게 되었다.

기업이 필요한 것은 기업의 특성을 살린 뛰어난 기술력의 투자를 통하여 기술개발을 더욱 강화하여 이를 바탕으로 획기적이고 다양한 신사업을 창조함으로써 가치사슬이 포함된 관련 기업과 함께 지속적인 성장을 하는 것이다. 여기서 의미하는 가치사슬은 원재료 공급에서 시작하여 최종소비자에 제품이 도달하는 데 이르는 각 단계에서의 가치를 총합한 조직활동의 전체를 의미한다. 즉 가치사슬은 공급업자의 또 다른 공급업자, 고객의 또 다른 고객을 포함한다고 생각하면 된다.

성공적인 가치사슬관리는 정보기술에 대한 투자 없이는 불가능하다. 이러한 투자를 통해 최종정보기술은 최종소비자들에게 더 잘 제공될 수 있도록 하는 데 사용할 수 있다. 그러면 어떤 유형의 기술이 중요한가를 생각해 보면 [그림 1-4]에서 나타난 것과 같이 모든 조직의 활동, 전략, 공급사슬 정보화를 위한 투자를 비롯해서 자재 구매조달

그림 1-4 | 기술과 가치사슬관리의 연관성

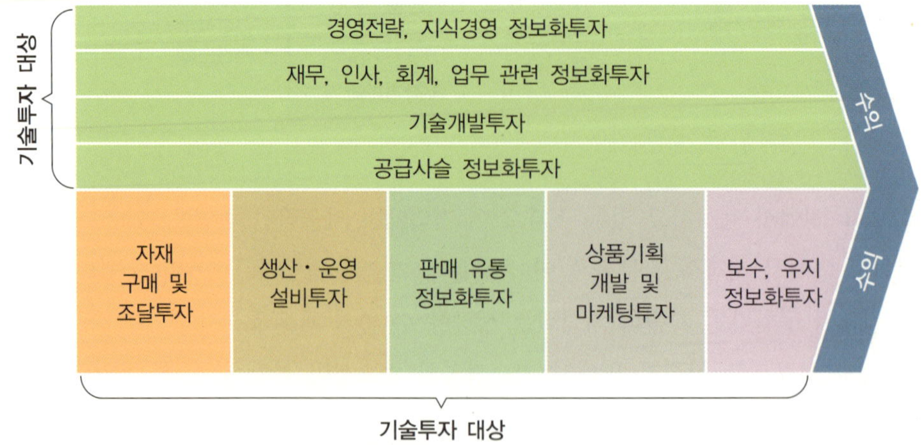

에 관한 투자, 생산, 운영을 위한 설비투자, 상품기획 개발 및 마케팅 투자 등을 포함하고 있다고 보면 된다.

3.3 기술혁신의 성과로서 경제성

과학, 기술개발, 발명 등과 연구개발이나 기술혁신이라는 용어를 접할 때, 각각 유사한 개념이 있기도 하지만, 명확히 구분되는 다른 개념을 내포하는 용어이기 때문에 이들에 대해서 분명히 구분하여 알아둘 필요가 있다. 즉 이와 같은 용어들을 한꺼번에 접하는 독자들은 다소 혼란을 겪을 수도 있기 때문에, 이하에서는 학술적이고 이론적인 차원보다는 실무적인 차원에서 그 개념의 차이를 설명한다.

먼저 과학(science)은 자연세계에서 발견된 보편적 진리나 법칙에 관한 체계적이고 이론적인 지식을 의미하는 점에서, 유용한 목적을 가지고 과학적이고 공학적인 지식을 실용적으로 응용한 기술(technology)과는 다른 점이 있다. 나중에 자세히 설명하겠지만, 과학은 그 순수성으로 인해서 시간이 흘러도 거의 그대로 남아있지만, 기술은 다른 기술로의 대체와 발전을 통해서 점진적으로 또는 급진적으로 변화된다. 무엇보다 기술의 가치는 경제성에 의해 더 크게 좌우된다는 점이 과학의 순수성에 비교되는 개념이다.

▌표 1-3 ▌연구와 개발의 개념 차이

연구	개발
비용 중심	이익 중심
새로운 지식의 창출	지식을 사업가치로 변환
과학자	기술자
발견이 중요: What이라는 질문	실행이 중요: How라는 질문
목표 예측이 어려움	정확한 목표 설정
특정 제품을 목표로 하지 않음	특정 제품, 공정, 프로그램을 목표로 함
정확한 일정 준수가 어려움	정확한 일정을 실행
가능성 창조	위험의 최소화
문제 확인 및 그에 대한 사고	제한된 조건 내에서 문제를 해결

출처: Chesbrough, 2003

〈표 1-3〉에서는 주로 과학이나 기초연구를 다루는 '연구(research)'와 기술을 다루는 '개발(development)'의 개념 차이를 정리하고 있다. 또한 연구개발(Research & Development: R&D)은 지식의 양을 늘리기 위하여 체계적인 기반 위에서 이루어지는 창조적인 활동으로서, 기초연구·응용연구·시험개발 등을 포괄하는 개념인 반면에, 발명(invention)은 새로운 것이나 기존의 것을 향상시킨 부품, 프로세스 또는 시스템의 모형을 창안해내는 활동으로서 차이가 있다. 그러나 최근에는 연구개발에서도 즉각적 상업화를 추구하지 않는 주제나 영역에 대한 이해를 높이는 기초연구를 제외하고는, 대체로 고객의 특정한 요구나 목적을 가진 응용연구와 발명도 기업에서는 상업성을 추구하는 개념으로 강조되고 있다.

그러나 이제는 [그림 1-5]에서와 같이 기술혁신의 범주에서 과학, 발명, 기술개발, 제품 및 공정혁신, 시장이나 생산현장에서의 성공을 모두 하나의 연결고리에서 또는 연장선상에 있는 동의어로 보거나, 어느 경우에는 새로운 아이디어 자체를 혁신으로 여기기도 하고, 과학과 기술혁신을 개인이나 사회조직이 새로운 아이디어를 받아들이고 개발하고 실용화하는 일련의 과정 전체로서 인식하는 경향이 짙어졌다. 즉 과학이나 기술, 발명, 연구에서도 기업에서는 시장이나 생산현장에서의 경제성을 연관 지어 기대하기 때문에, 경제성 있는 과학, 경제성 있는 기술 등에서 보는 바와 같이 서로 연계되어 새로운 부가가치를 기대할 수 있는 유사한 개념으로 인정하게 되었다. 따라서 기술혁신(Technology Innovation)은 개발된 기술이 기업에 성공적으로 공헌하도록 하는 과정으로서 제품, 프로세스, 서비스를 만들어 시장에 진출하여 경제적인 성과를 확보하는 단계를 거친다는 차원에서, 이윤 추구를 본질로 하는 기업의 경영활동과 매우 깊은 관련성을 강조하는 사명(mission)의 하나로 인식된다.

그림 1-5 | 과학-기술혁신의 연계

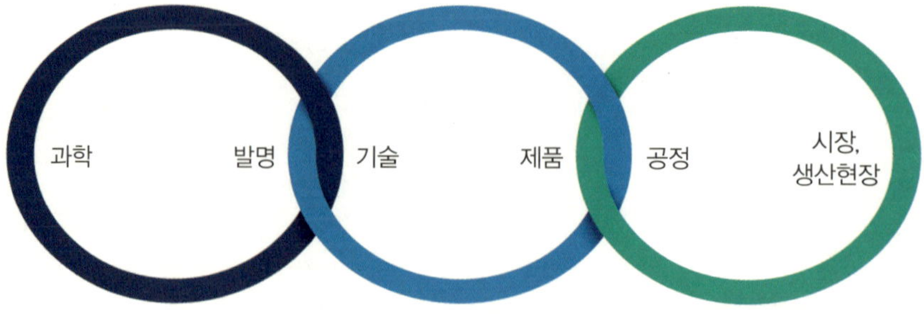

4 기술의 유형과 속성

앞 절에서 기술의 개념과 기업에서 이해해야 할 기술의 개념을 살펴보았다. 이 절에서는 기술의 유형과 속성을 좀 더 상세히 구분하고 설명해 보도록 한다.

4.1 제품기술, 공정기술, 경영기술

기술이 과연 무엇을 변화시키는지, 무엇을 대상으로 하고, 어느 영역을 지원하는지 등 고유하게 내포하고 있는 속성에 따라서 기술의 유형을 분류할 수 있다. 즉 기본적으로 기술을 〈표 1-4〉에서와 같이 제품기술, 공정기술 또는 생산기술, 경영기술 등으로 구분할 수 있다. 제품기술(Product Technology)의 사례로서 미국에서는 1940년대만 하더라도 자동차의 차체를 하나의 조형품으로 만드는 것이 대종을 이루었다. 예를 들면 타이어 근처의 흙받이(펜더)조차 차체와 통합되는 식이었다. 그러나 1940년대 후반에는 제2차 세계대전 승전국으로서 소비경제가 활성화됨에 따라 차체에서 트렁크 공간을 별도로 구성하는 방식으로 변화되어, 엔진실, 승객실, 트렁크 등으로 3분되는 구조를 채택하였으며, 1950년대에는 베이비붐으로 가족 수가 증가함으로써 뒤쪽 공간을 넓힌 웨건(Station Wagon, Recreational Vehicle)이 유행하였다. 이어서 자동차 경주용 자동차는 고속 주행에 맞는 엔진 성능 등 사용자 욕구에 맞는 다양한 자동차를 만드는 기술이 출현하였다.

같은 자동차라 하더라도 미국은 지형의 특성상 넓은 국토에서 속도 제한을 자동화할 수 있는 편의 사양으로 크루저 컨트롤(Cruiser Control) 기능이 필요하며, 유럽에서는 고속도로의 상하좌우 또는 굴곡이 많은 구간에서의 순간 가속능력, 신속한 운전조작

❙ 표 1-4 ❙ 기술의 내용에 따른 유형 분류

유형	의미	예시	개념
제품기술	대상/이유(what/why)	고유성능/기능/화학특성 등: 디지털 카메라, 자동차, 항공	범위의 경제
공정기술	방법(how)	효율적 생산방법: 린 생산, 컨베이어시스템	규모의 경제
경영기술	방법/시점/장소/사람 (how/when/where/who)	시스템화: TQM, SWOT, VE, 6시그마	네트워크 경제

그리고 부드러움보다는 단단한 현가장치(Suspension System)가 요구된다. 또한 한국에서는 협소한 국토와 도로사정을 고려하고 경제성을 추구하는 국민성을 반영하여 고연비, 소형차, 고품질, 그리고 뛰어난 디자인 등의 다양성을 충족하는 자동차 제품기술이 필요하다.

공정기술(Process Technology)은 자동차 회사의 생산라인에서 볼 수 있듯이 컨베이어벨트가 제조부문의 생산성을 향상하는 도구로서 적용되는 것과 같이 생산공정에 관련된 기술이다. 대규모 시설의 운영과 복잡한 절차가 실행되는 조직일수록 공정기술은 더욱 최적화되어야만 성과를 높일 수 있다. 이마트와 같은 유통업체에서도 매장에 상품이 적정 재고 수준 이하로 떨어지기 전에 가장 가까운 곳에서 상품을 보충하도록 하는 프로세스를 구현하기 위해서 인터넷과 정보통신기술을 사용하여 전사적으로 본사, 매장, 물류창고 등을 통합관리하고 정보를 실시간으로 공유하는 시스템을 운영하고 있다.

이와 같이 공정기술은 생산, 물류, 마케팅 등 기업의 핵심 프로세스를 지원하는 도구와 지식으로서 기업에 내재되어 있다. 경영기술(Management Technology)은 확실하게 나누기도 측정하기도 어려운 측면이 있어, 많은 기업들은 ERP(전사적 자원시스템)시스템을 도입하여 활용하고 있다. 경영기술은 조직의 기능(생산, 인사, 마케팅 등)을 수행하기 위한 기술과 각 기능의 프로세스(계획, 운영, 통제 등)를 지원하는 기술로 구분할 수 있다. 기업의 성공적 운영을 위해 면밀하고 체계적인 절차를 이해해야만 알 수 있는, 예를 들면 주문처리시스템, 재고통제시스템, 회계시스템 등 각종 정보시스템 또는 마케팅 기법이나 의사결정시스템(Decision Support System)에 내재되어 있기도 하다. 예를 들면, 수많은 항공사의 예약시스템에도 특화된 경영기술이 작동할 수 있다. 고객에게 전문화되고 표준화된 서비스가 제공되기 위해서 섬세한 경영기술이 요구되는 프랜차이즈 호텔의 경우, 가맹점을 대상으로 체결되는 계약서 내용에도 경영기술이 담겨져 있다.

4.2 묵시적 기술과 명시적 기술

기술의 정형화된 수준을 기준으로 묵시적 기술(Implicit Technology)과 명시적 기술(Codified Technology)로도 나누어 설명하기도 한다. 묵시적 기술은 표현하기 어려운 지식을 의미하며, 마치 예술이나 문학에서의 창작기술이나 자전거를 타는 기술과도 같이 보통 개인의 경험 혹은 마음속에 존재하는 기술이다. 이 기술은 시범 혹은 관찰에 의해 이전되며, 이에 따라 지식 소유자와 긴밀한 접촉 및 상호작용이 필요하다. 도제제도(apprenticeship)는 전문적 영역에서 묵시적 지식을 이전하는 좋은 수단으로 작용하는 특성을 갖는다. 명시적 기술은 정형화된 형태를 가지고 있기 때문에 이전하기가 용이하며, 기술이전에 들어가는 비용 및 시간도 '묵시적 기술'에 비하여 적다고 할 수 있다.

4.3 다양한 기술의 유형 분류

기술을 기업의 경쟁 관점에서 살펴보면 일반기술과 대비되는 특수기술 그리고 시간적인 관점에서 미래기술 등으로 다양한 수식어가 추가된 상태에서 세부적인 기술로 분류되고 있다. 일반기술은 어떤 산업 내에서 공통적인 지식으로서 그 산업 내에서 많은 기업들이 공유하고 있는 범용적 기술(General Purpose Technology)을 의미한다. 많은 산업에서 공통적으로 사용되는 컴퓨터 기반의 정보기술(Information Technology: IT)이 그 예가 될 것이다. 정보기술이란 전자적 수단을 통해 전송 및 표시를 포함한 정보의 처리 및 통신기능을 실현시키거나 실현이 가능해야 하며, 이에 필요한 제품 및 시설을 공급, 설치, 운영 또는 유지보수하는 것으로서 정보통신 방송서비스, 정보통신 방송기기, 소프트웨어 및 디지털 콘텐츠를 말한다. 구체적으로 컴퓨터 하드웨어, 소프트웨어, 통신장비와 관련 서비스 등의 기술들을 통칭한다.

정보기술은 최근 비약적인 발전으로 대량생산과 보급에 따라 각종 기업과 행정조직 및 개인에 이르기까지 광범위하게 사용되고 있다. IT부문에서도 최근까지 미래기술로 여겨져 왔던 클라우드(cloud), 빅데이터(big data), 인공지능(Artificial Intelligence: AI), 사물인터넷(Internet of Things: IoT) 등 디지털기술의 발전으로 모든 사물이 연결되고 보다 지능화된 사회로 진화하는 '4차 산업혁명'의 상황에서 많은 기업들이 이와 같은 최신 기술의 활용을 전략적으로 검토해야 할 시점이 되었다. 기술이 어느 부문에 속해 있고, 어느 부문에 적용 가능한 기술인지를 나타내는 전용성에 따라서는 산업 고유 기술, 시스템 고유 기술, 그리고 기업 고유 기술로도 구분한다. 이에 관해서 홀과 존슨(Hall and Johnson, 1970)은 일반적(general) 기술, 시스템 특유(system-specific) 기술, 기업 특유(firm-specific) 기술로 구분하였다.

전통적으로 구분되는 전형적인 기술 유형의 분류로서는 〈표 1-5〉에서와 같이 응용성에 따라서는 기초기술(또는 원천기술)과 이 기초기술을 통해서 산업기술 및 공공기술에 응용한 응용기술로도 구분할 수 있다. 인터넷은 원천기술이며 전자상거래기술은 응용기술이라고 할 수 있다. 즉 기초기술 또는 원천기술은 어떤 제품을 생산하는 데 있어 반드시 필요한 핵심기술을 뜻한다. 예를 들면, 자전거의 원천기술은 "두 개의 바퀴와 동력전달장치(체인)와 조향장치(핸들)로 구성된 장치"라고 볼 수 있으며, 여기에 해당되는 자전거 바퀴와 동력전달장치, 핸들은 자전거에 있어서 없어서는 안 될 핵심기술(Core Technology)이 되고, 페인트, 짐틀, 따르릉 소리 박스 등은 비핵심기술(Non-core Technology)이 된다. 따라서 최초의 제품 개념 발명에 기여하는 것은 원천기술이라고 할 수 있으며, 핵심부품 또는 주변 부품의 소재와 모양에서의 첨삭 등의 개선에 의해서 다양한 형태의 개량기술(Improvement Technology)이 적용된다. 따라서 원천기술은 상응하는 독창성이 있어서 발명자의 권리주장이 가능하여야 가치를 보장받을 수 있으며, 그로부터 다양한 응용기술이 파생될 수 있다. 또한 수명주기 관점에서 보면 사양기술이 있으며, 그 반대 개념으로서 미래기술(Future Technology)이 있는데, 신기술(New Technology)과 신흥기술(Emerging Technology)이라는 용어도 사용된다.

사양기술은 활황기와는 달리 경기침체와 수익성 악화로 인한 전반적인 인력 감소, 낮은 임금과 열악한 근무환경 등에 처하여 상대적으로 성장세가 둔화 내지 하향세를 보이는 단계의 기술이다. 해당 부문에서의 고부가가치 영역을 발굴하고 타부문과의 융

표 1-5 기술의 본원적 유형 분류

분류기준	분류	분류목적 및 의미
기술단위	요소기술	시스템 구성 관점에서의 기술체계 분류-대상 분야의 구체적 기술체계의 정의 및 기술동향의 분석
	단위기술	
	복합기술	
기술수명주기 관점	미래기술	기술의 수명주기상의 위치와 가능성을 구분
	사양기술	
제품개발 관점	핵심기술	제품 · 서비스의 제공 및 개발을 위해 필요한 기술들의 위치를 분석
	주변기술	
기능구성 관점	응용서비스기술	제품 · 서비스를 구현하기 위해 기능별로 기술들을 구분
	기반서비스기술	

합에서 탈출구를 찾는 등 선제적인 대응책이 필요하다고 볼 수 있다. 신기술은 기업이 제품을 생산하거나 서비스를 제공하는 방법에 명시적인 영향을 미치는 새롭게 도입되거나 혹은 활용되는 기술을 의미한다. 이 기술은 세계적으로 새로움의 의미를 가질 수도 있으며, 해당 기업에게만 새로울 수도 있다. 기업에서의 신기술은 생산성을 향상시키고 기업의 경쟁력 향상에 큰 영향을 미친다고 볼 수 있다. 신흥기술은 아직 충분히 상업화단계에 들어서 있지는 않지만 짧은 기간 내에 상업화될 수 있는 기술을 의미한다. 이러한 기술은 현재는 제한적으로 활용되고 있지만 앞으로의 활용성이 상당히 기대되는 기술로서, 예를 들면 생명공학, 나노기술, 초전도체기술 등을 들 수 있다.

4.4 기술 유형의 통합적 관점

앞에서 우리는 기술을 다양한 관점에서 여러 가지 유형의 기술로 세분화하여 살펴보았다. 이와 같이 다양한 기술 유형을 논의하는 목적은 크게 두 가지가 있다. 첫째로는 거대 개념인 기술을 다양한 관점에서 나누어서 파악함으로써 세부적인 특성에 따라서 이해하는 것이다. 이를 통해서 기업에서는 연구개발 기획 및 실행 시 세부적 기술 유형에 대해서 특정한 영역에 집중하기도 하고, 한편으로는 포트폴리오를 구성하여 효과성을 높일 수도 있다. 예를 들면, 미국의 물류기업인 페덱스(FedEx)는 수화물 전용 항공기를 자체 보유하고, 모든 소포들을 텍사스주 멤피스에 집결시킨 후에 최종목적지로 배달하는 혁신적인 수송체계인, 이른바 기초과학적이고 학술적으로는 수학에 근접하고 있는 거점경유방식(Hub-Spoke) 알고리즘을 도입하여 정시배달을 추구하는 등 항공화물 배달분야에서 선도기업이 되었다. 페덱스는 또한 물류서비스에 접목하기 위해 화물 자동분류 프로세스기술은 물론 기상분야의 기술을 광범위하게 활용하며, 소포의 내용물을 외부에서 식별하는 연구 등 미래 유망 기초기술 및 응용기술에도 투자하는 등 글로벌 선도기업을 지향하는 지속적인 혁신을 추구하고 있다.

둘째로는 다양한 기술 유형을 각각의 개체로 인식하기보다는 통합적인 관점에서 각 기술의 통합 및 융합(convergence)을 통해서 새로운 기술혁신으로 연결될 수 있다는 관점을 이해하는 것이 매우 중요하다. 그런 의미에서 기술을 요소기술(Elementary Technology)과 통합기술(또는 융합기술)로 구분하여 이해할 수도 있다. 요소기술은 어떤 상위 개념의 기술을 구성하는 세부부문별 기술을 의미한다. 예를 들면, 메카트로닉스(mechatronics)기술은 기계(mechanics)와 전자(electronics)의 융합기술로서, 지능형 로봇, 반도체 · 디스플레이 제조장비, 각종 자동화장비산업의 기반이 되는 기술이다. 메카트로닉스기술의 요소기술로는 기계설계(Mechanical Design), 제어(Control), 임베디드시스템(Embedded System), SI(System Integration)기술 등이 있다.

이러한 관점에서 삼성전자의 새로운 스마트폰인 갤럭시 Z플립이나 애플의 아이폰 등은 융합된 기술을 그 유형에 따라서 식별해 본 결과를 보여주고 있다. 즉 갤럭시 Z플립3이나 아이폰은 프로덕트기술이 강조되는 제품이지만, 이러한 혁신제품의 성공을 위해서는 제품의 설계, 생산, 출하, 물류 등 관련 공정에 관련된 프로세스기술이 융합되어야 한다. 또한 이러한 제품의 성공에는 부품들과 관련한 핵심기술 및 다른 제품군에도 적용될 수 있는 기반기술 등 다양한 요소기술의 결집이 필요하다. 이러한 관점에서 삼성전자의 새로운 스마트폰인 갤럭시 Z플립3이나 애플의 아이폰 등은 융합된 기술을 나타내는 대표적인 예로 볼 수 있다.

5 기술경영

5.1 기술경영의 정의

현대의 기술은 근본적으로 그 변화의 속도가 매우 빠르고 다양하며 복잡성 또한 높아 그 변화에 대한 예측 및 관리가 어려울 뿐만 아니라 원천기술을 효과적으로 획득하고 활용한다는 것이 매우 어렵다. 그러면 기술경영(Management of Technology: MOT)은 어떻게 정의될 수 있을까? 우선 기술경영이라는 용어 그대로 기술과 경영이 합쳐진 융합학문분야라는 것은 쉽게 짐작할 수 있을 것이다. 그러나 〈표 1-6〉과 같이 기술경영의 정의는 국가나 대학, 연구자 등에 따라 다양하게 정의되고 있으며, 특히 기술 진화의 경영의 방향에 따라 좀 더 전략적이고 포괄적으로 진화하고 있다. 그에 따라 특정 기술개발과제의 선정, 수행관리, 결과평가만을 의미하는 매우 협의의 의미로부터 R&D 과제관리뿐만 아니라 대내외 환경과의 적합성, 기업 내 여타 부서와의 통합성 등 기업활동의 대부분을 포괄하는 광의의 전략적 의미에 이르기까지 매우 다양해지고 있다.

▌표 1-6▐ 기술경영의 정의

정의	연구자
엔지니어링, 과학과 경영의 원리를 연결하여 기술적 역량을 계획, 개발하고 실행을 통하여 조직의 전략과 운영상의 목표들을 만들고 달성하는 것	미국 국립과학원(National Academy of Science: NAS)
기업의 기술과제 문제를 해결하고, 기업의 사업전략에 기술전략을 통합	스탠퍼드연구소(Stanford Research Institute: SRI)
기술을 효과적으로 획득, 관리, 활용하여 조직의 경쟁우위 강화 및 기술의 사업화를 촉진하기 위한 제반 경영활동	배종태
공학 및 과학, 경영원리를 결합하여 조직의 목적을 달성하기 위해 기술적 능력을 기획 · 개발 · 운용하는 활동	미국 국가연구위원회(National Research Council: NRC)
조직 각 분야에 존재하는 기술기능 간의 연계를 최적화하여 경영자산의 활용을 극대화하는 조직운영의 방법	J. Edosomwan
새로운 기술의 활용을 통해 조직의 경쟁력을 제고시키는 활동	F. Betz
기업이라는 조직의 경쟁우위 및 부의 창출의 핵심요소로서 기술의 창출, 획득, 활용에 관한 시스템의 경영	정선양(2006)
기술변화 또는 신기술 도입의 기술대안, 시기, 규모 및 비율의 선택에 관한 의사결정행위	E. Franker
기존 기술과 신기술을 가지고 선도적 경쟁력을 확보하기 위한 조직의 의사결정과 실행에 관한 전략적 그리고 관리적 측면의 원리	D. Kocaoglu
기술경영은 경쟁우위를 만들기 위해 조직이 테크놀로지의 중요한 부분을 경영할 수 있게 하는 경영원칙의 모임으로 기술전략, 기술예측, 기술로드맵, 기술프로젝트 포트폴리오 등을 포함하는 개념	위키백과

〈표 1-6〉에서 제시한 기술경영의 정의를 요약해 보면 "기술을 전략적으로 활용함으로써 새로운 사회를 창출하고 혁신적 제품을 고안하는 등 공학과 경영학을 통합한 개념으로 기술투자비용에 대해 최대의 효과를 내는 것을 목표로 하고 있다"라고 볼 수 있다. 즉 공학과 경영학분야의 다양한 학문적 지식을 활용하여 기업의 목표인 효율성을 극대화하는 것이라는 의미로 정의된다. 이러한 기술경영의 두 가지 사전적 정의를 살펴보면, 기술경영은 기업의 전략목표를 달성하기 위해 공학, 자연과학 및 경영학분야의 지식들을 결합하여 기업이 다양한 기술능력을 계획하고, 발휘할 수 있도록 하는 학문분야로 정의할 수 있다. 이러한 정의의 관점에서 본다면 기술경영분야에서 다루어야 하고 또 실제로 다루고 있는 지식과 주제들은 매우 다양하고 광범위하며 다학제적이라는 것을 알 수 있다. 따라서 기술경영의 범위는 기업이 시장 경쟁력을 가지고 경영활동을 유지하기 위해서 필요한 다양한 의사결정과 관련된 거의 모든 분야, 예컨대 기술예

측, 기술전략, 기술인사조직, 생산관리 기술마케팅, 프로젝트관리, 경제성평가, 신제품개발, 기술이전 및 기술자산관리 등에 이르는 실로 광범위한 영역에 이르고 있다. 최근의 기술경영분야를 다루고 있는 다양한 학술지에 발표되고 있는 논문들의 주제도 이러한 광범위한 분야들을 다루고 있으며, 전반적으로 기술경영에서 다루는 범위는 [그림 1-6]과 같이 표현할 수 있다.

그림 1-6 | 기술경영의 범위

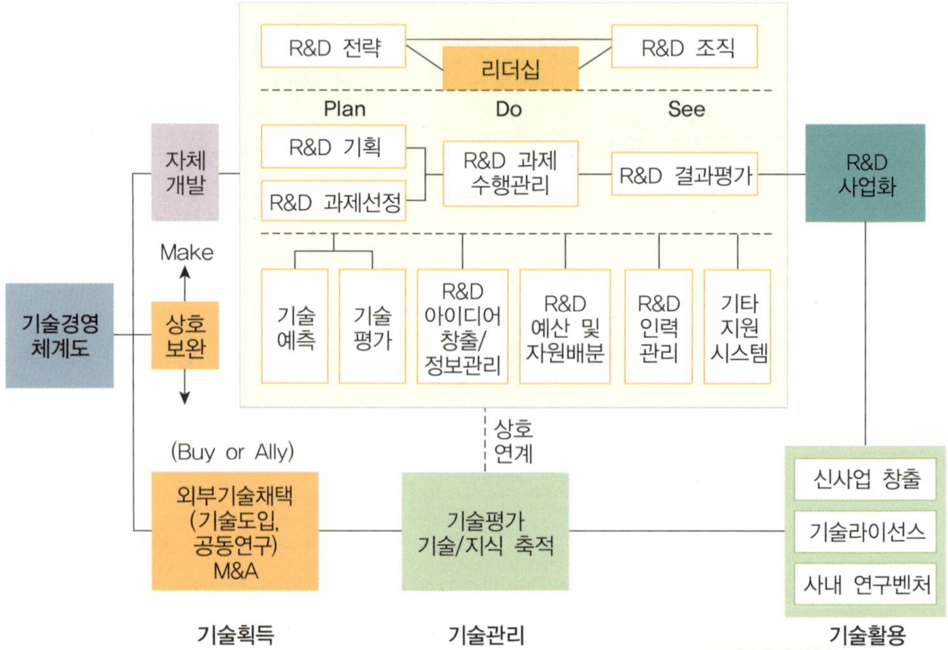

출처: http://kocw.xcache.kinxcdn.com/

이러한 사전적인 기술경영의 정의 외에도 기술경영을 바라보는 관점에 따라서 몇 가지 구분할 필요가 있는 용어들을 확인하는 것이 필요하다. 우선 기술을 위한 경영(Management for Technology)이란 기업경영에 필요한 새로운 기술들을 확보하고 이들을 유지, 관리하는 데 필요한 다양한 경영기법들을 활용하는 것과 관련된 영역이다. 여기에는 신제품개발 프로세스관리, 프로젝트관리, 다양한 경제성평가, 연구조직관리, 기술도입 및 기술사업화, 지식재산권관리 등의 주제를 포함한다. 두 번째, 경영을 위한 기술(Technology for Management)이란 기업경영개선 및 전략 수립 · 시행에 필요한 다양한 기술들을 활용하는 것과 관련된 영역으로 여기에는 비즈니스리모델링(Business Process Reengineering: BPR), 경영전략 수립, 벤처창업 등이 포함된다.

기술경영에서 다루는 주요 문제들을 중심으로 기술경영의 하위 연구영역들을 좀 더 세부적으로 살펴보면 우선 기술을 어떻게 기업의 전략적 목표에 부응할 수 있도록 할 것인가 하는 문제는 기술전략의 영역이고, 기술개발을 포함한 기술획득을 좀 더 효율적이고 효과적으로 달성할 수 있는 방법에 대한 문제는 기술관리의 영역이라고 할 수 있다. 또한 기술을 효과적으로 평가하고 그 가치를 산정하는 방법과 관련된 영역은 기술가치평가의 영역이고, 기술이전을 효율적으로 수행하는 방법과 관련된 질문은 기술이전 및 사업화의 영역이다. 기술 전문직 직원의 효율적 관리를 위한 영역은 기술인사·조직관리이며, 다양한 기업의 연구개발을 효율적으로 수행하기 위한 다양한 방법론과 관련된 영역은 R&D 관리의 영역이다.

일반적으로 기업경영 측면에서 기술경영은 운영관리기술과 제품기술로 나누어 생각할 수 있는데 운영관리기술에 포함되는 영역은 생산, 제조, 물류, SCM, 정보관리가 포함되어 있으며 제품기술에는 신제품개발, 특허, 기술사업화분야가 포함된다. 이를 그림으로 표현하면 [그림 1-7]과 같이 표현할 수 있다.

그림 1-7 | 경영에서 기술경영의 영역

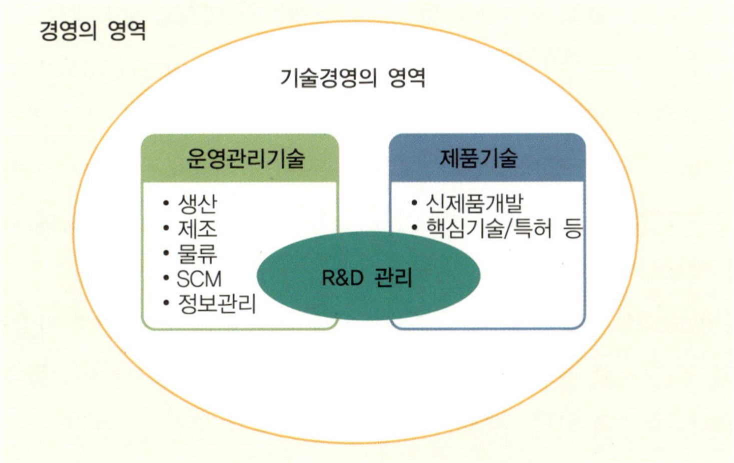

5.2 기술경영의 중요성

우리나라의 2019년도 연구개발비는 89조원으로 국내총생산(GDP)의 4.6%에 이르고 있다. 이는 총금액 기준으로 보면 OECD 국가 중에 5위 수준이고 GDP의 비중 기준으로 보면 4.9%인 이스라엘 다음으로 세계 2위이다. 대부분의 연구개발비(77%)는 기업의 자체 자금으로 조달되지만 정부의 연구개발 투자 · 지원금액도 20조원에 이르고 있다. 이는 우리나라도 연구개발의 중요성을 인식하고 많은 투자를 하고 있다는 것을 나타내며 이는 향후 우리나라의 연구개발의 규모가 계속 커질 것이라는 것을 의미한다. 이는 산업과 기업 측면에서 연구개발의 효율적 경영의 필요성이 지속적으로 제기될 것이고 따라서 R&D 관리의 중요성이 지속적으로 증가한다는 것을 의미한다. 또한 이러한 상황에서 연구개발관리자 및 중간관리자의 기술경영 관련 전문지식의 필요성이 증가하고 있고, 따라서 이들을 대상으로 한 연구관리능력 및 기술경영지식의 체계적 교육이 필요하다.

세계 유수의 글로벌기업들은 모두 기술에 있어서 확실한 경쟁력을 확보하고 있으며 이를 통해 시장점유율을 점차 확대해 가고 있다. 이러한 기업들의 기술경쟁력은 중장기적인 전략을 가지고 끊임없이 기획되고 관리된 기술경영의 산물이라고 할 수 있다. 따라서 연구(기술)개발부터 기술(이전)사업화, 인사조직 등 기업의 모든 경영분야에서 기술경영의 중요성은 날로 증가하고 있으며 지금까지의 대기업 중심에서 중견 · 중소기업 및 벤처기업으로 그 필요성 또한 확대되어 가고 있다. 또한 기술경영의 중요성이 갈수록 강조되고 있는 시대적 배경에는 첫째, 기술혁신의 중요성이 한층 커지고 있다는 점과, 둘째, R&D 투자규모는 급격히 커지고 있는 반면 기술혁신의 성공 가능성은 오히려 불확실해지고 있고, 셋째, 연구개발 등 기술혁신과 관련된 제반 활동에 대해 전사적 통합관리의 필요성이 증대되고 있기 때문이다.

기술경영의 중요성과 함께 다루는 분야가 매우 폭넓다는 것은 현재 기술경영분야에서 논의되고 있는 주요 분석주제들을 살펴보아도 알 수 있다. 각 이슈를 기업, 부서, 과제 등 다루는 수준에 따라 구분하면 먼저 기업전략적 관점의 현안으로 기업가정신, 기술예측과 평가, 기술과 마케팅 간 연계, 기술제휴, 기술사업화, 기술자산관리 등이 있다. 기능 또는 부서 간 이슈로는 기술이전, 시스템 구축, 마케팅 · 생산 등 조직 간 협력, 내부벤처 활성화 등이 있다. 개별 연구과제 및 운영 현안으로는 프로젝트관리, 기

술조직관리, 품질 · 생산운영관리, 신제품개발 및 판매관리, R&D 및 기술관리자 교육 · 훈련 등이 있다

5.3 기술경영의 역사

앞서 정의한 기술경영의 주제와 범위는 다양한 역사적 사건들을 거치며 세분화되고 필요에 따라서 구체화되어 왔다. 기술경영의 효시는 1980년대 미국 스탠퍼드 비즈니스 스쿨의 윌리엄 밀러(William Miller) 교수에 의해 개설된 'Technology Management' 강좌라고 한다. 이후 1990년대 MIT 슬론 스쿨 내에 기술경영 학위 프로그램이 개설되고 UC버클리, 하버드 등에 기술경영 강좌가 개설되면서 본격적으로 도입되기 시작하였다. 이러한 기술경영의 흐름은 경영대학원과 공과대학원을 중심으로 한 각각의 학문의 발전과정이 최근에는 융합되면서 자리를 잡아가고 있다. 현재는 거의 모든 경영대학원(MBA)에서 MOT 강좌를 개설, 운영하고 있으며 MIT, 하버드, 스탠퍼드, 조지아공대 등이 미국에서 유명한 기술경영대학원 프로그램으로 알려져 있다. 미국의 기술경영분야의 학풍은 실용적이고 정량적인 기법의 개발과 활용에 초점을 맞추는 경향으로 발전되어 오고 있다.

우리나라 기업의 기술경영은 1980년대까지 주로 인프라 확충을 통한 생산능력 확대를 중점적으로 진행하였고 기술개발은 선진기술의 도입을 바탕으로 한 모방에 중점을 두고 있었다. 그러나 1990년대에 들어서면서부터 기술력을 가진 선진국들의 기술이전 기피현상과 이에 대응한 정부의 첨단산업기술 육성정책에 따라 기업들은 점차 자체 기술개발을 위한 투자를 확대하였다. 2000년대 이후, 글로벌시장의 경쟁이 심화되면서 시장 경쟁력을 확보하기 위한 효율적이고 효과적인 방법론들에 대한 고민이 깊어지기 시작하였고, 특히 경쟁력의 원천이 되는 기술획득 및 관리를 위한 기업혁신의 중요성이 크게 대두되기 시작하였다. 이러한 시대적 배경을 바탕으로 우리나라의 경우, 기술경영 관련 초창기의 연구는 한국과학기술원(KAIST), 한국과학기술연구소(KIST), 과학기술정책연구원(STEPI) 등을 중심으로 이루어져 왔고 1990년대 중반 KAIST 테크노 경영대학원, 서울대, 중앙대, 연세대 등에 MOT 강좌가 개설되면서 본격적으로 도입되기 시작하였다. 특히 산업통상자원부 산하 한국산업기술재단 주관으로 기술경영 석 · 박사 과정을 운영하는 대학원을 서울대, 성균관대, 포스텍, 한국기술교육대에 설치 · 운영하

게 하고, 대학생을 위한 기술경영 소양 강좌 개설을 위한 15개의 대학을 선정 · 지원하면서 본격적으로 확대되기 시작하였다. 또한 산업통상자원부는 기업의 기술 기반 혁신 성장을 주도하는 기술경영 전문인력 양성사업(융합기술사업화 전문인력 양성사업)을 추진하여 한양대, 고려대, KAIST, 서강대 등 7개 기술경영전문대학원과 경상대, 전북대 등 4개 일반대학원 등 총 11개 대학원 석 · 박사급 인력양성을 지원하였다.

5.4 기술경영분야 연구 최신 트렌드

기술경영분야의 연구는 앞서 기술한 대로 다양한 영역에서 폭넓게 진행되어 왔다. 교과과정이나 연구자에 따라서 다양한 연구주제의 분류가 제시되고 있지만, 여러 논문들과 기술경영을 운영하는 학교의 강좌들을 바탕으로 분류해 볼 때 기술경영의 핵심적인 연구주제는 [그림 1-8]에서와 같이 몇 개의 트랙으로 요약할 수 있다. 기술혁신은 획기적인 기술적 아이디어를 바탕으로 새롭거나 개선된 제품과 서비스나 공정, 마케팅 방법 또는 사업수행과정, 업무조직, 외부와의 관계 등을 통해 시장에서 경쟁우위를 확보하고 이윤을 창출하기 위해 새로운 조직적 방법을 실행한 것을 의미한다. 기술전략은 조직의 내외부환경에 대응하기 위해 기술과 제품의 설계와 개발, 원천기술, R&D 계획관리, 기술활동과 관련된 정책 및 의사결정 등의 문제를 다루며, 경쟁자와의 우위 확보를 위한 경쟁전략에서 필수적 요소라고 볼 수 있다.

연구개발관리는 R&D 관리라고도 하며 경제협력개발기구에서는 "인간 · 문화 · 사회를 망라하는 지식의 축적분을 늘리고 그것을 새롭게 응용함으로써 활용성을 높이기 위해 체계적으로 이루어지는 창조적인 모든 활동"이라 정의하고 있으며, 신제품개발관리는 새로운 제품을 개발하거나 아니면 기존 제품을 개선시키거나 좀 더 넓은 의미에서 경쟁사 제품을 흉내 낸 모방제품 혹은 다른 회사로부터 제품이나 제품계열을 인수하여 새롭게 생산하게 되는 제품 등과 같이, 해당 기업으로는 처음으로 생산하게 되는 제품들을 관리하는 것을 의미한다.

기술예측이란 미래의 기술발전 방향과 전망을 탐색함으로써 기술특성의 변화와 기술발전의 영향을 논리적인 체계를 통해 분석하여 기업의 연구개발계획 수립 시 필요한 정보를 제공하는 데 활용된다. 또한 기술이전은 연구개발의 결과로 취득한 기술을 양도, 실시권 허락, 기술지도, 공동연구, 합작투자 또는 인수 · 합병 등의 방법으로 기술을

▶ 그림 1-8 | 기술경영의 연구주제

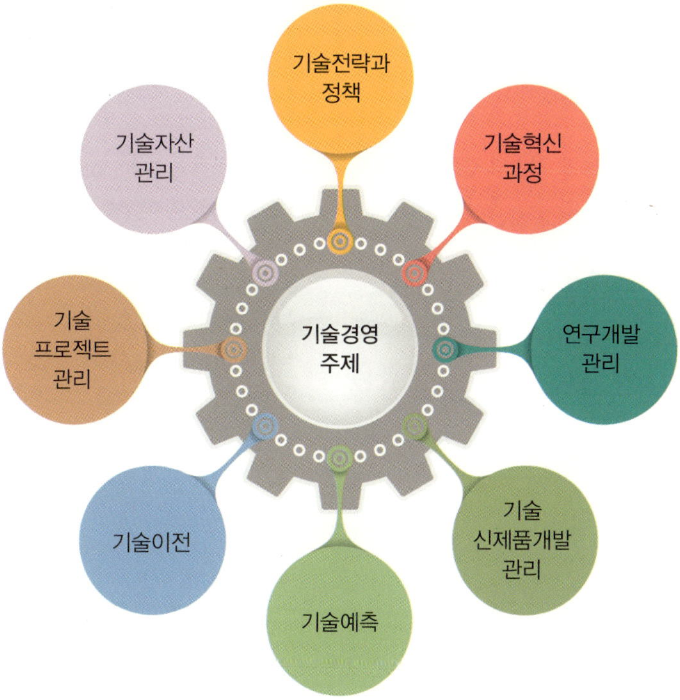

보유하지 않은 자에게 이전하는 것을 말한다. 일반적으로 프로젝트관리는 유일한 제품이나 서비스를 만들기 위해 수행되어야 할 한시적인 행동을 의미하며, 기술프로젝트관리는 R&D 부분의 프로젝트관리 및 통제를 의미한다고 볼 수 있다.

기술자산관리란 기업이 기술에 관한 자산의 수익성, 안정성 및 유동성을 확보하기 위하여 기술자산을 어떻게 보유할 것인가를 계획, 운영, 통제하는 업무를 의미한다. 즉 신제품개발에 필요한 기술자산을 필요할 때 시장 출시한 제품과 서비스를 경쟁상품보다 탁월하고 법적으로 보호할 수 있는 기술 안정성의 정도, 확보할 수 있는 기술 유동성의 정도 그리고 보유하고 있는 기술자산을 활용해서 창출할 수 있는 기술 수익성의 정도를 극대화하는 경영활동을 말한다.

이외에도 기술개발의 5단계(식별-선택-획득-관리-활용)에 따라 〈표 1-7〉과 같이 기술경영의 연구주제를 구분할 수 있다.

표 1-7 기술경영의 단계별 연구주제 영역

구분	접근 개념	의미
기술식별	유망기술의 탐색 및 식별	• 신기술 예측 · 모니터링 • 신기술 개발동향분석 • 기술로드맵
기술선택	접근 가능한 기술의 선택과 집중	• 기술 포트폴리오 · 플랫폼 분석(선택과 집중)
기술획득	선정된 기술의 확보	• 연구개발, 인수합병, 라이선싱, 기술양도 • 공동연구
기술관리	확보된 기술의 전략적 관리	• 기술개발의 특허성분석 • 특허출원전략
기술활용	기술과 비즈니스의 연계활동	• 개척 · 개발(기술사업화추진) • 기술이전 • 사업타당성평가

연습 문제

〈객관식〉

01 과학과 기술이 분리되면서 기술철학이 태동된 시기는?

① 르네상스시대 ② 근대사회

③ 산업혁명시대 ④ 현대사회

02 미래 트렌드를 설명하는 용어로 관계가 적은 것은?

① 초연결 ② 초지능

③ 초혁신 ④ 초실감

03 연구와 개발의 개념 차이를 설명한 것 중 연구부분과 관련된 내용은?

① 이익이 중심 ② 정확한 일정 준수가 어려움

③ 위험을 최소화 ④ 지식을 사업가치로 전환

04 기술의 내용에 따른 유형 분류 중 규모의 경제와 관련된 기술은?

① 제품기술 ② 설계기술

③ 경영기술 ④ 공정기술

05 기업이 기술에 관한 자산의 수익성, 안정성 및 유동성을 확보하기 위하여 기술자산을 어떻게 보유할 것인가를 계획, 운영, 통제하는 업무를 의미하는 것은?

① 기술자산관리 ② 기술혁신

③ 기술전략 ④ 기술예측

객관식 해답

01 ② **02** ③ **03** ② **04** ④ **05** ①

〈주관식〉

01 기술경영의 정의에 대해 간단히 설명하시오.

02 기술경영의 연구주제에는 어떤 사항들이 있는지 기술하시오.

03 기술과 과학의 차이점을 설명하시오.

04 경영에서 기술경영의 영역에 대해 간단히 설명하시오.

05 연구와 개발의 개념의 차이점에 대해 설명하시오.

참고문헌

김대수 외, '4차 산업혁명과 기술경영: 혁신과 성장', 한경사, 2019.

김진우 외, '기술경영', 박영사, 2017.

김진한, '기술경영', 박영사, 2021.

박용태, '기술과 경영 개정' 제3판, 생능, 2017.

박태영, '디지털 사회 2.0 시대의 기술경영의 이해', 한경사, 2020.

안연식, '기술경영' 제3판, 창명, 2020.

오승한, '과학기술과 법', 기한재, 2020.

윤재홍, '기술경영', 이프레스, 2014.

이영덕, '기술경영', 두남, 2015.

이청호, '기술경영', 한경사, 2010.

장병주, '문명으로 본 과학과 기술의 역사', 동명사, 2014.

정선양, '전략적 기술경영' 제4판, 박영사, 2016.

한국과학기술학회,' 과학기술학의 세계', 휴먼사이언스, 2014.

후지스에 켄조 저, 신용하 역, '기술 · 경영전략 길라잡이', 남양문화, 2008.

Alan Pilkington, Thorsten Teichert, "Management of technology: themes, concepts and relationships", *Technovation*, Vol.26(3), March 2006, pp.288-299.

Henry W. Chesbrough, *Open Innovation*, Harvard Business School Press, 2003.

M. A. White, G. D. Bruton, *The management of technology and innovation: A strategic approach*, Cengage Learning, 2010.

https://en.wikipedia.org/wiki/

https://kocw.xcache.kinxdn.com

https://scienceon.kisti.re.kr

http://www.kmooc.kr

CHAPTER 02

제4차 산업혁명과 기술경영

1 산업혁명과 기술경영 개요

제조업과 서비스산업은 과거 산업혁명의 영향을 폭넓게 받아왔다. 제조업과 정보기술의 현저하고 급격한 변화로 인해 정보기술, 서비스, 제조업의 발전으로 연결되었다. 이러한 발전은 서비스시스템과 제조환경 모두에서 기업의 생산성 향상으로 이어졌다. 최근 몇 년 동안 통신 및 네트워킹(산업 인터넷), 임베디드시스템(사이버 물리시스템), 지능형 로봇, 사이버 보안, 데이터분석 및 인공지능 및 적층제조와 같은 파괴적 개념의 도입과 적용의 필요성으로 인해 제조회사와 서비스시스템은 상당한 어려움에 직면해 왔다.

결국 이러한 어려움을 극복하기 위한 노력은 제조업과 정보기술의 발전을 초래했다. 발전된 기술은 제4차 산업혁명시대인 '인더스트리 4.0'의 탄생을 촉진하고 가속화하였으며, 높은 잠재력 때문에 많은 사람들은 인더스트리 4.0을 받아들였다. 결과적으로 인더스트리 4.0은 더 생산적인 시스템을 나타내며, 기업들은 이 용어의 올바른 정의와 활용을 모색해 왔다. 반면 인더스트리 4.0으로의 전환에 대한 성과기준과 성과 측정은 여전히 불확실하다. 또한 합리적이고 체계적인 로드맵 역시 여전히 명확하지 않다. 따라서 이 장에서는 3차에 걸친 산업혁명의 역사와 그 영향에 대하여 알아보고 제4차 산업혁명의 틀과 제조업을 재편하고 있는 새로운 기술들에 대해 논의한 후 기술경영과 산업혁명과의 관련성 그리고 미래의 기술경영의 방향에 대해 설명한다.

2 산업혁명 개념

일반적으로 '산업혁명'과 '산업화'라는 용어는 서로 교환하여 사용된다. 모든 산업혁명은 산업계의 단순한 진화적 변화가 아닌 혁명으로 정의할 수 있는 공통적인 특징을 가지고 있다. 산업혁명의 출현을 위한 전제조건은 완전히 새로운 산업 생산기술(산업 기술혁신)의 충분한 양의 축적이다. 이러한 기술이 축적되는 과정에서 경제의 실물부문이 점진적으로 발전한다. 이러한 기술이 어느 정도 임계치에 도달하여 산업생산으로의 실질적 적용이 필요한 단계에 이르면 양에서 질로 이행하는 과정이 시작된다.

이러한 전환은 산업혁명의 시작을 알리며 산업계의 체계적인 변화를 요구한다. 새로운 기술 방향과 종류는 산업혁명 과정에서 확립되며, 이것은 완전히 새로운 산업 생산기술로의 전환을 의미한다. 새로운 기술과 최신장비와 설비로 인한 대량생산 그리고 현대화의 재편은 산업 생산의 효율성 증대로 이어진다.

결과적으로 경제시스템으로 취급되는 실물부문의 경우, 시너지효과가 나타나는데 이는 산업 생산량의 성장과 함께 소비되는 자원과 에너지(자원 및 에너지의 경제)의 감소, 규모경제의 효과, 물류개선(중간 및 최종제품의 운송 속도의 증가, 제품 결함 확률 감소, 대형 품목의 운송 가능성 등) 등을 통한 비용 절감에 기인한 것이다. 즉 산업혁명은 산업사회 이전에서 산업사회로 진행하는 과정에서 실질적으로 1인당 GDP가 지속적이고 실질적인 증가로 연결되어 경제성장을 이끈다는 것을 의미한다. 산업혁명의 과정은 갑작스럽고 빠른 것이 아니라 깊고 광범위하다. 영국은 최초의 산업국가였고, 산업국가가 되기 위해 1750년대에서 1850년대까지 거의 1세기가 걸렸다. 하지만 실제 1인당 소득은 1840년대 이후 매년 1%씩 증가하기 시작했다. 새로운 많은 산업부문은 초기에 생산성이 크게 증가했다. 그러나 흉작, 잦은 전쟁, 급격한 인구 증가 그리고 경제구조의 변화는 특히 선구자인 영국에서 경제성장률에 부정적인 영향을 끼쳤다. 나중에 산업화된 국가들은 전반적으로 개발 속도가 더 빠르고 성장률도 더 높았다.

산업혁명은 그 자체로 역사적 사건으로 여겨지지는 않지만, 지난 3세기 동안 인류 역사상 가장 중요한 발전이었다. 이 현상은 약 2세기 반 전에 시작되었다. 새로운 생산방법으로서의 산업혁명은 사람들이 사는 곳, 일하는 방식, 정치적 이슈를 정의하는 방식 등 많은 사람들의 삶의 형태를 바꾸어 놓았다.

[그림 2-1]과 같이 처음 세 번의 산업혁명은 거의 200년의 기간에 걸쳐 계속되었다. 1700년대 후반 증기 엔진의 발명으로 시작한 제1차 산업혁명은 육체노동 중심의 농업과 수공업을 기계로 제조하는 기계노동 중심으로 생산방식의 변화를 이끌어 내었다.

그림 2-1 | 산업혁명의 역사

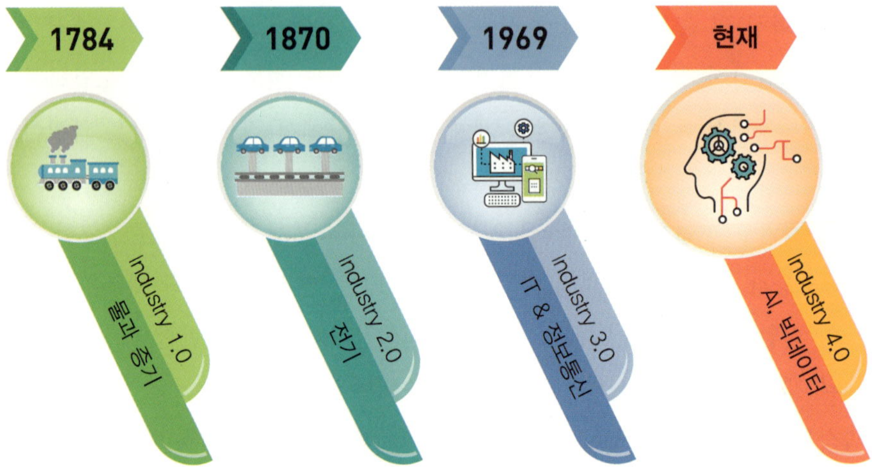

거의 100년 후, 오하이오주 신시내티의 도축장에서 컨베이어 벨트를 사용함으로써 제2차 산업혁명의 시작을 알렸고 몇 년이 지난 후 포드자동차(Ford) 공장에서 연속 생산라인과 컨베이어 벨트를 활용하여 자동차를 대량생산함으로써 높은 생산성 향상을 달성하였다.

자동화시스템의 디지털 프로그래밍을 가능하게 한 돌파구는 1969년 모디콘(Modicon)사에 의한 최초의 프로그램 가능 논리 제어장치(Programmable Logic Controller: PLC)의 발표와 함께 나왔고, 이것은 제3차 산업혁명을 본격적으로 알리는 시발점이 되었다. 프로그래밍 패러다임은 매우 유연하게 그리고 효율적으로 자동화시스템에 연결되면서 오늘날까지 자동화시스템 엔지니어링 부분에서 높은 점유율을 차지하고 있다. 그러나 네트워킹 및 사이버 세계에 대한 접근성을 통해 물리적 운영을 컴퓨팅 및 통신 인프라와 연결하는 산업 자동화시스템, 즉 CPS(Cyber Physical System)가 출현하면서 인더스트리 4.0이 등장하였다.

인더스트리 4.0은 최근 학계로부터 더 많은 관심을 받고 있다. '인더스트리 4.0'이라는 용어는 앞에서 설명한 역사상 세 번의 다른 산업혁명이 선행된 다음의 산업혁명이다. [그림 2-2]에서 표현된 것과 같이 제1차 산업혁명은 18세기 후반 기계 생산설비의 도입으로 시작되어 19세기에 걸쳐 가속화되었고 전기와 분업(즉 테일러주의)은 1870년대부터 시작된 제2차 산업혁명을 유발했다. 첨단 전자 및 정보기술의 도움으로 생산공정의 자동화가 진전되면서 1970년대를 전후하여 제3차 산업혁명(디지털혁명)이 시작되었다. 다음에서는 각 산업혁명의 과정을 자세히 살펴보기로 하자.

그림 2-2 | 제4차 산업혁명의 개요

2.1 제1차 산업혁명

2.1.1 개념

신석기혁명은 생산적인 경제를 창조했고, 산업혁명은 농업사회에서 산업사회로, 기술혁명은 산업사회에서 서비스사회로 전환시켰다. 이 모든 과정은 나라와 지역에 따라 달랐지만, 그 성격은 전 세계적으로 동일하다고 볼 수 있다.

'산업혁명'이란 18~19세기 영국에서 그리고 그 후 유럽의 다른 나라에서 일어난 산업변화를 의미하며, 이 개념은 프랑스의 경제학자 제롬 아돌프 블랑키에 의해 처음 사용되었다.

18세기 후반에 시작된 최초의 산업혁명은 영국에서 시작되었고 수공업에서 기계로 전환되었다. 그것은 물과 증기 동력으로 움직이기 위해 기계 생산장비를 활용하였다. 최초의 기계식 방직기는 1784년에 도입되었고, 토머스 뉴커먼에 의한 증기 엔진의 대량 석탄 추출과 개발은 모든 산업공정에 힘을 실어주는 새로운 에너지원을 만들었다. 철도가 개발되었고 경제발전은 탄력을 받았다.

산업화 국가들의 근로자들이 농장에서 공장으로 옮겨가면서, 사회는 기대 이상 빠른 속도로 개혁되었다. 이러한 변화는 경제부문에 걸친 노동력 분배에 큰 영향을 미쳤다. 예를 들어, 1810년대 미국 노동력의 3%가 제조업에, 84%가 농업에 종사하였다. 그러나 제조업이 시장에서 차지하는 점유율은 급속도로 상승했고 농업시장 점유율은 점차 감소하면서, 현재 농업시장 점유율은 2% 미만이다.

1차 산업혁명 이전에도 중요한 산업혁신이 많이 있었지만, 18세기 후반의 혁신은 생산과정에 영향을 준 혁신들과 구별된다. 이러한 혁신은 생산 프로세스에 대한 새로운 전력 및 열 공급원의 광범위한 활용으로 매우 놀라울 정도로 산업에 큰 영향을 미쳤다. 혁신의 결과로 화석 연료(석탄)는 인간의 힘, 바람, 물, 동물, 목재의 열에너지와 같은 전통적인 동력 자원을 대체하였다. 석탄은 엄청난 사용량의 증가로 주요 에너지원이 되었고 기본적인 산업화로 변환하는 비용을 절감시켰다. 특히 세 가지 기본적인 기술혁신은 제1차 산업혁명의 발판을 마련하였다.

첫째, 최초의 증기 엔진은 1698년 영국의 토마스 세이버리가 발명하였다. 이 엔진은 탄광에서 누적된 물을 퍼올리는 데 사용되었지만, 대기압을 사용하고 물을 끌어내기 위해 응축된 증기의 진공에 대항하여 작동했기 때문에 응용이 제한적이었다. 제임스 와트의 증기 엔진은 1769년에 특허를 받았으며, 열에너지를 증기 및 기계적 에너지로 변환하였다.

둘째, 1770년과 1779년에 특허를 받은 리처드 아크라이트와 새무얼 크롬튼의 방적기는 사람이나 동물이 옮길 수 없을 정도로 크고 거추장스러웠지만 실을 대량생산할 수 있었다.

셋째, 1784년에 발명된 헨리 코트의 반사로(反射爐)는 역사상 가장 널리 사용되는 공업용 금속인 철을 대량으로 제조할 수 있게 하였다.

그림 2-3 | 제1차 산업혁명의 산물

Watt의 증기기관차

증기기관차

방적기

이처럼 혁명을 이끈 누적된 산업혁신에는 주철 생산기술, 증기 엔진기술, 섬유산업의 기술이 포함되었다. 제1차 산업혁명 과정에서 기계를 중심으로 한 산업기술환경이 형성되면서 육체노동을 대체했다. 이를 위해서는 산업장비라는 새로운 인프라가 필요했다. 이 혁명의 과정에서 일어난 산업체계적 변혁의 본질은 산업 생산의 형성으로 귀결되었다. 이에 따른 산업변화는 증기 엔진의 출현과 대량 수송의 발달로 인한 것이었다.

영국이 산업혁명의 발상지가 된 주요 이유는 목재의 부족과 석탄 매장량의 급증, 상업적인 귀족계급, 제한적인 정부 간섭, 자유기업제도, 북미 노예들에 의한 값싼 면화 생산, 높은 식자율, 대서양지역에서의 주요한 위치 등으로 인한 것이다. 값싼 땅과 노동력 그리고 제품을 팔기 위해 시장을 제공했던 세계의 여러 지역의 산업화가 벨기에, 스위스, 프랑스, 독일, 미국으로 확산되었다.

2.1.2 제1차 산업혁명의 특징

그림 2-4 | 제1차 산업혁명의 특징

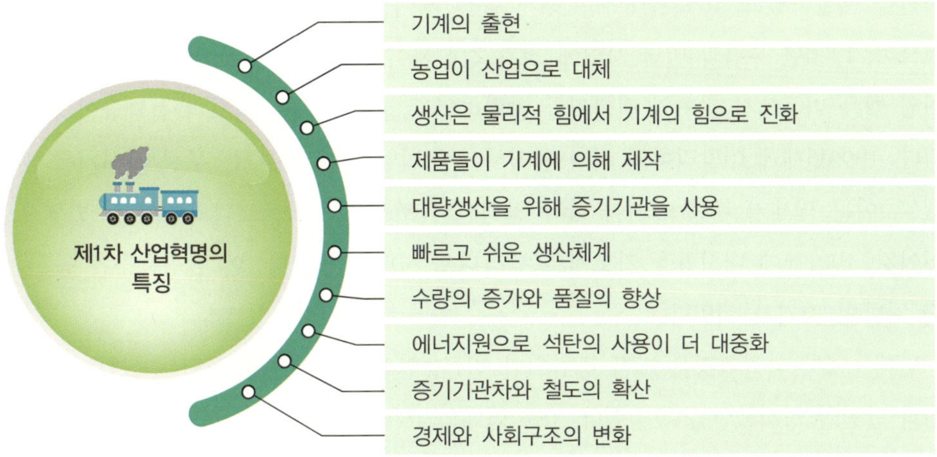

2.2 제2차 산업혁명

2.2.1 개념

제2차 산업혁명은 20세기에 전기 및 컨베이어를 활용한 자동차와 다른 제품들의 생산조직과 연결되어 있다. 노동효율은 제1차 산업혁명보다 높아졌고 기업경영의 변화에 대한 접근방식도 개선되었다. 산업혁명의 결과는 19세기 후반에서야 나타났다. 1850년대와 1860년대는 산업혁명의 성과를 성취하고 서구 국가들은 새로운 차원의 개발로 전환하기 위한 여건을 준비하는 시기였다.

20세기 초 서구 국가들은 새로운 기술과 역동적인 경제성장에 바탕을 둔 산업경제시스템을 가지고 있었다. 19세기 후반 기술변화의 주요 결과는 생산성 중심의 산업사회 형성과 자본주의가 새로운 독점적 발전단계로 진입하는 계기를 마련하였다. 이것은 서구에서 사회기술발전의 가속화와 새로운 기술혁명의 결과로 나타났으며 이를 제2차 산업혁명으로 부른다.

제2차 산업혁명에서 중요한 역할은 에너지영역의 주요한 변화에 있었다. 증기는 전기로 대체되었고 전기 사용은 세계경제에 혁명을 일으켰다. 에른스트 베르너 폰 지멘스가 최초의 전기 발전기를 발명하였고, 1879년 미국의 발명가 토머스 에디슨은 백열등을 만들었다. 1882년에 공공용으로 첫 번째 발전소가 건설되었고, 1896년에는 나이아가라 강에 첫 수력발전소가 건설되었다. 에너지를 장거리로 전달할 수 있는 송전선이 개발되었고 이것은 전기기술발전의 기초가 되었다.

산업화 조건에서 정보망의 개발이 매우 중요했다. 1830년대에 새뮤얼 모스가 최초의 전신을 개발하였고, 1850년대에는 해저 통신 케이블을 통한 대륙횡단전신선이 구축되었으며, 1866년 유럽과 미국 사이에 정기 전신선이 설치되었다. 1876년 알렉산더 그레이엄 벨은 미국에서 최초의 전화기를 발명하였고, 1878년에는 최초의 전화국이 만들어졌다. 1890년대에 이탈리아의 전기 엔지니어 굴리엘모 마르코니는 무선 전신기를 발명했고, 이는 19세기 후반 러시아 학자 알렉산더 포포프와 마르코니의 라디오 발명으로 이어져, 1901년에 대서양을 가로지르는 라디오 시대를 열었다. 이 발명품들은 통신 수단 개발의 계기가 되었다.

반대로 2차 산업혁명은 또한 광범위한 빈곤, 인간이 기계로 대체되는 실업, 깊은 불황과 만연한 경제불안을 유발했다. 1870년대와 1890년대 사이의 대공황은 수백만 명의

그림 2-5 | 제1차 산업혁명의 산물

에디슨의 백열등 발명 벨의 전화기 발명 Ford의 자동차 대량생산

실업자를 만들거나 직업을 유지한 사람들조차 낮은 임금을 받으며 일하도록 강요받았다. 노동시간이 길어지고 초과근무와 부상에 대한 보상이 없어 업종 내 근로여건이 열악해진 반면에 숙련된 노동자들은 높은 급여와 경제적 자립을 얻었다. 2차 산업혁명은 제1차 세계대전이 발발하면서 종식되었다.

1차 산업혁명과 그 이전의 대부분의 기술발전은 거의 또는 전혀 과학적인 기반을 가지고 전개되지 않았다. 제작에 수반되는 공정에 대한 결함 제거, 품질 향상, 사용자 친화적인 제품 및 공정 보유의 이려움 등으로 발생될 수 있는 문제점을 생각하지 않았다. 반면에 제2차 산업혁명은 과학과 기술 사이의 상호 피드백에 대한 사고를 반영하였다.

전기와 내연기관을 포함한 많은 새로운 혁명적 기술들이 1860년부터 1900년까지 발명되었다. 이러한 획기적인 발명품들은 수십 년 동안 지속된 제1차 산업혁명시대의 종식과 더불어 새로운 시대의 문을 열었고 새로운 경제로 진입하기 위한 생산의 신속한 기술적 변화를 이끌었다. 많은 사람들은 제2차 산업혁명 동안 전기의 발명이 이 혁명이 끝난 후에도 기술발전을 촉진하는 데 도움이 되었다고 믿었다. 그러나 처음에 전기의 도입은 제조업자들 사이에서 매우 느리게 확산되었다. 제조사들이 전기의 적절한 활용을 구상하여 적용하는 데 시간이 걸렸기 때문이며, 전기 사용이 미국 제조회사들의 생산성 향상에 즉각적인 결과로 연결되지 못했다.

제1차 산업혁명은 새로운 에너지원을 생산과정에 통합시키는 결과를 가져왔다면 제2차 산업혁명은 철도, 전신, 증기선, 케이블시스템을 포함한 현대의 교통과 통신시설의 구축과 함께 생산기술의 대대적인 혁신을 가져왔다. 이 발명품들은 1800년대 후반과 1900년대 초반에 대량생산과 유통시스템을 촉진시켰다.

제2차 산업혁명이 가져온 신경제로의 전환을 크게 세 가지 특성으로 구분해 보면 다음과 같다. ① 기술발전 모멘텀의 상승과 이 기간 동안 측정된 생산성 증가율 사이의 시간 간격이 길었다(이를 생산성 역설이라고 불렀다). ② 제조사들의 신기술 채택률이 더뎠다. ③ 일부 제조업체들은 제2차 산업혁명의 전환기에 신기술로 전환하는 대신 기존 기술에 투자를 계속했다. 흥미롭게도 제2차 산업혁명 이후의 전환기의 이러한 특성은 제3차 산업혁명 이후 발생한 전환기와 유사성을 보인다.

많은 연구들이 2차 산업혁명의 확산 속도가 천천히 진행한 것에 의문을 제기했다. 기술적 제약이 느린 전환의 주요 요인으로 간주되었다. 무엇보다도 공장은 새로운 기술을 내재화하는 주체였고, 새로운 기술과 도구를 채택하기 위해서는 엄청난 변화를 요구했다. 그러나 이러한 기술에 대한 개선은 점진적이고 지속적으로 진행되었고, 공장들은 새로운 기술을 배우고 흡수하고 사용하기 위해 합리적인 기간이 필요했다.

긴 학습과정은 기업들이 전환 초기부터 새로운 기술에 대한 많은 양의 지식을 축적하도록 요구한다. 일단 기업이 이 귀찮은 과정을 통과하지 못하면 새로운 기술을 채택할 의향이 줄어들 것이고 기존의 기술 관행을 빨리 폐기하지 않을 것이다. 오히려 회사는 새로운 기술로 전환하기 전에 기존 기술을 개선하고 향상시키는 데 오랜 시간을 계속 투자할 것이다. 이러한 관행은 기술변혁 속도의 증가와 신기술에 의해 생산되는 생산성비율의 증가 사이에 간격을 길게 할 것이다.

2.2.2 제2차 산업혁명의 특징

그림 2-6 | 제2차 산업혁명의 특징

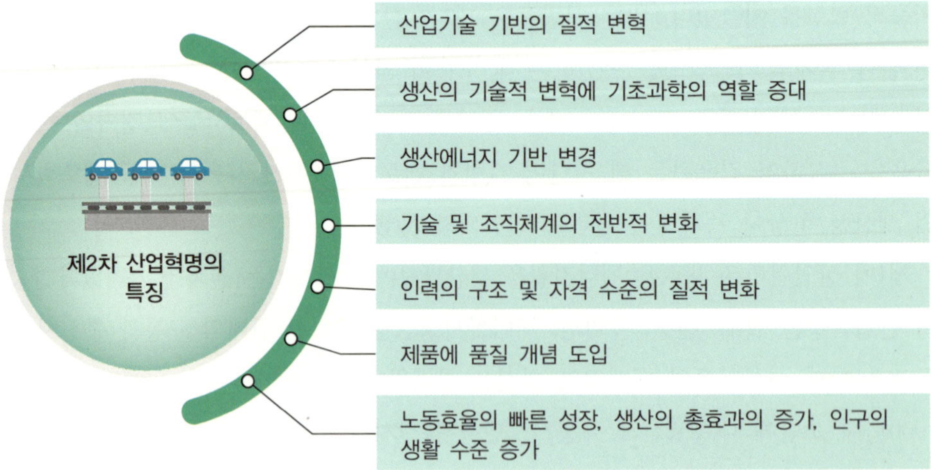

2.3 제3차 산업혁명

2.3.1 개념

생산을 자동화하기 위해 제1차 산업혁명에 수력과 증기력을 사용하였다. 대량생산은 제2차 산업혁명 기간 동안 전기에너지의 사용으로 널리 확산되었고, 제3차 산업혁명을 통해 전자제품과 정보기술이 발전됨에 따라 생산과정이 자동화되었다.

제3차 산업혁명은 1950년대 중반에서 1970년대 초까지 마이크로 전자와 반도체개발로 시작된 디지털혁명으로 정의될 수 있으며, 최초의 초대형 통합(Very Large Scale Integration: VLSI) 프로세스가 수천 개의 트랜지스터를 하나의 칩에 결합함으로써 집적회로(IC)를 만들어 내었다. 이 집적 회로는 기계 및 아날로그기술에서 디지털 전자기술로의 이동을 가속화했으며, 정보의 디지털화를 근본적으로(규모에 따라) 변화시키고 퍼베이시브 컴퓨팅(Pervasive Computing)을 촉진시켰다. 컴퓨팅 파워의 경제성은 컴퓨터의 보급을 가속화시켰다. 마이크로프로세서가 지속적으로 발전함에 따라 고든 무어는 "마이크로프로세서의 컴퓨팅 파워는 18개월에서 24개월마다 두 배씩 증가하는 반면 비용은 절반으로 줄어든다"는 세계적으로 유명한 말을 하였다.

[그림 2-7]은 인텔 마이크로프로세서의 도입연도, 트랜지스터의 수를 보여준다. [그림 2-7]에 표시된 트랜지스터 수의 증가를 살펴보면 시간 간격 간의 트랜지스터 수 변

그림 2-7 | 무어(Moore)의 법칙

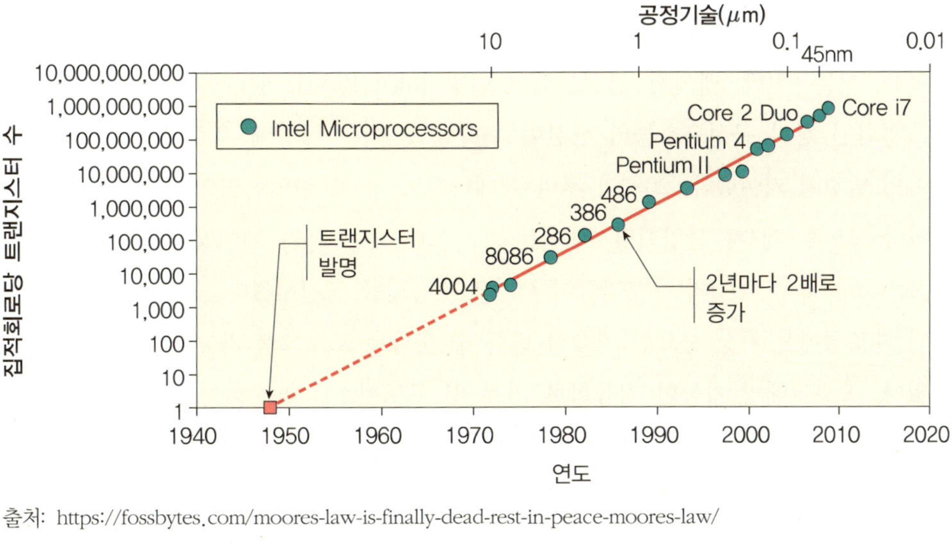

출처: https://fossbytes.com/moores-law-is-finally-dead-rest-in-peace-moores-law/

화율은 양의 기울기를 가지며, 특히 2000년 이후에는 매년 증가폭이 엄청나게 늘어나고 있음을 확인할 수 있다.

IBM, 휴렛팩커드, 마이크로소프트, 선마이크로시스템스 등의 엔터프라이즈 컴퓨팅과 자동화된 서비스 및 생산이 급속한 확장과 팽창을 거치면서 정보기술의 시대는 산업화되었다. 1990년대까지 통신의 발달로 인해 그 후 10년 동안 글로벌 데이터 센터를 위한 토대가 마련되었고, 구글, 아마존, 애플, 페이스북, 트위터 및 기타 수많은 디지털혁명(검색엔진, 온라인시장, 소셜미디어 및 모바일장치의 출현)을 확산시키는 기업들이 나타났다.

특히 3차 산업혁명은 전례 없는 규모로 사람과 산업을 연결시켰다. 이 정보기술 범위에는 연결장치와 통신 인프라의 산업적 확장, 데이터 센터 규모 확대 그리고 휴대전화의 소형화 및 상품화 등과 같은 대규모 컴퓨팅시장의 규모 확대가 포함되었다. 월드 와이드 웹(www)의 탄생은 기계가 서로 그리고 인간과 '대화'할 수 있게 하는 새로운 방식과 프로토콜을 가지고 왔다. 또한 주파수와 대역폭 투자의 급속한 발전은 비즈니스 기업과 도시, 교통, 에너지 및 유틸리티 네트워크 인프라로 연결되는 기반을 제공하였다.

제3차 산업혁명은 다음 세 가지 원칙을 기반으로 하고 있는데 ① 이익의 중심이 생산단계에서 개발 및 설계로 이동, ② 노동효율의 증가, 그 결과 생산 관련 블루칼라 및 직원의 감소, ③ 기존의 중앙집중형 비즈니스 모델을 분산형 구조 및 수평적 상호작용으로 대체 등이다.

제3차 산업혁명에 적응하는 데 시간이 너무 짧았고, 변화의 속도는 개인과 기관 모두를 위협할 정도로 매우 빨랐다. 조셉 핀켈슈타인(1984년)은 제3차 산업혁명시대의 생산과정과 시장의 6대 변화는 마이크로프로세서, 컴퓨터 보조설계 및 제조(CAD/CAM), 광섬유, 생물유전학, 레이저, 홀로그램의 발명이라고 말하고 있다.

소형화된 장치 구성요소들의 생산이 뒤따랐고, 이는 나중에 우주연구와 생명공학 분야의 발선에 기여했다. 20세기 후반 핵에너지도 제3차 산업혁명의 핵심에서 자리를 잡았다. 그 후 제3차 산업혁명시대에는 프로그램 가능 논리 제어장치(Programmable Logic Controller: PLC)와 로봇기술이 생산의 자동화를 촉진시켰다. 즉 제3차 산업혁명 동안 제조업에서 가장 중요한 기술적 변화 중 하나는 프로그램 가능한 자동화의 도입이었다. 프로그래밍 가능한 자동화로 기계 및 프로세스를 표준화하여 다양한 작업을 수행할 수 있었다. 이 기술은 다양한 움직임을 통해 재료와 부품을 조작하고 움직일 수 있는 프로그램 가능 공작기계, 프로그래밍된 지시에 따라 금속을 형상화하거나 절단하는 수치제어(Numerical Control: NC) 공작기계, 자동화된 재료 취급, 보관, 검색시스템 등 로봇을 선보였다. 중앙 컴퓨터시스템에 의해 제어되는 유연한 제조시스템은 여러 워크스테이션(예 이송 로봇과 NC 기계)을 연결하였고, 컴퓨터 통합제조는 프로그래밍 가능한 자동화와 설계, 제조 및 관리의 통합으로 탄생했다. 컴퓨터 기반 제조기술에 대한 도입은 제품 품질과 신뢰성의 향상과 같은 장점을 제공했다. 사람들이 작업을 수행하는 경우 일의 정확도가 다르기 때문에 생산 및 품질문제가 빈번히 발생한다. 그러나 프로그래밍 가능한 기계는 동일하고 표준화된 작업을 반복적으로 수행하기 때문에 이러한 문제의 발생 가능성이 적다. 생산성 향상, 낭비 및 비용 절감, 시간절약, 안전하고 건강한 작업장 등이 컴퓨터 기반 제조기술의 도입의 결과이다. 시장수요변화에 신속하게 대응할 수 있는 유연한 생산시스템은 컴퓨터 기반 제조기술의 장기적인 이점 중 가장 큰 요소로 작용하였다.

제3차 산업혁명이 진행되면서 '원산지'라는 개념이 사라졌다. 실험실과 시험장은 한 나라에 있고, 설계는 다른 나라의 전문가가 하고, 조립은 제3국에서 하고, 마케팅은 완전히 다른 나라 사람이 관리 감독한다. 제3차 산업혁명시대의 비즈니스는 글로벌 직원이 되기 위해 사람들이 자국의 나라를 떠나도록 만들지 않았다.

금융시스템은 국가 및 재정정책의 강력한 필수요건을 갖춘 글로벌시스템이 되었고, 인터넷과 정보통신의 발달로 개인의 재산, 보안시스템, 문화와 전통, 교육시스템 및 의료시스템을 개발하거나 운영하는 기업은 치열한 경쟁시장으로 내몰렸다.

2.3.2 제3차 산업혁명의 특징

그림 2-8 | 제3차 산업혁명의 특징

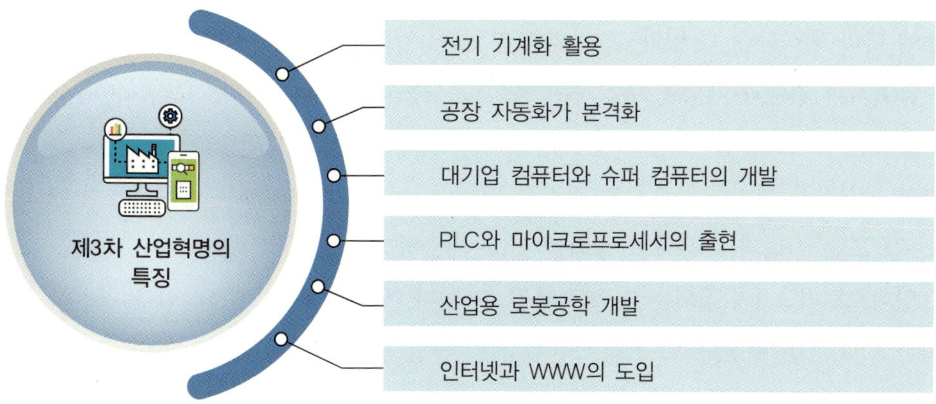

2.4 제4차 산업혁명(Industry 4.0)

2.4.1 개념

제1차~3차 산업혁명의 시작 시기는 새로운 형태의 에너지 출현으로 시작되었지만, 제4차 산업혁명은 새로운 유형의 에너지로 시작하기보다는 새로운 기술, 즉 디지털화로 시작한 최초의 혁명이다.

'인더스트리 4.0'은 독일의 'High-Tech Strategy 2020'의 10대 미래 프로젝트의 하나로 편입되어 독일 정부의 주도하에 진행된 산업분야 혁신정책으로 2011년 처음으로 대중들에게 알려지기 시작했다. 산업혁명의 4단계, 즉 4차로 한 것은 첫 3단계를 각각 기계화, 전기화, 정보화로 파악해 '인더스트리 4.0'으로 명명하였다. 2013년 하노버에서 열린 산업박람회에서 '인더스트리 4.0'이라는 용어가 다시 등장했고, 이후 인더스트리 4.0은 독일의 국가전략으로 급부상했다. 현재 인더스트리 4.0은 많은 글로벌 업계의 주목을 받고 있다. 전 세계의 인더스트리 4.0이 신산업혁명의 토대를 구축해 국제산업에 대규모 영향을 미칠 것으로 예상된다.

그러나 만약 우리가 인더스트리 4.0에 대한 명확한 정의를 찾는다면, 그것은 매우 다양하고 이해하기 어려울 수도 있다. 예를 들어, 몇 가지 정의를 들어보면 〈표 2-1〉과 같다.

이 이외에도 PWC는 인더스트리 4.0을 "4차 산업혁명의 기초는 가치사슬에 관련된 모든 인스턴스를 연결하여 모든 관련 정보를 실시간으로 이용할 수 있는 것이며, 데이터에서 언제든지 최적으로 부가가치가 높은 정보를 획득할 수 있는 능력도 중요하다. 사람, 사물 및 시스템의 연결은 기업 내부와 기업 간에 동적으로 자체 조직적으로 실시간 최적화된 부가가치 연결을 생성한다. 비용, 가용성 및 자원 소비와 같은 다양한 기준에 따라 최적화할 수 있다"고 정의하고 있다. 일부 책에서는 "인더스트리 4.0은 가치사슬조직의 기술과 개념을 총칭하는 용어로 사용되고 있다. 인더스트리 4.0의 모듈식 구조화된 스마트공장 내에서 CPS는 물리적 프로세스를 모니터링하고 물리적 환경의 가상 복사본을 생성하고 분산된 결정을 내린다. IoT를 통해 CPS는 실시간으로 CPS 상호 간 또는 사람과 소통하고 협력한다"고 기술하고 있다.

인더스트리 4.0의 정의는 다소 혼동될 수 있다. 일부에서는 "제조산업을 완전히 전산화하고 있다"고 주장하고, 다른 측면에서는 "산업 생산을 가상화"하는 방법이라고 말한

표 2-1 인더스트리 4.0에 대한 정의

출처	관점	기술	특징 및 시사점
세계경제포럼(WEF)(2016)	• 산업, 비즈니스, 정치, 사회 등 사회 전반에 걸친 큰 변혁 • 과거 경험하지 못했던 커다란 변혁의 도래 • 기존 경제산업시스템의 붕괴에 대한 대비	물리계, 디지털계, 생물계의 융합(사이버 물리시스템; Cyber-Physical System: CPS)	• 성장 중심의 가치에서 인간 중심의 가치로 사회가치가 변화 • 일(work)의 본질적 개념과 정치·경제·산업·사회시스템 전반의 재정립 필요 • 정부정책, 비즈니스 모델, 산업구조의 대변혁에의 대응 필요 • 4차 산업혁명시대의 적응을 위해서는 산학연관민 및 지구촌 차원의 협력이 필요
한국과학기술기획평가원(KISTEP)(2016)	ICT 기반의 기술을 토대로 '초연결성', '초지능화'의 특성을 가지는 사회로 변모	정보통신기술(Information and Commumcation Techonlgy: ICT)	• 제4차 산업혁명에 대비한 범 정부 차원의 전략 수립 필요 • ICT 기반의 신성장동력 발굴을 통한 과학기술 경쟁력 강화 • 창의적·혁신적 과학기술인력 양성체계 구축
보스톤 컨설팅그룹(BCG) Man and Machine in 인더스트리 4.0(2015)	• 인더스트리 4.0의 효과를 제조업계에 적용하여 모델링하여 분석 • 빅데이터를 응용할 경우 품질관리인력의 필요는 감소할 것이고 산업 데이터 과학자에 대한 수요는 증가할 것으로 예상	• 빅데이터 기반 품질관리 • 로봇지원 생산 자율주행 물류차량 • 생산라인 시뮬레이션 스마트 공급 네트워크 • 서비스형 기계 • 복잡한 부품을 자율적으로 생산하는 석층세조 • 증강작업, 유지 보수 및 서비스	• 기술발전으로 인하여 약 35만 개 일자리가 증가할 것으로 예상 • 인더스트리 4.0에 대응하기 위해 회사들은 인력을 재훈련시켜야 하고 조직 모델을 개선하며, 구인 및 인력계획을 전략적으로 발전시켜야 함 • 교육시스템은 다양한 능력과 함께 IT능력을 개발시켜야 함
KISTEP 수요포럼(2016. 8): 곽재원(경기과학기술진흥원 원장)	제4차 산업혁명시대 미래 사회 모습과 일자리 전망: 디지털 혁명으로 인한 산업의 변화, 4차 산업의 변화, 노동의 변화가 예상	• IT가 인류의 능력을 넘나드는 수준의 시대가 펼쳐질 조짐 • 인공지능(AI)의 제3차 붐 현상 및 첨단기술의 기대 • 과학기술정책의 혁신으로 사회적 문제를 해결하는 시대	• IoT, 빅데이터, 인공지능, 지노믹스, 로보틱스 등 산업과 사회에 창조와 파괴를 몰고 올 혁신적 기술의 실용화 • 프레임을 깨고 창조적인 R&D 활성화 및 R&D 고도화전략 모색 • 과학기술정책, 산업정책, 노동정책, 교육정책을 총망라하는 거버넌스 필요 • 과학기술 + 교육 + 노동 + 산업정책의 오픈 플랫폼 구축 등

다. 다만 "수평채널과 수직채널을 통합한다"는 데는 공감대가 형성된 것으로 보인다. 어느 쪽이든 기업과 제조업체는 많은 지원기술의 진화에 의해 추진되는 기술변화의 빠

른 속도에 보조를 맞추어야 하는 것은 틀림없다.

인더스트리 4.0은 21세기의 수많은 신기술과 마찬가지로 새로운 개념이 아니며, 새로 개발된 기술을 활용하는 오래된 개념을 재탄생시킨 것이다. 정확히 말하면 인더스트리 4.0은 특히 운영 및 정보통신기술의 병합을 통해 최신 기술개발과 혁신을 제조산업에 활용하는 수정 접근법이라고 볼 수 있다. 따라서 인더스트리 4.0은 운영, 통신 및 정보기술의 발전으로 제공되는 도구를 사용하여 생산, 제조 및 산업 프로세스의 자동화 및 디지털화 수준을 높인다. 생산 프로세스의 효율성을 개선하고 품질이 우수한 제품과 서비스를 제공하여 전체 가치사슬 프로세스를 관리하는 것이 목표이다. 이 비전은 더 낮은 가격으로 희생을 요구하는 것이 아니라 더 높은 수준으로 프로세스를 관리함으로써 품질의 최대치를 만드는 것이다. 이 철학을 통해 효율성과 비용이 개선되고 이익이 증가하는 미래의 스마트공장을 만들어 낼 수 있다. 이 미래의 공장은 CPS와 사람 모두에 의해 구동되며 모든 프로세스가 기존 공장과는 달리 깨끗하고 안전하며, 안정적이고 효율적으로 작동하기 때문에 기존 공장과는 다르다.

인더스트리 4.0은 다음과 같은 몇 가지 기술적 진보를 바탕으로 실현되고 있다.

- 지난 10년 동안 데이터 용량, 클라우드 스토리지, 임대 컴퓨팅 성능 및 유비쿼터스 네트워크 연결이 급증하면서 이전에는 불가능했던 운영 데이터를 분석할 수 있게 되었다.
- 제품개발을 성공하기 위해서는 데이터 수집기능의 향상과 고도화된 분석기술이 필요하며, 분석이 정확하고 견고할수록 최종제품의 품질이 높아질 것이다. 또한 비즈니스 운영의 효율성을 개선하기 위해 많은 분석이 필요하다.
- 새로운 형태의 인간과 기계의 상호작용기술이 도입된다. 여기에는 증강현실시스템과 터치 인터페이스 및 기타 핸즈프리 운영체제를 최대한 활용하는 시스템의 개발이 포함된다.
- 디지털 데이터를 물리적으로 사용할 수 있도록 전송을 용이하게 하는 혁신기술이 도입된다. 고급 로봇공학기술의 향상과 3D 프린팅기술의 적용과 빠른 프로토타이핑이 그 예이다.

이러한 동력이 작용함에 따라 산업계는 특히 경쟁력을 유지하기 위해 새로운 기술의 도입이 필요하게 되었고 그러한 계기가 제4차 산업혁명의 도화선이 되었다.

2.4.2 제4차 산업혁명의 특징

그림 2-9 | 제4차 산업혁명의 특징

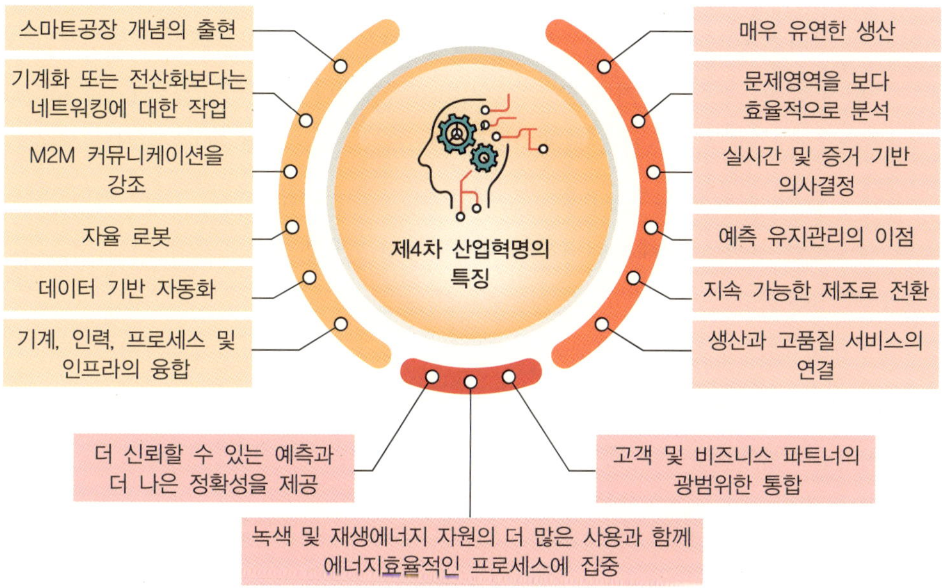

3 인더스트리 4.0의 주요 요소

최근 몇 년 동안 인더스트리 4.0은 제조 및 서비스회사 모두에게 큰 관심을 끌었다. 반면에 앞에서 언급하였듯이 인더스트리 4.0에 대한 명확한 정의가 아직 확정되지 않는 상황이라 인더스트리 4.0의 혁신에 필요한 새로운 기술의 종류와 기술에 대한 확실한 정의도 내릴 수 없는 상황이다. 주로 인더스트리 4.0은 부가가치 네트워크 구축을 위해 생산설비, 공급망, 서비스시스템의 통합으로 구성된다. 따라서 성공적인 적응을 위해서는 빅데이터분석, 자율(적응)로봇, 사이버 물리적 인프라, 시뮬레이션, 산업 인터넷, 클라우드시스템, 적층제조 및 증강현실과 같은 새로운 기술이 필요하다. 가장 중요한 점은 산업 인터넷의 광범위한 사용과 분산장치의 네트워킹을 보장할 수 있는 안정된 연결이 필요하다는 점이다. 산업 인터넷의 발전의 결과로 산업 사물인터넷, 무선센서 네트워크, 클라우드시스템, 임베디드시스템, 자율로봇, 적층제조와 같은 분산시스템이 서로 연결되었다. 또한 적응형 로봇과 사이버 물리시스템(CPS)은 시뮬레이션과 3차원(3D) 시각화 및 3D 프린팅에 의해 지원되어야 하는 컴퓨터 기반 통합환경을 제공한다.

제조 및 서비스 프로세스에 대한 실시간 의사결정과 자율성을 수행하기 위해서는 전체 시스템에 데이터분석 및 기타 조정 도구가 포함되어야 하며, 프레임워크를 구성하는 동안에는 제조 및 서비스시스템 데이터의 실시간 수집을 위해 센서, 실시간 처리 도구, 역할 기반 및 자율장치의 네트워크가 서로 상호 통합되어야 한다. 특히 인더스트리 4.0의 성공적인 구현을 위해서는 3개의 핵심기능과 8개의 기본기술이 전체 시스템의 일부가 되어야 한다.

다음 3개의 핵심 기능을 고려해야 한다.

- 제조 또는 서비스시스템의 수직적 통합 및 네트워킹
- 가치사슬을 통한 수평적 통합
- 전체 가치사슬의 end-to-end 엔지니어링

수직적 통합을 위해서는 조직 내에서 서로 다른 계층을 지능적으로 교차 연결 및 디지털화해야 한다. 그래야만 수직적 통합을 통해 스마트공장으로 유연하게 전환할 수 있으며 소규모 로트 및 맞춤화된 제품 생산을 가능하게 할 수 있다. 즉 스마트공장은 독자적으로 작동할 수 없다. 스마트공장, 스마트제품 및 기타 스마트 생산시스템의 네트워킹이 필요하다. 수직적 네트워킹의 본질은 사이버 물리적인 사용에서 비롯된다.

한편 수평적 통합은 정보시스템, 효율적인 재무관리 및 자재 흐름을 사용하여 제품 수명주기를 강화하기 위한 조직 간의 전체 가치창출을 달성한다. 수평적 및 수직적 통합을 통해 실시간 데이터 공유, 자원 할당, 생산성, 일관된 작업 사업부 및 정확한 계획 수립이 가능하며, 이는 인더스트리 4.0이라는 용어로 연결된 기기에 매우 중요하다.

마지막으로 end-to-end 엔지니어링은 고객 요구사항, 제품설계, 유지보수 및 재활용을 고려한 지원기술의 디지털 통합을 통해 제품개발 프로세스를 지원한다.

그림 2-10 | 제4차 산업의 주요 9가지 구성요소

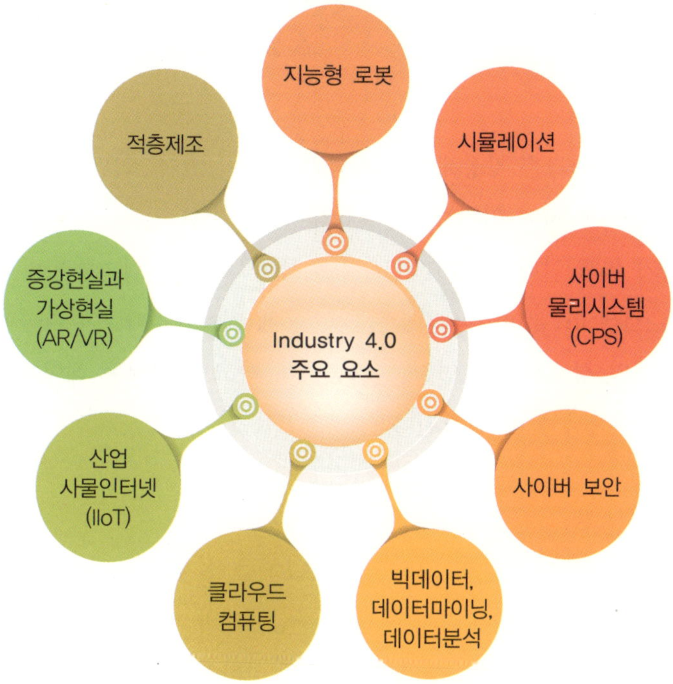

[그림 2-10]은 인더스트리 4.0의 주요 9가지 기술을 보여준다. 최신 디지털 산업기술인 인더스트리 4.0은 9개의 기술 축으로 이루어진 획기적인 발전이다. 연결된 시스템은 이러한 변화의 핵심이다. 센서, 기계, IT시스템 등이 전체 가치사슬을 통해 연결되고, 연결된 시스템들이 인터넷 기반 프로토콜을 통해 데이터를 분석하고 서로 통신할 수 있다. 데이터분석을 통해 시스템은 고장을 예측하고, 자체적으로 구성되며, 갑작스러운 변화에 적응할 수 있다. 인더스트리 4.0은 기계 전반에 걸쳐 데이터 수집 및 분석을 렌더링하고 보다 낮은 생산비용으로 고품질 제품을 생성하는 빠르고 유연하며 효율적인 시스템을 지원한다. 결과적으로 인더스트리 4.0은 산업 성장률이 증가함에 따라 제조생산성을 향상시킨다. 생산성 향상으로 인해 기업은 다른 기업들에 비해 경쟁우위를 확보할 수 있다.

9가지 핵심 인더스트리 4.0 기술 중 일부는 현재 제조시스템에서 이미 사용되고 있으나, 사용되고 있는 기술들은 생산공정에 활용하기 위해 재구성하여 설계에 반영되어 이용하고 있다. 예를 들어, 최적화된 셀이 함께 모여 완전히 통합되고 자동화되며 최적화된 생산 흐름을 형성하여 공급업체, 제조업체 및 최종고객 간의 기존 생산관계를 변경함으로써 생산성을 높일 수 있다.

(1) IIoT

산업 사물인터넷(IIoT)은 가상세계의 개념과 관련이 있다. 인더스트리 4.0은 스마트 제조를 더욱 가능하게 하여 인더스트리 4.0의 핵심요소로 인간-기계와의 향상된 상호작용을 달성하기 위해 인터넷과 IoT의 사용을 증가시킬 것이다. 물리적 세계를 가상세계와 혼합하는 것은 IoT분야에서 기술혁신을 통해 가능해졌다. 이 기술혁신은 물리적 세계와 가상세계의 상호작용과 연결을 가능하게 하고 여기에는 레이저 스캐너, 위성위치 확인시스템, 센서 등이 포함된다.

(2) 사이버 물리시스템

사이버 물리 또는 사이버 물리 생산시스템(CPS)은 실제 물리적 세계와 연결되는 시스템이다. CPS와 IoT는 종종 물리적 세계를 가상세계와 병합하는 데 사용되며, CPS는 IoT와 함께 더욱 지능적인 스마트공장 생산을 달성하여 더 빠르고 효율적인 디지털화를 가능하게 하는 것을 목표로 한다. CPS기술의 출현과 발전은 에너지 생산, 운송, 물류, 기계, 중공업, 철, 철강 야금 등을 포함한 개방형 산업혁신을 촉진할 것이다.

(3) 클라우드 컴퓨팅

클라우드 기반 운영은 인더스트리 4.0 혁신에서 네트워크시스템 통합에 기여하는 또 다른 필수요소이다. '클라우드'라는 용어는 클라우드 컴퓨팅과 클라우드 기반 제조 및 설계를 모두 포함한다. 클라우드 컴퓨팅은 클라우드를 통해 서버, 스토리지, 데이터베이스, 네트워킹, 소프트웨어, 분석, 인텔리전스 등의 컴퓨팅 서비스를 제공하는 것이다. 사용자가 하드웨어, 소프트웨어, 인프라 자원 등을 포함한 필요에 따라 클라우드 자원을 사용할 수 있다.

(4) 적층제조

적층제조는 특히 제품을 적절한 중합체, 세라믹 또는 금속과 함께 저장하고 결합함으로써 디지털 모델에서 직접 3D 물체를 생산하는 새로운 기술의 집합이다. 적층제조는 3D 객체 획득 소프트웨어와 재료 획득 측면의 두 단계로 구성된다. 적층방식은 제품을 만들기 위해서 아무것도 없는 상태에서 한 층 한 층 쌓아가며 원하는 물건을 만드는 방식을 뜻하는 것으로 물체를 만들기 위해서 한 층씩 쌓아간다는 의미에서 적층제조라고 한다.

(5) 빅데이터, 데이터마이닝 및 데이터분석

빅데이터는 요즘 자주 사용되는 새로운 용어이다. 빅데이터기술은 구조화되지 않은 이기종 온라인 웹 데이터로부터 관련 정보를 가져오기 위한 적절한 통찰력을 얻기 위해 사용된다. 데이터마이닝 기술 및 데이터분석과 함께 빅데이터의 장점을 활용하는 것은 데이터를 보다 효율적으로 분석하기 위한 것으로, 결과적으로 빅데이터를 활용한 분석기법들은 생산 프로세스에 도움이 될 수 있다. 이러한 기술의 적절한 활용은 공정 최적화, 비용 절감 및 운영처리 개선 등 제조회사에 이익을 제공할 것이다.

(6) 증강현실과 가상현실

증강현실(Augmented Reality: AR)과 가상현실(Virtual Reality: VR)이 인간의 오감 및 감성을 통하여 현실과 가상의 경계를 허물고, 사실감, 현장감, 입체감, 몰입감 등을 더욱 극대화하여 미래 우리 생활과 산업에 막대한 가치를 부여할 수 있는 중요한 수단이다. 제조, 국방, 의료, 교육, 게임, 부동산, 유통, 쇼핑, 의류, 내비게이션, 자동차, 관광, 박물관, SNS 등 거의 모든 분야에 걸쳐 응용될 수 있다.

(7) 지능형 로봇

명령에 의해 수동적, 반복적 작업을 수행하던 전통적 로봇을 벗어나 외부환경을 인식(perception)하고 스스로 상황을 판단(cognition)하여 자율적으로 동작(manipulation)하는 로봇으로 협동 로봇(cobot)으로 불린다. 보안 제한 등을 요구하지 않고 인간과 매우 협력적인 방식으로 작동하는 차세대 로봇공학에 속한다. 이러한 기능은 접근성 유연성과 사용 편의성을 높이기 위해 프로그래밍되어 있다.

(8) 시뮬레이션

컴퓨터 시뮬레이션은 매우 복잡한 모델로 복잡한 문제를 해결하기 위해 철강과 항공우주회사에서 사용하기 시작했다. 시뮬레이션은 CPS, 디지털 트윈, AR/VR, 클라우드, 빅데이터분석, IoT 및 적층제조와 직접적인 관련이 있다. 실제로 시뮬레이션은 인더스트리 4.0의 핵심이다. 공장 프로세스는 애니메이션을 추가하여 시뮬레이션함으로써 이해관계자(예 공장관리자, 근로자)가 기본 프로세스에 약간의 변화가 있을 때 공장이 어떻게 작동하는지 관찰할 수 있었다. 시뮬레이션은 제3차 산업혁명과 함께 성장했고 인더스트리 4.0 발전의 중요한 동인이 될 것으로 기대된다.

(9) 사이버 보안

사이버 보안은 디지털 공격이나 비접근 허가로부터 네트워크, 장치, 프로그램 및 데이터를 보호하기 위한 방법으로 구성된 정보의 무결성, 기밀성 및 가용성을 보장하기 위해 사용되는 방식을 말한다. 사이버 공격의 목표는 대개 민감한 정보 액세스·변경·삭제, 사용자의 금전 갈취, 정상적인 비즈니스 프로세스 중단 등이다. 머신러닝을 통해 내부자 위협을 포함한 알려지지 않은 위험을 해결할 수 있으며, 이는 지능적인 위협분석기술이 될 수 있다. 빅데이터분석은 네트워크 흐름, 시스템 로그 이벤트와 함께 부정행위와 의심스러운 활동을 발견하여, 침입 탐지시스템을 배치할 수 있다. 컴퓨터와 정보통신의 발달은 사이버 침해의 복잡성을 더욱 증가시키고 있다.

〈표 2-2〉는 주요 9가지 기술 제조의 영향을 설명하고 있다.

표 2-2 제4차 산업의 주요 9가지 기술 제조의 영향

기술	제조의 영향 및 기여도
첨단 로봇	통합 센서 및 표준화된 인터페이스를 갖춘 자율협력 산업용 로봇
적층제조	• 예비 부품 및 프로토타입을 만드는 데 주로 사용되는 3D 프린터 • 분산형 3D 프린팅 시설로 운송 거리 및 재고 감소
증강현실	유지관리, 물류 및 SOP 디스플레이 장치(예 안경)를 설비하는 디지털 향상
산업 사물인터넷	• 기계 및 제품 네트워크 • 네트워크로 연결된 개체 간의 다방향 통신
클라우드 컴퓨팅	• 개방형 시스템에서 방대한 양의 데이터관리 • 프로덕션 시스템용 실시간 통신
빅데이터, 데이터마이닝, 데이터분석	• 사용 가능한 데이터(예 CRM, ERP, SCM시스템 및 MES 및 기계)의 종합적인 평가 • 최적화된 실시간 의사결정 지원
사이버 보안	지능형 머신, 제품 및 시스템 간의 높은 수준의 네트워킹으로 인해 보안 리스크가 가중되는 관리
시뮬레이션	지능형 시스템의 실시간 데이터를 사용하는 네트워크 시뮬레이션 및 최적화
사이버 물리시스템	• 사이버와 물리적 구성요소와의 완벽한 통합 • 기계상태 및 모든 형태의 정보 실시간 제공

4 산업혁명, 경영학과 기술경영의 관련성

▶ 그림 2-11 | 산업혁명, 경영학과 기술경영의 역사

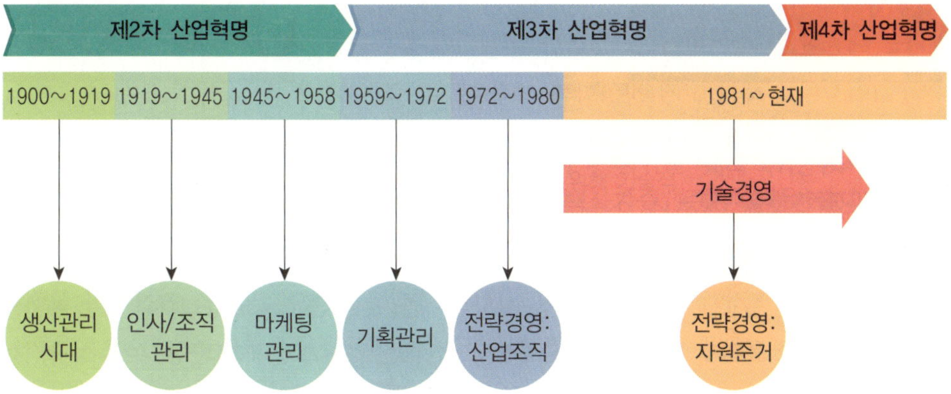

경영(Business Administration)의 출발점이라 할 수 있는 관리(Management)의 역사는 기원전 3천년 전에 수메르인의 경영활동과 이집트인들의 피라미드 건설, 로마제국 등에서 살펴볼 수 있다. 경영의 큰 전환점은 제1차 산업혁명으로서 특히 섬유재나 소비재의 제조에 중요한 도약의 계기가 되었고 이때 애덤 스미스는 〈국부론(國富論, 1776)〉에서 분업의 장점을 주장하였으며, 시장은 '보이지 않는 손'에 의해서 균형을 유지한다고 하는 자유방임주의가 강조되었다.

제1차 산업혁명은 신학과 비과학의 지배사회를 과학과 산업의 지배사회로, 저생산성과 저성장률의 사회를 고생산성과 고성장률 사회로, 가내생산을 공장제 생산으로 전환시키는 계기를 마련하였다. 이 장에서는 실질적 학문적으로서 현재 경영학의 토대를 마련한 제2차 산업혁명시대의 출발을 알리는 1900년대부터 알아본다.

▶ 그림 2-12 | 경영학의 역사

이집트 피라미드(BC 4000)

로마 콜로세움(AD 74)

서울 올림픽주경기장(1988)

4.1 생산관리시대

초기 경영학의 최대 관심사는 혁신적인 능률개선을 통한 최대이윤의 추구에 초점을 두면서 노동력 착취, 인간의 기계화 등과 같은 비인간적 요인의 발생과 더불어 초기 경영학은 태동하였다. 이와 같은 경향은 20세기에 프레더릭 테일러(Frederick W. Taylor, 1856~1915)에 의해서 고전 경영학의 성립 계기가 되었고, 특히 헨리 포드(Henry Ford, 1863~1947)는 근대적 대량생산방식에 의한 자동차의 대중화로 포드시스템을 확립하였다. 이 체계는 테일러의 과학적 관리법을 한 단계 진보시킨 것으로 자동차 생산에 컨베이어시스템(Conveyor System)에 의한 일관작업을 수행함으로써 공장에서의 생산성을 극대화하는 데 큰 기여를 했다. 그 후 과학과 경영은 급속한 발전을 거듭하여 고전적 경영접근방식, 행동과학적 접근방식, 계량적 접근방식, 시스템적 접근방식 및 상황적합적 사고방식 등이 등장하였다.

4.2 인사 및 조직관리시대

생산관리시대의 과학적 관리체계는 기술적 접근방법에 의해 일선 노무자의 능률을 향상시키는 데 초점을 두었으나 인간의 심리적·사회적 측면을 도외시한 채 기계적인 생산성 향상만을 추구한 이러한 관리방식은 결국 그 한계를 드러냈다. 이때 과학적인 실험을 통해 인격을 소유하고 감정을 지닌 인간의 문제, 특히 인사관리나 조직관리에서의 인간관계 등이 주요 관심사였다. 대표적인 이론으로 메이요(Elton Mayo)와 뢰슬리스버거(F. J. Roethlisberger)의 '인간관계론(Human Relations Approach)', 맥그리거(D. McGregor)의 'XY이론', 매슬로우(A. H. Maslow)의 '동기부여와 개성(Motivation and Personality)', 버나드(Chester I. Barnard), 사이먼(Herbert A. Simon) 등의 '조직이론(Organizational Theory)' 등을 들 수 있다. 이 시기에 조직을 구성하는 인간에 대한 새로운 견해를 피력한 조직이론들이 개발되었다.

4.3 마케팅관리시대

제2차 세계대전 이후 미국 기업의 당면과제는 전쟁 물자를 대주는 군수공장의 생산시설을 가동시키는 것이었고, 따라서 기업의 경영자들은 소비자들의 잠재구매력을 실제의 구매행위로 나타나게 하는 데 온 관심을 집중했다. 즉 단순한 판매활동을 넘어서 소비자가 원하는 상품이 무엇인가를 파악하고 이러한 요구에 부응하는 상품을 개발, 능동적으로 구매력을 창조해 나가는 마케팅활동이 전개된 것이다. 이때 효과적인 판매활동을 추구하기 위한 학문적 연구도 본격적으로 시작되었다.

4.4 기획관리시대

전후 안정된 성장을 지속했던 미국 경제는 경기순환의 결과 나타난 구조적인 수급의 일시적 불균형으로 인해서 1959년에 불황국면에 들어서게 되었고, 이를 극복하기 위한 역할을 담당하는 기획실제도가 많은 기업에 도입되었다. 기획실제도를 통해 기업은 단기적으로는 생산시설의 조업도를 경기예측에 따라 효율적으로 조정해서 수급을 조절하고, 장기적으로는 생산시설의 증설 및 감축과 이에 따른 자금수요를 예측하고 효율적인 자금조달원을 선택하는 데 초점을 맞추었다.

1960년대 베트남전쟁을 계기로 군수산업에 대한 투자가 활성화되었고 미국 경제는 1960년대에 또다시 순탄한 성장을 이루었다. 다만 이 시대의 성장은 1950년대의 성장과는 근본적인 차이가 있었다. 1950년대의 경제성장은 인플레이션을 수반하지 않았지만, 1960년대에는 인플레이션을 수반한 값비싼 성장이 일어났다. 그러나 인플레이션은 고정자산에 투자를 한 제조기업으로서는 환영할 만한 일이었으며 이러한 호황이 계속되자 1960년대 초 도입되었던 기획실 중심의 경영관리체계는 다시 마케팅 중심의 경영관리체계로 대치되었다.

4.5 전략경영시대 I: 산업조직론적 관점

기업 차원에서 성장을 위해 미래를 설계하는 경영정책론에 기초한 전략 개념은 1970년대 이후 미국의 경제상황이 악화되기 시작하고, 특히 석유위기와 같이 예기치 못한 환경변화가 기업경영의 중요한 요소로 부각되면서 보다 환경분석적이고 실천적인 연구로 전환되었다. 이에 따라 단순히 미래의 비전 및 성장과 관련된 전략의 유용성을 제시하던 차원에서 구체적인 기업행위를 결정하는 방향으로 연구의 축이 옮겨지게 되었다. 이러한 변화를 주도한 것은 경영학자가 아닌 경제학에 기초한 산업조직론자들이었다.

포터(Michael Porter)로 대표되는 이들은 전략의 수준을 기업 전체적인 차원에서 사업단위 수준으로 끌어내려, 전략을 개별 산업 내에서 행동하는 기업들이 선택하는 의도적이고 구체적인 행위로 규정했다. 이들의 관점에 의하면 경영전략이란 특정 산업에서 평균 이상의 수익을 올리기 위해서 산업의 특성을 고려하여 적합한 기업행위를 채택하는 것으로 파악된다.

산업조직론적 접근은 산업의 구조적 특징이 기업의 행동을 결정짓고, 그 기업의 행동이 기업의 성과를 결정짓는다는 논리이다. 이러한 관점에 따르면 기업의 경쟁력 혹은 성공에 가장 큰 영향력을 미치는 요인은 기업이 위치한 산업구조이기 때문에 경영전략의 초점은 산업의 구조적 특성을 분석해서 어떤 산업에 기업을 위치시킬 것인가(positioning)에 두어진다.

4.6 전략경영시대 II: 자원준거 관점

기업이 보유한 자원에 근거하여 기업을 보는 시각(resource-based view of the firm)인 자원준거 관점은 1980년대 이후 부상하기 시작한 이론으로 전략경영의 새로운 분파로 자리잡아 가고 있다. 물론 이러한 관점이 전혀 새로운 것은 아니다. 1980년대 이전에도 기업의 성과가 기업이 보유한 역량(competences)에 의해서 결정된다는 견해가 있었다.

자원준거 관점은 기업이 자원(resources)과 능력(capabilities)에 있어 이질적이므로 기업은 각자 자신이 가지고 있는 자원에 의해 필요한 전략을 선택해야 한다는 것이다. 이 관점에 의하면 기업의 성공은 기업을 둘러싼 환경요인이 아니라 기업이 보유하고 있는 내부의 특수한 자원에 의해 결정된다고 보고 있다. 동일한 산업에 속한 기업이라 할지라도 기업마다 환경변화에 대응하는 방식이 다른데, 그 이유는 바로 기업이 보유한 저마다의 자원이 다르기 때문이다. 따라서 기업이 성공하기 위해서는 환경변화를 빨리 파악하고 이에 적합한 전략을 수립하는 것도 중요하지만 이보다 더 중요한 것은 수립된 전략을 실행하는 것이다.

따라서 가지고 있는 자원이 경쟁우위를 가져다주는 자원이라는 것을 알게 되는 시점은 그러한 자원을 보유한 기업이 경쟁우위를 갖고 성공했을 때 비로소 파악할 수 있는 것이다. 또 자원준거 관점에서는 기업이 어떠한 자원을 보유하고 있느냐 하는 문제보다는 그러한 자원을 획득하고 축적할 수 있는 능력이 무엇이며 그 능력이 어떤 과정을 통해 창출되었느냐 하는 것이 보다 중요하다고 강조한다.

4.7 기술경영시대

앞 장에서 설명했듯이 MOT란 Management of Technology이며 어원은 MIT(매사추세츠 공과대학) 슬론 스쿨의 MOT 프로그램이다. MOT의 개척자는 에드워드 B. 로버츠 교수이며 MOT라는 명칭이 보급되기 시작한 것은 1990년대 들어서면서부터다. MIT의 MOT 프로그램에 앞서 스탠퍼드대학 비즈니스 스쿨의 윌리엄 F. 밀러 교수는 1980년대 중반부터 'Technology Management' 강좌를 개설하고 운영하고 있었다.

기술경영은 기술을 바탕으로 조직의 목적을 달성하는 '전략적 경영'을 말한다. 기술은 근본적으로 그 변화의 속도가 매우 빠르고, 다양성과 복잡성 또한 높아 그 변화에 대한 예측 및 관리가 어려워 기술능력을 효과적으로 획득하고 활용한다는 것이 매우 어렵다. 따라서 기술경영은 공학과 경영의 통합과 연결을 통해서 기술 중심 기업의 혁신적 성장과 관리의 성공을 다루는 학문으로 인식되고 있다.

따라서 기술경영이란 조직에서 기술을 효과적으로 획득 · 관리 · 활용하기 위한 제반 경영지원활동으로 정의할 수 있다. 이러한 정의에는 기술을 경영의 핵심적인 자원 또는 자산의 하나로 인식하는 개념을 포함하고 있다. 이것은 전략경영시대(자원준거) 관점과 유사하다고 볼 수 있다.

5 미래 기술경영

5.1 미래 기술경영의 필요성

인더스트리 4.0은 일상생활을 변화시킬 뿐만 아니라 완전히 새로운 운영 모델을 요구하면서 사업을 가장 근본적인 구조까지 붕괴시키고 있다. 1차, 2차 및 3차 혁신 역시 상당한 변화를 가져왔지만, 인더스트리 4.0의 속도와 규모만큼 큰 변화는 없었다. '초연결시대'는 고객 참여, 생산, 연구개발, 제공, 판매, 마케팅, 서비스 등의 측면에서 기업이 어떤 방향으로 갈 것인지, 어떻게 협업할 것인지를 알려주면서 기업을 완전히 변화시키고 있다. 즉 사람, 기계, 건물 및 장치를 지속적으로 확장되는 거대한 네트워크에 상호 연결함으로써 인더스트리 4.0은 모든 분야에서 새로운 도전과 기회를 창출하고 있다.

경쟁우위를 확보하고자 하는 기업은 비즈니스 모델 측면에서 사업의 성공적 운영을 위한 설계, 수익원, 고객 기반, 제품 및 금융 세부 사항을 식별하여 판단할 수 있어야 하며, 운영 모델 측면에서는 비즈니스전략을 달성하기 위해 인력, 프로세스 및 기술을 사용하는 방법으로 수정해야 한다. 이러한 변화를 이끌고 적응하기 위해서 기술경영의 역할은 매우 중요하다.

새로운 시대에 적응하기 위한 기업의 요구사항 중 기술경영의 지식이 필요한 부분은 다음과 같다.

- '디지털 최우선' 사고방식
- 창의성과 지속적인 혁신에 대한 의식 강화
- 초점을 '고객 중심'으로 전환
- 공급업체와 협력업체를 단순히 가치사슬의 연결로 간주하는 포괄적이고 협력적인 접근방식(개념에서 제품 또는 서비스에 가치를 더하는 제공에 이르는 모든 활동)이 아니라 상호 수평적인 비즈니스 생태계의 파트너, 공급업체, 총판, 고객, 공급업체 및 경쟁업체로 구성된 협력 네트워크로서 인정

5.2 미래 기술경영의 적용분야

현재 진행 중에 있는 디지털기술의 보편성 및 고객 기대의 변화에 대해 기술경영은 다양한 분야에 적용하고 활용하기 위한 노력이 필요하며 그 분야는 다음과 같다.

5.2.1 제품설계

더 많은 항목이 클라우드에 연결됨에 따라 설계는 더 복잡해지고, 물리적 요소에 디지털 요소가 추가될 것이다. 이러한 제품이 수집하는 데이터는 주기적인 업그레이드를 하는 것이 아니라 지속적인 업그레이드(녹색설계)를 가능하게 할 뿐만 아니라 빈번하고 신속한 재설계와 개선도 가능할 것이다. 설비나 장비 등이 언제 서비스를 받아야 하는지, 언제 보안 및 개인화·사용자 지정이 필요한지 등을 결정하고 판단하는 컴퓨터

시스템, 원격서비스 및 예측 유지보수는 모두 제품설계에 통합되어야 한다. 크라우드소싱, 데이터분석 및 피드백을 통해 고객은 설계 프로세스의 일부가 될 수 있다.

5.2.2 영업과 마케팅

초연결시대의 제품은 비활성 물질이 아니라 능동형 센서로서 이를 통해 소비자 가치를 측정하는 데이터를 수집하고, 판매 및 마케팅 팀이 고객을 보다 효율적으로 타깃팅된 마케팅을 위해 세부적으로 구분할 수 있도록 한다. 판매 노력은 일회성 제품 배치에서 제품수명이 지속되는 기간 동안 제공되는 업그레이드, 교체 제품 및 서비스로 전환될 것이다.

5.2.3 제조업

물리적 프로세스와 디지털 프로세스는 스마트 연결장비와 로봇이 함께 작동하여 '최상층에서 작업현장까지' 자동화된 공장을 위해 통합될 것이다. 더 많은 제품이 작동하기 위해 소프트웨어에 의존함에 따라 물리적 구성요소 및 조립이 더 간단해지고, 제품이 사용되는 동안 제조 후 프로세스를 포함하여 설계 변경이 가능해질 것이다.

5.2.4 서비스

서비스 제공은 정기적인 유지보수 대신 (제품이 필요하든 필요하지 않든) 빅데이터를 활용한 예측적이고 사전 예방적인 방식으로 이루어지며 원격으로 발생할 것이다. 고객은 제품 사용방식을 분석하고 변경해 문제를 예방하고 설비 및 제품의 수명을 연장할 수 있으며, 서비스 제공자도 서비스 효율성을 높이고 보증을 더 잘 관리할 수 있게 될 것이다.

5.2.5 인적자원

디지털 발전이 저 숙련 근로자를 로봇공학 및 기타 인공지능으로 대체할 위험이 있지만, 인간만이 할 수 있는 기술이 점점 더 많이 요구되고 있다. 기업은 기술 예측을 통해 기업이 필요한 IT기술을 보유한 직원을 채용 및 유지하고 기존 직원이 이러한 직업으로 이동하도록 교육해야 할 것이다.

5.2.6 경쟁

가격은 더 이상 제품을 구매하고자 하는 소비자의 주요 고려사항이 아니다. 대신 사용자 친화적인 디자인, 맞춤화 및 서비스를 통합하는 고객 경험의 품질이 가장 중요해질 것이다.

소비자는 주문형 개인화된 디지털 경험을 기대하고 기업은 이를 파악하고 대응할 뿐만 아니라 고객이 원하는 것과 요구사항을 파악하기 위해 노력하고 있다. 이를 위해서는 비즈니스 대응 및 제품 제공을 신속하고 민첩하게 변경할 수 있는 능력으로 정의되는 민첩성이 필요하다. 이는 기술이 빠르고 지속적으로 발전하는 세상에서 성공하는데 중요하다. 민첩성은 또한 이러한 비즈니스가 혁신과 변화를 강조하고 활성화해야 함을 의미한다. 고객이 점점 더 물질적인 것보다 경험을 중요하게 여기고 트렌드를 따르기보다는 트렌드를 설정하는 브랜드로 충성도를 전환하기 때문이다.

기술변화를 통한 새로운 제품 출시와 업데이트를 자주 하는 것은 대부분의 비즈니스에 큰 변화를 의미한다. 예를 들어, 휴대폰산업은 전통적으로 매년 새로운 휴대폰과 이와 관련된 태블릿PC 모델을 출시했지만, 휴대폰이 점점 더 디지털 네트워크에 확장 연결됨에 따라 매년 모델 업데이트로는 더 이상 충분하지 않다. 디지털기술이 개선될 때마다 블루투스로 연결된 기계에 사용되는 경우 휴대폰 제조업체는 이미 판매된 휴대폰 및 연결된 기기에 대해서도 업데이트할 수 있도록 조치를 취해야 한다.

그러나 단순히 패치와 업데이트를 제공하는 것은 오늘날의 까다로운 고객을 만족시키기에는 충분하지 않다. 새로운 패러다임은 기업이 소비자 요구를 면밀히 주시하고 문제를 정기적으로 자주 해결하는 업그레이드와 새로운 기능을 도입해야 한다. 그렇지 않으면 다른 기업이 그렇게 함으로써 고객의 이탈이 발생할 것이다. 민첩성을 갖추려면 대부분의 비즈니스에서 구조와 운영을 완전히 점검해야 한다. 민첩성으로 가는 길은 많다. 기본적으로 민첩한 비즈니스 관행은 핵심영역에서 혁신을 위해 노력하는 소규모 팀의 사람들을 의미하며 고객의 끊임없이 변화하는 우선순위에 적응하고 새로운 제품과 기능을 더 빨리 출시하고 위험을 줄인다. 구성요소에는 다음이 포함될 수 있다.

- **스크럼(scrum)**: 비즈니스의 여러 영역에서 온 사람들이 함께 작업하며 창의적이고 적응력 있는 사고를 사용하여 문제를 해결
- **린(lean) 개발**: '린' 프로세스를 위해 낭비를 제거하기 위해 지속적으로 노력

- 칸반(Kanban): 새로운 제품 또는 업데이트를 개발 및 도입하는 데 걸리는 시간을 줄이는 데 집중하여 세부 관리에 소요되는 시간을 최소화하고 고위관리자가 더 높은 가치의 작업에 집중할 수 있도록 함.

이러한 모델은 발전에 대한 장애물을 제거하는 데 도움이 될 수 있지만 많은 경우 조직의 기능에 근본적인 변화가 필요하다.

5.3 미래 산업에서 기술경영의 기회

기술발전을 통한 사물인터넷과 클라우드를 활용한 연결성 그리고 인공지능을 적용한 스마트화가 진행되면서 기업은 데이터분석을 바탕으로 고객에 대한 통찰력과 디지털기술이 제공하는 장점을 극대화하여 기업경영을 개선하고 새로운 시대에 적응할 수 있는 토대를 마련해야 한다. 이러한 노력은 다음과 같은 결과로 나타날 것이다.

5.3.1 스마트시스템

수요와 공급의 변동에 보다 신속하게 대응하기 위해 소매업체와 제조업체는 인공지능을 사용하여 시스템이 즉시 의사소통하고 의사결정을 내릴 수 있도록 한다. 예를 들어, 공장에서 필요한 구성요소가 부족한 경우 인공지능(AI) 기반 시스템은 공급업체에 연락하여 부품을 찾고 필요한 주문을 할 수 있다. 반대로 수요가 적은 주문을 중지하거나 늦출 수 있다. 동시에 자율시스템은 지정된 시간에 필요한 곳에 작업자를 할당할 수 있다. 이러한 스마트시스템은 효율성을 높이고 부족을 방지할 뿐만 아니라 생산성을 높이고 비용을 낮출 수 있다.

5.3.2 데이터 기반 의사결정

새롭고 더 나은 상품과 서비스를 혁신하는 데 초점을 맞춘 기술경영팀이 빅데이터 방법들을 활용하여 고객의 요구사항을 빨리 파악하여 기업이 신제품을 시장에 출시하는 데 걸리는 시간을 단축시키고 경쟁사보다 우위를 확보할 수 있도록 지원한다. 소비자 사용 및 습관에 대해 수집하는 데이터장치는 이러한 팀이 고객의 요구사항을 잘 반영할 수 있도록 도와준다.

5.3.3 고객 참여

소셜미디어, 소비자평가, 크라우드소싱 및 기타 형태의 디지털 커뮤니케이션은 기업이 고객과 더 잘 소통하고 오늘날의 '고객 중심'환경에서 가치를 느끼게 한다. 기술경영에서 제시한 고객의 아이디어 창출기법 등은 기업이 제품과 서비스를 맞춤화 및 개인화하고, 보유한 제품과 서비스를 개선하고, 고객을 만족시키고 더 많은 비즈니스를 유치할 수 있는 새로운 아이디어를 창출하기 위해 기업이 변화를 혁신하는 데 도움이 될 수 있다.

5.3.4 지속 가능성

디지털기술은 많은 에너지를 사용하기 때문에 환경에 피해를 준다. 데이터 수집 및 분석을 통해 기업은 고객에게 가치를 더할 수 있다. 또한 연결된 태양열 및 풍력과 같은 디지털 솔루션은 기업이 에너지 사용을 더 잘 관리하는 데 도움이 되며 결과적으로 에너지 절감 및 비용 절감으로 이어질 수 있다.

5.4 인더스트리 5.0

이제 겨우 인더스트리 4.0이라는 용어가 알려지기 시작하고 정확한 정의가 내려지지 않은 상황에서 일부 학자들은 인더스트리 5.0을 예상하고 있다. 많은 사람들은 제5차 산업혁명시대는 로봇과 다른 형태의 인공 지능이 인간과 공존하고 조화롭게 작동하는 사회가 될 것이라고 예측한다. 이 새로운 시대에 인간과 기계의 진정한 융합이 이루어질 수 있다. 애플리케이션이 탑재된 스마트폰을 사용하는 대신 가상 비서가 우리에게 저녁식사를 위한 레스토랑을 추천하고, 우리를 대신하여 제품을 구매하는 등 다양한 기술이 선보일 것이다. 그러나 가장 큰 패러다임을 깨뜨리는 변화는 직장에서 일어날 것이다. 인더스트리 5.0은 디지털기술을 사용하여 최소한의 인간 개입으로 공장을 운영하는 제4차 혁명의 '사이버-물리적' 제조공장이 '인간-사이버-물리적' 시스템으로 전환될 것으로 예상된다.

인더스트리 5.0 세상에서 데이터는 더 빠른 속도로 수집 · 분석되고, 기계와 로봇은 이 정보를 사용하여 프로그래밍된 알고리즘과 과거 행동 및 결과에 대한 '기억'을 포함하는 자체 데이터뱅크를 기반으로 의사결정을 내리게 될 것이다. 일부에서는 급격한 기술발전과 사회변화 속에서 인간 소외문제를 예측하기도 하지만 인간은 이 새로운 혁명의 중심에 서있다. 기계는 우리에게 봉사하는 것이지 그 반대가 아니다.

이 새로운 패러다임에서 사람들은 협업 로봇 또는 '코봇'과 함께 작업하여 작업을 수행하도록 가르치고 실수를 하면 바로잡을 것이다. 기계는 반복적이고 위험한 환경에서 작업을 수행하는 반면, 사람들은 복잡하고 유연한 두뇌를 사용하여 높은 수준의 결정을 내릴 것이다. 예를 들어, 인간은 '디지털 트윈'이나 제품이 만들어지는 공장의 가상 사본 또는 제품이 사용될 환경을 사용하여 제품과 프로세스를 설계할 것이다. 그 과정에서 고객과 직접 소통할 수 있는 공장의 기능을 통해 개별 요구와 욕구에 따라 제품을 맞춤화하고 개인화할 수 있다.

이 중 일부는 이미 이루어지고 있다. 대부분은 아직 일어나지 않았지만 가까운 미래를 들여다보면서 나타날 새로운 세계를 상상해 보자. 앞서 설명한 내용이 인더스트리 4.0의 일부가 될 것인지 아니면 제5차 산업혁명으로의 새로운 혁명으로 인정받을 수 있을 것인지는 시간이 지난 후에 판단해야 할 것이다.

연습 문제

〈객관식〉

01 제2차 산업혁명과 관계가 깊은 것은?

① 물과 증기 ② 전기

③ 정보통신 ④ 인공지능

02 제3차 산업혁명의 특징으로 볼 수 없는 것은?

① 생산에너지 기반 변경 ② 공장자동화 본격화

③ 슈퍼 컴퓨터 개발 ④ 산업용 로봇공학 개발

03 인더스트리 4.0의 핵심기능으로 볼 수 없는 것은?

① 제조 또는 서비스시스템의 수직적 통합 및 네트워킹

② 가치사슬을 통한 수평적 통합

③ 창의적 혁신을 통한 기업의 변화

④ 전체 가치사슬의 end-to-end 엔지니어링

04 다음 중 기술경영의 시작과 관계가 깊은 산업혁명은?

① 제1차 산업혁명 ② 제2차 산업혁명

③ 제3차 산업혁명 ④ 제4차 산업혁명

05 새로운 시대에 적응하기 위한 기업의 요구사항 중 기술경영의 지식이 필요한 부분은?

① '디지털 최우선' 사고방식

② 창의성과 지속적인 혁신에 대한 의식 강화

③ 초점을 '고객 중심'으로 전환

④ 공급업체와 협력업체를 가치사슬의 연결로 간주하는 단순한 협력적인 접근방식

객관식 해답

01 ② **02** ① **03** ③ **04** ③ **05** ④

〈주관식〉

01 제1, 2, 3, 4차 산업혁명의 차이점을 기술하시오.

02 제1, 2, 3, 4차 산업혁명의 특징을 5가지씩만 기술하시오.

03 제4차 산업혁명의 요소기술 8가지에 대해 간단히 설명하시오.

04 미래 산업에서 기술경영은 어떤 기회를 제공할 수 있는지 기술하시오.

05 인더스트리 5.0은 어떤 식으로 전개될 것인지 개인적 의견을 기술하시오.

참고문헌

김기홍, '제4차 산업혁명', 법문사, 2020.
김미혜 · 길준민 · 김대학 · 김병창 · 변태영 · 설진현, '4차 산업혁명 기반 기술의 이해', 연두에디션, 2019.
김진호, '빅데이터가 만드는 제4차 산업혁명', 북카라반, 2016.
오기 쿠란도, '2030년 제4차 산업혁명: 디지털 사회의 비즈니스 미래 예측', 북커스, 2021.
장영광 · 정기만, '생활속의 경영학' 제7판, 신영사, 2021.
잭 첼로너, '죽기 전에 꼭 알아야 할 세상을 바꾼 발명품 1001', 마로니에북스, 2010.
조동성, '21세기를 위한 경영학', 개정판, 서울경제경영, 2003.
클라우스 슈밥, '클라우스 슈밥의 제4차 산업혁명', 메가스터디북스, 2016.
클라우스 슈밥 · 티에리 말르레, '클라우스 슈밥의 위대한 리셋', 메가스터디북스, 2021.
KISTEP, '과학기술 & ICT 정책 · 기술 동향: 일본', 국가산업미래전망보고서, KISTEP, 2016.

Ana Landeta Echeberria, *A Digital Framework for Industry 4.0*, Palgrave Macmillan, 2020.
BSC, 'Man and Machine in Industry 4.0', Boston Consulting Group, 2015.
Carlos Toro, Wei Wang, Humza Akhtar, *Implementing Industry 4.0*, Springer, 2021.
Cisco, 'The Internet of Everything in Motion', Cisco, 2013.
Hitachi-U Tokyo Laboratory, *Society 5.0*, Springer, 2020.
Marcin Hernes, Artur Rot, Dorota Jelonek, *Towards Industry 4.0 – Current Challenges in Information Systems*, Springer, 2020.
IPPR, 'Technology, Globalisation and The Future of Work in Europe', IPPR, 2015.
Ray Kurzweil, The Singularity Is Near: When Hmans Transcend Biology, Penguin Books, 2006.
Stefan Ferber, 'Industry 4.0 – Technology for the Fourth Industrial Revolution', Bosch, 2013.
https://www.mgi.gov/sites/default/files/documents/materials_genome_initiative-final.pdf.
https://www.bmbf.de/pub/HTS_Broschuere_eng.pdf.
http://csr.ru/wp-content/uploads/2017/10/novaya-tehnologicheskaya-revolutsiya.pdf.
http://www.acatech.de/fileadmin/user_upload/Baumstruktur_nach_Website/Acatech/root/de/Material_fuer_Sonderseiten/Industrie_4.0/Final_report__Industrie_4.0_accessible.pdf.
http://nvlpubs.nist.gov/nistpubs/ir/2016/NIST.IR.8124.pdf.
http://www.siemens.com/innovation/en/home/pictures-of-the-future/digitalization-and-software/artificialintelligence-facts-and-forecasts.html
https://fossbytes.com/moores-law-is-finally-dead-rest-in-peace-moores-law/

PART 2

기술경영개론

Chapter 3 기술전략
Chapter 4 기술혁신
Chapter 5 기술마케팅
Chapter 6 신상품개발 프로세스관리
Chapter 7 재무관리(자금조달과 예산관리)
Chapter 8 재무회계(재무제표와 재무분석)
Chapter 9 기술사업화
Chapter 10 프로젝트관리

CHAPTER 03

기술전략

제4차 산업혁명은 기존 산업 및 기술의 경계가 무너지고 초연결성(Hyper-Connection)과 초지능화(Super-Intelligence)를 통하여 모든 것이 상호 연결되고 보다 지능화된 사회로 변화시키고 있다. 또한 제4차 산업혁명으로 제품·서비스 생산과정에 고객의 참여기회가 확대되고, 기업 입장에서는 고객의 거래정보를 실시간 수집분석하여 개인맞춤의 편익을 제공할 수 있는 기회가 증대되고 있다. 이와 같이 제조·서비스화됨에 따라서 제조업과 서비스의 경계, 소비자와 생산자의 경계가 소멸하고 있는 상황이다. 이러한 급격한 환경변화 속에서 글로벌기업들은 경쟁우위를 유지하기 위하여 차별화된 기술전략으로 혁신적인 제품과 서비스를 창출하려는 노력들을 기울이고 있다. 이 장에서는 기술전략에 대한 개념 및 체계, 기술전략 수립을 위한 주요 분석, 기술전략 수립에 관하여 다루며 기술전략의 경우에는 기술로드맵을 중심으로 살펴볼 것이다. 제4차 산업혁명의 주요 요소들에 관해서는 제2장에서 소개하였다.

1 기술전략의 개요

1.1 기술전략의 개념

사전적 의미로 전략(strategy)은 본래 군사에서 쓰이는 낱말로, 특정한 목표를 수행하기 위한 행동계획을 가리킨다. 이를 기업에 적용하면 전략은 글로벌환경의 변화 속에서 미래에 대한 비전을 설정하고 달성해야 할 중장기적 목표를 정하고 구체적인 행동

계획을 수립하는 것을 말한다. 따라서 전략은 비전과 목표의 설정, 목표달성방법에 대한 의사결정과 실행계획 수립 등의 후속과정을 포함하는 일련의 포괄적인 작업이다.

기술전략(Technology Strategy)은 사업전략과 연계된 경쟁전략에 속하는 것으로 기술개발과 사용에 대한 연구개발전략이며 외부활용자원을 이용한 전략을 포함한다. 기업의 비전과 목표와 연계된 기술부문의 중장기 전략 방향을 제시하는 것으로 외부기술환경과 내부기술개발능력에 대한 분석을 바탕으로 필요기술을 선정하게 된다. 전략적으로 필요한 기술들을 파악, 선정한 후에는 이들을 효과적으로 획득, 확보하기 위한 구체적인 방안을 모색해야 한다. 그리고 획득한 기술을 효과적으로 관리하고 활용하는 방안을 찾아내야 한다.

기술전략은 경쟁자와의 경쟁우위 확보를 위한 경쟁전략에서 필수요소로 작용한다. 그만큼 기술변화가 산업구조의 경쟁우위에 미치는 영향이 크다. 기술전략과 사업전략과의 통합 및 연계가 되지 않아서 기업경쟁력의 쇠퇴로 이어진 사례는 주위에서 흔히 찾을 수 있다. 이러한 점에서 기술전략은 기능전략으로 이해하기보다는 경쟁전략으로 고려해야 할 것이다. 기술전략이 효과적인 경쟁전략을 갖추기 위해서는 생산, 마케팅, 재무, 인사 등 기업의 모든 기능부서들에게 충분히 인식되어 있어야 하며, 효율적인 연계가 이루어져야 한다.

1.2 기술전략의 중요성

경쟁전략(Competitive Strategy)의 하나로서 기술전략에 관한 본격적인 논의는 마이클 포터(M. E. Porter)로부터 출발한다. 포터는 그의 저서 〈마이클 포터의 경쟁전략(*Competitive Strategy*)〉에서 5가지 경쟁요인을 제시하였다. 기업이 전략적 목표를 달성하기 위해서 산업의 경쟁환경(Competitive Environment)을 이해해야 하며 이러한 이해를 바탕으로 기술혁신이 일어남을 강조하였다. 5가지 경쟁요인은 기존 경쟁자(Industry Competitors), 구매자(Buyer), 공급자(Supplier), 신규 진입자(New Entrants), 대체재(Substitutes)이다.

5가지 경쟁요인의 분석을 통하여 자사가 속한 시장에서 자사에 가해지는 힘을 경쟁요인에서 가장 중요한 것으로 보고 산업의 매력도를 측정할 수 있다. 이처럼 포터는 기술혁신전략이 새로운 기술적 기회에 근거하여 새로운 제품 또는 대체제품을 제공할 수 있는 기존의 경쟁자 및 잠재적 진입자의 위협으로부터 벗어나는 것을 목적으로 수립되어야 함을 강조하였다.

기업이 기술전략의 실패로 위기에 이른 사례는 많다. 대표적인 것이 노키아의 사례이다. 노키아는 1위가 아니거나 1위가 될 가능성이 없는 사업은 모두 매각하고 휴대폰 사업에 집중하여 1998년 모토롤라를 제치고 휴대폰 제조사업의 1등으로 올라섰다. 이후 안테나 없는 휴대폰, 카메라가 장착된 휴대폰, 3G 핸드폰 등을 세계 최초로 출시하며 전성기를 이루었다. 그러나 2007년 애플의 아이폰 발표로 터치, 사용자 기반의 앱으로 구성된 앱스토어 등 신기술이 나타나 시장의 혁신적 변화가 일어났다. 노키아는 이 신기술을 평가절하하여 결국 차세대플랫폼 경쟁에서 뒤처지게 되었다.

세계적으로 기술전략의 중요성을 인식하는 기업들이 글로벌시장을 선도하는 경우를 많이 살펴볼 수가 있다. 우리나라의 삼성전자, 일본의 닌텐도, 미국의 아마존, 테슬라 등과 같은 기업들이다. 이들은 모두 공통적으로 기술전략의 중요성을 인식하고 적극적으로 지속 가능한 경쟁우위의 확보를 위해 노력하고 있다.

1.3 기술전략의 범위

기술전략은 경쟁전략과 밀접한 관계를 가지고 있으며 전사적 차원에서 합리적인 기업전략은 기술전략과 경쟁전략의 상호 의존성이 고려될 때 가능하다. 기술경영에서 기술전략의 위치는 기업전략의 하부인 사업전략과 관계가 깊으며 [그림 3-1]과 같다.

그림 3-1 | 기술전략의 체계

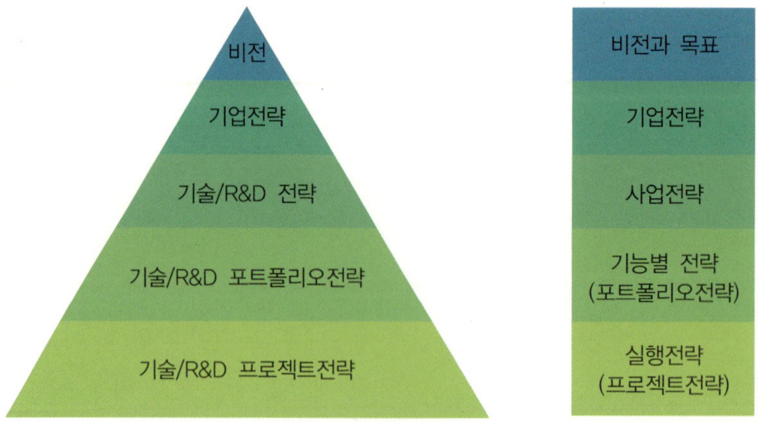

기술전략의 범위는 기술 및 R&D 전략, 기술 및 R&D 포트폴리오전략, 기술 및 R&D 프로젝트전략이다. 기술전략은 현재 사업 내의 핵심기술을 파악하고 미래 성장사업의 핵심기술이 포함되며 협의의 개념으로 연구개발전략이라 한다. R&D 전략으로는 연구개발포트폴리오, 연구개발계획 및 운영전략, 핵심역량 확보계획 등이 있다. R&D 프로젝트전략으로는 프로젝트의 우선순위, 선정 및 평가시스템, 예산 및 인력관리 등이 있다.

1.4 기술전략과 사업전략

오늘날 대부분의 기업들은 기술의 진보속도가 빠르고 고객의 요구 또한 급변하고 있으므로 기업의 생존 및 성장을 위해서 기술에 의존하는 경향이 점점 높아지고 있으며 이에 따라 기술전략(Technology Strategy)에 대한 관심이 커지고 있다. 기술전략은 앞에서 살펴본 바와 같이 기업의 사업전략(Business Strategy) 중 경쟁전략의 하나로 다루어지고 있다. 일반적으로 사업전략은 차별화(Differentiation)와 원가우위(Cost Leadership)로 나누어지는데 기술전략은 이와 같은 사업전략을 달성하는 구체적인 방법을 제시한다. 기술을 선도하는 기업(Technological Leading Company)들은 기술혁신을 바탕으로 고객의 가치를 증대시키는 제품 및 서비스를 시장에 가장 먼저 내놓게 된다.

이처럼 기술혁신을 통한 차별화전략으로 고객에게 차별화된 가치를 제공하며 시장을 선점하는 위치에 이른다. 또한 이 기업들은 제품 및 서비스를 설계 및 생산, 제공하는 과정에서 공정혁신 등 원가 절감 노력을 추진할 수 있다. 이러한 원가우위의 전략을 통하여 안정적인 수익 확보가 가능하다. 기술을 쫓아가는 기업(Technological Following Company)들은 신제품의 개발비용이 매우 크게 소요된다는 점에서 일반적으로 원가우위전략을 선호한다. 이들은 선도기업의 경험을 벤치마킹하여 제품 및 서비스의 원가를 보다 효율적으로 절감할 수 있는 방법을 찾는다. 이들은 기술선도기업의 성공 여부를 지켜보면서 성공 가능한 제품 및 서비스에 집중하여 효율적인 연구개발투자를 할 수 있다는 장점이 있다. 그리고 선도기업의 성공 및 실패 사례를 면밀히 분석하여 고객의 수요에 보다 효과적으로 대응할 수 있는 제품 및 서비스를 개발할 수 있어 어느 정도 차별화전략을 수행할 수도 있다.

1.4.1 기술전략과 사업전략의 연계 필요성과 연계방법

기술의 종류와 복잡성이 증가하면서 기술도 사업과 같은 체계적인 전략의 필요성이 증가되어 왔다. 기업이 지속 가능한 경쟁우위를 확보하기 위해서는 기술적 우위를 유지해야 한다. 차별화된 제품 및 서비스는 차별화된 기술에 바탕을 두고 있으며, 차별적 기술의 개발 및 활용을 통하여 새로운 제품 및 서비스 창출에 노력해야 한다. 이와 같이 사업전략과 기술전략과의 효과적인 연계를 통하여 기업은 지속 가능한 우위를 바탕으로 기업 또는 사업부의 지속 가능한 경쟁우위를 확보할 수 있다. 기술전략과 사업전략과의 연계를 어떻게 달성하느냐가 중요한 과제이다. 사업부서에서는 사업의 성공은 시장 및 산업에서 다양한 요소의 영향을 받는데 기술은 이와 같은 성공요인의 일부분에 불과하다는 시각을 가지고 기술을 사업의 하위요소로 간주하는 경우가 있다. 그러나 기술부서에서는 기술이 사업의 성공을 만드는 중요한 요인이라고 인식한다. 그러므로 기업의 최고경영자가 전략적으로 이에 관여하여 기술전략과 사업전략이 상호 연계될 수 있도록 리더십을 발휘하는 것이 필요하다.

기술전략과 사업전략의 구체적인 연계방법으로 통합적 경영 접근방법이 있다. 알렉산더 게리바체(Alexander Gerybadze)는 그의 저서 〈*Technologie und Innovations Management*〉에서 사업전략과 기술전략의 통합을 강조하였으며 이를 통합적 기술혁신경영(Integrated Management of Technology and Innovation)이라 하였다. 최고경영자가 기술의 중요성을 충분히 인식하고, 기술부서와 사업부서가 상호 신뢰와 이해를 바탕으로 연계되어야 기업이 지속 성장한다는 것을 알림으로써 보다 효과적으로 기술전략과 사업전략의 연계는 이루어질 것이다.

1.4.2 기술전략과 사업전략의 연계효과

기술전략과 사업전략이 효과적으로 연계되면 여러 가지의 효과가 나타나게 된다. 첫째, 기업은 기술혁신역량을 체계적으로 육성하고 이를 바탕으로 기업의 핵심역량을 확보할 수 있다.

둘째, 기업은 보다 효율적인 기술혁신활동(Technological Innovation Activities)을 추진할 수 있다. 기업으로서는 많은 자원이 투입되는 만큼 기술전략과 사업전략의 연계로 위험을 낮출 수 있다.

셋째, 기술혁신활동에 필요한 자원배분(Resource Allocation)에 있어 유리한 위치를 차지할 수 있다.

넷째, 기술혁신활동은 어느 특정 사업부만 지원하는 것이 아니기 때문에 기술전략을 통하여 여러 개의 사업부들 간의 기술적, 경제적 시너지효과(Synergy Effects)를 창출할 수 있다.

다섯째, 내부연구개발과 외부와의 기술협력에 있어서 보다 체계적인 접근을 할 수 있다. 기업은 사업부가 필요한 연구개발활동을 수행하며 외부와의 공동연구 또는 기술협력 수행 시 기업맞춤 분야에 집중할 수 있기 때문이다.

1.5 기술전략 수립

기술전략을 수립하는 것은 기업이 가지고 있는 한정된 자원으로 기술적인 역량을 어떤 기술에 우선순위를 두고 어떤 방식으로, 어떤 시점에 확보하고 발전시킬 것인가에 관한 방향성을 정립하고 의사결정을 하는 것이다. 기술전략 수립절차는 [그림 3-2]와 같다.

그림 3-2 | 기술전략 수립절차

출처: 정형자 · 홍대순 외, 제3세대 R&D 그 이후, 2007

기술전략 수립을 위해서는 첫째, 기술수요, 즉 기업의 기술요구(Technology Requirements)를 파악해야 한다. 이는 미래 기술수요를 예측, 반영하고 사업부의 전략과 연계되어야 한다. 그리고 기술의 발전동향, 경쟁사의 기술개발 방향 등의 정보 수집 및 분석을 수반해야 한다.

둘째, 기술분해 및 기술구성도를 작성하는 것이다. 기술수요는 요소기술단위, 제품단위로 도출될 수 있는데 제품일 경우 기업의 기술수요를 구체적인 목표기술로 표현하는 방식으로 기술분해(Technology Unbundling)를 활용한다. 기술구상도(Technology Tree)는 기술분해의 결과를 중복성, 포괄성을 고려하여 재분류하여 정리한 것이다.

셋째, 기술의 평가이다. 도출된 기술수요를 모두 동시에 확보하는 것은 불가능하므로 우선순위를 정할 필요가 있다. 우선순위를 정하는 대표적인 방법이 기술포트폴리오를 평가하는 것이다. 기술적인 측면과 경제적인 측면을 모두 고려해야 한다.

넷째, 기술로드맵을 작성하는 것이다. 선정된 목표기술에 관하여 언제, 어느 수준의 기술을 확보해야 하는지 결정해야 한다. 목표기술의 확보기간 및 시점을 시계열에 배열하여 표현하는 것이 기술로드맵(Technology Roadmap)이다.

다섯째, 기술획득방안을 수립하는 것이다. 기술전략에서 목표기술을 선정하고 확보시점을 결정하는 것 이상으로 중요한 것이 기술획득방법의 결정이다. 기업 자체개발을 할 것인지, 아니면 아웃소싱을 할 것인지 결정해야 한다. 개발방식에도 자체개발, 공동개발 등의 방법과 아웃소싱에도 M&A, 기술라이선스 활용, 합작회사, 순수한 연구개발 아웃소싱 등을 함께 고려해야 한다.

2 기술전략 수립을 위한 주요 분석

2.1 기술환경분석

2.1.1 기술환경분석의 의의

기업의 환경분석은 경쟁우위의 확보를 위해 매우 중요하다. 환경변화에 능동적으로 대응하지 못하면 빠르게 경쟁력을 상실할 수 있다. 기업을 둘러싼 환경은 점점 불확실성이 커지고 있다. 또한 환경이 복잡해지고 변화의 속도가 빠르게 진행되고 있다. 이러한 환경변화는 중장기계획을 수립하고 환경에 대응하는 전략적 의사결정을 하는 데 방해가 된다. 따라서 기업의 환경적 요인이 기업의 전략에 커다란 영향을 미침을 알 수가 있다.

기술경영의 경우도 이처럼 기술환경분석부터 시작한다. 이러한 기술환경분석은 단순한 환경평가에 그치는 것이 아니라 기술경영 전반에 영향을 미치게 된다. 그 이유는 합리적 기술전략을 수립하기 위해서는 기술환경에 대한 전반적인 지식과 이해를 전제로 하고 있기 때문이다.

2.1.2 PEST분석

거시적 관점에서 외부환경은 기업을 둘러싸고 있는 직·간접적으로 영향을 미치는 정태적·동태적 상황으로 이는 기업의 통제를 벗어나는 변수로서 기업에게는 위험 또는 기회의 요인으로 작용할 수 있다. 따라서 외부환경에 대하여 체계적이고 의미 있는 분석을 통하여 통제 가능한 범위로 만드는 노력이 필요하다. 외부환경의 분석은 환경으로부터 다양한 정보를 수집하고 평가하여 기업에 직접적 영향을 미치는 요소를 찾아내는 작업이다. 외부환경의 분석 대상은 광범위하며 정치적, 경제적, 사회문화적, 법적 등 사회적 환경(Social Environment)과 산업환경(Industrial Environment)의 요소를 포함한다.

외부환경의 분석과정은 거시적인 것부터 미시적인 것으로의 순서로 하는 것이 일반적이다. 주로 거시환경의 분석은 PEST(Political, Economic, Social, Technological)분석 기법을 활용하고 있다. PEST분석은 거시적 사회환경을 분석하는 것으로 기업의 활동 및 성과에 영향을 미치는 정치적, 경제적, 사회적 및 기술적 요인 등 외부적 요인을 파악하는 분석기법이다. PEST분석은 기업에 영향을 미치는 주요 외부 수준의 요인들을 파악하는 데 매우 유용하다. 이러한 PEST분석을 통하여 기업에 영향을 미치는 외부요인을 찾아내고, 요인들이 미래에 변화할 수 있는지 판단하며 이러한 변화를 통하여 사업의 기회로 삼거나 경쟁사보다 신속하게 위험을 회피할 수 있게 도움을 얻게 된다. PEST분석은 가장 일반적인 모듈이며 필요에 따라서 다음과 같이 다른 중요한 요인을 추가하여 분석을 수행할 수 있다.

- STEEP: 에너지 등의 요소를 추가

- STEEPLE: 법률적 · 윤리적 요인을 추가
- STEEPI: 기반시설을 포함

PEST분석을 효과적으로 수행하려면 외부환경에 관한 신뢰할 수 있는 많은 정보를 찾아내는 것이 중요하다. 또한 기업에 주는 영향이 미미한 요인의 경우는 생략할 필요도 있다.

PEST분석의 대표적인 개별요인들은 ① 정치적 요인, ② 경제적 요인, ③ 사회 · 문화적 요인, ④ 기술적 요인 등으로 살펴볼 수 있다.

각 요인들의 대표적인 내용은 〈표 3-1〉과 같다.

표 3-1 대표적인 분야별 주요 요인

정책/법규(Political)	경제(Economic)
정부의 안정성	경제성장률(rate of economic growth)
관세	인플레이션(inflation)
무역규제	환율(foreign exchange rate)
수입제한	이자율(interest rate)
환경법 및 환경오염 규제 법규	실업률(unemployment rate)
근로계약법	재정정책/통화정책
지식재산권 보호	노동비용
독점금지법	경기순환단계
조세정책 등	주식시장동향 등
사회 · 문화(Socio-cultural)	**기술/정보(Technological)**
성 분포 및 인구증가율	기본 인프라 수준
연령 분포 및 기대수명비율	R&D 지출비용
교육 수준	인터넷 활용도
라이프스타일	기술 관련 법규
구매습관	업계 기술 수준
일과 여가에 관한 태도	기술 인센티브
건강의식 등	최신 기술에 대한 접근 등

2.2 산업구조분석

기술전략 수립을 위해서는 전체적인 경쟁환경에 대한 기술적 측면을 고려해야 한다. 특히 기술의 진보가 개별적인 경쟁요소들에 미치는 영향을 분석할 필요가 있다. 이와 같은 기술적 측면에서의 경쟁환경분석은 마이클 포터의 산업구조분석의 개념을 활용할 수 있다. 그에 의하면 산업에 속해 있는 기업들은 다섯 가지의 힘(Five Forces)에 의하여 수익률이 결정된다. 다섯 가지의 경쟁적인 힘은 [그림 3-3]의 기존의 경쟁자, 신규 진입자, 공급자, 구매자, 대체재이다.

그림 3-3 | 마이클 포터의 5 Force Model

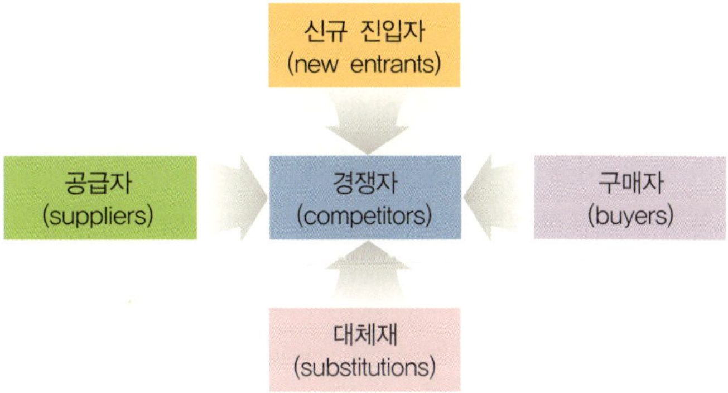

출처: 마이클 포터, 마이클 포터 경쟁론, 2011

이러한 힘들이 산업의 구조를 형성한다는 점에서 산업구조분석이라고 한다. 다섯 가지의 힘 중에서 세 가지는 수평적인 경쟁으로 대체재와의 경쟁, 신규 진입자와의 경쟁, 기존 사업자와의 경쟁이다. 나머지 두 가지는 수직적인 경쟁으로 공급자와 구매자의 교섭력이 해당된다. 이 힘들이 기업의 이익창출에 직 · 간접적으로 영향을 미치므로 기술이 이 다섯 개의 힘과 구조적 요소들에 미치는 영향을 분석할 필요가 있다. 이를 통하여 경쟁우위의 기술전략을 수립할 수 있다.

2.2.1 기존 기업과의 경쟁

일반적으로 산업에서 수익률을 결정하는 중요한 요인 중의 하나가 기업들 사이의 경쟁이다. 과당경쟁으로 수익률이 내려가는 경우도 있고, 경쟁을 피하기 위해 담합을 하는 경우도 있지만 대부분의 기업들은 신제품개발, 기술혁신 등을 통하여 경쟁력을 높이는 보다 근원적인 노력을 기울이고 있다.

신기술은 원가구조를 획기적으로 바꾸고, 차별화된 경쟁력을 갖추게 되며, 진입장벽을 높이는 역할을 하게 된다. 이러한 기술경쟁력 제고를 위한 노력은 다른 경쟁자들에게 상당한 영향을 미치게 된다. 경쟁기업들의 제품기술과 공정기술의 개발 노력, R&D의 추진에 대한 전략적 대응은 기술경영의 핵심과제이다. 이를 위하여 경쟁기업들의 R&D 투자, R&D 자원, 특허 등을 주시할 필요가 있다.

높은 기술력을 갖춘 시장 선도기업의 경우 R&D의 결과물 중 하나인 지식재산권을 활용하여 경쟁사를 견제하고 수익을 높이려는 노력을 하고 있다. 삼성전자와 애플의 스마트폰 관련 특허의 미국 소송이 대표적인 사례이다. 스마트폰 관련 시장 선도기업이었던 애플이 둥근 코너/홈버튼, 그리드 스타일의 아이콘 배열, 바운스백, 탭투줌 등 디자인과 상용특허에 관한 자사의 지식재산권을 삼성전자가 침해하였다고 소송을 제기하였고 이후 퀵 링크, 단어 자동완성, 밀어서 잠금해제 등 특허 3건을 침해하였다고 추가 소송을 제기하였다. 삼성도 이미지를 분류해 저장하는 방법인 카메라 파일 폴더관리 등 자사의 특허를 애플이 침해했다고 소송을 제기하였다. 소송의 진행현황은 〈표 3-2〉와 같다.

표 3-2 삼성과 애플 사이의 특허 소송

<table>
<tr><th>특허 소송</th><th>1심 주요 판결 내용</th><th>2심 주요 판결 내용</th><th>연방대법원</th></tr>
<tr><td rowspan="2">1차
(디자인＋
상용특허＋
트레이드
드레스
(Trade Dress))</td><td>(2013. 11)
• 삼성 침해 인정
(9억3천만달러 배상)
• 애플 침해 불인정</td><td>(2015. 5)
• 삼성 침해 불인정(트레이드 드레스, 3억8천만달러)
• 삼성 침해 인정
(약 5억4천8백만달러)</td><td>(2016. 12)
• 디자인 특허 침해부분(3억달러를 항소법원으로 환송</td></tr>
<tr><td>(2018. 5)
• 삼성 침해 인정
(5억3,900만달러 배상)</td><td></td><td></td></tr>
<tr><td rowspan="2">2차
(상용특허)</td><td>• 삼성 침해 인정
(1억2천만달러 배상)</td><td>(2016. 2, 3인재판부)
• 애플 특허 무효 및 삼성 비침해
• 애플은 삼성 침해</td><td rowspan="2">(2017. 11)

삼성 신청 상고 기각</td></tr>
<tr><td>• 애플 침해 인정
(15만8천달러 배상)</td><td>(2016. 10, 전원합의체)
• 삼성 침해 인정(1억2천만달러)
• 애플 침해 인정(15만8천달러)</td></tr>
</table>

출처: 특허청

그리고 산업집중도(concentration)가 경쟁자들에게 영향을 미친다. 산업의 집중도는 산업에 속하는 기업의 수와 그 개별기업의 규모를 말한다. 산업의 집중도 측면에서 대표적 장치산업인 반도체산업과 디스플레이산업의 분야를 예로 살펴보자. 반도체산업의 경우 메모리분야는 경쟁자가 많아서 기존 경쟁자들 간의 경쟁이 매우 치열하나 비메모리분야는 소수의 회사만이 경쟁에 참여하고 있어 경쟁률도 낮고 수익률이 높다. 그러한 이유로 삼성전자는 비메모리분야에 많은 투자를 하고 있다. 또한 LCD패널의 경우는 경쟁자가 많아 가격이 하락되어 수익 확보에 어려움을 겪고 있으나, OLED의 경우는 상대적으로 소수의 회사가 참여하고 있어 수익률 확보에도 유리하다.

2.2.2 신규 진입자와의 경쟁

산업의 성장률과 수익성이 높다고 가정하면 많은 기업들이 그 산업에 진입하고 싶어할 것이다. 그런데 많은 기업들이 산업 내로 들어오면 수익률이 낮아질 가능성이 높다. 이에 따라 기존 기업들에게는 심각한 위협으로 작용한다. 이러한 신규 진입자의 위협은 진입장벽(Entry Barrier)의 존재와 기존 경쟁자들의 대응 여부에 따라 달라질 수 있나. 신입상벽이란 신규 진입자들이 기존 기업들에 비하여 상대적으로 갖는 불리함이다. 만일 진입장벽이 강해서 모든 신규 진입자를 저지할 수 있는 수준이라면 해당 산업은 자연스럽게 소수 기업만의 독점시장이 형성된다. 그러나 진입장벽이 이보다는 약해서 여러 개의 기업이 활동할 수 있다면 해당 산업은 과점시장의 형태를 보일 것이다. 또한 진입장벽이 더 약해 많은 기업들이 참여할 수 있는 상황이라면 해당 산업은 완전경쟁시장의 형태를 보일 것이다. 이처럼 진입장벽은 그 산업에서의 경쟁기업의 진입을 막고 높은 수익률을 유지할 수 있게 한다. 그리고 정부규제가 신규 기업의 진입을 막는 효과적인 진입장벽 중의 하나가 될 수 있다.

진입장벽을 높이거나 회피하기 위하여 새로운 기술을 활용하기도 있다. 진입장벽을 회피하여 효과적으로 시장에 진출한 대표적인 사례 중의 하나로 카카오뱅크를 들 수 있다. 2015년 6월 「인터넷전문은행 도입방안」이 발표되고 카카오뱅크는 케이뱅크, 아이뱅크와 함께 사업자 신청을 제출하였고 2015년 11월에 금융위원회로부터 예비인가를 받았으며 2017년 4월에 은행업을 「전자금융거래법」상 전자금융거래의 방법으로 영위해야 되는 부대조건을 받아 정식인가를 받았다. 이후에 IT 플랫폼(카카오톡) 등을 기반으로 과거에 존재하지 않았던 창의적이고 혁신적인 금융서비스로 영업활동을 하고 있다. 카카오뱅크의 2020 경영공시자료 중 포괄손익계산서는 〈표 3-3〉과 같다. 포괄손익계산서상에 제4기는 2019년 1월 1일~12월 31일이고, 제5기는 2020년 1월 1일~12월 31일이다. 2020년 영업수익이 약 8,042억원이며, 당기순이익이 약 1,137억원이고, 2020년의 총포괄이익은 약 1,187억원에 이른다. 이는 2019년 영업수익 약 665억원, 당기순이익 약 137억원, 총포괄이익 162억원에 비하여 주목할 만한 성과이다.

산업의 내부에 속해 있는 기존 기업의 입장에서 신기술의 개발로 인한 진입장벽에 대한 영향은 긍정적일 수도 있고 부정적일 수도 있다. 기존 기업은 핵심기술에 대한 지속적인 투자를 통해서 진입장벽을 높여 신규 진입자로부터 스스로를 보호해야 할 것이

표 3-3 카카오뱅크 자금조달 및 금융현황 (단위: 백만원)

No.	과목	제5(당)기	제4(전)기
Ⅰ	영업수익	**804,157**	**664,940**
	1. 이자수익	599,390	494,598
	2. 수수료수익	184,887	118,420
	3. 당기손익-공정가치측정금융자산거래이익	14,116	40,450
	4. 기타포괄손익-공정가치측정금융자산거래이익	97	8,289
	5. 기타의 영업수익	5,667	3,183
Ⅱ	영업비용	**620,713**	**615,248**
	1. 이자비용	191,360	247,036
	2. 수수료비용	178,048	172,611
	3. 판매비와 관리비	200,585	162,447
	4. 기타의 영업비용	50,720	33,154
Ⅲ	금융자산 신용손실 충당금 전입액	60,893	36,437
Ⅳ	영업이익(손실)	**122,551**	**13,255**
Ⅴ	영업외수익	135	48
Ⅵ	영업외비용	354	136
Ⅶ	법인세차감전순이익(손실)	122,332	13,167
Ⅷ	법인세비용(수익)	8,696	−566
Ⅸ	당기순이익(손실)	**113,636**	**13,733**
Ⅹ	기타포괄이익(손실)	5,022	2,433
Ⅺ	총포괄이익(손실)	**118,658**	**16,166**

출처: 카카오뱅크 홈페이지

다. 신규로 진입하고자 하는 기업은 기존 기술과 차별화된 기술로 진입하려고 노력할 것이다. 어느 쪽이든 지식재산권의 확보 등 기술에 대한 독점적 권리를 가질 필요가 있다. 무엇보다 경쟁자들이 모방하기 어려운 차별화된 기술을 확보하고 이를 계속적으로 업그레이드를 하려는 노력이 필요하다.

2.2.3 대체재와의 경쟁

대체재(substitutes)는 기존 제품과 다르지만 동일하거나 유사한 수요를 충족시킬 수 있는 제품이다. 소비자가 제품이나 서비스에 지불하려는 가격에 따라 결정이 되므로 대체재의 유무에 따라 산업의 수익률이 크게 달라진다. 대체재는 기업이 부과할 수 있는 가격의 한계를 설정함으로써 그 산업의 잠재적 이익을 제한한다. 대체재가 많을수록 기업들이 자신의 제품이나 서비스에서 높은 가격을 받을 수 있는 가능성이 낮다. 대체재의 성공 여부는 대체에 소요되는 대체비용과 밀접하게 관련되어 있다. 또한 대체재는 수요자의 수용 여부가 중요한 역할을 담당한다. 소비자들이 특정 브랜드에 높은 충성도를 가지고 있다면 설사 비용이 다소 늘어난다고 해도 쉽게 다른 대체재로 옮겨가지는 않는다.

그림 3-4 | 스마트폰의 희생자들

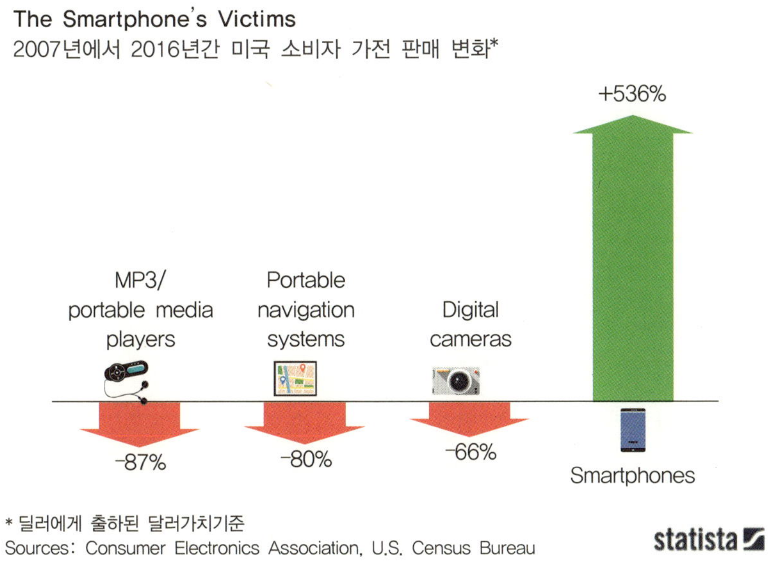

출처: www.statista.com

새로운 기술은 대체재를 만들기도 하고, 기존 대체재의 가격경쟁력을 높여주기도 한다. 대체재는 유사하거나 다른 산업분야에서 창출된다는 점에서 인접한 산업부문의 신기술개발 및 확산의 정도에도 관심을 갖고 대응할 필요가 있다.

스마트폰이 기존의 MP3플레이어, 내비게이션, 디지털 카메라의 많은 부분을 잠식하였으며, 우리의 일상까지 변화를 가져왔다. [그림 3-4]의 Statista의 2017년 자료를 보면 미국 시장에서 2007년과 2016년 사이에 큰 변화가 일어났음을 알 수가 있다. 2007년 대비 2016년에 스마트폰으로 인해 MP3플레이어는 87%, 내비게이션은 80%, 디지털 카메라는 66%나 판매액이 감소했다.

위와 같이 새롭게 대치된 대체재가 산업구조를 급격히 변화시킬 수 있으므로 대체재의 기반이 되는 신기술의 발전 및 과정에 대하여 주의 깊게 모니터링하고 적극적으로 대응해야 한다.

2.2.4 공급자 및 구매자와의 교섭력

기업은 소비자들에게 제품이나 서비스를 공급함으로써 기업활동을 영위한다. 구매자(buyers)는 제품과 서비스에 대하여 보다 질 좋은 것을 요구하며 가격 또한 내리도록 영향을 미친다. 반면에 공급자(suppliers)는 제품과 서비스를 이루는 원자재 등의 가격을 인상하거나 판매할 제품 및 서비스의 질을 낮추어서라도 수익을 높이기 위해 노력을 한다.

구매자들이 공급선을 바꾸는 데 전환비용(Switching Cost)이 많이 든다면 구매자의 교섭력이 떨어지게 된다. 구매자와 공급자가 기업인 경우 구매자의 공급자에 대한 상대적 크기가 중요한 요소가 될 수도 있다. 자동차 제조사와 자동차 부품업체의 경우가 대표적인 사례이다. 강한 구매자의 힘을 이용하여 부품업체의 수익을 압박하는 경우가 있다. 이와 같은 현상은 공급자들에게 동일하게 발생할 수 있다.

기술혁신은 산업에 있어서 공급자-수요자와의 관계에서도 영향을 미친다. 기술혁신은 경쟁우위의 전략 중 하나로 차별화 가능성을 높여주며 전환비용을 높이면서 기업과의 관련성을 유지하도록 돕는다. 반면에 기술은 기존 수요자들이 후방통합(Background Integration)을 통하여 새로운 경쟁자가 되게 하거나 고객과 이탈할 수 있게 만들기도 한다. 이러한 현상은 공급자에게도 적용이 된다. 즉 공급자들은 자신들이 가진 기술능력을 바탕으로 전방통합(Foreward Integration)을 통하여 직접적인 경쟁자가 될 수 있다.

최근에는 각국 간의 무역분쟁으로 인하여 불가피하게 공급선과 구매선이 바뀌는 경우도 있다. 미국과 중국 사이에 무역전쟁으로 관세율이 높아지는 등 이슈가 계속되고 있다. 또한 일본이 우리나라를 화이트 국가에서 제외하고 반도체와 디스플레이분야의 핵심소재 3개 품목을 개별허가 의무화제로 바꾸어 2019년 7월부터 시행 중이다. 수출통제제도는 전략물자가 우려 국가나 테러단체에 의해 확산되는 것을 방지하기 위해서 정부 차원에서 관리하는 제도로 전략물자 수출 시에 정부의 허가 심사에 따라 이루어지도록 되어 있다. 일본은 우리나라를 포함 27개국의 경우 화이트 국가로 분류하여 우대를 해왔는데 이를 변경한 것이다. 특히 플루오린 폴리이미드, 포토 레지스트(PR), 불화수소(에칭가스) 등 3개 품목은 반도체와 디스플레이분야의 핵심소재로 [그림 3-5]에 나와 있는 바와 같이 일본의 의존도가 매우 높은 품목이다.

그림 3-5 | 일본 수출규제 3개 품목의 수출입현황

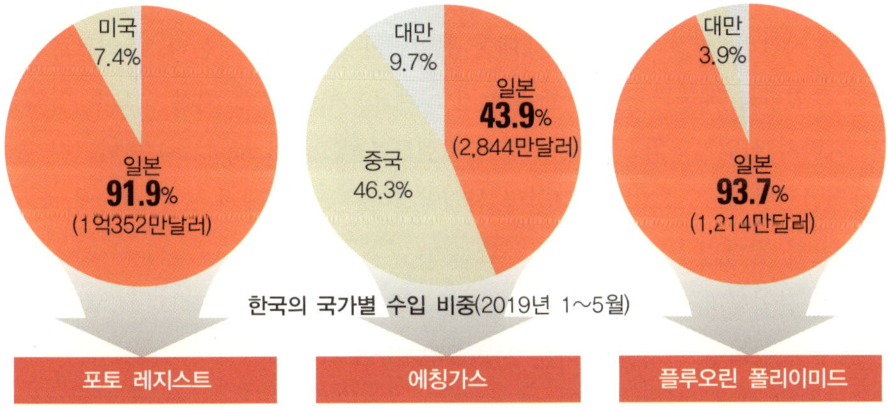

출처: 연합뉴스, 2019.7.

이에 우리나라에서는 소재 · 부품 · 장비산업의 경쟁력 강화를 위하여 범정부 차원의 종합대책을 마련하고, 100대 품목의 공급 안정과 산업 전반의 경쟁력 강화를 위하여 노력하고 있다. 이에 따라 위의 3품목에 대해서도 미국, 중국, 유럽 등으로 수입국을 다변화하려는 노력을 하고 있으며, 불화수소 등 일부는 공정 테스트 중이거나 적용을 해나가는 등 성과를 기록하고 있다.

2.3 트렌드분석

트렌드의 사전적 의미는 방향, 경향, 동향, 추세, 유행 등의 뜻으로 사용된다. 유행은 일시적 현상으로 많은 사람이 선호하고, 수요가 발생하는 모습을 보이지만 지속성이 짧고 사라지는 현상을 말한다. 그런데 트렌드(trend)는 관심의 대상으로서 수요가 오랫동안 지속되는 것을 말하며 수요가 지속되는 기간과 발생이 일어나는 양상에 따라 일반적인 트렌드와 메가트렌드로 나눌 수 있다. 일반적인 트렌드는 수요가 중기(5~10년)까지 이어지며 국지적인 현상에 그치는 것을 말한다. 반면에 글로벌현상으로 장기적인 영향(10년 이상)과 파급력을 지닌 것을 메가트렌드라 한다. 이는 1982년 미국의 미래학자 존 나이스비트(John Naisbitts)가 저술한 베스트셀러 〈메가트렌드(*Megatrends: The New Directions Transforming our Lives*)〉에서 처음 언급한 용어이다. 현대사회에서 계속 일어나고 있는 거대한 조류(trend)를 의미하는 것으로 탈공업화사회, 글로벌경제, 분권화, 네트워크형 조직 등이 그 특징이다.

문화는 시간적, 공간적 범위와 세대를 뛰어넘어 지속성을 갖는다. 그러므로 이러한 문화에 부합하는 제품과 서비스를 만들면 고객으로부터 오랜 기간 수요가 이어질 수 있다. 따라서 사업기회의 포착을 위해서 트렌드분석(Trend Analysis)은 반드시 필요하다. 산업연구원 보고서(2019)의 〈한국 산업발전비전 2030〉에 따르면 2030의 메가트렌드는 다음과 같다.

- 제4차 산업혁명 신기술의 도입 및 활용 확대
- 제4차 산업혁명 신기술에 따른 사회 · 경제구조의 변화
- 신기술로 인한 새로운 사회문제 등장
- 도시화의 진전
- 인구 및 가구구조의 변화
- 자원 및 에너지구조의 변화
- 환경문제 부상과 환경규제 강화
- 중국의 변동성 증대
- 환경문제 부상과 환경규제 강화
- 중국의 변동성 증대
- GVC(글로벌 가치사슬) 및 세계통상질서의 변화

- 한반도 평화 프로세스의 전진
- 세계적 불안요인 증대

3 기술전략 수립

3.1 기술전략의 이해

3.1.1 기술전략의 접근방법

일반적으로 기술전략은 경영전략의 한 부분으로 고려될 수 있으며, 접근방법으로는 합리적 접근방법, 점진적 접근방법과 균형적인 접근방법이 있다. 합리적 접근방법은 합리적인 전략의 수립 및 집행을 강조한다. 점진적으로 접근하는 방법은 기술경제환경이 너무 변수가 많아서 합리적인 전략 수립이 어렵기 때문에 주어진 상황에 맞게 단계적으로 의사결정을 하는 것이다. 위의 두 가지 방법을 서로 보완적으로 적용하는 것이 균형적 접근방법이다.

3.1.2 기술전략의 유형

기술전략의 유형에 관한 분류는 여러 학자들에 의해 연구가 이루어져 왔다. 이것으로부터 기술전략이 경쟁우위 확보에 매우 중요한 요소라는 것을 간접적으로 확인할 수 있다. 여러 가지 기술전략 중에서 기업이 어느 것을 택할 것인지는 어떻게 기업의 경쟁우위를 확보, 유지, 확대할 수 있을 것인가에 초점을 맞추어 평가를 해서 검토할 필요가 있다. 이 장에서는 기술전략의 유형으로 마이클 포터의 분류를 중심으로 다루고자 한다.

마이클 포터는 기술전략을 기술선도전략(Technological Leadership)과 기술추격전략(Technological Followership)으로 나누고 있다. 이는 기술이 경쟁우위에 어떠한 영향을 미치는 것인가를 주안점으로 다룬 것이다.

기술선도전략은 자신이 가진 기술을 활용하여 시장에서 선도적 위치를 가지려는 것을 목표로 하는 것이다. 이 전략을 따르는 기업들의 특징은 기술혁신에 대한 강력한 의

지를 가지고 있어 기술혁신에 따른 위험을 충분히 이해하고 기꺼이 감수한다는 것이다. 또한 이 기업들은 고객의 새로운 요구에 대한 높은 관심을 갖고 빠르게 대응을 하는 특징을 가지고 있다.

미국의 구글, 애플, 아마존, 마이크로소프트, 일본의 닌텐도, 소니, 우리나라의 삼성전자에 이르기까지 시장을 선도하는 기업들은 막대한 규모의 연구개발비용을 지불하고 있다. 이러한 기술선도기업을 시장에 많이 배출하기 위해서는 기업의 노력도 필요하나 새로운 지식의 원천인 대학 및 공공기관(연구소)과의 산학 또는 산학연의 연계가 필요하며 정부의 전폭적인 연구개발지원도 중요한 부분을 차지한다. 특히 중소기업의 경우에는 절대적이다. 중소벤처기업 중에는 높은 기술력을 바탕으로 기업가치가 10억달러(1조)가 되는 유니콘(unicorn)기업을 꿈꾸는 기업도 있다. 이러한 기업들에게 정부의 적극적 지원이 필요하다.

기술추격전략은 기술선도기업이 시장에 진입한 후 늦게 이 시장에 뛰어들어 기술선도기업을 추격하는 것이다. 이 전략을 추구하는 기업들은 기술선도기업의 경험을 모방 또는 학습하여 기술혁신과정에서 발생되는 여러 가지 위험을 회피하려고 노력한다. 또한 경영자원을 효과적으로 투입할 수 있다. 다만 기술선도기업에 대한 심층적 분석과 성공 및 실패요인에 관한 유용한 정보를 어떻게 얻을 것인가 하는 문제를 직면하게 된다. 기술추격전략을 구사하더라도 기술선도기업을 쫓아갈 수 있는 기술적 역량을 갖추고 있어야 한다. 특히 차별화가 필요한 설계나 생산공정에서의 원가 절감 등 혁신이 필요하며 효과적인 마케팅도 필수적이다. 이를 위하여 기업이 필요한 역량을 갖추는 것이 무엇보다도 중요하다.

3.2 기술전략의 비전 및 목표설정

3.2.1 비전과 목표

기업은 지속성장(Going Concern)을 가정으로 하며, 비전(vision)은 기업의 방향을 제시하면서 의사결정의 기반을 이루어 공유가치를 창출하는 원천이다. 비전은 기업의 존립기반이 되는 가장 큰 철학의 사명(mission)달성에 요구되는 지향점이기도 하다.

비전과 전략의 프레임은 일반적으로 〈표 3-4〉와 같이 목적과 사명을 포괄적으로 설명하는 비전과 그 목적의 달성을 위한 전략과 세부실행계획으로 구성된다.

표 3-4 비전과 전략, 실행계획과의 관계

비전	전략	실행계획
핵심가치(Core Value)	환경분석	효과와 효율성
목적(Goal)	전략적 의도와 유연성	핵심역량의 확보
사명(Mission)	핵심역량, 사업계획과 로드맵	조직관리

3.2.2 목표기술의 설정

효과적인 기술전략을 수립하기 위해서는 사업전략과 연계되어야 한다. 따라서 목표기술(Target Technology)의 선정은 사업부에서 필요한 것으로 해야 한다. 사업부 입장에서는 현재의 기업상황을 파악하고 이를 통하여 경쟁사와의 경쟁적 위치, 산업 내 위치와 향후 목표를 세울 필요가 있다. 이 사업부 목표가 정해지면 이들을 달성하기 위한

그림 3-6 | 핵심기술 후보군 도출

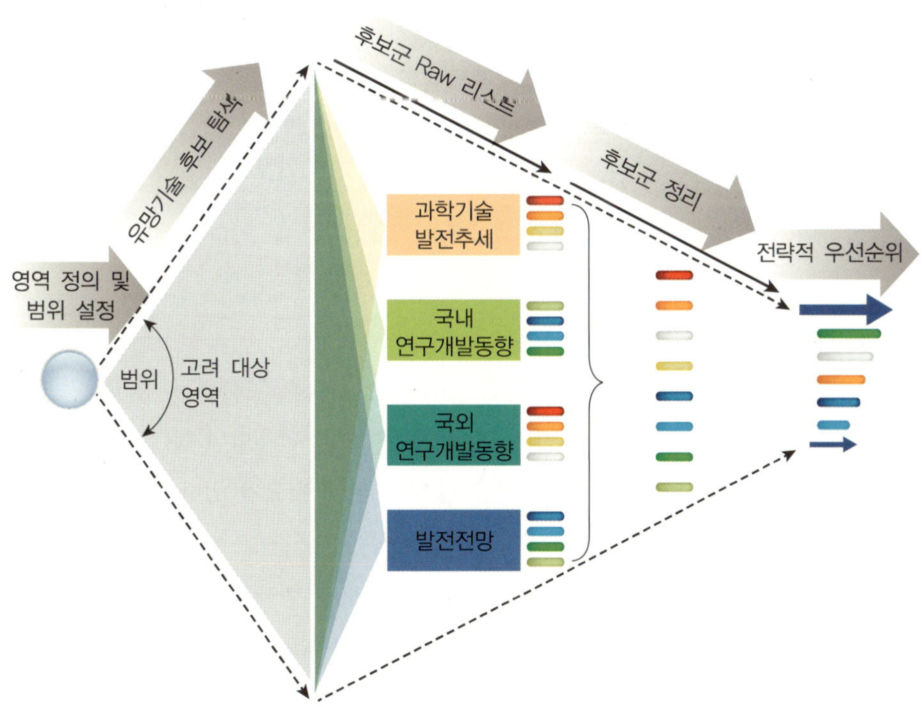

출처: 한국과학기술평가원, 기술기획을 위한 기술로드맵 수립방법

목표기술군(Target Technologies Group)을 파악할 수 있게 된다. 목표기술군은 기술환경분석, 산업구조분석, 트렌드분석 등을 수행하여 도출할 수 있다. 상기 분석결과들은 기업 전체를 대상으로 하므로 다소 거시적이고 포괄적인 결과가 도출될 수 있다. 그러므로 이를 바탕으로 사업부에서 필요로 하고 프로젝트화하려는 구체적인 기술분야를 도출할 필요가 있다. 바로 이러한 목표기술이 연구개발 프로젝트의 포트폴리오로 구성되는 것이다. [그림 3-6]은 핵심기술 후보군 도출에 관한 예시이다.

3.2.3 R&D 포트폴리오 구축

(1) R&D 포트폴리오의 중요성

포트폴리오(portfolio)는 일반적으로 주식투자에서 여러 종목에 분산투자함으로써 한 곳에 투자할 경우 생길 수 있는 위험을 피하고 투자수익을 극대화하기 위한 방법으로 이용된다. 또한 은행이나 투자자 등이 가지고 있는 유가증권목록 또는 투자자산의 집합을 뜻하기도 한다. 기업은 생존과 성장을 위하여 끊임없이 노력한다. 주력산업의 확대 및 전문화와 함께 미래의 먹거리를 준비해야 한다. 이러한 사업의 다각화도 기술이 필연적으로 따라주어야 한다. 연구개발 포트폴리오는 기업이 목표를 달성하고 위험을 피하기 위하여 구성하는 연구개발 프로젝트들의 집합을 의미한다. 그러므로 연구개발 포트폴리오는 기업의 기술 또는 연구개발부서의 자원의 배분을 나타내게 되며 이는 기술전략에 따라 이루어지게 된다. 연구개발 포트폴리오는 기술개발의 우선순위(priority)를 설정하여 연구개발부서의 자원을 효율적으로 배분할 수 있다.

(2) R&D 포트폴리오의 구축

합리적인 연구개발 포트폴리오 구축을 위해서는 기술적인 측면과 경제적인 측면을 고려할 필요가 있다. 먼저 기술적인 측면에서는 기술의 활용범위 등 수요적인 부분과 보유기술과의 관련성 등 공급적인 부분을 함께 고려할 필요가 있다. 또한 연구개발은 경쟁우위의 대표적인 전략이므로 경쟁기업의 동향을 파악하고 이에 맞추어 대응해야 한다. 이를 위해서는 내부의 연구개발역량과 기술 보유 현재 수준에 대해 객관적으로 평가할 필요가 있다. 경쟁기업과의 기술 차이를 분석하고 중장기적 관점에서 차별화 또는 기술우위에 설 수 있는지에 대한 냉철한 판단이 필요하다. 그리고 연구개발인력의 충원 등 인프라 관련 사항 등도 고려해야 한다.

다음은 경제적인 측면으로 주로 재무적인 사항을 고려해야 한다. 연구개발예산의 규모, 개발기간, 효과금액 등을 감안할 필요가 있다. 그리고 자체개발이 아닌 공동개발이나 일부 아웃소싱 가능성도 고려할 필요가 있다. 이러한 연구개발 포트폴리오 구성을 위한 고려사항과 내부평가는 기업 고유의 객관적이고 합리적 기준이 된다. 따라서 이를 통해서 투자 우선순위와 기술자원배분에 효율성을 도모할 수 있다.

3.3 기술로드맵

3.3.1 기술로드맵(TRM)의 중요성

로드맵(roadmap)은 자동차용 도로 지도로 어떤 일을 추진하기 위해 필요한 목표, 기준 등을 담아 만든 종합적인 계획이다. 이 로드맵의 일반적인 특성과 목적이 기술전략에 사용된 것이 기술로드맵이다. 즉 기업이 미래의 시장 및 고객의 요구를 충족시키기 위해 필요한 기술목표를 설정하고, 이를 달성하기 위해 필요한 기술대안 및 연구개발 경로를 시간 축에 따라 제시하는 기술기획방법이다.

오늘날 제품 및 서비스가 복잡해지고 수명주기 또한 짧아지고 있다. 이렇게 급변하는 경영환경에 대응하기 위하여 기업들은 막대한 연구개발비용을 지불하고 있다. 기업들에게 미래의 대응계획을 수립할 수 있는 효과적인 수단이 기술로드맵(Technical Roadmap: TRM)이다. 기술로드맵은 기업의 비전과 목표달성을 위한 방향성 정립의 의미가 있다. 이처럼 기술로드맵은 기술개발과 관련된 중요한 의사결정이나 미래의 기술상황에 대하여 대비하고 준비할 수 있는 정보를 제공해 준다. 또한 기술로드맵은 기업이 최적의 기술 대안을 규명, 선택 및 개발할 수 있도록 지원한다.

기술로드맵은 미국의 모토롤라에 의해 개발되어 초기에는 일부 산업분야의 기업들을 중심으로 활용되었으나 오늘날은 전 산업분야에 널리 활용되고 있으며 범정부 차원에서 자국의 산업 및 기술 경쟁력을 높이기 위해 적극적으로 지원하고 있다. 우리나라의 경우도 중소벤처기업부를 중심으로 중소기업의 체계적인 기술개발을 지원하고자 '중소기업 전략기술로드맵'을 수립하고 전략적 육성이 필요한 중소기업의 유망기술과 중소기업에 적합한 상용화 기술개발 품목을 지정해서 집중 육성하고 있다.

기술로드맵의 유용성은 수행과정의 적정성 여부에 의하여 판단된다. 그만큼 무엇을 위해 누구의 지원을 받아 어떤 조직으로 언제 어디서 수행하며 최종결과물의 활용방안에 이르기까지 모든 과정에 참여자의 합의가 요구되며 그 힘이 향후 로드맵 추진의 원동력이 된다.

3.3.2 기술로드맵의 작성

기술로드맵 작성절차는 [그림 3-7]과 같다.

그림 3-7 | 기술로드맵 작성절차

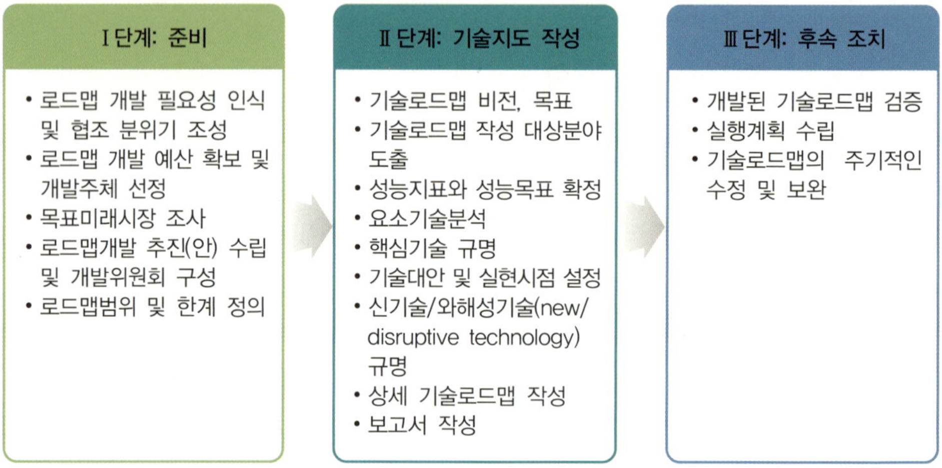

출처: 한국과학기술평가원, 기술기획을 위한 기술로드맵 수립방법

첫째, 준비단계로서 기술로드맵의 필요성을 인식하고, 조직 전체의 참여 분위기를 조성한다. 관련 예산을 확보하고 전담팀을 구성한다. 목표미래시장을 조사하고 기술로드맵의 범위를 포함한 기술로드맵 추진계획을 수립한다.

둘째, 기술로드맵을 작성하는 단계로 먼저 비전 및 목표를 설정한다. 그리고 기술로드맵 작성 대상분야를 도출한다. 일반적으로 제품을 대상으로 하며, 만일 산업 수준이라면 제품군으로 선정할 수 있다. 다음으로 선정된 대상분야에 대하여 성능지표와 성능목표를 결정한다. 그 후 기술대안을 탐색하고 가장 적합한 대안을 정하고, 이 대안을 수행하기 위한 상세 기술로드맵을 작성한다.

셋째, 후속조치단계로 작성된 기술로드맵의 타당성을 검증하고 수정 및 보완하는 작업이다. 이 작업은 주기적으로 수행되어야 하며 기술의 발달 속도와 시장의 분위기를 감안하여 주기를 정하게 된다.

기술로드맵 작성 시에는 작성목적, 주체, 대상범위, 작성주기, 작성기간, 시나리오, 표현방식, 투입인력, 투입예산 등을 고려하여야 한다. 작성주체로는 정부주도, 산업주도, 기업주도 등으로 구분되며, 대상범위로는 산업, 과학기술분야 등으로 나누어진다. 그리고 대상으로는 제품 또는 서비스 등이 있으며, 작성기간은 기업 수준과 산업 수준에 따라 다르지만 일반적으로 기업의 경우 약 5년이고, 산업은 약 10년 정도의 기간으로 작성한다.

3.3.3 기술로드맵 프레임

기술로드맵은 [그림 3-8]과 같은 프레임워크를 가지고 있다. 기본적으로 목표, 제품 및 기술의 발전 방향과 기술대안, 현재의 수준과 갭(gap, 차이), 달성전략, 시장, 제품 및 기술과 상호 연관 등이 포함되어야 한다.

그림 3-8 | 기술로드맵 프레임 사례

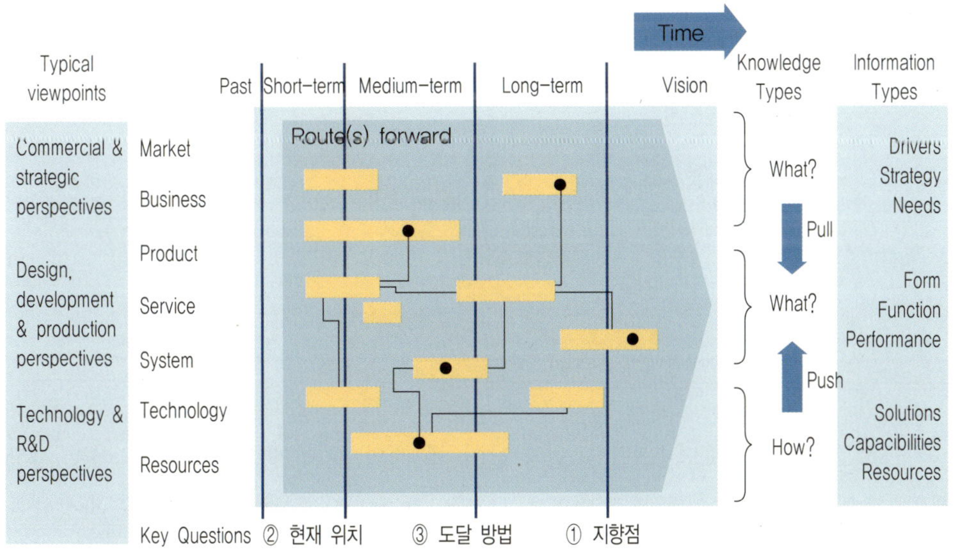

출처: Phaal & Muller, 2009

3.3.4 기술로드맵의 효과

기술로드맵의 주요 효과는 다음과 같다. 기술로드맵은 기술기획의 효과적 도구 중의 하나로 비전과 목표달성을 위하여 가장 효과적인 개발경로이다. 따라서 미래의 기술영역에 대한 수요파악과 필요기술들에 관하여 기업 등의 관련자에게 명확한 목표 제시를 함으로써 합의를 통한 공감대 수단으로 유용하다. 이는 기술로드맵을 수립하는 과정에서 관련자들의 소통과 화합을 통하여 결론이 도출되기 때문이다.

또한 기술로드맵은 선정분야에서 기술의 진보와 발전에 관한 예측이 가능하며 이를 통해서 효과적인 대응을 위해 사용할 수도 있다. 이는 기술전략에 관한 의사결정의 질을 높여서 한정된 연구개발자원을 효율적으로 사용할 수 있게 된다.

3.3.5 기술로드맵의 사례

제품계획과 관련하여 기술로드맵의 예를 살펴보면 [그림 3-9]와 같다.

그림 3-9 | 기술로드맵 개략도

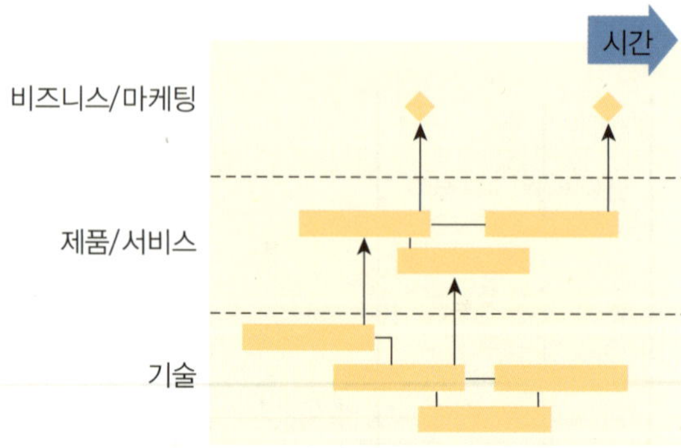

출처: Robert Phaal et al., 2004

기술로드맵을 살펴보면 [그림 3-9]와 같이 세 개의 주요 계층이 있으며, 이는 시장, 제품, 기술영역이다. 이 세 개의 영역을 시간을 기준으로 결합하여 로드맵을 작성한다. 우리나라 산업통상자원부에서는 30대 핵심기술을 통한 미래 밑그림을 통하여 관련 산업의 육성에 힘쓰고 있다. 그중에서 [그림 3-10]은 전기자율차와 IoT 가전에 관한 사례이다.

그림 3-10 | 전기자율차 및 IoT 가전의 기술로드맵

■ 전기 · 자율차

구분	분야	2018	2019	2020	2021	2022	2023~
전기차 2022년 주행거리 50% 이상 향상 (600km급)	배터리	배터리 셀 에너지 밀도 향상(270Wh/kg)		배터리 셀 에너지 밀도 향상(300Wh/kg)		배터리 팩 에너지 밀도 30% 향상 (350Wh/kg)	BMS 최적 제어 SW/HW 플랫폼화기술
	전기 충전	6.6kW급 고효율 무선충전기술	200kW급 급속 충전시스템	전기버스용 전동식 일체형 냉난방시스템	400kW급 초급속 대전류(400A급) 충전커플러	구동시스템 고전압화 400kW급 초급속 충전시스템	충전 편의성 향상을 위한 자동충전기술
수소차 2022년 내구성 2배 이상 향상 (50만km 이상)	연료 전지	고압 압축기용 Airfoil 베어링기술	수소저장소 주변장치 수소누설 최소화	버스용 고내구 전해질막기술	적층수 감소를 위한 스택 및 부품 설계기술	스택막 전극접합체 내구향상기술	고내구 고강성 기체확산층기술 워터펌프 등 고내구 열관리 부품기술
	수조 저장/ 충전	수소이송 트레일러용 500기압급 복합용기 융복합수소충전소 실증기술	700기압급 버스용 수소저장용기기술 저가형 패키지 수소 충전 플랫폼기술	수소충전용 대용량 압축기기술	CNG/LPG 개질기 용량증대기술	상용차 수소용기 가격저감기술 충전 지연이 없는 멀티충전기술	액화수소 저장용기기술
자율 주행차 2022년 자율주행 9대 핵심부품 국산화	인지 · 통신	150m 이상 중거리 레이더기술	HD급 고정밀도 3D 제스처 인식 카메라 인식률 90% 이상 대화형 음성인식기술	77/79GHz Dual Band 레이더기술 LD 및 전용 반도체 기반 라이다 센서	보급형 복합측위 모듈 Hybrid V2X 통신 모듈 ECU SW 업데이트 가능 OTA기술	AI 솔루션 연계 다목적차량기술 개발형 AI 센싱 융합 SW기술	Solid State 라이다 클라우드 연동 디지털맵 융합기술
	판단 · 제어 · 서비스	영상과 레이더의 Low Level 융합처리기술 보행자 보호 자동긴급 제동(AEB) 원천기술	운전 미숙자 지원을 위한 차선 변경시스템	사고데이터 저장 장치(ADR)기술 커넥티드 차량 빅데이터분석기술	운전자 및 상황판단 HVI 통합제어 플랫폼 (Domain Control Unit) 기술	운전자 제어권 전환 융합기술 표준 AI 컴퓨팅 모듈 실증	탑승자 맞춤형 자율 주행 제어기술 가변형 개인화 콕핏기술

■ IoT 가전

구분	분야	2018	2019	2020	2021	2022	2023~
가전플랫폼 2022년 스마트홈 빅데이터 플랫폼서비스	빅데이터 응용/ 미들웨어		가전 빅데이터분석 모듈 및 서비스 플랫폼개발	홈그리드 융합을 위한 IoT 게이트웨이개발	스마트홈 실증 적용 에지컴퓨팅 서비스 모델개발	빅데이터 연계형 에지컴퓨팅 IoT 가전개발	스마트홈 빅데이터 플랫폼서비스 확산기술 홈 인프라 통합관리 맞춤형 홈케어서비스
가전 디바이스 2022년 블록체인기술 적용 가전개발	AI 융합 센서/ SW		초실감 · 초연결형 가전개발	지능형 자율가전을 위한 융합센서개발 IoT 가전용 블록체인 데이터교환모듈개발	AI융합 스마트 비서형 가전개발	스마트홈 빅데이터연계 생활지원 로봇형 가전 개발(2021~) 경량 블록체인 적용 IoT 가전개발	'알아서 동작하는' 지능형 스마트 가전 및 서비스기술 (2023~2026)
스마트홈 실증 및 서비스 2022년 스마트홈 10만호 구축	실증	무선 스마트홈 시범단	1단계 스마트홈 실증 착수	단계별 실증 APT 준공	단계별 실증 APT 준공	단계별 실증 APT 준공 (10만호)	서비스홈 확장모델개발 (2023~2026)
	서비스	ESS+PV 기반 스마트홈 소규모 실증사업	ESS+PV 기반 스마트홈 실증서비스	빅데이터 기반 新 서비스 제공		에너지 소비패턴 분석기반 절감 서비스	스마트시티 공공연계 서비스개발 (2023~2026)

우리나라의 경우 삼성, LG 등 대기업뿐만 아니라 중소기업에서도 전략적 기술로드맵을 기술개발전략 수립에 활용하고 있다. 중소벤처기업부는 중소기업의 체계적인 기술개발을 지원하고자 중소기업 전략기술로드맵을 수립하고 전략적 육성이 필요한 중소기업의 유망기술과 중소기업에 적합한 상용화 기술개발 품목을 지정하여 운영하고 있다. 이는 대기업에 비해 연구개발역량이 부족한 중소기업의 기술역량 강화를 위해 유망기술 신성장 아이템 제시 및 중소기업 미래 먹거리 발굴 등 전략적이고 지속적인 미래기술개발 가이드라인을 제시해 주기 위한 것이다. 중소기업의 수요조사 및 공급망분석 등을 통해 중소기업 맞춤형 단기(3년 이내) 상용화 기술로드맵을 수립하여 기술시장 동향 및 미래 예측을 통해 중소기업 기술개발 방향을 제시하고, 중소벤처기업부 R&D 사업을 기술로드맵과 연계를 강화하여 연구개발투자의 효율성 개선을 위해 노력하고 있다. 2022년까지 3개년간 연구개발투자 방향을 3개 부문으로 구분하여 제4차 산업혁명은 인공지능, 미래자동차, 스마트제조 등 16개, 중소기업성장 기반은 정밀기계, 광/LED 등 9개, 소재 · 부품 · 장비는 디스플레이, 반도체 등 6개로 총 31개의 기술로드맵을 제시하였다.

3.4 기술전략 실행

3.4.1 기술확보전략

기술전략을 수립한 후에 어떻게 기술을 확보할 것인지에 관한 의사결정이 필요하다. 먼저 자체에서 기술개발하는 것과 외부로부터 도입하는 방안에 대한 결정이 필요하다. 또한 자체에서 기술개발을 하는 경우에도 산학 등 외부와의 협력을 하는 것과 순수하게 자체에서 개발하는 것에 관하여 검토가 필요하다. 그리고 외부로부터 기술을 도입하는 경우에도 M&A, 기술도입(기술료 지급) 등 가장 적합한 방법을 찾아야 한다. 자체에서 기술개발을 하는 경우 독자적인 기술력 확보로 기술우위에 따른 여러 가지 장점이 있으나 반면에 시간과 비용, 성공 가능성에 대한 위험성이 존재한다. 오늘날 기술과 제품수명주기가 점점 단축되어 가면서 신속하게 대응하기 위하여 외부로부터 기술을 도입하는 방안을 점점 많이 채택하고 있다. 그러나 기업은 핵심기술에 대한 보안이 강화되고 기술도입이 어려운 첨단기술의 경우에는 이러한 위험에도 불구하고 자체적인 개발을 할 수밖에 없는 상황이다.

(1) 독자(자체)개발

독자적인 개발은 외부로부터 도입하는 것이 아니라 자체 보유 자원을 활용하여 직접 수행하는 것을 말한다. 이는 개발에 많은 비용과 시간이 소요되고 성공에 대한 위험도 존재하나 통제가 가능하며, 무엇보다 내부의 역량을 활용하여 새로운 기술을 개발함으로써 연구개발과정에서 일어난 다양한 지식들이 축적되어 기업 고유의 자산으로 남게 된다. 따라서 향후 관련 기술개발에도 축적된 경험과 자산이 크게 공헌할 수 있다.

기술개발을 추진하는 데 있어 일부 부분에 대해 역량이 부족하거나 신속하게 추진할 필요가 있는 등의 경우는 역할을 분담하여 다른 기업, 대학교 또는 연구기관과 공동으로 상호 협력하여 수행하기도 한다. 이 경우에는 연구개발범위와 목표를 명확히 하고 개발기관 사이에 시너지 창출이 되어야 성공 가능성이 높다.

(2) 외부로부터 도입

먼저 합병(merger) 및 인수(acquisition)가 있다. 합병은 전략적으로 필요기술을 보유한 기업과 합치는 것을 말하며 인수는 기술이 있는 회사를 매입하는 것을 말한다. M&A(Merger & Acquisition)는 단기간 내 기업성장을 위한 주요 전략으로 오늘날 많은 기업들이 채택하고 있다.

삼성전자가 미국의 전장전문기업 하만(Harman)을 인수한 것이 대표적인 사례이다. 인수 총액은 80억달러로 이는 국내기업의 해외기업 M&A 사상 최대 규모이다. 삼성전자는 반도체와 디스플레이 등을 중심으로 사업을 해왔는데, 전장사업분야 토털 솔루션 기업으로 성장하기 위하여 인포테인먼트(infotainment), 텔레매틱스(telematics), 보안, OTA(Over The Air; 무선통신을 이용한 SW 업그레이드) 솔루션 등의 글로벌 선두기업인 하만을 인수한 것이다. 이를 통해서 자동차 전장사업 진출 등 전장사업을 본격화하고, 스마트폰 · TV 등 주력제품의 음향기술을 개선하는 목표를 세웠다. 삼성전자는 하만을 인수하며 특히 자동차부품사업 확대에 힘을 실었다. 그리고 향후 시장 성장 가능성이 높은 자율주행 전장부품사업 확대를 노렸다. 전장사업은 완성차에 부품을 공급할 때 진입장벽이 매우 높기 때문에 삼성전자는 하만의 영업망을 활용했다. 이후 삼성전자는 가시적인 실적을 보이고 있는데 대표적인 것이 [그림 3-11]의 자동차용 디지털 콕핏(Digital Cockpit, 디지털화된 자동차 조종석)과 [그림 3-12]의 첨단보조시스템이다. 디지털 콕핏은 자동차 운전대와 버튼을 터치 패널로 대체한 차세대 운전시스템으

그림 3-11 | 디지털 콕핏

그림 3-12 | 첨단보조시스템

출처: 하만 홈페이지

로 3D 증강현실, 멀티미디어, 다중 모듈 인터페이스, 클라우드 등 다양한 차량용 기술 솔루션이 탑재되어 있다.

다음은 동맹과 제휴이다. 동맹은 둘 이상의 개인이나 단체 또는 국가가 서로의 이익이나 목적을 위하여 동일하게 행동하기로 맹세하여 맺는 약속이나 조직체 또는 그런 관계를 맺는 것을 의미하는 국가 간 정치적인 용어이다. 제휴는 두 개 이상의 파트너가 자사의 기술자원(특허 등)을 공유하며 각각은 협력활동에 사용된 자사의 자원들에 대하여 권리를 유지하는 협력의 형태이다. 최근의 수소전기차를 둘러싸고 양산차업체들 사이에 이루어지고 있는 글로벌기업과의 제휴에 특허동맹이 있다. 특허동맹이란 용어가 기업 간의 제휴에 사용되는 것은 그만큼 기업 간의 생존을 위한 경쟁이 국가 간의 경쟁에 비할 정도로 전략적인 요소까지 고려해야 함을 의미한다.

현대자동차가 아우디와 수소전기차기술을 제휴한 것이 대표적 사례이다. 현대차와 아우디는 2018년 6월 수소전기차 관련 연료전지 파트너십을 체결했다. 양사는 수소전기차분야에서 공고한 협력관계를 구축, 기술 경쟁우위를 창출하고 글로벌 저변 확대를 목표로 하고 있다. 아우디는 폭스바겐그룹 내에서 수소전기차 관련 연구개발을 총괄하고 있다. 양사는 수소전기차기술 확산 및 시장 활성화를 위해 특허 및 주요 부품을 공유하는 데 합의한 것이다. 이는 수소전기차 보급 확대 및 수익성 강화를 모색 중인 현대차그룹과 수소차 양산 모델개발을 하고 있는 아우디 간의 전략적 이해관계에 따라 추진된 것이다. 현대차그룹은 수소전기차시장에서 기술적 우위를 점하고 있고, 아우디의 모체인 폭스바겐그룹은 글로벌 시장점유율 1위를 달리고 있다. 현대차는 기술력을, 아우디는 시장점유율 1위라는 타이틀을 앞세워 동맹에 합의한 셈이다.

다음은 합작투자(Joint Venture)가 있다. 두 개의 회사가 제3의 기업을 설립하여 기술적 자원을 배분한다. 창출된 결과물은 제3의 회사에 귀속된다. 일반적으로 계약을 통하여 파트너의 역할, 재산 및 실행권리를 규정한다.

삼성전자와 소니의 'S-LCD'가 대표적 사례이다. 삼성전자와 소니는 TFT액정 디스플레이 패널제조에 관한 계약을 체결하고 삼성과 소니가 각각 50%씩 출자하여 'S-LCD'를 설립했다. 합작회사는 TFT액정 디스플레이 패널제조를 위해 설립되어 주로 대형 TV전용 액정 디스플레이 패널을 생산했다. 주로 7세대와 8세대의 패널을 제조하는 공장을 공동으로 투자했다. 7세대 라인은 유리기판 크기가 1870×2200㎜이고, 8세대는 2200×2500㎜이다. 8세대의 유리기판은 한 장당 46인치 8매, 52인치 6매의 LCD 패널이 생산된다. 삼성전자와 소니는 TV세트분야에서 세계시장을 놓고 선두 경쟁을 벌이고 있지만 LCD TV시장이 폭발적으로 늘어나면서 양사 모두 패널 조달의 애로가 있어 LCD 패널분야에서 합작회사를 설립한 것이다. 그러나 이후 소니가 10세대 패널에서 샤프와 손을 잡고 2011년 삼성전자가 소니로부터 S-LCD 지분을 매입하면서 합작사업이 청산되었다.

마지막으로 아웃소싱(outsourcing)이 있다. 이는 기업이 특화된 경영자원에 선택과 집중을 하여 핵심역량을 강화하고 리스크를 분산하며 고효율 저비용을 추구하는 것을 목적으로 한다. 기술개발 파트너에게 재무적 자원을 제공하고, 반면에 기술개발의 결과물로 얻어진 모든 권리를 획득하는 것이다. 아웃소싱은 일반적으로 기업 내부의 연구개발을 대체하는 개념으로서 검증이 끝난 완성된 기술과 제반 여건이 성숙한 외부시장에서 제품 및 서비스를 생산하는 것을 의미한다. 기업들이 R&D 아웃소싱을 선택하는 이유를 거래비용이론(Transaction Cost Theory)의 관점에서 살펴보면 기업과 시장을 R&D 수행에 상호 대체적인 관계로 파악한다. 따라서 새로운 기술에 대하여 자체적으로 생산할 것인지 아니면 외부에서 조달할 것인지에 관한 의사결정은 거래비용의 크기에 따라 결정된다. 즉 기업 내부에서 수행되는 R&D 활동으로 인해 유발되는 비용이 외부시장을 통해 R&D 아웃소싱을 이용할 때 발생하는 거래비용보다 낮을 경우에는 기업은 R&D 아웃소싱을 선택하지 않는다. 반면 외부시장을 통한 R&D 아웃소싱 거래비용이 자체개발비용보다 적을 경우에는 연구개발을 위해 적극적으로 외부시장을 활용하게 된다.

R&D 아웃소싱 수요업체의 가장 큰 애로사항은 다음과 같다. 첫 번째는 R&D 아웃소싱시장의 폐쇄성으로 인해 정보공유가 기업들에 의해 자발적으로 활성화되기는 어려운 상황이라는 점이다. 기업이 R&D를 아웃소싱하려 해도 적합한 공급업체를 찾기란 매우 어렵고, 또한 R&D 아웃소싱 공급업체도 수요처를 찾는 것이 어렵다. 두 번째는 R&D 계약에서 수요업체와 공급업체 사이의 비용 및 납기에 대한 불만이 많다는 것이다. 이는 상세한 계약내용이 외부에 공개되지 않고, 두 기업 간의 특수관계 등으로 인하여 구체적인 계약조건을 명기하지 않은 채 관행에 따라 처리하는 경우가 많기 때문이다. 이처럼 R&D 아웃소싱에 대한 구체적인 계약조건이 부당하거나 모호하여 문제가 발생될 소지가 있다. 세 번째는 중소기업의 경우의 자금 및 인적능력의 부족을 들 수 있다. 중소기업은 R&D 투자 여력뿐만 아니라 인적 네트워크도 대기업에 비해 상대적으로 부족하여 R&D를 아웃소싱하여 진행하기는 쉽지 않다.

3.4.2 연구개발 리스크관리전략

연구개발 리스크관리는 목표달성에 저해가 되거나 문제 가능성이 있는 미래의 리스크요인을 진단하고 이를 관리하여 불확실성을 감소시키고 통제하기 위해 사전에 준비

표 3-5 주요 요인별 리스크 유형

구분	연구개발 리스크 유형
정책적 요인	• 시장성의 과대 · 과소 전망 • 보유역량의 과대 · 과소 평가 • 합리적 자원 배분 실패
시장 · 사회적 요인	• 시장의 미성숙 • 신규 제품 · 서비스 사이의 충돌 • WTO 등 통상규범 관련 문제 발생
기술적 요인	• 대체기술 등장 • 경쟁사의 기술 수준 증가 • 지식재산권 선점, 국제표준 미확보
제도적 요인	• 법 등 제도적 기반 미비 • 환경 등 규제로 제품시장 미형성
도덕적 요인	• 부적절한 연구개발비 사용 • 보안관리 실패 • 연구개발인력 유출

출처: 정보통신연구진흥원, R&D 리스크관리강화

하는 것이다. 일반적인 리스크관리절차는 식별 → 평가 → 대응 → 모니터링 · 보고이다. 첫 단계가 미래의 리스크요인을 찾아내는 것이다. 연구개발 리스크의 주요 요인별 유형은 〈표 3-5〉와 같다.

이처럼 사전에 리스크요인들을 철저하게 진단하고 그에 따른 대응책을 마련하는 것이 필요하다. 다음으로 연구개발 리스크관리를 성과관리와 접목하여 성과달성을 위한 안정적 · 예방적 환경 분위기를 조성할 필요가 있다. 이를 위하여 연구개발과정에서의 진도 및 일정관리방안에 대해서도 명확히 해야 한다. 연구개발 프로젝트라 해서 일정을 관리하지 않으면 지연될 가능성이 높다. 또한 진도별 목표관리를 통하여 문제가 생기더라도 대책을 마련할 수 있도록 해야 한다.

연습 문제

〈객관식〉

01 다음 중 기술전략의 위치와 가장 가까운 것은?

① 기업전략　　② 사업전략

③ 기능별 전략　　④ 프로젝트전략

02 다음 중에서 마이클 포터의 다섯 가지 경쟁요인에 해당하지 않는 것은?

① 대체재　　② 고객

③ 기존 경쟁자　　④ 신규 진입자

03 기술전략과 사업전략의 연계가 이루어지면 나타나는 효과가 아닌 것은?

① 기업의 핵심역량을 확보할 수 있다.

② 기업은 보다 효율적인 기술혁신활동을 추진할 수 있다.

③ 기업 내부의 R&D(기술개발)에 중점을 둔다.

④ 기술혁신활동에 필요한 자원배분을 효과적으로 한다

04 기술전략의 수립절차로 맞게 이루어진 것은?

① 기술수요 → 기술분해 → 기술평가 → 기술로드맵 → 기술획득방안 수립

② 기술수요 → 기술평가 → 기술분해 → 기술로드맵 → 기술획득방안 수립

③ 기술수요 → 기술분해 → 기술평가 → 기술획득방안 수립 → 기술로드맵

④ 기술수요 → 기술분해 → 기술로드맵 → 기술평가 → 기술획득방안 수립

05 PEST분석의 대표적인 요인이 아닌 것은?

① 사회적 요인　　② 경제적 요인

③ 정치적 요인　　④ 시장적 요인

06 다음 중에서 관심의 대상으로 수요가 오랫동안 지속되는 것에 대한 분석을 하는 방법은?

① 트렌드분석　　② PEST분석

③ 산업구조분석　　④ 경쟁자분석

07 다음 중에서 기술로드맵에 포함되지 않는 것은?

① 목표 ② 발전 방향
③ 현재 수준과의 차이(gap) ④ 수익성

08 다음 중에서 기술로드맵의 주요 계층이 아닌 것은?

① 시장 ② 제품
③ 자금조달 ④ 기술

09 기업이 특화된 경영자원에 집중하기 위하여 기술개발 파트너에게 재무적 자원을 제공하고 기술개발성과를 얻는 전략을 무엇이라 하는가?

① 자체개발 ② 아웃소싱
③ 합작투자 ④ 기술제휴

10 다음 중에서 연구개발의 주요 리스크요인에 해당되지 않는 것은?

① 경제적 요인 ② 시장 · 사회적 요인
③ 기술적 요인 ④ 정책적 요인

객관식 해답

01 ② **02** ② **03** ③ **04** ① **05** ④ **06** ① **07** ④ **08** ③
09 ② **10** ①

〈주관식〉

01 기술전략과 사업전략이 연계되어야 하는 이유와 효과는 무엇인가 설명하시오.

02 기술환경분석에 관하여 PEST분석을 중심으로 설명하시오.

03 마이클 포터의 산업구조분석에 대하여 설명하시오. 그리고 다섯 가지의 힘이 미치는 사례에 대하여 설명하시오.

04 비즈니스 모델의 대표적인 것으로 오스터왈드의 비즈니스 모델에 대해 설명하시오.

05 기술로드맵의 효과에 대하여 설명하시오.

06 기술로드맵의 사례에 대하여 설명하시오.

07 중소벤처기업부의 제4차 산업혁명과 관련된 기술개발과제와 기술로드맵에 대하여 설명하시오.

08 기술확보전략에 대하여 설명하시오.

09 자체개발이 아닌 외부도입, 동맹과의 제휴, 합작투자에 대한 사례를 설명하시오.

10 연구개발분야의 리스크요인과 관리전략에 대하여 설명하시오.

참고문헌

마이클 포터 저, 김경묵 · 김연성 역, '마이클 포터 경쟁론', 21세기북스, 2011.

김대수 · 김연성 · 신동일 · 주재만, '4차 산업혁명과 기술경영: 혁신과 성장', 한경사, 2019.

산업통상자원부, "30대 핵심기술을 통한 미래 신산업의 밑그림", 2018.

산업통상자원부, "제조업 르네상스", 2019.

산업통상자원부, "제7차 산업기술혁신계획(2019~2023)", 2019.

삼성뉴스, "삼성전자, 미 전장전문기업 하만 인수", https://news.samsung.com/kr, 2016.11.14.

삼성뉴스, "살아있는 자동차 상상이 곧 현실로", https://news.samsung.com/kr, 2019.4.18.

연합뉴스, "산업부 '日 수출규제 대비, 반도체소재 국산화 추진해왔다'", 2019.7.1.

이경희 · 박문수 · 조현수, '한국기업의 R&D 아웃소싱과 성과', 산업연구원, 2011.

이광현, '아웃소싱', 한국능률협회, 1998.

이현, 한국과학기술기획평가원, '기술기획을 위한 기술로드맵 수립 방법', 2012.

전자신문, "적과의 동침 삼성전자-소니 제휴", https://www.etnews.com, 2012.9.17.

정동진, 정보통신연구진흥원, "R&D 리스크 관리 강화", 2007.

성선앙, '전략적 기술경영', 박영시, 2016.

정유진, KOTRA 해외시장 뉴스, "노키아는 왜 스마트폰을 시장에 적응하지 못했나?", https://news.kotra.or.kr, 2012.7.22.

정형자 · 홍대순 외, '제3세대 R&D 그 이후', 경덕출판사, 2007.

조문제, "4차산업혁명시대, Philip Kotler가 보는 마케팅에 대한 소구점", 2019.

조철, "한국산업발전 비전 2030, 2030 메가트렌드", 산업연구원, 2020.

중소기업기술정보진흥원, "기술로드맵", https://www.tipa.or.kr.

카카오뱅크, https://www.kakaobank.com.

통계청, https://www.kostat.go.kr.

특허청, https://www.kipo.go.kr.

하만, http://www.harmankorea.com.

한국산업기술진흥협회, "기술경영 Best Practice", 2011.

한국전기자동차협회, "현대차그룹, 아우디를 수소전기차 파트너로...동맹", http://keva.or.kr, 2018.

Alexandar Gerybadze, *Technologie-und Innovationsmanagement*, Verlag Franz Vahlen Munchen, 2004.

Felix Richter, "The Smartphone's Victims", https://www.statista.com/chart/8291/smartphone-vs-other-gadgets/, 2017.2.27.

Robert Phaal, Clare J. P. Farrukh, David R. Probert, "Technology roadmapping—A planning framework for evolution and revolution", *Technological Forecasting & Social Change*, 71, 2004, pp.5-26.

Robert Phaal, Clare J. P. Farrukh, David R. Probert, "Technology roadmapping: linking technology resources to business objectives", University of Cambridge, 2014.

Robert Phaal, Gerrit Muller, "An architectural framework for roadmapping: Towards visual strategy", *Technological Forecasting & Social Change*, 76, 2009, pp.39-49.

CHAPTER 04

기술혁신

제4차 산업혁명시대를 맞이하여 빅데이터, 사물인터넷(IoT), 인공지능(AI) 등 기술혁신이 빠르게 일어나고 있다. 그런데 이러한 신기술의 경우에도 전통적인 기술과 유기적으로 결합하여 새로운 부가가치를 창출해야만 한다. 세계시장을 선도하는 기업들은 경쟁우위전략으로 차별화된 기술전략을 수립하여 기술혁신을 주도하며, 글로벌 경쟁 속에서도 뛰어난 성과를 거두고 있다. 이 장에서는 이러한 기술혁신의 개념과 체계, 기술혁신과정 및 패러다임, 기술혁신이론, 기술혁신 지원제도와 기술혁신 사례에 대해서 다루게 된다.

1 기술혁신의 개요

1.1 기술혁신의 개념

혁신이란 사전적 의미로 아이디어의 원천이 조직 내부이든 외부이든 상관없이 새로운 아이디어를 도입하고 그것을 개발해 실용화하는 전 과정을 말한다. 혁신은 조직 내의 다양한 장소에서 다양한 형태로 발생하는데 일반적으로 [그림 4-1]에 나와 있는 바와 같이 기술혁신, 관리혁신, 인적자원혁신의 세 가지로 분류가 가능하다. 이 중에서 기술혁신은 기존 제품의 개량, 신제품의 개발에 있어서 새로운 기술을 도입해 경쟁우위의 제품을 창출하는 기술적 진보를 의미한다. 혁신의 세 가지 유형은 서로 독립적으로 발생하기보다는 상호 의존적으로 발생한다.

그림 4-1 | 혁신의 분류

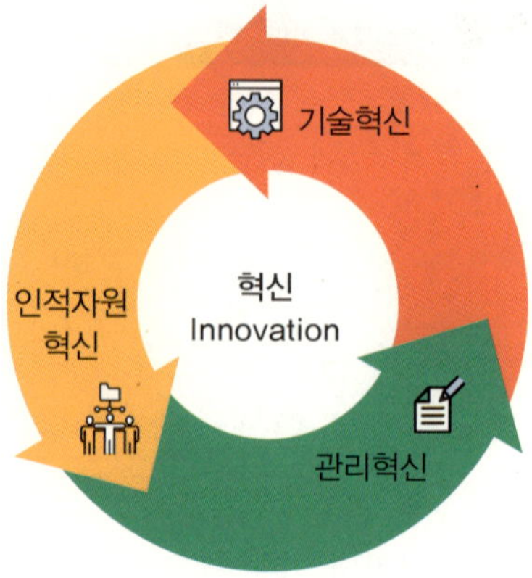

출처: 손에 잡히는 IT 시사용어사전

과학기술을 활용하여 제품이나 서비스를 창출하는 기업은 생산활동의 과정에서 다양한 기술적 문제들을 만나기 마련이다. 이러한 문제를 해결하기 위하여 체계적인 연구개발활동 등을 통하여 새로운 사실을 찾아내거나 기존의 방식과 현저하게 다른 생산방식을 도입하기도 하는데 이러한 활동을 기술혁신(Technological Innovation)이라 부른다.

1.2 기술혁신의 중요성

기술혁신이 기업생존을 위해서 필수불가결한 요소임은 부인할 수 없다. 더욱이 제4차 산업혁명의 시대에서는 단순한 핵심기술(사물인터넷(IoT), 빅데이터, 인공지능, 로봇 등) 확보만으로 산업을 주도할 수 없고 디지털 기반의 기술융합을 거쳐 데이터 기반의 비즈니스 모델 혁신을 해야만 한다. 따라서 급변하는 산업환경에 대응하기 위해서는 단순한 기술우위 확보 경쟁을 뛰어넘어 보다 근본적이고 새로운 경영혁신을 추구해야만 한다.

미국 'Innosight Corporate-Longevity'의 2018년 보고서에 따르면 S&P 500 기업의 수명 예측결과 [그림 4-2]에 나와 있는 바와 같이 수명이 점차적으로 감소하고 있음을 알 수 있다. 1964년에 33년, 2016년에 24년이나 2027년에는 12년으로 단축될 것으로 전망하고 있다. 그리고 같은 보고서에서 향후 10년 안에 S&P 500에 속하는 기업 중 약 1/2 이상이 이탈할 것으로 전망하고 있다.

▶ 그림 4-2 | S&P 500 기업의 평균 수명

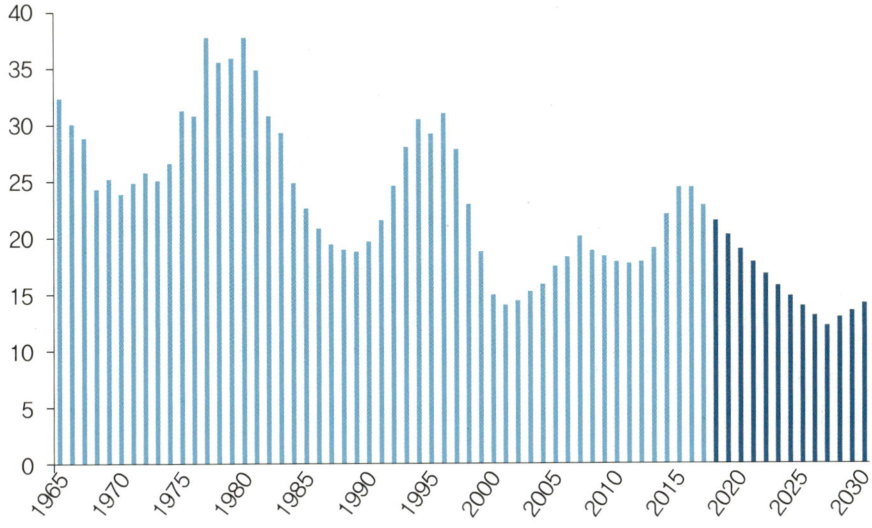

출처: Innosite, 2018

이와 같이 기업들이 급변하는 환경 속에서 지속적인 경쟁력을 유지하는 것이 얼마나 어려운지를 확인할 수 있다. 혁신의 중요성을 영국의 유전학자인 찰스 다윈의 〈종의 기원〉에 나오는 다음의 이야기로부터 헤아려 볼 수 있다. "강한 것이 살아남는다고 할 수 없으며, 지혜 있는 자가 살아남는다고 할 수 없으며, 오직 변화하는 것만이 살아남으며, 환경변화에 순응하지 못하는 생물은 사멸되고 만다." 이처럼 혁신은 기업의 규모와 상관없이 기업의 생존과 지속적 성장을 위해서 반드시 필요한 것이다.

1.3 기술혁신의 주체

기술혁신을 주도하는 주체에 관해서는 다양한 의견이 존재한다. 일반적으로 기업과 기초연구를 담당하는 대학, 기초 및 기반연구와 응용연구를 수행하는 정부 산하의 공공연구기관 등이 주체로서 혁신활동을 수행하고 있다. 여기에서는 기술혁신의 주체로 기업, 대학, 정부에 대하여 살펴보고 각 주체들의 상호 연관성 등을 파악하기 위한 개념으로 삼중나선모형에 대하여 다루고자 한다.

1.3.1 기업

기업은 기술혁신을 주도하는 가장 대표적인 주체이다. 기업의 목적인 이윤추구를 위하여 제품개발 및 공정개발 등 연구개발활동을 지속적으로 수행해 왔다. 대기업들은 그들이 가진 자본을 활용하여 대규모의 연구개발투자와 그에 따른 연구성과를 만들어 내면서 시장에서 경쟁우위를 유지하려고 노력하고 있다. 그들은 대부분 연구개발 등 기술혁신을 담당하는 연구소를 기업 내 기능부서로 운영하고 있다. 그런데 연구소만으로 원하는 성과를 내기 어렵다. 생산활동이 일어나는 생산부서, 제품의 기획과 수요자의 요구를 담당하는 영업·마케팅분야 등이 상호 협력을 하여야 효과적인 기술혁신이 이루어질 수 있다.

기업의 입장에서는 기업 자체적으로 연구개발을 추진하기를 희망한다. 왜냐하면 원하는 제품과 공정을 빠르게 개발하도록 내부자원을 효율적으로 활용할 수 있고 연구개발활동을 통하여 외부로 기술 유출이 되지 않고 기업 내부의 기술능력으로 축적이 되어 고유의 자산으로 남게 되기 때문이다. 그러나 가용자원이 부족한 중소기업 등과 연구개발에 막대한 비용과 시간이 필요한 과제 등은 어쩔 수 없이 공동개발이나 아웃소싱을 추진하기도 한다.

〈표 4-1〉은 2020년 국제특허출원(PCT 출원) 내역이다. 순위를 살펴보면 글로벌기

표 4-1 상위 20개 기업별 PCT 출원현황

구분	기업명	출원건수		순위 변동	구분	기업명	출원건수		순위 변동
		2019년	2020년				2019년	2020년	
1	화웨이	4,411	5,464	–	11	HP	1,507	1,595	↑3
2	삼성전자	2,334	3,093	↑1	12	MS	1,370	1,529	↑3
3	미쯔비시	2,661	2,810	↓1	13	보쉬	1,687	1,375	↓4
4	LG전자	1,646	2,759	↑6	14	LG화학	1,624	1,374	↓3
5	퀄컴	2,127	2,173	↓1	15	NTT	703	1,372	↑12
6	에릭슨	1,698	1,989	↑1	16	ZTE	1,085	1,316	↑2
7	BOE	1,864	1,892	↓1	17	PING AN	1,691	1,304	↓9
8	오포	1,927	1,801	↓3	18	지멘스	1,153	1,202	↓1
9	소니	1,566	1,793	↑4	19	후지필름	1,158	1,128	↓3
10	파나소닉	1,567	1,611	↑2	20	NEC	1,024	1,121	–

출처: 특허청, 2021

업들이 상위를 차지하고 있음을 알 수 있으며, 우리나라의 기업도 상위에 순위를 올리고 있다. 삼성전자가 2위이며, LG전자가 4위, LG화학이 14위를 기록하고 있다.

1.3.2 대학

대학에서는 기초연구와 석·박사의 훈련, 기술적 지식의 창출과 엔지니어링 도구의 개발 등을 주로 담당한다. 1980년대 이후 대학의 임무 및 기능에 있어 빠른 변화가 일어나고 있다. 기업을 포함한 외부로부터의 지원금, 용역연구, 대학과 기업과의 파트너십, 스핀오프회사를 통한 수익창출, 기부금 등 대학의 재원이 다양해지고 수행하는 연구개발과제도 경제적인 영향을 많이 받게 되었다. 특히 연구성과에 관한 특허출원, 용역연구, 스핀오프기업의 운영 등 연구성과물에 대한 사업화 노력이 주요한 대학의 기능의 하나로 자리잡고 있다. 실제로 다음의 〈표 4-2〉에 나와 있는 바와 같이 2020년 PCT 특허출원현황을 살펴보면 대학에서 상당수의 특허출원이 이루어지고 있음을 알 수 있다.

표 4-2 상위 20개 대학별 PCT 출원현황

구분	대학명	출원건수		순위 변동	구분	대학명	출원건수		순위 변동
		2019년	2020년				2019년	2020년	
1	캘리포니아주립대	470	559	–	11	중국광업대	100	148	↑6
2	MIT	230	269	↑2	12	서울대	136	146	↓3
3	선전대	247	252	–	13	둥베이대	68	132	↑23
4	칭화대	265	231	↓2	14	장난대	118	131	↓1
5	저장대	69	209	↑29	15	오사카대	105	128	↑1
6	텍사스대	161	184	–	16	둥난대	89	125	↑7
7	다롄이공대	141	159	–	17	한양대	113	124	↓3
8	화난이공대	165	157	↓3	18	존스홉킨스대	87	121	↑6
9	스탠퍼드대	132	154	↑1	19	고려대	93	118	↑3
10	도쿄대	119	149	↑2	20	하버드대	140	118	↓12

출처: 특허청, 2021

1.3.3 정부(공공기관)

혁신성장의 화두로 언급되는 제4차 산업혁명은 ICT와 산업의 융합이 초래하는 경제·사회구조의 급격한 변화를 의미한다. 이 과정에서 새로운 기회와 위기가 동시에 나타날 것으로 예측된다. 글로벌 경기침체와 기술 발전은 경쟁을 심화시키고 경제·산업구조의 고도화·복잡화를 가중시켜 주요 선진국들도 주력산업의 정체 또는 후퇴 위협에 직면하게 된다. 이에 따라 세계 각국은 근본적인 차원에서 국가 경쟁력을 확보하고, 변화에 따른 선제적 대응을 위해 국가혁신전략을 추진 중이다. 미국, 독일, 일본, 중국 등 주요국 정부는 혁신의 속도를 국가 발전과 경제·사회의 변혁 동인으로 인식하고 국가 차원의 발전전략을 마련하여 운영 중이다. 미국의 '미국혁신전략', 독일의 '인더스트리 4.0 플랫폼', 일본의 '일본재흥전략', 중국의 '중국제조2025'가 바로 그중의 하나이다.

우리나라의 경우 정부 산하 공공기관에서는 국가 차원의 발전전략에 맞추어 기초 및 기반연구와 응용연구를 수행하고 있는데 기업들의 활용도 및 응용도가 높으나 기업이 단독으로 추진하기 어려운 기초연구를 지원하는 경우가 많다. 주로 정부 산하 연구소, 대덕 등의 과학기술단지 등을 통하여 수행되고 있다.

1.3.4 삼중나선모형

기술혁신의 주요 주체인 기업, 대학, 정부 등과의 관계를 파악하기 위한 개념이 삼중나선모형(Triple Helix Model, Etzkowitz & Leydesdorff, 2000)이다. 삼중나선모형에서는 혁신의 주체를 정부, 대학, 산업의 세 가지로 구분하며, 각 주체 간 관계에 따라 세 가지 유형으로 구분한다. 첫째 유형은 정부가 산업, 대학을 통제하는 유형이다. 이 유형에서는 아래로부터의 혁신 가능성이 낮아서 혁신이 제한되는 한계가 있다. 둘째 유형은 정부, 산업, 대학이 각각의 경계가 있어 혁신주체들의 자유로운 혁신활동이 보장되는 유형이다. 셋째 유형은 정부, 산업, 대학의 각 주체들 간에 중첩이 되는 부문이 있으며 각각의 역할을 담당하면서 동시에 부문 간 경계에서 융합조직을 만들어 지식을 창출한다는 특징이 있다. 바로 이 유형이 가장 진보된 모델로 이를 구현하기 위해서 많은 국가들이 노력하고 있다.

최근의 4차 산업혁명의 패러다임에서는 혁신주체 사이의 기능과 역할의 경계가 모호해지고 복잡한 조직적 결합이 나타나고 있다. 이러한 삼중나선모형에서는 기술혁신을 누가 주도를 하느냐 하는 것보다 어떻게 혁신주체 사이를 연계하고 네트워크를 통하여 복잡하게 전개되는 환경과 글로벌 경쟁 속에서 어떻게 지식의 창출과 확산을 달성해 나가는가 하는 문제로 바뀌고 있다. 이는 과학기술주체인 대학-산업계-정부가 삼중나선구조로 얽혀 혁신주체의 역할과 기능이 복합된 상황이 반영된 것이다. 이 모델은 양질의 교육과 우수한 연구의 기반 조성, 민관투자, 관련주체 사이의 파트너십과 상호 연계를 전제로 하고 있다. 또한 기술혁신주체를 연계하는 지원기관과 제도의 시너지효과, 공통의 목표 및 혁신 생태계 조성, 새로운 교육과 연구의 협력을 가능케 하는 혁신정책이 마련되어야 하는데, 이것은 정부의 역할이다. 정부가 미래 지향적인 비전을 가지고 정책을 마련하여 그에 따라 연구개발주체를 조정하고 연계하도록 해야 국가혁신체제(National Innovation System: NIS)가 올바로 작동하는 것이다. 정부의 역할은 혁신주체(Innovation Actor) 사이의 신뢰를 높여서 강력한 연대를 가능케 하도록 만드는 것이다. 제4차 산업혁명이 우리에게 더 의미가 있는 점은 사후의 추격이 아닌, 변화의 시기를 글로벌시장의 선도국가들과 함께 할 수 있다는 점이다. 따라서 해외정책의 지속적인 모니터링과 국내현황에 대한 철저한 분석을 통해 효과적인 대응전략을 찾고 미래를 준비하는 것이 무엇보다 중요하다.

1.4 기술혁신의 유형

기술혁신을 혁신의 대상, 혁신의 정도, 연속성 여부와 개방형 여부 등으로 나누어 살펴볼 수 있다. 여기서는 가장 일반적인 혁신의 정도에 따른 급진적 혁신(Radical Innovation)과 점진적 혁신(Incremental Innovation)과 개방 여부에 따른 개방형 혁신과 폐쇄형 혁신으로 구분하여 다루고자 한다.

1.4.1 급진적 혁신과 점진적 혁신

기술혁신은 급진적 혁신과 점진적 혁신으로 구분된다. 급진적 혁신은 기존의 시스템이 완전히 다른 시스템으로 전환되는 근본적인 변화를 의미한다. 예를 들면, 스마트폰의 등장으로 기존의 MP3, 내비게이션, 카메라 등이 시장에서 크게 쇠퇴되었다. 향후에 전기자동차나 수소자동차기술이 발전하면 현재 자동차의 가솔린 및 경유의 내연기관 구동방식을 대체할 수도 있다. 급진적 혁신의 특징은 기술이 과학적 지식에 바탕을 두면서 주로 기술주도(Technology-Push)에 의하여 혁신되는 점이다. 따라서 급진적 혁신은 주로 조직적이고 체계적인 중장기 연구개발에 의하여 추진되며, 불확실성이 높고 불연속적으로 일어나는 특성을 가지고 있다. 슘페터가 주장한 창조적 파괴가 급진적 혁신에 가까운 것이다.

반면에 점진적 혁신은 기술시스템의 근본적인 변화가 아닌 기존 기술시스템의 개선 혹은 급진적인 기술혁신 이후의 보완적인 혁신 등이다. 앞의 스마트폰의 예를 들면 카메라 렌즈의 해상도 향상, 에지 최소화, 폴더, 슬라이드 기능 추가 등이 바로 그것이다. 점진적 기술혁신은 급진적 기술혁신과는 달리 주로 생산 경험을 바탕으로 한 현장 기술자들의 비공식적인 연구개발에 의해 이루어지는 경우도 있다. 점진적 혁신의 경우에도 이처럼 기존 제품이나 급진적 혁신을 대상으로 꾸준하게 품질을 개선하고 생산비용을 절감함으로써 중요한 경제적 의미를 갖는다. 표준화된 제품을 대량생산하는 기업들은 점진적 혁신에 주력하여 생산비 절감효과를 얻으려 노력하며, 신제품을 생산하는 기업은 편의성이나 생산성을 높여 제품 성능이나 품질을 보완하기 위한 점진적인 기술개선에 주력하여 판매증대효과를 얻을 수 있다.

1.4.2 개방형 혁신과 폐쇄형 혁신

최근의 기술혁신활동은 급변하는 경영환경 속에서 능동적으로 대처하기 위하여 외부와의 협력을 강화하고 있는데 이를 기준으로 개방형 혁신과 폐쇄형 혁신으로 구분할 수 있다. [그림 4-3]은 개방형 혁신과 폐쇄형 혁신을 보여주고 있다.

그림 4-3 | 개방형 혁신과 폐쇄형 혁신

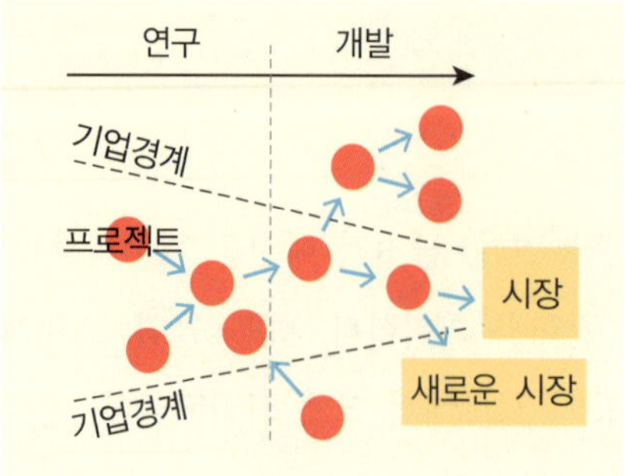

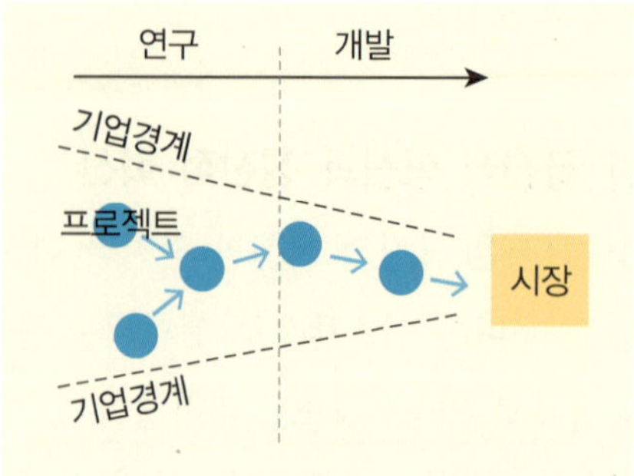

출처: 한국산업단지공단, 기업의 개방형 혁신전략 오픈이노베이션, 2021

개방형 혁신은 외부의 아이디어와 기술을 도입하여 새로운 제품을 만들거나, 회사가 개발한 기술을 독자적으로 사업화하지 않고 기술자산을 판매하거나 일반에 공개하여 외부개발자나 소비자의 참여를 촉진하는 것을 말한다. 이것은 기업에 속하지 않은 많은 사람들의 아이디어를 함께 공유하고 나눌 수 있다는 점에서 [그림 4-3]에서 보여주고 있는 바와 같이 무한한 다양성과 가능성을 열어두게 된다. 그리고 공개된 기술을 활용하여 응용제품을 만들어 시장에 출시하여 관련 시장의 활성화를 유도할 수 있다. 반면에 폐쇄형 혁신은 기업 내부의 인력을 활용하여 연구개발을 수행하는 것으로 외부에 공개하지 않고 상대적으로 신속하게 진행이 가능하다. 따라서 비밀로 취급되므로 개발에 참여하지 않은 기업이 관련 기술을 활용하여 제품화하는 것은 불가능하다. 스마트폰의 경우 예를 들면 구글은 개방형 사업구조를 채택하여 삼성전자를 비롯하여 많은 기업들이 안드로이드폰을 채택하여 상품화하고 있다. 반면에 애플은 패쇄형 사업구조를 추구하여 자신만의 앱스토어를 가진 제품을 만든다. 과거 소니의 베타맥스의 경우도 대표적인 패쇄형 사업구조를 택한 사례이다.

1.5 기술혁신의 발전과정

기술혁신이 경제성장에 주요한 영향을 미치고 있음을 본격적으로 주장한 학자가 슘페터(Schumpeter)로 창조적 파괴(Creative Destruction)에 의한 기술혁신의 중요성을 역설하였다. 그는 기술의 발전뿐만 아니라 새로운 시장의 개척, 상품 공급방식의 변경 등이 경제에 전반적인 영향을 끼쳐서 변화를 만들고 이것에 의해 이윤이 확보된다는 기술혁신에 관한 이론적 연구의 기반을 제공하였다. 그러나 이러한 기술변화를 경제체계의 외부에 존재하는 외생변수로 인식하고 있다. 그래서 기술변화의 원천, 기술진보의 속도와 방향, 기술변화의 비용과 메커니즘에 대해서는 구체적으로 파악하기에 한계가 있었다. 이러한 이론적 한계성을 극복하기 위하여 등장한 것이 진화론적 입장이다. 넬슨과 윈터(Nelson & Winter, 1982)는 환경의 변화에 따라 대응하여 학습된 특성은 유전될 수 있다는 라마르크적인 진화론 입장에서 자본주의경제의 변화과정을 설명하였다. 자본주의는 지속적으로 변화할 수 있는 가능성이 있는 체계로 다양성을 선택하고 창출하는 개방적인 체계로 여기고 있다.

1980년대 이후 과학기술활동의 다양성이 증대되고 혁신성과의 사회 · 경제적 확산의 중요성이 커지면서 네트워크, 시스템 중심의 개념이 생겨나기 시작했다. 지속적인 상호작용과 피드백에 의해 기술혁신이 이루어지는 시스템적 입장에서는 기술을 공급하고 활용하는 혁신주체들 사이의 상호작용적 학습을 촉진할 수 있는 네트워크 및 인프라의 구성 등이 주요한 관심사가 된다. 네트워크는 과학기술활동에서 기술적 지식과 정보를 창출, 확산, 이용함으로써 기술적 축적을 달성하기 위해 관련 인자들이 상호 간 맺고 있는 연계의 망이다. 시스템화 및 복합화 경향을 가진 IT기술이 빠르게 발전하면서 개별기업 및 혁신주체의 독자적 능력만으로는 필요한 모든 기술을 자체적으로 개발하기에는 한계를 느끼게 되었다. 이에 따라 기업 간, 기업과 대학, 기업과 정부 등의 협력활동을 통한 기술의 개발이 중요한 변수로 작용하게 되었다. 클라인과 로젠버그(Kline & Rosenberg, 1986)의 혁신적 상호작용 모델은 네트워크론에 입각한 시스템적 관점을 대표하고 있다. 이는 기업과 대학, 정부가 유기적으로 상호작용을 하면서 기술혁신이 이루어지고 있다는 것이다. 관련된 이론은 기술혁신이론에서 다룰 것이다.

기술개발의 가속화와 경쟁의 심화는 독자적으로 기술개발활동을 추진해 나가거나 이에 필요한 자원을 충당하기에는 어려움이 따르게 되었다. 즉 기술혁신주체들 간에 인적자원이나 기술적 지식 등 각 혁신주체들이 가진 자산을 상호 교환하여 자본부담을 덜고 시너지효과를 기대하게 되었다. 국가 수준의 기술혁신시스템이 강조되는 것도 이러한 이유 중의 하나이다. 제4차 산업혁명이 단순한 핵심기술(사물인터넷(IoT), 빅데이터, 인공지능, 로봇 등) 확보만으로 산업을 주도할 수 없고 디지털 기반의 기술융합을 거쳐 데이터 기반의 비즈니스 모델 혁신이 경제에 영향을 미치고 있다. 선진국은 각자 고유의 기술혁신 지원정책을 마련하여 자국의 기업이 글로벌 경쟁에서 뒤처지지 않도록 노력하고 있다. 다음 절에서 기술혁신과정에 대하여 상세하게 다루고자 한다.

2 기술혁신과정의 패러다임

점진적인 혁신으로부터 급진적인 혁신으로 이행해 가는 과정에서는 또 하나의 독특한 현상이 일어난다. 급진적인 혁신이 일어난 이후에는 기술혁신이 군집을 이루어 일어나는 현상이 발생한다. 이렇게 기술혁신이 특정 기술의 내용을 중심으로 군집을 이루어 나타나는 현상을 기술혁신의 패러다임(paradigm)이라 한다. 이 절에서는 이렇게 작고 많은 수의 부수적인 혁신들을 기술혁신 패러다임이라고 규정하고 그 특성을 이해하고자 한다.

2.1 규칙성의 존재

기술혁신 패러다임은 시장조건의 변동에 대한 대응에 따라 형성되는 것이 아니라 기술 자체가 갖는 내부규칙성에 의하여 일정한 패턴을 가진다. 예를 들면, 메모리 반도체의 경우 메모리 용량을 키우는 중점적인 연구개발이 이루어졌다. 인텔의 공동설립자인 고든 무어(Gordon E. Moore, 1975)가 주장한 무어의 법칙이 대표적인 것으로 반도체의 집적회로 성능은 2년마다 2배로 증가한다는 법칙이다. 삼성전자의 경우 1983년 미국, 일본에 이어 세계 세 번째로 64KD램 개발을 성공한 이후, 계속적인 연구개발을 통하여 256KD램, 1메가D램, 4메가D램, 16메가D램에 이어 1992년에 집적도를 64KD램보다 1천 배 높인 64메가D램을 세계 최초로 개발하여 글로벌 선두업체로 성장했다. 이렇게 기술이 일정 기간 동안 특정 내용을 중심으로 군집을 이루어 일어나는 현상을 도시(Dosi, 1988)는 기술혁신 패러다임(Technological Paradigm)이라 명명하고 그 규칙성을 이야기하였다.

정보통신기술이 다양한 산업들과 결합하며 지금까지는 볼 수 없었던 새로운 형태의 제품과 서비스, 비즈니스를 만들어내는 제4차 산업혁명은 전 산업에 걸쳐 매우 커다란 변화를 가져오고 있다. 그중에서 제조업에 도입되고 있는 스마트공장이 대표적인 사례이다. 센서, 사물인터넷, 빅데이터기술 및 인공지능이 결합된 스마트공장은 생산 리드타임을 단축하고 작업자의 수는 줄이며 생산성을 크게 높이고 있다. 또한 스마트공장에서는 하나의 생산라인에서 여러 가지의 다른 사양의 제품을 생산할 수 있다. 이와 같은 장점으로 인하여 기업에서도 스마트공장 도입을 위한 다양한 시도가 이루어지고 있고 앞으로도 계속 추진이 될 것으로 보인다. 이에 따라 정부 차원에서도 스마트공장 보급사업과 전문인력 양성사업을 적극적으로 추진하고 있다.

2.2 불확실성의 감소

기술혁신의 결과는 사전적으로 예측하기 어려운 불확실성을 가지고 있다. 기술혁신 활동에는 성공 가능성과 실패 가능성이 공존하므로 성공한 혁신과 실패한 혁신을 비교 분석을 하고 기술혁신 패러다임과 기술혁신의 불확실성에는 어떤 관계가 있는지에 대하여 학자들이 관심을 갖고 연구하고 있다. 넬슨과 윈터(1982)는 기술혁신 패러다임이 확고하게 형성된 이후에는 불확실성이 현저히 감소한다고 주장하였다. 만약에 기술혁신 패러다임이 자리를 잡았다면 그것은 기술적인 측면에서 그 타당성이 검증되었고, 시장성에서도 그 타당성을 인정받고 있다는 것을 의미한다. 따라서 패러다임이 확고하게 형성된 기술개발의 경우는 불확실성이 감소한 것으로 간주할 수 있다. 반면에 패러다임이 확고하게 형성되지 않은 기술개발은 불확실성이 높아질 것이라 판단할 수 있다.

멜리사 실링(Melissa A. Schilling, 2013)의 연구는 초기의 아이디어가 중간단계의 과정을 거치면서 최종적으로 시장에 상품과 서비스를 내놓기까지 얼마나 어려운 것임을 단적으로 이해할 수 있다. 3,000여 개의 순수한 아이디어 중에서 300개의 아이디어가 제안되고, 4개가 개발되어 시장에는 2개가 출시되고 최종적으로 1개가 성공한다는 것이다. 이 때문에 기업은 연구개발의 불확실성을 낮추려는 방안을 찾게 되고, 다양한 기술경영기법을 동원하게 된다. 기업이 연구개발의 불확실성을 줄이기 위해서는 우선 각 기술별로 기술혁신 패러다임의 형성 여부를 검증할 필요가 있다. 기술혁신 패러다임이 형성된 기술이라면 불확실성이 다소 낮아졌다고 판단되기 때문이다. 오늘날 미국, 독일, 일본, 한국 등 여러 나라에서 이런 불확실성을 감소시키기 위해서 기술예측활동을 정부지원의 정책사업으로 수행하고 있다. 또한 각국의 정부는 불확실성이 높으면서 활용도가 넓은 기초부문 등의 연구개발사업은 정부 차원에서 담당하여 그 결과를 다수의 기업이 공유하게 함으로써 자국기업을 지원하는 기술정책을 적극적으로 추진하고 있다.

2.3 기술적 기회의 증가

일단 기술혁신 패러다임이 형성되면 기술적 기회(Technological Opportunity)가 늘어나기 마련이다. 기술혁신 패러다임 자체가 많은 기술적 기회를 불러오는 현상 중의 하나이다. 기술혁신 패러다임이 형성된 후 기술적 기회가 증가하는 사실은 기술혁신 사례를 통해서 관찰할 수 있다. 휴대폰의 경우 초기에는 전화나 메시지를 주고받는 기능밖에 없었다. 그러나 급진적인 혁신이 일어나 MP3, 내비게이션, 카메라 기능까지 갖추게 되었다. 밀레니엄세대뿐만 아니라 많은 사람들이 사진, 영상 등을 소셜미디어에 공유하며 소통하고 있다. 그러면서 해상도, 줌 기능을 갖춘 카메라를 탑재한 휴대폰이 늘어나고 있다. 또한 통신과 디스플레이의 기술발전으로 스마트폰을 통한 콘텐츠 소비가 늘어나면서 LCD에서 OLED로 디스플레이가 바뀌어 가고 있고, 화면의 크기도 커지고 이와 함께 데이터를 저장하는 메모리 용량도 커지고 있다. 이렇게 휴대폰에도 다양한 기술이 접목되면서 새로운 기술적 기회가 많이 발생하게 되었다.

제4차 산업혁명은 전 산업에 걸쳐 매우 커다란 변화를 가져오고 있다. 우버는 보유 택시 없이도 세계 최대 택시업체를 운영하고, 에어비앤비는 자사 소유의 부동산 없이 숙박업을 운영하며, 세계적인 기업 알리바바는 재고 없이 소매업을 운영하고 있다. 아마존은 드론을 통해 소비자에게 배송하는 서비스를 시작하고 있다. 제4차 산업혁명의 핵심기술인 인공지능(AI), 가상현실(VR) 그리고 블록체인(Block Chain) 등을 활용한 새로운 사업으로 신규 시장을 창출하고 주도할 수 있는 기회가 스타트업기업에게도 주어져서 많은 벤처기업들이 도전하고 있다. 이는 기존 산업에서는 진입장벽이 형성되어 신규 진입이 어렵지만 새롭게 형성된 기술혁신 패러다임에서는 기술적 기회가 상대적으로 많으므로 혁신된 기술을 가지고 새로이 진입하기가 용이하기 때문이다.

3 기술혁신이론

3.1 선형적 접근(Linear Approach Method)

3.1.1 기술주도와 수요견인가설

기술주도가설과 수요견인가설은 기술혁신연구의 대표적인 이론으로 순차적으로 이루어진다는 점에서는 공통적이다. 그러나 과학기술에 의해 일어나는 것인지 시장수요에 의해 일어나는 것인지 주장하는 바가 다르다. 기술혁신이 기술주도나 수요견인 한 가지 요인에 의해서 일어나기보다는 복합적인 요인에 의해 발생되는 경우가 많다. 다음에 기술주도가설과 수요견인가설에 대해서 세부적으로 살펴본다.

(1) 기술주도가설

기술주도가설(Technology-Push Hypothesis)은 과학기술의 기반을 중요시하는 가설로 과학에서 출발하여 시장에 제품을 판매하는 과정이 순차적으로 일어난다는 것이다. 이는 [그림 4-4]의 모형에 나와 있는 바와 같이 과학을 통하여 신기술의 아이디어를 찾게 되고 이를 기업이 자신의 제품과 접목하여 설계 및 제조를 가능하게 하고 그 신제품을 마케팅, 판매하는 것이라는 주장이다. 즉 기업이 기초과학 지식을 활용하여 신제품을 창출하고 상업화하기 위한 노력을 기울인다는 것이다. 그러므로 과학이 없으면 기술이 없고 따라서 신제품이 불가능하다는 것이다. 기술주도가설에서는 결국 과학적 지식의 창출이 기술개발을 유발하고 기술혁신을 유도하는 핵심원천이 된다. 그러므로 국가의 기초과학 수준이 기술혁신에 결정적 영향을 미치게 된다. 실제로 기초과학이 발전한 나라에서 그렇지 않은 나라에 비하여 기술혁신이 활발하게 일어나고 있다. 따라서 정부는 기술혁신을 촉진하기 위하여 기초과학의 발전을 도모하여야 하며 기초과학 연구를 진흥하여 과학기술 기반을 튼튼히 구축할 필요가 있다. 이것이 기술주도정책을 시행하는 국가에서 R&D 투자를 촉진하도록 주로 재정지원을 정부에서 부담하는 이유이기도 하다.

그림 4-4 | 기술주도모형

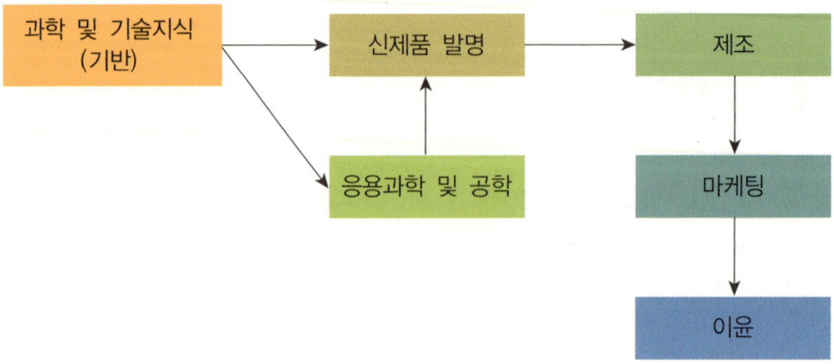

출처: 이공래, 기술혁신이론개관, 2000

기술주도형 기술혁신을 위해서는 기초과학을 연구하는 연구개발인력을 양성하고, 연구개발 분위기 조성이 중요한 역할을 담당하게 된다. 또한 기업의 사업전략 등 수요에 맞는 기초과학연구가 진행될 필요가 있다. 또한 연구성과를 높이기 위하여 기초과학과 응용연구 사이의 상호 협력도 중요한 부분이다. 그런데 이러한 기술주도가설의 경우에도 과학기술 기반이 충분한 성숙기의 산업에서 시장수요의 부족으로 기술혁신이 부족한 것을 설명하기는 어렵다. 또한 시장규모가 작은 경우에도 관련 기초과학연구에 제약조건이 될 수 있다.

(2) 수요견인가설

수요견인가설(Demand-Pull Hypothesis)은 기술혁신을 촉진시키는 유인은 기초과학이나 기술의 발달에서 오는 것이 아니라 시장수요에서 비롯된다는 주장이다. 수요견인가설에서는 시장수요의 존재가 기술혁신이 일어나기 위한 필요조건이며, 기술은 일종의 충분조건이라는 것이다. 대표적인 수요견인가설을 주장한 슈무클러(Schmookler, 1966)의 주장은 시장의 수요에 대응하기 위한 과정으로 [그림 4-5]와 같다. 기업은 어떤 제품의 시장수요가 존재할 경우 그 수요의 일부는 기존 설비로 대응(경로 A)하거나 추가설비를 도입해서 대응한다(경로 B). 그러나 시장수요의 일부는 새로운 과학적 지식을 활용하여 제품의 성능을 향상시키고 품질을 개선하여 판매하거나 생산설비를 혁신하여 생산비용을 낮추려는 노력을 기울인다(경로 C).

그림 4-5 | 수요견인모형

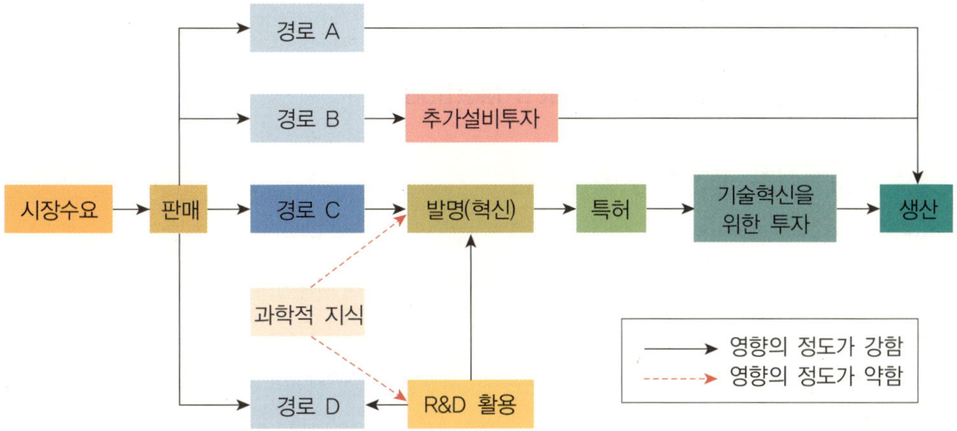

출처: 이공래, 기술혁신이론개관, 2000

이 과정에서 과학적 지식의 역할보다는 제품을 판매하는 과정에서 얻은 아이디어를 바탕으로 발명이 일어나고, 이 발명을 사업화하려고 노력한다. 영업 · 마케팅부서에서 신제품과 신기술에 대한 소비자의 불만사항이나 구체적인 요구사항을 연구개발부서에 제공함으로써 연구개발활동이 시작된다. 이 연구개발활동은 경로 C에서의 발명을 가능케 하는 직접적 요인이다. 또한 연구개발은 기존의 루트들과는 전혀 다른 새로운 제품이나 방식으로 수요자의 욕구를 충족할 수도 있다(경로 D). 이와 같이 수요견인가설에서는 수요 여건을 감안하여 시장의 수요가 있어야 기술혁신이 이루어질 수 있고, 시장의 수요가 없으면 신기술과 신제품도 없다는 주장이다. 따라서 수요가 급격히 증가하는 성장산업에서 기술개발이 활발하게 이루어진다고 설명한다.

이와 같이 기술주도가설에서 강조된 과학기술 기반은 수요견인가설에서 보조적 역할만 수행하고 시장수요와 여건이 기술개발을 유발하고 기술혁신을 유도하는 핵심원천이라고 보는 것이다. 그러므로 수요견인정책은 시장을 기반으로 한 도구로서 비즈니스와 시장 전문가가 혁신과정을 주도하므로 혁신제품의 시장 출시가 용이하다. 따라서 연구개발의 불확실성을 줄일 수 있는 이점이 있다. 최근에 코로나19로 인하여 백신과 치료제에 관한 연구개발이 활발히 진행되고 있는 점이 하나의 사례이다. 그런데 수요견인가설은 시장수요가 충분히 존재해도 기초과학이나 연관기술의 발달 없이는 신제품이나 공정개발 등의 기술혁신이 어렵다는 점을 설명하지 못한다. 제4차 산업혁명의 핵심기술인 인공지능(AI), 가상현실(VR) 그리고 블록체인(Block Chain) 등이 등장하면서 관련 시장수요가 발생하게 되었다. 이와 같이 과학기술과 시장요인이 순차적인 것이 아니라 동시에 발생되는 경우도 있다.

3.2 단계적 접근(Stage Approach Method)

3.2.1 제품혁신과 공정혁신 및 S곡선

단계적 접근방법은 기술혁신이 일어나는 모습이 단계를 거쳐 일어나는 것으로 분석하는 방법이다. 여기서는 대표적인 어터백과 아버나시(Utterback and Abernathy, 1975)의 제품혁신(Product Innovation)과 공정혁신(Process Innovation)에 관한 모형과 수명주기와 관련된 S곡선 모형을 중심으로 설명하고자 한다. S곡선 모형에 관해서는 기본적인 이해에만 초점을 두고 뒤에 나오는 기술예측 부분에서 보다 상세하게 다루어질 것이다.

(1) 제품 및 공정혁신과정

혁신인식은 경제협력개발기구(OECD)의 오슬로 매뉴얼(Oslo Manual)에 반영이 되었다. 오슬로 매뉴얼은 혁신활동에 관한 것으로 1992년에 처음 만들어졌고, 1997년, 2005년과 2018년에 개정되었다. 오슬로 매뉴얼(2005)에서 경영혁신은 기술혁신인 제품, 공정혁신 외 마케팅혁신과 조직혁신의 비기술영역으로 확대하였다. 여기서 기술혁신은 혁신의 대상과 관련하여 제품혁신과 공정혁신으로 나누어진다. 제품혁신은 오슬로 매뉴얼에 따르면 제품의 본질적인 특성이나 기술적 사항, 장착된 소프트웨어 또는 사용자 친화성 및 용도 측면에서 새롭거나 획기적으로 개선된 제품·서비스를 도입하여 시장에 출시하고, 회사 매출에 영향을 준 경우를 말한다. 현저한 개선에는 기술성능, 요소, 재료, 소프트웨어, 고객친화성 등 다른 특징들을 포함하며 신기술 및 기존기술과의 융합 등도 해당이 된다. 그리고 공정혁신은 새롭게 개선된 생산 및 유통방법을 통한 실행부분을 말하며 공정혁신의 목표는 생산 및 유통부분의 단위비용의 절감 혹은 제품의 생산 및 유통에 있어 질(quality)의 현저한 향상이다.

미국의 어터백과 아버나시(1975)가 기술혁신의 과정을 제품혁신과 공정혁신으로 구분하여 관찰하면서부터 제품 및 공정혁신에 관한 동태적 과정에 관한 가설이 시작되었다. 이들은 기술혁신이 제품이나 서비스뿐만 아니라 공정의 변화로도 나타나는 사실을 파악하고 이들 두 가지 유형의 혁신을 관찰하여 이러한 가설을 제시하였다. 제품혁신과 공정혁신이 결합되어 진행되는 과정은 다음의 [그림 4-6]에 나와 있는 바와 같이 세 개의 과정을 거치게 된다. 첫 번째는 유동적 상황이고, 두 번째는 변환단계 그리고 세 번째는 특수적 상황이다.

첫 번째의 유동적 상황(Fluid Condition)은 수요인식에 의한 기술혁신 구역이다. 신제품이 시장에 첫 출시가 되면 고객의 불만사항과 요구사항이 나오게 되고, 이를 제품에 반영하기 위해서 사양 변경이 계속 이루어지는 것을 말한다. 이 단계에서는 제품혁신이 기술혁신의 중심이 되어 이루어지고, 신제품이 시장에서 경쟁우위에 올라선 상태가 아니어서 공정혁신의 수준은 다소 낮은 편이다.

두 번째 단계가 변환단계(Transitional Stage)이며, 신기술인식에 따른 기술혁신이 일어나는 영역이다. 디자인이나 제품 성능 등 고객의 수요에 대응하는 데 성공한 신제품의 판매가 증가하면 제품 자체보다 생산공정에서 더 많은 기술적 문제가 발생한다. 제품의 생산능력 확충과 불량을 개선하는 등에 관심이 집중된다. 따라서 생산효율을 향상하거나 공정의 문제를 해결하는 과정에서 공정혁신이 활발하게 일어난다. 이 과정에서 생산공정이 부분적으로 자동화되기도 한다.

마지막 단계는 특수적 상황(Specific Condition)으로 비용 절감을 통한 기술혁신 구역이다. 변환기단계를 지나면 제품의 표준화가 진전되고 제품 사양이 안정되기 시작하여 생산량이 급증하게 된다. 이 단계에서는 생산비용을 절감하여 이윤을 확대하려는 기술혁신의 요구가 증가하게 된다. 자동화가 단계적으로 추진되고, 공정에 특화된 전용설비와 대규모 양산설비의 도입 등 생산공정에서의 효율이 크게 개선된다. 이와 같이 이 단계에서는 공정혁신이 중심이 되어 기술혁신이 이루어진다. 어터백과 아버나시의 가설은 기술혁신을 제품혁신과 공정혁신으로 구분하고 동태적 과정을 설명했다는 점에서 기술혁신이론의 발전에 크게 공헌하였다. 그런데 이런 기술혁신의 과정은 제품혁신을 통하여 신제품을 창출할 수 있는 기업에게는 적용이 가능하다. 오늘날은 시장이 글로벌화되어 가고 분업의 현상도 나타나고 있어 이러한 현상이 순차적으로 이루어지지 않는 경우도 있다.

그림 4-6 | 제품혁신과 공정혁신

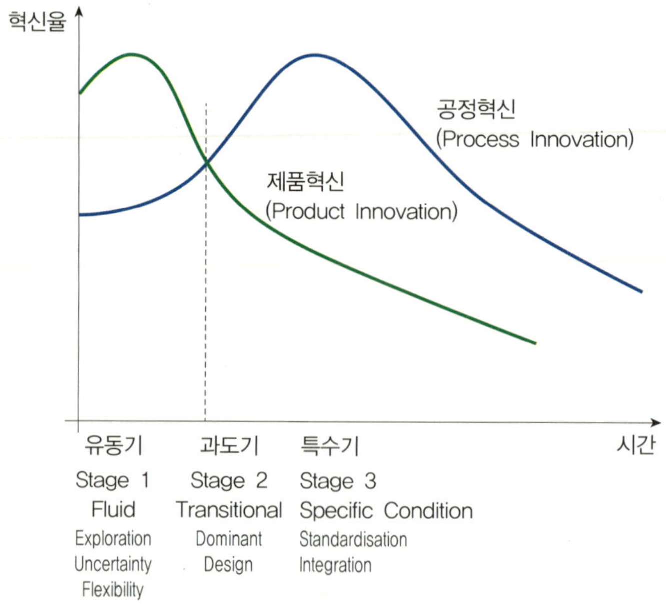

출처: Utterback & Abernathy, 1975

(2) S곡선 모형

기술의 수준이 변화해 나가는 과정을 설명한 것이 S곡선이다. S곡선은 맥킨지의 컨설턴트 리차드 포스터(Richard Foster)가 그의 책 〈*Innovation: The Attacker's Advantage*〉에서 소개한 것으로 기술의 변화과정이 S자 모양과 비슷하다고 하여 부쳐진 이름이다. 이는 특정한 기술이 출현하면 시간이 흐름에 따라 도입과 성장 그리고 도태되어 가는 과정을 패턴으로 그린 기술혁신의 수명주기가 [그림 4-7]과 같이 S곡선으로 나타난다는 것이다.

신기술 초기에는 도입기로 기술의 발전속도가 느리고 수요자가 적으므로 성과가 크게 나타나지 않는다. 따라서 디자인, 기능 등 주로 제품혁신이 일어난다. 이후 성장기에 들어가게 되면 제품이 경쟁우위를 유지하고 소비자의 관심을 끌면서 빠르게 성장하는 구간이다. 따라서 본격적인 연구개발투자가 이루어지고 제품혁신과 함께 생산성을 높이고 품질을 높이려는 공정혁신이 활발하게 이루어진다. 다음에 성숙기에 들어서면 소비자의 요구가 바뀌고 대체기술을 가진 경쟁자가 나타나면서 그 기술이 서서히 시장에서 정체되어 성과곡선은 완만해지게 된다. 이때에는 연구개발투자를 계속해도 기술의 한계에 도달하는데, 이는 기술이 뛰어넘기 어려운 이론적 한계(Theoretical Limit)로 점점 공정혁신 위주로만 기술혁신이 이루어진다. 이러한 과정을 선으로 연결한 것이 S곡선이다. 이 곡선에 관한 상세한 내용은 기술예측에서 다룰 것이다.

그림 4-7 | S곡선

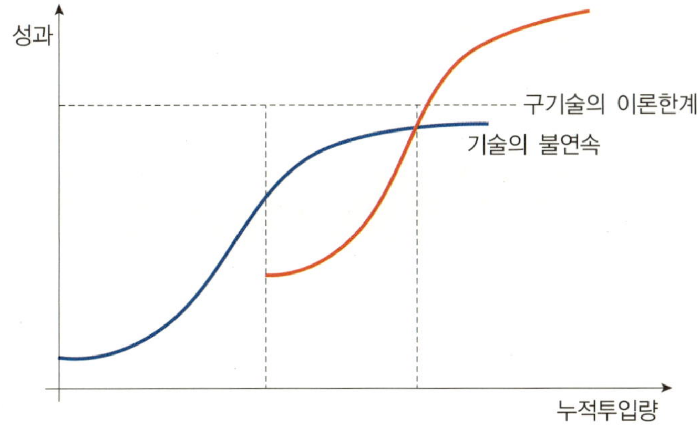

출처: Richard Foster, 1986

3.3 상호작용적 접근(Interaction Approach Method)

3.3.1 상호작용가설

상호작용가설(Interactive Hypothesis)은 앞에서 다룬 기술주도가설과 수요견인가설을 결합한 가설이다. 기업이 시장의 수요를 충족하기 위하여 연구개발을 하고, 이를 통하여 과학기술 지식을 습득하고 있다는 사실을 바탕으로 수요견인과 기술주도의 양 측면을 모두 고려한다. 기술주도가설은 보다 장기적 관점에서 기술혁신을 유발하기 위한 조건으로 과학의 발달을 강조하고, 수요견인가설은 단기적 관점에서 시장요인이 기술혁신의 유인이 된다는 점을 강조한다. 각 가설로 설명되지 않은 부분을 보완하기 위하여 상호작용가설이 제안되었다.

로스웰과 지그벨드(Rothwell and Zegveld, 1985)는 [그림 4-8]과 같이 기술혁신이 일련의 과정이면서 각 과정은 기능적으로 분리 가능한 독립적인 특성을 지닌다고 주장한다.

그림 4-8 | 상호작용가설

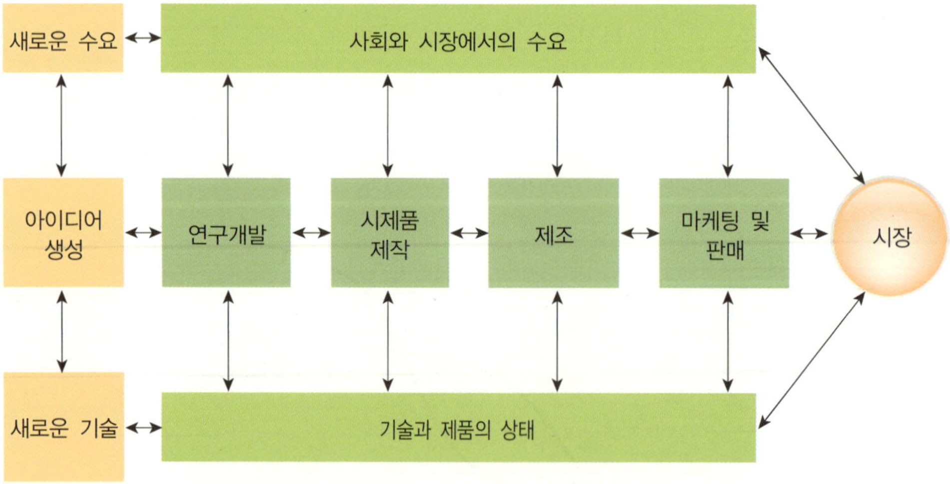

출처: Rothwell & Zegveld, 1985

기술혁신의 각 단계별로 기업은 필요에 따라 시장의 수요를 고려하기도 하고, 대학이나 공공기관에서 필요한 지식을 학습하여 새로운 아이디어를 생성한다. 개발, 생산, 마케팅, 판매 등 모든 부서에서 이와 같은 복잡한 상호작용이 일어나고 각 단계는 시장과도 연계된다. 이와 같이 상호작용가설은 기술주도요인뿐만 아니라 시장요인을 모두 감안하여 현상을 잘 설명할 수는 있으나, 전략적으로 한정된 자원을 어떻게 배분해야 하는지에 대한 답을 제시하지는 못한다.

3.3.2 체인링크가설

상호작용가설의 대표적인 것이 체인링크가설(Chain-Link Hypothesis)이다. 이는 대학 및 연구기관 등의 지식창출주체가 산업계와 유기적으로 상호작용을 하면서 기술혁신과정이 진행된다는 것이다. 즉 기술혁신의 주체로서 기업뿐만 아니라 대학이나 공공연구기관도 중요한 역할을 수행하며 주체들 사이의 상호작용을 하고 있다는 것이다. 클라인과 로젠버그(Kline and Rosenberg, 1986)는 대학 및 연구기관의 활동영역인 연구(Research)와 각종 과학기술자료 등 지식(Knowledge)과 잠재시장(Potential Market) 및 기업의 설계, 생산, 판매활동 등을 모두 엮어 [그림 4-9]와 같이 체인-링크 모델을 구성하고 기술혁신의 과정을 설명하였다.

그림 4-9 | 체인링크가설

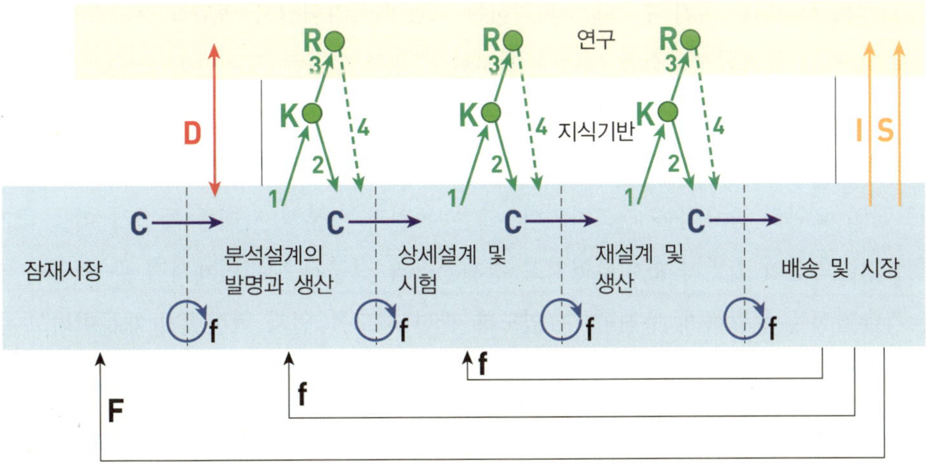

C: 혁신의 중심 연결고리, D: 분석적 설계의 발명 및 생산과 연구 사이의 직접적인 관계
I: 기계, 설비, 도구 그리고 기술과정들에 의한 연구지원
S: 직접적 또는 외부작업을 모니터링을 하여 연구지원
K-R: 지식을 통한 연구로의 연계와 반작용경로(1→2 또는 1→3→4)
f: 피드백경로, F: 특히 중요한 피드백경로

출처: Kline & Rosenberg, 1986

클라인과 로젠버그가 제안한 모형은 연구개발이 잠재적인 시장을 바탕으로 시작된다고 주장함으로써 이론적으로 수요견인이론(Demand-Pull Theory)에 바탕을 두고 있다. 그러나 이 모형은 연구개발활동, 과학기술 지식, 시장 사이의 계속적인 상호작용을 기반으로 하고 있다. 오늘날 점점 과학적 지식과 기술적 지식의 구분이 모호해지고, 기술혁신이 여러 기술의 융합에 의하여 복잡하게 이루어지고 있는 상황에서 이 모형은 활용도가 높고, 특히 연구개발을 기획하고 관리하는 부서에 도움이 될 것으로 판단된다.

체인링크가설은 OECD에서도 과학기술정책이론의 프레임으로서 활용하고 있다. 그런데 기업은 외부의 연구기관과 상호작용을 통하여 지식을 얻기도 하지만 경쟁우위를 위하여 직접 인력을 채용하여 내부에서 지식을 얻고 이를 내부자산으로 만들려는 노력을 강화하고 있다.

3.4 시스템적 접근(System Approach Method)

3.4.1 국가혁신시스템

기술혁신시스템을 국가 수준에서 파악하는 모형이 국가혁신시스템(National Innovation System)이다. 국가혁신시스템 개념을 제시한 대표적 학자는 프리만(Freeman)이다. 그는 국가혁신시스템을 새로운 기술을 습득, 개선, 확산시키기 위하여 상호작용을 수행하는 공공 및 민간부문 조직 사이의 네트워크라고 정의한다. 그는 기술혁신의 과정에서 제도적인 요인의 중요성을 강조하였다. 그는 독일과 일본의 사례를 들면서 이들 국가에서 기술혁신이 활발하게 이루어지고 경제성장과 성공적으로 연계시킬 수 있었던 것은 기술혁신을 원활하게 추진할 수 있도록 관련 제도를 먼저 혁신했기 때문이라고 주장하였다.

국가혁신체제에 관한 연구로는 또한 OECD(1999)의 연구결과가 있다. OECD의 연구목표는 국가별로 시스템 특성을 다르게 갖게 한 원천을 찾아내는 것과 국가별로 경제성장, 고용 등의 차이를 가져오는 요인에 대하여 조사하는 것이었다. 이 연구결과에 제시된 국가혁신체제의 주요 구성주체와 연계시스템을 표현한 것이 [그림 4-10]과 같다.

그림 4-10 | 국가혁신시스템

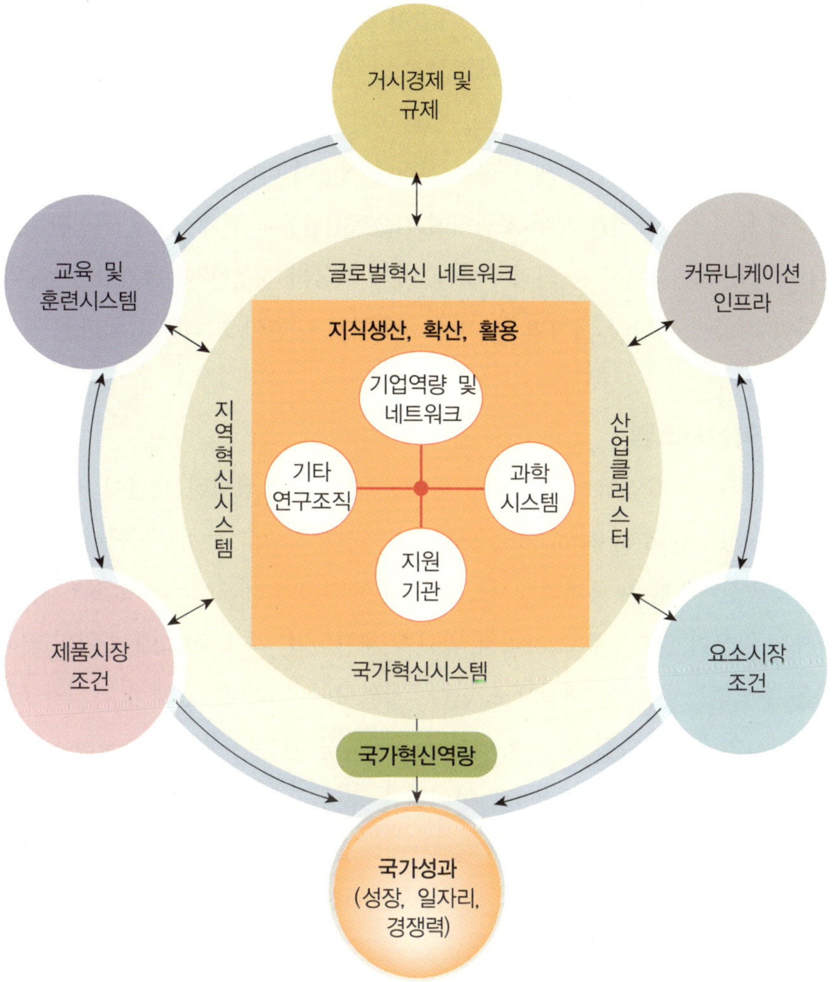

출처: OECD Managing National Innovation Systems, 1999

국가혁신능력을 결정하고 경제성장, 고용, 국제경쟁력 등 국가성과에 영향을 미치는 핵심적인 요인은 연구기관 및 지원기관, 기업의 역량과 네트워크 그리고 과학시스템, 지역혁신시스템, 글로벌 혁신 네트워크, 산업의 클러스터(cluster)이다. 이러한 핵심요인들의 발달 정도가 국가의 경제성장과 고용창출 및 경쟁력에 영향을 미치는 것으로 판단한다. OECD는 이들 핵심적인 요인은 거시경제 및 규제, 교육 및 훈련시스템, 제품시장의 조건, 통신 인프라(Communication Infra) 및 요소시장조건 등의 환경요인에 의하여 영향을 받는다고 설명하였다. 이들 환경요인은 기업의 기술혁신과 직·간접적으로 관련을 맺으면서 영향을 미친다는 것이다. OECD가 특히 강조하고 있는 요인이 통신 인프라이다. 이 정보통신 인프라는 기업이 담당하기에는 시장의 실패가 분명하게 존재하는 영역이므로 공공부문이 국가혁신시스템의 효율을 높이고, 경쟁력 향상을 위해서 담당해야 할 영역이라고 설명하고 있다.

국가혁신시스템에 관한 OECD의 모형은 시스템 개념에 바탕을 두고 사회, 교육훈련, 제도, 거시경제 등의 환경요인을 모두 포함하여 기술혁신활동과 연계시키고 혁신활동을 국가단위에서 파악했다는 점에서 큰 의의가 있다. 세계 각국의 정부는 이 국가혁신체제의 개념을 활용하여 자국에 적합한 국가혁신체제를 구축하기 위하여 노력하고 있다.

3.4.2. 지역혁신시스템

기술혁신시스템을 지역적인 차원에서 파악하기 위하여 생성된 개념이 지역혁신시스템(Regional Innovation System: RIS)으로 국가혁신시스템의 축소모형이라 할 수 있다. 따라서 지역혁신시스템은 국가혁신시스템(National Innovation System: NIS)과 연관시켜 논의하는 경우가 많다. 주로 지리적 범위를 제한하고, 특정 산업에 특화되거나 특정 업무 등을 수행하는 지역을 대상으로 한다. 지역혁신시스템은 경제적 가치가 있는 새로운 기술지식의 생산, 확산 및 활용에서 상호작용을 하는 요소들(elements)과 주체들(actors) 간의 관계들(relationships)로 정의된다. 지역혁신체제의 이론모형은 지역별로 다양한 시스템 특성을 갖게 한 원천을 알아보고 지역별로 성장, 고용창출 및 경쟁력의 차이를 가져오게 하는 요인을 찾아 구성하는 것이다. 지역혁신시스템의 주요 구성요소는 다음 [그림 4-11]과 같다.

지역혁신시스템의 구성요소는 기술혁신관련기관, 지역의 경제 및 산업적 여건, 진단적인 지식 · 제도와 지방정부로 나누어지며 각기 상호 영향을 주고받고 있다. 기술혁신기관으로는 지역대학, 지역기반 연구소, 기업연구소, 기술센터 등이 있으며, 지역의 경제 및 산업적 여건으로는 산업클러스터(cluster), 노동시장 등이 있다. 여기서 산업클러스터는 생산, 판매, 수요업체 등 기업과 대학, 연구기관 등 지식 창출기관, 지식 및 정보의 연계기관, 고객 등이 모여 산업 집적단지를 이루는 것을 말한다. 이러한 지역혁신시스템이 외부적으로는 중앙정부의 거시경제정책 및 규제, 정보통신 하부구조, 교육 및 훈련시스템, 제품시장조건, 요소시장조건 등의 영향을 받는다. 이러한 지역혁신시스템은 지역 소재기업의 기술혁신능력 형성에 커다란 영향을 미치고 궁극적으로 지역경제

그림 4-11 | 지역혁신시스템의 구성요소

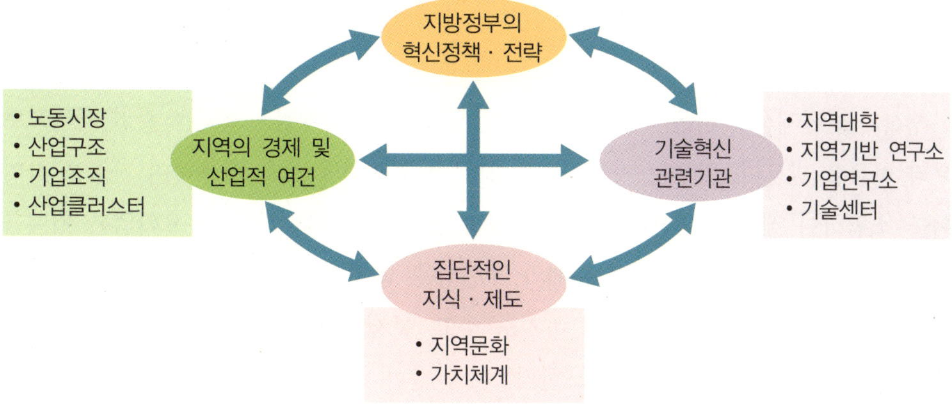

출처: 성태경, 혁신시스템 이론의 비교분석과 정책적 시사점, 2005

의 성장, 고용 창출, 국제경쟁력 등 지역혁신체제의 성과를 결정하게 된다.

지역혁신시스템의 성과를 높이기 위하여 성과를 내고 있는 미국의 실리콘밸리와 같은 곳을 벤치마킹하는 것도 유용하다. 지역혁신시스템을 구성하는 시스템요소와 중앙 및 지방정부의 지원 및 규제, 교육 및 훈련시스템 등을 어떻게 하고 있는지 분석하여 벤치마킹이 필요한 부분을 정책에 반영할 수가 있다. 이를 통하여 중앙정부나 지방정부가 지원해야 할 영역을 살펴보고 역할을 분담하여 상호 시너지효과를 창출하도록 노력해야 한다.

3.4.3 산업혁신시스템

산업혁신시스템(Sectoral Innovation System)은 기술패러다임의 변화를 산업 수준에서 파악하기 위한 개념이다. 이러한 산업혁신시스템은 산업별로 부품 · 소재 공급업체, 완제품업체, 수요업체 등 기업계와 대학 등 학계, 정부와 공공기관 등 공공부문의 기술활동이 기술혁신과의 인과관계를 파악하는 데 주안점을 둔다. 이를 통하여 각 산업별로 기술혁신이 나타나는 특성을 파악하여 기술전략이나 기술정책을 수립하는 데 도움을 줄 수 있다.

여기서는 대표적으로 기계산업에 대해서 다루고자 한다. 기계산업은 기업이 생산활동을 영위하는 데 필요한 생산설비 등을 제작하여 공급하는 모든 산업부문을 말하며 일반기계, 정밀기계, 전기기계, 수송기계 등 다양한 업종을 포함한다. 기계산업의 기술혁신주체는 부품 · 소재기업, 생산기업, 수요기업, 대학, 정부출연연구기관, 정부 등이다. [그림 4-12]는 일반기계산업의 가치연쇄과정을 나타낸 것으로 일반기계산업은 공작기계 및 산업용 기계 등 타 산업에 필요한 생산설비를 제작 및 공급하는 좁은 의미의 기계산업을 말한다.

생산기업(완제품업체)은 연구개발을 담당하고, 필요한 부품·소재는 관련 기업으로부터 공급을 받으며, 일부는 자체적으로 보유한 공작기계 등을 활용하여 가공을 하며 이를 조립하여 제품을 생산하고 이를 수요기업에게 판매를 하고, 수요기업은 기계를 사용하는 과정에서 각종 기술적 문제와 개선점을 생산기업에게 피드백을 하여 생산기업으로 하여금 기술혁신에 이르게 하기도 하고, 문제를 개선할 아이디어를 찾아내 이를 바탕으로 직접 기계를 만들기도 한다. 이와 같이 기계산업의 경우 수요기업이 기술혁신의 수동적 주체가 아니라 사용자 주도(Customer-Active Paradigm)로 이루어지게 된다. 부품·소재기업은 기계를 만들기 위한 요소를 생산하는 기업으로 기술혁신에서 중요한 역할을 담당한다. 부품기업은 생산기업이 혁신한 기술이 실용화될 수 있도록 보완적인 기술혁신을 담당한다. 또는 부품·소재기업이 관련 기술을 혁신하여 이를 통하여 생산기계의 기술혁신이 이루어지도록 하는 경우도 있다.

대학은 기계기술에 관련된 과학지식을 창출하고 인력을 양성하여 기술혁신이 이루어질 수 있도록 돕는다. 정부출연연구기관은 과학지식을 응용하여 기술적 지식으로 전환시키고, 이를 기업이 활용하도록 돕는다. 그리고 기업이 필요로 하는 기술정보를 수집하고 이를 가공하여 유통시키는 연계기능도 담당한다. 정부는 기술혁신에 관련된 주체들을 연계시키는 연계자로 그리고 기술혁신을 지원하는 지원자로 때로는 기술혁신을 촉진하거나 제약하는 통제자의 역할을 수행한다.

그림 4-12 | 일반기계산업의 가치연쇄

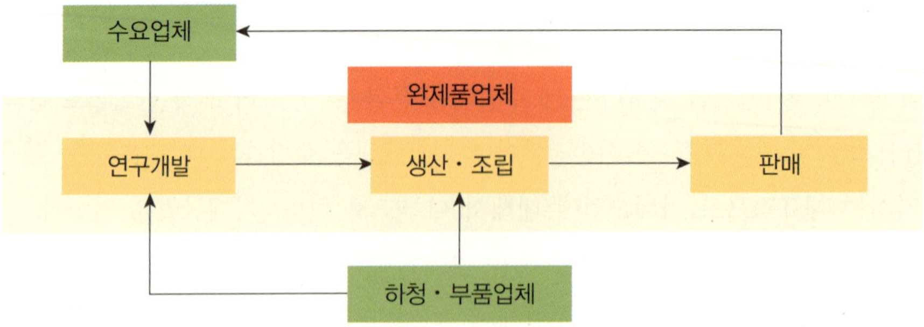

출처: 삼성경제연구소, 한국개발연구원, 한국의 산업경쟁력 종합연구, 2004

4 기술혁신지원제도

4.1 주요 국가들의 기술혁신정책에 있어서의 공통점

주요 선진국들은 공통적으로 ICT의 발전 등 과학기술 발전전략에서 벗어나 미래형 산업·사회구조 실현을 목표로 국가혁신전략의 의제(agenda)가 과학기술혁신과 관련된 경제, 사회, 문화, 국방 등 광범위한 분야를 포함하고 있다. 그리고 국가의 경제를 견인하고 일자리 창출을 위하여 미국은 ICT산업, 독일은 제조업, 일본은 로봇산업 등 주력산업의 경쟁력 강화를 위한 산업정책을 추진하고 있다. 또한 기초연구에 대한 투자를 확대하고 혁신 관련 교육을 강화하고 있다. 국가의 근본적인 경쟁력을 높이기 위하여 기초과학분야의 연구개발을 확대하고 핵심인재를 양성하는 노력을 기울이고 있다. 그리고 추진 중인 핵심정책에 대해 주기적인 성과평가와 보완을 바탕으로 정책의 실효성을 높이려고 노력하고 있다.

다음에는 국가의 산업분야에서 큰 비중을 차지하는 중소기업에 대한 기술혁신지원제도를 다루고자 한다.

4.2 중소기업의 기술혁신지원제도

4.2.1 중소기업 기술혁신지원제도의 필요성

미국, 독일 등 OECD 선진국들은 중소벤처기업을 국가경쟁력의 핵심으로 여기고 1995년부터 정부 차원에서 전폭적인 지원정책을 실시해 왔으며, 이것이 각 국가 간의 경쟁력을 측정하는 객관적인 척도로 비교되고 있다. 1982년 OECD에서 중소기업혁신의 중요성을 강조하는 리포트를 발표하였고, 1996년 오슬로 매뉴얼(Oslo Manual)에 중소기업의 혁신 수준을 평가하도록 체제를 갖추었다. 미국, 일본 등 OECD의 주요 선진국에서 GDP 성장 및 고용창출을 혁신형 중소기업이 주도하고 있는 것은 정부 차원의 정책적인 지원제도에 힘입은 바가 크다.

4.2.2 중소기업 기술혁신지원제도(미국과 일본)

중소기업지원제도의 경우 선진국의 예를 살펴보면 먼저 미국은 SBIR(Small Business

Innovation Research)을 추진하고 있는데 이는 미 정부가 자국 중소기업의 기술혁신을 촉진 및 활용하기 위하여 도입한 중소기업 기술혁신 촉진 프로그램으로 각 연방기관이 공고하는 연구개발과제에 참여하는 중소기업에 대하여 초기 R&D부터 제품화단계까지 개발자금을 지원하고, 정부조달 연계 및 판매 알선 등을 지원하는 제도이다. 이처럼 SBIR은 중소기업의 창업 및 연구개발단계의 자금지원 그리고 기술 · 제품 또는 서비스의 상업화를 장려하여 대기업과 동일한 수준에서 경쟁이 가능하도록 하고 있다.

일본은 미국의 벤처기업의 활황에 SBIR제도가 성공적인 요인이라 판단하고, SBIR 프로그램을 모태로 하는 중소기업 기술촉진제도를 도입하였다. 「중소기업 신사업활동촉진법」은 「중소기업 경영혁신지원법」, 「중소기업의 창조적 사업활동 촉진에 관한 임시조치법」, 「신사업 창출 촉진법」의 3개 법률을 정리 및 통합하여 만든 것이다. 여기에 서로 다른 분야 중소기업이 서로의 강점을 수렴하여 함께하는 새로운 사업활동에 대한 지원을 추가하였다.

4.2.3 중소기업의 기술혁신지원제도(우리나라)

(1) 중소기업 기술혁신지원제도(KOSBIR)

우리나라의 경우는 산업발전과정에서 선진국의 기업을 쫓아가고 나아가 추월하기 위하여 혁신형 기업에 대하여 정부가 직 · 간접적 지원을 많이 하고 있다. 특히 경제에 큰 비중을 차지하고 있는 중소기업 기술혁신을 범정부적으로 지원하고 있다. 중소기업 기술혁신지원제도(Korea Small Business Innovation Research Program: KOSBIR)를 1998년에 도입되었으며, 300억원 이상의 대규모 R&D 예산을 운용하고 있는 정부와 공공기관으로 하여금 소관 연구개발(R&D) 예산의 일정비율 이상을 중소기업에 의무지원하고 있다. 정부부처로는 과학기술정보통신부, 행정안전부, 문화체육관광부, 농림축산식품부, 산업통상자원부, 보건복지부, 환경부, 국토교통부, 해양수산부, 중소벤처기업부 등이 있으며, 공공기관으로는 한국전력공사, 한국수력원자력(주), 한국가스공사, 한국도로공사, 한국수자원공사, 한국전력기술(주), 한전KPS(주) 등이 참여하고 있다. 〈표 4-3〉은 과학기술정보통신부의 2021년 중소기업 기술혁신지원사업 안내이다.

▌표 4-3▐ 2021년 중소기업 기술혁신지원사업 안내(과학기술정보통신부)

사업명	지원규모 (억원)	개발기간 (년)	지원한도 (억원)	출연금 비중 (%)
연구개발특구육성(R&D)	497.4	1년	3	80
정보통신 · 방송기술개발	4,585.27	8	19	75
재난안전플랫폼기술개발	38	3	10	100
바이오 · 의료기술개발사업	2,536	과제별 상이	과제별 상이	100
나노융합2020+(Plus)	54.6	2	3~4	80
ICT R&D 혁신바우처지원	547.26	2	5	75
ICT 융합서비스 경쟁력 강화	173.5	1	10	75
3D 프린팅 생활혁신 융합기술개발	62.9	2	9	75
민관협력기반 ICT 스타트업육성	51	3	5	75

출처: 중소벤처기업부 공고 제 2021-111호

과학기술정보통신부의 2021년 중소기업 기술혁신사업 안내에 따르면 정보통신 · 방송기술개발에 4,585억원을 지원하여 가장 큰 비중을 차지하고 있으며 다음이 바이오 · 의료기술개발사업으로 2,536억원을 지원하고 있다. 이와 같이 과학기술정보통신부에서는 정보통신방송기술개발과 바이오의료기술개발사업에 집중지원하고 있다. 〈표 4-4〉는 산업통상자원부의 2021년 중소기업 기술혁신지원사업 중 1,000억원 이상인 사업이다.

▌표 4-4▐ 2021년 중소기업 기술혁신지원사업 안내(산업통상자원부)

사업명	지원규모 (억원)	개발기간 (년)	지원한도 (억원)	출연금 비중 (%)
기계장비산업기술개발사업	1,331.7	3~5	10	33~100
소재부품기술개발사업	8,594.68	3~9	10~50	33~100
로봇산업기술개발사업	1,267.03	3~5	10	33~100
바이오산업기술개발	1,071.39	3~5	7	33~100
자동차산업기술개발	1,517.04	4	12	33~100
전자부품산업기술개발	1,225.41	2~5	3~10	33~100
소재부품산업기술개발기반구축(R&D)	1,911.03	내역별 상이	내역별 상이	내역별 상이
에너지수요관리핵심기술개발	2,140.1	5	과제별 상이	33~100
신재생에너지핵심기술개발	2,838.9	4	과제별 상이	33~100

출처: 중소벤처기업부 공고 제 2021-111호

산업통상자원부의 2021년 중소기업 기술혁신사업 안내에 따르면 소재부품기술개발사업에 8,595억원을 지원하여 비중이 가장 높고, 다음이 신재생에너지핵심기술개발로 2,839억원이다. 이와 같이 소재부품과 신재생에너지분야에 집중지원을 하고 있다. 〈표 4-5〉는 중소벤처기업부의 2021년 중소기업 기술혁신지원사업 중 300억원 이상인 사업이다.

표 4-5 2021년 중소기업 기술혁신지원사업 안내(중소벤처기업부)

사업명		지원규모(억원)	개발기간(년)	지원한도(억원)	출연금 비중(%)
창업성장 · 기술개발	TIPS	544	2	5	90
	디딤돌	399	1	1.5	90
중소기업 기술혁신개발	시장확대형	307	2	6	80
지역특화산업육성+(R&D)	지역주력산업육성	569	1-2	4	70

출처: 중소벤처기업부 공고 제 2021-111호

중소벤처기업부의 2021년 중소기업 기술혁신사업 안내에 따르면 지역주력산업육성에 569억원을 지원하여 비중이 가장 높고, 다음이 창업성장기술개발(TIPS)로 544억원이다. 이와 같이 중소벤처기업부에서는 창업성장기술개발과 지역특화산업육성에 중점 지원하고 있다.

5 기술혁신 사례

5.1 블록체인기술을 이용한 금융서비스

ICT기술의 발전이 금융산업분야에서도 새로운 서비스혁신을 일으키고 있으며 블록체인기술을 활용하는 것도 그 사례 중의 하나이다. 블록체인(Block Chain)기술은 핀테크라는 금융혁신이 도입되면서 주목을 받고 있다. 핀테크는 금융(finance)과 기술(technology)을 결합한 용어로 ICT가 금융서비스와 융합되면서 나타난 현상이다. 핀테크에서의 기술은 모바일, 소셜네트워크, 클라우드, 빅데이터를 비롯하여 IoT, VR(Virtual

Reality) 등 다양한 기술을 포괄하고 있다.

블록체인은 금융 및 비금융 거래데이터를 사용자 간에 주고받으며 정확성과 신뢰성을 확인하고 위변조가 불가능한 형태로 기록하는 기술을 말한다. 블록단위의 데이터를 체인형태로 연결하여 보관하는 형태로 저장하는 것으로 중앙화된 서버가 없이 분산화된 P2P 기반의 네트워크에서 각 노드(node)들이 저장한다. 일정시간 동안 반수 이상의 사용자가 거래 내역을 서로 교환하여 확인하고 승인하는 과정을 거쳐 디지털 서명으로 동의한 금융거래 내역만 하나의 블록으로 만든다. 새로 만들어진 블록을 이전 블록체인에 연결하고 그 사본을 만들어 각 사용자 컴퓨터 내 분산시켜 저장한다. 이와 같은 블록체인기술은 온라인 금융거래에서 해킹을 막는 데 유용하다. 왜냐하면 블록체인기술의 특징이 분산화에 따른 불변성에 있기 때문이다. 이는 중앙 데이터베이스구조가 아니라 다수의 시스템에 원장이 공유되고 관리되는 형태이기 때문에 원장을 변경하는 것이 매우 어렵다.

블록체인이 현재는 전자화폐로서의 부분적인 역할에 한정되고 있으나 분산되고, 독립적이며 개방된 공통장부관리기술이므로 공유경제 플랫폼, 헬스케어, 전자투표, 병원간 정보교류 등 다양한 비즈니스에서 활용도가 넓어질 것으로 인식되고 있다. [그림 4-13]은 블록체인을 연구하는 대표적인 기업들이다.

그림 4-13 | 블록체인을 연구하는 기업들

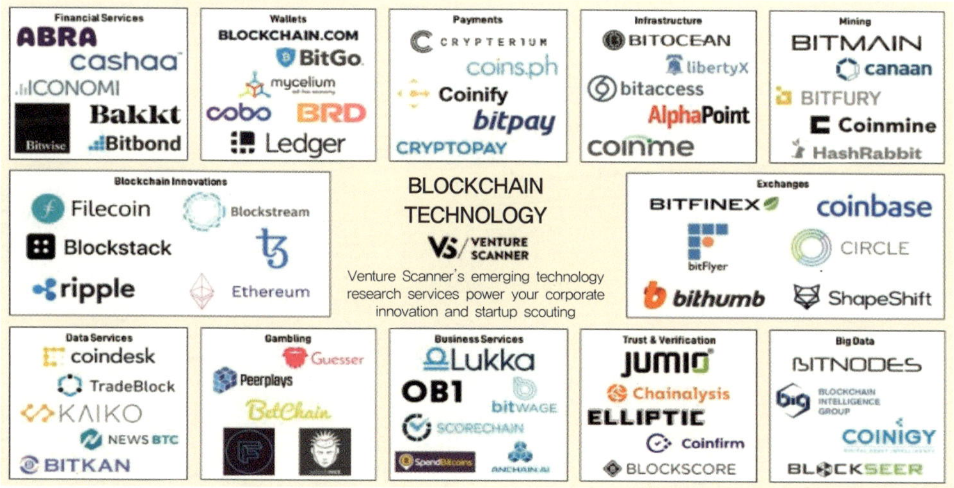

출처: www.venturescanner.com

블록체인기술은 미래를 바꿀 대표적 기술 중의 하나로 관련 투자규모가 늘어나고 있다. 글로벌 금융시장의 핵심 기반 기술로 주목받고 있으며, 기업의 비즈니스영역과 접목되어 활용도가 높아지고 있다. 아직은 네트워크 처리용량이나 거래의 유효성 검증 등 해결해야 할 문제가 남아있기는 하지만 블록체인기술은 향후 기업의 경영환경을 바꾸어 나갈 대표적인 기술임에는 분명해 보인다.

연습문제

〈객관식〉

01 다음 중에서 기초연구와 석·박사 훈련 등을 주로 담당하는 기술혁신주체는?

① 기업 ② 대학

③ 연구소 ④ 정부

02 기술혁신의 주체들의 관계를 파악하기 위하여 사용되는 모형은?

① 직렬모형 ② 병렬모형

③ 고리모형 ④ 삼중나선모형

03 기술혁신과 관련하여 창조적 파괴를 주장한 학자는 누구인가?

① 케인즈 ② 마이클 포터

③ 슘페터 ④ 로젠버그

04 다음 중에서 기술혁신과정의 패러다임현상으로 가장 타당하지 않은 것은?

① 규칙성의 존재 ② 불확실성의 감소

③ 혁신속도가 빨라짐 ④ 기술적 기회의 증가

05 다음의 기술혁신이론 중 선형적인 접근방법은?

① 기술주도가설 ② 제품혁신과 공정혁신

③ 상호작용가설 ④ 체인링크가설

06 대학 및 연구기관이 지식창출주체가 되어 산업계와 유기적으로 상호작용하며 기술혁신이 진행된다는 가설은 다음 중 어느 것인가?

① 기술주도가설 ② 체인링크가설

③ 상호작용가설 ④ 제품혁신과 공정혁신

07 다음의 기술혁신 중에서 시스템적 접근방법이 아닌 것은?

① 기업혁신시스템 ② 국가혁신시스템

③ 지역혁신시스템 ④ 산업혁신시스템

08 어터백과 아버나시가 주장한 제품혁신과 공정혁신과정에서 일어나지 않는 과정은?

① 유동적 상황 ② 변환단계
③ 가속단계 ④ 특수적 상황

09 다음 중에서 기술혁신을 촉진시키는 요인이 시장수요라고 주장하는 이론은?

① 기술주도가설 ② 제품혁신과 공정혁신
③ 상호작용가설 ④ 수요견인가설

10 다음 중에서 우리나라의 중소기업 기술혁신지원제도는 어느 것인가?

① SBIR ② KOSBIR
③ 중소기업 기술촉진제도 ④ Digital Jetzt

객관식 해답

01 ② 02 ④ 03 ③ 04 ③ 05 ① 06 ② 07 ① 08 ③
09 ④ 10 ②

〈주관식〉

01 기술혁신의 중요성에 대하여 설명하시오.

02 기술혁신의 주체와 삼중나선모형에 대하여 설명하시오.

03 기술혁신 유형에 대하여 설명하시오.

04 기술혁신과정의 특성에 대하여 설명하시오.

05 기술혁신이론 중 선형적 접근, 단계적 접근, 상호작용적 접근, 시스템적 접근의 주요 차이점에 대하여 설명하시오.

06 OECD의 국가혁신시스템에 대하여 설명하시오.

07 지역혁신시스템 사례를 설명하시오.

08 산업혁신시스템 사례를 설명하시오.

09 우리나라의 중소기업 관련 기술혁신지원제도에 관해 설명하시오.

10 분야별 대표적인 기술혁신 사례를 설명하시오.

참고문헌

박용태, '차세대 기술혁신을 위한 기술지식경영', ㈜생능, 2014.

성태경, '혁신시스템 이론의 비교분석과 정책적 시사점', 과학기술정책연구원, 2005.

송성수, '기술혁신이란 무엇인가', 생각의 힘, 2014.

이공래, '기술혁신 이론 개관', 과학기술정책연구원, 2000.

이재호, '한국의 산업경쟁력 종합연구 Ⅱ', 한국개발연구원, 2004, pp.151-185.

장기진, "블록체인 기술을 이용한 비즈니스모델의 혁신적인 금융서비스에 관한 연구", e-비즈니스연구, 18(6), 2017, pp.113-130.

정기덕 · 정선양, "지역혁신체제 강화를 위한 혁신클러스터, 삼중나선모델을 중심으로", 한국기술혁신학회 학술대회, 한국기술혁신학회, 2018.5, pp.157-167.

조황희 · 김용환 · 정재용, '기술혁신', 한국산업기술재단, 2007.

중소벤처기업부, 중소기업 기술혁신 지원사업 안내, 2020.

찰스 다윈 저, 장대익 역, '종의 기원', 사이언스북스, 1979.

특허청, "한국 11년만에 국제특허출원 세계 4위 탈환', 2021.

한국산업단지공단, "기업의 개방형 혁신전략 오픈이노베이션", 2021.

Christopher Freeman, *The Economic of Industrial Innovation*, MIT Press, 1982.

Geoffrey Rothwell, Roy Rothwell, Walter Zegveld, *Reindustrialization and Technology*, M.E. Sharpe, 1985.

Giovanni Dosi, Christopher Freeman, Richard Nelson, Gerald Silverberg, and Lucsoete, *Technical Change and Economic Theory*, Lem Book Series, London & New York, 1988.

Gong-Rae Lee, *The Source of Capital Goods Innovation, The Role of User Firms in Japan and Korea*, Harwood Academic Publishers, 1998.

Henry Etzkowitz, Loet Leydesdorff, "The Dynamics of Innovation: from National Systems and 'Mode 2' to a Triple Helix of University-Industry-Government Relations", *Research Policy*, 29(2), 2000, pp.109-123.

Jacob Schmookler, *Invention & economic growth*, Harvard university press, 1966.

Melissa A. Schilling, *Strategic Management of Technological Innovation*, 4E, New York, McGraw-Hill Irwin, 2013.

Nathan Rosenberg, "On Technological Expectations", *Economic Journal*, Vol.86, Issue 343, 1976, pp.523-535.

OECD, *Managing National Innovation Systems*, OECD Publishing, 1999.

OECD/Eurostat, "Oslo Manual: Guidelines for Collecting and Interpreting Innovation Data", 3rd Edition, *The Measurement of Scientific and Technological Activities*, OECD Publishing, Paris, 2005.

OECD/Eurostat, "Oslo Manual: Guidelines for Collecting and Interpreting Innovation Data", 4th Edition, *The Measurement of Scientific and Technological Activities*, OECD Publishing, Pari/Eurostat, Luxembourg, 2018.

Paolo Saviotti and J. Stanley Metcalfe, *Evolutionary Theories of Economic and Technological Change*, Routledge Library Edition: The Economics & Business of Technology, 1991.

Raymond Vernon, "International Investment and International Trade in the Product Cycle", *The Quarterly Journal of Economics*, Vol.80, Issue 2, 1966, pp.190-207.

Richard Foster, *Innovation : The Attacker's Advantage*, Summit Books, 1986.

Richard R. Nelson, Sidney G. Winter, *An Evolutionary Theory of Economic Change*, Harvard University Press, 1982.

Roy Rothwell, Walter Zegveld, *Reindustrialization and Technology*, M.E. Shape, INC., Armonk, New York, 1985.

Scott D. Anthony, S. Patrick Viguerie, Evan I. Schwartz, and John Van Landeghem, "2018 Corpoate Longeveity Forecast: Creative Destruction Acclerating", Innosight, 2018.

Stephen J. Kline, & N. Rosenberg, "An overview of innovation", In R. Landau & N. Rosenberg(eds.), *The Positive Sum Strategy: Harnessing Technology for Economic Growth*, Washington, D.C.: National Academy Press, 1986, pp.275-305.

James M. Utterback, and William J. Abernathy, "A Dynamic Model of Product and Process Innovation", *Omega*, 3(6), 1975, pp.639-656.

Joseph A. Schumpeter, *Capitalism, Socialism, and Democracy*, N.Y., Harper and Row Publishers, Inc., 1942.

CHAPTER 05

기술마케팅

전통적인 시장에서 마케팅은 단순히 공급자의 역할 중 하나로 존재했으나 소비자의 니즈가 확대되고 잠재수요가 발생되면서 마케팅의 역할이 확대되었다. 특히 제4차 산업혁명으로 기술의 경계가 무너지고 빅데이터화, 스마트화, 디지털화라는 특성이 나타나는 등 마케팅 환경변화가 급속하게 나타나고 있어 기술마케팅의 중요성이 더욱 부각되었다. 이와 같은 제4차 산업혁명시대에 능동적으로 대처하기 위해서 글로벌기업 등이 선제적으로 기술마케팅을 강화하고 있다. 이 장에서는 기술마케팅의 개요와 기술마케팅의 전략 및 절차, 기술마케팅 사례를 중심으로 다루고자 한다.

1 기술마케팅의 개요

1.1 기술마케팅의 정의

마케팅의 정의는 미국마케팅협회(American Marketing Association: AMA)에서 정한 것을 준용하는 것이 일반적이다. 매 3년마다 검토하여 재인정하거나 변경하는데 재인정된 2017년의 정의에 따르면 마케팅은 "고객, 클라이언트, 파트너 그리고 넓게는 사회를 위한 가치를 갖도록 제공물을 창출하고, 의사소통하고, 전달하고 교환하는 활동이며, 제도의 집합이자 프로세스이다(Marketing is the activity, set of institutions, and processes for creating, communicating, delivering, and exchanging offerings that have value for customers, clients, partners, and society at large(Approved 2017))"라

고 정의한다. 이는 마케팅이 기존의 재화와 서비스를 대상으로 하는 판매활동뿐만 아니라 창조, 의사소통, 교환 등의 전체 프로세스로 확장된 개념이라고 볼 수 있다.

기술마케팅(Technology Marketing)이란 기술을 마케팅하는 것을 말한다. 이를 전술한 마케팅 정의를 고려하면 고객, 클라이언트, 파트너 그리고 넓게는 사회를 위한 가치를 갖도록 기술을 창출하고, 의사소통하고, 전달하고 교환하는 활동이며, 제도의 집합이자 프로세스라고 볼 수 있다. 국내의 성태경(2012)에 따르면 기술마케팅을 전략적인 관점에서 "어떠한 기술이 필요하며, 이를 어떻게 획득하고(Make or Buy), 보유한 기술을 어떻게 활용(Keep or Sell)할 것인가에 대한 의사결정 및 수행과정"이라고 정의하고 있다. 이는 [그림 5-1]과 같다.

그림 5-1 | 기술마케팅의 정의

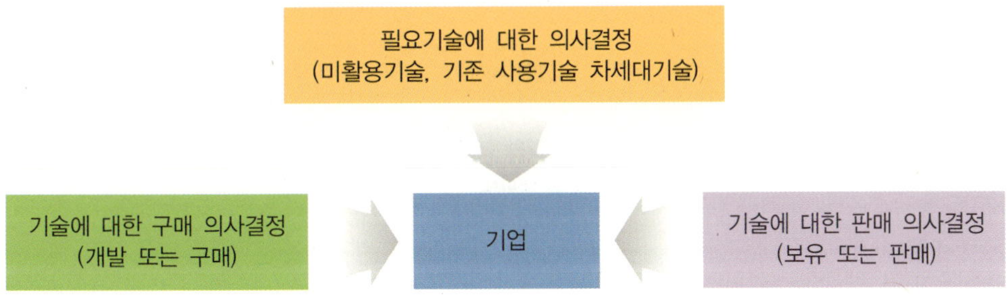

출처: 성태경, 기술사업화 수단으로서의 기술마케팅 개념전략과정의 정립 및 시사점, 2012

기술마케팅은 기업에게 현재뿐만 아니라 미래에 기업이 필요한 기술에 대한 의사결정을 하는 것이 첫 번째 단계이다. 이는 기존의 사용기술은 물론 대체재 또는 미활용기술이나 차세대 신기술에 대한 것까지 고려해야 한다. 두 번째는 기술개발에 대한 의사결정이다. 자체 개발을 할 것인지 아니면 외부로부터 구매할 것인지 의사결정이 필요하다. 세 번째는 기술에 대한 판매 의사결정이다. 이는 기업이 개발한 기술을 직접 활용할 것인지 아니면 대가를 받고 판매할 것인지 하는 의사결정이다.

1.2 기술마케팅의 중요성

기술개발은 완료되었으나 실제 성과로 연결되지 않는 경우가 많다. 2019년 KBS 뉴스(2019. 6. 16)에 따르면 국가출연연구소의 연구과제 성공률이 99.5%에 이르고 있으나, 사업화 성공률은 20%에 불과하다. 이는 영국 70.7%, 미국 69.3%, 일본 54.1%에 비하여 많이 떨어지는 수치이다. 2019년 일본이 경제 보복의 대상으로 삼은 반도체 소재의 기술개발과제를 살펴보면 포토 레지스트(감광액), 플루오린 폴리이미드에 대한 정부 R&D 지원은 2017년 3월 이후 중단되었다. 또한 반도체 세정에 쓰이는 고순도 불화수소는 정부 R&D 예산이 투입된 적 없다. 이것은 개발의 난이도가 용이하고 개발기간이 짧아 연구과제 성공률이 높은 과제에 집중을 하는 것이 문제라고 보도하고 있다. 이와 같이 기술개발에 의해 달성된 것과 고객의 기대치 사이에 차이가 존재할 수 있다. 고객의 기대치는 [그림 5-2]와 같다.

그림 5-2 | 고객의 기대치

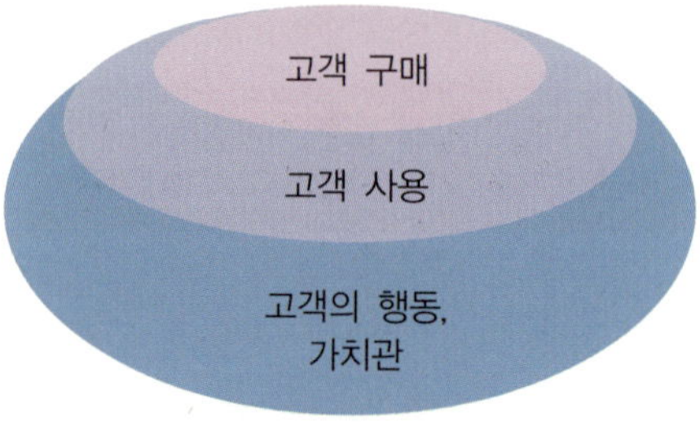

출처: 高橋透 · 福島彰一郎 · 伊藤武志, 2007

기술개발은 이와 같이 고객과 시장의 관점에 근거하여 기술과 제품을 개발하여야 한다. 그러므로 기술마케팅은 고객과 시장의 요구를 실현한다는 개념으로 접근할 필요가 있다. 이러한 방향성의 정립이 기술마케팅의 목표설정과 절차를 실행하는 데 중요한 역할을 하게 된다. 특히 제4차 산업혁명으로 인하여 고객맞춤형 제품 · 서비스 구매 경험 제공의 중요성이 커지고 있다. 따라서 고객의 구매경로를 세분화하고 고객 구매 경험 강화에 중점을 둔 온오프라인 구매채널을 고려할 필요가 있다.

1.3 기술마케팅, 기술사업화와의 연관성

기술마케팅은 새로운 기술을 사업화하는 데 효과적인 도구이므로 기술사업화와 밀접하게 연관된다. 기술사업화(Technology Commercialization)는 일반적으로 기술이전을 포함하는 일련의 과정을 의미하나, 「기술의 이전 및 사업화 촉진에 관한 법률」에 따르면 이를 구분하고 있다. 기술사업화는 "기술을 이용하여 제품의 개발·생산 및 판매를 하거나 그 과정의 관련 기술을 향상시키는 것"으로 정의하며, 사업화의 전(前)단계인 기술이전(Technology Transfer)은 "기술이 양도, 실시권 허락, 기술지도, 공동연구, 합작투자 또는 인수·합병 등의 방법을 통하여 기술보유자로부터 그 외의 자에게 이전되는 것"으로 정의하고 있다. 기술사업화와 관련해서는 제9장에서 상세하게 다룰 것이다.

기술마케팅의 결과로 기술거래나 기술이전이 일어날 수 있으나 기술사업화와는 달리 기술마케팅은 기술의 공급자와 수요자 간의 거래에 따른 마케팅영역을 포함하고 있다.

2 기술마케팅의 성격과 특징

2.1 기술마케팅의 성격

기술마케팅의 성격을 살펴보면 첫째로 기술을 대상으로 하므로 제품 측면에서는 무형재로 서비스에 가깝다고 볼 수 있다. 따라서 기술마케팅을 수행할 때 서비스의 특성을 고려할 필요가 있다. 둘째로 거래 대상 측면에서는 소비재보다는 산업재의 성격이

그림 5-3 | 기술활용전략별 리스크와 수익

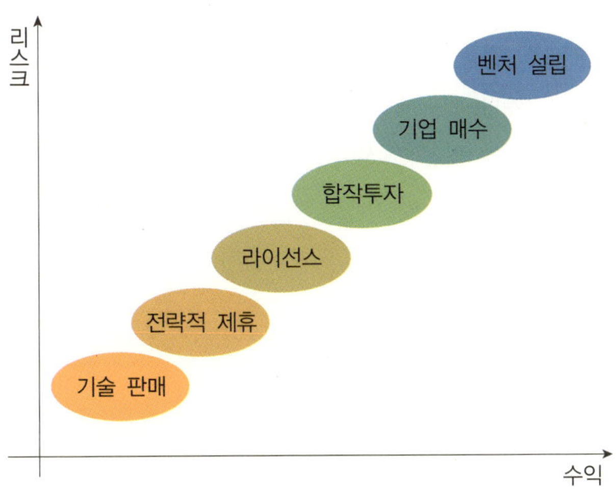

출처: Megantz, 1996

강한 편이다. 주로 기업의 구매 또는 판매 대상이며, 구매와 판매 시 많은 사람들의 의사결정이 필요하다. 셋째로 기술의 실용화 형태로는 라이선스, 제휴, 판매 등 다양한 방법으로 나누어진다. 따라서 사전에 각각의 장단점을 검토하여 마케팅을 추진할 필요가 있다. 기술개발이 완료된 기술활용전략의 유형별 리스크와 수익은 [그림 5-3]과 같다.

[그림 5-3]을 살펴보면 벤처설립의 경우 리스크와 잠재수익이 높은 편이다. 이에 비해 라이선스와 전략적 제휴, 기술판매의 경우는 구매자가 높은 리스크를 부담하므로 상대적으로 수익은 낮은 편이다.

2.2 기술마케팅의 특징

기술마케팅은 기술이 대상이므로 기술이 가진 특성 때문에 전통적 마케팅과는 다른 다음과 같은 독특한 특징을 가지고 있다.

첫째는 리스크가 높다는 점이다. 이는 기술 자체가 무형적인 요소이며, 내용이 복잡하고 정교하기 때문이다. 더구나 수명주기가 짧은 기술의 경우는 더욱 리스크의 부담이 커지게 된다.

둘째는 거래기간이 길고 절차가 복잡하다는 점이다. 기술의 거래는 일반제품이나 서비스와는 달리 거래절차가 복잡하고 거래기간이 긴 경우가 많으므로 이를 사전에 충분히 고려할 필요가 있다.

셋째는 타이밍이 중요하다는 점이다. 기술의 수명이 유한하며 수명주기가 짧아지고 있어 기술이전이 적기에 이루어져야 한다. 만약 타이밍을 놓치게 되면 사업화하는 기회가 무산될 가능성이 높다.

넷째는 거래 당사자 간의 의견 조정이 중요하다는 점이다. 기술거래의 경우에는 구매자와 판매자 간 이해관계자가 많으므로 이들이 상이한 태도를 갖는 경우가 종종 있다. 이러한 기술이전 또는 기술거래의 장애요인이 있음을 인지할 필요가 있다.

2.3 기술마케팅과 전통적 마케팅의 차이점

기술마케팅과 전통적 마케팅의 주요 차이점은 〈표 5-1〉과 같다.

표 5-1 기술마케팅과 전통적 마케팅의 주요 차이점

기준	기술마케팅	전통적 마케팅
전략	기술잠재력의 최적화, 제휴 및 네트워크의 구축	경쟁력 재고, 자본수익률(ROE)의 증대
목표그룹	R&D 전문가, 생산관리자, 주문생산제조업자	제품사용자
마케팅 수단	노하우, 특허, 프로토타입, 프로젝트	제품, 서비스, 시스템
가격 설정	특정 상황에 따른 가격	시장규칙에 따른 가격
시장관리 수단	전문가들 간의 평가	광고, 판촉활동
유통채널	시장 및 비시장 메커니즘(특정상황에서의 기술이전 등)	시장
요구되는 지식	기술과 마케팅	마케팅(기술은 부수적임)

출처: 성태경, 기술사업화 수단으로서의 기술마케팅 개념전략과정의 정립 및 시사점, 2012

기술마케팅의 전략은 기술적 잠재력을 높이거나 전략적 제휴 또는 네트워크 구축이나, 전통적 마케팅의 전략은 기업 또는 제품의 경쟁력을 높여 수익률 제고에 있다. 마케팅 수단의 경우에도 기술마케팅은 노하우(Know-How), 특허(Patent), 프로토타입(Prototype), 프로젝트(Project) 등 기술정보이나, 전통적 마케팅의 경우에는 제품, 서비스, 시스템이다. 가격 설정의 경우에도 기술마케팅에서는 기술정보의 가치 추정이 어렵기 때문에 특정 상황에 따른 가격으로 거래가 이루어지나, 전통적 마케팅에서는 시장에 의해 형성이 된다. 유통채널에 있어서도 기술마케팅에서는 전통적 마케팅과 달리 시장실패(Market Failure) 가능성이 있으므로 시장뿐만 아니라 비시장 메커니즘도 중요하다. 요구되는 지식의 경우에도 기술마케팅은 기술과 마케팅 모두 필요하다. 그래서 기술에 관한 전문지식을 가진 사람이 미케팅을 담당하게 되므로 전통적 마케팅 담당자보다 다음과 같은 비교우위를 보이게 된다. 첫째는 기술이라는 전문지식으로 새로운 고객 가치를 창출할 수 있다는 점이다. 둘째는 기술에 의한 대규모 혁신을 사업에 도입할 수 있어 중장기적인 전략적 시나리오 구성이 가능하다는 점이다.

3 기술마케팅전략의 수립

본 절에서는 기술개발을 내부에서 활용하는 것(기술사업화)을 전제로 기술마케팅전략 수립의 기본과정을 다룰 것이다.

3.1 기술마케팅전략 수립 기본과정

기술마케팅전략은 기본적으로 기능별 전략으로 기업의 전체 경영전략 및 사업별 전략, 기술전략 등과 일관성을 가져야 한다. 또한 경쟁에서 살아남기 위해서 시장을 상세하게 파악하고 목표시장을 선정하는 것이 중요하다. 이러한 기술마케팅전략을 수립할 때에는 시간과 정보의 제약이 있으므로 가설을 먼저 설정하고 이를 검증하는 형태로 하는 것이 유용하나, 상황분석부터 시작하는 경우도 많다. 일반적인 마케팅전략 흐름을 근거로 가설검증형 기술마케팅전략을 수립하기 위한 과정은 [그림 5-4]와 같다.

그림 5-4 | 기술마케팅전략 수립과정

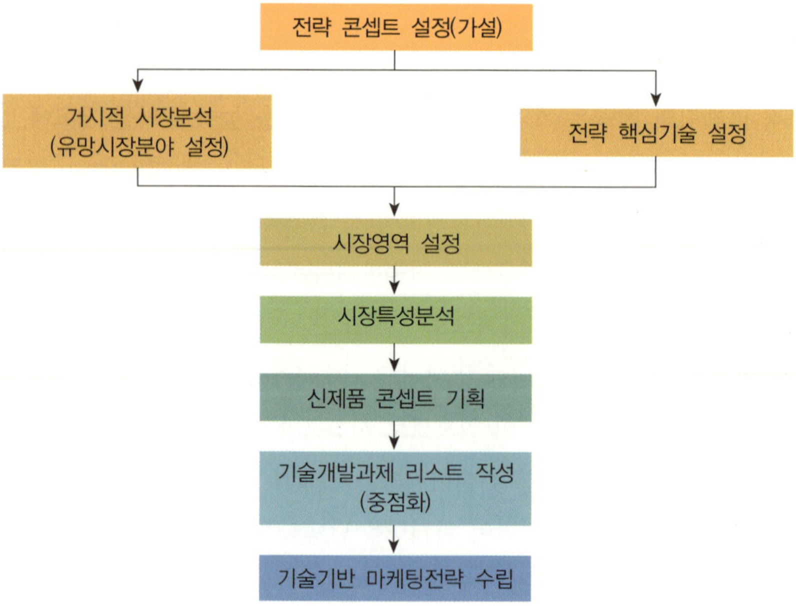

출처: 高橋透 · 福島彰一郎 · 伊藤武志, 2007

첫 번째 단계는 사업 비전 · 목표의 확인과 현황과제를 파악하고, 제품 · 포트폴리오를 분석하여 기술마케팅전략의 가설을 설정한다. 두 번째 단계는 기본적 전략가설을 바탕으로 산업과 업계의 규모와 성장력이 있는 시장에서 자사가 진입하기 유망한 시장영역을 설정한다. 세 번째 단계는 유망한 진입시장영역을 자사의 전략적 핵심기술 관점에서 검토한다. 네 번째 단계는 이를 통하여 유망시장영역을 설정한다. 다섯 번째 단계는 유망시장영역에 대한 산업분석, 고객분석, 경쟁분석 등 시장특성분석을 한다. 여섯 번째 단계는 신제품 아이디어를 기획하고 일곱 번째 단계는 그것에 동반된 기술과제를 명확히 한다. 마지막으로 여덟 번째 단계는 위의 사항을 종합적으로 고려하여 기술마케팅전략을 수립한다.

3.2 기술마케팅전략의 개념 설정

기술마케팅전략의 개념(concept) 설정을 위해서는 기업 또는 사업에서의 주요한 과제 파악이 중요하다. 즉 사업 전체를 사업 비전과 목표의 확인 등을 통하여 총괄적으로 파악하고 과제를 구조화할 필요가 있다. 다음에 현황과제를 파악하고 이를 근거로 제품 · 사업 포트폴리오분석을 수행하고, 이 포트폴리오의 개선 및 재구축을 위한 기술마케팅 개념을 설정한다. 사업 포트폴리오는 기업을 구성하는 사업 및 제품의 집합을 의미하며 BCG 매트릭스(BCG Matrix)와 GE 매트릭스(GE Matrix)가 대표적인 분석방법

그림 5-5 | BCG 매트릭스

출처: 위키백과

이다. BCG 매트릭스는 보스턴컨설팅그룹(Boston Consulting Group)에 의해 개발된 것으로, [그림 5-5]와 같이 산업을 점유율과 성장성으로 구분해 네 가지로 분류한다.

X축을 상대적 시장점유율로 하고, Y축을 시장성장률로 하여, 미래가 불투명한 사업을 물음표(Question Mark), 점유율과 성장성이 모두 좋은 사업을 스타(Star), 투자에 비해 수익이 높은 사업을 캐시카우(Cash Cow), 점유율과 성장률이 둘 다 낮은 사업을 도그(Dog)로 구분한다. 또한 GE는 경쟁이 심화되는 경영환경 속에서 사업에 대한 예측을 용이하게 하기 위하여 맥킨지와 함께 GE-McKinsey 매트릭스를 [그림 5-6]과 같이 만들었다.

그림 5-6 | GE-McKinsey 매트릭스

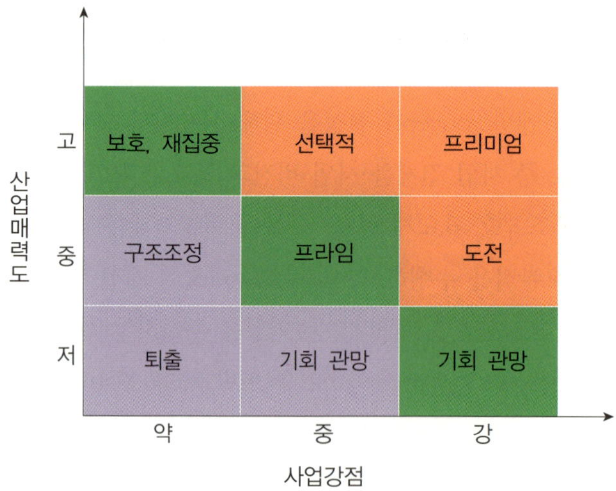

출처: www.12manage.com

이는 산업의 매력도(시장규모, 성장률, 이익률, 경쟁정도, 경험곡선 등)와 사업강점(상대적 시장점유율, 가격경쟁력, 제품의 질, 고객에 대한 지식 등)의 두 가지 축을 중심으로 하고 이를 상, 중, 하 세 단계로 분류한다. 상단의 주황색 영역은 집중투자, 사업확장이 필요한 부분이고, 초록색 영역은 선택적 투자, 수익창출의 사업으로 주황색부분으로 성장을 시키도록 노력해야 한다. 보라색 영역은 즉시 또는 단계적 철수가 필요한 사업이다.

위의 방법 등으로 기본분석을 수행한 후 기술마케팅 개념을 설정한다. 개념에 포함되어야 하는 내용은 목표 고객(Target Customer), 고객제공가치(Customer Providing

Value), 핵심전략기술(Core Strategt Technology)이 있다. 또한 시장 포지셔닝(positioning)은 고객과 시장의 관점에서 타사의 제품과 서비스와 비교 시에 차별성(distinction)을 검토한다. 그리고 사업계획에는 수익 원천과 차별화요인, 핵심전략기술을 강화하기 위한 고객정보와 노하우의 피드백 구조에 관한 사항을 파악한다. 사업영역은 단기에서 [그림 5-7]과 같이 중장기 전개 시나리오로 검토할 필요가 있다.

그림 5-7 | 사업영역(중장기 시나리오)

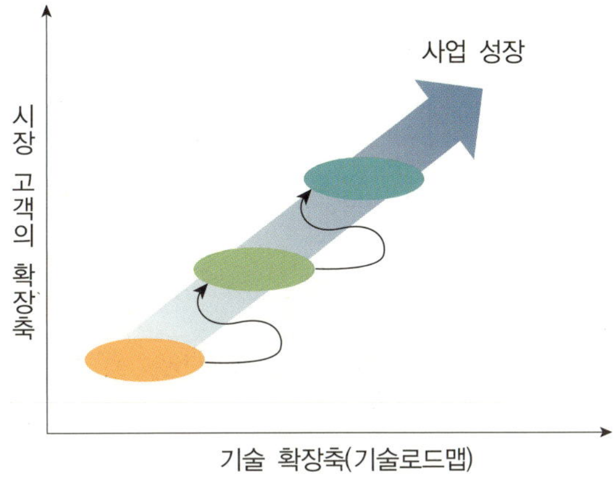

출처: 高橋透 · 福島彰一郎 · 伊藤武志, 2007

이러한 사업영역의 시나리오 검토를 통하여 단기부터 중장기에 걸쳐 집중적으로 경영자원을 투입해 가는 기간을 예측할 수 있다.

3.3 거시적 시장분석에 의한 유망시장 분야 설정

유망시장분야의 경우 각 산업과 업종의 시장분야를 전체적으로 제로베이스에서 분석하여 상세히 검토할 진입시장영역을 설정한다. 유망시장 설정 순서로 유망시장분야를 목록화한다. 되도록 시장규모가 크거나 시장성장성이 높은 시장분야에서 자사의 진입이 유망한 것인지 검토한다. 다음에는 유망시장분야에 업계구조 지도를 개략적으로 작성하고 단기에서 중장기에 걸친 변화를 검토한다. 그러한 변화요인이 장래에 자사의 사업부문에 기회와 위협이 되는지 파악한다.

3.4 핵심전략기술의 설정

기술마케팅전략 수립의 전제로 자사의 활용 가능한 기술적 강점을 설정한다. 가치공학(Value Engineering)을 활용하고 기능과 원가의 관점에서 평가하여 고객요구를 충족시키면서 경쟁업체의 기술보다 높은 수준의 기술이 바로 핵심전략기술이다. 핵심전략기술은 상용화되어 있는 것과 아직 제품화가 되지 않은 기술로 나누어진다. 기존의 기술인 경우 기존 제품의 기능을 분석하고 제품구조를 파악하고 모듈 특성을 분석한다. 그 후에는 제품기능과 모듈의 관계성을 파악하여 [그림 5-8]과 같이 핵심전략기술을 설정한다.

그림 5-8 | 핵심전략기술 설정

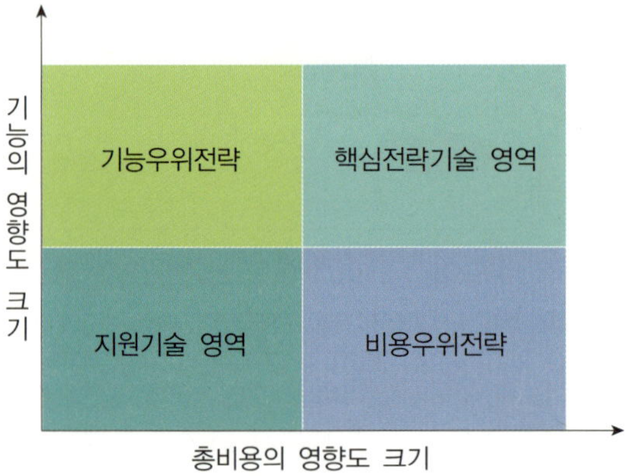

출처: 高橋透 · 福島彰一郎 · 伊藤武志, 2007

기능과 원가(비용)의 영향도가 큰 기술을 설정하여 이를 핵심전략기술로 설정한다. 신규기술의 경우에는 경쟁업체 및 경쟁기술과 기능 · 원가 측면의 비교에 의하여 기회요인과 위협요인을 설정하고 이를 통하여 핵심전략기술로 설정한다.

3.5 유망시장영역의 설정

거시적 시장분석과 핵심전략기술에 의한 유망한 후보시장영역을 설정하였다. 이 단계에서는 진입시장분야와 핵심전략기술의 결합을 통하여 유망시장영역을 선정하는 것이다. 여기서는 마케팅부서뿐만 아니라 영업 · 생산 · 경영기획 등도 참여하고 아울러 고객 및 제휴처 등 외부인들을 참여시켜 효과적으로 영역을 구상하는 것이 바람직하다. 이렇게 기획단계에서부터 조직적 합의가 이루어지면 실행에 큰 도움이 될 수 있다. 후보시장의 평가 관점으로는 시장의 매력도(규모, 성장성, 수명주기), 자사 기술의 대응력, 경영전략 또는 사업전략과의 부합성이다. 이 세 가지의 평가항목에서 높은 평가를 받은 것이 유망시장영역이다.

3.6 시장특성분석

앞의 단계에서 설정한 유망시장영역에 대하여 고객세분화와 경쟁업체분석을 한다. 먼저 고객세분화(Customer Segmentation) 작업을 통하여 자사가 목표로 하는 유망고객을 선정한다. 유망고객이 명확하면 이 고객에게 접근하는 경쟁업체도 파악이 가능하다. 이러한 경쟁업체의 기술개발전략, 강점과 약점을 분석하고 차별화된 아이디어를 창출해야 한다.

그림 5-9 | 고객세분화 관점

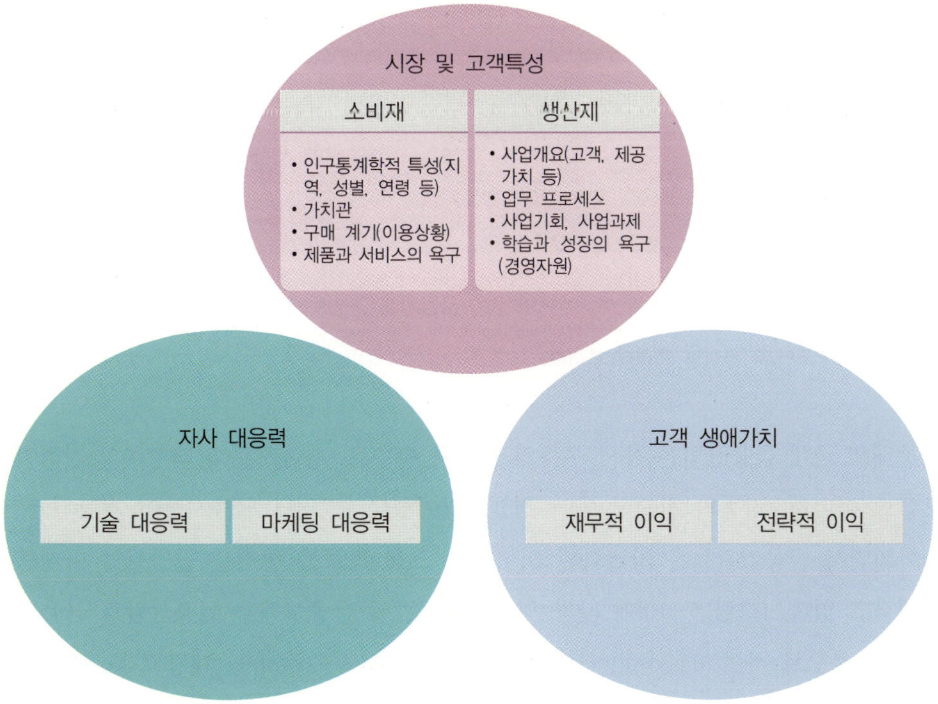

출처: 高橋透 · 福島彰一郎 · 伊藤武志, 2007

고객세분화 작업은 [그림 5-9]와 같이 고객특성, 자사 대응력, 고객 생애가치라는 세 가지의 기본관점에서 실시한다.

시장 및 고객특성의 경우 소비재는 지역, 성별, 연령 등 고객의 인구통계학적 특성과 가치관, 고객의 이용현황, 제품·서비스의 니즈를 분석한다. 산업재는 고객의 고객, 제공가치 등의 사업개요와 마케팅 및 기술개발 측면의 강점과 약점 등 업무 프로세스를 분석한다. 그리고 사업기회와 사업과제, 학습과 성장의 니즈를 분석한다. 자사 대응력의 경우에는 기술 대응력과 마케팅 대응력을 검토한다. 고객 생애가치로는 고객으로부터 재구매에 따른 자사가 얻는 이익의 현재가치와 고객점유율 등 재무적 이익이 있으며, 전략적 이익으로는 획득할 수 있는 정보와 노하우, 경영자원의 생산성 향상 등이 있다.

금융산업의 경우 고객세분화 작업에 관한 사례는 [그림 5-10]과 같다.

그림 5-10 | 고객세분화 분석 사례

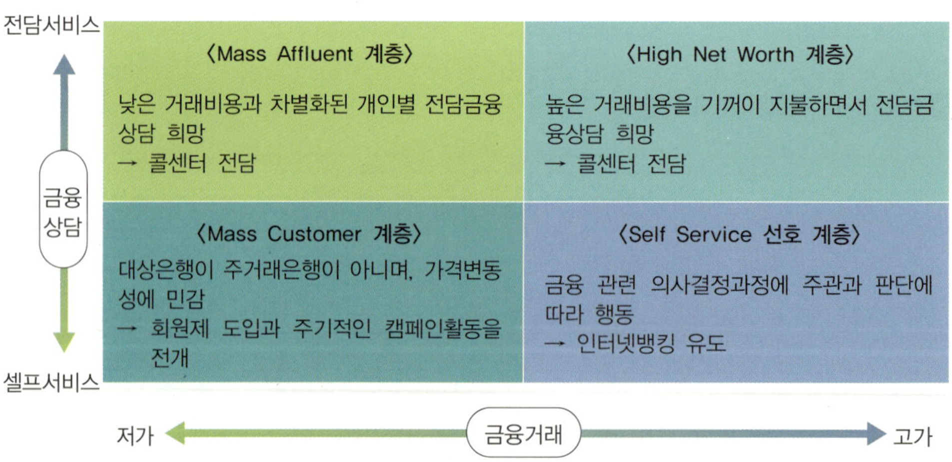

출처: 설증웅·조민호, 컨설팅 프랙티스, 2006

종래의 국내 금융산업은 유사 수준의 금리와 수수료, 상품으로 고객창구의 친절이나 브랜드 이미지, 지점의 접근성 등이 경쟁전략이었다. 그러나 금융시장이 개방되고 자율화되면서 금융기관들은 차별화된 서비스로 고객 확보를 하려는 공격적인 마케팅을 전개하고 있다. [그림 5-10]에 나와 있는 바와 같이 금융고객을 금융상담과 금융거래 두 개의 축으로 하여 Mass Affluent(대중 부유층), Mass Customer(대량고객), High Net Worth(질 높은 서비스 선호 고객), Self Service(자가서비스 선호) 고객으로 구분하고,

콜센터 전담, 인터넷뱅킹 유도, 회원제 도입과 주기적 캠페인활동 전개 등의 전략을 수립하고 있다. 다음으로 고객의 세부상품을 분석하여 집중화영역을 선정한다. 이는 [그림 5-11]과 같다.

그림 5-11 | 고객세분화 및 집중화분석 사례

출처: 설증웅·조민호, 컨설팅 프랙티스, 2006

고객을 구매변수와 구매 세부변수로 나누어 분석하고 집중화 대상영역으로 재무설계상담을 하는 고객으로 정한다. 이는 재무설계를 상담하는 고객의 비중은 낮으나 자산가가 많아 은행의 수익에 높은 기여를 할 것으로 판단하기 때문이다. 이 부문의 고객을 VIP로 하여 목표고객으로 정한 것이다.

이와 같이 자사에게 유망한 고객을 선정한다고 하더라도 이러한 유망고객은 다른 경쟁업체에게도 마찬가지이다. 따라서 자사의 고객으로 계속 유지하기 위해서는 자사가 목표로 하는 유망고객에게 접근하는 경쟁업체를 파악하고 그 경쟁업체의 전략과 강점과 약점을 분석하여 차별화할 수 있는 아이디어를 창출해야 한다. 경쟁업체로는 자사와 같은 제품 및 서비스를 제공하는 기존의 경쟁업체, 새롭게 진입하거나 가능성이 있는 신규 참여업체, 자사제품을 대체할 수 있는 경쟁업체로 구분할 수 있다. 이러한 경쟁업체의 마케팅전략(Marketing Strategy)과 기술개발전략(R&D Strategy)을 분석하여야 한다.

3.7 신제품 개념 기획

기술과 시장의 두 가지 관점에서 기술적 강점을 활용하여 시장성이 있는 신제품 및 새로운 서비스에 관한 아이디어를 도출한다. 아이디어를 끌어내는 방법은 신제품개발에서 상세하게 다룬다. 아이디어를 끄집어낼 때에는 기술자뿐만 아니라 영업, 사업기획, 재무 등 관련 전 부서와 고객, 협력업체까지 참여시키는 것이 보다 효과적이다.

도출된 아이디어를 평가하여 유망한 신제품 아이디어로 선정한다. 아이디어를 평가하는 방법으로 쿠퍼(Robert G. Cooper, 2005)의 스테이지게이트 모델(Stage Gate Model)이 있다. 이는 제품의 아이디어를 단계적으로 평가해 가면서 마지막까지 남은 제품의 아이디어를 선정하는 방법이다.

아이디어가 선정되면 아이디어 실현을 위하여 개념(concept)을 기획한다. 신제품 콘셉트의 요소로는 목표고객, 제품기획 개요, 고객 편익, 가격, 가치전달방법과 과제, 핵심전략기술과 중점 기술개발과제 등이 있다.

작성된 신제품 콘셉트를 경쟁업체가 제공하는 제품과 비교하여 자사제품의 경쟁우위에 있는지 검증을 할 필요가 있다. 이는 시장포지셔닝(Market Positioning)분석을 통하여 검토한다. 시장포지셔닝분석은 고객에게 중요한 두 종류의 이익을 선택하고 이들을 각 축으로 하여 포지셔닝맵을 만든다. [그림 5-12]는 자사제품과 경쟁업체 제품을 두 개의 축으로 포지셔닝을 한 사례이다.

그림 5-12 | 시장포지셔닝 사례

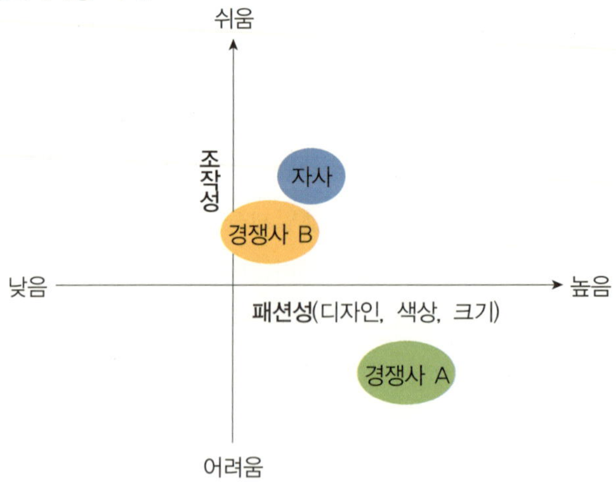

출처: 高橋透 · 福島彰一郎 · 伊藤武志, 2007

자사제품과 경쟁업체의 제품의 포지셔닝은 상대적인 것으로 자사제품의 차별성을 검토할 수 있다. 이때 중장기에 걸친 시나리오분석을 함께 하는 것이 유용하다.

3.8 기술개발과제 리스트 작성과 중점화

다음 단계로는 신제품 콘셉트에 근거하여 제품사양의 기능개발을 실시하고 정량적인 지표와 목표로 하는 기능·원가 수준을 설정한다. 기능·원가 수준의 설정은 철저하게 고객 관점에서 이루어져야 한다. 목표와 기능·원가 수준이 설정되면 현시점에서 자사 기술 수준과의 차이(gap)분석을 통하여 기술개발과제를 설정할 수 있다. 기술과제가 분류되면 이를 공통화 및 중점화를 검토한다. 이 작업이 마무리되면 과제의 우선순위를 정한다. 우선순위 부여를 위하여 [그림 5-13]과 같이 제품의 중요기능과의 관련도와 기술개발과제의 난이도 관점에서 평가한다.

이를 통하여 자사의 중점과제, 자사의 대응과제, 자사 대응·사외 위탁과제, 사외 위탁과제 등으로 구분한다. 중요도가 낮고, 자사 대응이 곤란한 과제는 M&A와 라이선스 등으로 대응한다.

그림 5-13 | 기술개발과제 우선순위 검토

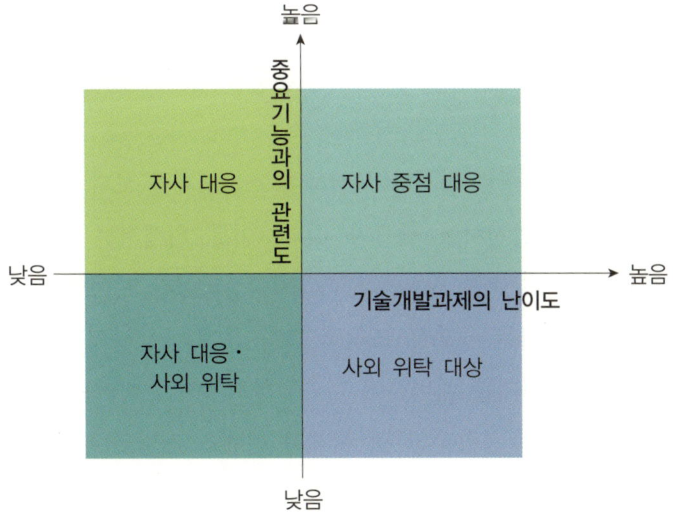

출처: 高橋透·福島彰一郎·伊藤武志, 2007

3.9 기술마케팅전략 수립

기술마케팅전략은 기술개발전략을 중심으로 4P, 즉 제품(Product), 가격(Price), 유통경로(Place), 판매촉진(Promotion)의 각 전략을 수립하는 것이다. 가격은 고객의 수요와 경쟁제품, 자사제품의 상대적인 관계를 바탕으로 이익이 최대로 되는 것으로 결정한다. 유통경로전략에서는 시장특성에 맞추어 효율적으로 자사제품을 전달하기 위한 유통경로를 설계하고 관리한다. 판매촉진전략으로는 자사의 제품·서비스에 대한 고객의 의사와 관심을 높여 구매를 촉진시키기 위하여 효과적으로 정보를 제공한다. 기술의 판매촉진수단으로는 기술이전 상담회, 기술이전 설명회, 기술전시회, 직접 우편방법이 활용되고 있다. 또한 e-비즈니스를 활용한 판매촉진전략도 효과가 높다. 기술거래 웹사이트는 잠재구매자가 기술거래 웹사이트를 스스로 찾아와서 관련 정보를 얻고 상담 등을 하는 곳이다. 그 외 인적판매 등이 있는데 무엇보다도 제품특성에 맞는 수단을 선정하는 것이 중요하다.

기술마케팅전략을 효과적·효율적으로 실시하기 위한 조직설계와 관리 인프라에 대한 계획을 수립하는 것도 중요하다. 조직설계는 조직구성원의 효율적인 활동 추진에 초점을 맞춘다. 조직의 경우 판매부서와 구매부서로 별도로 만들 수도 있으며, 판매와 구매를 총괄하는 하나의 부서로 운영할 수도 있다. 관리 인프라는 의사결정 인프라와 P(계획), D(실행), C(평가), A(피드백)의 PDCA구조를 검토한다. 이는 경영자가 계획을 결정하고, 이를 기반으로 마케팅을 실시하고, 문제가 없는지 모니터링하고, 필요하다면 개선하는 과정을 말한다.

기술마케팅전략을 계획대로 실시하기 위하여 조직체제를 보다 효율적으로 정비하려면 정보를 조직적으로 발전시킬 필요가 있다. 이를 위해서는 지식경영(Knowledge Management)의 구조를 구축할 필요가 있다. 지식경영이란 지식의 수집→분석·선별→공유·유통→활용이라는 경로로 조직적 학습이 계속 순환되는 것을 말한다.

또한 제4차 산업혁명시대를 대비하여 디지털환경에서의 마케팅활동을 위하여 O2O(Online to Offline)시스템 통합운영 및 선제적 콘텐츠 개발역량 확보가 필요하다.

4 기술마케팅(기술판매)

본 절에서는 기술개발이 완료된 기술을 사내에서 사업화하거나 보유하는 것이 아니라 대가를 받고 판매하는 경우에 관한 절차를 다루고자 한다. 기본적으로 기술판매나 기술구입절차는 유사한데, 이 절에서는 기술판매에 관하여 다루고 다음 절에서는 기술구입에 관하여 다룰 것이다. 기술판매의 절차는 판매기술의 선정, 기술가치의 평가, 기술가격의 결정, 기술마케팅 수단 등 준비단계와 판매조건 협상과 계약체결 등 2단계 그리고 기술의 제공 등 3단계로 이루어진다. 여기서는 준비단계에 대하여 상세하게 다루고 2, 3단계는 기술도입에서 다룰 것이다.

4.1 판매기술의 선정

기술마케팅에 있어 기술판매 시에는 판매할 대상을 정하는 것이 첫 번째 단계이다. 개발된 기술을 대가를 받고 판매하는 것으로 의사결정을 하였다면 이를 명확하게 구매자들이 알기 쉽게 정리해야 한다. 기술의 경우에는 무형재이므로 눈에 보이지 않는다. 따라서 판매할 기술에 대한 설명이 잘 정리되어 있어야 한다. 대표적인 사례가 특허출원에 필요한 특허명세서이다. 특허명세서에는 발명의 명칭(Title), 기술분야(Field) 및 배경기술(Related Art), 해결하고자 하는 과제, 과제해결수단(Technical Solution) 등이 포함되어 있다. 특허명세서는 연구개발한 성과물(발명)을 일반공중에게 공개하고 그 대가로 독점적이고 배타적인 특허권을 허여받기 위하여 특허청에 제출하는 발명의 내용이 기재된 서류로서 제3자에게는 기술적 문헌인 동시에 권리자에게는 권리서로서의 역할을 하기 때문에 이 양쪽의 기능을 완전히 구비하지 않으면 안 된다. 특허명세서를 작성할 때 일반적인 유의사항은 다음과 같다.

- 본 발명이 속하는 기술분야에서 통상의 지식을 가진 자가 명세서를 보고 용이하게 실시할 수 있을 정도로 목적 구성 및 효과를 기재한다.
- 국어로 정확히 기재하여야 하고 주어와 술어의 관계가 불명료하거나 수식어와 피수식어의 관계가 불명료하지 않도록 기재한다.
- 명세서상의 기재내용 중 종래의 공지기술과 본발명의 신규기술을 명확히 구분하여 기재한다.

- 용어는 학술용어 또는 학술문헌 등에 관용되고 있는 용어 등 일반화된 용어를 사용하고, 전기전자분야의 전문 전공서적에서도 찾아보기 힘든 전문 기술용어의 기재가 불가피한 경우 상세한 설명에 그 용어에 대한 정의를 기재하고 명세서 전체를 통하여 용어를 통일되게 사용한다.
- 발명의 실시예가 여러 가지인 경우에는 가능한 한 모두 기재하여 설명한다.

특허에 관하여는 제9장 기술사업화에서 상세하게 다룰 것이다. 특허 외에 저작권, 상표권, 등 지식재산권도 판매기술에 해당된다.

4.2 기술가치의 평가

기술의 가격에 대한 산정을 위하여 기술가치평가가 이루어지고 있다. 기술가치평가는 당해 기술이 가지고 있는 내재적인 가치를 금액으로 산정하는 방법으로 크게 세 가지로 나누어진다. 자산접근법(Asset Approach), 수익접근법(Income Approach), 시장접근법(Market Approach)이다. 자산접근법은 비용접근법이라고도 불리며 장부가치(Book Value)를 일정한 기준에 의해 공정가액(Fair Value)으로 조정하는 것으로 평가대상기업의 기본역량(Fundamental)에 기초하여 평가한다. 수익접근법은 미래수익에 대한 예측을 바탕으로 현금흐름을 추정하고, 위험요소 및 요구수익률 등을 고려하여 할인율을 산정하고 이 할인율로 현재가치를 산정하는 방법이다. 시장접근법은 시장(주로 주식시장)에서 거래되고 있는 비슷한 제품의 거래 실적을 기준으로 평가하는 방법이다. 그 외 제3자로부터 라이선스가 되었을 경우 지급할 로열티를 기술소유자가 부담하지 않음으로써 절감될 수 있는 금액을 추정하여 현재가치로 환산하는 방법인 로열티공제법(Royalty Deduction Approach)이 있다.

4.3 기술가격의 결정

기술의 판매자와 기술의 구매자 간의 기술거래가 이루어지기 위해서는 가격 절충이 이루어져야 한다. 일반적으로 기술가치평가를 통하여 기본금액이 정해진다. 그리고 기술거래의 기술가격은 특정한 상황하에서 판매자와 구매자의 협상(Negotiation)에 의해서 결정이 된다. 구매자가 지불하고자 하는 가격범위와 판매자가 받으려는 가격범위 안에서 상호 협상을 통하여 거래가격이 형성된다.

기술은 라이선스(License)의 형태로 거래가 이루어지는 경우가 많다. 라이선스는 라이선스 제품의 제조 및 판매, 상표권, 특허권, 실용신안권, 디자인권, 노하우 등의 사용권한이며, 기술료는 라이선스 사용에 대한 대가를 말한다. 기술료는 라이선스 내용, 즉 허여 지역, 재라이선스(Sub Licence) 여부, 독점 또는 비독점(Exclusive or Non Exclusive), 라이선스기간 등에 따라 달라진다. 일반적인 실시계약의 경우 선급기술료와 경상기술료로 구성되며, 경상기술료는 매출액 기반, 제품개수 기반 등의 다양한 형태에 연동하여 부과하는 방식이다.

4.4 기술유통 채널

기술을 유통하는 경로는 다음의 세 가지로 구분할 수 있다. 첫째는 기술을 판매하는 기술마케터(Technology Marketer)가 직접 기술구매자를 발굴하여 이전협상을 수행하여 기술이전을 성사시키는 기술직거래방식이다. 이는 별도 아웃소싱이 없이 독자적으로 추진하기 때문에 영업상 기밀을 유지할 수 있고, 기술료 수입을 독차지할 수 있다. 둘째는 기술마케터가 유통시키지 않고 라이선스 대리인(Agent)이나 기술중개상(Technology Broker)을 통하여 기술을 판매하는 것이다. 라이선스 대리인은 기술마케터를 대신하여 판매상담과 라이선스협상을 수행하는 기관을 말한다. 기술중개상은 기술마케터뿐만 아니라 기술구입자를 대신하여 기술에 대한 수요조사, 기술가치평가, 라이선스협상, 계약관리자문, 기술료 수납, 사업자금 알선 등 기술마케팅에 관한 서비스를 제공한 후, 용역의뢰자로부터 보수를 받는 기술거래기관을 말한다. 기술유통채널의 구조도는 [그림 5-14]와 같다.

국내 「기술의 이전 및 사업화 촉진에 관한 법률」에 의하여 지정된 기술평가기관은 〈표 5-2〉와 같다.

그리고 국내 「기술의 이전 및 사업화 촉진에 관한 법률」에 의하여 지정된 기술거래기관으로 NTB 기술은행의 네트워크에 등록된 기관이 147개에 이른다(2021년 3월 홈페이지 기준).

그림 5-14 | 기술유통채널

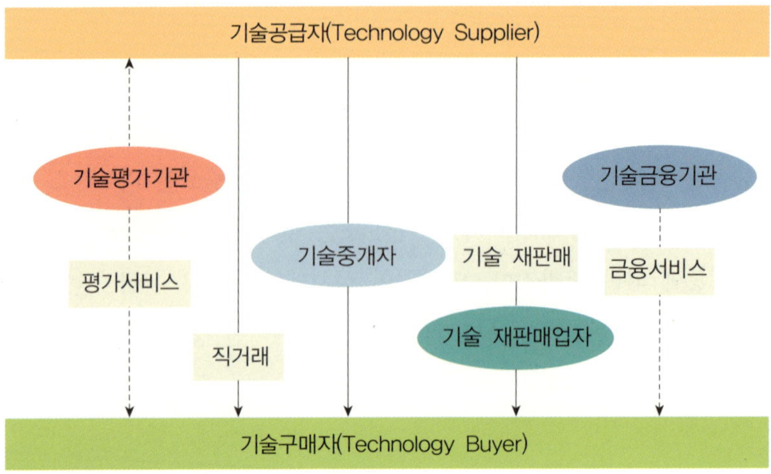

출처: 서상혁 · 박현우 · 이승호, 기술마케팅, 2007

표 5-2 기술평가기관(2021년 3월 기준)

<table>
<tr><th>순번</th><th>지정기관</th><th>지정 연도</th><th>기관 성격</th><th>순번</th><th>지정기관</th><th>지정 연도</th><th>기관 성격</th></tr>
<tr><td>1</td><td>기술보증기금</td><td rowspan="4">2001</td><td rowspan="16">공공</td><td>17</td><td>국토교통과학기술진흥원</td><td rowspan="3">2016</td><td>공공</td></tr>
<tr><td>2</td><td>한국보건산업진흥원</td><td>18</td><td>NICE평가정보(주)</td><td rowspan="8">민간</td></tr>
<tr><td>3</td><td>한국산업은행</td><td>19</td><td>㈜윕스</td></tr>
<tr><td>4</td><td>한국발명진흥회</td><td>20</td><td>특허법인 다래</td><td rowspan="2">2017</td></tr>
<tr><td>5</td><td>전자부품연구원</td><td rowspan="2">2002</td><td>21</td><td>특허법인 다나</td></tr>
<tr><td>6</td><td>한국과학기술정보연구원</td><td>22</td><td>㈜이크레더블</td><td rowspan="4">2018</td></tr>
<tr><td>7</td><td>국방기술품질원</td><td rowspan="2">2008</td><td>23</td><td>특허법인 도담</td></tr>
<tr><td>8</td><td>중소벤처기업진흥공단</td><td>24</td><td>한국기업데이터(주)</td></tr>
<tr><td>9</td><td>한국산업기술진흥원</td><td>2009</td><td>25</td><td>㈜나이스디앤비</td></tr>
<tr><td>10</td><td>농업기술실용화재단</td><td>2010</td><td>26</td><td>해양수산과학기술진흥원</td><td>2019</td><td>공공</td></tr>
<tr><td>11</td><td>한국전자통신연구원</td><td>2014</td><td>27</td><td>㈜티밸류</td><td rowspan="5">2020</td><td rowspan="2">민간</td></tr>
<tr><td>12</td><td>한국과학기술연구원</td><td></td><td>28</td><td>㈜케이티지</td></tr>
<tr><td>13</td><td>한국기계연구원</td><td></td><td>29</td><td>신용보증기금</td><td rowspan="2">공공</td></tr>
<tr><td>14</td><td>한국생명과학연구원</td><td></td><td>30</td><td>한국에너지기술평가원</td></tr>
<tr><td>15</td><td>한국생산기술연구원</td><td></td><td>31</td><td>유미특허법인</td><td>민간</td></tr>
<tr><td>16</td><td>연구개발특구진흥재단</td><td>2015</td><td colspan="4"></td></tr>
</table>

출처: NTB 기술은행

5 기술마케팅(기술도입)

본 절에서는 사업에 필요한 기술을 구입하는 경우에 관한 절차를 다루고자 한다. 세부적으로는 기술도입의 절차, 기술도입을 위한 협상전략, 기술 라이선스계약에 대하여 다루고자 한다.

5.1 기술도입절차

기술도입은 필요로 하는 기술의 효과적인 전달, 기술개발에 수반되는 위험의 회피, 자체 보유기술과의 시너지효과 기대, 전략적 제휴 등 다양한 방법으로 이루어질 수 있다. 이러한 기술도입의 절차는 기술도입에 관한 타당성 검토, 기술도입조건의 협상 및 계약체결, 기술도입의 실행 및 사후관리의 3단계로 구분할 수 있다.

1단계는 기술도입의 타당성을 검토하는 것으로 기술도입의 필요성을 인식하고 도입계획을 수립하는 것이다. 기술문제 해결을 위하여 기술전략에 따라 자체 개발이 아닌 아웃소싱으로 선정한 내용을 확인하고, 기술도입에 관한 필요성을 체크리스트를 준비하여 점검한다. 또한 기술도입계획을 수립하고 내부의 승인을 받는다. 기술도입계획을 수립하기 위해서는 기술의 소유자 또는 기술사용 허락권자를 조사 발굴하고 대상기술에 대한 내용과 범위, 권리의 성격(전용, 독점 등), 기술료, 계약기간 등 전반적인 사항을 파악하여야 한다. 기본적인 사항은 기술판매의 준비단계와 유사하다.

2단계는 기술도입의 조건의 협상 및 계약체결단계이다. 기술도입에 관한 대가 등 주요 조건에 관한 협상전략을 마련하고, 계약서 초안을 작성하는 단계이다. 이는 기술도입 시 필요사항에 대한 누락을 방지하고 불리한 계약을 피하기 위함이다. 기술협상에 대한 가상 시나리오를 준비하여 대응하는 방법도 있다. 기본적으로 협상의 수행은 전략적으로 수행하면서도 상대방과 우호적인 관계를 유지하여야 한다. 양자 간의 기술도입협상을 통하여 합의된 내용을 기초로 계약서 내용을 확정한다.

3단계는 기술도입의 실행 및 사후관리이다. 기술도입 계약체결에 따른 내부절차를 수행하는 단계로, 특히 기술도입계약에 따라 공급받는 시방서, 도면, 매뉴얼, 시험성적서 등의 기술자료의 관리가 중요하다. 기술도입계약에 관한 전자공시, 전용실시권에 관한 특허등록 등 행정적인 부분도 누락되지 않도록 주의하여야 한다.

5.2 기술도입을 위한 협상전략

기술거래의 조건을 결정하는 것은 일반상품과는 달리 매우 고난이도의 작업이므로 협상(Negotiation)의 어려움과 협상능력의 부족이 기술도입 업무에서 가장 큰 애로사항의 하나라고 간주되고 있다. 협상의 결과에 따라 거래조건이 크게 달라질 수 있으므로 협상은 매우 중요한 작업이다.

먼저 협상팀의 구성이 중요하다. 법적인 내용에 대한 이해를 가진 사람뿐만 아니라 기술의 이해도가 높은 사람의 참여가 필요하다. 협상의 결과를 좋게 만들기 위해서는 사전에 협상팀을 중심으로 협상준비를 철저히 하여야 한다. 기술거래와 관련된 협상 환경과 기술판매자에 대한 정보를 파악하고 있어야 한다. 다음으로 주요 항목별 협상 목표를 설정해야 한다. 이때 협상 시 양보한도를 미리 정하여 두는 것이 바람직하다. 전체적으로 기술도입의 목적을 이룰 수 있는 범위에서 목표를 설정한다.

협상을 위한 구체적인 일정계획을 수립한다. 협상 시기와 기능별 역할분담을 고려하여 협상에 참여할 인원을 정한다. 이때 협상에 사용할 설득을 위한 논리와 자료를 철저하게 준비하여야 한다. 협상을 성공적으로 이끌기 위한 종합적인 시나리오를 가지고 예행연습을 하는 것도 고려할 필요가 있다.

계약초안을 준비하는 것도 필요하다. 이는 유리하게 계약안을 구성할 수 있고, 계약의 성사를 빠르게 할 수 있으며, 주요 사항의 누락을 방지할 수 있다.

5.3 기술 라이선스계약

기술도입계약의 대표적인 것으로 기술 라이선스계약이 있다. 라이선스계약은 특정 기술에 대하여 실시권을 허락하는 것을 말한다. 라이선스계약의 필수적 요소로는 계약 당사자, 대상기술, 실시권, 대가 등이 있다. 기술계약은 계약 내용에 따라 다음과 같은 종류가 있다.

- 기술지원에 관한 계약(Technical Assistance Agreement)
- 실시권 허락이 중심인 계약(License Agreement)
- 기술정보 이전에 관한 계약(Technical Information Agreement)
- 노하우 거래에 관한 제반 약속을 규정하는 계약(Know-how Agreement)

- 기술정보의 상호 교환에 관한 계약(Exchange of Technical Information Agreement)
- 실시권 상호 허락에 관한 계약(Cross License Agreement)

여기에서 실시권은 특허법에서 물건의 발명인 경우에는 물건을 생산, 사용, 양도, 대여 등의 청약을 하는 행위, 방법의 발명인 경우에는 그 방법을 사용하는 행위, 물건을 생산하는 방법의 발명인 경우에는 그 방법을 사용하는 행위 외에 그 물건의 양도 또는 대여의 청약을 하는 행위의 전부 또는 그 일부를 업으로 할 수 있는 권리를 말한다.

5.4 기술제공에 관한 사항

기술도입에 관한 계약이 이루어지고 대가를 지급하게 되면 기술이 제공된다. 기술제공방법에 관한 사항은 다음과 같다. 첫째, 기술자료(Technical Information)가 있다. 이는 계약기술을 제공받기 위한 가장 기본적인 수단으로 설계도, 제품사양서, 매뉴얼 등 각종 기술정보가 담겨 있는 서류, 정보매체 등이 있다. 이때 계약서에 명시된 기술자료의 내역서에 따라 체크리스트 등의 방법으로 빠짐이 없는지 확인하여야 한다.

둘째, 노하우의 경우에는 기술자료만으로는 기술을 전수받기 어렵기 때문에 기술제공자 측에 연수를 보내거나 자사로 기술자가 와서 기술교육 등 지도를 하게 된다. 연수받은 내용을 잘 정리하여 회사의 기술자료가 되도록 하고, 연수에 참가하지 않은 사람들도 활용할 수 있도록 한다.

셋째, 계약제품의 생산에 필요한 원재료, 부품 및 제조설비의 제조에 관한 기술을 제공받는 경우도 있다. 계약 초기에는 준비부족 등의 사유로 기술제공과 함께 계약제품을 공급받는 경우도 있는데 품질과 성능에 관한 보증을 명확히 하고, 향후 계획에 따라 단계적으로 대응을 하는 것이 중요하다.

6 기술마케팅 사례

본 절에서는 기술마케팅의 사례로 우리나라의 우주개발의 전환점이 된 나로호에 관하여 다루고자 한다.

6.1 나로호

나로호(Naro, Korea Space Launch Vehicle-I: KSLV-I)는 100kg급의 인공위성으로 지구 저궤도에 진입시킨 대한민국 최초의 우주발사체이다. 우리나라의 우주발사체 개발계획이 처음으로 정해진 것은 1996년 발표된 국가우주개발 중장기계획이다.[1] 그런데 문제는 우주발사체를 개발, 발사해 본 경험이 없다는 것이다. 그래서 기술 확보를 위해 선택할 수 있는 가장 효과적인 방법을 모색하게 된다.

많은 전문가의 논의 끝에 정부는 기술 확보를 위한 가장 빠른 전략적 방안으로 러시아와의 협력을 추진했다. 나로호 개발에서 미국, 일본 등은 협력에 응하지 않았으므로 러시아와의 국제협력은 불가피한 선택이었다. 당시 러시아는 발사체기술을 상업적으로 활용하려는 의지가 높았고, 추진기관분야에서는 세계 최고의 기술 수준을 보유하고 있었다. 결국, 실행 가능한 동시에 기술적으로도 우수한 러시아가 최적의 기술 협력국으로 선정되었다.

발사체의 전체적인 시스템 설계는 한·러 기술진이 공동으로 설계하여 작업하고, 1단 서브시스템의 설계·제작·시험은 러시아에서 담당하고, 한국 기술진이 여기에 참관·참여하는 형식으로 공동개발을 하며, 2단의 경우에는 러시아의 기술지원 및 설계검토를 받아 한국에서 설계 및 제작을 수행하며 발사체 조립과 발사 운용은 한국항공우주연구원과 러시아 흐루니체프가 공동으로 수행하기로 하였다. 나로호는 2009년 8월, 2010년 6월 발사에 실패하지만, 마침내 2013년 1월 30일 3차 발사에 성공하며 나로과학위성을 목표궤도에 안착시켰다.

나로호 개발과 발사과정에서 얻은 성과는 수없이 많다. 무엇보다 설계, 제작, 시험, 조립, 발사 운영, 발사 등 발사체 개발의 한 사이클을 모두 수행하면서 우주기술 자립에 필요한 발사체 선진국의 운영체계와 경험을 얻었다. 또한 나로호 상단부분을 자체 개발하면서 구조체, 유도제어, 계측통신 등 요소기술과 인공위성을 궤도에 투입하는 킥모터 등의 기술을 확보했다. 그리고 발사체 이송·총조립·점검, 지상 지원설비 운용, 발사체 및 발사대 인터페이스·관제, 추진체 충전·배출, 발사체 임무 운용, 지상 및 비행 안전분석·운용, 발사결과분석 등 발사체 개발의 핵심적인 기술도 체득했다. 이와 함께 러시아 설계를 바탕으로 국내 여건에 맞게 발사대 설계 도면을 국산화하고 국

---

1) 위키백과, '나로호'

내기술로 제작·설치했으며, 발사 및 비행상황을 통제하는 발사통제시스템은 국내 IT 기술을 바탕으로 순수 국내기술로 개발했다. 한국연구재단이 12개 분야 252개 핵심요소기술을 대상으로 나로호를 통한 국내기술 수준 향상도를 분석한 결과, 핵심요소기술의 국내 수준은 나로호 이전 46.3%에서 83.4%로 향상된 것으로 조사되었다. 특히 나로호 개발에는 한화, 현대중공업 등 국내 150여 개 기업이 참여하면서 앞으로 한국형 발사체 독자개발을 위한 산업적 기반도 구축하게 되었다. 여기에 국민의 우주개발에 관한 관심과 독자적인 우주발사체 개발의 필요성에 대한 인식을 높였다는 점에서 큰 의미가 있다. [그림 5-15]는 나로호 조립과정이다.

그림 5-15 | 나로호 조립과정

출처: 한국항공우주연구원

한국은 출발은 늦었지만 성장과 발전 속도는 어느 나라보다 빠르다. 관측위성분야에서는 세계 6~7위에 올랐고 세계에서 13번째로 우주센터를 보유한 나라가 되었다. 우주선진국에 진입하기 위해 필수적인 인공위성, 우주발사체, 발사장의 3박자를 모두 갖추게 된 것이다. 이와 같이 나로호는 우리나라 우주개발의 극적 전환점이었다. 러시아와의 국제협력을 통해 이른 시일 안에 많은 기술을 축적한 뒤 독자개발로 나아갈 수 있는 새로운 전기를 마련하였다.[2)]

2) 한국항공우주연구원, '로켓 볼모지에서 나로호 개발... 이제 한국형 발사체로 승부'

연습 문제

〈객관식〉

01 다음 중에서 기업의 기술마케팅 의사결정에 해당하지 않는 것은?

① 기술개발방법 ② 기술에 대한 판매
③ 미래 필요한 기술 ④ 기술 포트폴리오

02 다음 중에서 기술마케팅의 특징에 해당하지 않는 것은?

① 리스크가 낮다.
② 거래기간이 길고 복잡하다.
③ 타이밍이 중요하다.
④ 거래당사자 간 의견조정이 중요하다.

03 다음 중에서 기술마케팅과 전통적 마케팅과의 주요한 차이점이 아닌 것은?

① 기술마케팅은 기술잠재력을 최적화하고, 전통적 마케팅은 경쟁력 제고에 있다.
② 기술마케팅의 목표그룹은 제품사용자인 반면에 전통적 마케팅은 R&D 전문가, 생산관리자, 주문생산제조업자 등이다.
③ 기술마케팅의 시장관리수단은 전문가들 평가이나 전통적 마케팅은 광고·판촉활동이다.
④ 기술마케팅에 요구되는 지식은 기술과 마케팅이나 전통적 마케팅은 마케팅 관련이다.

04 다음 중에서 기술마케팅전략 수립과정으로 타당한 것은?

① 시장영역설정 → 시장특성분석 → 신제품기획 → 기술기반 마케팅전략 수립
② 시장영역설정 → 신제품기획 → 시장특성분석 → 기술기반 마케팅전략 수립
③ 시장특성분석 → 시장영역설정 → 신제품기획 → 기술기반 마케팅전략 수립
④ 신제품기획 → 시장특성분석 → 시장영역설정 → 기술기반 마케팅전략 수립

05 다음 중에서 BCG 매트릭스의 구분이 아닌 것은?

① Stars ② Dogs
③ Cats ④ Cash Cows

06 다음 중에서 4P전략에 포함되지 않는 것은?

① 제품 ② 기술
③ 가격 ④ 유통경로

07 다음 중에서 제품의 아이디어를 단계적으로 평가해 가면서 마지막에 남은 것을 선정하는 방법은?

① BCG모델 ② GE모델
③ 5S모델 ④ 스테이지게이트 모델

08 기술의 이전 및 사업화 촉진에 관한 법률에 의하여 지정된 기술거래기관을 관리하는 기관은?

① 산업은행 ② 산업기술진흥협회
③ NTB 기술은행 ④ 기술보증기금

09 다음 중에서 기술가치평가방법으로 타당하지 않는 것은?

① 자산접근법 ② 수익접근법
③ 시상섭근법 ④ 경제적 분석방법

10 산업매력도와 사업강점으로 구분하여 분석하는 방법은 무엇인가?

① GE-Mckinsey 매트릭스 ② BCG 메트릭스
③ 5S분석 ④ PEST분석

객관식 해답

01 ④ **02** ① **03** ② **04** ① **05** ③ **06** ② **07** ④ **08** ③
09 ④ **10** ①

〈주관식〉

01 기술마케팅의 중요성과 전통적 마케팅과의 차이점에 대하여 설명하시오.

02 기술마케팅과 기술사업화에 대하여 연관성 및 차이점에 대하여 설명하시오.

03 가설검증형 기술마케팅전략의 수립절차에 관하여 설명하시오.

04 제품 또는 서비스의 포트폴리오 분석방법과 사례를 설명하시오.

05 고객을 세분화하고 집중화하는 사례를 설명하시오.

06 기술판매절차와 판매기술 선정에 대하여 설명하시오.

07 기술가치평가를 통한 기술거래 사례를 설명하시오.

08 우리나라 및 외국의 기술유통채널에 대하여 설명하시오.

09 기술도입절차와 협상방법에 대하여 설명하시오.

10 기술마케팅 사례를 설명하시오.

참고문헌

高橋透・福島彰一郎・伊藤武志 著・서상혁・조성복 공역, '기술마케팅, 연구・개발자를 위한 마케팅 전략과 실행시스템', 경문사, 2007.

김주희 외, '기술사업화 특성 분석 및 전략적 추진방안', 한국과학기술기획평가원, 2014.

맥킨지 매트릭스, GE 사업 스크린, https://www.12manage.com>methods_ge_mckinsey_ko.

서상혁・박현우・이승호, '기술마케팅', 한국산업기술재단, 2007.

설증웅・조민호, '컨설팅 프랙티스', 새로운제안, 2006.

성태경, "기술사업화 수단으로서의 기술마케팅 개념전략과정의 정립 및 시사점", 지식재산연구, 7(3), 한국지식재산연구원, 2012.

IP 통합지원포탈, https://biz.kista.re.kr/epcenter/statement.do.

NTB 기술은행, https://www.ntb.kr, "2020년 기촉법지정 기술평가기관 현황", 2020.6.3.

위키백과, https://ko.wikipedia.org, BCG 매트릭스 나로호.

KBS뉴스, "R&D성공률 99.5%, 사업화는 20%", 2019.9.16.

한국항공우주연구원, https://www.kari.re.kr, "로켓 볼모지에서 나로호 개발... 이제 한국형 발사체로 승부", 2016.11.10.

Paul Miller, *Marketing the Unknown: Developing Market Strategies for Technical Innovations*, New York: Wiley, 1999.

Ralf W. Seifert, Benoît F. Leleux, Christopher L. Tucci, *Nurturing Science-based Ventures: An International Case Perspective*, Springer, 2008.

Robert C. Megantz, *How to License Technology*, New York: Wiley, 1996.

Robert G. Cooper, *Product Leadership: Pathways to Profitable Innovation*, 2nd Edition, Cambridge, Basic Books, 2005.

Roger J. Best, *Market Based Management*, 6th Edition, Kindle Edition, 2012.

https://www.ama.org/the-definition-of-marketing-what-is-marketing/

CHAPTER 06

신상품개발 프로세스관리

1 신상품개발 프로세스

1.1 신제품의 정의

신제품이란 무엇인가? 미국 연방거래위원회(FTC)는 신제품에 대해 "제품이 신제품으로 불릴 수 있으려면 그것이 전적으로 새롭거나 혹은 기능상으로 의미가 있고 또한 실질적인 면에서 변화가 있는 경우이다. 제품이 다만 포장만 변경되었거나 혹은 다른 약간의 변경이 기능적으로 의미가 없을 때나 실체가 없는 것일 때에는 신제품이라 할 수 없다"라고 정의하고 있다. 신제품은 기존 제품과 비교해서 새로운 것도 신제품이고, 법적으로는 시장에 내놓은 지 6개월 정도까지의 제품을 지칭하기도 한다. 즉 기업에서 처음 만들어 낸 것도 신제품이라고 볼 수 있고, 고객의 시각에서 새로운 것이어도 신제품으로 볼 수 있다.

정리하면 신제품이라고 불릴 수 있는 경우는 크게 다음의 세 가지 경우라고 할 수 있다. 먼저, 제품이 혁신적이고 기존의 제품과는 완전히 다른 제품의 경우에는 신제품이라고 부를 수 있다. AIDS치료제나 발모제 등과 같이 소비자의 절대적인 필요와 욕구가 있음에도 불구하고 기존 대체품이 없는, 혁신적이며 진정한 의미에서 특이성 및 독창성을 갖는 상품이 이 경우에 해당된다. 이 범주에는 기존 시장에 이바지해 온 기존 제품과는 전혀 다른 대체품이 포함된다. 예를 들면, 텔레비전은 이러한 관점에서 라디오와 영화를 대체하는 상품으로 기존의 제품과는 전혀 다른 대체품이었다. 또한 플라스틱제품은 목재와 금속제품에 대한 이러한 대체품이었고, 원자력은 다른 풍력, 수력 등의 기존 에너지 자원을 대체한 전혀 다른 제품이라고 할 수 있다.

두 번째로는 완전히 새로운 제품은 아니지만 기존의 제품과 비교해 중요한 속성이 차별화된 제품의 경우이다. 예를 들면, 인스턴트커피라는 점에서는 기존의 그라인드커피와 비교해 완전히 새로운 제품은 아니지만 속성을 변화시켜 그라인드커피를 대체한 새로운 상품이었다. 자동차업계에서 발표되는 새로운 모델과 의류의 새로운 유행 등이 이 범주의 신제품에 속한다.

마지막으로 기존 제품을 모방한 모방제품의 경우가 있다. 이를 위해서는 모방하는 데 걸리는 시간이 짧아야 하고 시장진입비용이 적으며 특허 등에 걸리지 않은 제품이어야 한다. 어느 상품이 신제품이냐 아니냐를 결정하는 중요한 기준은 표적시장이 이를 어떻게 지각하느냐에 달려있는 것으로 구매자가 외형이나 성능 등 특성이 다른 경쟁상품(대체될 상품)과 큰 차이가 있다고 지각한다면 그 상품은 신제품이라고 할 수 있다.

〈표 6-1〉에는 개발자의 관점에서 본 신제품의 다양한 유형이 설명되어 있다. 먼저 기존 제품을 재포지셔닝함으로써 신제품이 되는 경우로는 Arm & Hammer의 베이킹소다가 있다. 이 회사는 동일한 제품과 동일한 브랜드로 냉장고 탈취제, 카펫 세척제, 하수구 탈취제 등 다양한 분야로 진출했다. 이러한 제품들은 시장에서 새로운 용도로 인식되겠지만, 기업의 입장에서는 동일한 개발 프로세스를 갖는다. 신시장 진출 제품의 경우에는 모방제품의 일종으로 볼 수 있다. 만약 한 기업이 이미 시장에 출시되어 있지만 해당 기업에는 최초인 라이트 맥주를 출시하기로 결정했다면, 이것은 해당 기업의 입장에서 신제품이며, 이를 위해 새로운 제품개발 프로세스가 요구된다. 종종 사람들

표 6-1 신제품에 대한 일반적인 정의자료

유형	정의	예시
세계 최초 제품 (New-to-the-world products)	세계 최초의 발명제품들	폴라로이드 카메라, 첫 번째 자동차, 레이저 프린터 등
신시장 진출 (New category entries)	해당 기업은 처음으로 진출하는 시장이지만, 세계 최초의 제품은 아님	P&G의 첫 번째 샴푸, AT&T의 Universal Card 등
제품라인 추가 (Additions to product lines)	해당 기업의 기존 시장에서 기존 제품의 라인을 확장한 제품들	액상세제, Bud Light 맥주, Apple의 Mac IIsi 등
제품 개선 (Product improvements)	기존 제품을 개선한 것으로, 오늘날 거의 모든 제품들은 자주 개선됨	모든 제품들
재포지셔닝 (Repositionings)	새로운 용도나 응용분야로 재조정된 제품들	Arm & Hammer의 중탄산나트륨

출처: Crawford and Benedetto, 2004

은 모방은 나쁜 것이고 혁신은 좋은 것이라고 생각하기 쉽다. 그러나 이것은 잘못된 생각이다. 어떤 상황에서든 가장 좋은 전략은 기업의 목표달성을 극대화하는 것이기 때문이다. 급진적인 혁신기업들이 파산에 직면했을 때, 모방기업들이 오히려 큰 이익을 얻는 경우도 많다. 신규시장에서 선발진입자들이 좋은 성과를 낸다고 믿어 왔지만, 최근 연구에 의하면 능력 있는 후발 진입자들이 선발 진입자들을 따라잡아 더 나은 성과를 내는 경향이 있음을 알 수 있다(Golder and Tellis, 1993).

세계 최초의 제품은 기존 제품의 범주를 혁명적으로 변화시키며, 완전히 새로운 것으로 정의한다. 대체로 이들은 소비자의 학습을 요구하며, 매우 새로운 기술을 포함하고 있다. 예를 들면, 데스크톱 컴퓨터의 워드 프로세싱 기능은 기존의 타자기를 진부화시키고 완전히 새로운 제품 카테고리를 정의했으며, 타이피스트들에게 새로운 학습을 요구했다. 마찬가지로 전기자동차가 등장함에 따라 보다 효율적인 배터리가 필요해졌을 뿐만 아니라, 배터리 충전소도 새로이 필요하게 되었다. 일반적으로 세계 최초의 제품에서 재포지셔닝 쪽으로 갈수록 비용이 적게 들고, 제작하기도 쉬움을 알 수 있다.

1.2 신제품개발 프로세스의 정의

앞서 정의한 신제품들은 신제품개발과정을 통해서 만들어지고 관리된다. 우리는 신제품개발을 한마디로 시장에서 팔리는 상품을 만들기 위한 일련의 활동이라고 정의할 수 있는데 '시장에서 팔리는 상품'이란 해당 제품이 시장에서 '상품력'을 가지고 있다고 말할 수 있다. 이러한 상품력은 '소비자로 하여금 구매 전에 갖고 싶다는 생각을 하게 하여 구매하도록 하게 하는 힘'과 '소비자가 상품 구매 후 해당 상품에 대해 만족하게 하는 힘'으로 구성되어 있다. 기업이 신제품개발을 통해서 성장 · 발전하기 위해서는 무엇보다도 그 신제품이 소비자가 필요로 하는 것이어야 하고, 소비자가 갖고 있는 문제를 보다 편리하고 유용하게 해결해 줄 수 있는 것이어야 한다.

정리하면 신제품개발 프로세스는 기업이 제품에 대한 아이디어를 고안하고 설계, 디자인 등의 과정을 거쳐 이를 구체화해 내고 상품화하기 위해 사용하는 일련의 작업을 말한다. 신제품개발 프로세스는 단계, 활동, 의사결정, 목표 등이 조합된 것으로서, 잘 수행된다면 기업이 원하는 신제품을 산출할 수 있다. 많은 연구자들이 효과적인 신제품개발 프로세스를 제안 해왔는데, [그림 6-1]에서와 같이 이를 종합해 보면 특정한 공통점을 발견할 수 있다.

그림 6-1 | 신제품개발 프로세스의 통합

<table>
<tr><th>구분</th><th>Booz, Allen & Hamilton(1968)</th><th>Urban & Hauser (1980)</th><th>Cooper (1983)</th><th>Crawford & Di Benedetto (2004)</th><th>Cooper (2001)</th></tr>
<tr><td rowspan="3">기회 (Opportunity) 개념 (Concept)</td><td>신제품 필요성 탐색 (New product needs)</td><td rowspan="3">기회 파악 (Opportunity identification)</td><td>아이디어 창출 (Idea)</td><td>기회 파악/선택 (Opportunity Identification/Selection)</td><td>아이디어 발견 (Idea Discovery)</td></tr>
<tr><td>아이디어 선별 (Screening of ideas)</td><td>예비적 평가 (Preliminary assessment)</td><td>개념 도출 (Concept Generation)</td><td>초기작업 (Early Game)</td></tr>
<tr><td>사업성 분석 (Business analysis)</td><td>개념 설계 (Concept)</td><td>개념/프로젝트 평가 (Concept/Project Evaluation)</td><td>프로젝트 선정 (Picking the Winners)</td></tr>
<tr><td>제품 설계/개발 (Product Design/ Development)</td><td>제품개발 (Product development)</td><td>신제품 설계 (Design)</td><td>개발 (Development)</td><td>개발 (Development)</td><td rowspan="2">개발 테스트 및 검증 (Development, Testing, and Validation)</td></tr>
<tr><td rowspan="4">출시 (Launch)</td><td>시장 테스트 (Testing)</td><td>시장 테스트 (Testing)</td><td>시장 테스트 (Testing)</td><td>시장 테스트 (Market Testing)</td></tr>
<tr><td rowspan="2">사업화 (Commercialization)</td><td rowspan="2">시장 출하 (Introduction)</td><td>예비적 출하 (Trial)</td><td rowspan="2">출시 (Launch)</td><td rowspan="2">출시 (Into the Market)</td></tr>
<tr><td>시장 출하 (Launch)</td></tr>
<tr><td></td><td>수명주기관리 (Life cycle Mgt.)</td><td></td><td></td><td></td></tr>
</table>

즉 크게 세 단계로 구분할 수 있는데, 첫 번째 단계는 시장, 기술 및 경쟁환경의 변화로부터 신제품의 기회와 콘셉트를 파악하고 평가하여 최상의 아이디어를 선택하는 것이고, 두 번째 단계는 선택된 제품 콘셉트에 기반하여 실제로 제품을 설계 및 개발하는 단계이며, 세 번째 단계는 개발된 제품을 실험실과 시장에서 테스트한 후 본격적으로 출시하는 것이다. 여러 신제품개발 프로세스 중 크로포드와 베네디토(C. M. Crawford and A. Di Benedetto, 2004)의 모형을 간략하게 설명하면 〈표 6-2〉와 같다.

❙ 표 6-2 ❙ 신제품개발 프로세스의 예시

단계		주요 내용
1단계	기회 파악 및 선정 (Opportunity Identification and Selection)	• 신제품 제안, 마케팅계획의 변경, 자원의 변경, 새로운 시장 니즈 등의 신제품 기회 창출 • 구체적인 제품 콘셉트가 아니라 단순한 기회의 차원에서 이들을 연구, 평가, 검증 및 서열화함 • 향후 업무에 대한 지침이 되도록 중요한 기회에 대하여 사전적으로 전략적 임무 부여
2단계	제품 콘셉트 도출 (Concept Generation)	• 잠재력 · 시급도가 높은 기회를 선택하고, 고객 참여 시작 • 기회에 부합하는 신제품 콘셉트를 수집
3단계	콘셉트/프로젝트 평가 (Concept/Project Evaluation)	• 기술적, 시장 및 재무적 기준에 의해 신제품 콘셉트를 평가 • 우선순위를 정하고 가장 좋은 두세 개를 선택 • 제품의 정의, 팀, 예산, 개발계획의 개요, 제품혁신헌장 등이 완료되면 프로젝트 제안서의 승인을 요청
4단계	개발 (Development)	• 전체 개발 프로세스와 산출물을 구체화함 • 프로토타입 설계, 프로토타입의 시험 및 검증, 최적 프로토타입에 대한 생산 프로세스 설계 및 검증, 그리고 점진적 생산량 증대 • 전략, 전술, 출시 세부사항 등의 마케팅계획 수립, 사업계획서 작성 및 승인 획득, 그리고 서비스, 패키징, 브랜딩 등의 제품 강화계획 명시
5단계	출시 (Launch)	• 계획과 프로토타입에 대한 상용화 시작 • 신제품의 유통 및 판매 시작 • 목표달성을 위한 출시 프로그램관리

그림 6-2 ❙ 신제품개발 프로세스의 5단계

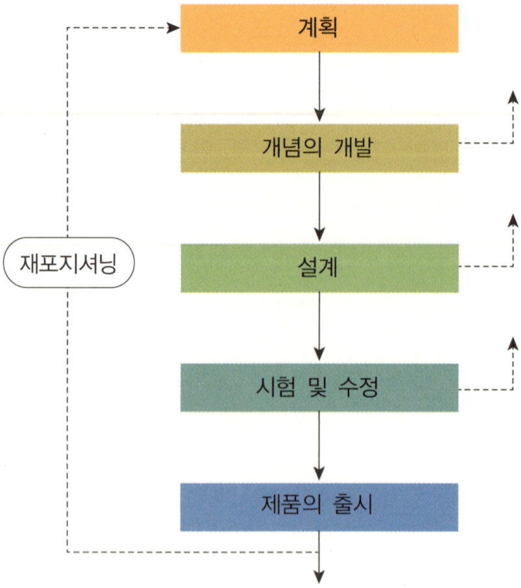

신제품개발 프로세스는 〈표 6-2〉에 나와 있는 크로포드와 베네디토(2004)의 모형을 참고로 하여 정리하면 [그림 6-2]에서 볼 수 있듯이 크게 계획, 개념의 개발, 설계, 시험 및 수정 및 제품의 출시의 5단계로 나누어 볼 수 있다.

1.2.1 계획단계

계획단계에서는 시장의 기회를 파악하고 진입할 최적의 시장(목표시장)을 정의하는 작업이 이루어진다. 이 단계에서는 시장이 어떤 단계(초기, 성장, 쇠퇴 등)에 있는지, 수익성이 얼마나 존재하는지 그리고 진입이 얼마나 용이한가 등에 대한 정보들을 확인하는 활동이 주로 이루어지고 기업이 가지고 있는 기술 및 강점 등을 고려하여 최적의 기회를 포착하는 것이 이 단계의 목표이다.

1.2.2 개념개발단계

개념의 개발단계에서는 다시 고객이나 종업원의 제안, 연구개발부서 및 경쟁품 벤치마킹 등으로부터 아이디어를 창출하는 아이디어 창출단계, 얻어진 아이디어를 다양한 내부분석(기술적 분석)과 개념의 테스트 및 그 결과를 검토하여 최종적으로 평가 · 선정하는 아이디어 선정단계, 그리고 예상매출액 및 수익분석을 통하여 해당 아이디어에 대한 사업성을 분석하는 세 가지 단계로 나눌 수 있다.

여기서 말하는 제품 개념이란 제품에 대한 여러 가지 상태에 대한 개략적인 설명이라고 할 수 있다. 여기에는 제품의 기능, 구조, 제품에 사용된 기술 및 외형 등이 모두 포함된다. 실제로 이러한 제품의 다양한 상태는 결국 고객의 요구사항들을 충족시키기 위한 것들이기 때문에 제품의 개념은 고객의 다양한 요구들을 어떻게 만족시킬 것인가에 대한 대략적인 설명이라고 할 수 있다. 따라서 제품의 개념의 좋고 나쁨에 따라 시장에서의 성공 여부가 좌우된다고 해도 과언이 아닐 것이다. 제품개념의 생성과정은 일반적으로 깔때기 모양을 가지게 되는데 이는 다양한 고객의 요구사항과 목표사양 등을 바탕으로 여러 가지 제품의 후보 개념들이 생성되고 개발팀은 여러 가지 과정을 거쳐 하나의 최종대안을 선택하게 되기 때문이다. 개념생성 초기에는 가능한 모든 대안들을 고려하여 최대한 많은 후보 개념들을 생성하는 것이 중요하다. 개념생성과정을 살펴보면 일반적으로 다음과 같은 5단계를 거치게 된다.

(1) 1단계

1단계는 고객의 요구사항 및 목표사양의 정의를 통한 명확한 문제의 인식단계이다. 이 단계는 전체 개념생성과정에 매우 중요한 부분을 차지하는데 이는 이 단계에서 사용되는 여러 자료들이 이후의 개념생성과정에 매우 중요한 영향을 주기 때문이다. 여러 가지 고객의 요구사항 및 목표시장에 따라 다양한 개념들이 생성될 수 있는데 '분말을 탄 우유'의 예를 들어보면 아래와 같은 세 가지 제품개념을 생각해 볼 수 있다.

- 개념 1: 아침에 식사 못하는 직장인들을 위한 영양음료
- 개념 2: 군것질을 하고 싶어 하는 아이들을 위한 청량음료
- 개념 3: 노인들이 자기 전에 마시는 건강음료

(2) 2단계

2단계는 지각도(perceptual map)를 작성하여 제품의 포지셔닝을 확인하는 단계이다. 이 단계에서는 기존 제품의 위치 파악과 빈 공간(시장)의 확인작업과 함께 신제품의 위치파악 및 경쟁자 확인도 같이 이루어지게 된다. [그림 6-3]은 '분말을 탄 우유'의 지각도 예를 보여준다.

그림 6-3 | '분말을 탄 우유'의 지각도

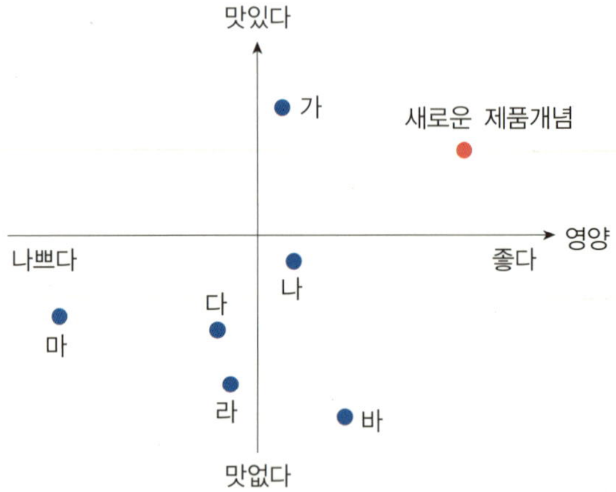

위의 그림에서는 소비자들이 우유를 평가할 때는 맛과 영양의 두 가지 차원으로만 평가한다고 가정하고 있다. 고려중인 신제품은 다른 상표들보다 영양은 뛰어나지만

'가'보다는 맛이 없다고 인식된다. 그러므로 이 신제품의 경쟁상대는 주로 '가'와 '나'가 될 것이다.

(3) 3단계

3단계는 제품개념 선정기준의 설정이 이루어지는 단계이다. 이러한 선정기준들은 각 기준들 간의 상대적 중요도 및 목표시장의 특성들을 종합적으로 감안하여 결정되어야 한다. 위의 '분말을 탄 우유'의 예에 대해서는 다음과 같은 여러 가지 개념선정기준들이 정의될 수 있다.

- 맛이 좋아야 한다.
- 건강에 좋아야 한다.
- 유통기한이 길다.
- 소화가 잘 된다.

(4) 4단계

4단계는 제품개념의 테스트(concept test)단계이다. 이 단계에서는 말이나 그림으로 표현된 제품개념을 제시하여 제품의 구매의도를 파악하고 다음의 정보들을 획득하는 것이 목표이다.

- 제품이 주는 편익은 얼마나 확실한가?
- 어떤 욕구를 채워 주는가? 또한 그 욕구를 만족시키려는 소비자들의 욕망이 얼마나 강한가?
- 경쟁제품에 비해 소비자 욕구를 얼마나 더 잘 만족시키는가?
- 제품가치 대비 가격이 적당한가?
- 구매의도는 무엇인가?
- 얼마나 자주 살 것인가?

(5) 5단계

마지막 단계인 5단계에서는 개념선정기준, 지각도상의 정보, 표적시장 크기, 성장률 등을 종합적으로 검토하여 성공 가능성이 높은 제품개념들을 추출하게 된다.

1.2.3 설계단계

제품설계가 중요하게 인식되는 이유는 일반적으로 개발예산의 5%가 설계의 마지막 단계까지 사용되지만 전체 예산의 80%가 사용되고, 따라서 제품설계단계에서의 작은 투자가 큰 수익(return)을 가능하게 한다는 점이다. 그렇다면 시스템 수준 제품설계단계의 산출물인 제품구조는 어떻게 정의될 수 있는가? 제품구조란 기능적인 요소들을 정리하고 연결하여 만들어진 물리적인 청크(chunk)를 말하는데 이러한 청크들은 해당 제품이나 그와 유사한 제품을 구성하는 조립단위가 된다(여기서 청크란 제품의 기능을 구성하고 있는 각각의 기능구성요소들을 여러 단위로 묶어 놓은 단위라고 정의된다).

다시 말하면 제품구조란 각각의 제품을 구성하고 있는 부품들의 기능과 제품 내의 다른 부품들과의 상호 연관성을 고려하여 제품의 기본적인 조립특성을 정의하는 것으로 다음과 같은 목적을 가지고 있다. 즉 부품의 동시 병행적 개발이 가능해야 하고 통합적인 제품의 완성도를 높일 수 있어야 한다. 제품구조에는 크게 기능적 측면과 외형

그림 6-4 | 통합형 및 모듈형 제품구조

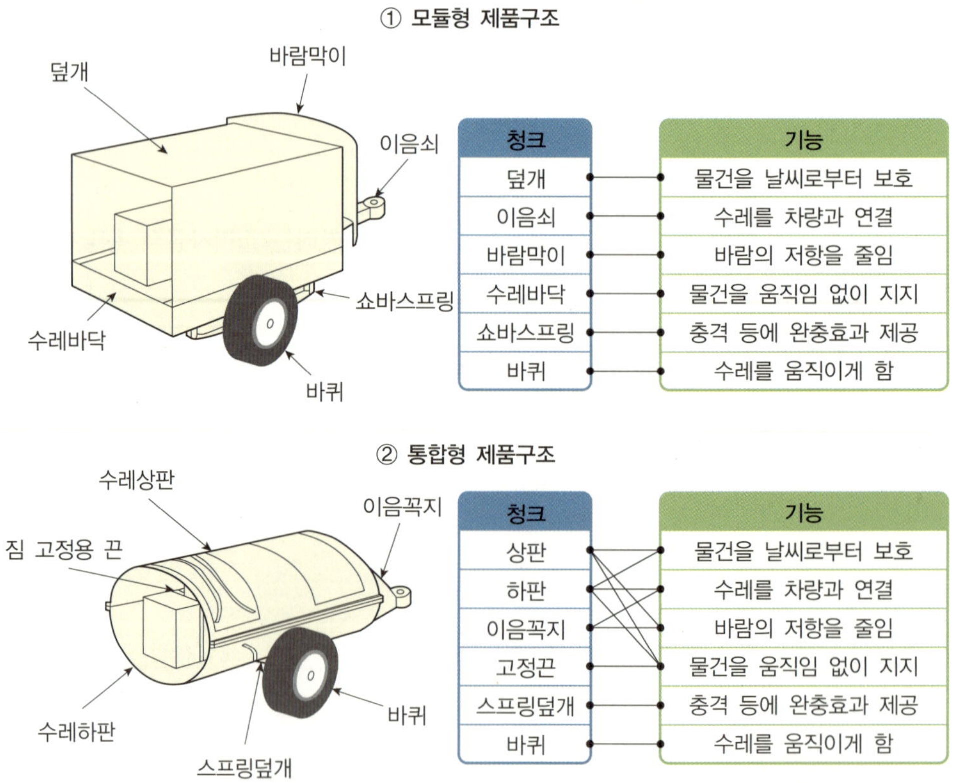

적 측면의 두 가지 측면이 있는데, 기능적 측면은 제품의 전체적인 성능을 구성하는 각 개별 기능들의 연관성 및 상호작용을 정의하고, 외형적 측면에서는 기능성을 구체화하는 다양한 조립단위(제품개발단계에서 정의) 및 부품(상세설계단계에서 정의)들을 정의한다. 또한 제품구조의 종류에는 통합형과 모듈형의 두 가지 종류가 있는데 이들 두 종류에 대한 자세한 설명은 [그림 6-4]에서 볼 수 있다.

[그림 6-4]는 수레의 두 가지 형태의 구조, 즉 통합형과 모듈형의 구조들을 보여주고 있는데, 첫 번째 그림(모듈형 구조)에서는 수레의 각 청크(덮개, 이음쇠, 바퀴 등)는 하나의 기능을 담당하고 개별적으로 디자인되어 있다. 반면에 두 번째 그림(통합형 구조)에서는 각 청크들이 하나 이상의 기능들을 가지며 청크 간 상호 연관성 및 기능 연계성이 명확히 정의되어 있지 않다. 모듈구조란 제품의 기능을 구성하는 각각의 기능구성요소들(이러한 각각의 기능 구성요소들은 적어도 하나의 기능을 가진다)이 최대한 개별적으로 디자인되며 이러한 디자인 구성요소들의 연관성이 명확히 정의되어 있는 구조이고, 통합구조란 이러한 모듈구조의 정반대되는 개념으로 제품의 기능적 요소들 간의 상호 연관성 및 기능 연계성이 명확히 정의되어 있지 않은 구조이다. 기본적으로 제품구조에 대한 결정은 제품계획과 개념개발 결정들과 밀접한 관계가 있는데 다음과 같은 요소들을 고려하여 진행된다.

- **제품의 변화성:** 예 복사기 토너, 카메라렌즈 등
- **제품의 다양성:** 예 컴퓨터, 자동차 등
- **표준화:** 예 모터, 베어링 등
- **성능:** 예 경기용 자전거, 전투기 등
- **제조비용:** 예 면도기, 디스크 드라이브 등
- **프로젝트관리:** 예 팀역량, 기술 등

정리하면 제품구조를 정의함에 있어 어떻게 기능요소들을 나누고 얼마나 많은 모듈을 적용하느냐 하는 것을 결정하는 과정은 제품구조를 통합형 구조 또는 모듈형 구조로 선택할 것인가, 어떠한 형태의 모듈구조로 가져갈 것인가, 청크에 어떻게 기능들을 할당시킬 것인가? 제조비용은 얼마나 드는가? 등의 질문들을 끊임없이 던지며 진행되어야 한다. 설계 시부터 제조를 고려하여 설계업무를 수행하는 것을 우리는 제조감안(Design for Manufacturing: DFM)설계라고 부른다. 즉 제조감안설계(DFM)는 전체 제

품개발과정을 통하여 제조와 관련된 사항들을 강조하고 고려한 개발과정이라고 정의될 수 있다. 성공적인 제조감안설계(DFM)는 품질의 저하 없이 적은 제조비용으로 제품을 만들 수 있게 한다. 제조감안설계를 위한 절차는 다음과 같다.

(1) 생산원가 산정

제조비용을 계산한다. 제조감안설계(DFM)를 성공적으로 적용하여 그 효과를 극대화하기 위해서는 제품에 대한 최종제조원가의 정확한 예측을 가능케 해주는 원가모형을 만들어 이용하는 것이 좋다. 예를 들면, 이러한 원가모형을 이용하여 디자인 팀에서는 디자인과정에서 언제든지 간단한 입력값만으로 여러 가지 디자인 대안들에 대한 정확한 제조원가를 계산해 볼 수 있다.

(2) 부품비용 감축

부품비용을 줄이는 노력을 실시한다. 부품비용을 줄이는 노력을 하기 전에 먼저 공정 자체에 대한 정확한 이해와 여러 가지 제약사항들을 명확히 이해하는 것이 중요하다. 작업능력이라든지 비용요인 및 생산의 제약조건들을 제대로 이해하지 못한 상태에서 부품이 설계되면 후에 제조과정에서 많은 비용을 초래하는 결과가 생길 수 있기 때문이다. 공정의 수를 최소화하도록 부품의 설계를 다시 고려하는 것, 부품의 표준화 및 부품제조(구매)의 대량화를 통해 원가절감을 시도하는 것 등이 이 단계에 포함된다.

(3) 조립비용 감축

조립비용을 줄이는 노력을 실시한다. 조립성을 고려한 설계(Design for Assembly: DFA)는 제조감안설계(DFM)의 중요한 분야 중 하나로 조립비용을 최소화하게끔 설계를 하는 것으로 정의된다. 이러한 DFA의 핵심 아이디어는 조립공구를 줄이기 위해 부품을 통합하여 부품의 수를 줄이고 조립시간을 줄이기 위해 삽입과 취급이 쉬운 구조로 설계하는 것 등을 포함한다. 여기서 조립시간은 취급시간과 삽입시간의 합으로 계산된다. 부스로이드와 듀허스트(Boothroyd & Dewhurst, 1989)는 조립비용에 대해 아래와 같은 DFA계수를 정의하고 이를 이용하여 평가하는 방법을 제시하였다. 이 계수는 이론적인 최소조립시간 대비 현부품조립시간을 비교해 수치화하여 다양한 판단에 활용할 수 있게 하여 매우 유용하게 활용 가능하다.

$$DAF\text{계수} = \frac{(\text{이론적인 최소 부품 수}) \times (\text{이론적인 최소 조립시간})}{\text{측정된 총조립시간}}$$

부품통합을 위해서는 일반적으로 다음과 같은 사항들을 체크하고 만약 모두 '아니오'라는 답을 얻었다면 통합을 실시하는 것이 좋다. 체크사항들은 다음과 같다. 첫째, 제품 내에서 다른 부품과 다르게 움직여야 되는가? 둘째, 근본적인 물리적 특성이 달라 전혀 다른 재료로 만들어져야 하는가? 셋째, 제품의 조립 · 수리 등을 위해서는 제품 내에서 따로 분리되어야만 하는가?

(4) 생산지원비용 감축

제조를 위한 지원활동에 드는 비용을 줄이는 노력을 실시한다. 이 단계에는 제조시스템의 복잡성(인원 수, 제조과정, 생산품 수, 부품 수 등이 이러한 복잡성을 야기함)을 최소화하려는 노력이 포함된다.

그림 6-5 | 제조감안설계(DFM)의 절차

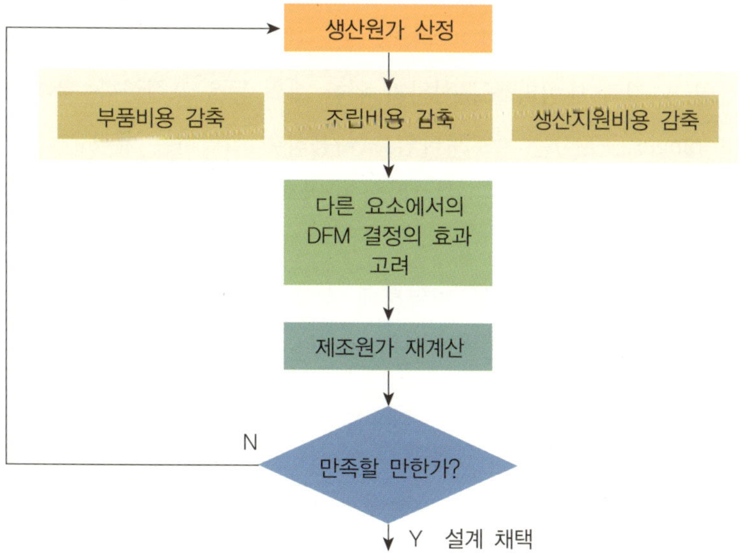

출처: Ulrich, K. and Eppinger, S., 1995

(5) 다른 요소에서의 DFM 결정의 효과 고려

제조감안설계(DFM) 결정사항이 다른 요소들(성능, 안전, 비용 등)에 미치는 영향을 파악한다. 제조감안설계가 개발기간, 개발비용, 제품의 품질 및 기타 요인들(부품의 재활용 및 서비스·보증·폐기비용 등)에 미치는 영향을 종합적으로 고려하여 이들 간의 균형점을 찾는 노력이 이 단계에서는 진행된다.

이 같은 내용을 정리하여 그림으로 표현하면 앞의 [그림 6-5]와 같다.

1.2.4 시험 및 수정단계

신제품에 대한 프로토타입 등을 이용하여 고객의 요구사항 등을 반영하여 정의된 제품의 사양과 비교 검토하고 성능을 평가하는 단계를 거치게 되는데 이를 제품시험단계라고 한다. 여기에는 제품사용시험(Product Use Testing)이라는 정상적인 사용환경하에서 제품의 사용성을 시험하는 것도 포함된다. 일반적으로 이 시험 및 수정단계의 목적은 다양한 실험을 통해 고객의 요구사항에 맞게 제품의 사양이나 구조 등이 설계되고 제작되었는지를 시험하고 평가하는 데 있다. 따라서 프로토타입을 이용한 개략적인 실험계획은 필요한 실험변수의 정의 및 확정, 테스트를 위한 규칙의 설립, 측정부분 및 측정범위의 정의 및 결과 데이터를 분석하기 위한 계획 등을 포함한다. 울리히와 에핑거(Ulrich & Eppinger, 1995)는 프로토타입을 이용하여 실험하는 계획을 수립하는 방법을 다음과 같이 4단계로 정의하고 있는데 이 방법론은 모든 종류의 프로토타입에 적용이 가능하다고 밝히고 있다.

- 1단계: 프로토타입의 사용목적을 명확하게 정의한다.
- 2단계: 프로토타입 제작의 필요성에 가장 잘 부합하는 프로토타입의 타입 및 범위 등을 결정한다.
- 3단계: 개략적인 실험계획을 수립한다.
- 4단계: 프로토타입의 제작과 테스트과정에서 중요한 업무들인 재료의 구매와 프로토타입 제작 및 테스트를 위한 스케줄을 작성한다.

1.2.5 제품의 출시단계

제품의 출시단계에서는 출시 일정계획을 수립하고 이를 달성하기 위해서 조직 내의 모든 부서들이 업무를 조정 · 관리할 수 있는 출시 프로그램의 관리가 필수이다. 이렇게 함으로써 새로운 제품이 적기에 충분히 공급될 수 있도록 하는 것이다. 이러한 제품의 출시가 성공적으로 이루어지기 위해서는 신제품의 유통관리 등의 마케팅적 측면뿐만 아니라 기술적인 측면에서도 각 활동들이 잘 준비되어야 한다.

2 신상품개발의 성공요인

사업전략에 있어 신제품개발의 핵심적인 역할과 낮은 신제품개발 성과가 맞물려 많은 연구자들로 하여금 제품혁신의 성공을 유도하고 성과를 향상시키는 데 기여하는 요인을 찾게 하였으며, 그 종합된 결과가 〈표 6-3〉에 제시되어 있다. 왜 신제품이 성공하고, 왜 어떤 기업들은 다른 기업보다 신제품개발을 더 잘하는지를 이해하는 것은 신제품관리에 있어 가장 중요하다. 즉 이로부터 신제품개발 프로젝트의 관리에 대한 통찰력과 신제품 아이디어 선정에 대한 실마리를 얻을 수 있다. 여기에서는 신제품개발 성공요인에 대한 기존의 많은 연구결과들을 종합해 보고자 한다.

표 6-3 신제품개발 핵심성공요인 자료

구분	핵심성공요인
프로젝트 수준	• 고유하고 우월한 제품의 추구 • 강력한 시장 지향성: 시장 주도, 고객 집중 • 개발 이전단계에서의 활동 • 초기의 명확하고 안정적인 프로젝트 및 제품 정의 • 출시에 대한 계획 수립과 자원 배분 • 아이디어에서부터 출시까지 핵심적 활동에 대한 완벽한 실행 • 품질의 희생이 없는 신속한 실행
사람과 환경 측면	• 프로젝트 팀의 조직화방법 • 적합한 환경: 분위기 및 문화 • 최고경영진의 지원
전략적 측면	• 사업을 위한 제품혁신 및 기술전략 • 핵심역량의 활용: 시너지와 친밀성 • 매력적인 시장에 대한 타깃팅 • 예리한 프로젝트 선정 의사결정: 포트폴리오관리 • 필요한 자원의 확보

출처: Cooper, 2005

2.1 프로젝트 수준에서의 핵심성공요인

고객에게 고유한 효익과 우월적인 가치를 제공하는 차별화된 제품은 신제품개발의 성공과 수익성을 이끄는 첫 번째 요소이며, 구체적으로 다음과 같은 특징을 가져야 한다. 첫째, 고객에게 가격 대비 높은 가치를 제공해야 하고, 고객의 총비용을 줄여줘야 하며, 탁월한 가격 대비 성능을 가져야 한다. 둘째, 경쟁기업의 제품에 비해서, 또한 고객이 중시하는 품질 차원에 대하여 탁월한 제품 품질을 가져야 한다. 셋째, 사용자 니즈의 충족, 경쟁제품에는 없는 고유한 특징의 제공, 경쟁제품이 해결하지 못하는 고객의 문제 해결 등의 측면에서 경쟁제품보다 우월해야 한다. 넷째, 고객들이 쉽게 인지할 수 있고, 유용하게 인식하는 제품 효익과 속성을 제공해야 한다.

고객의 니즈와 수요, 경쟁상황, 시장의 특성 등에 대한 철저한 이해는 신제품 성공의 필수적인 요소이다. 그러나 불행하게도 대다수의 신제품개발 프로젝트에 있어 강력한 시장 지향성이 없는 경우가 많다. 시장 지향성은 전체 신제품개발 프로세스상에서 충만해야 한다. 첫째, 아이디어 도출단계에서는 시장 지향적 아이디어 창출활동에 많은 자원을 할당해야 한다. 예를 들면, 고객을 대상으로 한 포커스그룹(Focus Group) 인터뷰나 고객의 목소리(Voice of the Customer: VoC) 연구를 통해 고객의 니즈와 문제를 파악해야 하며, 영업사원들이 고객으로부터 아이디어를 구하고, 혁신적인 선도사용자들(Lead Users)과 관계를 형성하도록 지원해야 한다. 둘째, 제품설계단계에서는 시장조사가 너무 늦게 이루어지는 경우가 많다. 즉 제품 디자인이 확정된 다음에 사후적으로 이루어져서는 의미가 없다. 시장조사는 제품 디자인이 결정되기 이전에 실행되어 디자인 의사결정을 위한 투입요소로 활용되어야 한다. 고객의 니즈, 욕구 및 수요조사와 함께, 경쟁제품분석을 수행해야 한다. 경쟁제품의 강점과 약점을 파악하고, 이를 이용해 가격, 유통 등의 경쟁전략을 수립해야 한다. 셋째, 고객의 참여는 개발단계 이후에서도 지속적으로 이루어져야 한다. 콘셉트 테스트, 시제품 테스트, 고객 시용(Trial), 테스트 마케팅 등 신제품개발 전 과정에 고객을 참여시킴으로써 제품의 다양한 측면을 평가하고 모든 가정들을 검증해야 한다. 즉 결코 어떠한 요소도 우연에 맡겨서는 안 된다. 비록 기술주도적인 신제품이라 할지라도 프로젝트 시작 초기단계부터 고객과 시장의 투입이 이루어진다면 성공 가능성이 더욱 향상될 것이다.

많은 연구에 의하면 제품의 설계 및 개발 이전단계에서의 활동이 성공과 실패를 나눔을 알 수 있다. 성공적인 기업들은 그렇지 않은 기업들에 비해 이러한 사전활동(Homework)에 두 배 이상의 시간과 자금을 투입하고 있다. 신제품개발의 성공 가능성을 높이기 위해 반드시 수행해야 할 사전활동에는 다음의 내용이 포함된다. 첫째, 프로젝트를 시작할지 말지에 대한 초기 스크리닝, 둘째, 신속한 사전 시장평가, 셋째, 신속한 사전 기술평가, 넷째, 구체적인 시장조사와 고객의 목소리 연구, 다섯째, 개발 의사결정 직전에서의 사업 및 재무분석, 특히 성공적인 기업들은 시장 지향적인 업무와 기술 지향적인 업무 사이에서 적절한 균형을 맞추고 있음을 알 수 있다. 초기단계에서 기술적인 측면만을 지나치게 크게 보고 프로젝트를 진행한다면 나중에 실패하기 쉽다.

신제품개발 프로젝트의 일정을 지연시키는 가장 중요한 요인 두 가지는 프로젝트 정의(Project Definition)의 끊임없는 변화와 제품 요구사항(Requirements) 및 사양(Specifications)의 변경이다. 이를 방지하기 위해서는 사전분석단계에서 명확하고 안정적인 제품 정의를 내리는 것이 필요하다. 제품 및 프로젝트 정의를 잘 하기 위해서는 다음과 같은 내용들이 포함되어야 한다. 첫째, 프로젝트의 범위(국내용 vs. 국제용, 플랫폼제품개발 vs. 파생제품개발 등), 둘째, 목표시장의 구체화(누가 목표고객인가?), 셋째, 제품 콘셉트와 고객에게 제공할 효익 또는 가치에 대한 기술, 넷째, 포지셔닝전략의 제시, 다섯째, 제품의 특징, 속성, 요구사항, 사양 등에 대한 목록 등이다. 이러한 요소들이 개발단계에 진입하기 전에 명확화 및 문서화되고, 모든 이해당사자 사이에서 합의되지 않는다면 프로젝트의 실패 가능성은 몇 배 이상 커진다.

신제품이 성공하기 위해서는 제품이 우월해야 할 뿐만 아니라 탁월한 방식으로 출시, 마케팅 및 지원되어야 한다. 잘 수행된 출시는 신제품의 수익성과 밀접하게 연결되어 있고, 효과적인 판매 후 서비스는 성공적인 출시의 핵심이 된다. 효과적인 시장 출시계획을 수립하는 데에는 다음의 다섯 가지가 요구된다. 첫째, 시장 출시계획의 개발은 신제품개발 프로세스의 필수적인 한 부분이 되어야 한다. 둘째, 시장 출시계획의 개발은 신제품개발 프로젝트의 초기단계에서 시작되어야 한다. 셋째, 시장 출시계획은 수집된 시장정보의 질을 넘을 수 없으므로 시장조사가 철저하게 수행되어야 한다. 넷째, 출시에는 충분한 인원과 자금이 할당되어야 한다. 다섯째, 영업인력, 기술지원인력 등 출시를 담당할 사람들은 시장 출시계획의 개발과정에 참여해야 한다.

신제품개발 프로세스상의 핵심활동들이 생략되지 않고, 얼마나 잘 수행되었는가는 수익성 및 출시까지의 시간(Time-to-market) 단축과 긴밀히 연계되어 있다. 특히 간과하지 말아야 할 중요한 활동으로는 사전분석과 시장 지향적 활동이 있다. 이러한 핵심활동들을 거르게 되면 품질의 위기(Quality Crisis)가 발생하여 실패 확률이 높아진다. 이러한 위험을 방지하기 위한 한 가지 방안은 제품혁신을 하나의 프로세스로 보고, 아이디어에서부터 출시까지의 제품개발 전 과정을 공식화하고, 각 단계에서의 활동과 산출물에 대한 품질관리를 철저히 하는 것이다.

속도는 일종의 경쟁무기이며, 해당 기업에게 경쟁우위를 안겨 준다. 시장을 선점함으로써 얻을 수 있는 이익은 매우 크다. 따라서 개발시간을 단축하는 것은 매우 중요하다. 그러나 시간의 단축을 위해 제품의 품질이 희생되어서는 결코 수익성 목표를 달성할 수 없음을 명심해야 한다. 신제품 출시까지의 시간을 효과적으로 단축시킬 수 있는 몇 가지 방법을 설명하면 다음과 같다. 첫째, 초기단계에서 사전분석을 철저히 하여 안정적인 제품 및 프로젝트 정의를 확보하게 되면 이후의 활동에서 시간을 줄일 수 있다. 둘째, 프로젝트의 모든 진행단계에서 품질관리를 철저히 한다. 시간을 줄이는 가장 좋은 방법은 똑같은 일을 두 번 하지 않는 것이다. 셋째, 신제품의 적시개발을 위해서는 효과적인 교차기능팀(Cross-functional Teams)의 활용이 필요하다. 이것은 부서 간 정보 공유와 신속한 의사결정에 매우 유용하다. 넷째, 병렬처리(Parallel Processing)를 활용해야 한다. 신속한 제품개발을 위해 순차적(sequential) 접근방법은 피해야 한다. 다섯째, 병렬처리와 함께 나선적 개발(Spiral Development)을 활용해야 한다. 고객 또는 사용자를 참여시켜 끊임없이 제품을 개발 및 테스트해야 한다. 여섯째, 선택과 집중을 위해 아주 가치가 높은 프로젝트를 소수만 수행한다. 가치 있는 프로젝트에 대한 자원의 집중을 통해 필요한 일을 더 빨리 그리고 더 잘 수행할 수 있다.

2.2 사람과 환경 측면에서의 핵심성공요인

제품혁신은 팀단위로 이루어지는 경우가 대부분이다. 실패한 신제품개발 프로젝트들을 사후적으로 분석해 보면, 모든 기능부서들이 일정부분씩 참여하고 있는 반면, 이들 사이에 프로젝트에 대한 헌신이나 의사소통은 거의 없었다는 사실을 발견하게 된다. 많은 연구들이 프로젝트 팀의 조직과 기능부서 간 협력이 프로젝트 성과에 중대한 영향을 끼침을 말해주고 있다. 첫째, 누가 신제품개발 프로젝트의 팀원인지를 명확히 해야 한다. 둘째, 프로젝트 팀은 교차기능적(Cross-functional)으로 구성되어야 하며, 기술부서, 영업부서, 마케팅부서, 생산부서 등 제품의 개발, 생산 및 판매와 관련된 모든 부서에서 참여해야 한다. 셋째, 팀원들 간에는 협력이 필수적이며, 정치나 갈등, 부서 간 편견 등에 너무 많은 시간과 노력이 소비되지 않도록 해야 한다. 넷째, 신제품개발 프로젝트 팀원들은 처음부터 끝까지 팀에 남아있어야 하며, 일시적이거나 또는 부분적으로만 참여해서는 안 된다. 다섯째, 명확하게 임명된 팀 리더가 있어야 한다. 여섯째, 프로젝트 리더는 아이디어 도출단계에서부터 시장출시까지의 전 과정에서 책임을 져야 한다. 일곱째, 프로젝트 팀 구성원 사이에서는 모든 정보를 공유해야 하며, 이를 위한 정보시스템을 갖추어야 한다. 여덟째, 프로젝트 팀은 수익이나 매출 목표 또는 일정 등과 같은 프로젝트의 최종결과에 대하여 책임을 져야 한다.

신제품개발 프로젝트의 성공을 위해서는 혁신에 대한 긍정적인 분위기가 필요하다. 이런 분위기는 다음과 같은 특성을 가지고 있다. 첫째, 사내창업가와 위험감수행위가 지원되고 촉진된다. 둘째, 최고경영진은 위험이 큰 프로젝트에 투자하는 것에 대해 두려워하지 않는다. 셋째, 신제품의 성공은 인정되고 보상이 주어지는 반면, 실패에 대해서는 처벌하지 않는다. 넷째, 개인적 행동보다는 팀 행동을 중시한다. 다섯째, 최고경영진은 프로젝트에 대해 세세하게 간섭하지 않고, 팀 구성원에 대해서도 편견을 가지지 않는다. 여섯째, 프로젝트 중간점검 회의는 모든 팀 구성원들이 참여할 수 있도록 개방되어 있다.

최고경영진의 지원은 제품혁신의 성공을 위해 반드시 필요하다. 최고경영진의 주된 역할은 제품혁신을 위한 장(場)을 만들고, 전면에 나서서 중심적인 역할을 수행하기보다는 뒤에서 일이 원활히 추진되도록 도와주는 것이다. 최고경영진은 제품개발이 성장의 원천임을 인식하고 장기적으로 헌신해야 한다. 이를 위해 제품혁신을 위한 비전, 목표 및 전략을 수립해야 한다. 제품개발을 위해 필요한 자원을 배분하고, 아무리 시급한 일이 발생해도 다른 목적으로 사용되지 않도록 막아주어야 한다. 그리고 제품의 개발에서부터 출시까지의 프로세스를 정립하고 정착시켜야 한다. 마지막으로 가장 중요한 것은 신제품개발 프로세스에 참여하여 진도를 점검하고, 적절한 시점에서 계속(Go)/중단(Kill) 결정을 내려야 한다. 또한 프로젝트 팀원들을 동기부여시키고, 팀 리더와 핵심 인물을 후원해야 한다.

2.3 전략적 측면에서의 핵심성공요인

신제품전략은 긍정적인 성과와 밀접하게 연계되어 있다. 특히 기술진보 속도가 빠르고, 고객과 시장의 니즈가 끊임없이 변화하며, 경쟁이 치열해지는 상황에서는 제품혁신 및 기술전략이 더욱 중요해진다. 신제품개발 성과에 영향을 끼치는 전략 측면의 요소들로는 다음과 같은 것들이 있다. 첫째, 신제품개발이 사업목표(Business Goal)달성을 위해 수행하는 역할을 명확히 해야 한다. 둘째, 신제품개발의 목표를 명확히 설정해야 한다. 예를 들면, 전체 매출이나 이익 중 과거 3년 이내에 출시된 신제품이 달성해야 할 비율을 설정한다. 셋째, 신제품개발 노력이 집중되어야 할 전략적 영역, 예를 들면, 시장, 제품분야, 산업, 기술 등을 명확히 한다. 넷째, 신제품개발에 투입될 자금이나 인력을 미리 지정해 둔다. 다섯째, 제품 로드맵(Product Roadmap)을 작성하여 적시에 필요한 자원과 역량을 공급함으로써 효과적인 목표달성을 지원한다. 여섯째, 장기적인 관점에서 신제품전략을 수립한다. 일곱째, 큰 성과를 기대하기 어려운 안정적인 프로젝트보다는 혁신적인 프로젝트의 비중을 높인다.

"유리한 위치에서 공격하라"는 격언이 있듯이 기존 사업과 시너지를 갖는 신제품은 성공할 가능성이 커진다. 시너지(Synergy)란 신제품 프로젝트의 니즈와 기업의 자원, 역량 및 경험 사이에 강력한 적합성이 있는 것을 말한다. 여기서 기업의 자원은 연구개발 자원, 마케팅, 영업 및 유통 자원, 생산 자원, 기술지원 및 고객서비스 자원, 시장조사 및 정보 자원, 경영능력 등 크게 여섯 가지로 구분할 수 있는데, 이를 이용하여 신제품 프로젝트의 우선순위를 결정할 수 있다. 즉 시너지가 클수록 해당 프로젝트의 우선순위가 높아진다. 친밀성(Familiarity)은 시너지와 유사한 개념이다. 신제품 프로젝트가 기업과 친숙하지 않을 때, 즉 익숙하지 않은 제품영역이나 고객 니즈, 기술, 유통채널, 서비스 요구사항 등이 관계될 때, 기업은 그 대가를 치르는 경우가 많다. 그러나 다행스러운 것은 비록 새로운 영역에서의 성공확률이 낮지만, 그 정도가 아주 심하지는 않다는 사실이다. 따라서 기업들은 전혀 새로운 시장, 기술 및 생산공정일지라도 도전해 볼 가치가 충분히 있다.

좀 더 매력적인 시장을 목표로 한 신제품의 성공 가능성이 그렇지 않은 경우보다 더 높다. 시장매력도(Market Attractiveness)는 다음의 두 가지 차원을 가지고 있다. 먼저 시장잠재력(Market Potential)으로서 시장규모와 성장률이 크고 제품에 대한 소비자의 강력한 니즈가 존재할수록 시장매력도가 크다. 둘째, 경쟁상황(Competitive Situation)으로서 경쟁이 치열할수록 가격에 기반한 경쟁일수록 그리고 경쟁기업의 영업인력, 유통채널, 고객서비스 등이 강력할수록 시장매력도가 작다. 따라서 이 두 가지 기준을 이용하여 시장매력도를 평가한 후 우선순위가 높은 신제품 프로젝트부터 추진해야 한다.

너무 많은 프로젝트를 수행하는 기업들은 때때로 잘못된 프로젝트를 지원하거나 적시에 필요한 자원을 제공하지 못해 낭패를 보는 경우가 많이 있다. 이런 경우, 희소하고 귀중한 자원이 잘못된 프로젝트에 투입되어 낭비되거나 우수한 프로젝트가 적절한 지원을 받지 못함으로써 부정적인 결과를 얻게 된다. 이러한 현상의 원인은 부적절한 프로젝트의 평가 및 선정에 있다. 나쁜 프로젝트를 제거하고 한정된 자원을 좋은 프로젝트에 집중하기 위해서는 우선순위 결정이 엄격하게 이루어져야 함에도 불구하고, 프로젝트 평가는 가장 취약한 부분으로 자주 언급되고 있다. 잘못된 기능부서에서 잘못된 사람이 평가에 참여하거나 일관된 평가기준이 없거나 또는 처음부터 프로젝트를 중단시킬 의지가 전혀 없기 때문에 평가가 제대로 이루어지지 않게 된다.

프로젝트 평가를 위해 적용 가능한 평가항목으로는 다음과 같은 것들이 있다. 첫째, 사업전략과의 적합성 및 프로젝트의 중요성, 둘째, 차별화(Differentiation), 고유한 효익, 거부할 수 없는 가치명제(Value Proposition) 등 제품의 경쟁우위, 셋째, 시장의 규모 및 성장률, 경쟁환경 등의 시장매력도, 넷째, 마케팅, 기술, 제조 등 기업의 핵심역량과의 적합도, 다섯째, 제품의 개발 및 생산 가능성을 의미하는 기술적 실현 가능성, 여섯째, 프로젝트의 재무적 전망을 평가하는 위험과 보상 등이다. 한편, 성공 가능성이 높은 프로젝트를 선정하는 것에 더하여 선정된 프로젝트 사이에 균형을 유지하는 것도 필요하다. 즉 선정된 신제품개발 프로젝트들이 사업전략과의 일관성을 갖는 포트폴리오를 형성해야 하며, 이를 위해 많은 기업들이 포트폴리오관리시스템(Portfolio Management System)을 구축하여 운영하고 있다.

끝으로 많은 프로젝트들이 단지 시간과 자금의 부족으로 인해 낮은 성과를 내기도 한다. 예를 들면, 마케팅 자원의 부족으로 인해 신제품개발 프로젝트의 시장 지향성(Market Orientation)이 낮아져 실패하기도 하고, 사전분석단계를 생략함으로써 나중에 낭패를 보기도 한다. 경쟁환경이 점점 악화되면서 기업들은 더 적은 자원으로 더 많은 일을 하고자 하기 때문에 이러한 문제가 발생하며, 이러한 단기적 시각은 그 비용을 지불하게 된다. 신제품개발에 성공적인 기업들은 그렇지 않은 기업들보다 프로젝트에 필요한 자원을 더 잘 지원함을 알 수 있다. 즉 충분한 영업인력과 시간, 충분한 마케팅인력과 시간, 충분한 생산인력과 시간, 충분한 연구개발인력과 시간 등을 신제품개발에 투입하였고, 프로젝트 팀원들이 다른 프로젝트나 여러 가지 잡다한 업무에 분산되지 않도록 하였으며, 신제품개발에만 전념하도록 하였다.

연습 문제

〈객관식〉

01 개념생성과정에서 지각도(Perceptual Map)를 작성하여 제품의 포지셔닝을 확인하는 단계는 몇 단계인가?

① 1단계　　② 2단계
③ 3단계　　④ 4단계

02 제품의 기능을 구성하고 있는 각각의 기능구성요소들을 여러 단위로 묶어 놓은 단위를 무엇이라 하는가?

① 모듈　　② 합성
③ 융합　　④ 청크

03 설계 시부터 제조를 고려하여 설계업무를 수행하는 것을 무엇이라 하는가?

① CAD(Computer-Aided Design)
② DFA(Design for Assembly)
③ DFM(Design for Manufacturing)
④ CIM(Computer Integrated Manufacturing)

04 신제품개발 프로젝트의 일정을 지연시키는 가장 중요한 요인은?

① 사양의 변경　　② 품질의 문제
③ 이해관계자 간의 갈등　　④ 조달의 지연

05 프로젝트 평가를 위해 적용 가능한 평가항목으로 볼 수 없는 것은?

① 사업전략과의 적합성
② 제품의 경쟁우위
③ 기업의 핵심역량과의 적합도
④ 성공 불가능성이 높은 프로젝트를 선정하는 것

객관식 해답

01 ②　**02** ④　**03** ③　**04** ①　**05** ④

〈주관식〉

01 Crawford and Di Benedetto의 신제품개발 프로세스 5단계를 기술하시오.

02 모듈구조와 통합구조의 차이점은 무엇인지 기술하시오.

03 제조감안설계(DFM)의 절차를 기술하시오.

04 신제품 출시까지의 시간을 효과적으로 단축시킬 수 있는 방법은 무엇인지 기술하시오.

05 전략적 측면에서의 핵심성공요인은 무엇인지 기술하시오.

참고문헌

이유재, '서비스마케팅', 3판, 학연사, 2004.

이유재 · 박찬수, '신상품마케팅', 시그마프레스, 2005, p.113.

조동성, '21세기를 위한 경영학', 서울경제경영, 2003.

C. Merie Crawford and Anthony Di Benedetto, *New Products Management*, McGraw–Hill, 7th Ed., 2004.

Geoffrey Boothroyd and P. Dewhurst, *Product Design for Assembly*, Boothroyd Dewhurst, Inc., Wakefield, RI, 1989.

Glen Urban and J. Hauser, *Design and Marketing of New Products*, Prentice–Hall, 2nd Ed., 1993.

Karl Ulrich and S. Eppinger, *Product Design and Development*, McGraw–Hill, 2nd Ed., 1995.

Karl Ulrich, "The Role of Product Architecture in the Manufacturing Firm", *Research Policy*, Vol.24, pp.419–440, 1995.

Peter N. Golder and G. J. Tellis, "Pioneer Advantage: Marketing Logic or Marketing Legend?", *Journal of Marketing Research*, May, pp.158–170, 1993.

Robert Cooper, *Winning at New Products*, Basic Books, 3rd Ed., 2001.

Robert Cooper, "New Products — What Separates the Winners from the Losers and What Drives Success," In *The PDMA Handbook of New Product Development*, Edited by K. B. Kahn, Product Development and Management Association, John Wiley and Sons, New Jersey, 2005.

CHAPTER 07

재무관리(자금조달과 예산관리)

1 자금조달과 예산관리의 기본개요

1.1 의의

기업의 궁극적인 목적은 수익을 극대화하는 것이다. 이를 위해서 우선되어야 할 것이 제품 및 서비스의 경쟁력일 것이다. 즉 경쟁력 있는 회사가 수익을 낼 수 있는 것이다. 세계 스마트폰시장에서 애플의 독주는 매출 극대화가 아니라 수익 극대화이고 수익 극대화의 원천은 주력제품인 아이폰(iPhone)으로 일컬어지는 스마트폰이다. 기술의 차별화와 선점을 통하여 브랜드 가치를 극대화시킨 결과다.

이렇게 경쟁력 있는 제품과 서비스를 창출하기 위해서 기업은 자금이 필요하다. 우선 기업은 제품 및 서비스개발에 막대한 자금이 소요되고, 생산 및 판매활동에도 자금이 필요하다. 또한 21세기 제조업은 공장자동화로 일컬어지는 스마트공장(Smart Factory)이 대세이고 이를 위해서 기업은 막대한 자금을 조달하여야 한다.

창출된 자금으로 영업활동을 통해 더 많은 새로운 자금을 창출하는 것이 기업의 입장에서 최선의 자금 운용이 된다. 그러나 현실적으로 영업활동만으로 자금을 조달하여 기업경영을 하는 데는 외부의 환경변화에 적절히 대응하기가 어려울 것이다. 따라서 기업은 외부자금의 조달도 필요할 것이다. 또한 조달된 자금을 필요한 곳에 적시에 쓸 수 있도록 이를 분배하고 통제하여야 하는데, 여기에 필요한 것이 최적의 예산수립과 실행이다. 자금을 조달하고 분배하는 행위를 재무관리(Finance Management)라고 부른다.

재무관리는 자금을 조달하거나 융통하는 행위인 자금조달(Financing)과 조달된 자금을 언제 어디서 어떻게 어느 정도 쓸 것인가를 계획하는 행위인 예산수립과 통제(Budgeting) 행위로 구분된다. 예산수립과 통제행위는 자금집행의 적절성과 효율, 효과를 다루기 때문에 자금조달만큼이나 중요하다. 자금을 조달한다는 것은 자금을 운용한다는 가정하에 조달하기 때문에 예산의 수립과 통제는 반드시 효율적이면서 효과적으로 집행되어야 한다. 여기서 효율은 투입(Input) 대비 산출물(Output)을 의미하고 효과는 조직의 전체적인 목적달성에 대한 기여도를 의미한다. 효율적으로 행위가 이루어졌다고 해도 조직의 목적에 부합하지 않아 효과가 없다면 행위에 대한 부가가치는 창출되지 않은 것이다. 즉 기업은 자금조달계획을 세우고 조달하고 적재적소에 예산을 집행하는 행위가 필요한 것이다.

1.2 자본시장과 장단기자금의 이해

제품 및 서비스를 거래하는 시장과 같은 개념으로 기업이 필요로 하는 자금의 수급을 연결해 주는 시장이 있는데 이를 자본시장(Capital Market)이라고 한다. 자금을 조달하는 기능을 하는 자본시장은 자금의 거래기간 형태에 따라서 단기자금조달과 장기자금조달의 역할을 한다. 단기자금과 장기자금의 구분은 빌린 돈을 갚아야 하는 기간에 따라 나누어지는데 회계에서는 1년을 기준으로 한다. 즉 자금의 거래기간(일반적으로 '만기'라고 한다)이 1년 이내인 것을 단기자금이라고 하고 1년을 초과하는 것을 장기자금이라고 하는데 이는 다음 장에서 다루는 회계결산과 연결되어 있다. 기업의 회계처리는 일반적으로 1년을 기준으로 결산을 하기 때문이다. 특히 예산관리에서는 자금의 흐름이 매우 중요하기 때문에 자금의 조달기간이 중요하다.

일반적으로 단기자금은 자금의 유동성을 의미하기 때문에 유동자금이라고 한다. 기업의 유동성 위기라는 의미가 1년 이내에 갚아야 할 유동부채에 비해 1년 이내에 현금화 가능한 유동자산이 적다는 것을 의미하는 것과 같은 개념이다. 따라서 다음 장에서 다루는 재무상태표에도 유동자산과 비유동자산, 유동부채와 비유동부채로 분류하는 의미를 이해할 수 있을 것이다.

2 자금의 조달

2.1 의의

자금의 조달은 기업경영에 있어서 혈액과 같은 역할을 한다. 인간의 혈액흐름이 원활하지 않으면 신체기능에 문제가 발생하듯이 기업에 있어서 자금조달을 통한 현금흐름에 문제가 있으면 결국 도산을 하게 된다. 현대사회는 워낙 외부환경의 변화가 커서 환경변화에 대응하기 위한 기업의 자금조달능력은 현금흐름에 절대적 영향력을 끼치기 때문에 그 중요성이 더욱더 강조되고 있다. 제품기술력과 영업력이 뛰어난 기업이라도 자금조달력을 통한 현금의 창출이 지속적으로 되지 않는다면 사업의 영속적 진행이 어려울 것이다.

앞에서 언급한 대로 기업의 자금조달은 단기적 자금조달과 장기적 자금조달로 나눌 수 있다. 또한 자금조달의 원천에 의한 분류로는 기업의 순수한 영업활동에 의한 자금조달인 내부자금의 조달과 주식발행 등을 통한 투자유치, 금융기관으로부터의 차입으로 인한 조달로 나눌 수 있다. 특히 금융시장을 통한 자금조달은 기업의 경영상황에 따라 감당할 만한 수준에서 자금조달을 하여야 할 것이다. 즉 위험 수준 이하로 최소한의 비용으로 꼭 필요한 자금을 조달하는 것이 필요하다.

신생기업이나 벤처기업의 경우는 창업투자를 고려할 수도 있고, 정부부처나 산하기관, 지자체 등으로부터 정책자금을 지원받을 수도 있다. 자금조달의 대표적인 것을 〈표 7-1〉에 정리하였다.

표 7-1 기업의 자금조달 유형

조달원천	내용 및 방법
영업활동	매출채권, 이익유보금, 이익잉여금
투자유치	주식발행, 사채(CB, BW), 벤처투자, 창업투자
금융기관	차입(단기, 장기), 사채
정책자금	정부부처, 지자체 지원자금 등
협력업체	매입채무, 기업어음

2.2 영업활동을 통한 자금조달

영업활동으로 인한 자금조달은 외부로부터의 조달이 아닌 내부금융이다. 내부금융이란 기업 내부에 축적되어 있는 자금을 의미하며 대표적으로 영업활동의 결과인 이익으로 인해 기업 내부에 축적되어 있는 이익잉여금을 의미한다. 기업은 최대주주가 의사결정을 할 뿐이지 최대주주가 곧 기업 자체를 의미하지는 않으며, 기업 자체가 하나의 사업주체이고 인격체와 동일한 개념으로 이해하여야 한다. 현재도 삼성전자나 현대자동차의 대주주가 존재하지만 대주주는 잠시 의사결정의 주체로서 활동할 뿐이다. 대주주는 죽으면 소유가 끝나지만 기업 자체는 도산할 때까지 지속적으로 생명력을 유지하기 때문이다. 따라서 기업 자체의 조직 구성원에 의해서 만들어진 이익잉여금은 기업 자체의 소유이고, 개인으로 보면 본인의 수입으로 지출을 제외하고 남은 자금과 동일한 개념이다. 영업활동으로 인해 생기는 이익은 매출이익, 영업이익, 순이익으로 구별할 수 있으며 이익잉여금은 순이익으로부터 적립된다. 그러나 기업의 순수 영업활동으로 인한 이익은 영업이익이다.

2.3 투자유치를 통한 자금조달

투자유치는 대표적인 외부조달방식이다. 기업이 필요로 하는 자금이 기업 내에 축적된 자금으로 가능할 경우에는 외부자금의 조달이 필요 없겠지만 새로운 사업에 대한 투자나 일시적 현금흐름의 문제로 인하여 많은 기업들은 외부로부터의 자금조달이 필요할 수밖에 없다. 특히 경영환경의 급변으로 인해 기업은 순간순간 변신을 꾀하여야 하고 그럴 경우 많은 자금이 일시적으로 필요할 수 있다. 투자유치를 통한 자금의 조달은 대표적으로 주식의 발행을 들 수 있다. 주식의 발행은 일반적으로 자본금 유치나 유상증자를 통해서 조달한다. 또한 사채의 발행이지만 사채를 일정한 기간이 지난 후에 주식으로 전환할 수 있는 전환사채나 사채 외에 별도로 주식으로 전환할 수 있는 권리를 주는 신주인수권부사채도 있다. 전환사채나 신주인수권부사채는 반드시 주식으로 전환하는 것이 아니라서 반드시 투자유치라고 볼 수는 없지만, 사채를 통해 기업의 가치를 증대시켜 사채를 주식으로 전환시키면 결국 투자유치의 효과를 볼 수 있다.

2.3.1 주식의 발행을 통한 자금조달

기업은 합명회사, 합자회사 등 여러 형태로 나눌 수 있으나, 오늘날 대부분의 기업은 주주들이 주식을 통해 자금을 모아 만든 주식회사 형태의 기업으로 운영되고 있다. 주식(stock)이란 회사에 자금을 제공하고 투자한 금액만큼의 지분을 가지는 것을 의미한다.

주식은 두 가지 의미가 있다. 첫째는 주식은 자본의 구성부분이다. 둘째는 주식의 성질에 관한 통설인 주식은 회사에 대한 권리·의무의 기초인 사원의 지위 또는 자격을 의미한다. 이러한 사원권을 나타내는 유가증권은 주권이며 주식과 구별하여야 한다.

주식은 회사가 처음 기업을 창업할 때 소요되는 자금을 조달하기 위하여 발행되며, 기업의 성장과 발전에 따라 추가자금이 필요하면 발행되는 유상증자와 이익잉여금을 주주에게 환원해 주기 위하여 발행되는 무상증자가 있다. 주식의 종류에는 다양한 종류가 있으며 주주권의 재산적 내용에서 서로 다른 취급을 받는 우선주(Preferred Stock)와 보통주(Common Stock)로 나눈다. 또한 전환주식, 자사주(기업이 스스로 매입하여 보유하고 있는 주식)와 같은 의결권 없는 주식 등이 있다.

회사가 주식을 발행하는 경우 이익·이자의 배당, 잔여재산분배의 전부 또는 그 일부에 대하여 표준이 되는 주식이 보통주이며 보통주보다 유리한 취급을 받지만 의결권이 제한된 주식이 우선주이다. 보통주가 먼저 일정률의 이익배당을 받은 후 잔여가 있는 경우에 추가배당을 받게 되는 주식으로서 신구 주주 간에 또는 현물 출자와 금전 출자를 한 주주와의 사이에 이용된다. 의결권 없는 우선주는 이익배당에 관하여 우선적 내용이 있는 주식에 대해 의결권을 부여하지 않는 주식으로서 기업의 소유와 경영이 분리되는 경향에 따라 경영에 그다지 관심이 없는 출자자로부터 회사자금을 조달하는 방법으로 인정된다.

상장되어 있는 기업의 경우에는 주주의 수가 많고 서로에 대한 정보를 모르기 때문에 보유주식이 적은 소액주주의 권리는 미미한 것이 현실이다. 그러나 ICT기술의 발달로 인하여 소액주주들이 힘을 모아 인터넷 카페를 개설하는 등 소액주주권리를 찾는 운동이 활발해지고 있고 한국예탁결제원은 기존 전자투표시스템의 접근성을 높이는 데 만전을 기하고 있다. 예전에는 전자투표는 PC로만 이용할 수 있었지만 전자투표 모바일서비스가 개통되어 접근성이 대폭 올라갔다. 스마트폰이나 태블릿PC를 통해서도 의결권을 행사할 수 있다.

주주총회 시 필요한 본인확인이나 전자투표 행사(전자위임장 수여) 때 활용되는 공인인증서의 범위도 확대되었다. 증권용·범용 공인인증서 외에 은행용 공인인증서도 추가되어 주주 편의성이 커졌다. 한국예탁결제원은 금융위원회, 금융감독원, 한국거래소, 금융투자협회 등과 공동으로 주주총회 참여 독려 홍보활동을 진행할 계획이다.

2.3.2 사채의 발행을 통한 자금조달

사채(Bond) 혹은 회사채란 기업이 자금을 투자자로부터 빌리고 그 증거로서 발행하는 증권이다. 사채를 발행한 기업은 만기가 되면 빌린 금액에 정해진 이자를 더해서 원금을 상환해야 한다. 사채를 인수하는 투자자(금융기관 등 일반투자자)는 회사의 안정성과 수익성을 보고 투자하는 것이기 때문에 사채발행 시에는 회사의 홍보활동이 대단히 중요하다.

사채는 일반적으로 주식의 소유주인 주주보다 우선적인 권리를 갖는다. 기업이 파산할 경우 주주보다 우선권이 부여된다. 하지만 배당이나 의결권은 없다. 주식은 권리를 부여하는 대신에 회사에 투자에 대한 청구권은 없어 회계처리 시에 자본으로 편입되지만 사채는 반드시 상환의무가 있어서 부채로 표시된다. 회사채는 주식시장에서 기업의 신용상태에 따라 할인, 할증으로 주식시장에서 거래된다.

사채와 주식이 연결된 것으로 전환사채(Convertible Bond)와 신주인수권부사채(Bond with Warrant)가 있다. 전환사채는 약속된 기간이 지나면 채권 보유자의 청구가 있을 때 미리 결정된 조건대로 발행회사의 주식으로 전환할 수 있는 특약이 있는 사채를 말한다. 주식과 같이 가격이 변동하므로 채권 보유자는 이자 외에 가격상승에 따른 이익을 얻을 수 있다. 전환사채를 발행하려면 정관을 통해 주식으로의 전환조건과 전환으로 인해 발행할 수 있는 사항이나 전환을 청구할 수 있는 기간 등을 정해야 한다. 전환사채의 발행방식은 다른 증권과 마찬가지로 사모와 공모로 구분된다. 공모란 인수단이 구성되어 증권을 인수한 후 불특정 다수의 투자자에게 판매하는 방식으로 거래소 상장, 신고서, 사업설명서 제출 등 법적 장치를 수반해 발행되므로 관련 사항이 투자자에게 신속히 전달된다. 이에 반해 사모는 특정 소수의 기관을 대상으로 모집함으로써 일반투자자는 투자참여 및 발행정보 공유에서 배제된다. 따라서 기존 일반주주의 경우 사모전환사채가 주식으로 전환될 때는 통상적 신주인수권을 원칙적으로 봉쇄당한 채 증자에 따른 불이익을 고스란히 떠안게 된다. 주식으로 전환하지 않고 만기까지 보유할 경우 발행사는 이자를 지급해야 하는데, 이때 적용되는 이자율은 발행 당시 확정된 만기 보장수익률이다. 만기 보장수익률은 기업의 신용도에 따라 다르며 대개 신용이 좋은 기업의 전환사채는 만기 보장수익률이 낮다. 만기 이전에 전환하는 경우에는 표면이자율에 따라 이자가 지급되며, 이는 만기 보장수익률과는 관계없다. 한편 후순위 전환사채란 채권발행기업이 도산할 경우 사채의 변제순위에 있어 일반사채보다는 뒤지지만 우선주나 보통주보다는 우선하는 채권으로 채권 매입자는 발행기업의 주식으로 전환을 청구할 수 있는 권리를 갖게 된다.

신주인수권부사채는 전환사채와 달리 사채(Bond)와 주식청구권(Warrant)이 분리되는 사채를 말한다. 미리 정해진 가격으로 정해진 수량을 약정한 값에 주식을 매매할 수 있는 권리를 워런트라고 하는데, 발행기업의 주식을 매입할 수 있는 권리가 부여된 사채를 워런트가 붙은 사채, 곧 신주인수권부사채라 한다. 신주인수권부사채는 대개 고정된 이자를 받을 수 있는 채권과 주식인수권리가 따로 매매될 수 있다. 워런트 소지자가 주식을 요구할 경우 대개 신주를 발행해 건네주는 것이 일반적이다. 투자자들은 발행기업의 주가가 약정된 매입가를 웃돌면 워런트를 행사해 차익을 얻을 수 있다. 그렇지 않으면 워런트를 포기하면 된다. 채권부분의 고정금리를 확보하며 주식의 시세차익도 가능하다. 비상장기업들이 낮은 가격에 워런트 전환가격을 정해 놓고 신주인수권부사채를 관련자에게 발행해서 상속 등의 특정 수단으로 악용하는 사례가 늘면서 신주인수권부사채는 그 발행조건이 매우 까다로워졌다.

2.3.3 벤처투자와 창업투자로부터의 자금조달

벤처투자는 중소 벤처기업에 투자와 융자의 형식을 통하여 자금을 공급하는 전문투자회사를 통하여 투자받는 것을 의미하며 주로 창업 시나 사업 초창기에 투자가 이루어지는데, 창업 시에 이루어지는 투자를 창업투자라 한다. 일반적으로 중소 신생기업에 대한 투자·융자는 위험성이 크기 때문에 일반시중의 금융기관들은 투자를 기피하는 경향이 있으므로 중소 신생기업을 위한 목적의 투자전문기관이 필요하다. 특히 신생기업으로서 기술성이나 성장성이 다른 일반기업에 비해 높다고 인정될 경우에 '벤처기업'으로 분류되고 중소기업으로서 「벤처기업 육성에 관한 특별조치법」 제2조의2에는 벤처투자기업, 연구개발기업, 기술평가보증·대출기업이라고 규정하고 있다. 벤처투자를 전문으로 하는 벤처 캐피털(Venture Capital)은 기존 기업의 벤처기업으로의 전환과

벤처기업의 창업을 촉진하여 산업의 구조조정을 원활히 하고 경쟁력을 높이는 데에 기여하는 것을 목적으로 자본을 투자하여 이익을 추구하는 금융자본을 뜻한다. 벤처기업의 창업과 정착을 위한 투자와 지원을 목적으로 운영되는 벤처 캐피털에는 「중소기업창업지원법」에 의하여 등록된 중소기업창업투자회사와 「여신전문금융업법」에 의한 신기술사업금융회사와 신기술사업투자조합, 「벤처기업 육성에 관한 특별조치법」에 따른 한국벤처투자 등이 있다. 주로 국가기금과 연기금 등 공적 자본을 바탕으로 기술이 뛰어난 중소기업이나 벤처기업에 투자하며, 기술과 경영 지도를 통해 성장을 지원한다. 한국벤처투자는 중소·벤처기업투자 모태펀드를 운용하는 정부 출자 공공기관이다

우리나라에서는 「국가재정법」에 따른 기금 가운데 대통령령으로 정하는 기금을 관리하는 자는 대통령령으로 정하는 비율 이내의 자금을 그 기금운용계획에 따라 벤처기업에 투자하거나 중소기업창업투자조합·신기술사업투자조합 또는 한국벤처투자조합에 출자할 수 있도록 하여 벤처 캐피털의 규모에 대한 국가의 지원을 강화했다.

2.3.4 금융기관을 통한 자금조달

금융기관을 통한 자금조달은 은행차입을 의미하는 것으로서 금융기관으로부터 자금을 빌리는 것을 뜻하며 대출이라고 한다. 일반은행들은 일반자금대출, 할인어음, 당좌대출 등 다양한 형태의 대출을 제공하고 있으며 이를 통해 기업은 자금을 조달할 수 있다. 일반적인 금융기관의 분류는 〈표 7-2〉와 같다. 제1금융권은 예금을 받아서 대출해 주는 기관으로 전형적인 은행을 칭한다. 제2금융권은 비공식적 표현이지만 언론에서 일반적으로 쓰는 표현으로서 제1금융권과 대비되는 말로 비은행금융기관과 여신금융회사를 의미한다. 비은행금융기관은 제1은행권은 아니지만 예금과 대출을 취급하는 금융기관이다. 여신금융회사는 예금을 수신하는 기능이 없이 여신(대출)업무만 전담하는 금융회사를 칭하며 신용카드회사, 캐피탈회사(수신 없이 여신(대출)만 전문으로 하는 회사), 리스회사(기계, 설비 등을 직접 구입해 기업에 빌려주고 사용료를 받는 회사), 할부금융회사(소비자가 고가의 내구재 등을 구입할 때 필요한 자금을 대여해 주고 이를 분할하여 상환받는 회사로 보통 '파이낸스 회사'라고 함), 신기술금융회사(신기술을 개발하거나 이를 응용하여 사업화하는 중소기업에 투자 또는 융자해 주는 회사) 등이 있다. 제3금융권은 제도권 밖의 대부업체, 사채업체이다. 제1, 2금융권에서 돈을 조달하지 못할 경우 이용하지만 기업보다는 신용이 좋지 못한 개인이 이용하는 사채업,

사금융권 또는 소비자금융으로서 대표적으로 러시앤캐시, 산와머니 등이 있다. 법의 테두리를 벗어나 연 수백 퍼센트의 이자를 받는 사채업자들도 있지만 「이자제한법」에 의해 이자에 대한 제한이 있다. 기업이 제3금융권을 이용하는 경우는 상당히 재무적으로 위험한 상태이며 그런 기업과는 거래를 하면 안 된다.

마지막으로 금융기관은 아니지만 금융시스템이 원활하게 돌아가도록 제반 여건을 제공하는 기관으로 금융보조기관이 있다. 금융보조기관으로는 신용보증기관(채권발행회사 등의 신용을 보증해 주는 기관), 신용평가회사(국가, 기업, 개인 등의 신용을 평가하는 회사), 예금보험공사(예금을 보호해 주는 기관으로 은행이 망하면 이 기관이 나서서 「예금자보호법」에 따라 돈을 돌려주는 공사), 한국자산관리공사(망한 은행이나 기업 등의 자산을 처리하는 기관), 한국무역보험공사(수출업체들이 환율변동으로 손해보지 않도록 보험을 드는 기관), 금융감독원(은행, 증권, 보험 등 금융기관에 대한 감사와 감독을 하는 기관), 금융결제원(어음교환 및 지로제도를 확립하고 금융 공동망을 구축해 정보유통을 원활하게 하는 기관), 한국거래소(증권 및 파생상품 거래의 안정성 및 효율성을 도모하는 기관) 등이 있다.

표 7-2 금융 관련 기관

구분	성격	대표 기관
제1금융권	일반은행	KB국민은행, 우리은행, KEB하나은행, 신한은행, 한국시티은행, SC제일은행
	지방은행	DGB대구은행, BNK부산은행, 광주은행, BNK경남은행, 전북은행, 제주은행
	특수은행	NH농협, 수협, KDB산업은행, IBK기업은행, 한국수출입은행
제2금융권	비은행예금취급기관	상호저축은행, 신용협동조합, 우체국, 새마을금고, 보험회사, 신탁회사, 증권회사, 종합금융회사
	여신금융회사	신용카드회사, 캐피탈회사, 리스회사, 할부금융회사, 신기술금융회사
제3금융권	대부업체, 사채업체	러시앤캐시, 산와머니 등
금융보조기관		신용보증기관, 신용평가회사, 예금보험공사, 한국자산관리공사, 한국무역보험공사, 금융감독원, 금융결제원, 한국거래소

2.3.5 정책자금을 통한 자금조달

정책목적을 달성하기 위하여 각종 기금이나 정부 예산에서 지원해 주는 대출자금으로 대출기간이 비교적 길고 금리가 시중금리보다 낮은 편이다. 산업통상자원부, 중소벤처기업부 등에서 지원하며 중소벤처기업진흥공단에서 취급하는 직접 대출도 포함된다.

2.3.6 협력업체를 통한 자금조달

협력업체를 통한 자금조달은 단기적 성격으로서 물품대금의 지급을 연기하는 방법으로 사용되며 매입채무와 기업어음이 있다.

(1) 매입채무

매입채무(Accounts Payable)는 기업이 물품을 구입하고 지급을 연기한 외상거래를 의미한다. 기업이 원재료나 필요한 물품을 구입하면서 대금을 바로 지불하지 않고 외상으로 구입함에 따라 발생하는 채무이다. 실제로 자금이 기업에 들어오지 않았지만 일정기간 자금의 지급을 유예한 것으로 자금을 조달한 것과 동일한 효과가 있다. 매입채무의 규모는 거래업체와의 신용도에 따라 좌우되며 경우에 따라서는 원재료를 가공하여 판매 후에 대금을 지급하는 업종도 있다. 요즘은 변화의 속도가 빨라지는 기업환경이라 매입채무의 결제기간이 갈수록 짧아지는 추세이다.

(2) 기업어음

기업어음(Commercial Paper: CP)은 매입채무와 마찬가지로 기업이 물품을 구입하고 그 자리에서 대금을 지급하는 것이 아니라 일정기간(CP에 명시된 기간) 후에 지급하기로 약속하고 발행하며 예금자보호가 되지 않는다. 매입채무와 같이 일정기간 자금의 지급을 미룸으로써 단기자금조달과 같은 효과를 얻는다. 기업어음은 일정한 자격조건이 있어야 발행이 가능하며 주로 자금력과 신용이 좋아야 발행이 가능하다. 만일 정해진 날짜에 어음에 해당하는 금액을 지급하지 못하면 부도라는 상황에 처하게 된다. 부도가 나면 민사로 형사법의 저촉을 받지 않지만 고의부도는 형사법에 의한 처벌을 받는다.

기업어음은 신용도가 높은 우량기업이 자기 신용으로 발행되기 때문에 발행한 기업이 부도를 내면 원금은 떼이게 되므로 지명도가 높은 기업어음이 인기를 얻고 있다. 우리나라에서는 국내 우량기업이 금융시장 실세금리 수준으로 어음을 발행하고 있는데, 금융회사가 이를 인수하여 관리하고 있다.

3 예산관리

3.1 의의

조달된 자금은 효율적이면서 효과 있는 곳에 분배하여 투자하여야 한다. 즉 투입(Input)을 줄이거나 산출(Output)을 늘려 효율적인 투자를 하여야 하고 투자목적에 적합하도록 효과적인 투자를 하여야 한다. 이를 위해서는 조달된 자금을 어떻게 투자하여 운용할 것인가를 정하는 예산관리(Budgeting)가 필요하다. 따라서 예산관리는 조달된 자본을 어떻게 투자하는지에 관한 사항으로서 자본의 운용을 의미하고 자본의 운용은 자본의 사업투자를 의미한다.

일반적으로 조달된 자금을 운용하는 방법은 경제성평가를 통하여 미래에 보다 많은 이익을 창출하는 프로젝트에 투자하는 방안과 주식이나 채권 등의 금융상품에 투자하여 이익을 창출하려는 방안이 있다.

기업의 목표는 기업가치의 극대화를 통한 기업의 성장 · 발전에 있다. 따라서 기업은 조달된 자본을 언제, 어디서, 얼마만큼 잘 투자하느냐가 관건이라 할 수 있다. 일반적으로 자본의 운용은 미래 설비투자나 자산취득에 중점을 두고 있지만, 최근에는 유가증권을 비롯한 금융상품에 투자하기도 한다. 조달된 자본을 사업에 투자하는 경우 새로운 프로젝트가 기업의 가치를 증대시킬 수 있는지에 대한 경제성평가를 하여야 한다. 조달된 자금은 일반적으로 기업의 신제품개발이나 신기술개발 등의 프로젝트활동에 투입될 것이고 따라서 조달된 자금의 배분문제는 어떤 프로젝트에 투자할 것인지를 결정하고 우선순위를 정하는 문제가 중요한 이슈로 떠오른다.

이를 위해서는 투자할 대상에 대한 경제성평가가 필수적인 행위이다. 일반적으로 경제성평가는 여러 투자할 대상의 대안을 비교하고 선정하는 행위를 말하며, 이를 통한 자본예산(Capital Budgeting)의 집행을 의미한다. 경제성평가는 다음의 경우에 주로 행한다.

- 다수의 프로젝트 중에서 우선순위 결정
- 새로운 설비의 도입
- 신규사업에 대한 투자
- 투자의 미래가치평가

예산관리에서 경제성평가는 절대적이고 많은 방법이 사용되는 만큼 경제성평가에 대한 연구가 오랜 기간 진행되어 왔으며 그 결과 다양한 기법들이 개발되어 사용되어 왔다. 특히 공학에서는 자본예산과 경제성평가를 다루는 학문을 경제성공학(Economics Engineering)으로 칭하고 예산관리의 최적화를 위해 노력하고 있다.

3.2 자본예산과 투자

자본예산과 투자는 서로 다른 용어이나 조달된 자금을 가지고 예산관리를 하는 주요 행위를 의미하며 투자행위에 대한 전반적인 대안 제시부터 타당성평가 피드백 및 통제 활동 전체를 자본예산이라고 한다. 즉 자본을 가지고 투자를 하는 행위 전체에 대한 관리활동을 자본예산이라고 하며 그 핵심행위가 경제성평가이며 이를 통해 기업은 투자를 하는 것이다.

3.2.1 자본예산

자본예산(Capital Budgeting)은 투자효과를 파악하기 위하여 투자예산에 대한 현금흐름을 측정하고 투자안의 경제적 분석을 통해 투자결정을 내리는 활동이다. 자본예산은 투자의 효과가 1년 이상에 걸쳐 나타나는 장기투자계획의 수립이라고 보기도 하나 반드시 그런 것은 아니다. 자본예산을 수립하는 과정은 일반적으로 다음과 같은 네 가지 단계를 거치게 된다.

- **투자 대상 개발**: 투자환경을 예측하여 새로운 투자기회를 발견하기 위해 투자 대상을 개발하는 단계이다.
- **기대현금흐름 추정**: 개발된 투자 대상으로부터 기대되는 현금흐름을 추정하는 단계이다.

- **투자에 대한 타당성평가**: 추정된 현금흐름을 바탕으로 투자안의 가치에 대한 타당성을 평가하는 단계이다.
- **투자 재평가**: 투자 후에 결과를 가지고 프로젝트를 재평가하는 단계이다. 이 단계는 정기적으로 프로젝트의 진행과정을 검토하고 평가하는 피드백과 통제가 필요하다.

3.2.2 투자

비어만과 스미트(H. Bierman and S. Smidt)는 투자(Investment)에 대하여 "앞으로 실현될 보다 더 큰 수익을 기대하고 현금자금을 출자하는 것이다"라고 하였다. 즉 현재 투하한 가치보다 미래에 더 많은 수익을 올리기 위하여 자금을 투자한다. 이때 투자로부터 얻는 수익은 일반적으로 자산으로부터 벌어들이게 될 미래현금흐름(Cash Flow)으로 측정할 수 있다.

기업의 투자활동은 일반적으로 토지 · 기계 · 건물 등과 같은 실물자산에 대한 투자와 주식 · 채권 · 파생금융상품 등과 같은 금융자산에 대한 투자로 구분된다. 과거에는 실물자산에 대한 투자활동이 중요했으나, 오늘날에는 파생금융상품시장과 같은 새로운 증권시장이 급속히 발전함에 따라 금융자산에 대한 투자활동 역시 중요해졌다.

3.3 경제성평가

기업이 투자하기 위해서는 투자에 대한 경제성평가가 중요하다. 투자에 대한 타당성평가인 경제성평가는 어떤 투자행위가 기업의 미래가치에 가장 큰 이득이 되는지를 평가하여 투자안의 채택 여부를 결정하는 활동이다. 조달된 자금의 효율적이고 효과적인 투자를 위한 프로젝트에 대한 경제성평가는 투자 프로젝트의 성격과 특성의 종류가 매우 다양해서 오랜 기간 동안 많은 경제성평가기법이 개발되어 왔다. 그리고 각각의 평가기법은 제각각 장점과 단점이 있어 어떤 기법이 최선의 기법이라고 단정 지을 수 없다. 각 프로젝트에 대한 투자 결정은 평가항목을 정하고 평가항목별로 상대평가를 통해 상대적으로 우선순위를 정하는 상대적 순위모형과 각 프로젝트의 투자에 대한 경제적 가치를 계산하여 우선순위를 정하는 경제적 가치모형으로 분류한다. 〈표 7-3〉에 경제성평가의 대표적 기법들을 정리하였다.

상대적 순위모형은 각각의 대안들에 대하여 평가항목을 정하고 평가항목에 대한 상대적 가치를 평가한 결과에 따라서 대안들의 우선순위를 정하는 경제성평가방법이다. 시각적으로 도형이나 그래프로 보기 쉽게 표현한다. 즉 점수가 가장 높은 대안이 선택되거나 도형을 보았을 때 가장 좋은 상태의 대안을 선택하는 경제성평가방법이다. 상대적 순위모형은 평가항목만 정하면 사용하기가 간편하고 쉽기 때문에 현실적으로 기업에서 많이 사용한다. 그러나 평가항목에 대한 평가가 평가자들의 주관이 많이 개입되기 때문에 절대적인 경제성평가가 어렵다. 따라서 대안과의 차이를 명확히 비교하기 어렵다. 상대적 순위모형은 평가항목과 평가자에 따라 결과가 달라질 수 있기 때문에 평가 참여자들의 진솔된 태도가 중요하다. 대표적인 기법으로는 프로파일모형(Profile Model)과 점수모형(Scoring Model)이 있다.

반면에 경제적 가치모형은 각각의 대안들에 대해 화폐가치로 가치를 측정한 후에 그 값의 차이에 의해 대안들의 우선순위를 정하는 기법이다. 경제적 가치는 일반적으로 화폐가치로 표현된다. 각 대안별로 투자로 획득할 수 있는 미래가치를 화폐가치로 비교해서 평가하기 때문에 상대적 순위모형에 비해서 상대적으로 객관적인 평가방법이지만 가치를 측정하기 위해서는 미래의 현금흐름에 대한 정보와 예측행위가 필요한데 이 값의 추정이 잘못되었을 때는 결과도 달라진다는 것을 알아야 한다. 경제적 가치모형으로는 자본예산모형(Capital Budgeting Model), 위험분석모형(Risk Analysis Model), 의사결정나무모형(Decision Tree Model) 등을 들 수 있다. 대표적인 자본예산모형으로는 회수기간법, 순현재가치법, 내부수익률법 등이 있다. 이 방법 중에서 회수기간법은 화폐의 시간가치를 무시하기 때문에 장기투자에 대한 적절한 의사결정에 적용하기에는 무리가 따른다.

표 7-3 경제성평가의 대표적 기법

구분	대표적 기법	장점	단점
상대적 순위모형	• 프로파일모형 • 점수모형	간단한 분석방법으로 이해와 적용이 쉽다.	실질적 경제성평가가 어려워서 대안 간의 명확한 차이를 파악하기가 어렵다.
경제적 가치모형	• 자본예산모형 • 위험분석모형 • 의사결정나무모형	결과치가 경제적 가치로 비교되므로 대안들 간의 명백한 차이를 알 수 있다.	가치측정을 위한 미래현금흐름에 대한 값을 정확히 추정하기 어렵다.

3.3.1 상대적 순위모형

(1) 프로파일모형

프로파일이라는 의미대로 대안의 평가에 대한 윤곽을 도형으로 표시하는 방법으로서 개인의 특성을 정리한 프로파일이나 이력서를 보고 그 사람의 됨됨이를 평가할 수 있듯이, 각 대안의 좋고 나쁨도 한눈에 드러나는 프로파일을 보고 평가할 수 있다는 것이다.

프로파일을 보여주는 도형의 형태는 여러 가지가 있을수 있으나 프로파일모형은 대표적으로 차트(chart) 방식과 방사형(radial) 방식을 들 수 있다. 도형이 아니라 각 항목에 대하여 적정한 값이나 해당 여부를 ○, ×로 표시하는 체크리스트(checklist)방식도 있다. 실제로 프로파일모형은 회사 내 보고서나 보도자료 같은 데서 자주 접할 수 있다.

다음과 같이 X, Y 두 개의 프로젝트에 대해 차트방식으로 평가한 것을 [그림 7-1]에 예시하였다. [그림 7-1]에서 보는 것처럼 프로젝트에 대한 평가항목에 따라 5단계 척도로 평가하고 두 개의 프로젝트 중에서 좋다고 판단되는 것을 선정하는 방식이다. 무엇보다도 평가항목과 평가자의 직관적 판단이 중요하다.

그림 7-1 | 차트방식의 예

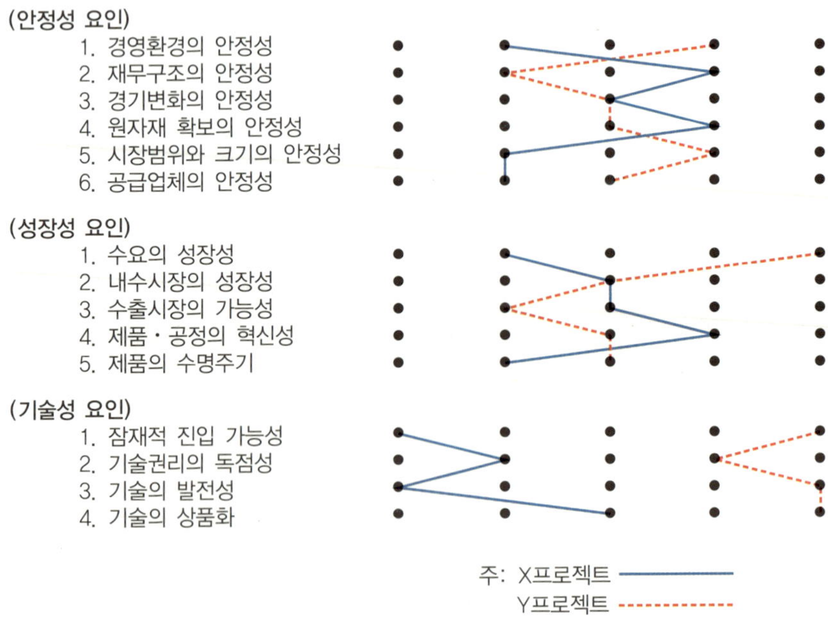

[그림 7-2]에서 보는 것처럼 방사형 방식은 바깥에는 평가항목을 배치한 후에 각 비교 프로젝트의 평가결과를 해당 위치에 찍은 후 그 점들을 연결한 선으로 표시한다. 차트방식과 마찬가지로 선의 위치에 따라 경제성에 대한 상대적 우열을 판단한다.

프로파일방식을 활용할 경우에는 각 평가항목별로 평가할 때에 일관성을 유지하여야 한다. 항목별로 또는 시간에 따라 평가자의 평가기준이 움직인다면 공정하고 일관적 평가결과를 기대할 수 없을 것이다. 또한 좋고 나쁨에 대한 표현방식이 항상 같도록 일관성을 유지하여야 한다. 일반적으로 좋은 것은 오른쪽으로 배치하고, 나쁜 것은 왼쪽으로 배치한다. 방사형 방식이라면 같은 개념으로 좋은 것은 바깥쪽으로 나쁜 것은 안쪽으로 일관성을 가지고 배치하여야 한다. 프로파일모형의 장점은 평가결과를 시각적으로 표현하여 한눈에 일목요연하게 알아볼 수 있다는 것이다. 따라서 기업의 보고서에서나 일반대중들을 상대로 자료를 만들고 설명하기에 적합하다. 반면에 평가항목별로 각 프로젝트에 대한 평가결과가 왔다갔다하는 경우에는 시각적으로 제시하여도 한눈에 비교우위의 프로젝트를 결정하기가 어려운 단점이 있다. 또한 많은 대안이나 평가항목의 수가 많아질 경우에는 하나의 그림 안에 많은 것을 표현하게 되고, 그로 인하여 시각적 효과가 떨어질 수 있다는 것을 알아야 한다.

그림 7-2 | 방사형 방식의 예

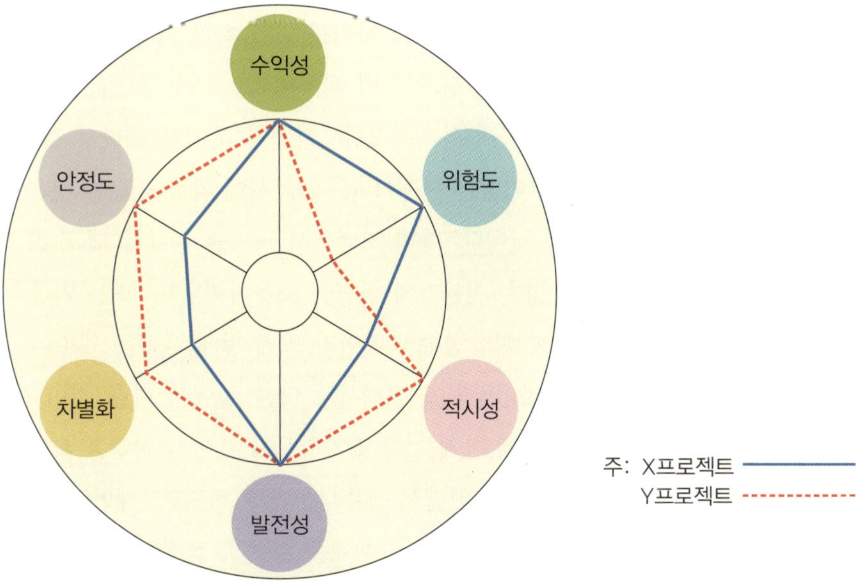

(2) 점수모형

프로파일모형이 평가결과를 시각적으로 보고 판단한다면 점수모형은 각 평가항목별로 점수(score)로 평가하여 종합점수의 합계로 비교우위를 판단한다는 점에서 보다 효과적일 수 있어, 미래에 대한 예측이 어려울 경우에 자본예산모형의 대안으로 많이 사용한다. 점수모형을 사용하는 방법은 다음과 같이 5단계로 나누어서 진행하는 것이 바람직하다.

① 1단계 – **평가항목의 설정**: 첫 번째 단계는 평가항목을 설정하는 것이다. 프로젝트에 대한 평가내용을 어떻게 구성할 것인가를 결정하는 것으로서 가능한 프로젝트 관련 전문가가 많이 참석하여 다수의 의견을 존중해서 결정하는 것이 바람직하다. 평가항목 설정이 프로젝트 평가결과를 좌지우지하기 때문이다. 그리고 평가항목이 너무 작거나 많으면 평가 시에 정확한 평가가 이루어지기 어려우므로 가급적 5~9개 정도의 항목을 선정하는 것이 좋다. 각 평가항목에 대해서는 소분류로 세분화하는 것도 좋은 방법이다. 소분류로 세분화한 것이 너무 많으면 집계는 대분류로 하는 것이 프로젝트에 대한 결과를 비교평가하기가 더 용이하다.

② 2단계 – **평가항목별 배점 또는 가중치의 결정**: 평가항목이 결정되면 항목별로 점수 또는 가중치를 부여한다. 프로젝트 선정에 있어서 중요한 평가항목이 높은 점수와 가중치가 부여되도록 점수를 부여한다. 경우에 따라 중요한 평가항목과 덜 중요한 평가항목 간에 점수 또는 가중치의 차이를 크게 하는 방법도 있다. 이는 중요한 항목이 프로젝트 선정에 결정적일 때 활용한다.

③ 3단계 – **평가의 실시**: 평가항목별로 점수 또는 가중치 부여가 끝나서 실제평가를 해서 점수 또는 가중치를 부여하는 단계이다. 평가 시에 가장 중요한 것은 정확한 평가가 이루어져야 한다는 것이다. 특히 기업에서 평가를 진행할 때 직위나 목소리 크기에 좌우되지 말고 많은 전문가의 의견을 조율하여 점수 또는 가중치를 정하여야 한다. 평가자별로 항목별 점수의 차이가 크게 날 경우에는 델파이(delphi) 방법이 많이 활용된다. 델파이방법에 대해서는 다른 장에서 다룰 것이다.

④ 4단계 – **최종점수 계산**: 네 번째 단계는 각 평가항목에 주어진 점수를 확인하고 최종집계하는 것이다. 점수계산은 일반적으로 더하기로 하지만, 대안 사이의 점수 차이를 확실히 드러내게 할 필요가 있을 때에는 항목별 점수를 곱하여 최종점수를 계산할 수도 있다. 이 경우에는 갓 평가항목의 점수 최저점에 '0'이 있어서는

안 된다.

⑤ **5단계 – 대안의 선정**: 마지막 단계는 평가의 목적인 최종대안을 선정하는 단계이다. 물론 4단계의 최종점수가 가장 높은 대안이 최적대안으로 선정된다. 그러나 경우에 따라서는 의사결정과정에서 경영자의 판단에 의해 차선책이 선택될 수도 있다.

점수모형은 프로파일모형과 비교하여 순위를 확실히 매길 수 있는 장점이 있다. 또한 세부항목들에 대한 평가를 통하여 평가를 보다 구체적이고 자세하게 할 수 있다는 장점이 있다. 프로젝트의 성격이 미래상황에 대한 정보가 없거나 예측이 어렵다면 자본예산모형보다 더 나은 결과를 도출할 수 있어 신제품개발 시에 많이 활용된다.

점수모형의 가장 큰 단점은 앞에서도 언급하였지만 평가항목에 대한 가중치 부여가 평가 주관자의 주관적 판단에 의지할 수밖에 없기 때문에 가급적 객관화할 방법을 찾아야 한다. 특히 프로젝트 간에 종합점수 차이가 크지 않을 경우에는 최종결정을 내리기가 어려울 것이다. 점수모형의 가장 기본적인 형태는 단순가산방식이다. 단순가산방식에서 최종점수를 T로 각 항목의 점수를 S로 하면 최종점수를 도출하는 식은 다음과 같이 표현된다.

$$T = \sum_{i=1}^{n} S_i$$

여기서, T: 최종점수, S: 각 항목의 점수, i: 개별 항목의 번호

프로젝트의 상황에 따라 미국의 말콤 볼드리지 국가 품질상(Malcolm Baldridge National Quality Award)처럼 1000점 만점으로 하는 경우도 있으나 일반적으로 T값의 최대치는 100점으로 한다. 따라서 각 대안이 가질 수 있는 점수의 이론적 한계는 하한값 0점과 상한값 100점이 된다.

점수모형은 각 평가항목의 점수를 더하는 단순계산방식과 가중치가산방식이 있다. 가중치가산방식은 각 평가항목별로 배점 자체는 동일하게 설정한 후에 항목별로 상대적 중요도에 따라 가중치를 조정하여 평가하는 방식이다. 가중치가산방식의 최종점수를 도출하는 식은 가중치를 W라 하면 다음과 같이 표현된다.

표 7-4 점수모형 단순가산방식

대항목	소항목	배점	평점(S)
제품	디자인 경쟁력	10	
	성능 경쟁력	10	
	가격 경쟁력	10	
	사용 편의성	10	
	소계	40	
시장	성장성	10	
	고객 반응도	10	
	시장규모	10	
	소계	30	
양산성	기존 설비 이용률	15	
	공정기술 확보	15	
	소계	30	
총계(T)		100	

표 7-5 점수모형 가중치가산방식

대항목	소항목	배점	평점(S)	가중치(W)	가중평점(WS)
제품	디자인 경쟁력	10		1	
	성능 경쟁력	10		1	
	가격 경쟁력	10		1	
	사용 편의성	10		1	
	소계				
시장	성장성	10		1	
	고객 반응도	10		1	
	시장규모	10		1	
	소계				
양산성	기존 설비 이용률	10		1.5	
	공정기술 확보	10		1.5	
	소계				
총계(T)					

$$T = \sum_{i=1}^{n} W_i S_i$$

같은 평가내용과 점수비중을 가지고 〈표 7-4〉에는 단순계산방식을, 〈표 7-5〉에는 가중치가산방식을 예시하였다. 가중치가산방식은 두 번 계산하는 단점이 있어 실수의 기회가 그만큼 늘어나기 때문에 단순계산방식이 더 쉽게 접근할 수 있다.

3.3.2 자본예산모형

평가 대상 프로젝트가 기존 시장을 통하거나 경제적 효과를 예측할 수 있는 경우라면 미래현금흐름을 예측하여 투입된 비용과 수익발생을 예측할 수 있을 것이다. 이와 같이 미래의 매출 또는 수익에 대한 예측이 가능한 정보가 있을 때에는 자본예산모형을 사용하는 것이 프로젝트의 경제성평가에 더 합리적일 수 있다.

이 모형은 투입되는 자금과 투자 후에 산출물로부터 얻을 수 있는 돈의 합을 비교하여 경제성을 평가하는 방법이다. 비교되는 여러 프로젝트를 투자되는 돈과 들어오는 돈을 먼저 예측하여 자료를 작성한 뒤 투자목적에 따라 가장 목적과 가까운 프로젝트를 선택하는 방법이다. 경기가 불확실할 때는 투자 회수기간이 짧은 프로젝트를 선정할 것이고, 반대로 경기가 안정적이라면 오랜 기간 동안 가장 많은 수익을 주는 프로젝트를 선정하게 될 것이다.

자본예산모형은 기업에서 프로젝트의 경제성평가 시에 가장 많이 활용하는 도구이다. 앞에서 설명한 대로 자본예산은 자금조달 이후에 예산관리에서 경제성평가를 통해 수행할 프로젝트를 선정하는 일이 매우 중요한 행위로서 예산관리에서 가장 중요한 역할이다.

자본예산모형을 이해하기 위해서는 우선 화폐가치의 시간 개념을 이해하여야 한다. 시간이 흐르면 경제발전에 따라 돈의 가치가 달라지기 때문에 화폐가치로 경제성을 평가할 때에는 화폐가치의 시점을 동일한 시점으로 일치시켜야 한다. 현재 가지고 있는 100원의 가치는 1년 후에 가지게 될 100원의 가치보다 크다. 왜냐하면 현재 100원은 미래 수익을 창출할 수 있는 자산에 곧바로 투자할 수 있지만, 1년 후에 가지게 될 100원은 수익창출의 기회가 없을 수도 있고, 1년 동안 물가가 상승한다면 현재 100원 하는 재화를 1년 후에는 100원으로 사지 못할 수도 있기 때문이다. 즉 현재 100원과 1년 후의 100원 간의 가치차이를 화폐의 '시간적 가치'라고 한다. 단순하게 생각해 보면 은행에 예금을 한 후에 1년 후에 찾으면 원금에 이자가 붙는 개념을 이해하여야 한다. 만약 2%의 이자가 붙는다면 100만원을 예금하면 세전 수령액이 100만원에 2%의 이자인 2만원이 추가되어 지급될 것이다. 이렇게 단순히 이자만 생각해도 돈의 가치가 달라지는 것이다.

경제성평가에서 시간적 가치에 대한 개념이 할인과 할인율의 개념이다. 할인(discount)은 일정기간 동안 자금을 사용하는 대가로 지급하는 이자로 측정할 수 있다. 따라서 투자자가 미래에 얻게 될 100원의 가치를 현재의 가치로 환산하기 위해 적절한 화폐의 시간적 가치만큼을 차감해야 하는데 이를 할인이라고 하고 할인율(Discount Rate)은 현재가치계산에 사용되는 이자율을 말한다.

자본예산모형에서는 경제성평가 시 기준시점을 현재로 삼는다. 이것을 현재가치(Present Value: PV)라고 하고 줄여서 현가라고 부른다. 비교의 객관성과 공정성을 확보하기 위해서는 발생시점에 관계없이 프로젝트별로 비교할 때, 모든 수입(income)과 지출(cost)을 할인율을 이용하여 현재가치로 통일시켜서 평가하여야 한다.

할인을 통해 미래가치를 현재가치로 전환시키는 과정을 수식으로 표현하면 다음과 같다.

$$PV = \frac{FV}{(1+i)^n}$$

여기서, FV: 미래가치(Future value), PV: 현재가치, i: 할인율, n: 미래시점

수식에 의하면 현재가치는 미래현금흐름을 적절한 이자율로 나누어서 계산하는데, 1년 후의 미래현금흐름은 (1+이자율)로 한 번 나누어 주고, 2년 후의 미래현금흐름은 (1+이자율)로 두 번, n년 후의 미래현금흐름은 (1+이자율)로 n번 나누어서 계산하는 개념이다.

위의 식에서 $1/(1+i)^n$을 현가이자요소(Present Value Interest Factor)라고 한다. 할인율이 높을수록 현가는 작아진다. 즉 이자율이 높을수록 현재가치는 작아지는 것이다. 〈표 7-6〉에 할인율에 따른 현가이자요소 표가 제시되어 있다. 예를 들어, 할인율이 3%인 경우 2018년도의 3년 후인 2021년도에 현가이자요소는 0.915가 되고 3년 후의

표 7-6 할인율에 따른 현가이자요소

연도	할인율(i)		
	3%	5%	7%
2019	0.971	0.952	0.935
2020	0.943	0.907	0.873
2021	0.915	0.864	0.816
2022	0.888	0.823	0.763

1,000원의 현재가치는 915원이 되는 것이다.

자본예산모형에서 기업은 순현가의 합이 0보다 크면 투자를 하고, 0보다 작으면 투자를 하지 않을 것이다. 여러 경우의 다른 투자기회가 있을 경우에는 누적 순현가의 합이 가장 큰 투자방법을 선택하게 된다.

자본예산모형의 기법들은 여러 가지가 있지만 가장 많이 사용하는 대표적 기법들 중 회수기간법, 순현가법, 내부수익률법 등 세 가지만 소개한다.

(1) 회수기간법

회수기간법(Payback Period)은 자본예산모형 중에서 가장 쉽고 단순한 방법이다. 이 기법은 미래가치를 현재가치로 환산하지 않고 미래의 수입으로 가장 빠른 기간 내에 투자원금을 회수하는 투자방법을 채택하는 기법이다.

〈표 7-7〉의 경우에 새로운 식품사업으로 세 개의 아이템이 있을 때 2018년도에 공장을 짓고 설비를 준비하는 데 똑같이 10억원이 들어간다고 가정하자. 햄공장 프로젝

표 7-7 투자 대비 수익

연도	프로젝트		
	햄	소시지	치즈
2018	1,000,000,000	1,000,000,000	1,000,000,000
2019	500,000,000	100,000,000	0
2020	500,000,000	400,000,000	100,000,000
2021	300,000,000	500,000,000	1,000,000,000
2022	200,000,000	700,000,000	2,000,000,000

트는 2년이면 투자원금을 회수하지만 소시지와 치즈공장은 3년이 되어야 원금을 회수할 수 있다. 그러므로 회수기간법에서는 투자회수가 가장 빠른 햄공장을 진행하도록 선택한다.

회수기간법은 투자한 자금을 가장 빨리 회수하는 것에 초점을 맞추다 보니 그 이후의 미래수익은 고려하지 않는다. 실제로 극단적인 예지만 치즈 프로젝트는 2년만 어려움을 이겨내면 3년째에 수익이 나고 4년째부터는 투지원금의 두 배의 수익이 나는 데도 회수기간이 길다는 이유로 채택되지 않는다. 물론 도구는 도구일 뿐, 실제기업에서는 결과에 대하여 경영자에 의해 치즈공장이 채택될 수도 있는 것이 현실이다.

(2) 순현재가치법

순현재가치법(Net Present Value: NPV)은 순현가법이라고도 하는데, 투자안별로 발생할 미래의 모든 현금흐름의 가치를 적절한 할인율(시중이자율)에 따라 현재가치로 환산해서 가장 큰 값을 선택하는 방법이다(이명호 외, 2010). 순현재가치법이란 투자로부터 얻게 될 미래현금흐름(현금유입액)을 현재가치로 환산하여 현재 투자한 비용(현금유출액)의 현재가치를 차감한 것을 의미한다. 따라서 순현재가치법은 전술한 대로 화폐의 시간적 가치 개념을 바탕으로 하고 있다. 다시 한번 설명하면 화폐의 시간적 가치는 이자, 물가상승, 위험도 등에 따라서 변하기 때문이다.

순현재가치의 의사결정은 다음 수식처럼 NPV가 클수록 바람직한 대안으로 결정한다.

$$\sum_{i=0}^{n} PV(\text{수입}) - \sum_{i=0}^{n} PV(\text{지출}) = NPV$$

들어오는 돈의 가치는 당연히 변동비를 뺀 개념의 수입을 의미한다. 즉 이익을 의미하는 것이다. 이익으로 투자한 고정비를 차감하는 개념으로 이해하면 되는 것이다.

그리고 기업이 투자를 하려면 순현가법으로 계산했을 때 미래의 일정시점에서 흑자전환이 되어야 한다. 그 일정시점이 짧아질수록 기업은 투자 매력을 느낄 것이다. 순현가법으로 투자에 대한 평가를 한 후에 반드시 하나의 대안만 선택하는 것은 아니다. 조달된 자금의 크기에 따라 순현가법으로 계산했을 때 수익이 날 수 있는 프로젝트는 진행할 수 있는 것이다. 다만 현금흐름에 대한 미래가치의 평가는 알려진 정보에 의한 예측값이라 실제결과는 달라질 수도 있다는 것을 잊으면 안 된다. 〈표 7-7〉의 세 가지 투자에 대한 미래가치를 순현가법으로 다시 정리하면 〈표 7-8〉처럼 될 것이다. 할인율은 5%로 계산하였다.

▌표 7-8 ▌순현가법에 의한 투자 대비 수익

연도	프로젝트		
	햄	소시지	치즈
2018	1,000,000,000	1,000,000,000	1,000,000,000
2019	476,190,476	95,238,095	0
2020	453,514,739	362,811,791	90,702,948
2021	259,151,280	431,918,799	863,837,599
2022	164,540,495	575,891,732	1,645,404,950
계	1,353,396,990	1,465,860,418	2,599,945,496

할인율 5%로 순현가법으로 나시 수익을 계산해 본 결과 햄공장도 회수에 소요되는 기간이 3년이라는 사실을 알았다. 치즈공장도 3년이면 거의 투자원금을 회수하고 4년차 수익으로 비교해 보면 햄공장의 두 배에 가까운 수익을 올릴 수 있다. 조달된 자금이 투자기간을 고려하여 장기투자가 가능하다면 당연히 치즈공장을 선택하여야 할 것이다. 따라서 회수기간법보다는 순현가법으로 계산하여 투자기간을 고려한 총수익률을 계산하는 방식인 순현가법이 실무에서는 훨씬 더 많이 이용된다.

순현가법에서 만약 각 투자방법의 투자규모가 다르다면 수익률로 계산하여 프로젝트를 선정하는 방법도 있다. 예컨대 〈표 7-9〉의 예처럼 투자규모가 다르고 수입 예정금액은 순현가법으로 구한 거라면 다음 수식의 수익률지수(Profit rate Index: PI)로 비교평가할 수 있다.

$$PI = \frac{\text{수익의 순현가 합계}}{\text{투자비용}}$$

표 7-9 순현가법에 의한 투자 대비 수익

연도	프로젝트		
	햄	소시지	치즈
2018	700,000,000	800,000,000	1,000,000,000
2019	476,190,476	95,238,095	0
2020	453,514,739	362,811,791	90,702,948
2021	259,151,280	431,918,799	863,837,599
2022	164,540,495	575,891,732	1,645,404,950
계	1,353,396,990	1,465,860,418	2,599,945,496

〈표 7-9〉의 경우를 예로 들면 햄공장의 각 공장의 수익률을 구하면 〈표 7-10〉처럼 될 것이다.

표 7-10 PI(수익성지수)

구분	프로젝트		
	햄	소시지	치즈
PI	1.933	1.832	2.600

〈표 7-10〉을 보면 소시지의 수익률이 가장 낮고 치즈의 수익률이 2.6배로 가장 높다는 것을 알 수 있다. PI가 높다 하더라도 조달된 자금이 10억 미만이라면 햄공장에 투자할 수밖에 없을 것이다. 이 경우 자금조달에 더욱 신경을 쓰고 기업경영을 하여야 할 것이다. 앞에서 조달된 자금에서도 언급하였지만 조달자금은 가급적이면 이자가 나가지 않는 주식투자인 자본금으로 유치하는 것이 합리적이다. 물론 경영권 방어에 문제가 없을 정도의 주식을 발행하는 것도 당연한 일이다.

(3) 내부수익률법

내부수익률법(Internal Rate of Return: IRR)은 할인율을 현실적으로 예측하여 적용하기 어려울 때 사용하는 기법이다. 다음의 수식처럼 일정기간 동안에 투입된 비용과 수익이 일치될 때의 할인율(i)을 의미한다. 즉 내부수익률은 어떤 투자로부터 기대되는 현금유입(Cash Inflow)의 현재가치와 그 투자에 소요되는 현금유출(Cash Outflow)의 현재가치를 동일하게 만드는 할인율이다. 일반적으로 현금유입액은 법인세 납부 후의 순이익에 감가상각액을 가산하여 산출하고(감가상각액을 가산하는 이유는 유출된 비용을 처리한 것이기 때문이다), 현금유출액은 실제로 투자에 지출된 금액을 이용한다.

$$\sum_{t=1}^{t} \frac{FV(수익)_t}{(1+i)^t} = 투자비용$$

$$\frac{FV_1}{(1+i)} + \frac{FV_2}{(1+i)^2} + \frac{FV_3}{(1+i)^3} + \cdots \frac{FV_n}{(1+i)^n} = 투자비용$$

따라서 IRR이 크다는 것은 할인율이 높다는 것으로서 그만큼 수익성이 좋다는 것이다. 즉 높은 이자를 지급하고도 수익을 낼 수 있다는 의미이기 때문이다.

그러므로 내부수익률법이란 투자안의 내부수익률(IRR)을 찾아낸 뒤 기업의 자본비용과 비교하여 예상되는 내부수익률이 자본비용보다 높으면 투자(안)을 채택하고, 낮으면 기각하는 의사결정기법이다. 만약 서로 다른 투자(안)이 존재하는 경우에는 내부수익률이 가장 큰 투자(안)을 선택한다.

3.4 예산수립과 예산관리

3.4.1 예산수립의 개념

예산(budget)은 수입 · 지출의 종류 및 금액을 계통적 · 조직적으로 편성한 예측된 계산이며, 사업계획의 내용과 방향을 계수로 표시한 것으로서 재정의 규모, 내용 및 방향을 알 수 있게 해준다. 즉 기업에서 행할 장래 일정기간의 계획된 지출과 그 지출을 위한 자금조달계획으로, 일반적으로 1년간의 기업의 자금흐름과 목표를 화폐로 표시한 것이고 또한 재정활동의 감시장치를 제공하는 행위를 의미한다. 그로스(M. J. Gross, 1978)는 예산을 행동의 과정이라고 말하고, 금전적인 의미로 표현된 조직의 청사진을 나타낸다고 말하였다. 또한 예산작성의 원칙은 다음과 같다.

- **공개성**: 예산편성의 내용과 단계는 관련자에게 공개하여야 한다.
- **명료성**: 쉽게 이해할 수 있어야 하고 분명하게 표시되어야 한다.
- **사전성**: 예산을 확정한 후에 집행을 하여야 한다.

- **정확성**: 예산편성에 오류가 있어서는 안 된다.
- **한정성**: 정해진 목적대로 정해진 금액을 정해진 기간 내에 사용하여야 한다.
- **통일성**: 예산편성의 기준과 원칙은 통합되고 통일되어 수립되어야 한다.

3.4.2 예산편성과정

일반적으로 예산편성은 다음의 6단계를 따라 실시한다.

① **조직의 목표 설정**: 단기적이고 관찰과 측정이 가능하며 구체적인 세부목표(objective)를 장기적인 목표와 부합하는지를 검토하여 수립한다.

② **현재 경영상태에 대한 사실의 확인**: 과거와 현재 기관 운영에 관하여 이용할 수 있는 기본적인 정보를 입수하고 연구하는 과정으로서 기업의 경영에 관해 이용할 수 있는 자료, 즉 부서별, 개인별 업무내용과 프로그램 실적, 프로그램 평가, 조직 내외의 가용자원, 재정현황 등의 기본적인 정보를 통해 현재 경영상태의 사실적 상태를 확인한다.

③ **경영 운영대안의 검토**: 회계연도 내에 가능한 재원을 활용하는 여러 가지 대안을 검토한다.

④ **우선순위의 결정**: 조직의 목표와 효과성, 효율성, 시급성, 재정의 가용성 등 기존의 운영방법과 새로 설정된 운영방법을 비교하여 우선순위를 결정하고, 이 과정에서 어느 것이 기관의 정책 및 목표와 일치하는가를 확인하여 조달자금(financing) 집행의 우선순위를 결정한다.

⑤ **예산의 확정**: 결정된 우선순위를 토대로 각 기능별로 잠재적인 추가적인 요구사항을 고려하여 최종적으로 집행하여야 할 예산을 확정한다.

⑥ **확정된 예산의 전달과 실시**: 예산안이 확정되면 관련부서에 통보하고 실시내용을 관리 감독한다.

연습문제

〈객관식〉

01 다음 중 기업의 단기자금의 조달과 가장 거리가 먼 것은?

① 은행차입 ② 매입채무
③ 기업어음 ④ 주식발행

02 할인율이 10퍼센트일 때 3년 뒤에 1,000원의 현재가치는 얼마인가?

① 683원 ② 751원
③ 826원 ④ 909원

03 확률이론에 근거하여 기댓값과 표준편차를 활용하여 투자결정을 하는 분석방법은?

① 순현가법 ② 수익성지수
③ 자본예산 ④ 위험분석

04 다음과 같이 IRR이 나왔다면 가장 바람직한 대안은?

① 1% ② 2%
③ 3% ④ 4%

05 사채 중 별도의 권리를 부여해 주식으로 전환권을 주는 것은?

① CB ② Bond
③ Call Option ④ Put Option

06 순현가법에서 투자규모가 다를 때, 구해야 하는 것에 해당하는 것은?

① CB ② PI
③ BW ④ AB

07 다음 중 영업활동에 의한 자금조달에 해당하지 않는 것은?

① 매출채권 ② 이익유보금
③ 이익잉여금 ④ 주식발행

08 다음의 금융기관 중 성격이 다른 하나는?

① 한국수출입은행 ② KB국민은행
③ 우리은행 ④ KEB하나은행

〈주관식〉

01 예산편성과정에 대해서 설명하시오.

02 내부수익률법에 대해서 설명하시오.

객관식 해답

01 ④ **02** ② **03** ④ **04** ④ **05** ① **06** ② **07** ④ **08** ①

참고문헌

박무현 · 도상호 · 이연희 · 임상종, '관리회계원리', 도서출판 청람, 2013.
박석하 · 손영삼 · 김제승, '원가계산과 원가관리', 도서출판 범한, 2018.
박순달, '경영과학', 민영사, 1998.
박용태, '공학도를 위한 기술과 경영', 생능출판사, 2011.
박용태, '공학도와 경영마인드', 제3판, 생능출판사, 2018.
선우석호, '재무관리', 율곡출판사, 2004.
신홍철 · 정영기, '개념을 알면 쉬운 회계학원론', 제2판, 도서출판 청람, 2016.
임병선, 'NCS기반의 원가관리', 도서출판 범한, 2016.
전자공시시스템, '기업공개자료'.
정기웅, '기업경영분석', 지필미디어, 2015.

Peter Boer, *The Valuation of Technology: Business and Financial Issues in R&D*, John Wiley & Sons, 1999.
Richard Brealey and Stewart Myers, *Principles of Corporate Finance*, McGraw-Hill, 2020.

CHAPTER 08

재무회계(재무제표와 재무분석)

1 재무회계의 개념

1.1 재무회계의 의의

재무회계(Financial Accounting)는 기업의 재무상태와 경영실적정보 등을 측정하여 주주, 채권자, 정부 등과 같은 기업 외부의 이해관계자들에게 재무정보를 제공하기 위한 활동으로서 재무제표라는 형태로 제공된다. 재무제표는 일정기간 경영활동을 수행한 기업의 경영성적표라고 할 수 있으며 정보의 처리과정을 거친 요약된 보고서로서 재무상태표(또는 대차대조표), 손익계산서, 자본변동표, 현금흐름표, 주석 등으로 구성된다.

또한 기업 외부의 많은 이해관계자에게 객관적인 회계정보를 제공하기 위하여 일정한 기준이 필요한데, 일반적으로 인정된 회계원칙(Generally Accepted Accounting Principles: GAAP)이 그 기준이 되며, 그 기준에 의해서 우리나라는 한국채택국제회계기준(Korean International Financial Reporting Standards: K-IFRS)과 일반기업회계기준 두 가지가 사용된다. 특히 상장법인은 해외투자자를 위해 국제회계기준(IFRS)에 입각한 K-IFRS를 활용하여야 한다. 재무제표는 외부보고를 목적으로 사용되지만, 경영자에게도 경영정보를 제공해 주고 의사결정의 기본적인 자료로 제공된다.

다시 말하면 재무회계는 기업의 가계부라고 할 수 있다. 일반가정의 돈의 수입과 지출은 단순하기 때문에 간단하게 가계부를 작성할 수 있다. 그러나 회사의 자금의 흐름은 매우 복잡하여 가계부를 작성하듯이 쉽게 작성할 수가 없다. 그래서 가계부는 일반적으로 단식부기를 이용하지만 기업의 회계는 복식부기를 이용한다. 예를 들면, 가계에서 필요한 TV를 살 경우에 TV 100만원이라고 쓰기만 하면 끝이지만 기업회계는 필요한 TV를 구매하면 TV라는 자산이 들어오지만 대신 100만원에 해당하는 현금이 나가야 한다. 이와 같이 양쪽으로 기록하기 때문에 복식부기라고 하며, 기록하는 방법이 다르기 때문에 이를 정리하고 분석평가하는 방법이 다를 수밖에 없다. 따라서 재무회계를 이해하려면 우선 회계의 개념을 이해하여야 한다.

1.1.1 회계의 이해

기업의 경영활동을 하면서 경영성과가 잘 나타나고 있는지에 대한 점검이 필요한데, 이 활동이 바로 회계활동(Accounting)이며 재무정보를 제공하기 위해 하는 재무회계의 핵심이다.

회계라는 용어는 계정(Account)에서 유래된 것으로 좁은 관점에서 회계는 기업이 행한 거래를 화폐가치로 측정하여 규정된 회계기준으로 계정에 기록하고 정리하는 작업으로 회계라는 용어가 등장한 것이다. 회계의 한자어인 '會計'라는 용어는 여러 사람이 모여 조직의 성과나 재무상태를 계산한다는 뜻에서 유래되었고 오늘날 정보이용자의 의사결정을 지원하는 정보시스템이란 의미로 확장된 것이다. 쉽게 표현하면 가정에서 가계부를 작성하는 일이 규모가 큰 기업에서 좀 더 커지고 복잡해진 정도로 이해될 수 있다.

그러나 오늘날 회계의 정의는 재무회계, 관리회계, 원가회계 등으로 나누어져 활용되고 있으며 그만큼 용도와 사용범위가 넓어지고 있는 추세이다. 첫 번째로는 회계활동의 범위와 대상이 넓어져 자금의 입출금관리에서 투자자와 채권자의 관리, 경영성과의 평가 등 거의 모든 경영활동이 회계관리의 대상이 되고 있다. 특히 신기술에 대한 평가나 기업가치의 평가가 과거에 비해 훨씬 복잡하고 어려워지고 있어 회계결과를 놓고 법적 분쟁의 소지가 갈수록 커지고 있는 추세이다.

둘째로는 회계활동이 관리회계의 중요성이 커지면서 경영전략의 예산수립이나 중요한 의사결정에 필요한 정보와 지식을 만드는 수준까지 요구되고 있다. 마지막으로는 회계활동의 주체가 재무제표를 검토하고 작성하는 회계 관련 업무 종사자에서, 작성된 보고서를 활용하는 사용자로 바뀌고 있는 추세이다. 특히 요즘은 주식투자자들이 작성된 회계보고서를 보고 기업을 판단하여 투자결정의 기준으로 삼기 때문에 갈수록 회계의 신뢰도와 정확성은 늘어나게 될 것이다.

미국회계학회(American Accounting Association: AAA)는 1966년에 다음과 같이 정의하였다. "회계는 정보이용자가 사정을 잘 알고 판단이나 의사결정을 할 수 있도록 경제적 정보를 식별하고 측정하여 전달하는 과정이다(Accounting is the process of identifying, measuring, and communicating economic information to permit informed judgements and decisions by users of the information)."

결론적으로 회계는 일정시점에서 기업의 조달된 자금과 운용할 수 있는 자금이 어느 정도인지를 살펴보고 또한 일정기간 비용은 얼마나 쓰고 매출을 통하여 수익은 얼마나 올렸는가를 계산하며, 한편으로는 기업의 재무상태와 경영실적을 기업 내외부에 알려주고 중요한 경영관리상의 의사결정에 필요한 유용한 정보와 지식을 획득하는 시스템적 경영활동으로 정의할 수 있다.

1.1.2 기업의 경영활동과 회계활동의 이해

기업의 경영활동은 돈의 흐름 관점인 회계의 입장으로 보면 세 개의 핵심적인 활동으로 구분할 수 있다. 자금을 조달하는 재무활동과 조달된 자금을 경영목적상 필요한 자원인 건물 및 기계 등을 구입하는 투자활동, 이들 획득된 자원을 이용하여 기업 본래의 목적을 달성하는 데 필요한 제품 및 서비스의 생산 및 판매와 관련된 영업활동으로 구성된다. 따라서 뒤에서 언급되는 현금흐름표도 세 가지 관점에서 분류되고 작성되는 것이다.

예를 들어, 작은 제과점을 개업한다고 생각해 보자. 제과점을 열기 위해서는 가게를 구매하거나 임대를 해야 하고, 또한 제빵기계를 구매해야 한다. 또한 빵을 만드는 제빵사도 고용해야 하고, 그러기 위해서는 자금이 필요하다. 필요한 자금을 조달하기 위해서 그동안 모아둔 자금과 아파트를 담보로 은행에서 저리로 융자를 받을 수 있는데, 이렇게 사업자금을 마련하는 활동을 재무활동이라고 한다. 이제 마련된 자금으로 가게를 임대하고 기계를 구입하는 투자활동을 하여 빵을 만들기 위한 준비를 마친다. 그런 후에 사람을 고용하고 밀가루와 설탕 등 제빵에 들어가는 재료를 구매하여 빵을 만들고 가게에 전시하여 손님에게 판매를 하고 판매대금을 받아 그 판매대금으로 다시 빵 재료를 구매하여 빵을 만들어 고객에게 판매하는 행위를 반복적으로 행하는 일련의 과정을 영업활동이라고 부른다. 또한 제과점 영업을 통하여 자금을 모으고 규모가 커지면 번 돈으로 새로운 사업에 투자할 수도 있는데 이것도 투자활동이다.

회계의 기능은 제과점에서 이루어지는 자금조달활동, 영업활동, 투자활동에서 이루어지는 돈의 흐름을 정확히 기록하여 제과점의 자금흐름이 원활하게 돌아가고 있는지 또한 이익을 보고 있는지 손해를 보고 있는지 등에 대한 정보를 제공해 줄 뿐만 아니라 사업을 확장해야 할 것인지 또는 경영을 좀 더 긴축으로 운영해야 할지에 대한 정보를 제공해 주는 것으로 이해하면 된다.

기업의 경우에도 첫 번째가 회사에 필요한 자금을 조달하는 재무활동을 하게 된다. 회사를 설립하여 운영하기 위해서는 돈을 마련해야 한다. 돈이 없으면 공장을 지을 수도 없고, 기계를 사들일 수도 없고 또한 사람을 고용할 수도 없기 때문이다. 두 번째는 회사에서 필요한 자금을 조달하면, 그 돈으로 회사경영목적에 필요한 자원인 건물, 기계 등을 구입하고 사람을 고용하는 투자활동을 하게 된다. 세 번째로 기업의 중요한 활동은 기업 본래의 목적 달성에 필요한 제품이나 용역의 생산 및 판매와 관련된 영업활동을 하게 된다. 이러한 기업의 세 가지 중요한 경영활동은 회계라고 하는 수단으로 정확히 기록이 되고 분석 및 평가를 할 수가 있는 것이다. 마치 자동차를 운전할 때 자동차의 계기판이 규정 속도로 달리고 있는지, 연료는 충분한지 그리고 기기의 이상은 없는지를 알려줘서, 우리가 교통위반을 하지 않게 해주고, 기름이 떨어지기 전에 주유소에 가서 기름을 넣고, 기기의 이상이 발견되면 빨간불이 들어와서 정비소에 가서 이상 유무를 체크할 수 있게 해주듯이, 회계의 기능은 기업의 중요한 경영활동과 관련된 돈의 흐름에 대해서 우리에게 일목요연한 자료를 제공해 주는 기능을 하는 것이다.

1.1.3 회계의 분류

(1) 재무회계

재무회계는 기업 외부의 이해관계자에게 경제적 의사결정에 필요한 정보를 제공할 목적으로 재무정보를 측정하여 보고할 목적으로 작성된다. 외부이용자를 위한 회계정보는 처리과정을 거쳐 요약된 형태로 보고되는데, 이 요약된 보고서를 재무제표(Financial Statements)라 한다. 기업에서 필수적으로 작성하여야 할 재무제표에는 재무상태표, 포괄손익계산서, 현금흐름표, 주석 등을 포함하며 향후 이 장에서 핵심적으로 기술할 것이다. 특히 외부감사를 받아 외부에 재무제표를 공개하여야 할 기업은 자본변동표, 현금흐름표, 주석을 반드시 공개하여야 한다. 특히 자본변동표는 재무제표 간의 연계성을 제고시키며 재무제표의 이해 가능성을 높인다. 즉 재무상태표에 보고되는 자본의 기초잔액과 기말잔액을 모두 제시함으로써 재무상태표와 연결할 수 있고, 자본의 변동내용은 포괄손익계산서와 현금흐름표에 나타난 정보와 연결할 수 있으므로 정보이용자들이 보다 명확하게 재무제표 간의 관계를 파악할 수 있다.

(2) 관리회계

관리회계(Management Accounting)는 조직의 경영자가 의사결정을 내리는 데 필요한 회계정보를 제공하는 내부보고목적의 회계이다. 경영자가 주어진 자원을 최적으로 활용하여 경영목표를 효과적으로 달성할 수 있도록 하는 데 필요한 회계정보를 제공할 목적으로 수행된다.

재무회계와 달리 관리회계정보는 외부에 공개할 이유가 없기 때문에 형식도 재무회계보다 훨씬 자유롭고 법으로 정한 절차와 기준을 따를 필요가 없다.

관리회계의 핵심은 원가회계자료, 예산관련자료, 수익분석자료 등이 있다. 관리회계자료는 주로 경영계획의 수립과 경영과정의 통제행위에 활용된다. 관리회계의 가장 대표적인 정보가 원가정보(Cost Information)이다. 따라서 광의의 관리회계에는 원가계산을 주로 다루는 원가회계가 포함되어 사용되기도 한다.

(3) 원가회계

원가회계(Cost Accounting)는 관리회계와 재무회계 작성에 필요한 원가자료를 분석하고 배분하는 회계활동을 다룬다. 회계정보에서 원가의 계산은 가장 기본적이고 필수적인 행위이다. 원가가 계산되어야 이익이 났는지, 손해를 봤는지를 알 수 있는 것이다. 원가는 제조원가와 판매원가로 구분되어 집계되고 계산되며, 또한 직접비와 간접비로 구분되어 집계되고 계산된다.

(4) 세무회계

세무회계(Tax Accounting)는 경영활동의 결과에 따라 세금을 국가 또는 지방자치단체에 납부하게 되어 있는데, 세법에 따라 납부하여야 할 납세액을 계산하는 모든 과정을 다룬다. 미국의 경우에는 재무회계자료와 세무회계자료를 각각 다른 회계처리방법에 따라 별도로 작성(Two Book System)하는 것이 허용되고 있으나 우리나라의 경우에는 작성된 재무회계자료에 기초하여 기업회계기준과 세법의 차이내용을 조정하여 세무보고자료를 만들도록 하고 있다. 이러한 세무조정업무는 주로 공인회계사나 세무사에 의해서 수행된다. 원천징수, 부가가가치세, 법인세 등이 세무회계의 주요 대상이다.

(5) 회계감사

회계감사(Auditing)는 기업이 작성한 회계기록에 대하여 독립적인 제3자가 분석적으로 검토하여 회계처리가 적정한가를 확인하고, 재무제표상의 여러 계정을 분석하여 그것이 기업의 재무상태와 경영성과를 적정하게 표시하고 있는지를 확인하여 그 적정 여부에 관한 의견을 표명하는 절차를 말한다.

회계기록이라 함은 회계장표만을 의미하는 것이 아니고, 회계장표의 객관적 사실을 뒷받침해 주는 각종 증빙서류와 회계기록의 내용을 명백히 하는 증거자료를 포괄하는 개념이다. 회계감사를 통하여 허위나 오류는 적발할 수가 있으며, 이를 통하여 이러한 오류나 부정을 예방할 수도 있다.

회계보고기능이 경영자에 의해 기업 내부에서 모든 것이 수행된다고 하면, 기업 외부의 이해관계자의 입장과 항상 일치하지 않기 때문에 기업 내부에서 작성한 재무제표를 그대로 인정하는 데는 위험이 따른다. 또한 객관성과 공정성이 확보되지 않기 때문에 회계정보의 신뢰성도 떨어질 것이다. 따라서 재무제표의 신뢰성을 확보하기 위하여 객관적인 입장에 있는 회계전문가에 의해서 재무제표에 대한 검증을 받을 필요가 있다.

기업에 의해서 작성된 회계정보에 대해 객관적인 검증기능을 수행한 공인회계사는 회계감사를 받고자 하는 조직이 기업회계기준에 따라서 정당하고 합리적인 회계처리를 하였는지의 여부를 검토하여 감사의견을 표명하여야 한다. 2021년 2월 일부 개정된 「주식회사 등의 외부감사에 관한 법률 시행령」에 따르면 외부회계감사를 받아야 할 기업의 범위를 다음과 같이 정하고 있다.

1. 직전 사업연도 말의 자산총액이 500억원 이상인 회사
2. 직전 사업연도의 매출액이 500억원 이상인 회사
3. 다음 각 목의 사항 중 2개 이상에 해당하는 회사
   가. 직전 사업연도 말의 자산총액이 120억원 이상
   나. 직전 사업연도 말의 부채총액이 70억원 이상

다. 직전 사업연도의 매출액이 100억원 이상

라. 직전 사업연도 말의 종업원이 100명 이상

1.2 회계 기본용어의 이해

회계를 보다 쉽게 이해하기 위해서는 기본용어에 대한 정확한 이해가 필요하다. 회계전문가로서가 아닌 재무제표를 보고 이해할 수 있는 수준의 회계용어 중 거래의 8요소에 해당되는 회계상의 거래에 대한 용어중심으로 설명하겠다. 회계상의 거래라는 것은 자산, 부채, 자본의 증가와 감소 그리고 수익과 비용의 발생이 되는 거래를 의미하며 이를 회계거래의 8요소라고 한다. 이에 따르면 계약서의 작성이나 주문의 접수는 8요소에 해당되지 않기 때문에 회계상의 거래에 해당되지 않아 전표처리를 하지 않는다.

1.2.1 자산

자산(Assets)은 기업이 경영활동을 위해 보유하고 있는 경제적 가치가 있는 자원으로서 화폐단위로 표현이 가능한 가치가 있는 물건 또는 권리를 의미한다. 개념적으로 과거거래나 사건의 결과로서 현재 기업실체에 의해 지배되고 미래에 경제적 효익을 창출할 것으로 기대되는 자원이라고 정의된다. 자산에는 다음과 같은 항목들이 포함된다.

- **현금 및 현금성 자산**: 현금, 자기앞수표, 당좌수표 등이 있다.
- **매출채권**: 상품이나 서비스를 판매하고 대금을 받을 수 있는 권리로서 외상매출금이나 받을어음을 지칭한다.
- **대여금**: 빌려준 것으로서 나중에 현금을 돌려받을 권리가 발생한다.
- **금융자산**: 여유자금을 활용하여 주식이나 사채 등에 투자하고 금융상품으로 보유하는 정기예금, 정기적금, 양도성예금증서(CD) 등이 있다.
- **재고자산**: 영업활동을 위하여 보유하고 있는 부품, 상품 또는 제품 등이 있다.
- **유형자산**: 기업이 영업활동을 위해 투자한 실체가 있는 자산으로 대표적으로 토지, 건물, 기계장치 등이 있다.
- **유동자산과 비유동자산**: 유동자산이란 1년 안에 현금화할 수 있는 자산이고 비유동자산은 1년을 초과해서 현금화할 수 있는 자산을 말한다.

1.2.2 부채

부채(Liabilities)란 현금 또는 상품으로 갚거나 용역을 제공해 주어야 할 의무, 빚을 말한다. 개념적으로 부채는 과거의 거래나 사건의 결과로 현재 또는 미래에 기업실체의 자원이 유출되거나 사용이 예상되는 의무라고 정의된다. 부채는 자산과 대조되는 항목들이 많고 구체적으로 다음과 같은 것들이 있다.

- **매입채무**: 주된 영업활동의 일환으로 매출채권과 반대되는 개념으로 외상매입금과 지급어음을 의미한다.
- **금융부채**: 대여금과 반대되는 차입금과 사채 등으로 거래상대방에게 금융자산을 인도해 주어야 하는 계약상의 의무를 말한다.
- **미지급금**: 재고자산 이외의 자산, 즉 건물이나 비품 등을 외상으로 구입한 것을 의미한다.
- **유동부채와 비유동부채**: 유동부채란 1년 안에 만기가 도래하는 부채이고, 비유동부채는 1년을 초과해서 만기가 돌아오는 부채를 말한다.

1.2.3 자본

자본(Capital)이란 주주가 출자한 금액과 기업실체가 영업활동을 통해 번 순이익을 합한 순수한 자기 돈을 말한다. 자본은 세부적으로 주주가 투자한 원금인 자본금, 자본의 거래로 발생한 자본잉여금, 영업활동으로 벌어들인 이익잉여금 등으로 나눌 수 있다. 또한 자본은 기업의 자산총액에서 부채총액을 차감하고 남은 순자산이라고도 할 수 있다. 이를 식으로 나타내면 다음과 같은데 이를 자본등식이라 한다.

자본등식: 자산－부채＝자본

1.2.4 수익

수익(Revenues)은 기업의 경영활동을 통하여 자산이 늘어나거나 부채가 줄어드는 것을 의미한다. 회계에서 수입(Income)이라는 말 대신에 수익이라는 용어를 쓰는 이유는 현금이 들어오지 않아도 발생주의 원칙에 의해서 미래에 회수될 수 있는 경우를 포함하기 때문이다.

1.2.5 비용

비용(Expenses)은 수익의 반대개념으로 자산이 줄거나 부채가 늘어나는 금액을 뜻한다. 즉 수익을 얻기 위해 일정기간 소비한 자산이며 자본을 감소시킨다. 회계에서 손실(Loss)처리한다는 개념은 수익을 얻는 데 사용되지 못하고 소비된 것으로 비용과 구분하여야 한다. 수익에서 비용을 뺀 개념이 이익(Profit)이다. 비용의 개념에서 다음의 용어에 대한 이해가 필요하다.

- **현금지출비용과 기회비용:** 회계에서 처리하는 비용은 현금지출이 일어나야 할 비용을 의미하나 기업의 입장에서는 기회를 포기하거나 제대로 활용하지 못해서 생기는 비용도 고려하여야 하는데 이것을 기회비용이라 한다. 기회비용은 회계처리되지는 않는다.
- **고정비와 변동비:** 고정비는 생산량과 거래량에 관계없이 들어가는 투자비용을 의미하고 변동비는 제품생산량과 비례적으로 늘어나는 비용을 의미하며 대표적으로 재료비가 있다.

1.3 재무회계의 기본가정과 일반원칙

기업의 회계정보가 외부이용자들에게 유용하게 활용되기 위해서는 기본적으로 다음과 같은 조건을 갖추어야 한다.

- 기업의 자산과 부채, 자본의 변동에 대한 정보가 있어야 한다.
- 이해하기 쉽게 기술되어야 한다.
- 객관적으로 측정된 정보이어야 한다.
- 가급적 필요할 때마다 제공 가능하여야 한다.

그러나 현실적으로 위의 네 가지 사항을 항상 만족시키기 위해서는 현실적인 제약조건이 많기 때문에 회계에서는 몇 가지 가정을 도입하여 유용한 정보를 제공하기 위한 기본원칙을 제시하고 있는데, 재무회계에서는 이것을 기본가정과 일반원칙이라 부르며 다음과 같다.

1.3.1 기업실체의 가정

기업실체(Entity)의 가정은 기업을 소유주와는 독립적으로 존재하는 주체(회계단위)로 간주하고 이 회계단위의 관점에서 그 경제활동에 대한 재무정보를 측정, 보고하는 것을 말한다. 일반적으로 개별기업은 기업실체에 해당한다. 그러나 기업실체 개념은 법적 실체와는 구별되는 개념이다. 만약 A라는 회사가 B회사에 대해 50%를 초과하는 지분을 가졌거나 지분율이 50% 이하라도 실질적인 지배력을 가졌을 경우에 A회사는 지배회사가 되고 B회사는 종속회사가 되어 각각 별도의 법적 실체이지만 두 회사가 단일의 경제적 실체를 형성하여 하나의 회계단위(연결재무제표 작성 대상이 됨)가 된다.

기업실체의 가정이 도입되는 근본적 이유는 소유주가 투자의 결과로서 당해 기업실체에 대해 갖고 있는 청구권의 크기와 그 변동을 적절히 측정하기 위함이며 소유주와 분리된 별도의 회계단위를 인정하는 것이다. 즉 대차대조표상의 자산과 부채는 소유주의 자산과 부채가 아니라 기업실체의 자산과 부채라는 개념이다. 대신에 소유주는 소유지분만큼의 기업의 자산에 대한 청구권을 가지고 있다. 바로 이 소유주의 회계기간말 현재 청구권의 크기를 회계상으로 측정한 것이 대차대조표상의 자본이다. 소유주와 기업 간의 거래는 대차대조표의 자본부분에 표시되며, 그 변동내역은 자본변동표에 표시된다.

1.3.2 계속기업의 가정

계속기업(Going Concern)의 가정이란 회계의 대상인 기업이 지속적으로 장기간 존속한다는 가정이다. 즉 기업실체가 경영활동을 청산하거나 중대하게 축소시킬 의도나 상황이 있는 경우를 제외하고는 계속적으로 영업활동을 하는 것으로 가정하여 회계처리가 이루어지고 재무제표가 작성된다는 것이다. 계속기업의 진행이 어려울 때는 기업실체의 활동을 중단하는 청산절차가 진행되어야 한다. 계속기업의 가정이라는 전제하에 오랜 기간 잔존가치가 있는 투자에 대해서 한 번에 처리하지 않고 정액법이나 감가상각을 여러 해에 걸쳐 나누어서 처리할 수 있다.

1.3.3 계속기업의 가정에 따른 기간별 보고

기업실체의 존속구간을 일정한 회계단위로 구분하여 재무제표를 작성하여 보고하는 개념이다. 계속기업이라는 가정 아래에서 기업의 존속기간을 일정한 회계기간단위로 구분하여 재무제표를 작성 보고할 수 있다는 논리이다.

계속기업이란 기업실체가 지속적으로 영구히 영업활동을 하는 것을 전제하므로 지속적으로 의사결정을 해야 하는 이해관계자에게 적시성 있는 회계정보가 제공되기 위해서는 기간별 보고가 필요해지고 임의로 구분된 기간을 회계기간이라 한다.

따라서 기업실체의 존속기간을 일정한 회계기간단위로 구분하고 각 회계기간에 대한 재무제표를 작성하여 기간별로 재무상태, 경영성과, 현금흐름, 자본변동 등에 대한 정보를 제공하게 된다. 다만, 기업실체의 회계기간을 정함에 있어 회계기간의 장단에 따라 발생할 수 있는 정보의 목적적합성과 신뢰성 간의 상충관계를 고려하여야 한다.

1.3.4 발생기준

수익, 비용의 발생기준이란 현금의 수입이나 지출 여부를 기준으로 하는 것이 아니라, 수익과 비용의 발생 여부를 기준으로 경영성과를 계산한다. 예를 들어, 매출거래가 이루어졌다면 현금의 유입 여부에 관계없이 회계거래가 이루어지고 기록되는 것이다.

1.3.5 수익의 실현기준

수익의 실현기준(Realization Principle)은 수익을 실현시점(기간)에서 인식하는 것을 말한다. 예를 들면, 판매기준(세금계산서의 발행)이나 진행기준(진척률 등)으로 수익을 인식하는 것이다. 즉 기업의 경영활동에서 수익의 실현은 회계상의 거래가 이루어졌을 때 인식하여 처리, 반드시 장부에 기록해야 한다. 회계상의 거래란 기업의 경영활동으로 자산, 부채, 자본의 증감변화를 일으키는 모든 사항을 말한다. 일반적으로 회계상의 거래는 일상적인 생활에서의 거래와 대부분 일치하나 반드시 일치하는 것은 아니다.

1.3.6 수익, 비용 대응의 기준

수익, 비용 대응의 기준(Matching Principle)은 경영활동의 결과로 나타나는 각각의 수익에 대하여, 그것을 획득하는 데 소요된 비용을 대응시켜 기록하는 것을 말한다. 예를 들면, 매출이 이루어져 수익이 기록되는 기간에 매출원가라는 비용이 기록되어야 한다는 것이다. 이처럼 경영활동의 결과로 나타나는 각각의 수익에 대하여 그것을 획득하는 데 소요되는 비용을 대비시키는 것을 의미한다.

1.4 회계와 재무보고

재무보고란 회계활동의 결과를 기업 외부의 다양한 이해관계자들에게 합리적이고 객관적인 의사결정을 위해 경영자가 기업의 경제적 자원과 의무, 경영성과, 현금흐름, 자본변동 등에 관한 재무정보를 제공하는 것을 말한다.

기업이 재무보고를 해야 할 이유는 가장 큰 것이 경영활동에 필요한 자원들을 외부에서 조달하여야 하기 때문이다. 기업은 양질의 자원을 효율적으로 조달하여야 하는데 자원시장은 매우 제한적이며 경쟁적이기 때문이다. 자원조달시장에는 많은 기업들이 서로 필요한 자원을 얻고자 경쟁하고 있으며 기업의 상태에 따라 자원조달이 어려울 수도 있고 쉬울 수도 있다. 이러한 자원시장에서 효율적으로 자원을 획득하기 위해서는 기업의 경쟁력을 외부의 이해관계자들에게 적극적으로 알리는 활동이 필요하다. 기업이 투자유치를 하기 위해서 하는 활동을 IR(Investor Relations)활동이라고 하는데 대표적인 재무보고활동이다. IR활동이란 투자자들을 대상으로 기업에 대한 회계정보를 알려주고 기업의 발전과 미래가치에 대한 적극적인 설명 및 홍보활동을 하여 투자유치를 원활하게 하는 활동을 의미한다. 주주총회, 기업설명회, 보도자료 배포, 기자간담회 등이 IR의 대표적인 활동이다.

일반적인 재무보고의 목적은 다음과 같다.

- 재무보고는 기업실체에 대한 현재 및 잠재의 투자자와 채권자가 합리적인 투자의사결정과 신용의사결정을 하는 데 유용한 정보를 제공하는 것이다.
- 재무보고는 투자 또는 자금대여 등으로부터 투자자와 채권자가 각각 받게 될 미래현금의 크기, 시기 및 불확실성을 평가하는 데 유용한 정보를 제공하여야 한다.
- 재무보고는 기업실체가 보유하고 있는 경제적 자원과 그 자원에 대한 청구권 그리고 경영성과 측정치를 포함하여 그러한 청구권의 변동에 관한 정보와 현금흐름정보를 제공하여야 한다. 즉 재무상태, 경영성과, 현금흐름 및 자본변동에 관한 정보를 제공하여야 한다.
- 재무보고는 경영자의 수탁책임평가에 유용한 정보를 제공하여야 한다.

따라서 재무보고는 [그림 8-1] 재무보고의 목적처럼 투자자와 채권자 이해관계자들에게 재무상태와 경영성과, 현금흐름, 자본변동 등에 대한 정보를 정확히 전달하여야 한다.

그림 8-1 | 재무보고의 목적

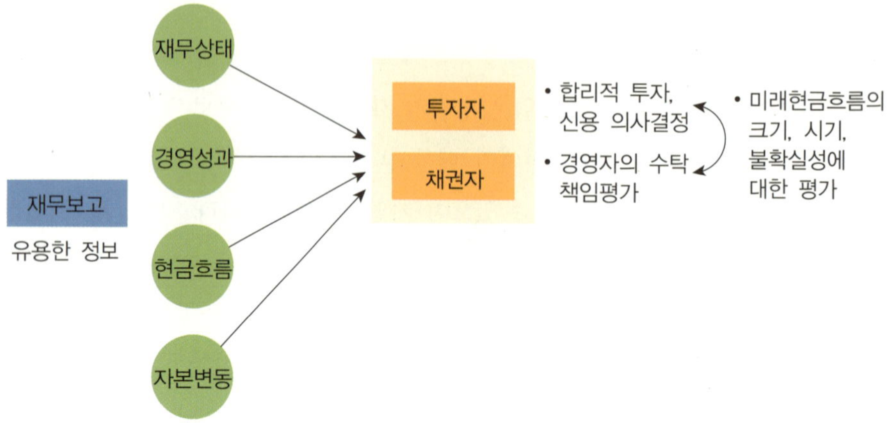

1.5 회계정보의 질적 특성

재무보고의 목적이 달성되기 위해서는 회계정보(주로 재무제표정보)가 정보이용자들에게 유용하도록 다음과 같은 질적(Qualitative) 특성을 가져야 한다. 여기서 말하는 질적 특성이란 화폐로 계량화된 회계정보가 유용한 것이 되기 위해 갖추어야 할 비계량적 속성을 의미하며 일반적으로 다음과 같은 질적 특성을 가져야 한다.

1.5.1 목적적합성

정보가 유용하기 위해서는 목적에 적합한 성질을 가지고 있어야 한다. 즉 정보이용자의 의사결정목적과 관련이 있어야 하고 결론적으로 정보이용자의 의사결정에 차이를 가져올 수 있는 정보를 말한다.

1.5.2 중요성

목적적합성의 한 측면으로서 중요한 정보는 누락시키지 말아야 한다. 중요한 정보란 그 정보가 생략되거나 잘못 표시된 재무제표가 정보이용자의 판단이나 의사결정에 영향을 미칠 수 있는 정보를 말한다. 일반적으로 중요성의 문제는 정보이용자가 당해 기업실체가 직면하고 있는 위험과 기회를 평가하는 데 관계되는 정보가 될 수 있다.

1.5.3 충실한 표현

회계정보는 정보이용자가 신뢰할 수 있어야 하는데, 이를 위해서는 그 정보가 나타내고자 하는 대상을 충실히 표현하고 객관적으로 검증 가능하며 중립적이어야 한다. 즉 충실한 표현(Faithful Presentation)이란 중대한 오류나 치우침이 없이 잘 표현되어 정보이용자가 믿을 수 있는 신뢰성 있는 정보가 되어야 한다는 것이다. 예를 들어, 사실상 회수 불가능한 매출채권이 회수 가능한 것처럼 재무제표에 표시되는 경우 매출채권의 측정치는 표현의 충실성을 상실한 정보이다.

1.5.4 이해 가능성

이해 가능성(Understand-ability)이란 회계정보의 이용자가 그 정보를 쉽게 이해할 수 있어야 한다는 것이다. 물론 정보이용자는 회계에 대한 기본적인 지식은 가지고 있다고 가정한다. 경우에 따라서 정보이용자는 회계전문가의 도움을 받을 수도 있다는 것도 가정하고 작성하여야 한다. 왜냐하면 다소 복잡한 내용이라도 의사결정목적에 적합한 것이라면 기술을 하여야 하기 때문이다.

1.5.5 비교 가능성

재무제표의 이용자는 재무제표를 기간별로 비교할 뿐만 아니라 경영성과 및 재무상태 변동이 어떠한 추세를 보이는지 다른 기업과 비교해서 검토할 수 있다. 따라서 재무제표는 비교 가능성(Comparability)을 염두에 두고 작성되어야 한다는 것이다. 그러므로 유사한 거래나 사건의 재무적 영향을 측정 · 보고함에 있어서 영업 및 재무활동의 특성이 훼손되지 않는 범위 내에서 기간별로 일관된 회계처리방법을 사용하여야 하며, 기업 간에도 동일한 회계처리방법을 사용하는 것이 바람직하다.

1.5.6 적시성

재무정보의 적시성(Timeliness)은 필요한 시기에 맞추어서 정보가 제공되어야 한다는 것이다. 즉 정보이용자가 의사결정에 필요한 시기에 제공되어야 한다는 것을 의미한다.

1.5.7 검증 가능성

검증 가능성(Verifiability)은 재무정보의 내용이 객관적인 자료와 근거로서 확인이 가능하다는 것을 의미한다. 특히 화폐단위로 표현한 내용에 대해서는 반드시 객관적이고 충실한 자료가 뒷받침되어야 한다.

2 재무제표와 현금흐름

2.1 재무제표의 의의

재무제표(Financial Statements: F/S)는 기업의 경영성적표로서 회계기간 동안에 수행한 경영활동의 결과를 요약 · 정리하여 재무적(화폐적)으로 표현한 여러 회계보고서이다. 즉 재무제표는 회계순환주기의 마지막 단계에서 작성되는 최종산출물로서 기업의 경영활동에서 발생하는 거래를 분개-전기-정산하여 마지막으로 집계, 정리한 자료이다.

재무제표의 작성목적은 기업의 이해관계자들에게 기업의 실체와 관련하여 합리적인 의사결정을 할 수 있도록 다양한 정보를 제공해 주는 데 있다.

우리나라의 회계기준에서는 재무상태표, (포괄)손익계산서, 현금흐름표, 자본변동표와 이를 작성하는 데 기준이 되는 중요한 회계정책의 요약 및 작성내용의 설명으로 구성되는 주석을 포함하여 기본재무제표로 규정하고 있다.

재무제표는 보고처나 제출처에 따라 그 용어를 달리하여 제시하기도 한다. 재무제표를 요구하는 주체가 외부의 잠재적 투자자나 정부감독기관이라면 그 서류는 재무제표라는 이름으로 금융감독원이나 증권거래소로 제출된다. 기존의 주주에게 보고하는 자료라면 영업보고서라는 제목으로 주주총회에 제출되고, 법인세를 부과하기 위한 목적으로 요구된다면 세무조정서라는 제목으로 세무서에 보고해야 한다.

또한 법률적으로는 독립이지만 경제적 집합체로서 간주될 수 있는 지배기업이 종속기업을 보유하고 있는 경우에는 연결재무제표를 작성하여야 한다. 즉, 여러 개의 종속기업을 소유한 지배기업의 재무제표를 만들 때에는 자회사의 영업실적과 부채를 모두

계산과정에 반영하고 지배기업과 종속기업과의 거래를 통해 부풀려진 실적을 제거한 후 재무제표를 작성하여야 한다는 것이다. 이것은 종속기업의 실적이 지배기업의 실적에 영향을 끼칠 수 있기 때문이다. 과거에 연결재무제표를 작성하지 않았을 때에는 종속기업의 부실이 숨겨져 있다가 지배기업인 모기업에 영향을 주어 모기업이 갑자기 도산을 하는 경우도 있었다.

2.2 재무상태표

2.2.1 기본개념의 이해

재무상태표(Statement of Financial Position)는 손익계산서와 더불어 기본적인 두 개의 재무제표 중 하나이다. 특정 시점에서 화폐로 표현 가능한 기업의 재산상태를 자산, 부채, 자본으로 나누어서 그 세부내용을 작성해 놓은 표이다. 즉 재무상태표란 일정시점(결산기말)에서 기업에 투자되어 있는 경제적 자원인 자산과 자산에 투자한 자금의 원천인 부채와 자본을 표시하여 재무의 상태를 나타내 주는 보고서이다.

재무상태표는 왼쪽(차변)과 오른쪽(대변)으로 구성되며 왼쪽에 자산을 기술하고 오른쪽에 부채와 자본의 내용을 기록한다. 이런 이유로 재무상태표를 대차대조표(Balance Sheet: BS)라고 하였는데, 기업의 회계처리가 국제회계기준인 IFRS로 바뀌면서 대차대조표라는 용어 대신 재무상태표라는 용어가 쓰인다.

총자산(자산총계)의 합은 항상 총부채(부채총계)와 총자본(자본총계)과 일치하는데 이를 대차평형의 원리라고 하는 재무상태표(대차대조표) 등식이 성립한다. 그 이유는 기업이 소유하고 있는 자산의 원천은 부채 또는 자본으로부터 나왔기 때문이다. 이 등식은 한 기업이 보유하고 있는 자산은 기업 자체의 보유지분과 외부에 대해 갚아야 할 의무를 지고 있는 부채의 합과 같다는 가정을 전제로 한 것이다.

예를 들어, 6억원짜리 주택을 구입하기 위해서 자금을 검토해 보니 주택구입에 투자할 수 있는 현금이 3억원이라면 3억원은 타인 또는 금융기관 등으로부터 빚 또는 대출을 통해서 자금조달을 하여야 할 것이다. 즉 6억원이라는 주택자산은 외부로부터 융통한 부채 3억원과 가지고 있는 자본 3억원으로 구성되어 있는 것이다.

기업도 마찬가지로 어떤 특정 시점에서 자산의 내용이 있을 것이고 내부로부터 조달한 자금인지 외부로부터 조달한 자금인지를 정확히 표현할 필요가 있는 것이다. 즉 기업의 재무상태인 자산, 부채, 자본의 상태를 특정 시점에서 기록하고 경영현황을 정확히 파악하여 미래에 대한 경영전략 수립에 반영하여 경쟁력 있는 기업이 될 수 있도록 하여야 한다는 것이다.

용어 설명에서도 언급하였듯이 자산(Assets)이란 기업이 보유하고 있는 자원의 총가치이다. 부채(Liabilities)란 기업이 채권자나 외부이해관계자에게 차입한 채무액들이다. 즉 기업이 앞으로 상환해야 하는 금액이다. 또한 자본(Owners Equity)이란 기업의 소유자가 기업에 투자한 금액이다. 따라서 기업에 대해서 청구할 수 있는 몫이다. 결론적으로 재무상태표는 기업의 재무현황을 파악하기 위하여 작성하는 재무제표이다.

2.2.2 재무상태표의 구조와 작성방법

재무상태표의 구성요소인 자산, 부채, 자본의 상호 관계를 식 (1)의 재무상태표 등식 또는 회계등식에 따라 기록한다.

재무상태표 등식: 자산 = 부채 + 자본 식 (1)

식 (1)이 의미하는 바는 부채 및 자본을 통해 자산이 만들어진 것이기 때문에 결국 같을 수밖에 없다는 것이다. 경영활동을 통하여 수시로 자산, 부채, 자본에 변화가 발생하더라도 이 등식은 항상 성립할 수밖에 없다. 예를 들어, 12월 28일에 ㈜M제과점을 창업하기 위하여 1억원의 소요자금을 마련하기 위해 그동안 벌은 현금 7천만원과 은행에서 3년 후에 갚는 조건으로 3천만원을 대출받았다고 하면 재무상태표는 다음과 같이 작성된다.

재무상태표

㈜M제과점 2020.12.31. 현재

유동자산	1억원	비유동부채	3천만원
현금	1억원	장기 차입금	3천만원
		자본금	7천만원
자산총계	1억원	부채 및 자본총계	1억원

자산총계는 부채와 자본을 통해서 만들어진 것이기 때문에 회계등식은 위에서처럼 항상 성립할 수밖에 없는 것이다.

재무상태표의 구조를 익히기 위해서는 작성원리 및 계정과목을 확실히 이해하여야 한다. 재무상태표의 기본적인 구조를 〈표 8-1〉에 나타내었다. 재무상태표를 구체적으로 표현하기 위해서는 일정한 양식과 방법을 따라야 하는데, 재무상태표를 작성할 때에는 유동성 관점에서 1년 이내인 단기항목을 먼저 기록하고 비유동자산, 비유동부채는 아래에 배치한다. 또한 현금 및 현금성자산은 유동자산의 세부항목이므로 들여쓰기를 하여야 한다. 유동자산은 현금 및 현금성자산 등 밑에 세부항목을 모두 합친 것이고 비유동자산도 밑에 세부항목을 모두 합친 것이다. 자산총계는 유동자산과 비유동자산을 합친 것을 의미한다. 유동부채, 비유동부채도 아래 세부계정항목을 합친 것이고 부채총계는 유동부채와 비유동부채를 합친 것이다. 자본금, 자본잉여금, 이익잉여금을 합친 것이 자본총계이고 부채총계와 자본총계를 합친 것이 부채와 자본총계이다.

▌표 8-1▐ 재무상태표의 기본구조

재무상태표

㈜M제과점 2020.12.31. 현재

자산		부채	
유동자산	×××	유동부채	×××
현금및현금성자산		매입채무	×××
매출채권	×××	단기차입금	×××
금융자산	×××	비유동부채	×××
재고자산	×××	장기차입금	×××
기타유동자산	×××	기타비유동부채	×××
비유동자산	×××	부채총계	×××
투자자산	×××	자본	
유형자산	×××	자본금	×××
무형자산	×××	자본잉여금	×××
기타비유동자산	×××	이익잉여금	×××
		자본총계	×××
자산총계	×××	부채와자본총계	×××

(1) 재무상태표 자산 항목배열

재무상태표 왼쪽(차변)에 기재되는 자산의 항목배열은 현금화가 높은 유동성 배열원칙에 따라 유동자산과 비유동자산의 순으로 배열된다.

유동자산(Current Assets)은 1년 이내에 현금화할 수 있는 자산이다. 유동자산은 유동성이 큰 자산부터 먼저 기재해야 한다. 따라서 현금 및 현금성자산, 매출채권 등의 순으로 배열된다. 비유동자산(Fixed Assets)은 1년 이내에 현금화가 어려운 자산으로서 투자자산, 유형자산, 무형자산 순으로 배열된다. 비유동자산 중 유형자산은 일반적으로 토지, 건물, 기계장치, 구축물 순으로 배열된다.

(2) 재무상태표 부채, 자본 항목배열

재무상태표 오른쪽(대변)에 기재되는 부채와 자본의 항목배열은 부채부터 먼저 기록하고 자본을 다음으로 기술한다.

부채도 유동성 원칙에 따라서 상환 만기가 빠른 순으로 기록된다. 따라서 상환기간이 1년 이내인 유동부채와 1년 이상인 비유동부채 순으로 배열된다. 자본은 주식발행을 통한 자본금, 주식의 액면가액을 초과해서 발행한 차액인 주식발행초과금과 자본을 통해서 벌어들인 기타자본잉여금으로 구성된 자본잉여금, 이전까지 축적된 이익으로부터 발생한 이익잉여금 순으로 배열된다. 주식발행초과금은 주식의 액면가액이 5천원인데, 기업의 시장가치가 좋아서 2만원에 발행하였다고 하면 그 차액인 만오천원이 주식발행초과금이 되어 발행주식수를 곱하여서 계산한다.

기업회계를 기준으로 한 작성방법은 전년도와 비교하여 적어도 2개년 이상을 나타내도록 하고 있다.

(3) 계정식과 보고식의 이해

재무상태표의 작성방법은 계정식과 보고식 두 가지로 표현할 수 있다. 계정식은 앞서 〈표 8-1〉처럼 자산과 부채, 자본을 T자 형태로 2열로 나누어, 왼쪽에는 자산을 오른쪽에는 부채와 자본을 열거하는 전통적인 방식으로 차변과 대변을 한눈에 비교할 수 있도록 작성하는 방식으로서 계정식은 재무상태표 작성원리를 설명하고 실습하는 데 유용하여 교육 시에 많이 활용된다. 반면에 보고식은 기업의 부채, 자본을 보고서처럼 밑으로 쭉 열거하는 방식을 말한다. 일반적으로 공개되는 기업의 재무상태표는 보고식 형태를 따른다. 〈표 8-2〉에 계정식과 보고식으로 간단하게 작성된 재무상태표를 예시하였다.

▌표 8-2▌ 계정식과 보고식의 비교

계정식

자산		부채	
현금	200	매입채무	2000
매출채권	3000	단기차입금	1000
재고자산	1000	장기차입금	1000
토지와건물	2000	**자본**	
특허권	1500	자본금	1500
		이익잉여금	2200
자산총계	7700	부채와자본총계	7700

보고식

자산	
현금	200
매출채권	3000
재고자산	1000
토지와건물	2000
특허권	1500
자산총계	7700
부채	
매입채무	2000
단기차입금	1000
장기차입금	1000
자본	
자본금	1500
이익잉여금	2200
부채와자본총계	7700

2.2.3 재무상태표 사례

외감법(「주식회사 등의 외부감사에 관한 법률」)에 해당하는 기업은 반드시 재무상태표를 작성하여 외부에 공시하여야 한다. 우리나라는 금융감독원이 운영하는 전자공시시스템(Data Analysis, Retrieval and Transfer System: DART)에 상장법인 등이 공시서류를 인터넷으로 제출하고, 투자자 등 이용자는 제출 즉시 인터넷을 통해 조회할 수 있도록 하는 종합적 기업공시시스템을 활용하고 있다. 재무상태표의 작성 및 보고는 주식시장에 비상장된 기업은 일반적으로 회계연도말의 회계결산시점에서 작성하여 공시한다. 주식시장에 상장된 상장기업은 분기, 반기, 회계연도로 작성되어 보고하여야 한다.

〈표 8-3〉에 보고식으로 작성된 실제기업의 재무상태표가 제시되어 있다. 〈표 8-3〉에서 보듯이 ㈜M제과점의 자산총액과 부채 및 자본총계가 제1기 41,311,419,269원, 제2기에 43,164,496,503원으로 정확히 일치하는 것을 확인할 수 있다. 또한 자산, 부채, 자본 순으로 배열되어 있고, 모든 과목이 유동성이 큰 것부터 순서대로 배열되어 비유동이 맨 뒤에 배열되어 있는 것을 확인할 수 있다. 세부 계정과목은 들여쓰기를 한 것도 확인할 수 있을 것이다. 재무제표 작성방법과 계정과목의 작성순서의 기본원칙을

▌표 8-3▐ 재무상태표의 예시: ㈜M제과점

재무상태표

제2기 2020.12.31. 현재
㈜M제과점 제1기 2019.12.31. 현재 (단위: 원)

	제2기	제1기
자산		
유동자산	11,677,428,379	10,871,950,702
현금및현금성자산	70,296,970	288,504,135
매출채권	9,133,588,457	7,826,754,125
기타유동금융자산	0	500,000,000
재고자산	2,473,542,952	2,256,692,442
비유동자산	31,487,068,124	30,439,468,567
장기금융상품	20,000,000	22,500,000
지분법적용 투자지분	3,193,327,704	3,193,327,704
투자자산	4,941,503,100	4,941,503,100
유형자산	22,321,237,320	21,270,260,763
영업권 이외의 무형자산	1,011,000,000	1,011,877,000
자산총계	43,164,496,503	41,311,419,269
부채		
유동부채	7,810,758,914	8,069,131,368
매입채무 및 기타유동채무	7,723,428,007	6,115,814,933
단기매입채무	6,420,704,820	2,493,202,078
단기차입금	452,087,240	407,865,705
단기미지급금	489,769,128	2,738,213,916
단기예수금	39,219,080	54,135,890
단기선수금	15,313,578	13,354,579
단기미지급비용	181,334,161	158,697,560
유동성장기차입금	125,000,000	25,345,205
미지급법인세	87,330,907	1,953,316,435
비유동부채	3,327,002,040	1,346,463,399
부채총계	11,137,760,954	9,415,594,767
자본		
자본금	6,500,000,000	6,500,000,000
자본잉여금(주식발행초과금)	5,222,817,617	5,222,817,617
이익잉여금(결손금)	20,303,917,932	20,173,006,885
자본총계	32,026,735,549	31,895,824,502
자본과부채총계	43,164,496,503	41,311,419,269

표 8-4 삼성전자 재무상태표

재무상태표

제49기 2017.12.31. 현재 / 제48기 2016.12.31. 현재 / 제47기 2015.12.31. 현재 (단위: 백만원)

	제49기	제48기	제47기
자산			
유동자산	70,155,189	69,981,128	67,002,055
현금및현금성자산	2,763,768	3,778,371	3,062,960
단기금융상품	25,510,064	30,170,656	27,763,589
단기매도가능금융자산			3,021,210
매출채권	27,881,777	23,514,012	20,251,464
미수금	2,201,402	2,319,782	2,314,823
선급금	1,097,598	814,300	1,105,216
선급비용	2,281,179	2,375,520	1,980,305
재고자산	7,837,144	5,981,634	6,578,112
기타유동자산	582,257	743,163	847,303
매각예정분류자산		283,690	77,073
비유동자산	128,086,171	104,821,831	101,967,575
장기매도가능금융자산	973,353	913,989	3,205,283
종속기업, 관계/공동기업 투자	55,671,759	48,743,079	44,107,398
유형자산	62,816,961	47,228,830	45,148,629
무형자산	2,827,035	2,891,844	3,407,229
장기선급비용	3,031,327	3,507,399	3,845,119
순확정급여자산	811,210	557,091	56,174
이연법인세자산	586,161	110,239	865,903
기타비유동자산	1,368,365	869,360	1,331,840
자산총계	198,241,360	174,802,959	168,969,630
부채			
유동부채	44,495,084	34,076,122	29,630,488
매입채무	6,398,629	6,162,650	3,887,983
단기차입금	12,229,701	9,061,167	7,127,527
미지급금	9,598,654	7,635,740	5,952,236
선수금	214,007	200,445	160,990
예수금	500,740	389,528	341,806
미지급비용	6,657,674	6,284,646	6,126,350
미지급법인세	6,565,781	2,055,829	1,802,344
유동성장기부채	5,201	5,854	5,666
충당부채	2,273,688	2,221,717	4,207,745
기타유동부채	51,009	58,546	17,841
비유동부채	2,176,501	3,180,075	2,910,887
사채	46,808	58,542	62,326
장기미지급금	1,750,379	2,808,460	2,387,934
장기충당부채	379,201	312,467	457,290
기타비유동부채	113	606	3,337
부채총계	46,671,585	37,256,197	32,541,375
자본			
자본금	897,514	897,514	897,514
주식발행초과금	4,403,893	4,403,893	4,403,893
이익잉여금(결손금)	150,928,724	140,747,574	143,629,177
기타자본항목	−4,660,356	−8,502,219	−12,526,126
매각예정분류기타자본항목			23,797
자본총계	151,569,775	137,546,762	136,428,255
자본과부채총계	198,241,360	174,802,959	168,969,630

출처: 금융감독원 공시시스템

정한 것은 누가 봐도 바로 확인할 수 있도록 하기 위해서이다. 재무상태표를 이용하는 외부의 이해관계자는 재무상태표를 보고 경영현황을 파악할 것이다. 재무상태표에 대한 경영현황분석은 제3절 재무제표의 해석에서 다룰 것이다. 참고로 재무상태표를 통한 대표적인 분석은 유동성과 안정성이다.

참고로 〈표 8-4〉에 금융감독원 전자공시시스템에 등록된 우리나라 최대기업인 삼성전자의 재무상태표를 제시하였다. 삼성전자의 보고식으로 작성한 재무상태표도 역시 정해진 기준대로 작성된 것을 확인할 수 있다. ㈜M제과점과는 세부 계정과목이 다른 것도 확인할 수 있으며, 세부 계정과목은 업종과 기업의 경영상태에 따라 다를 수도 있다는 것도 확인할 수 있다. 회계에 좀 더 관심을 가진 사람은 회계학을 공부하면 세부 계정과목에 대해서도 이해할 수 있을 것이다. 이하에서 각 재무제표별로 삼성전자 사례를 통하여 연결관계를 설명한다.

2.3 손익계산서

2.3.1 기본개념의 이해

기업의 경영활동의 결과인 경영성과(Results of Business)는 재무상태만큼이나 기업의 중요 관심사이다. 해당되는 회계기간 동안 이익을 남겼는지, 아니면 손해를 봤는지에 대한 평가가 중요한 것이다. 즉 주어진 일정기간 동안의 기업의 경영성과를 어떻게 측정하고 어떤 순서로 파악, 기록할 것인가가 중요한 관심사이다. 이러한 관심사를 해결하기 위해 필요한 재무제표가 바로 손익계산서(Income Statement: I/S)이다.

즉 손익계산서는 일정기간 동안 기업에서 발생한 모든 수익과 비용을 대응시켜, 그 기간 동안의 경영성과를 나타내는 종합적인 손익보고서로서 기업의 경영성과에 대한 정보를 제공하며, 기업의 미래현금흐름과 수익창출능력 등의 예측에 유용한 정보를 제공하기 위한 보고서를 말하며 한국회계위원회에서 공포하는 기업회계기준을 기준으로 하여 작성한다.

손익계산서는 일정기간 동안의 기업경영성과의 결과를 측정하여 수익성을 평가할 수 있는 기본자료이다. 경영성과로부터 수익성을 평가하기 위해서는 실제 이익이 늘든가 아니면 재산이 증가하든가 둘 중의 하나일 것이다. 이러한 개념에 의해서 손익계산서는 두 가지 방식으로 이익을 계산하는데 우선 식 (2)의 총수익에서 총비용을 뺀 손익법을 토대로 작성한다. 다음으로 기업이 일정기간 동안 돈을 벌게 되면 기초자본에 비해서 회계기간말의 기말자본이 늘어난다. 이러한 개념을 토대로 식 (3)의 재산법의 공식이 성립한다.

손익법: 수익 − 비용 = 이익　　식 (2)

재산법: 기말자본 − 기초자본 = 이익　　식 (3)

손익계산서는 위의 두 가지 원칙에 의해서 수익과 비용, 기초자본과 기말자본의 개념으로 기업의 손익을 파악하는 재무제표이다.

2.3.2 손익계산서의 구조와 작성방법

손익계산서를 작성하는 원칙은 일정기간 동안의 회계기간에 대해 수익의 계산과 비용의 계산을 통하여 영업활동으로 인한 손익, 금융활동 같은 영업외활동으로 인한 손익에서 법인세를 차감하고 순이익을 계산하는 순으로 작성된다.

손익계산서를 작성하는 것도 계정식과 보고식이 있는데, 계정식에서는 회계에서 전표를 작성할 때의 분개원칙과 동일하게 왼쪽(차변)에 비용이 기록되고 오른쪽(대변)에 수익이 기록된다. 이것은 재무상태표의 원천과 결과의 개념과 동일한 개념으로 이해하면 된다. 즉 부채와 자본이 바탕이 되어서 자산이 구성되듯이 수익이 바탕이 되어서 비용이 발생되는 개념으로 이해하면 된다. 수익과 비용과의 차이인 이익을 왼쪽(차변)의 맨 아래에 기록하여 균형을 맞추는 형식으로 작성된다. 만약 순손실이 발생하였다면 역으로 오른쪽인 대변에 기입하는 것도 이해될 것이다. 계정식 손익계산서의 기본구조와 내용을 〈표 8-5〉에 제시하였다.

계정식 손익계산서가 수익과 비용을 대비시키는 손익법의 기본원칙을 잘 반영하기는 하지만 전표분개 시에만 사용하고 실무적인 기업회계기준은 보고식의 사용을 원칙으로 한다.

표 8-5 계정식 손익계산서의 기본구조와 내용

비용	수익
매출원가	매출액
판매비와관리비	
영업외비용	
기타비용	
금융비용	영업외수익
법인세	기타수익
당기순이익	금융수익

보고식 손익계산서의 작성은 차변과 대변의 구분 없이 수익과 비용을 몇 단계로 구분하여 순차적으로 작성하는데, 기업회계기준에 따라 일반적으로 다음과 같은 순서로 작성된다.

① **매출액**: 기업의 주된 영업활동에서 발생한 제품 및 서비스로 부터 발생한 수익이다.

② **매출원가**: 제조원가라고도 하며 노무비, 재료비, 경비로 구성된다.

③ **매출총손익**: 매출액에서 매출원가를 공제한 손익이다.

④ **판매비와 관리비**: 판매활동과 기업의 관리와 유지에 소용되는 비용으로서 매출원가에 속하지 않는 영업비용을 말한다.

⑤ **영업손익**: 매출총이익에서 판매비와 관리비를 공제한 손익이다.

⑥ **영업외수익**: 금융수익, 임대료수익 등 기업의 주된 영업활동이 아닌 데서 발생한 수익이다.

⑦ **영업외비용**: 영업활동과 관련 없는 이자비용 등을 말한다.

⑧ **법인세차감전손익**: 엽업손익에서 영업외손익을 차감한 손익이다.

⑨ **법인세비용**: 이익에 의해 법인세법에 따라 계산된 세금을 말한다.

⑩ **당기순손익**: 법인세차감전손익에서 법인세를 공제하고 난 후의 손익이다.

손익계산서의 구조와 작성법을 확실히 이해하기 위하여 예를 들어 살펴보자. 만약 ㈜M제과점의 12월 매출이 8억원이고 매출원가가 5억원, 판매비와 관리비가 1억원, 은행이자가 5천만원 지출되었다면 계정식과 보고식은 다음과 같이 작성된다.

손익계산서(계정식)

㈜M제과점 2020.12.1.~12.31.

매출원가	5억원	수익(매출액)	8억원
판매비와관리비	1억원		
금융이자	0.5억원		
순이익	1.5억원		
합계	8억원	합계	8억원

손익계산서(보고식)

㈜M제과점 2020.12.1.~12.31.

수익(매출액)	8억원
매출원가	5억원
매출이익	3억원
판매비와관리비	1억원
영업이익	2억원
영업외비용(금융이자)	0.5억원
순이익	1.5억원

제시된 계정식과 보고식을 살펴보면 손익의 관점에서 작성하는 손익계산서의 의미를 보면 보고식 손익계산서가 보다 더 목적에 충실한 것을 알 수 있다.

2.3.3 손익계산서 사례

손익계산서 작성 시에 비용의 성격별로 손익을 계산하는 것은 손익의 내용에 따라서 기업에 대한 평가가 달라지기 때문이다. 매출이익은 기업의 주된 제품 및 서비스를 판매한 수익에서 제조원가를 공제한 개념으로 기업제품의 부가가치를 판단할 수 있는 이익이다. 영업이익은 기업의 주된 영업활동의 결과로 인한 것으로 가장 중요하다고 할 수 있다. 〈표 8-6〉에 삼성전자의 손익계산서가 제시되어 있다.

우리나라가 국제회계기준을 도입함에 따라 상장법인에 대해서는 포괄손익계산서를 작성하도록 하고 있는데 포괄손익계산서는 국제회계기준(IFRS)을 근거로 제정된 한국채택국제회계기준(K-IFRS)에 따라 작성되는 손익계산서로 국제회계기준(IFRS)에서는 자본시장의 투자자에게 기업의 재무현황 및 내재가치에 대한 의미 있는 투자정보를 제공하기 위해 기업이 보유하고 있는 금융자산과 금융부채의 가치를 공정가치(시장가치)로 평가하도록 하고 있다. 따라서 포괄손익계산서는 일반기업회계기준에

표 8-6 **삼성전자 손익계산서**

손익계산서

제49기 2017.01.01.부터 2017.12.31.까지
제48기 2016.01.01.부터 2016.12.31.까지
제47기 2015.01.01.부터 2015.12.31.까지 (단위: 백만원)

	제49기	제48기	제47기
수익(매출액)	161,915,007	133,947,204	135,205,045
매출원가	101,399,657	97,290,644	99,659,336
매출총이익	60,515,350	36,656,560	35,545,709
판매비와관리비	25,658,259	23,009,124	22,147,494
영업이익(손실)	34,857,091	13,647,436	13,398,215
기타수익	2,767,967	2,185,600	1,543,190
기타비용	1,065,014	1,289,594	792,058
금융수익	4,075,602	5,803,751	4,917,385
금융비용	4,102,094	5,622,119	4,714,115
법인세비용차감전순이익(손실)	36,533,552	14,725,074	14,352,617
법인세비용	7,732,715	3,145,325	2,114,148
계속영업이익(손실)	28,800,837	11,579,749	12,238,469
당기순이익(손실)	28,800,837	11,579,749	12,238,469

출처: 금융감독원 공시시스템

의한 손익계산서에 기타포괄손익을 포함한 개념으로 판단하며 식 (4)의 개념으로 이해하면 된다.

$$\text{당기순이익} \pm \text{기타포괄손익} = \text{포괄손익} \quad \text{식 (4)}$$

기타포괄손익이란 기업실체가 일정기간 동안 소유주와의 자본거래를 제외한 모든 거래나 사건에서 인식한 자본의 변동액으로서 당기순이익에 기타포괄손익을 가감하여 산출한 포괄손익의 내용을 주석으로 기재한다. 여기서 기타포괄손익의 항목은 법인세비용을 차감한 순액으로 표시한다. 기존의 손익계산서와 포괄손익계산서는 자본항목으로 반영되는 금액의 차이가 발생한다. 〈표 8-7〉에 〈표 8-6〉에 작성된 손익계산서에 연결된 삼성전자의 포괄손익계산서가 제시되어 있다.

표 8-7 삼성전자 포괄손익계산서

포괄손익계산서

제49기 2017.01.01.부터 2017.12.31.까지
제48기 2016.01.01.부터 2016.12.31.까지
제47기 2015.01.01.부터 2015.12.31.까지 (단위: 백만원)

	제49기	제48기	제47기
당기순이익(손실)	28,800,837	11,579,749	12,238,469
기타포괄손익	319,724	308,057	−401,296
후속적으로 당기손익으로 재분류되지 않는 포괄손익	349,950	729,634	225,048
순확정급여자산 재측정요소	349,950	729,634	225,048
후속적으로 당기손익으로 재분류되는 포괄손익	−30,226	−421,577	−626,344
매도가능금융자산평가손익	−30,226	−421,577	−626,344
총포괄손익	29,120,561	11,887,806	11,837,173

출처: 금융감독원 공시시스템

위의 포괄손익을 보면 기타손익계산에 기타포괄손익을 반영하여 당기순이익에 추가되어 늘어난 것을 알 수 있다.

2.4 현금흐름표

발생주의 회계에서는 현금흐름에 의해 거래내역이 기록되는 것이 아니라 회계상의 거래인 사건의 발생에 따라 거래의 기록이 이루어짐에 따라 재무상태표와 손익계산서에서는 회계기간 중 유입된 현금의 흐름과 감소한 현금의 사용내역에 관한 정보를 거의 제공하지 못한다. 그 이유는 현실에서 거래가 이루어질 경우 거래가 이루어진 시점과 현금이 들어오고 나가는 시점이 다를 경우가 많기 때문이다. 거래가 오늘 이루어지고 물건도 납품하여 세금계산서가 발행되어 청구되었지만, 현금은 오늘 들어오지 않고 지정된 결제일에 들어오는 경우가 대부분이다. 따라서 이에 관한 정보를 자세하게 제공하는 현금흐름표(Statement of Cash Flow)가 필수적으로 제공되어야 한다. 따라서 일정기간 내 현금의 유입 또는 유출 등의 현금흐름을 나타내는 표 형식의 문서인 현금흐름표의 작성이 필요하다. 현금흐름표도 기업회계기준에서 규정하고 있는 방법으로 작성하여야 한다. 발생주의의 재무상태표나 손익계산서에 비해 현금주의에 의해서 작성되는 현금흐름표는 현금중심의 자금관리인 유동성관리에 보다 중요한 재무제표이다.

현금흐름표는 기업의 활동을 영업활동, 투자활동 및 재무활동으로 구분하고 각 활동별로 현금유입(원천)과 현금유출(사용)에 관한 내역을 보여준다. 기업의 경영활동은 상품이나 원재료를 매입하거나 제품을 생산하여 판매하는 영업활동, 기계장치 등 고정자산을 구입하고 처분하는 투자활동 그리고 이러한 영업활동과 투자활동을 하기 위해 자금을 조달하고 상환하는 재무활동으로 나누어진다.

따라서 현금흐름표는 한 회계기간에 발생한 영업활동 현금흐름에 투자활동 현금흐름과 재무활동 현금흐름을 가감하여 기업 전체로 본 현금흐름의 증감을 계산한다. 그것을 재무상태표상의 기초현금(잔액)에 가감하면 기말현금(잔액)과 일치하게 되어 있다. 이를 등식으로 나타내면 다음과 같다.

영업활동 현금흐름
± 투자활동 현금흐름
± 재무활동 현금흐름
= 현금의 증감
+ 기초현금
= 기말현금

현금흐름표의 작성방법은 각 계정과목에 대한 이해가 충분히 되어야 전체적인 작성이 가능하므로 여기서는 작성된 현금흐름표의 이해를 중심으로 설명한다. 〈표 8-8〉 2020년 ㈜M제과점의 현금흐름표를 보면 기초의 현금잔고는 2,000,000원이고 기말현금잔고는 12,000,000원이다. 즉 2020년 동안 현금잔고가 10,000,000원 증가하였다. 현금흐름표는 이에 대한 내역을 영업활동, 투자활동, 재무활동 순으로 분류해서 보여준다. 매출처로부터 현금유입이 20,000,000원인 데 반해 매입처에 대한 현금지급(유출)이 10,000,000이어서 영업활동 현금흐름은 10,000,000원 순유입되었다. 일반적으로 영업활동 현금흐름이 순유출인 기업은 일단 조심할 필요가 있다. 물건을 팔고 매출채권을 회수하지 못하거나 원부자재 구입을 통해 자금의 지출이 늘었지만, 판매활동에 문제가 있어서 재고가 급속히 증가하는 경우에 해당하기 때문이다.

한편 투자활동은 기업이 일반적으로 비유동자산을 구입하거나 처분하는 활동이다. 현금흐름표에 의하면 유형자산의 처분으로부터 10,000,000원의 현금이 유입된 반면, 유형자산의 취득에 50,000,000이 소요되어 투자활동 현금흐름은 40,000,000원 순유출되었다. 투자활동 현금흐름이 순유출일 경우에는 대부분 미래에 대한 투자일 가능성이 높기 때문에 순유입보다는 순유출의 경우가 일반적으로 좋지만 기업의 규모에 비해 과도한 유출은 조심을 할 필요가 있다. 재무활동은 자금조달을 위한 활동이다. ㈜M제과점은 장기차입금으로 50,000,000원을 조달한 반면에 사업실적에 따라 주주에게 배당금을 10,000,000원을 지급하였다. 따라서 재무활동으로부터 40,000,000원의 순현금유입이 발생하였다. 결론적으로 ㈜M제과점은 2020년 영업활동과 재무활동에서 각각 10,000,000원과 40,000,000원의 현금을 조달하여 투자활동에 40,000,000원을 사용하였다. 따라서 2020년 10,000,000원의 순현금유입이 있었는데, 이 금액은 재무상태표상의 기초현금잔액과 기말현금잔액의 차이와 일치할 것이다.

▌표 8-8 ▌2020년 ㈜M제과점의 현금흐름표

현금흐름표

㈜M제과점　　제2기 2020.01.01.부터 2020.12.31.까지　　(단위: 백만원)

	제2기
1. 영업활동 현금흐름	10,000,000
영업에서 창출된 현금흐름	
배출저로부터 현금유입	20,000,000
영업활동 현금유출액	
매입처로 현금유출	(10,000,000)
2. 투자활동 현금흐름	(40,000,000)
투자활동 현금유입	
유형자산의 처분	10,000,000
투자활동 현금유출	
유형자산의 취득	(50,000,000)
3. 재무활동 현금흐름	40,000,000
재무활동 현금유입	
장기차입금	50,000,000
재무활동 현금유출	
배당금 지급	(10,000,000)
4. 현금의 증가(감소)	10,000,000
5. 기초의 현금	2,000,000
6. 기말의 현금	12,000,000

〈표 8-9〉에 삼성전자의 현금흐름표를 제시하였다.

▌표 8-9▐ 삼성전자의 현금흐름표

현금흐름표

제49기 2017.01.01.부터 2017.12.31.까지
제48기 2016.01.01.부터 2016.12.31.까지
제47기 2015.01.01.부터 2015.12.31.까지 (단위: 백만원)

	제49기	제48기	제47기
영업활동 현금흐름	**38,906,190**	**23,984,804**	**19,287,521**
영업에서 창출된 현금흐름	41,350,471	24,901,464	19,756,969
당기순이익	28,800,837	11,579,749	12,238,469
조정	18,012,976	14,910,093	13,087,462
영업활동으로 인한 자산부채의 변동	−5,463,342	−1,588,378	−5,568,962
이자의 수취	491,501	622,118	890,456
이자의 지급	−265,364	−208,010	−153,195
배당금 수입	1,118,779	903,758	1,914,856
법인세 납부액	−3,789,197	−2,234,526	−3,121,565
투자활동 현금흐름	**−28,118,806**	**−14,240,450**	**−14,003,962**
단기금융상품의 순감소(증가)	2,960,592	−1,407,068	−2,309,495
단기매도가능금융자산의 처분		3,010,003	2,143,384
장기금융상품의 처분	1,700,000	700,000	1,700,000
장기금융상품의 취득	−500,000	−1,700,000	
장기매도가능금융자산의 처분	98,265	692,547	78,885
장기매도가능금융자산의 취득	−163,765	−477,744	−17,303
종속, 관계, 공동기업 투자의 처분	1,438,362	2,416,678	311,310
종속, 관계, 공동기업 투자의 취득	−7,492,843	−4,648,008	−2,334,935
유형자산의 처분	244,033	335,288	473,836
유형자산의 취득	−25,641,229	−12,161,084	−12,887,965
무형자산의 처분	456	6,357	990
무형자산의 취득	−843,096	−1,046,676	−1,365,674
기타 투자활동으로 인한 현금유출입액	80,419	39,257	203,005
재무활동 현금흐름	**−11,801,987**	**−9,037,006**	**−3,854,887**
단기차입금의 순증가(감소)	3,300,611	1,737,871	4,236,095
자기주식의 취득	−8,350,424	−7,707,938	−5,015,112
자기주식의 처분			3,034
사채 및 장기차입금의 상환	−6,043	−5,860	−5,496
배당금 지급	−6,746,131	−3,061,079	−3,073,408
외화환산으로 인한 현금의 변동		8,063	−9,030
현금 및 현금성자산의 순증가(감소)	**−1,014,603**	**715,411**	**1,419,642**
기초현금 및 현금성자산	**3,778,371**	**3,062,960**	**1,643,318**
기말현금 및 현금성자산	**2,763,768**	**3,778,371**	**3,062,960**

2.5 자본변동표

자본변동표(Statement of Changes in Equity)는 기업실체에 대한 자본의 크기와 그 변동에 관한 정보를 제공하는 재무보고서이다. 자본변동표에는 소유주(주주)의 투자와 소유주에 대한 분배 그리고 포괄이익에 대한 정보가 제공된다. 소유주(주주)의 투자는 현금, 재화 및 용역의 유입 또는 부채의 전환에 의해 이루어지며, 그에 따라 기업실체의 자본이 증가하게 된다. 소유주(주주)에 대한 분배는 현금배당 등의 방법으로 이루어지며, 그에 따라 기업실체의 자본이 감소하게 된다.

소유주의 투자는 기업실체에 경제적 가치가 있는 유·무형의 자원을 이전하는 것이며, 이에 따라 자본이 증가하게 된다. 소유주에 의한 투자는 주로 현금 등과 같은 자산을 기업실체에 납입함으로써 이루어진다. 기업실체는 소유주의 투자를 통해 영업활동에 필요한 자원을 제공받고 동시에 소유주는 기업실체의 자산에 대한 청구권을 취득하게 된다. 소유주에 대한 분배는 기업실체가 현금배당 등의 수단으로 자본의 일부를 소유주에게 분배하는 것이다. 소유주에 대한 분배가 있으면 기업실체의 순자산은 감소한다.

〈표 8-10〉에 삼성전자의 2017년 자본변동표를 예시하였다. 자본변동표는 회계기간 중 자본의 세부 변동내역을 보여준다. 이 회사의 총자본은 기초에 137.5조원에서 기말

▌표 8-10 ▌삼성전자의 2017년 자본변동표

자본변동표

(단위: 백만원)

		자본				
		자본금	주식발행 초과금	이익잉여금	기타자본 항목	자본 합계
2017.01.01 (기초자본)		897,514	4,403,893	140,747,574	−8,502,219	137,546,762
자본의 변동	포괄손익					
	당기순이익(손실)			28,800,837		28,800,837
	매도가능금융자산평가				−30,226	−30,226
	순확정급여자산 재측정요소				349,950	349,950
	배당			−6,747,124		−6,747,124
	자기주식의 취득				−8,350,424	−8,350,424
	자기주식의 소각			−11,872,563	11,872,563	
2017.12.31 (기말자본)		897,514	4,403,893	150,928,724	−4,660,356	151,569,775

에 151.5조원으로 약 14조원이 증가하였는데 그 이유는 당기순이익 28.8조원의 증가가 가장 큰 역할을 하였다. 순이익으로 6.7조원을 배당하였고 주주들의 주식가치 제고를 위하여 자기주식 취득에 8.3조원을 썼다.

2.6 주석

주석(Footnotes)은 재무상태표, 손익계산서, 자본변동표, 현금흐름표에 표시된 항목을 구체적으로 설명하거나 세분화된 정보를 제공한다. 따라서 주석은 재무제표의 해당 계정과목이나 금액에 기호를 붙이고 재무제표의 별지에 동일한 기호를 표시해서 그 내용을 기재한다. 또한 재무제표를 보고 의사결정을 하는 사람들에게 영향을 미칠 수 있는 내용이지만, 재무제표 인식요건을 충족하지 못하는 항목들에 관한 추가정보도 아울러 제공한다. 즉 재무제표의 주석은 정보나 수치 자체의 보충적이고 상세한 정보를 나타내는 보고서이다. 이는 재무상태표, 손익계산서 등과 같은 재무제표는 일정한 틀 속에서 정보를 일목요연하게 잘 정리하여 제공해 주지만, 그 제한된 틀로 인해서 재무제표에 이용자의 의사결정에 유용한 세부적이고 구체적이며 비계량적인 정보를 담지 못하는 한계가 있기 때문이다.

이러한 한계점을 보완하고 재무제표 이용자의 의사결정에 유용한 정보를 가능한 많이 제공하기 위해서 기업이 재무제표의 정보에 추가하여 제공하는 정보가 주석이다. 우리나라의 외감법에서는 자본변동표, 현금흐름표와 더불어 주석을 필수적인 공개 문서로 요구하고 있다.

이러한 주석은 다음과 같은 정보를 제공한다.

- 재무제표 작성 근거와 기업이 사용한 구체적인 회계정책에 대한 정보
- 한국채택국제회계기준에서 요구하는 정보지만 재무제표 어느 곳에도 표시되지 않는 정보
- 재무제표 어느 곳에서도 표시되지 않지만 재무제표를 이해하는 데 적합한 정보

그리고 주석은 재무상태표 등의 각 재무제표상에 표시된 관련 항목과 상호 연결되는 방식으로 작성한다. 주석이 없는 재무제표는 바퀴 없는 자동차나 마찬가지이다. 재무제표 안의 숫자는 수십만 건의 거래를 모아놓은 합계이기 때문에 그 의미를 구체적으

로 이해하려면 주석 없이는 불가능하다. 주석의 내용은 재무제표에서 제시하지 못하는 많은 정보를 제공하기 때문에 이 책에는 제시하지 않았지만 금융감독원 전자공시시스템에서 그 내용을 확인할 수 있고, 그 내용을 토대로 재무제표의 속 내용을 확인하고 파악할 수 있을 것이다.

3 재무제표의 해석

재무제표 작성이 완료되면 재무성과의 분석을 통해 기업의 여러 가지 지표에 대한 분석이 이루어진다. 기업의 경영실적은 재무제표에 나타나며 일반적으로 비율이나 지수 등이 사용된다. 기업의 재무성과분석은 성장성, 안정성, 수익성과 생산성, 유동성과 활동성으로 구분할 수 있다.

3.1 성장성과 안정성

3.1.1 성장성

성장성(Growth)은 기업의 당해 연도에 경영규모나 기업활동의 성과가 전년도에 비하여 얼마나 증가하였는지를 비교해서 나타내는 비율이다. 기업의 경쟁력이나 미래의 수익창출능력을 간접적으로 나타내는 지표이다. 성장성분석에는 매출액증가율, 총자산증가율, 자기자본증가율, 순이익증가율, 주당 순이익증가율 등이 있다.

(1) 매출액증가율

매출액증가율(Growth Rate of Sales)은 매출액이 전년도에 비해 당해연도에 얼마나 증가하였는가를 나타내며, 기업의 성장률을 판단하는 대표적인 비율이다.

$$\text{매출액증가율} = \frac{(\text{당기매출액} - \text{전기매출액})}{\text{전기매출액}} \times 100$$

(2) 총자산증가율

총자산증가율(Growth Rate of Assets)은 기업에 투자되어 운영된 총자산이 전년도에 비하여 당해연도에 얼마나 증가하였는가를 나타내는 비율이다. 즉 기업의 성장규모를 측정하는 비율이다.

$$\text{총자산증가율} = \frac{(\text{당기말 총자산} - \text{전기말 총자산})}{\text{전기말 총자산}} \times 100$$

(3) 자기자본증가율

자기자본증가율(Growth Rate of Stockholder's Equity)은 자기자본이 전년도에 비해 당해연도에 얼마나 증가하였는가를 나타내는 비율이다. 즉 장부가치를 기준으로 주주의 부가 얼마나 늘었는지를 파악하는 비율이다.

$$\text{자기자본증가율} = \frac{(\text{당기말 자기자본} - \text{전기말 자기자본})}{\text{전기말 자기자본}} \times 100$$

(4) 순이익증가율

순이익증가율(Growth Rate of Income)은 기업의 최종성과인 순이익이 전년도에 비해 당해연도에 얼마나 증가하였는가를 나타내는 비율이다. 즉 기업의 실질적인 성장세를 보여주는 비율이다.

$$\text{순이익증가율} = \frac{(\text{당기순이익} - \text{전기순이익})}{\text{전기순이익}} \times 100$$

(5) 주당 순이익증가율

주당 순이익증가율은 주당 순이익(Earnings Per Share: EPS)이 전년도보다 얼마나 증가했는지를 나타내는 비율이다. 즉 주주의 투자단위당 성장세를 파악하는 데 유용한 비율이다.

$$\text{주당 순이익증가율} = \frac{(\text{당기주당 순이익} - \text{전기주당 순이익})}{\text{전기주당 순이익}} \times 100$$

3.1.2 안정성: 레버리지비율

안정성(Stability)은 레버리지비율(Leverage Ratio)이라고도 하며, 기업이 조달한 자본이 어느 정도 타인자본에 의존하고 있는가를 나타내는 비율이다. 레버리지는 원래 지렛대 작용을 의미한다. 레버리지비율은 부채를 사용함으로써 발생하는 손익확대효과를 의미한다. 즉 기업이 부채를 많이 사용할 경우 낮은 이자율로 차입하여 높은 수익을 얻을 수 있는 투자안에 투자를 하여 더 많은 손익을 올릴 수 있다. 그러나 부채를 많이 사용할 경우 재무위험이 증가하고 투자수익이 차입비용보다 떨어진다면 기업이 지급불능상태에 빠질 수도 있으므로 경영자는 적절한 부채사용비율을 결정하여야 한다. 레버리지비율은 부채의 원리금 상환능력을 측정하는 것으로서 부채비율과 이자보상비율이 있다.

(1) 부채비율

부채비율(Debt Equity Ratio)은 총자본을 구성하고 있는 타인자본을 자기자본으로 나눈 비율이다. 부채비율은 100 이하를 표준비율로 보고 있다. 따라서 채권자의 입장에서 부채비율은 낮을수록 선호하고, 기업의 소유자 입장에서 높을수록 선호한다. 왜냐하면 채권자 입장에서는 기업이 청산을 하더라도 부채비율이 100 이하라면 채권을 손실 없이 회수할 수 있을 것이며, 기업의 소유주 입장에서는 부채를 조달 운용해서 얻을 수 있는 수익률이 차입된 이자율보다 높다면 주주의 몫이 커지기 때문에 부채비율이 100 이상을 선호할 수 있다.

$$\text{부채비율} = \frac{\text{부채}}{\text{자기자본}} \times 100$$

(2) 이자보상비율

이자보상비율(Times Interest Earned 또는 Interest Coverage Ratio)은 기업이 부채사용에 따른 이자지급능력을 보유하고 있는지를 파악하는 데 사용하는 비율이다. 즉 이자보상비율은 타인자본에 대한 발생이자가 기업에 미치는 영향을 판단하는 비율로서, 이자지급 전 경상이익이 부채를 사용하여 발생하는 이자비용의 몇 배에 해당하는가를 나타낸다. 이자보상비율은 적어도 1배 이상이 되어야 이자비용을 정상적으로 지급할 수 있다.

$$\text{이자보상비율} = \frac{\text{이자지급 전 경상이익}}{\text{이자비용}} = \frac{(\text{경상이익} + \text{이자비용})}{\text{이자비용}}$$

3.2 수익성과 생산성, 활동성

3.2.1 수익성

수익성(Profitability)은 기업이 투자한 자본으로 얼마만큼의 이익을 달성했는가를 나타내는 비율로서 일정기간의 영업성과를 표시하는 지표이다. 여기에는 총자본순이익률, 매출액수이익률, 자기자본순이익률 등이 있다.

(1) 총자본순이익률

총자본순이익률(Net Profit to Total Assets)은 순이익을 총자본(또는 총자산)으로 나누어 산정한 비율이다. 즉 기업의 수익성을 대표하는 비율이다. 이를 투자수익률(Return on Investment: ROI)이라고도 한다. 기업에 투자된 총자본이 최종적으로 얼마나 많은 이익을 창출하였는지를 측정하는 비율이다.

$$\text{총자본순이익률} = \frac{\text{당기순이익}}{\text{총자본}} \times 100$$

(2) 매출액순이익률

매출액순이익률(Net Profit to Sales)은 당기순이익을 매출액으로 나누어 산정한 비율이다. 즉 기업의 경영활동에 따른 성과를 총괄적으로 파악하는 비율이다. 기업의 전체적인 경영효율성 측정에 이용되는 비율이다.

$$\text{매출액순이익률} = \frac{\text{당기순이익}}{\text{매출액}} \times 100$$

(3) 자기자본순이익률

자기자본순이익률(Net Profit to Net Worth)은 당기순이익을 자기자본으로 나누어 산정한 비율이다. 이를 자기자본수익률(Return on Equity: ROE)이라고도 한다. 즉 주주가 기업에 투자한 자본에 대한 수익성을 측정하는 비율이다.

$$\text{자기자본순이익률} = \frac{\text{당기순이익}}{\text{자기자본}} \times 100$$

3.2.2 생산성

생산성(Productivity)은 기업이 투입한 생산요소에 대한 산출량을 나타내는 비율로서 경영활동의 효율성과 성과배분의 합리성 등을 분석하는 데 사용되는 지표이다. 생산성은 노동생산성과 자본생산성 등으로 측정된다.

(1) 노동생산성

노동생산성(Labor Productivity)은 종업원 1인이 일정기간 동안 산출하는 생산량 또는 부가가치를 나타내는 비율이다. 노동생산성은 노동의 효율적인 활용도로서 노동생산성이 상승하면 상품의 가격이 하락하고 자체 비용도 낮아지며, 가격을 그대로 두어도 기업의 부가가치가 높아지게 된다.

$$\text{노동생산성} = \frac{\text{노동생산성 생산량(부가가치)}}{\text{종업원 수}}$$

(2) 자본생산성

자본생산성(Capital Productivity)은 기업에 투자된 자본, 즉 기계 등을 운영한 결과로 얻어진 생산량 또는 부가가치를 나타내는 비율이다. 자본생산성은 자본의 효율적 이용도이다. 자본이란 산출에 기여하는 자원의 의미로 생산설비의 양, 생산능력, 유형고정자산액 등이고, 산출량은 생산량, 생산액, 부가가치액 등이다.

$$\text{자본생산성} = \frac{\text{생산량(부가가치)}}{\text{투자된 총자본}}$$

일반적으로 100% 이상이면 양호한 것으로 본다. 유동자산 중에서 재고자산은 유동성이 상대적으로 낮은 항목이다. 그래서 재고자산을 제외한 현금, 예금, 유가증권, 매출채권만을 고려하여 유동성을 평가하는 비율이 당좌비율이다.

3.2.3 활동성

활동성(Activity)은 기업이 보유하고 있는 자산을 얼마나 효율적으로 활용하고 있는가를 나타내는 비율로서 매출액을 주요 자산으로 나눈 회전율로 나타낸 지표이다. 활동성에는 재고자산회전율, 매출채권회전율, 총자산회전율 등이 있다.

(1) 재고자산회전율

재고자산회전율(Inventory Turnover)은 연간매출액을 재고자산으로 나눈 비율로서 재고자산의 회전속도를 의미한다. 재고자산회전율은 일정기간 동안에 재고자산이 몇 번이나 현금 또는 매출채권으로 전환되었는가를 나타내는 비율이다. 재고자산회전율이 높을수록 적은 재고자산으로 생산 및 판매활동을 효율적으로 수행하고 있다고 볼 수 있다.

$$\text{재고자산회전율} = \frac{\text{매출액}}{\text{재고자산}}$$

(2) 매출채권회전율

매출채권회전율(Receivables Turnover, Receivable Turnover Ratio)은 매출액을 매출채권으로 나눈 비율이다. 매출채권회전율은 매출채권(외상매출금)의 현금화 속도를 측정하는 비율이다. 매출채권회전율이 높다는 것은 매출채권이 잘 관리되고 현금화 속도가 빠르다는 것을 의미한다. 다시 말하면 같은 매출액이라도 외상매출액이 적을수록 매출채권관리를 잘하고 있다고 볼 수 있으므로 이 비율이 클수록 좋다.

$$\text{매출채권회전율} = \frac{\text{매출액}}{\text{매출채권}}$$

(3) 총자산회전율

총자산회전율(Total Assets Turnover)은 매출액을 총자산으로 나눈 비율이다. 총자산회전율은 총자산이 1년 동안 몇 번 회전했는지를 나타내는 비율이다. 총자산은 총자본과 동일하므로 총자본회전율이라고도 한다. 총자산회전율은 기업이 투자한 총자산의 활용도를 측정하는 것이다. 총자산회전율이 1이라는 의미는 기업이 1년 동안 실현한 매출액의 규모가 총자산의 규모와 동일하다는 것을 의미한다. 총자산회전율은 기업이 사용한 총자산을 얼마나 효율적으로 이용했는가를 나타낸다.

$$\text{총자산회전율} = \frac{\text{매출액}}{\text{총자산}}$$

연습 문제

〈객관식〉

01 현금흐름표의 관점에서 중요한 세 가지 핵심활동이 아닌 것은?

① 재무활동　② 영업활동
③ 투자활동　④ 개발활동

02 회계에서 유동과 비유동의 기준은?

① 3개월　② 6개월
③ 1년　④ 3년

03 다음 중 내부목적의 회계는?

① 재무회계　② 관리회계
③ 세무회계　④ 회계감사

04 재무상태표 등식에 관한 내용으로 잘못 표현된 것은?

① 자산=부채+자본　② 회계등식
③ 대차평형의 원리　④ 오른쪽(대변)이 결과

05 경제적 가치를 화폐로서 표현할 수 있는 것에 가장 적합한 용어는?

① 자산　② 재산
③ 자원　④ 제품

06 거래가 이루어지면 가장 먼저 이루어지는 행위는?

① 분개　② 전기
③ 시산표 작성　④ 정산표 발행

07 다음 중 이자지급능력을 확인하기 위해 회계정보를 이용하는 집단은?

① 종업원　② 경영자
③ 투자자　④ 채권자

08 다음 중 자본에 해당되지 않는 것은?

① 자본금　② 자본잉여금
③ 이익잉여금　④ 특허권

09 유형자산을 구입하게 되면 반드시 결산정리를 하여야 하는 것은?

① 소모품 ② 임대료
③ 관리비 ④ 감가상각비

〈주관식〉

01 (주)공주의 재무상태가 다음과 같을 때 재무상태표를 계정식으로 작성하시오.

> 매출액 100억원, 판매 및 일반관리비 30억원, 법인세 4억원, 매출원가 50억원, 금융비용 3억원, 금융소득 2억원, 재고자산 50억원, 건물 30억원, 토지 30억원, 특허권 20억원

객관식 해답

01 ④ 02 ③ 03 ② 04 ④ 05 ① 06 ① 07 ④ 08 ④
09 ④

참고문헌

박무현 · 도상호 · 이연희 · 임상종, '관리회계원리', 도서출판 청람, 2013.
박용태, '공학도를 위한 기술과 경영', 생능출판사, 2011.
박용태, '공학도와 경영마인드', 제3판, 생능출판사, 2018.
신홍철 · 정영기, '개념을 알면 쉬운 회계학원론', 제2판, 도서출판 청람, 2016.
임병선, 'NCS기반의 원가관리', 도서출판 범한, 2016.
정기웅, '기업경영분석', 지필미디어, 2015.
전자공시시스템, '기업공개자료', 2017~2019.

CHAPTER 09

기술사업화

산업경쟁력을 높이는 핵심 메커니즘의 하나로 기술사업화(Technology Commercialization)가 있다. 기술사업화는 기술전략에 맞추어 수행한 R&D와 기술혁신 등을 통하여 확보한 기술을 시장상황을 보고 직접 제품을 출시하는 것을 말한다. 그런데 제4차 산업혁명과 관련된 기술은 주로 단품보다는 제품과 서비스에 연결되어 있으므로 비즈니스 모델, 플랫폼 등에 커다란 영향을 받는다. 이것은 기술이 이미 시장에 넘쳐나고 있어 고객이 과거와는 달리 제품을 구성하는 기술 자체보다는 고객의 요구에 기반을 둔 비즈니스 모델을 먼저 생각한 후에 필요한 기술들을 채워 넣는 식으로 생각하기 때문이다. 이 장에서는 이러한 기술사업화의 개념과 기술자산 및 관리에 대하여 살펴보고, 대표적 기술사업화 유형의 하나인 기술창업 및 사례를 살펴본다.

1 기술사업화의 개요

1.1 기술사업화의 정의

기술이란 「기술의 이전 및 사업화 촉진에 관한 법률」에 따르면 다음의 어느 하나에 해당하는 것으로 정의하고 있다.

① 「특허법」 등 관련 법률에 따라 등록 또는 출원된 특허, 실용신안, 디자인, 반도체 집적회로의 배치설계 및 소프트웨어 등 지식재산

② ①의 기술이 집적된 자본재(資本財)

③ ① 또는 ②의 기술에 관한 정보
④ 그 밖에 ①부터 ③까지에 준하는 것으로 이전 및 사업화가 가능한 기술적, 과학적 또는 산업적 노하우

기술사업화는 상기 법률에서 위의 기술을 이용하여 제품을 개발·생산 또는 판매하거나 그 과정의 관련 기술을 향상시키는 것으로 정의한다. 이러한 기술사업화와 유사한 의미로 사용되는 것으로 상용화, 산업화 등이 있다. 이들은 의미는 조금씩 다르지만 공통적으로 R&D 성과 또는 기술의 활용을 통한 가치창출의 활동과 그 과정이라는 의미로 사용된다. 그러므로 기술사업화의 범위는 시장 지향형 기술기획에서 신사업, 신제품개발 및 상용화까지로 매우 넓다.

1.2 기술사업화의 전제조건

기술사업화를 성공적으로 실현하는 것에는 많은 장애요인이 있다. 그리고 사업화를 추진하다가 실패한다면 더욱 많은 자원을 낭비하게 된다. 따라서 기술사업화의 성공 가능성을 높이는 전제조건에 대해서 살펴볼 필요가 있다. 기술사업화의 전제조건은 다음의 네 가지로 나눌 수 있다.

첫째, R&D 기획단계에서부터 사업화를 염두에 두어야 한다는 점이다. 대부분의 기업은 사업전략에 맞추어 R&D를 계획을 한다. 따라서 시장이나 경쟁사분석은 필수조건이다. 기본적으로 R&D 추진은 외부의 환경적 요인과 내부역량을 고려하여 기업의 미션과 비전을 바탕으로 중장기 목표와 전략을 세우고, 그에 따라 단계적으로 실행을 한다. 그러므로 획득한 R&D 성과는 당연하게 프로젝트로 연결되어야 한다. 기술사업화 과정은 이러한 기술자산을 제품화하여 최종적으로 부가가치를 창출하는 것이다. R&D 추진 시 단순하게 결과물에 초점을 맞출 것이 아니라 결과물을 사업화하는 것에 두어야 한다. 기술사업화는 [그림 9-1]에 나와 있는 후반부에 중점을 두고 있다고 볼 수 있다.

그림 9-1 | 기술자산 생성 및 전환과정

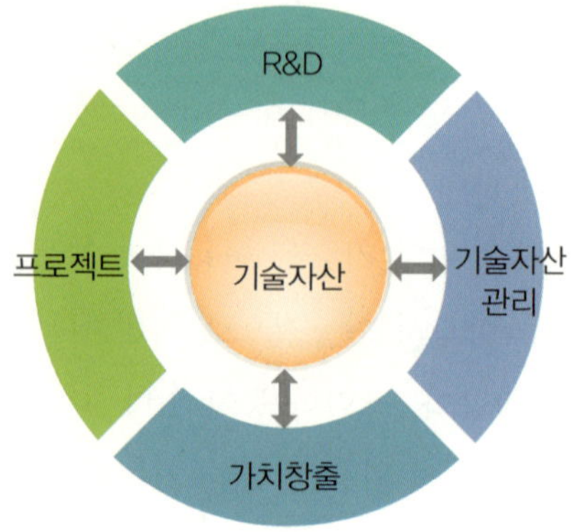

기업들이 추진하는 정부 R&D 과제의 경우에 사업화보다 R&D 자체에 의미를 두는 경우가 종종 있어 시장에서 사장되는 기술자산이 생기는 경우가 있다. 이에 따라서 정부에서는 과제 선정 시 사업화 가능성이 높은 과제가 선정되도록 관련 항목의 평가 배점을 높이는 등 노력하고 있다.

둘째, 전사 차원의 실행이 이루어져야 한다는 점이다. R&D를 통하여 획득한 기술로 제품화하더라도 성과가 나타나기 위해서는 공정혁신(Process Innovation)과 같은 기술적 혁신 외에도 비기술적 혁신의 영향이 중요하다. 비기술적 혁신으로는 마케팅혁신(Marketing Innovation), 조직혁신(Organization Innovation) 등이 있다. 따라서 성공적인 제품혁신(Product Innovation)이 이루어지기 위해서는 전사 차원의 실행이 중요하다. 특히 제4차 산업혁명시대에서는 기존의 기술, 시장의 벽이 붕괴되고 산업 간 융·복합화와 네트워크가 진행되면서 이러한 부분이 더 강조되고 있다. 회사는 비전과 목표를 명확히 하고 전사 차원에서 기술적, 비기술적 혁신을 체계적이고 지속적으로 수행할 필요가 있다.

셋째, 사업화에 필요한 지식자산을 확보해야 한다는 점이다. R&D 기획단계에서부터 필요한 특허 등에 대한 대비책을 세울 필요가 있다. 디자인과 상표에 관한 권리도 검토가 이루어질 필요가 있다. 대개 기업이 R&D를 기획하는 시점과 기술사업화를 추진하는 시점에는 차이가 있기 마련이다. R&D 성과물이 무용지물이 되지 않도록 사전에 충분한 검토가 필요하다. 최근에는 정보통신기술이 빠르게 발전하고 있어 기술순환주기가 짧아지고 있는 상황이다. 그러므로 R&D 기획단계부터 경쟁사 특허전략과 포트폴리오를 파악할 필요가 있다.

넷째, R&D 주체와의 협업이 잘 이루어져야 한다. 산·학·연 사이의 분업 및 협업은

R&D 기간을 단축하고 성과를 높이기 위해서도 중요하지만 사업화단계에서도 필요하다. 사업화 시 검토가 필요한 내용에 대하여 소통을 원활하게 하여야 한다. 회사는 자체 수행하지 않은 부분에 대해 충분한 내용이 숙지되어야 하며 만약 사업화 추진단계에서 어려움이 발생할 때, 바로 기술적 도움을 받을 수 있도록 해두어야 한다. 대학이나 공공연구소에서 보유하고 있는 관련 기술을 사전에 검토하고 필요시 도움을 받을 수도 있다.

마지막으로 고객의 욕구가 중요하다. 제4차 산업혁명시대에는 더욱 고객의 욕구 파악이 중요하다. 이제는 개인의 단순한 니즈(Needs)가 제품에 대한 다양한 목소리인 욕망(Wants)을 넘어 각자의 욕구(Desires)로 나타나고 있다. 심지어 다양하고 빠른 기술의 변화로 고객 자신조차 정확하게 원하는 것이 무엇인지 모를 수도 있다. 이러한 고객의 숨은 욕구를 찾아내어 사용자 경험(User Experience)에 기반을 둔 제품개발이 중요하다. 그러므로 기업은 고객의 숨은 욕구를 찾아내고 이를 바탕으로 고객에게 다가가도록 노력해야 한다.

2 기술사업화의 프로세스

2.1 기술사업화이론

기술사업화의 과정을 이해하도록 돕고 신규사업의 성공률을 높이기 위하여 기술사업화에 대한 연구가 많이 진행되었다. 그중 대표적인 연구자들로는 쿠퍼(Cooper, 1986), 듀폰(Dupont, 1995), 졸리(Jolley, 1997) 등이 있다. 이 연구들은 공통적으로 기술사업화가 여러 단계(stage)로 이루어진다고 밝히고 있다. 쿠퍼의 스테이지게이트 프로세스(Stage-gate process)는 신제품개발과 관련하여 보편화된 방법론으로 신제품 관련 아이디어 도출(Idea Generation)과정과 상업화(Commercialization)하여 출시(Launch)하는 과정 등이 있다. 국제경영개발원(IMD) 교수인 졸리(1997)는 비선형적 기술혁신모형에 기반을 둔 기능모형을 제안하였다. 이는 기술사업화가 순차적인 단계를 거치기보다는 여러 단계들이 복잡하게 연계되고, 다양한 이해관계자들과의 관계를 중요한 요인이라 간주하는 것이다. 졸리의 기술사업화이론은 기술의 사업화방법론에 관한 대표적인 이론으로 5단계(subprocess) 4전이(bridge)이론이다. 이 이론은 [그림 9-2]에 나와 있는 바와 같이 초기사업화단계인 아이디어의 착상(imagining)부터 제품의 시장진입과 개선단계에 이르는 기술사업화 전체 과정을 다루고 있다. 이와 같이 졸리는 기술사업화의 전체 과정을 그룹화하여 기술사업화는 기술의 가치를 증대시키는 일련의 단계활동을 수행하는 것이라 주장한다.

기술사업화모형 5단계는 〈표 9-1〉과 같다.

그림 9-2 | 졸리(Jolley)의 기술사업화모형

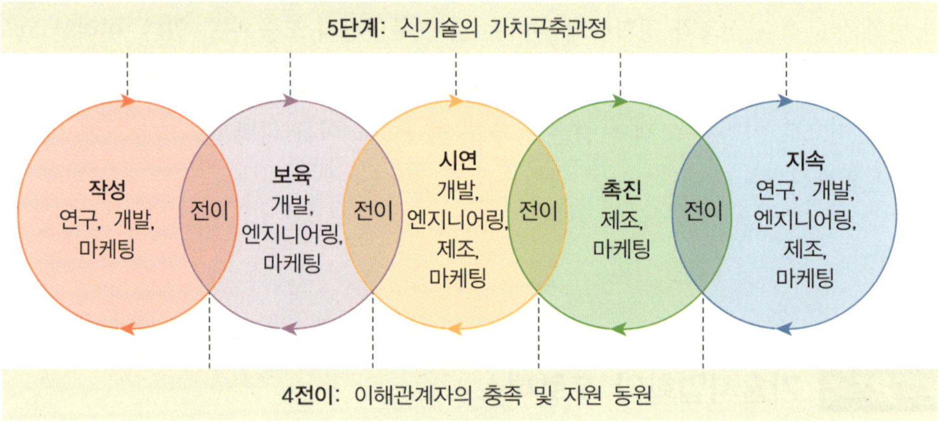

출처: Jolley, 1997; 박종복, 기술사업화 이론과 적용방안, 2008

표 9-1 | 졸리의 기술사업화모형 5단계

단계	내용
착상 (Imagining)	기술적 성과를 시장에서의 활용기회와 결합시키는 단계
보육 (Incubating)	새로운 아이디어의 사업화 가능성을 기술과 수요 측면에서 구체화시키는 단계
시연 (Demonstrating)	신기술을 시장에서 판매 가능한 제품 또는 공정(Process)으로 구현하는 단계
촉진 (Promoting)	새롭게 시장을 창출하거나 제품이 잘 받아들여지게 인프라를 구축하거나 장애요인들을 제거하는 단계
지속 (Sustaining)	신기술을 이용한 제품 또는 공정이 시장에서 오랜 기간 동안 존속하며 거기에서 발생하는 가치의 상당부분을 전유하는 단계

출처: Jolley, 1997

〈표 9-1〉의 5단계는 신기술의 가치가 확립되어 가는 과정을 개념화한 것으로 기술적 측면과 마케팅 측면을 중심으로 다루고 있다. 반면에 [그림 9-2]에 나와 있는 네 개의 전이활동은 현 단계에서 다음 단계로 넘어가는 데 필요한 가치를 축적하는 것과 다음 단계에서 소요되는 자원을 조달하는 것을 목표로 한다. 네 개의 전이과정은 순차적으로 관심과 인정동원(Mobilizing Interest and Endorsement), 시연을 위한 자원동원(Mobilizing Resources for Demonstration), 시장 구성요소의 동원(Mobilizing Market Constituents), 시장 확대를 위한 보완적 자산의 동원(Mobilizing Resources for Delivery)이다. 앞의 두 개의 활동은 문제해결능력을 필요로 하고 뒤의 두 개의 활동은 이해관계자(Stakeholder)를 대상으로 하는 설득역량이 요구된다. 그러므로 전이활동의 성공 여부가 기술사업화의 각 단계의 진행에 크게 공헌을 하게 된다. 기술사업화의 각 단계는 가치를 만들 때 독립적으로 수행한다. 따라서 기술사업화에 내재한 불확실성이 모든 단계에 고루 분포되어 있기 때문에 현단계가 성공하였다 하더라도 다음 단계의 성공이 보장되지는 않는다. 기술사업화가 진행하면서 나타나는 가치는 [그림 9-3]과 같다.

그림 9-3 | 졸리의 기술사업화모형

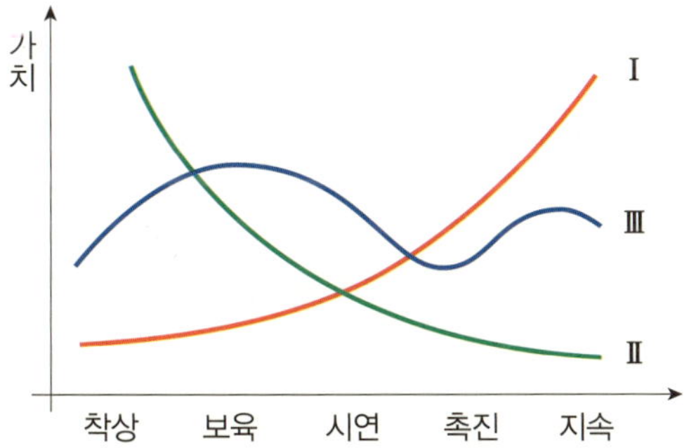

출처: Jolley, 1997; 박종복, 기술사업화 이론과 적용방안, 2008

[그림 9-3]에서 Ⅰ은 모든 단계에서 성공하는 이상적인 유형이며, Ⅱ는 초기단계는 양호하나 이후 가치 하락이 발생하는 유형이다. Ⅲ이 가장 일반적으로 관찰되는 유형이다.

졸리의 기술사업화이론은 기술사업화의 현상을 잘 설명하고, 기술사업화 유형을 동일한 틀에서 분석할 수 있는 장점이 있다. 그러나 산·학·연·관 등 기술사업화 관련 주체의 활용 측면에서 절차와 방법론이 명확하지 않다는 한계를 가지고 있다.

2.2 기술사업화의 유형

기술사업화를 구분하면 〈표 9-2〉와 같다.

표 9-2 기술사업화의 대표적 유형

구분	유형	주요 내용
공공부문	기술이전, 민간사업화	대학 및 공공기관이 연구개발한 공공기술을 민간기업에 유상 또는 무상이전하여 사업화
	연구자 창업	기술창업으로 사업화
민간부문	자체기술 사업화	민간기업이 자체 또는 공동개발한 기술을 사업화
	이전기술 사업화	기술을 구매하여 이전받은 기술을 사업화

〈표 9-2〉에 나와 있는 바와 같이 기술사업화 유형(type)은 크게 공공부문과 민간부문으로 나눌 수 있다. 공공부문의 경우는 주로 정부의 R&D 자금이 지원된 것으로 대학 또는 공공기관이 가지고 있는 공공기술을 민간기업에 무상 또는 유상으로 이전하여 사업화하는 것이다. 정부주도의 공공기관에서 수행한 R&D 결과를 사업화를 통한 부가가치 창출을 위해서 민간기업에게 기술이전을 하는 것이다. 기본적으로 민간기업으로서는 기술개발을 하려면 많은 자원과 긴 시간이 필요하고, 개발 리스크 부담까지 있기 때문에 공공부문의 기술이전에 관심을 가지고 있다. 다만 개발된 기술을 제품화하는데 추가적으로 별도의 R&D가 필요할 수 있다. 이는 기초기술과 응용기술의 차이가 발생할 수 있기 때문이다. 따라서 정부의 R&D 과제에 민간기업이 함께 참여하여 정부연구개발사업의 효율성과 경제적 효과를 높이는 경우가 늘어나고 있다. 가용자원이 부족한 중소기업에게는 유용한 기술사업화방법이 되기도 한다. 또한 정부에서 민간기업의 중·장기 수요를 조사하여 필요한 기술을 개발하는 방법도 추진되고 있다. 공공부문의 경우 또 한 가지 경우는 R&D에 직접 참여한 교수, 연구원들이 기술창업을 하는 것이 있다. 이는 기술이전이 아니라 R&D 결과의 사업 성공 가능성을 높게 판단하여 연구자 자신의 창업으로 속도감 있게 사업화를 추진할 수 있는 장점이 있는 반면에 영

업 · 마케팅 분야 등이 상호 협력을 하여야 효과적인 기술사업화가 이루어질 수 있다. 기술창업과 관련해서는 제4절에서 상세하게 다룰 것이다.

민간부문의 경우에는 자체 기술사업화와 이전기술사업화로 나눌 수 있다. 민간기업의 입장에서는 기술전략에서 학습한 바와 같이 기본적으로 기업 자체적인 연구개발을 선호한다. 이는 원하는 제품과 공정을 빠르게 적용하도록 내부 자원을 효율적으로 활용할 수 있고, 외부로 기술 유출이 되지 않고 기업 내부의 기술력으로 축적이 되어 고유의 자산으로 남게 되기 때문이다. 다음에는 이전기술을 사업화하는 방법이

표 9-3 구글의 인수기업목록(2016, 2017년)

인수일	기업명	사업	사용처/병합처
2016년 02월 12일	BandPage	음악가를 위한 플랫폼	유튜브
2016년 02월 18일	Pie	기업정보	Spaces(app)
2016년 05월 02일	Synergyse	Interactive tutorials	구글 문서도구
2016년 06월 22일	Webpass	인터넷서비스 제공자	구글 파이버
2016년 07월 06일	Moodstocks	이미지 인식	구글 포토
2016년 07월 08일	Anvato	클라우드 기반 영상서비스	구글 클라우드 플랫폼
2016년 07월 12일	Kifi	링크관리	Spaces(app)
2016년 07월 27일	LaunchKit	모바일 툴 제작자	안드로이드
2016년 08월 08일	Orbitera	클라우드 소프트웨어	구글 클라우드 플랫폼
2016년 09월 08일	Apigee	API관리와 예측분석	구글 클라우드 플랫폼
2016년 09월 15일	Urban Engines	지역 기반 분석	구글 지도
2016년 09월 19일	API.AI	자연언어 처리	구글 어시스턴트
2016년 10월 11일	FameBit	Branded content	유튜브
2016년 10월 24일	Eyefluence	동체 추적, 가상현실	구글 VR
2016년 12월 13일	Cronologics	스마트워치	안드로이드 웨어
2017년 01월 05일	Limes Audio	음성 의사소통	구글 Duo, 구글 행아웃
2017년 01월 19일	Fabric	Crash Analytics	Google Developer Product Group, Firebase
2017년 03월 08일	캐글	데이터 사이언스	구글 클라우드 플랫폼
2017년 03월 09일	AppBridge	생산성 모음	구글 문서도구
2017년 05월 10일	Owlchemy Labs	가상현실 스튜디오	구글 VR
2017년 07월 12일	Halli Labs	인공지능	

출처: 위키피디아, 구글이 인수한 기업목록

다. 이는 기술마케팅에서 공부한 내용으로 기술판매기업으로부터 기술을 구매하여 사업화하는 방법이다. 이러한 방법은 신속하게 기술개발을 하여 제품화하려는 기업에게는 매우 유용하다. 기술을 구매하여 사업화하고 있는 대표적인 기업이 구글이며, 〈표 9-3〉은 구글이 인수한 M&A 리스트 중 2016년, 2017년에 이루어진 내용을 정리한 것이다.

구글은 초기에는 검색엔진으로 사업을 시작하였으나 적극적인 M&A를 통하여 새로운 기술과 사업에 반영하고 있다. 특히 제4차 산업혁명의 주요 기술요소인 AI, IoT, 클라우드분야의 신사업 추진을 위하여 해당 플랫폼서비스가 가능한 스타트업기업들을 인수하고 있다. 이렇게 인수한 기술을 기존 사업에 활용하거나 확장시켜 단기간에 신사업 모델로 발전시키고 있다.

3 지식재산권 및 활용

3.1 지식재산권

지식재산권(Intellectual Property Rights: IPRs)이란 인간의 지적창작물 중에서 법으로 보호할 만한 가치가 있는 것들에 대하여 법이 부여하는 권리를 말한다. 「지식재산기본법」은 제1조(목적)에 "지식재산의 창출 · 보호 및 활용을 촉진하고 그 기반을 조성하기 위한 정부의 기본정책과 추진체계를 마련하여 우리 사회에서 지식재산의 가치가 최대한 발휘될 수 있도록 함으로써 국가의 경제 · 사회 및 문화 등의 발전과 국민의 삶의 질 향상에 이바지하는 것으로 한다"로 되어 있다. 지식재산권의 종류는 〈표 9-4〉와 같다.

이러한 지식재산권은 「특허법」, 「실용신안법」, 「상표법」, 「디자인보호법」, 「저작권법」, 「부정경쟁방지 및 영업비밀보호에 관한 법률」, 「컴퓨터프로그램 보호법」, 「콘텐츠산업진흥법」, 「식물신품종보호법」, 「반도체집적회로의 배치설계에 관한 법률」 등에 의하여 보호되고 있다. 위의 지식재산권과 관련하여 산업재산권부터 기본적인 내용에 대하여 살펴보도록 한다.

표 9-4 지식재산권의 종류

구분		주요 내용
산업재산권	특허권	원천/핵심기술(대발명)
	실용신안권	주변/개량기술(소발명)
	상표권	식별력 있는 기호, 문자, 도형 또는 이를 결합한 것
	디자인권	형상, 모양, 색채 또는 이를 결합한 것
저작권	저작권	문학, 예술분야 창작물 등
	데이터베이스권	데이터베이스 저작자
신지식 재산권	영업비밀	제조 공식이나 데이터, 프로그램, 고안, 제조방법, 고객 리스트 등
	식물신품종보호권	식물의 신품종에 대한 육성자 권리보호
	반도체배치설계권	회로의 배치설계에 독점배타적인 전용권(專用權)

출처: 나무위키, 지식재산권

3.1.1 특허권

특허제도는 「특허법」 1조에 따르면 발명을 보호·장려함으로써 국가산업의 발전을 도모하기 위한 제도이며, 이를 달성하기 위하여 기술공개의 대가로 특허권(Patent Right)을 부여한다. 발명기술을 공개하여 산업발전에 도움이 될 수 있게 하고, 발명자는 특허권이라는 독점권을 부여받게 되는 것이다. 발명의 정의는 자연법칙을 이용한 기술사상의 창작으로서 고도(高度)한 것을 말하며, 고안은 자연법칙을 활용한 기술사상의 창작이다. 그런데 고도한 것에 관한 판단은 주관적인 내용이므로 발명의 출원인에게 그 판단을 일임하고 있다. 〈표 9-5〉는 특허요건에 관한 것이다.

특허권을 받기 위해서는 산업상 이용 가능성, 신규성, 진보성의 요건을 만족해야 한

표 9-5 특허요건

구성요소	주요 내용
산업상 이용 가능성	산업에 이용할 수 있어야 함
신규성	이미 알려진 기술(선행기술)이 아니어야 함
진보성	선행기술과 다른 것이라 해도 그 선행기술로 쉽게 생각해 낼 수 없는 것이어야 함

출처: 특허청 홈페이지, 특허의 이해

다. 특허를 받으려면 특허청에 특허출원서를 제출하여야 하는데 특허출원서는 〈표 9-6〉과 같이 구성된다.

표 9-6 특허출원서류의 구성

구성요소	주요 내용
출원서	출원인, 대리인 및 발명의 명칭 등
명세서	발명의 상세한 설명과 청구범위
도면	발명을 명확히 표현
요약서	발명을 요약정리(기술정보로 활용)

출처: 특허청 홈페이지, 특허의 이해

특허출원서류 중에서 특히 중요한 부분이 명세서이다. 명세서에는 그 발명이 속하는 기술분야에서 통상의 지식을 가진 사람이 그 발명을 쉽게 실시할 수 있도록 명확하고 상세하게 적어야 하며, 그 발명의 배경이 되는 기술이 포함되어야 한다. 그리고 청구범위에는 보호받으려는 사항을 적은 항이 하나 이상 있어야 하며, 그 청구항은 발명의 설명에 의하여 뒷받침되어야 하며, 발명이 명확하고 간결하게 적혀 있어야 한다. 또한 청구범위에는 보호받으려는 사항을 명확히 할 수 있도록 발명을 특정하는 데 필요하다고 인정되는 구조 · 방법 · 기능 · 물질 또는 이들의 결합관계 등을 기록해야 한다(「특허법」 제42조, 특허출원).

특허권의 존속기간은 특허권을 설정등록한 날부터 특허출원일 후 20년이 되는 날까지로 한다(「특허법」 제88조, 특허권의 존속기간). 특허권자는 자신뿐만 아니라 그 특허권에 대하여 타인에게 전용실시권을 설정할 수 있다. 전용실시권을 설정받은 전용실시권자는 그 설정행위로 정한 범위에서 그 특허발명을 업으로서 실시할 권리를 독점한다(「특허법」 제100조, 전용실시권). 특허출원 후 심사절차도는 [그림 9-4]와 같다.

그림 9-4 | 특허출원 후 심사흐름도

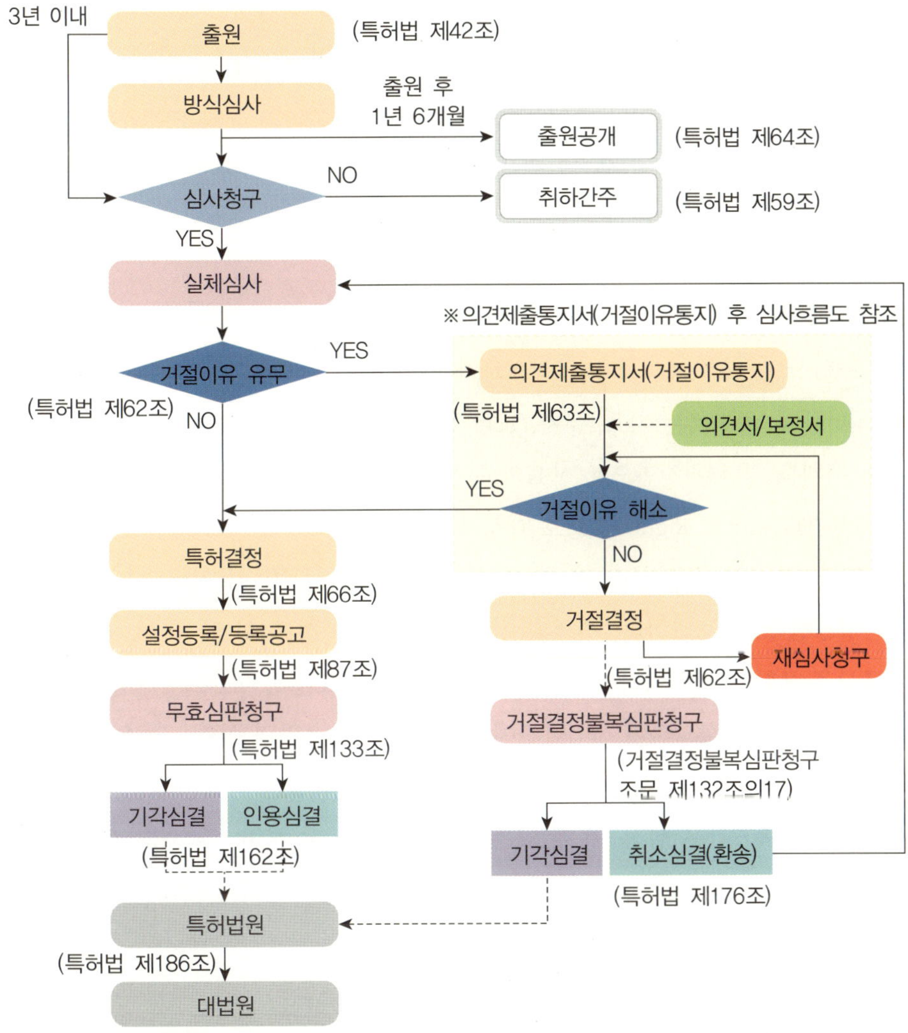

출처: 특허청 홈페이지, 특허의 이해

3.1.2 실용신안권

현행 실용신안제도[1]는 과거의 실용신안 선등록제도와 달리 실용신안제도를 심사 후 등록제도로 바꾸었다. 이는 심사 없이 등록된 권리의 오·남용, 복잡한 심사절차로 인한 출원인의 부담 증가 및 심사업무의 효율성 저하 등 심사 전 등록제도의 문제점을

1) 출원일이 2006년 10월 1일 이후인 경우부터 적용

개선하고자 변경되었다.[2] 실용신안권(Utility Model Right)의 보호 대상은 물품의 형상 · 구조 또는 조합에 관한 자연법칙을 이용한 기술적 사상의 창작물이다. 특허권이 원천, 핵심기술인 반면에 실용신안권은 주로 주변, 개량기술에 속한다.

실용신안권의 등록요건이나 출원사항에 대하여는 특허법의 규정을 준용한다. 그리고 실용신안권의 존속기간은 실용신안권을 설정등록한 날부터 실용신안등록출원일 후 10년이 되는 날까지로 한다(실용신안법 제22조, 실용신안권의 존속기간).

3.1.3 상표권

「상표법」상 상표는 자타상품을 식별하기 위하여 사용하는 일체의 감각적인 표현수단을 의미한다. 종전에는 기호, 문자, 도형, 입체적 형상 또는 이들을 결합한 것과 이들 각각에 색채를 결합한 것만으로 상표의 구성요소를 한정하였으나 2007년 7월 1일부터는 상표권(Trademark Right)의 보호 대상을 확대하여 색채 또는 색채의 조합만으로 된 상표, 프로그램상표, 동작상표 및 그 밖에 시각적으로 인식할 수 있는 모든 유형의 상표를 「상표법」으로 보호한다. 광의의 상표 개념으로는 상표 외에 서비스표, 단체표장, 업무표장을 포함한다.[3] 이러한 상표제도의 목적은 상표를 보호함으로써 상표사용자의 업무상 신용유지를 도모하여 산업발전에 이바지하고 수요자의 이익을 보호하는 것이다(「상표법」 제1조, 목적). 상표의 기능은 〈표 9-7〉과 같다.

상표권의 존속기간은 설정등록이 있는 날부터 10년으로 하며, 존속기간갱신등록신청에 의하여 10년씩 갱신할 수 있다(「상표법」 제83조, 상표권의 존속기간).

표 9-7 상표의 기능

상표의 기능	주요 내용
자타상품의 식별기능	자기의 상품과 타인의 상품을 식별할 수 있는 기능
출처표시기능	동일한 출처에서 나온다는 것을 수요자에게 나타내는 기능
품질보증기능	그 품질이 동일한 것으로 수요자에게 보증하는 기능
광고선전기능	상품거래사회에서 판매촉진수단
재산적 기능	상표권의 자유양도 및 사용권 설정 등을 통해 구현

출처: 특허청 홈페이지, 상표의 이해

2) 특허청, 실용신안의 이해
3) 특허청, 상표의 이해

3.1.4 디자인권

디자인의 정의는 물품(물품의 부분 및 글자체를 포함)의 형상 · 모양 · 색채 또는 이들을 결합한 것으로서 시각(視覺)을 통하여 미감(美感)을 일으키게 하는 것을 말하며, 글자체란 기록이나 표시 또는 인쇄 등에 사용하기 위하여 공통적인 특징을 가진 형태로 만들어진 한 벌의 글자꼴(숫자, 문장부호 및 기호 등의 형태를 포함)을 말한다(「디자인보호법」 제2조, 정의). 이러한 디자인제도의 목적은 디자인의 보호와 이용을 도모함으로써 디자인의 창작을 장려하여 산업발전에 이바지하는 것이다(「디자인보호법」 제1조, 목적). 디자인의 성립요건은 〈표 9-8〉과 같다.

표 9-8 디자인의 성립요건

디자인의 성립요건	주요 내용
물품성	독립거래가 가능한 구체적인 물품으로서 유체동산을 원칙으로 함
형태성	물품의 외관에 관한 디자인의 형태성의 요소를 말하는 것임
시각성	육안(肉眼)으로 식별할 수 있는 것을 원칙으로 함
심미성	물품으로부터 미(美)를 느낄 수 있도록 처리되어 있는 것을 말함

출처: 특허청 홈페이지, 디자인의 이해

디자인권(Design Right)의 존속기간은 설정등록한 날부터 발생하여 디자인등록출원일 후 20년이 되는 날까지 존속한다(「디자인보호법」 제91조, 디자인권의 존속기간).

3.1.5 저작권

저작권(Copyright)은 저작물의 창작과 함께 발생하는 것으로 저작물은 인간의 사상 또는 감정을 표현한 창작물로 정의된다(「저작권법」 제2조, 정의). 저작물은 원저작물뿐만 아니라 2차적 저작물도 보호를 받으며 이는 원저작물을 번역 · 편곡 · 변형 · 각색 · 영상제작, 그 밖의 방법으로 작성한 창작물을 말한다(「저작권법」 제5조, 2차적 저작물). 또한 편집저작물도 독자적인 저작물로서 보호된다(「저작권법」 제6조, 편집저작물). 저작권은 저작자가 생존하는 동안과 사망한 후 70년간 존속하며, 공동저작물의 저작권은 맨 마지막으로 사망한 저작자가 사망한 후 70년간 존속한다(「저작권법」 제39조, 보호기간의 원칙).

데이터베이스(Database)는 소재를 체계적으로 배열 또는 구성한 편집물로서 개별적으로 그 소재에 접근하거나 그 소재를 검색할 수 있도록 한 것을 말하며, 데이터베이스 제작자는 데이터베이스의 제작 또는 그 소재의 갱신·검증 또는 보충에 인적 또는 물적으로 상당한 투자를 한 자를 말한다(「저작권법」 제2조, 정의). 데이터베이스 제작자는 그의 데이터베이스의 전부 또는 상당한 부분을 복제·배포·방송 또는 전송할 권리를 가진다(「저작권법」 제93조, 데이터베이스 제작자의 권리). 데이터베이스 제작자의 권리는 데이터베이스의 제작을 완료한 때부터 발생하며, 그 다음 해부터 기산하여 5년간 존속한다(「저작권법」 제95조, 보호기간).

3.1.6 신지식재산권

신지식재산권(Newly Emerging IPRs)에 관한 내용은 관련 법령, 즉 「부정경쟁방지 및 영업비밀보호에 관한 법률」, 「식물신품종보호법」, 「반도체 집적회로의 배치 설계에 관한 법률」 등을 참고하여 학습할 수 있다.

3.2 국제특허

우리나라에서 특허권을 취득하더라도 다른 나라에서는 독점 배타적인 권리를 행사할 수가 없다. 이는 특허독립(속지주의)의 원칙 때문이다. 따라서 특허권을 외국에서 확보하기 위해서는 해당 국가에 출원을 하여 그 나라의 특허권 등을 취득하여야만 권리를 확보할 수 있다. 이와 같이 해외에서의 특허권, 즉 국제특허(International Patent) 획득을 위해서는 별도의 해외출원이 필요하며, 해외출원을 하는 방법에는 전통적인 출원방법(Traditional Patent System)과 PCT 출원방법(Patent Cooperation Treaty System)이 있다. 전통적인 출원방법은 특허획득을 원하는 모든 나라에 각각 개별적으로 특허출원하는 방법으로 파리(Paris)루트를 통한 출원이라고도 한다. PCT 출원방법은 국적국 또는 거주국의 특허청에 하나의 PCT 출원서를 제출하고, 그로부터 정해진 기간 이내에 특허획득을 원하는 국가로의 국내단계에 진입할 수 있는 제도로 PCT 국제출원의 출원일이 지정국가에서 출원일로 인정받을 수 있다.[4)]

4) 특허청, PCT 국제출원제도

3.3 지식재산권의 활용

지식재산권은 기술전략에서 학습한 바와 같이 경쟁사를 견제하고 수익을 높이기 위하여 주로 활용된다. 그래서 글로벌기업에서는 R&D 활동 등을 통하여 적극적으로 지식재산권 확보에 노력하고 있다. 또한 기술마케팅에서 학습한 바와 같이 기술자산을 판매하여 부가가치를 창출하는 경우도 있다.

특허 등 지식재산권을 담보로 자금을 대출받는 경우가 있다. 중소벤처기업진흥공단의 특허담보대출이 있는데, 이는 중소벤처기업이 보유한 특허권의 기술성과 사업성 등 미래기술가치를 평가하여 이를 담보로 자금을 지원하는 제도이다. 또한 신용보증기금, 기술보증기금에서는 지식재산권의 기술가치평가를 통하여 신용보증서를 지원하는 제도가 있다. 그리고 한국발명진흥회에서는 지식재산권의 가치평가를 통하여 지식재산권을 담보로 자금을 조달할 수 있도록 평가비용을 지원하고 있다.

반면에 특허기간이 만료된 특허기술을 활용하는 경우도 있다. 제약업종에서 이러한 사례가 많은데, 이는 신약개발을 위해서는 막대한 투자가 필요하고 개발기간이 오래 소요되기 때문이다. 제네릭의약품이 대표적이다. 이는 물질특허제품으로 최초로 개발된 의약품과 성분 등이 동일한 의약품을 제조하는 것이다.

4 기술창업

4.1 기술창업의 개요

4.1.1 기술창업의 정의 및 유형

「중소기업창업지원법」에서는 창업을 중소기업을 새로 설립하는 것으로 정의한다(「중소기업창업지원법」 제2조, 정의). 창업의 형태에 따라 일반창업, 벤처창업, 기술창업으로 구분할 수 있으며, 기술창업(Technology Startup)은 혁신기술 또는 새로운 아이디어를 가지고 새로운 시장을 창출하여 제품이나 용역을 생산·판매하는 형태의 창업을 의미한다.[5] 제4차 산업혁명시대에는 스마트카, 로봇, 음성인식, 빅데이터 등 인공지능과 ICT 융합기술 관련 창업이 증가할 것으로 전망된다. 기술창업의 대표적 유형으로는 스핀오프(Spin off)제도가 있으며, 이는 정부출연연구기관 등의 연구원이 자신이 참여한 연구결과를 가지고 별도의 창업을 할 경우 정부 보유의 기술을 사용하는 데 따른 로열티를 면제해 주는 제도를 말한다. 또한 기업체의 연구원이 사내 창업을 하는 경우도 스핀오프제도의 한 형태로 볼 수 있다.[6] 이 외에도 창업보육센터에 입주하여 창업하는 유형이 있으며, 기술지주회사를 통하여 창업하는 형태도 있다.

4.1.2 기술창업의 범위

기술창업의 범위는 기술과 지식을 기반으로 기술혁신 정도, 지식집약 정도를 포함하여 범위를 정하기도 하고, 산업별로 제조업, 서비스업, 제조 · 서비스업을 포함하여 범위를 정하기도 하며, 국가의 법령 · 제도에 따라 그 범위가 중복되거나 제한되기도 한다. 기술혁신 정도는 기술 수준별 제조업으로, 지식집약 정도는 지식집약적 서비스업으로 각각 분류할 수 있다.

기술 수준별 제조업은 첨단기술업종, 고기술업종, 중기술업종, 저기술업종으로 분류되고, 지식집약적 서비스업은 창의 및 디지털업종, ICT업종, 전문서비스업종, 공공서비스업종 등으로 각각 분류된다. 또한 기술창업의 법령 · 제도는 「중소기업창업지원법」, 「1인 창조기업 육성에 관한 법률」, 「중소기업인력지원특별법」에서 제시하고 있는 기술창업의 범위를 모두 포함하고 있어야 한다.[7]

4.1.3 기술창업의 특성

기술창업의 경우에는 다음과 같은 특성을 가지고 있다. 첫째, 혁신기술을 창출하는 창업이다. 둘째, 벤처 · 기술혁신 · 혁신선도 · 기술집약형 기업의 창업이다. 셋째, 신기술 또는 개발아이디어를 독립 기반 위에서 영위하려는 창업이다. 넷째, R&D의 집중도와 기술적 우위성이 높은 기업의 창업이다. 다섯째, 제품의 독창성, 사업의 독립성 · 사회성 · 국제성을 지닌 창업이다. 여섯째, 신규사업의 창출이 가능한 창업이다. 일곱째, 기술의 우수성, 전문성, 노하우를 기반으로 성공 가능성이 높은 창업이다.[8]

---

5) (사)한국창업보육협회, 기술창업가이드
6) 네이버지식백과, 스핀오프제도, 행정학사전
7) 창업진흥원, 기술창업의 정의 및 범위의 표준화 방안 연구
8) (사)한국창업보육협회, 기술창업 가이드

4.1.4 기술창업의 준비절차

기술창업절차는 3단계로 구분할 수 있다. 첫째는 기술창업을 준비하는 것으로 사업을 모색하는 단계이다. 둘째는 기술창업을 실행하는 단계이며, 마지막으로는 창업 이후에 사업안착과 지속성장 기반을 구축하기 위한 사업전략을 수립하고 실행하는 단계이다. 첫 단계인 기술창업의 준비절차는 [그림 9-5]와 같다.

그림 9-5 | 기술창업의 준비절차

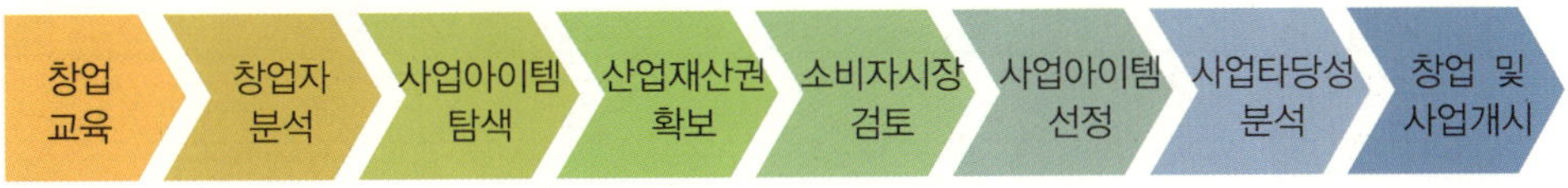

출처: 기업금융나들목 홈페이지, 기술창업준비단계

창업자분석은 사업을 계획하는 업종을 중심으로 주변의 대외 경영환경을 파악하고, 내부적으로 창업자 자신의 능력(자금조달, 사업 수행능력)을 분석하여 효과적인 준비를 하는 것이다. 창업자분석방법으로는 SWOT분석을 일반적으로 많이 사용하며 필요에 따라 BCG분석, 가치사슬분석, 제품수명주기분석 등을 활용한다. SWOT분석은 창업자의 강점(Strength)과 약점(Weakness), 외부의 환경적인 기회(Opportunity)와 위협(Threat) 요인을 분석하여 전략을 수립하는 것으로 일반적으로 강점을 살리면서 기회를 포착하는 SO전략을 주로 사용한다. 창업자의 경우 자신과 창업 멤버(조직)의 사업과 관련한 능력을 평가하는 것으로, 주로 기업가정신, 경험과 지식, 경영능력을 고려한다. 경영자원으로는 인적 · 물적자원과 재무사항을 파악한다. 소비자분석은 시장형성 혹은 잠재시장과 구매자의 구매와 연관된 소비자의 구매의사 결정과정에 영향을 미치는 요인에 대한 분석을 하며, 문화적 · 사회적 · 인구통계학적 · 심리적 요인들을 파악한다. 사업타당성 검토는 [그림 9-6]과 같다.

그림 9-6 | 사업타당성 검토

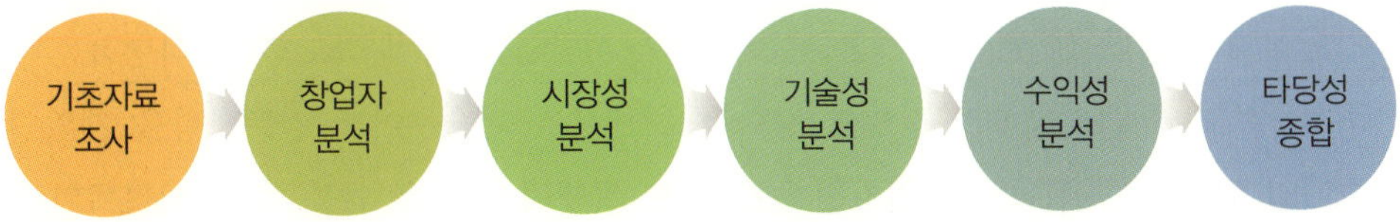

출처: 기업금융나들목 홈페이지, 기술창업준비단계

기술분석은 생산기술, 입지 및 설비 등을 검토하며, 수익성분석은 손익분기점분석 및 성장성 등을 고려한다.

4.1.5 기술창업 실행

기술창업절차의 실행단계는 [그림 9-7]과 같다.

그림 9-7 | 기술창업 실행

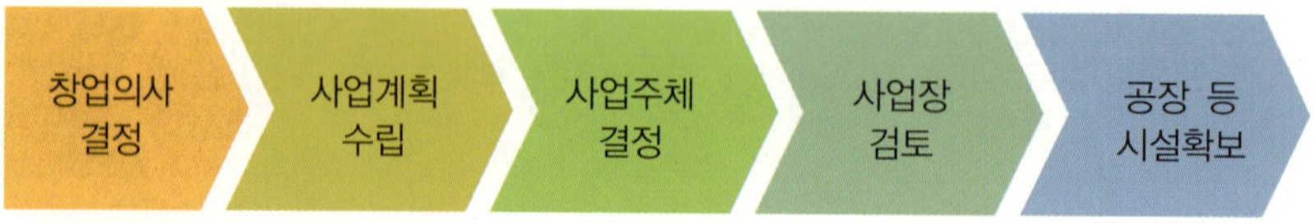

출처: 기업금융나들목 홈페이지, 기술창업 및 사업개시단계

창업의사결정은 회사의 규모와 형태 및 창업시기 등을 정하는 것이다. 사업계획 수립은 사업의 전반적인 계획과 내용을 정리하는 것으로 향후 자금조달을 위한 기본자료가 된다. 사업계획서에는 사업의 개요, 제품에 대한 설명(시장성, 차별성 등), 생산방법 및 생산능력, 소요경영자원(인력, 설비, 자금 등), 마케팅전략 및 판매목표(기간별 매출액 등), 제조원가 및 비용, 수익성, 재무상태(추정재무제표-재무상태표, 손익계산서), 장·단기 성장전략 등을 고려해야 한다. 사업주체결정은 개인기업과 법인기업의 차이를 비교하여 창업자에게 유리한 형태로 정하는 것이다. 사업장은 자가 또는 임차를 정해야 하며 사업의 특성, 인력확보, 물류 등을 고려해야 한다. 창업자금은 토지, 건물, 기계장치 등 비유동자산을 구입(임차)하는 시설자금 외에도 아이디어의 구상 및 제품의 개발에 필요한 자금, 원재료 구입단계에서부터 제품을 제조, 판매한 후 최종적으로 현금화가 되는 기간(1회전)에 필요한 운전자금 등을 고려해야 하며, 자금조달방법과 상환계획을 함께 고려해야 한다.

4.1.6 기술창업 이후 사업전략 수립 및 실행

기술창업을 위한 세 번째 단계는 단계별 성장전략을 효과적으로 수립, 시행하는 것으로서 창업 후 지속성장과 경쟁력 강화를 위해서는 기술분야별 검토사항을 재확인, 기술기업 인프라 구축, 중소기업지원제도 활용, 경쟁력 강화를 위한 자문, 지도기관 활용, 단계별 효과적 성장전략 구사, 새로운 사업 포트폴리오를 통한 성공적 사업 다각화를 추진하는 것이다.

4.2 기술창업의 성공요인

기술창업의 성공요인을 알아보기 위하여 실리콘밸리의 사례를 살펴보자. 미국 캘리포니아주에 위치한 실리콘밸리(Silicon Valley)에는 다양한 종류의 첨단기술회사들이 있는데, 엔지니어의 비율, 1인당 특허수, 모험자본투자(Venture Capital) 등의 면에서 미국 내 최고 수준이다. 이 실리콘밸리의 성공 비결은 다음과 같다. 첫째는 전 세계에서 모여드는 유능한 엔지니어와 사업가들이고, 둘째는 최고의 벤처캐피탈(Venture Capital)이며, 마지막으로는 UC버클리대학, 스탠퍼드대학 등 최고의 교육연구기관을 들 수 있다.9) 실리콘밸리에는 스타트업기업들에게 실질적인 도움을 줄 멘토 및 투자자들이 집중되어 있다. 이들은 투자자들을 가장 잘 유인할 수 있는 각자의 사업 아이템을 개발하도록 도와준다. 또한 벤처캐피탈은 기업의 성공 가능성을 보고 사업에 필요한 초기자본을 창업자들에게 투자하고 있다.

기술창업의 성공요인의 첫 번째로는 세상을 변화시킬 만한 혁신적인 아이디어가 있어야 한다. 이러한 아이디어를 통하여 기존 시장을 붕괴시키고 새로운 시장을 창출한다. 이러한 혁신적 아이디어는 고객 관점에서 출발한 것이므로 처음에는 현실에 적응하는 데 어려움을 겪으나 결국 세상을 더 혁신적이고 편리하게 바꾼다. 두 번째는 기업가정신을 가진 기술창업가가 중요하다. 혁신적인 아이디어를 최종적으로 비즈니스로 만드는 것은 창업가이다. 기업가정신(Entrepreneurship)은 기업의 본질인 이윤 추구와 사회적 책임의 수행을 위해 기업가가 마땅히 갖추어야 할 자세나 정신이다.10) 세 번째로는 시장의 규모이다. 제품이 속한 시장이 경제성 있는 시장인지 여부가 투자 관점에서 매우 중요하다. 되도록 성공 가능성을 높이기 위하여 큰 시장을 목표로 한다. 네 번째로는 고객이 선호하는 비즈니스 모델을 개발해야 한다. 비즈니스 모델 도구로는 린 스타트업(Lean Start-up)과 비즈니스 모델 캔버스(Business Model Canvas) 등이 있다.

9) 위키백과, 실리콘밸리
10) 두산백과, 기업가정신

4.3 죽음의 계곡과 다윈의 바다

죽음의 계곡(Death Valley)은 생명체를 거의 찾아볼 수 없는 미국 네바다주의 황량한 땅을 뜻하는 것으로 초기 창업 벤처기업이 기술개발에 성공하였다 하더라도 사업화 단계에 이르기 전까지 넘어야 할 어려움을 나타낸 용어이다. 전문인력들에 의해 기술개발은 하였으나 자금조달의 어려움으로 개발한 기술을 활용하여 사업화하는 단계까지 이르지 못하고 도산하는 현상을 이른다. 이 같은 현상의 원인으로는 정부 정책자금이 창업과 연구개발(R&D)에 집중되어 있고, 제품 양산과 홍보·마케팅을 등한시하는 것 등이 거론된다.[11)]

다윈의 바다(Darwinian Sea)는 악어·해파리 떼가 가득해 일반인 접근이 어려운 호주 북부 해변을 의미하는 말로, 신제품 양산에 성공하더라도 시장에서 다른 제품과 경쟁하며 이익을 내기가 매우 어려운 상황을 나타내는 말이다. 여러 가지 불확실성으로 인해 초기 사업화단계에 자금이 원활하게 투입되지 않아 겪게 되는 어려움을 말하는 '죽음의 계곡'과 달리 경영과 마케팅 및 시장변화 등 기술 외적인 요인들로 인해 겪게 되는 어려움을 주로 말한다. 하버드대 경영학자인 루이스 브랜스컴(Lewis M. Branscomb) 교수가 창조적 아이디어와 비즈니스 기회에서 발생하는 적자생존 경쟁원리를 이미지화하여 '죽음의 계곡'과 '다윈의 바다'를 세계적인 경영이론으로 만들었다.[12)] 정부에서는 기술창업기업의 혁신적 아이디어가 사업화되어 죽음의 계곡과 다윈의 바다를 넘어서 유니콘기업으로 성장하도록 많은 지원을 하고 있다.

4.4 기술창업의 성공사례(쿠팡, 쏘카)

IT 모바일기술 전시회 '글로벌 모바일 비전(GMV 2015)' 콘퍼런스에서 열린 '모바일 플랫폼 기반 공유경제(M platform Based Sharing Economy)'를 주제로 한 패널 토론을 통하여 유명 기술창업 성공기업의 창업과정과 성공 배경을 파악할 수 있었다. 이 토론에는 국내 유명 스타트업인 쿠팡, 쏘카 등이 참석하였다.

먼저 쿠팡의 사례이다. 쿠팡의 경쟁력은 모바일 리더십과 기술력에 대한 욕구, '쿠팡맨'이라는 직접배송서비스에 있다. 특히 모바일에 집중한 것이 주요 경쟁력이었다. 현

11) 시사상식사전, 죽음의 계곡

12) startup-wiki.kr, 다윈의 바다

재 국내 전자상거래 거래액은 오프라인 거래액을 넘어섰으며, 전자상거래 중에서는 모바일 커머스가 핵심으로 자리하고 있다. 쿠팡의 경우, 전체 거래액의 80%가 모바일에서 나올 때도 있다. 그만큼 모바일시장의 공략은 아주 중요하며, 모바일에 주력한 것이 가장 큰 경쟁력이었다. 사실 쿠팡은 이제 소셜커머스회사가 아니다. 소셜 형태의 비즈니스가 총거래액에서 차지하는 비율이 너무나 작다. 그보다는 '모바일 다이렉트 커머스'라고 할 수 있다. 변화하는 세상에 대응하고자 모바일에 많은 역량을 집중했다. 또한 쿠팡 경영진들의 글로벌 마인드가 여느 국내기업과는 좀 다르다. 많은 사람들이 "한국 시장은 작다"라고 말하지만, 인구가 5,000만 명이 넘고 국민소득이 3만달러가 넘는 나라는 전 세계에서 7곳뿐이다. 그래서 한국시장을 믿고 과감하게 사업을 했고, 이 전략이 주효했다. 마지막으로 과감한 의사결정이 중요하다. 예를 들면, '쿠팡맨'서비스를 들 수 있다. 사실 전자상거래서비스에서 고객불만의 40%는 배송에서 나온다. 하지만 배송은 택배회사를 통해서 이루어지는 것이므로 배송에 대한 불만을 줄이기란 쉽지 않다. 이 문제를 해결하고자 쿠팡맨이라는 직접배송을 하게 된 것이다. 많은 사람들이 직접배송에 대한 비용, 인프라, 관리를 어떻게 감당하겠느냐고 의문을 표하면서 반대하였나. 그렇지만 새로운 비즈니스를 이끌어내려면 과감한 결단도 필요하다.

다음은 쏘카의 사례이다. 쏘카는 제주도에서 시작해 성공을 거둔 뒤 서울에 입성했으며, 현재 500억원의 매출을 예상하고 있다. 쏘카가 성공할 수 있었던 것은 틈새기회의 포착과 문제 인식이었다. 제주의 경우, 교통편이 좋지 않기 때문에 차량 소유비율이 매우 높다. 하지만 그만큼 차를 놀리는 경우도 상당히 많았다. 여기서 '차를 방치하는 것'을 문제로 삼았다. 한편 차를 선뜻 구입하기 어려운 경제불황과 이동통신 인프라(스마트폰 보급)의 향상이 기회라고 보았다. 쏘카는 무인결제로 운영되는데, 국내는 신용카드 결제가 원활하게 이루어지는 시장이다. 이러한 조건이 잘 맞았다. 또한 기존 렌터카가 미처 갖지 못했던 요소를 떠올렸다. 기존 렌터카는 하루 단위로 대여할 수밖에 없고, 가격이 비싸고 대여 장소가 멀었다. 그래서 10분 단위로 대여할 수 있고, 가까운 곳에서 차를 빌릴 수 있으며, 모바일로 간단하게 예약하는 시스템을 만들었는데 이러한 요소가 장점으로 작용했다. 쏘카는 사업을 시작하면서 가장 어려웠던 것은 "이 사업이 되겠어?"라는 사람들의 고정관념이었다. 사실 그러한 고정관념에 부딪칠 수밖에 없기도 했다. 사업을 시작하기 전에 준비해야 하는 것들이 만만치 않았기 때문이다. 국내에서 카셰어링산업을 시작하려면 최소 100대 이상의 자동차를 구매해야 했다. 물론 차

고지도 있어야 한다. 기존에 렌터카 경쟁력을 갖추고 있던 대기업과도 경쟁해야 한다. 하지만 이러한 어려움에 타협하지 않고 끝까지 부딪치고 도전했던 것이 어려움을 극복한 원동력이 되었다. 대기업과의 경쟁 우려도 다른 관점으로 보았다. 대기업 입장에서는 오프라인관리 이슈나 규제가 장벽이 될 것이라 생각해, 이를 자사의 차별전략으로 삼았다. 예를 들면, 주차장 확보가 그렇다. 한국의 경우, 주차장을 확보하기가 무척 힘들다. 대규모 주차장을 확보한 프랜차이즈가 없기 때문이다. 결국 주차장을 확보하기 위해 전국을 돌았고, 어려움이 많았지만 끝까지 시도하고 설득했다. 또한 오늘날과 같은 인스턴트시대에는 빠른 의사결정이 비즈니스의 성공을 좌우한다. 그런데 빠르고 정확한 의사결정을 하려면 데이터에 기반한 시스템이 구축되어야 한다. 쏘카사업을 하면서 많은 데이터를 얻을 수 있었다. 예를 들면 누가, 어디서, 무슨 차를 타고, 어디를 가는지 등의 데이터를 확보하고 그러한 것을 바탕으로 빠른 의사결정에 필요한 노하우를 쌓고 있다. 겉으로 드러나는 마케팅을 하기보다는 그동안 쌓은 데이터와 회사가 추구하는 비전에 가까운 의사결정을 현장에서 즉시 내릴 수 있도록 한다. 그것이 쏘카를 빠르게 성장하도록 했다. 이러한 의사결정의 속도가 우리의 경쟁력이고, 대기업이 갖지 못한 장점이라고 본다.[13]

---

13) IT동아, 쿠팡, 쏘카, 김기사...유명벤처기업의 성장전략은?

연습 문제

〈객관식〉

01 다음 중 기술사업화의 전제조건에 해당되지 않는 것은?

① R&D단계부터 사업화 고려　② 전사 차원의 실행
③ 지식재산권 확보　④ 외국기술도입

02 졸리의 기술사업화이론 중 5단계에 속하지 않는 것은?

① 착상　② 보육
③ 마케팅　④ 시연

03 신제품 양산에 성공하더라도 시장에서 다른 제품과 경쟁하며 이익을 내기가 매우 어려운 상황을 나타내는 말은?

① 다윈의 바다　② 죽음의 계곡
③ 캐즘　④ 제3계곡

04 다음 중 산업재산권의 종류가 아닌 것은?

① 특허권　② 상표권
③ 저작권　④ 디자인권

05 다음 중 보호기간이 가장 긴 지식재산권은?

① 특허권　② 상표권
③ 저작권　④ 디자인권

06 다음 중 상표의 기능이 아닌 것은?

① 출처표시　② 품질보증
③ 광고선전　④ 인증표시

07 다음 중 특허요건에 해당하지 않는 것은?

① 경제성　② 산업상 이용 가능성
③ 신규성　④ 진보성

08 다음 중 특허에 자신이 보호받고 싶은 권리에 대한 부분을 주로 기록하는 곳은?

① 출원서　　② 명세서
③ 도면　　④ 요약서

09 다음 중 기술창업 준비절차에 속하지 않는 것은?

① 창업자분석　　② 사업 아이템분석
③ 사업주체결정　　④ 산업재산권 확보

10 다음 중 기술창업 실행단계가 아닌 것은?

① 창업의사결정　　② 창업자분석
③ 사업계획수립　　④ 사업주체결정

11 다음 중 디자인 성립요건이 아닌 것은

① 물품성　　② 경제성
③ 시각성　　④ 심미성

12 다음 중 사업타당성분석에 속하지 않는 것은?

① 창업자분석　　② 사업장검토
③ 시장성분석　　④ 기술성분석

객관식 해답

01 ④　02 ③　03 ①　04 ③　05 ③　06 ④　07 ①　08 ②
09 ③　10 ②　11 ②　12 ②

〈주관식〉

01 기술사업화의 정의에 대하여 설명하시오.

02 기술사업화의 전제조건에 대하여 설명하시오.

03 졸리의 5단계 4전이이론에 대하여 설명하시오.

04 구글의 M&A 사례에 대하여 설명하시오.

05 지식재산권의 종류와 내용을 설명하시오.

06 특허출원 후 심사프로세스에 대하여 설명하시오.

07 PCT 출원절차에 대하여 설명하시오.

08 신지식재산권에 대하여 설명하시오.

09 기술창업절차에 대하여 설명하시오.

10 기술창업 성공 사례를 설명하시오.

참고문헌

기업금융나들목 홈페이지(www.smefn.or.kr), 기술창업 준비절차, 기술창업 및 사업개시 단계

나무위키, 지식재산권.

박종복, '기술사업화 이론과 기술경영 적용방안: 졸리(Jolly)의 이론을 중심으로', KIET산업경제, 산업연구원, 2008.

시사상식사전, 죽음의 계곡.

안수영, "쿠팡, 쏘카, 김기사...유명 벤처기업의 성장전략은?", IT동아, 2015.

위키피디아, 구글이 인수한 기업목록.

이윤준 · 정기철 · 장병열 · 나청호, '기술창업의 성공조건과 지원정책', 과학기술정책연구원, 2013.

중소기업청, (사)한국창업보육협회, '기술창업가이드', 2015.

창업진흥원, '기술창업의 정의 및 범위의 표준화 방안 연구', 2013.

특허청 홈페이지(www.kipo.go.kr), 특허, 상표, 디자인의 이해, PCT국제출원.

startup-wiki.kr, 다윈의 바다.

Vijay K. Jolly, *Commercializing New Technologies*, Harvard Business School Press, Boston, MA., MIT Press, 1997.

Robert G. Cooper, *Winning at New Products*, Addison-Wesley Publishing Co., Reading, MA., 1986.

CHAPTER 10

프로젝트관리

1 프로젝트관리의 기본개념

1.1 프로젝트관리의 의의

프로젝트란 특정한 목적으로 진행되는 프로그램 설계나 독특한 제품을 단일단위로 개발 생산하는 등, 한 번에 그치는 성격을 갖는 일이나 사업을 의미한다. 즉 신제품을 개발한다든가 새로운 시스템을 만드는 행동 등, 특정한 목표를 달성하기 위해서 조직적으로 움직이는 작업과정을 프로젝트라고 하며 목적을 달성하기 위해 업무를 계획하고 필요한 업무를 나누고 그 계획에 맞게 일을 해서 기한 내에 그 일을 해내는 것 등을 모두 포함한다.

예를 들어, 기존의 제조공정에 문제가 있을 때 그 문제를 해결하기 위하여 개선팀을 구성하여 목표를 세우고 일정계획을 수립하여 개선에 필요한 활동을 진행하는 과정을 프로젝트라고 하며 어떠한 작업의 처음과 끝을 총체적으로 말할 때 쓰는 용어이다. 따라서 프로젝트를 진행할 때에는 문제점이 무엇인지, 프로젝트에 참여하는 사람들이 어떤 일을 해야 하는지 잘 파악하고, 나아가고자 하는 목표를 명확하게 세워야 하며 정해진 기간 안에 최적의 결과를 내놓을 수 있도록 프로젝트를 진행해야 한다.

최근 들어 ICT기술 등 과학기술의 발전으로 제품의 수명주기(Life Cycle)가 줄어들면서 신제품개발 프로젝트관리(Project Management)의 중요성이 더해 가고 있다. 따라서 급변하는 경영환경에서 기업들이 경쟁력 강화를 위한 목적을 달성하기 위한 방법으로 많은 프로젝트를 진행하며 프로젝트관리의 필요성은 더욱더 중요해지고 있다. 21세기 들어 세계적 선진기업들은 전략을 반기별로 수립할 정도로, 기업을 둘러싼 경영환경은 예측을 불허하게 급변하고 있으며 프로젝트관리가 필요한 환경변화의 핵심은 다음과 같다.

첫째, ICT기술의 발달로 인하여 제품의 수명주기가 짧아졌다. 따라서 기업은 더욱더 빠른 주기로 신제품을 출시하여야 하는 경영환경에 처해 있어 짧아지는 제품수명주기에 대응하기 위한 효율적이고 효과적인 관리방안이 요구되고 있다. 이에 따라 제품개발 초기에 설계에서 마케팅까지 제품 및 서비스 관련 전 부문의 참여하에 진행되는 동시진행형 개발(Concurrent Engineering) 프로젝트를 진행한다.

둘째, 제품이나 서비스가 기술적으로 융합되고 복잡해져 효과적인 관리방법의 필요성이 대두되고 있다. 짧은 개발기간에 제품의 복잡성이 더해져 다양한 분야의 전문가의 참여가 요구되어 프로젝트관리를 통한 효과 극대화의 필요성이 요구되고 있는 것이다.

셋째, 글로벌화에 따라 국내외 경쟁 및 물류환경의 변화로 인하여 기업들은 고객요구에 신속하고 유연하게 대응할 수 있는 프로젝트관리를 활용하여야 한다. 특히 글로벌 공급망관리(Supply Chain Management: SCM)와 같은 IT기술과의 연계성은 필수적 환경이 되었다.

이상에서 설명한 제품수명주기의 단축, 기술의 융복합 그리고 글로벌화에 따른 요인들에 의해 경영환경은 급변하고 매우 복잡해지고 있다. 민간조직이나 공공조직 모두 이러한 경영환경 속에서 운영효율성 제고, 기술혁신, 신제품개발, 경영환경변화에 대한 신속한 대응 등을 위한 주요 수단으로 프로젝트관리를 활용하며 경영활동의 경쟁력 확보의 수단으로 도입, 운영하여야 할 것이다.

이를 위해서 프로젝트관리에 대한 정확한 이해를 통한 기업경영에의 접목이 필요하다.

1.2 프로젝트의 정의와 특성

1.2.1 프로젝트의 정의

프로젝트는 사전적으로는 연구나 사업을 계획하고 실행하는 것을 의미한다. 여기서는 경영조직에서 활용하는 프로젝트 정의에 대해 살펴보는데, 대표적으로 미국의 프로젝트관리협회인 PMI(Project Management Institute)와 국제표준화기구인 ISO(International

Organization for Standardization)에서 정의한 것을 살펴보기로 한다.

우선 PMI는 〈*PMBOK Guide*(*A Guide to the Project Management Body of Knowledge*)〉에서 프로젝트를 "유일한 제품, 서비스 또는 결과를 창출하기 위하여 수행하는 한시적인 활동(A project is a temporary endeavor undertaken to create a unique product, service, or result)"으로 정의하고 있으며 ISO는 ISO 21500규격에서 "프로젝트는 프로젝트의 목표달성을 위하여 수행되는 고유한 프로세스의 집합으로 구성되며, 프로세스는 시작일과 종료일이 정해져 있고 조정되고 통제되는 활동으로 이루어진다(A project consists of a unique set of processes consisting of coordinated and controlled activities with start and end dates, performed to achieve project objectives)"라고 정의하고 있다.

두 단체의 정의로 보면 프로젝트는 결과로 창출할 목표가 있고, 프로세스의 집합으로 이루어지는 기간이 정해진 한시적인 과업이라고 할 수 있다.

1.2.2 프로젝트의 특성

앞서 살펴본 PMI와 ISO의 프로젝트 정의를 보면, 프로젝트는 지속적이고 반복적 업무를 수행하는 기업의 일상 운영(On-going Operations)과는 〈표 10-1〉처럼 차이가 있다. 기업의 일상적인 업무와 프로젝트는 사람이 수행하고 제한된 자원에 제약을 받으며 계획, 실행 및 통제된다는 공통점이 있으나, 프로젝트는 한시적이고 유일하며 점진적으로 구체화되는 반면 일상 운영은 지속적이고 반복적이라는 차이가 있다. 또한 프로젝트는 주어진 목표를 달성하는 것이 목적인 반면 일상 운영은 비즈니스를 지속하는 것이 목적이라는 점에서 그 차이가 있다. 물론 대부분의 기업은 일상 운영과 프로젝트를 함께 운영하는 경우가 많다.

표 10-1 일상 운영과 프로젝트의 비교

구분	일상 운영	프로젝트
목적	업무의 지속	주어진 목표달성
성격	지속적이고 반복적	한시적이고 유일
수행기간	반영구적	시한부적
조직 형태	상시조직	임시조직

따라서 일상업무와 달리 프로젝트를 진행할 때에는 다음과 같은 특성을 가진다는 것을 알아야 한다.

(1) 프로젝트는 추진기간이 정해져 있는 한시적인(Temporary) 활동이다

프로젝트활동을 추진할 때에는 반드시 프로젝트의 시작과 끝을 가지고 활동한다는 것을 의미한다. 추진기간은 짧게는 수일 내로부터 길게는 수년에 걸쳐 진행되기도 한다. 또한 프로젝트 추진에 의해서 얻어지는 결과물의 유효기간이나 제품수명주기(Product Life Cycle: PLC)는 프로젝트 추진기간과는 별개의 것이라는 것을 이해하여야 한다.

(2) 프로젝트는 결과물로서 고유한(Unique) 프로세스 성과를 창출한다

일반적으로 프로젝트활동의 목표는 제품 및 서비스 또는 프로세스 성과를 목표로 수행된다. 연구개발 프로젝트는 새롭거나 개선된 제품 및 서비스를 창출하고, 프로세스 개선활동의 프로젝트는 기존보다 향상된 지표(metric)의 결과로서 성과를 창출하며 만들어진 최종결과물은 똑같은 것이 하나도 없고 각각 인도물, 이해관계자 영향, 사용된 자원, 제약사항, 인도물을 제공하기 위하여 프로세스를 정하는 방식들에서 고유한 특징이 있다. 또한 프로젝트활동의 결과로 성과(outcomes)와 보고서(report)나 계획서 같은 문서(documents)를 포함한다. 이 세 가지를 통칭하여 프로젝트 인도물(deliverable)이라고 한다.

(3) 프로젝트는 일반적으로 점진적으로 구체화(Progressive Elaboration)된다

프로젝트의 최종산출물(제품, 서비스, 결과물 등)은 초기에 명확하지 않다가 프로젝트를 진행함에 따라 점점 구체화되는 특성이 있다. 이것은 시간이 흐를수록 가용할 정보가 생기면서 계획도 점진적으로 상세화되는 것이다.

(4) 프로젝트는 달성해야 할 목표(Goal)가 존재한다

프로젝트는 한시적인 추진기간 내에 달성해야 할 목표가 반드시 주어진다. 목표는 산출물의 성과로서 표현된다. 달성되어야 할 목표는 경쟁력 강화의 수단으로 전략적 목표를 의미하며 주로 벤치마킹(benchmarking)이나 조직의 경영목표를 통해서 설정된다.

(5) 프로젝트의 성과지표가 측정 가능하여야 한다

프로젝트의 시작 시에 목표는 반드시 정량화되어야 하며 이를 위해서는 반드시 성과지표(metric)가 측정 가능하여야 한다. 성과지표가 측정이 되지 않는다면 목표수립도 어려울 것이고 프로젝트활동의 결과를 산출하는 것도 문제가 있을 것이다. 따라서 어떤 프로젝트라도 목표를 수립하고 성과를 산출하기 위해서는 반드시 측정 가능한 성과지표를 도출하여야 하는 것이다.

(6) 프로젝트는 일정, 범위, 예산, 자원 등의 제약을 받으며 여러 이해관계자가 존재한다

프로젝트는 한시적이기 때문에 일정, 범위, 예산, 사용자원 등에 제약을 받을 수밖에 없고, 또한 프로젝트의 목표성과에 대하여 사내·외로 프로젝트 추진팀원 외에 여러 이해관계자가 존재한다.

이와 같은 프로젝트의 특성과 높은 불확실성으로 인해 신속한 의사결정과 프로젝트관리의 총책임자인 프로젝트 관리자(Project Manager)의 리더십 및 조정능력이 프로젝트의 성공을 위해 매우 중요하다. 또한 조직은 전략을 통해 경쟁력을 향상시키고 프로젝트는 전략목표를 달성하는 수단으로서 선택된 기회를 실현하는 활동이다. 프로젝트를 추진할 때 이런 특성들을 충분하게 알고 대처하는 것이 프로젝트를 성공시키는 핵심요인이다.

1.2.3 프로젝트의 종류와 유형

프로젝트는 그 목적과 성격에 따라 규모가 클 수도 있고 작을 수도 있다. 수행인력도 서너 명에서 수천 명에 이를 수 있으며 수행기간도 며칠에서 몇 년까지 다양하다. 또한 내부인력만으로 추진하기도 하고 때로는 외부전문가나 관련기업, 단체들이 참여하기도 한다.

프로젝트는 우주항공, 건설업, 제조업뿐만 아니라 관공서까지 다양한 분야에서 활용되고 있다. 또한 프로젝트는 신제품개발 등 제품 관련으로 진행할 수도 있으나 조직의 효율적인 운영과 환경변화에 대응하기 위하여 전략적인 목표달성을 위한 경영혁신활동의 수단으로 진행될 수도 있다. 예전에는 신제품개발이나 건설업 중심으로 프로젝트활동이 주를 이루었으나 최근 들어 기업환경의 변화와 글로벌 경쟁으로 거의 모든 분야와 업종에서 새로운 프로젝트활동이 이루어지고 있는 추세이다. 신제품개발 프로젝트를 포함하여 대부분의 프로젝트가 기업의 경쟁력 확보를 위한 전략과 연계하여 프로젝트가 추진되고 있는 추세이다.

또한 프로젝트에는 다양한 유형이 존재하는데 일반적으로 신제품개발 등 제품 관련 프로젝트와 조직의 프로세스 개선을 목적으로 하는 프로젝트로 크게 나눌 수가 있다. 제품과 관련된 프로젝트의 유형은 다음과 같은 것들이 있을 수 있다.

- 신제품개발
- 제품의 품질특성 개선
- 제조공법의 개발
- 부품의 개선 및 새로운 부품의 개발
- 신소재의 개발

프로세스 개선을 목적으로 하는 프로젝트는 일반적으로 기업의 전략과 연계하여 경영혁신 프로젝트로 추진하는 것이 일반적인 추세이다. 특히 기업의 경영혁신활동의 일환으로서 BPR(Business Process Reengineering), Six Sigma, Lean 혁신활동과 연계하여 다양한 개선 프로젝트를 추진한다. 또한 최근에 ICT의 발달에 따라 가상프로젝트(Virtual Project)활동이 새롭게 부상하고 있다.

이상에서 살펴본 바와 같이 프로젝트의 유형은 여러 가지로 분류할 수 있는데, 여기서는 기술과 문제해결방법과 도구의 활용도의 관점에서 살펴보기로 한다. 〈표 10-2〉에 정리되어 있는 것처럼 기술집약도와 문제해결방법과 도구의 활용에 따라 크게 네 가지 유형으로 나눌 수 있다. 기술집약도가 높은 프로젝트는 대부분 제품과 관련된 프로젝트일 것이고 기술집약도가 낮은 프로젝트는 현장개선이나 원가절감 등을 위한 경영혁신 프로젝트일 것이다. 물론 공정개선 프로젝트나 전략적인 측면에서의 경영혁신 프로젝트에도 기술집약도가 높을 수가 있지만 여기서는 설계 관련 기능을 배제한 일반적인 개념으로 이해하기 바란다. A유형은 대부분 연구개발에서 진행하는 고유의 엔지니어링 프로젝트일 것이다. 이러한 유형은 문제해결방법론보다는 연구원이나 팀의 기술적 역량이 목표달성에 많은 영향을 미칠 것이다. B유형은 기술집약도도 높으면서 여러 가지 문제해결방법과 과학적인 도구가 필요한 프로젝트이다. 이러한 유형은 추진기간이 길거나 프로젝트에 많은 인력과 기능이 필요한 신제품이나 새로운 기술을 요하는 대형 프로젝트이거나 하이테크 프로젝트이다. 대표적으로 자동차산업의 신차개발의 경우에는 자동차업체와 부품을 조달하는 업체들 간의 유기적이고 체계적인 협력과 검증이 필요할 것이고 양산 이전단계까지 선행제품 품질계획(Advanced Product Quality Planning: APQP)이라는 신차개발 프로세스가 체계화된 경우도 있다. C유형은 기술집약도도 높지 않고 많은 문제해결도구가 필요하지 않은 경우로서 현장에서는 즉실천 개선 프로젝트라고도 한다. 일반적으로 소집단활동(Small Group Activity)으로 하는 공정의 작은 개선활동을 말한다. D유형은 기업의 경쟁력을 강화하기 위한 전략과제 프로젝트 중에서도 제품개선이 아닌 프로세스 개선활동을 주축으로 하는 프로젝트 유형이다.

표 10-2 기술집약도와 문제해결도구 활용도에 따른 프로젝트 유형

구분	문제해결도구 사용 낮음	문제해결도구 사용 높음
기술집약도 높음	A유형 • 제품개선 프로젝트 • 품질특성 향상 프로젝트	B유형 • High Tech 프로젝트 • 중장기 프로젝트
기술집약도 낮음	C유형 • 공정개선 프로젝트 • 현장개선 프로젝트	D유형 • 전략과제 프로젝트 • 경영혁신 프로젝트

1.3 프로젝트관리의 정의와 제약조건

1.3.1 프로젝트관리의 정의

앞서도 살펴본 바와 같이 프로젝트는 지속적이고 반복적인 일상 운영업무와는 차이가 있다. 관리는 주어진 목표를 달성하기 위하여 프로세스들을 효율적, 효과적으로 운영하는 활동으로서 계획, 실행, 점검하고 조치하는 PDCA(Plan, Do, Check, Action)활동을 의미한다. 프로젝트는 지속적이고 반복적인 업무를 수행하는 기업의 일상 업무와 차이가 있기 때문에 일반관리와는 다르게 계획하고 실행하고 점검하고 조치하는 행위에 대한 적절한 정의가 필요하다.

프로젝트의 정의와 마찬가지로 프로젝트관리에 대해서도 여러 단체에서 다양하게 정의하고 있다. ISO 21500은 “프로젝트관리는 프로젝트에 방법, 도구, 기술, 역량을 적용하는 것(Project management is the application of methods, tools, techniques and competencies to a project)"으로 정의하고 있으며, PMI는 PMBOK 가이드(6판, 2017)에서 "프로젝트관리는 프로젝트 요구사항을 충족시키기 위하여 지식, 기량, 도구 및 기법 등을 프로젝트활동에 적용하는 것(Project management is the application of knowledge, skills, tools and techniques to project activities to meet project requirements)"이라고 정의하고 있다. 또한 이와 같은 "프로젝트관리는 프로젝트 착수, 기획, 실행, 감시 및 통제, 종료단계로 진행되는 프로젝트관리 프로세스의 통합(integration)과 적용(application)을 통해" 이루어지며, 여기에는 다음과 같은 활동이 포함된다고 하였다.

- 프로젝트 요구사항의 식별과 분명하고 달성 가능한 프로젝트 목표의 설정
- 프로젝트의 품질, 범위, 원가, 일정에 대한 요구조건 간에 적절한 균형 유지
- 다양한 프로젝트 이해관계자의 관심사항과 기대치에 부응하는 계획 및 접근방식의 채택

특히 서로 상충되는 프로젝트 요구조건을 관리하는 데 있어 '3중 제약(Triple constraints)', 즉 프로젝트의 범위, 시간, 원가에 대한 제약을 강조하고 있다. 즉 세 가지 제약요건 중에서 어느 한 가지가 변경될 경우 다른 요건이 영향을 받을 수 있다는 관계를 갖고 있으므로 이들 제약을 균형 있게 통합관리하여야 한다고 하였다.

또 영국의 APM(Association for Project Management)은 "프로젝트를 성공적으로 종료하기 위한 관리활동(Project management is the discipline of managing projects successfully)"이라고 정의하고 있으며 다음과 같은 프로세스관리활동을 통하여 프로젝트관리가 이루어진다고 하였다.

- 일정, 원가, 기술 및 품질성과와 같이 프로젝트의 달성목표의 명확한 정의
- 프로젝트 목표달성을 위한 계획을 수립하여 이를 집행하고 진도를 파악
- 프로젝트관리에 필요한 인적자원의 확보
- 적절한 프로젝트관리기법 및 도구를 활용

이상의 여러 대표적인 프로젝트 관련 단체의 정의에 따르면 프로젝트관리란 프로젝트를 성공적으로 수행하기 위하여 계획을 수립하고 여러 가지 자원을 확보하여 진행상태를 수시로 감독, 통제하는 활동이라고 정의할 수 있다. 즉 계획을 실행하기 위해서

는 필요한 조직과 인력을 확보하여 작업을 지시하고, 작업이 계획대로 진행되는지를 지속적으로 감시하여 계획과 차이가 발생하면 그 영향을 검토하여 적절한 조정을 하는 등의 통제업무를 수행하는 활동이다.

1.3.2 프로젝트관리의 제약과 리스크관리

프로젝트의 특성 중 하나가 프로젝트가 점진적으로 구체화되기 때문에 앞서도 살펴본 바와 같이 프로젝트관리를 진행하는 데에는 여러 가지 변경요인이 존재할 수밖에 없다. 특히 범위, 시간, 원가에 대한 3중 제약이 존재한다. 예를 들면, 지연된 일정을 회복하기 위해서는 비용 등 추가적인 자원의 소요가 필요할 수 있다. 어찌되었든 프로젝트를 진행하는 데에 있어 복잡성과 불확실성이 있어 문제없이 잘 관리한다는 것은 상당히 어려운 일이다. 그리하여 프로젝트는 항상 위험관리를 하며 위험성을 줄이려고 하지만 다음과 같은 상황이 늘 도사리고 있다는 것을 명심하고 진행하여야 한다.

(1) 요구사항 변경

프로젝트 진행 도중에 요구사항의 변경은 많이 발생한다. 기급적이면 요구사항의 변경이 없도록 요구사항을 관리하는 것이야말로 프로젝트 추진 팀이 가장 우선순위를 두어야 할 일 중 하나이다. 요구사항 변경은 일정지연, 비용증가, 품질문제 등 여러 가지 부작용을 발생시키는 가장 큰 원인 중 하나이다. 따라서 요구사항 변경이 발생하지 않도록 프로젝트 착수단계에서 세심한 검토를 할 필요가 있다.

(2) 일정지연

일정지연의 가장 큰 요인 중 하나가 요구사항 변경이기는 하지만 요구사항의 변경이 있지 않은 경우에도 여러 가지 원인으로 인하여 일정이 지연되는 경우는 많이 생긴다. 일정지연의 원인은 계획수립 시에 제대로 요구사항의 파악이 잘못되었거나, 목적달성을 위하여 필요한 과업의 파악이 제대로 안 되었거나, 시간 예측의 잘못, 부적절한 자원관리 등이 원인이 된다.

(3) 비용증가

프로젝트 완료 전에 주어진 예산이 바닥나는 것만큼 곤란한 경우는 없다. 미래에 일어날 사항을 잘 예측하여 지출할 비용항목을 정확히 파악하고 산정하는 것과 그것을 적절하게 집행하는 것은 프로젝트 진행에 있어서 매우 중요한 일이다.

(4) 품질문제

프로젝트 진행 시에 품질특성의 미달로 인한 품질문제가 발생하는 경우는 일정지연과 비용증가를 초래하는 가장 큰 사유가 되기 때문에 품질문제가 발생하지 않도록 관리하는 것이 매우 중요하다. 따라서 프로젝트 진행 각 단계에서 품질검토를 할 수 있도록 일정계획을 짜는 것이 무엇보다도 중요하다. 품질문제로 클레임이 발생하면 그 손실은 상상을 초월한다.

(5) 기술적 문제

특히 제품과 관련된 프로젝트의 진행 시에 많이 발생하는 문제이다. 특히 새로운 기술을 적용하여 개발하는 신제품의 경우에는 산업표준이나 정보의 부재로 인하여 기술적 문제에 봉착할 위험이 내재되어 있다. 이러한 문제점에 대비하여 프로젝트 매니저는 프로젝트 팀에 관련 전문가를 배치하거나 관련업체의 기술지원, 외부 컨설턴트 확보 등 여러 가지 해결방안을 마련해야 한다. 실제 프로젝트가 지연되는 경우를 분석해 보면 일반적 업무가 지연되는 경우보다는 기술적 문제에 봉착한 특정 업무가 전체 지연의 80% 이상을 차지한다고 알려져 있다.

1.3.3 프로젝트관리에 필요한 주요 의사결정사항

프로젝트 성공의 많은 부분은 진행단계에서 수행되는 주요 의사결정에 의해 좌우된다. 일반적으로 프로젝트 진행단계에서 진행되는 주요 의사결정사항은 다음과 같다.

- 수행할 프로젝트 선정
- 프로젝트 관리자 선정
- 프로젝트 팀 선정
- 프로젝트 계획과 설계
- 프로젝트 자원의 관리와 통제
- 프로젝트 중단, 완료시점 결정

위의 각각의 의사결정과정에서 주요한 내용을 기술하면 다음과 같다.

(1) 수행할 프로젝트 선정

이것은 프로젝트를 선정하는 기준을 결정하는 것을 포함한다. 일반적으로 자금투자 규모, 비용, 지식과 기술, 투입인력을 포함한 내용이 기준으로 활용된다. 특히 요즘은 환경문제나 안전문제와 같은 법적인 요건이 프로젝트를 선정하는 기준으로서 중요한 역할을 하는 추세이다.

(2) 프로젝트 관리자 선정

프로젝트관리에 대해 총괄적인 책임을 가진 사람을 프로젝트 관리자(Project Manager: PM)라고 한다. 프로젝트 관리자의 주요한 책임을 정리하면 다음과 같다(Kerzner, 2017).

- 제한된 자원과 3중 제약 속에서 프로젝트의 최종성과물의 인도
- 외부로부터 수주한 프로젝트의 경우 계약상 이익목표의 달성
- 프로젝트관리에 필요한 의사결정
- 내 · 외부 고객 및 이해관계자에 대해 프로젝트를 공식적으로 대표
- 프로젝트 업무추진을 위해 필요시 사내 기능부서 등과 협상 실시
- 프로젝트 팀 구성원 간 발생하는 갈등의 해결

결론적으로 프로젝트 관리자는 프로젝트의 성공과 실패에 최종적인 책임을 지며 프로젝트의 목표달성을 위해 팀원들과 효율적, 효과적으로 일을 할 수 있어야 한다. 따라서 프로젝트 관리자는 효율적, 효과적으로 일을 진행하기 위하여 다음과 같은 전문지식과 능력을 갖추어야 한다.

- 팀 구성원들에게 동기를 부여하고 지휘하는 지식과 능력
- 상충되는 의사결정 사안에 대한 시의적절한 최적의 선택능력
- 일을 밀어붙이고 추진하는 능력
- 위기사항에 대처할 수 있는 지식과 능력
- 시간과 예산을 관리할 수 있는 지식과 능력

프로젝트 선정 시에 충분한 검토를 통하여 프로젝트에 대한 정의가 잘 된 경우에는 위에 열거된 지식과 능력으로 충분히 목표달성을 이룰 수 있다. 그렇지 않고 불확실

성이 존재하는 경우에는 더욱더 강력한 리더십과 변화에 대한 적응능력이 필요할 것이다.

프로젝트 관리자가 하는 일은 평상시 수행하는 업무가 아니라 특정한 목적을 가지고 특별히 구성된 팀을 가지고 과업을 수행하기 때문에 일상업무에 비해 어려울 수밖에 없다. 프로젝트 관리자는 기능적인 영역에서 다른 기능조직과 연계되어 있는 사람들을 이끌고 동기를 부여하면서 프로젝트를 수행하여야 한다. 더구나 프로젝트 팀원들의 보유지식이나 기술들을 끌어올려서 프로젝트를 수행하는 경우가 허다하다. 프로젝트 관리자는 불확실한 환경 속에서 일하며 제한된 예산과 일정 속에서 과업을 수행하여야 한다. 경우에 따라서는 프로젝트의 목적을 달성하는 데 충분한 시간과 비용을 가지지 못할 수도 있다. 그럴 경우 프로젝트 관리자는 설득과 협력을 통해 프로젝트 목표를 이루어야 한다. 또한 윤리적인 문제가 프로젝트 관리자에게 일어날 수도 있다. 비용과 정보 관련 내용이나 기록조작 등의 유혹에 휩싸일 환경조건에 처할 경우가 많기 때문이다. 따라서 프로젝트 관리자 선정 시 윤리적인 문제도 고려하여야 한다. PMI는 프로젝트 관리자들을 위한 윤리강령을 제시하고 있다. 따라서 프로젝트 관리자는 상기의 내용을 고려하여 적합한 사람을 선정하여야 한다.

프로젝트관리는 프로젝트를 예정된 기한과 예산범위 내에서 목표치를 달성하기 위해 전문적인 지식과 기술을 사용해 프로젝트 업무를 원만하게 처리할 수 있도록 지원하는 것을 말한다. 프로젝트관리기술은 오랜 기간에 걸쳐 발전해 왔고 지금은 프로젝트관리가 전문적인 훈련과 기술을 필요로 하는 전문직업으로 인식되고 있다. 프로젝트관리능력은 전문적인 기술습득을 통해서만 갖춰질 수 있고, 이러한 능력을 갖춘 전문적인 프로젝트 관리자가 프로젝트를 수행했을 때 그만큼 프로젝트의 성공확률이 높아진다. 오늘날 기업들은 프로젝트를 성공적으로 이끌기 위해 올바른 의사결정과 프로젝트에 필요한 자원을 합리적으로 할당할 수 있는 프로젝트관리기술이 절실하다는 점을 깨닫고 있다. 프로젝트 관리자는 프로젝트에 직접 참여하지는 않지만, 전체적인 밑그림을 잡고 관리하기 위해서는 현재 진행되고 있는 프로젝트 업무를 상세히 알아야 하며 이를 합리적으로 조절할 수 있어야 한다. 프로젝트 관리자의 능력을 인증해주는 자격증이 프로젝트관리 전문가 또는 프로젝트관리 기술사(Project Management Professional: PMP)이다. 이 자격증은 1984년 미국의 프로젝트관리협회인 PMI가 처음으로 시행, 지금은 국제적인 공인자격증으로 인정받고 있다. 2000년 7월부터는 국내시

험기관에서 온라인시스템으로 인증시험을 볼 수 있도록 지원하고 있다.

(3) 프로젝트 팀 선정

팀 구성은 프로젝트의 성공과 실패에 큰 영향을 미치므로 대단히 중요한 일이다. 프로젝트 팀 구성 시에 프로젝트 추진에 필요한 여러 기능조직으로부터 구성원을 요청하여 진행하여야 하기 때문에 다른 기능조직의 절대적인 협조가 필요하다. 팀원 개인의 지식과 기술뿐 아니라 조직 전체의 시너지를 내기 위하여 얼마나 협동을 잘하고 프로젝트에 대한 열정은 어느 정도이며 프로젝트 일 외의 다른 업무의 비중은 어떻게 되는지 등을 파악하여 구성하여야 한다.

(4) 프로젝트 계획과 설계

프로젝트 성과목표, 완료를 위한 시간계획, 프로젝트범위, 필요한 일, 업무 프로세스, 소요자원, 예산 등을 결정하는 의사결정을 요구한다.

(5) 프로젝트 자원의 관리와 통제

인적자원관리, 설비관리, 예산관리, 성과지표개발, 진척상황관리, 문서관리, 필요시 수정활동 시행을 포함한다. 또한 정보시스템설계, 작성해야 하는 서류목록 결정, 서류의 내용과 형식, 서류가 작성되어야 할 시기와 작성담당자, 업데이트 빈도 등에 대한 의사결정을 하여야 한다. 최근의 추세는 ICT의 도움을 받아 의사결정단계 수행 시 ICT Package Solution의 도움을 받아 의사결정을 진행한다.

(6) 프로젝트 중단, 완료시점 결정

프로젝트 진행 시의 중요한 의사결정은 프로젝트 중단을 결정하는 것과 프로젝트 성과달성에 따른 완료를 결정하고 보고하여 승인을 받는 일이다. 프로젝트 수행 시에 환경조건의 변화로 인하여 더 이상 자원을 투입하지 않고 중단하는 것이 나을 때가 있을 수도 있다. 성공 가능성, 계속추진 시의 비용 대비 효과, 자원의 기회비용 등이 주요 고려 대상이 된다.

1.4 프로젝트관리표준 및 기본지식체계

의사, 변호사, 기술사 등과 같은 전문직 분야에서는 자격제도에 대한 필요한 기본 지식체계(Body of Knowledge: BOK)를 수립, 운영하고 있다. 프로젝트관리분야도 마찬가지로 여러 단체에서 프로젝트관리 기본지식체계(Project Management Body of Knowledge: PMBOK)를 운영하고 있다. 그중에서 대표적이라 할 수 있는 미국 PMI의 PMBOK 가이드(6판, 2017), ISO 21500, 영국의 PRINCE2의 주요 지식체계를 소개한다. ISO에서 프로젝트관리 안내(Guidance on Project Management) ISO 21500은 2012년 발표되었다. ISO에서 표준을 발표하기 전까지 프로젝트관리분야에는 PMI (www.pmi.org)의 PMBOK와 APMG International의 PRINCE2 등의 시장표준이 있었다.

이들 프로젝트관리분야의 시장표준을 주도하는 기관들은 각각 PMP(Project Management Professional, 국제 프로젝트관리 전문가)와 PRINCE2 Practitioner의 프로젝트관리 전문가 자격인증을 하고 있으며, 세계 각국에서 자격인증을 받은 프로젝트관리 전문가가 활동하고 있다. 일반적으로 미연방 국가에서는 주로 PMP가 인정을 받고, 영연방 국가 및 유럽에서는 주로 Prince2 자격증이 우대를 받는다. 프로젝트관리에 관계된 지식체계는 단지 가이드일 뿐이다. 프로젝트에 따라 지식영역을 추가할 수도 있고 제외시킬 수도 있는 것이다. 즉 프로젝트 추진 프로세스와 추진내용 및 업무를 가감하여 추진하여야 한다는 것이다. 다만 프로젝트 관리자가 프로젝트 팀과 협의하여 올바른 프로젝트의 기본틀과 계획을 짜기 위해서는 프로젝트관리 지식체계에 대한 충분한 사전학습이 되어 있어야만, 실제 프로젝트 추진 시 해야 할 일이 누락되지 않게 추진할 수 있다.

1.4.1 미국 PMI의 PMBOK 가이드

미국 PMI의 〈*PMBOK Guide(A Guide to the Project Management Body of Knowledge)*〉는 1983년에 발간을 시작하여 계속된 개정을 거쳐 현재 6판(2017년)까지 발간되었으며, 전 세계에서 대부분의 프로젝트에서 사용하는 좋은 사례(Good Practice)를 PMBOK 가이드로 정의하고, 이를 간략히 정리하여 미국표준협회(American National Standard Institute: ANSI)의 표준으로 정의하였다. 〈표 10-3〉은 PMBOK 가이드(6판)의 프로젝트관리 프레임워크로, 이 프레임워크는 통합관리, 범위관리, 일정관리 등 10개의 지식영역과 착수, 기획, 실행, 감시 및 통제, 종료 등 5개의 프로세스그룹으로 구성되어 있다. PMBOK 가이드는 다양한 단일 프로젝트관리에 범용으로 사용할 수 있도록 10개 지식영역과 5개의 프로세스그룹에 따라 47개의 논리적으로 연결된 프로세스들로 구성

표 10-3 PMBOK 가이드(6판)의 프로젝트관리 프레임워크

지식영역	프로세스그룹					프로세스 수
	착수 (Initiating)	기획 (Planning)	실행 (Executing)	감시 및 통제 (Monitoring & Controlling)	종료 (Closing)	
통합관리	프로젝트 헌장개발	프로젝트관리 계획개발	프로젝트작업 지시/관리	• 프로젝트작업 감시/통제 • 통합변경통제	프로젝트 또는 단계 종료	6
범위관리		• 범위계획 • 요구사항수집 • 범위정의 • WBS작성		• 범위검증 • 범위통제		6
일정관리		• 일정계획 • 활동정의 • 활동순서배열 • 활동자원산성 • 활동기간산정 • 일정개발		일정통제		7
원가관리		• 원가계획 • 원가산정 • 예산편성		원가통제		4
품질관리		품질계획	품질보증수행	품질통제		3
인적자원관리		인적자원계획	• 프로젝트팀확보 • 프로젝트팀개발 • 프로젝트팀관리			4
의사소통관리		의사소통계획	의사소통관리	의사소통통제		3
위험관리		• 위험계획 • 위험식별 • 정성적 위험분석 • 정량적 위험분석 • 위험대응기획		위험통제		6
조달관리		조달계획	조달수행	조달통제	조달종료	4
이해관계자 관리	이해관계자 식별	이해관계자 계획	이해관계자 참여관리	이해관계자 참여통제		4
프로세스 수	2	24	8	11	2	47

되어 있다.

앞서 언급한 바와 같이 이 PMBOK 가이드는 범용이므로 PMI는 각 산업계의 특수성을 감안하여 산업 또는 적용분야의 지식체계인 PMBOK 확장판을 발행하고 있으며 PMBOK의 소유권을 가지고 있는 PMI에서도 PMBOK의 준수가 프로젝트의 성공을 보장하지 않으며 PMI에서는 프로젝트 성공과 실패에 대해 어떤 책임도 질 수 없음을 명시하고 있다. 또한 PMBOK 가이드에서는 프로젝트의 성공을 위해서 프로젝트 관리자의 역량과 PMBOK을 기반으로 하는 적절한 개별 맞춤(tailoring)을 통한 적절한 방법론(methodology)의 적용이 필요함을 강조하고 있다.

PMI는 PMBOK 가이드가 단일 프로젝트로서 전사적 차원의 접근에 한계가 있다는 점을 감안하여 최근에 〈*The Standard for Portfolio Management*〉와 〈*The Standard for Program Management*〉를 발간하였다. 더불어 조직 차원의 프로젝트관리 성과측정과 관련하여 〈*Organizational Project Management Maturity Model(OPM3)*〉, 프로젝트 관리자의 역량과 관련하여 〈*Project Manager Competency Development Framework (PMCD)*〉도 발간하였다. PMBOK 가이드, OPM3 그리고 PMCD 등 세 가지 기본적인 문헌을 통칭하여 'PMI Triad'라고 한다.

1.4.2 ISO 21500 이행가이드

ISO 21500은 국제표준화기구(ISO)에 의해 프로젝트관리 성능을 향상시키기 위한 프로세스 및 모범 사례를 구현할 목적으로 프로젝트관리의 개념 및 프로세스에 대한 지침을 제공하기 위해 개발되었다. 표준은 프로젝트관리의 중요한 개념과 프로세스를 설명하지만 자세한 지침은 제공하지 않는다. 2007년 영국표준협회(British Standards Institute: BSI)의 제안으로 국제 프로젝트관리에 대한 원칙과 절차를 수립하기 위하여 ISO/PC 236 위원회가 구성되어 제정되었다. ISO/PC 236은 3개의 Working Group으로 구성되었으며, Working Group1에서는 프로젝트관리 용어에 대한 정의를 담당하고, Working Group2에서는 프로젝트관리 프로세스를 정의하고, Working Group3에서는 프로젝트 라이프사이클(Life Cycle), 프로젝트 정보를 정의하는 작업을 진행하였다. 이 ISO/PC 236 활동에는 총 44개국의 프로젝트관리 전문가가 참여하여 활동하였고 2012년에 발표되었다. 우리나라의 경우 2013년 11월에 산업통상자원부 기술표준원에서 ISO 21500 이행가이드를 개발하여 발표하였다.

기본적으로 ISO 21500과 미국 PMI PMBOK 가이드는 유사한 점이 많다. ISO 21500은 〈표 10-4〉와 같이 10개 주제그룹과 5개의 프로세스그룹에 따라 논리적으로 연결된 39개의 프로세스들로 구성되어 있다. ISO 21500의 10개 주제그룹들은 인적자원관리를 자원관리로 명칭을 변경한 것을 제외하면 PMBOK 가이드의 10개 지식영역들을 그대로 수용하고 있으며 프로세스그룹의 명칭도 실행을 'Implementing'으로 감시(monitoring) 및 통제(controlling)를 'Controlling'으로만 한 것 빼고는 전체적인 의미로는 동일하다.

ISO 21500의 프로세스 개수는 39개로 PMBOK 가이드 47개보다 8개가 적다. ISO 21500의 프로세스 구성을 PMBOK과 비교해 보면, 대다수는 PMBOK과 동일한 프로세

표 10-4 ISO 21500의 프로젝트관리 프레임워크

주제그룹	프로세스그룹					프로세스 수
	착수 (Initiating)	기획 (Planning)	실행 (Implementing)	통제 (Controlling)	종료 (Closing)	
통합관리	프로젝트 헌장개발	프로젝트관리 계획개발	프로젝트작업 지시	• 프로젝트작업통제 • 변경통제	• 프로젝트 또는 단계 종료 • 교훈수집	7
범위관리		• 범위정의 • WBS작성 • 활동정의		범위통제		4
일정관리		• 활동순서배열 • 활동기간산정 • 일정개발		일정통제		4
원가관리		• 원가산정 • 예산편성		원가통제		3
품질관리		품질계획	품질보증수행	품질통제		3
자원관리	프로젝트팀 편성	• 자원선정 • 프로젝트 조직정의	프로젝트팀 개발	• 자원통제 • 프로젝트팀관리		6
의사소통관리		의사소통계획	정보배포	의사소통관리		3
위험관리		• 위험식별 • 위험평가	위험대처	위험통제		4
조달관리		조달계획	공급자선정	조달관리		3
이해관계자 관리	이해관계자 식별		이해관계자 관리			2
프로세스 수	3	16	7	11	2	39

스들로 구성되어 있지만 일부 프로세스들은 PMBOK에는 포함되어 있으나 ISO 21500에는 없는 프로세스들이 있다(예 범위관리계획, 일정관리계획 등). 반면에 교훈수집, 프로젝트조직 정의, 자원통제 등과 같이 ISO 21500에만 있는 프로세스들도 있다. ISO 21500은 ISO의 회원국들이 제정한 국제표준인 반면에, PMBOK 가이드는 미국의 국가표준이지만 전 세계에 가장 널리 보급되어 사용되고 있다. 내용의 분량 측면에서 보면 ISO 21500은 45쪽 내외로 450쪽 이상인 PMBOK 가이드보다 훨씬 적은데, 그 이유는 ISO 21500은 입력물과 주요 산출물만 규정하고, 도구 및 기법은 사용자들이 자유로이 선택할 수 있도록 구체적인 내용을 제시하지 않았기 때문이다

프로젝트관리는 다음의 다섯 가지 프로세스그룹을 통하여 성취된다.

- 시작(initiating): 프로젝트의 정당성을 획득한다.
- 기획(planning): 목적을 정의하고, 목적을 달성하기 위한 최선의 행동들을 정의한다.
- 실행(executing): 계획을 실행하기 위해 사람 및 다른 자원을 조정한다.
- 통제(controlling): 진행과정을 측정하여 계획과의 차이점을 식별하고 필요한 교정을 행한다.
- 종료(closing): 프로젝트가 끝났다는 것을 정식으로 승인한다.

1.4.3 영국의 PRINCE2 이행가이드

PRINCE2의 시초는 1975년에 컴퓨터 프로젝트를 관리하기 위해 만든 PROMPT Ⅱ를 1979년에 영국정부기관(CCTA)에서 정보시스템 프로젝트관리방법으로 채택하였으며, 1989년에는 PRINCE로 개명하고 영국정부의 정보시스템 프로젝트관리표준으로 채택한다. 1996년에는 모든 형태의 프로젝트에 적용이 가능하도록 발전시켜 PRINCE2로 개명하였으며, 2009년에는 기본원칙인 7개의 Principle(지속적인 프로젝트 타당성 검증, 경험으로부터 배우기, 정의된 역할과 책임, 단계별로 관리하기, 위임한계에 따라 관리, 결과물에 집중, 환경에 맞추어 수정하기)을 도입하는 등 전면 개편을 단행하였고, 최근 2017년에는 민첩성(agile) 등의 환경변화를 반영하여 개정판을 발표하였다. AXLOS에서 소유권을 가지고 있으며 PRINCE는 통제된 환경에서의 프로젝트(PRojects IN Controlled Environments)의 약자이다. PRINCE2는 조직이 자원을 효율적이고 통제된 방식으로 사용하고 위험을 효과적으로 관리하기 위한 프로젝트관리방법으로, 영국정부

표 10-5 PRINCE2의 프로세스

프로세스	관리활동	활동의 수
프로젝트 준비 (Starting Up a Project: SU)	• 프로젝트 위원회 중역과 프로젝트 관리자 임명(SU1) • 프로젝트 관리팀 설계(SU2) • 프로젝트 관리팀 임명(SU3) • 프로젝트 보고 준비(SU4) • 프로젝트 접근방안 정의(SU5) • 착수단계계획(SU6)	6
프로젝트 지휘 (Directing a Project: DP)	• 착수 승인(DP1) • 프로젝트 승인(DP2) • 단계 또는 예외계획 승인(DP3) • 애드혹(Ad hoc) 지휘(DP4) • 프로젝트 종료 확인(DP5)	5
프로젝트 착수 (Initiating a Project: IP)	• 품질계획(IP1) • 프로젝트계획(IP2) • 비즈니스 케이스와 리스크 정의(IP3) • 프로젝트 통제 준비(IP4) • 프로젝트 파일 준비(IP5) • PID 취합(IP6)	6
기획 (Planning: PL)	• 계획설계(PL1) • 제품 정의 및 분석(PL2) • 활동과 의존관계 식별(PL3) • 추정(PL4) • 일정계획(PL5) • 리스크분석(PL6) • 계획 완료(PL7)	7
단계 통제 (Controlling a Stage: CS)	• 워크패키지(Work Package) 승인(CS1) • 신척도 평가(CS2) • 프로젝트 이슈 취합(CS3) • 프로젝트 이슈 검토(CS4) • 단계 상태 검토(CS5) • 주요사항 보고(CS6) • 시정조치(CS7) • 프로젝트 이슈 해소(CS8) • 완성된 워크패키지 인수(CS9)	9
산출물 인도관리 (Managing Product Delivery: MP)	• 워크패키지 승인(MP1) • 워크패키지 실행(MP2) • 워크패키지 인도(MP3)	3
경계관리단계 (Managing Stage Boundaries: SB)	• 단계계획(SB1) • 프로젝트계획 수정(SB2) • 프로젝트 비즈니스 케이스 수정(SB3) • 리스크 로그 수정(SB4) • 단계 종료 보고(SB5) • 예외 계획 생성(SB6)	6
프로젝트 종료 (Closing a Project: CP)	• 프로젝트 해산(CP1) • 후속조치 식별(CP2) • 프로젝트 평가(CP3)	3
전체 활동의 수		45

와 민간에서 프로젝트관리를 위한 사실상의 표준으로 사용되고 있다. PRINCE2는 프로세스 기반 프로젝트관리방법으로, 〈표 10-5〉와 같이 프로젝트 준비, 프로젝트 지휘 등 8개의 프로세스들로 구성되어 있으며 각 프로세스들은 프로젝트 기간 동안 수행해야 하는 몇 개의 관리활동들로 구성되어 있어 전체 활동의 수는 45개이다.

1.4.4 프로젝트관리 지식체계에 대한 정리

프로젝트관리 지식체계의 대표적인 3개 기관인 ISO 21500, PMI, PRINCE2의 내용을 살펴보았는데 크게 두 가지로 구성되어 기술되고 있다. 하나는 프로젝트의 시작에서 종료까지의 절차에 관한 프로세스그룹이고 하나는 각 단계별로 진행하여야 할 관리활동 또는 주제그룹을 설명하고 있다. 결론적으로 보면 프로세스 또는 프로세스그룹이 진행단계이고 그 안에서 해야 할 세부적인 일을 주제그룹으로 놓고 세부적으로 해야 할 일을 정리해 놓은 것이다. PRINCE2는 프로세스의 단계에 따라 세부적으로 해야 할 관리활동을 정리해 놓은 것이다.

우리나라에는 1991년에 창립한 한국프로젝트경영협회를 비롯하여 건설분야의 한국CM협회, 한국건설관리학회 등의 관련단체와 한국건설기술연구원, 한국건설산업연구원 등의 연구기관이 있지만 아직 공식화된 프로젝트관리 기본지식체계는 발행되지 않은 실정이다. 따라서 프로젝트관리에 관심 있는 대부분의 산학연 관계자는 미국 PMI의 PMBOK 가이드를 주로 사용하고 있으며 국가기술표준원에서 ISO 21500에 입각하여 이행가이드를 제시하였다.

지금까지 프로젝트와 프로젝트관리에 대한 기본개념을 설명하였다. 제2절에서는 프로젝트관리와 관련된 몇 가지 주요한 토픽들을 설명한다. 주요 토픽으로는 프로젝트 계층구조, 프로젝트관리 오피스, 프로젝트 생애주기, 프로젝트 이해관계자, 프로젝트관리시스템 그리고 프로젝트 성공과 실패 등으로서 프로젝트관리를 위해서는 반드시 이해해야 할 사항들이다.

2 프로젝트의 진행단계와 이해관계자

이번 절에서는 프로젝트 전체의 생애주기관리와 각 단계에서 연결되는 이해관계자에 대하여 기술한다.

2.1 프로젝트 생애주기관리

프로젝트관리를 효과적으로 수행하기 위하여 프로젝트의 추진단계를 몇 단계로 세분할 수 있다. 이와 같이 세분된 단계를 총칭하여 프로젝트 생애주기(Project Life Cycle)라고 한다. 생애주기는 프로젝트관리에서 가장 기본적인 것으로서 프로젝트와 프로젝트가 아닌 것을 구별할 수 있는 주요한 기준이 되기도 한다. 프로젝트는 일단 시작하면 무조건 완료할 때까지 진행하는 것이 아니라 중간평가가 필요하다. 프로젝트환경의 변화나 기업전략의 변경 또는 프로젝트 타당성의 재검토 필요성 등으로 인하여 단계별 평가가 필수적이며 이것을 통해 프로젝트의 계속진행에 대한 의사결정을 하는 것이 생애주기관리의 주된 목적이다. 따라서 제3절에서 설명할 프로젝트 일정관리 프로세스와는 그 성격을 달리하고 있다.

프로젝트 생애주기의 한 단계에서 다음 단계로 넘어갈 때는 반드시 계획된 인도물(deliverables)을 완성하고 관련되는 이해관계자의 승인을 받게 된다. 이를 일반적으로 단계종료 검토(Phase-end Review 또는 Gate Review)라 한다. 단계종료 검토에서 승인을 받지 못한 프로젝트는 계속 진행하지 못한다. 또한 다음 단계의 시작도 승인을 받아야만 추진이 가능하다. 일반적으로 단계종료 검토의 승인은 다음 단계 시작의 승인을 의미한다.

프로젝트 지식관리체계의 프로세스그룹에서도 살펴보았지만 프로젝트 생애주기, 즉 진행단계를 결정하는 이상적인 방법은 없으며 프로젝트별로 그 성격에 적합한 단계를 설정한다. 일반적으로 착수단계, 계획단계, 수행단계, 평가 및 종료단계로 구분하여 각 단계별로 해야 할 세부적인 활동들을 상세하게 기술하여 프로젝트의 창출에서 종료까지의 생애주기를 관리한다. 이 생애주기기술서는 단계별 검토에 사용할 투입물과 산출물의 점검목록 등을 포함한다. [그림 10-1]은 일반적인 프로젝트관리(Information Technology Project Management)에서 생애주기의 예를 도식화한 것으로서, 프로젝트 목적 정의, 프로젝트 계획, 프로젝트 실행, 프로젝트 종료 그리고 프로젝트 평가 등의 단계로 구성된다.

첫 번째 단계인 프로젝트 목적 정의단계에서는 해당 프로젝트가 조직에게 어떤 비즈니스가치를 주는지에 초점을 맞춰 프로젝트의 목적을 정의해야 한다. 일단 프로젝트의 목적이 정의되면 프로젝트의 범위, 일정, 예산 등에 대한 계획을 수립하게 되며, 이 계획은 생애주기 전반에 걸쳐 프로젝트의 성과를 측정하는 기준점으로 사용된다. 프로젝트 실행단계에서는 프로젝트의 목적을 달성할 수 있도록 범위, 일정, 예산 그리고 인력을 적극적으로 관리한다. 이 과정에서 프로젝트 진척사항이나 성과물들이 문서화되며 프로젝트 계획과 실제 진행사항들을 비교하게 된다. 프로젝트 종료단계에서는 약속된 인도물이 모두 종료되었음을 고객에게 최종보고한다. 마지막으로 프로젝트 평가단계에서는 프로젝트가 모두 종료된 후에 프로젝트 팀과 프로젝트 성과물 자체에 대해 평가하게 된다.

그림 10-1 | 일반적인 프로젝트 생애주기

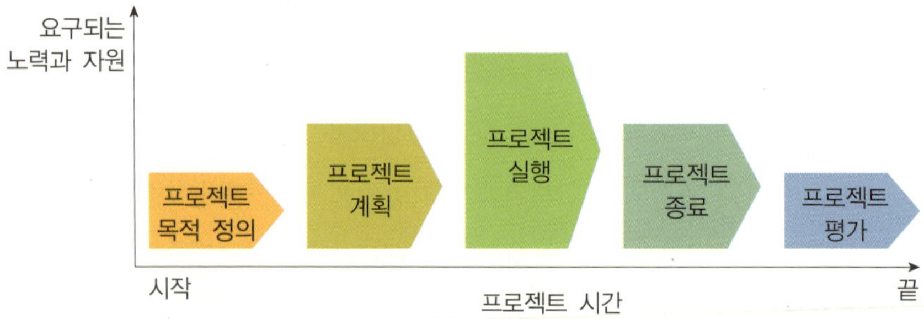

출처: Jack T. Marchewka, 2006

또한 앞에서 살펴본 Prince2에서는 프로젝트 준비, 프로젝트 지휘, 프로젝트 착수, 기획, 통제, 산출물 인도관리, 경계관리, 프로젝트 종료의 8단계로 나누고 45개의 세부 활동을 제시하였다. 즉 프로젝트의 규모, 추진기간, 범위는 프로젝트의 본질과 목적에 따라 생애주기가 다양하다. 그럼에도 불구하고 대다수의 많은 프로젝트는 공통점을 갖게 되는데 다음과 같은 4단계로 구성되는 생애주기를 갖게 된다. 프로젝트 생애주기 관리의 왕도는 없으나 일반적인 프로젝트의 4단계인 착수단계, 계획단계, 수행단계, 평가 및 종료단계의 경우에 각 단계에서 수행하여야 할 활동들을 〈표 10-6〉에 제시하였다.

표 10-6 프로젝트관리단계와 세부활동

주요 단계	핵심개념	세부활동(예)	주요 내용 및 결과
프로젝트 착수단계 (Define)	어떤 프로젝트인가	• 정보분석활동을 통한 기술예측 • 경영전략의 수립 • 기술도입 항목의 결정 • 프로젝트에 대한 시장조사 및 경제성평가 • 경영자 검토를 통한 프로젝트 선정	• 목표 • 프로젝트기술서 • 과업내용 • 책임과 권한설정 • 팀 구성
프로젝트 계획단계 (Plan)	어떻게 추진할 것인가	• 프로젝트 평가항목 및 목표결정 • 일정계획 수립 • 예산계획 수립 • 자원소요계획 수립	• 일정계획 • 예산계획 • 자원계획 • 위험분석
프로젝트 수행단계 (Do)	잘 진행되고 있는가	• 일정 및 예산, 자원관리 • 중간평가 및 수정 • 프로젝트에 대한 QCD관리	• 수행일지 또는 보고서 • 진척도관리 • 중간평가보고서
프로젝트 평가 및 종료단계 (See)	성과물은 만족하는가	• 최종평가 및 보고서 작성 • 최종보고를 통한 프로젝트 승인 • 사후관리 및 차기 프로젝트에 반영	• 최종완료보고서 • 인력 재배치 • 품질계획서(사후관리계획서)

〈표 10-6〉에 제시된 것처럼 첫 번째 착수단계는 프로젝트에 대한 정의(define)를 진행하는 활동이다. 정의단계의 핵심결과물은 프로젝트기술서가 될 것이고 그 내용에는 목표, 추진조직, 현상황, 실현 가능성, 기대수익, 이익과 위험분석 같은 내용들이 언급되어야 할 것이다. 두 번째 단계인 계획단계의 핵심은 프로젝트 진행을 하기 위한 세부활동 항목과 과업을 정하고 필요한 인적자원, 예산, 일정계획 등을 수립하는 단계이다. 세 번째 단계는 실행단계로서 프로젝트 진행에 소요되는 시간과 자원의 대부분을 차지하는 단계이다. 가급적이면 정의된 대로 계획된 계획서에 의해서 변경 또는 수정 없이 추진해 나가는 것이 관건이다. 마지막 네 번째 단계는 평가 및 종료단계로서 고객에게는 결과물을 인도하고 조직 내의 프로젝트인 경우에는 최종책임자에게 성과보고를 하는 단계로서 인적자원의 재배치와 프로젝트 진행 후에 정리를 하는 단계이다.

프로젝트의 주요한 특성 중 하나가 시작과 끝이 있다는 것은 앞에서 설명하였다. 생애주기를 설정할 때 프로젝트의 정의만큼 중요한 것이 시작과 끝을 명확하게 정의하는 것이 중요하다. 많은 프로젝트는 본격적인 착수 이전에 프로젝트를 추진할지 여부를 결정하기 위해 재무적, 기술적 타당성 조사를 한다. 이 타당성 조사를 생애주기의 첫 단계로 할 것인지 아니면 별도의 프로젝트로 추진할 것인지를 결정해야 한다. 대개는 타당성 조사결과를 예상하기 어려울 때는 별도의 프로젝트로 처리한다. 프로젝트 종료단계를 정의할 때 주요한 고려사항은 일상 운영조직에 대한 프로젝트 차원의 지원범위를 어느 정도로 할 것인지를 결정하는 것이다. 프로젝트의 성격에 따라 프로젝트 차원의 지원이 거의 필요 없는 경우도 많지만 어떤 경우에는 프로젝트 인도물의 수명기간까지 지원할 수도 있다.

2.2 프로젝트 이해관계자

프로젝트 추진 시에는 일상업무와 달리 한시적으로 임시조직을 구성하여 구체적인 목표를 달성하기 위해 프로젝트를 진행하기 때문에 프로젝트를 성공적으로 추진하기 위해서는 여러 이해관계자 또는 집단의 도움과 협조가 필요하다. 따라서 이해관계자를 잘 파악하여 프로젝트의 진행에 긍정적인 영향은 극대화하고 부정적 영향은 최소화하는 노력이 필요하다. 프로젝트 이해관계자(stake-holders)는 프로젝트에 적극적으로 참여하거나 프로젝트의 성과 또는 완료결과에 직접 또는 간접적으로 영향을 주는 개인 개인이나 조직을 의미한다. 이들 이해관계자가 프로젝트에 참여할 때의 권한과 책임은 매우 다양하며 프로젝트 생애주기단계별로도 변할 수 있다. 또한 이해관계자는 프로젝트의 중요한 의사결정에 긍정적이거나 부정적 영향을 미칠 수 있다.

프로젝트 관리자는 이해관계자들을 식별하고 그들의 요구사항이 무엇인지 검토하여, 성공적인 프로젝트를 위해 그들의 요구사항을 관리하고 영향력을 발휘해야 한다. 또한 이해관계자의 역할 및 책임의 중요성을 인식하고, 극심한 환경변화에 대응해 가면서 최대의 효과를 얻기 위해 효과적인 이해관계자관리에 주력해야 한다. 이해관계자는 사내 및 사외 이해관계자로 구분할 수 있으며 다음과 같다.

2.2.1 사내 이해관계자

- 경영층
- 프로젝트 스폰서: 프로젝트에 대한 재정지원을 하는 개인 또는 그룹
- 프로젝트 관리자
- 프로젝트관리 오피스(PMO)
- 프로젝트 팀 구성원

- 기능 부서장(Functional Manager): 설계부서, 제조부서, 마케팅부서 등의 책임자
- 사내 고객
- 정보시스템부문 관리자

2.2.2 사외 이해관계자

- 외부고객, 투자자 및 발주자
- 공급업체 또는 계약자
- 외부 컨설턴트
- 프로젝트 팀 구성원의 가족
- 정부 및 지방자치단체
- 언론매체
- 일반시민 및 지역사회

프로젝트를 성공하기 위해서는 이해관계자들에 대한 내용을 정확히 파악하여야 하며 이해관계자의 역할과 책임은 조직과 프로젝트의 목표를 바탕으로 정의하고 공유되어야 한다.

3 프로젝트 일정관리

프로젝트의 성공과 실패는 일반적으로 일정, 예산, 요구명세서에 의해 좌우된다. 프로젝트관리에서 일정관리란 프로젝트를 기한 내에 완료할 수 있도록 관리함을 의미한다. 범위관리(Scope Management)가 프로젝트에 대해 '무엇(What)'을 정의하는 것이라면, 일정관리는 프로젝트를 '언제(When)'와 '어떻게(How)'를 정의하는 것이다. 목표한 일정 내에 프로젝트를 성공적으로 끝내기 위해서는 정확하고 정밀한 일정계획을 세우고, 그 일정계획에 따라 프로젝트가 진행되도록 잘 통제하는 것이 중요하다.

3.1 일정관리의 개요

3.1.1 일정관리의 중요성

프로젝트가 성공적으로 추진되었다는 것은 프로젝트가 주어진 예산범위(cost) 내에서 정해진 일정(delivery) 안에 끝났다는 것을 의미한다. 즉 프로젝트 산출물의 품질(quality), 비용(cost), 납기(delivery)를 주어진 일정 내에 끝내는 것으로서 이것이 프로젝트의 일정관리이다. 그런데 문제는 프로젝트 추진 시에 통제하기 어려운 사항으로 대부분의 프로젝트 관리자들이 일정을 꼽는다는 데 있다. 왜냐하면 대부분의 프로젝트가 수많은 선행작업과 후행작업으로 이루어져 있기 때문에 그 많은 작업들을 완벽하게 계획된 순서대로 시간 내에 완료하기란 결코 쉬운 일이 아니다. 또한 프로젝트가 기업의 외부환경에 많은 영향을 받기 때문에 그때마다 상황에 맞도록 일정을 변경하거나 수정하는 일이 있기 때문에 일정관리가 무엇보다 중요하다. 또한 환경변화 속에서도 속도와 효율성을 강조하고 경쟁이 치열한 최근의 상황으로 봐서 프로젝트 일정을 줄이는 것은 시장 경쟁력의 필수조건이 되었고 그에 따라 일정관리의 중요성은 아무리 강조해도 지나치지 않는다.

3.1.2 일정관리의 목적

주말계획을 짜는 일상적인 일에서부터 댐이나 아파트를 건설하는 프로젝트처럼 크고 중요한 일까지 처음 일을 시작하는 기획단계에서 일정을 수립해서 일정관리를 하는 목적은 무엇 때문일까? 휴가를 계획하든, 댐을 건설하든 모든 일정에는 세 가지 기본 목적이 있다.[1)]

첫째, 언제까지 일을 끝내겠다는 약속이다. 일반적으로 사람들이 프로젝트 일정을 논할 때는 이와 같은 목적을 염두에 둔다. 일정은 고객뿐 아니라 프로젝트와 관련된 모든 사람들이 공식적으로 행하는 약속이다. 따라서 계약 이후에 일정이 변경될 경우에는 서로 간에 동의가 이루어져야 한다.

둘째, 프로젝트 참여자에게 자신의 업무가 전체에서 얼마나 기여하는지를 보여줌으로써 모든 사람들을 연결하고 격려하기 위함이다. 정확하지 않더라도 일정이 없다면 팀원들은 상호 협력이나 의존관계를 따져보지 않을 것이다. 대신에 모두가 자신의 일

1) 스콧 버쿤, '마음을 움직이는 프로젝트관리', 2006

만으로 바빠서 내가 맡은 부분이 다른 팀원들에게 어떤 영향을 미치는지를 생각하지 않는다. 프로젝트에서 일정은 커다란 강제작용을 발휘한다. 일정에 포함된 사람은 자기가 맡은 업무를 더욱 신중히 처리하고 다른 사람이 수행 중인 업무와 연관성에도 주의를 기울인다.

프로젝트 일정이 늦어지거나, 두 배로 늘거나, 절반으로 줄거나 등 기타 온갖 나쁜 조합이 만들어지더라도 팀원 간 또는 고객과 맺은 약속은 변하지 않는다. 따라서 일정을 수립하는 행위 자체만으로도 충분한 가치가 있다. 예를 들어, 프로젝트가 크게 지연되는 상황에서도 일정이 존재한다는 사실만으로도 프로젝트 완수에 큰 도움이 된다.

셋째, 팀에게 진행상황을 추적하고 작업을 관리 가능한 단위로 쪼개는 도구를 제공하기 위함이다. 작업을 하루나 이틀단위로 나누면 해야 할 일을 이해하기가 쉬워진다. 즉 작업을 관리 가능한 단위로 일 또는 주단위로 나눈다면 모두가 할 일과 시기를 이해하게 되며, 팀원 각자가 상호관계도 파악할 수 있다. 프로젝트 관리자에게 일정계획은 프로젝트에 대한 전반적인 흐름뿐만 아니라 세부적인 작업에 대한 시각도 제공한다.

프로젝트가 크고 복잡할수록 일정관리의 비중은 더 클 것이다. 일정이 완벽하다고 해서 프로젝트에 발생하는 문제를 모두 해결할 수는 없다. 일정계획 자체가 얼마나 유용한지는 프로젝트를 이끌고 관리하는 사람에게 달려 있다.

3.1.3 일정관리에 실패하는 이유

프로젝트 초기에 프로젝트의 규모와 비용, 기간, 자원 등이 얼마나 필요할지를 예측하는 작업은 나비효과와 유사하다. 나비효과란 지구의 어느 한 곳의 나비 한 마리의 작은 날갯짓이 다른 지역에 태풍을 일으킬 수도 있다는 것이다. 즉 작은 사건 하나가 확장하면서 복잡하고도 거대한 결과를 낳을 수 있음을 뜻한다. 프로젝트 초기에 정확한 범위를 추정하는 것은 이론적으로 불가능하다. 또 프로젝트 수행 도중에 할 일이 변경되는 상황에서 일정과 예산이 변경되는 것은 어쩔 수 없는 현상이다. 프로젝트의 성격은 앞에서도 언급했지만 본질적인 특성상 모호했던 것들이 점진적으로 구체화된다(Progressive Elaboration).

일정은 일종의 예측이다. 초기 일정이 얼마나 정확하든 혹은 그렇지 않든 간에 작은 예측들이 모여 전체의 일정을 이룬 결과물이며 작은 예측마다 예상치 못한 문제들이 곳곳에 도사리고 있다. 아무리 정확하게 예측을 하더라도 이것은 단지 예측에 불과하므로 결과적으로는 달라질 수밖에 없다. 따라서 일정 자체가 얼마나 정확하냐가 중요하기보다는 일정을 어떻게 사용하느냐가 기한 내에 끝날 확률을 높이는 방법이라고 하겠다. 기본적으로 프로젝트 관리자와 팀원들이 서로 신뢰하고, 프로젝트 진행상황을 추적하고 관리하며, 고객이나 프로젝트 스폰서가 만족할 만한 성공확률만 있으면 된다. 정확한 초기 일정도 중요하겠지만 프로젝트 진행 중에 발생하는 변경상황을 신속하고 정확하게 처리하고 관리하는 과정이 더 중요하다.

수많은 프로젝트가 일정을 맞추지 못하는 사실은 그다지 놀랍지 않다. 프로젝트 관리자에게 프로젝트를 예정된 기한 내에 끝내지 못한 원인을 추궁하면 대부분 기업 외부의 환경 탓으로 돌린다. 공급업체가 중간에 파산하였다든가, 고객의 요구사항이 자주 바뀐다든가, 자연재해로 인해 불가피했다든가 등 불확실하고 불가피한 외부요인들에 의한 것으로 치부한다. 그러나 실제 프로젝트 관리자나 팀원들이 말하는 원인은 외부요인보다는 내부요인들에 의한 것이 많다고 한다.

3.2 프로젝트 일정관리 프로세스

프로젝트를 목표한 납기일까지 완료하기 위해서는 두 가지 초점에 집중하여야 한다. 하나는 현실적인 일정계획을 수립하는 것이고, 다른 하나는 수립된 일정계획을 기준으로 실적을 추적하고 변경이 발생한 경우에 필요한 조치를 취하는 것이다. 이를 PMI PMBOK에서는 6개의 프로세스, 즉 활동 정의(Activity Definition), 활동순서 배열(Activity Sequencing), 활동자원 추정(Activity Resources Estimating), 활동기간 추정(Activity Duration Estimating), 일정개발(Schedule Development), 그리고 일정통제(Schedule Control)로 정의하였다. 이 중 앞의 다섯 개 프로세스는 기획단계, 나머지 한 개 프로세스는 통제단계에 포함된다. ISO 21500에서도 기획단계인 일정개발과 통제단계인 일정통제로 나누어져 있고 여기서는 보다 자세하게 설명된 PMI PMBOK의 프로세스로 간단히 기술한다.

3.2.1 활동 정의 프로세스

일정(schedule)을 수립하기 위해서 가장 먼저 해야 할 것은 활동(activity)을 찾아내는 것이다. 프로젝트의 작업을 완료하기 위해 수행해야 할 세부활동들을 식별하고 이를 바탕으로 필요한 자원과 시간 그리고 활동 간의 연관성을 파악하는 것이 이어진다. 이때 세부활동을 식별하는 기준이 프로젝트범위관리에서 정의한 WBS(Work Breakdown Structure)가 된다. WBS는 '무엇을 할 것인지'를 정의한 것이라면 활동은 '어떻게 할 것인지'를 정의한 것이다. 따라서 활동 정의 프로세스란 [그림 10-2]에서 보는 것처럼 WBS의 인도물에 해당하는 Work Package를 활동(activity)이라 불리는 요소로 분할하는 것이라 하겠다.

그림 10-2 | 프로젝트에서 활동으로 분할

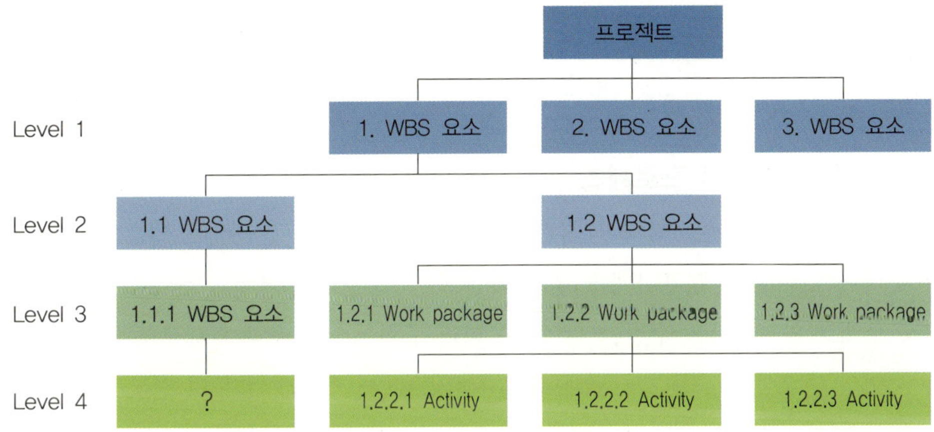

PMBOK에서 설명한 활동 정의 프로세스를 설명하면, WBS와 WBS 사전을 바탕으로 일정활동으로 분할하여 활동목록(Activity List)을 작성한다. 활동목록에는 활동과 관련된 속성(attribute)들뿐 아니라 고객 또는 경영층에 제시할 마일스톤(milestone)도 포함한다. 속성으로는 활동식별코드, 활동코드, 활동 설명, 선후활동, 논리적 관계, 선도(lead; 앞의 활동이 끝나기 전에 후속활동을 먼저 시작하는 관계)와 지연(lag; 앞의 활동이 끝난 후 후속활동을 곧바로 시작하지 않고 일정기간이 지난 후에 시작하는 관계), 자원요구사항, 지정일, 제약, 가정, 작업 실행의 책임자, 작업수행 지역 또는 장소, 노력수준(Level of Effort; 프로젝트 산출물과 직접적인 관련이 없지만 프로젝트를 지원하며 시간으로 실적을 산정하는 활동), 세분업무(Discrete Effort; 측정이 가능한 프로젝트 산출물과 직접 관련된 활동), 배분업무(Apportioned Effort; 상세하게 분할하기 어려워 세분업무의 실적에 비례하여 배분하는 활동(예 책 출판 시 원고에 대한 검토시간을 원고 작성시간의 20%로 배분) 등이 있다. 큰 흐름으로 보면 기획(planning) 프로세스그룹의

한 부분을 진행하고 있는 것이며, [그림 10-3]에서처럼 프로젝트관리계획서를 완성하고 승인을 받기 전까지 프로세스가 반복하고 있는 것이다.

그림 10-3 | 활동 정의 프로세스의 개념

3.2.2 활동순서 배열 프로세스

활동과 활동 사이에는 다양한 연관관계가 있다. 이 관계로 인하여 복잡한 선후관계가 나타난다. 이러한 선후관계를 정의하여야만 프로젝트 전체시간을 추정할 수 있고, 이를 토대로 완료일정을 수립할 수 있다. 따라서 활동순서 배열 프로세스는 활동과 활동 사이의 연관성을 찾아내서 문서화하는 과정으로서 찾아낸 활동의 연관성을 식별하여 활동 간의 연관성을 표현한 그림인 '일정 네트워크도'를 만드는 프로세스이다.

활동의 연관성은 매우 복잡하므로 그림으로 표현하는 것이 이해하기 쉽다. 이 그림을 네트워크 다이어그램(Network Diagram)이라고 한다. 네트워크 다이어그램은 화살표(arrow)와 노드(node)로 구성되는데, 활동을 노드로 표시한 선후행도형법(Precedence Diagramming Method: PDM)과 활동을 화살표로 표시한 화살도형법(Arrow Diagramming Method: ADM)으로 구분한다.

(1) 선후행도형법(Precedence Diagramming Method: PDM)

'노드'라고 불리는 직사각형 또는 원을 사용하여 여러 가지 활동을 표시하고, 노드 사이에 실선으로 화살표를 표시하여 활동 간의 의존관계를 표시한다. 이런 특징 때문에 노드표기활동(Activity-on-node)이라고도 불리며, 대부분의 프로젝트관리 소프트웨어에서 사용된다. 선후행도형법에서는 FS관계, FF관계, SF관계, SS관계 등 네 가지 관계 모두를 표시할 수 있다. [그림 10-4]에 선후행도형법의 예가 제시되어 있다.

그림 10-4 | 선후행도형법의 예

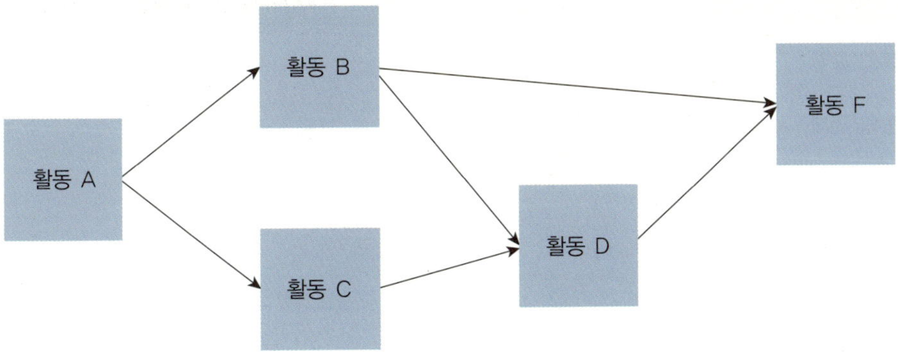

(2) **화살도형법(Arrow Diagramming Method: ADM)**

활동은 화살표로 표시하고 선후관계는 노드로 표시하여 화살표 표시활동(Activity-on-arrow)이라고도 한다. 이 방법으로는 네 가지 선후관계 중 FS관계만이 가능하기 때문에 모든 의존관계를 표시하기 위해서는 더미활동(Dummy Activity)이 필요하다. 더미 활동은 점선화살표로 표시하고, 실제 발생하는 일정활동이 아니라 활동 간의 의존관계만을 의미하므로 작업기간은 0이 된다. [그림 10-5]는 [그림 10-4]의 예를 화살도형법으로 표시한 것이다.

그림 10-5 | 화살도형법의 예

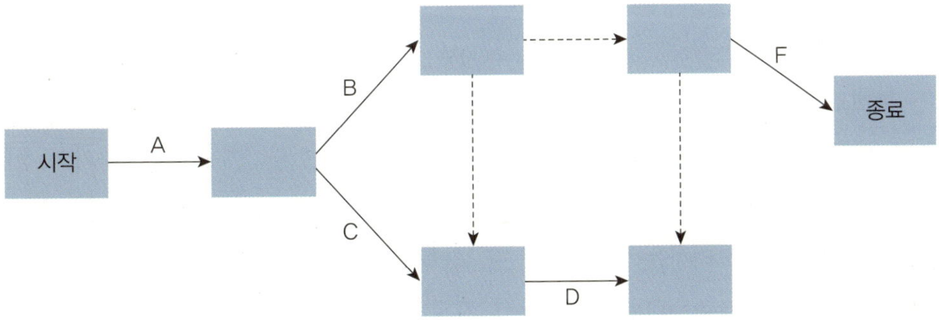

선후도형법과 화살도형법의 차이는 〈표 10-7〉에서도 알 수 있듯이 활동을 노드에 기록하느냐, 아니면 화살표에 기록하느냐의 차이가 가장 크다. 활동을 노드에 기록하

▌표 10-7▐ 선후행도형법과 화살도형법의 비교

구분	PDM(Percedence Diagramming Method)	ADM(Arrow Diagramming Method)
활동의 표현	노드(node)라고 하는 박스 또는 직사각형에 표현	화살표에 표현
활동의 연계	화살표 사용	노드 사용
연관관계	네 가지 연관관계 모두 가능 (F-S, F-F, S-F, S-S)	Finish to Start만 가능
다른 호칭	AON(Activty on Node)	AOA(Activity on Arrow)
기타 특징	F-S(Finish to Start)가 가장 자주 사용	F-S관계밖에 안 되므로 Dummy관계 필요
표현예제	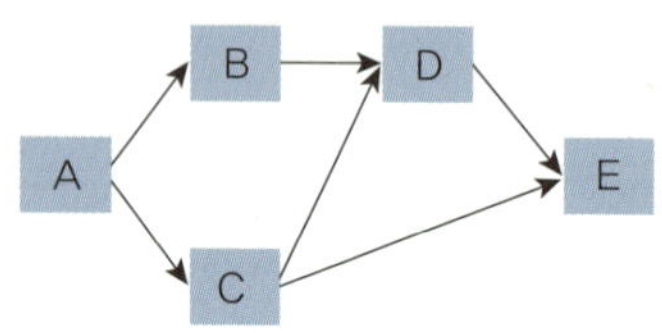	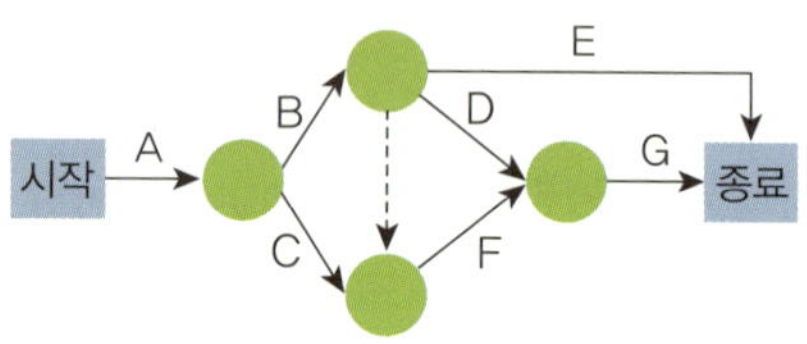

기 때문에 모든 연관관계의 표시가 가능하지만 활동을 화살에 기록하는 화살도형법에서는 F-S관계밖에 기술하지 못하므로 가상의 더미(dummy)가 필요할 것이다. 또한 활동의 연관성은 크게 세 가지 의존성에 의해 결정된다.

- 의무적 의존성(Mandatory Dependencies): 건설 프로젝트에서 기초공사가 끝나야 위에 건물을 세울 수 있듯이 본질상 작업의 선후가 이미 정해져서 임의로 바꿀 수 없는 관계를 의미하며 Hard Logic이라고도 한다.
- 임의적 의존성(Discretionary Dependencies): 프로젝트 팀에서 임의로 정할 수 있는 관계로 과거의 유사한 사례나 우수사례(Best Practice)에 의해 정해진다. Preferred Logic, Preferential Logic, Soft Logic 등으로 불리기도 한다. 예를 들어, 과거의 경험에 의해서 확실한 것은 설계 전에 공사를 시작할 수도 있다. 이는 일정을 단축할 때 제일 먼저 고려하는 후보이다. 단, 불확실한 것을 먼저 시작해서는 안 된다.
- 외부적 의존성(External Dependencies): 프로젝트범위 밖의 업무와 프로젝트범위 내의 활동 간에 존재하는 선후관계를 의미한다. 예를 들어, 아파트 건설을 하려면 사업승인이 있어야 하거나, 건설 프로젝트에서 건설을 시작하기 전에 환경 공청회를 열어야 하는 경우를 뜻한다.

의존성에 의해 발생하는 활동 간의 의존관계는 활동의 시작과 완료시점에 따라 다음과 같이 네 가지로 구분할 수 있다.

- FS관계(Finish to Start Dependency): 가장 일반적인 형태이며, 선행활동이 끝나야 후속활동을 시작할 수 있다. 선도와 리드의 형태도 이 관계에서 나타난다. 다음 그림에 FS관계의 세 가지 경우가 제시되어 있다.

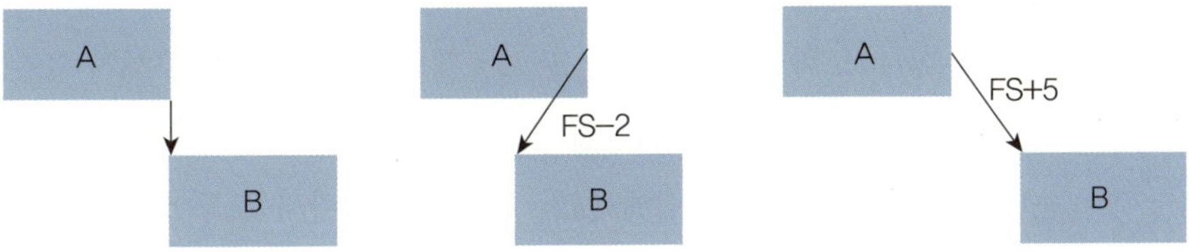

(a) 기본형태 (b) 선도(lead) (c) 지연(lag)

- FF관계(Finish to Finish Dependency): 선행활동이 끝나야 후속활동도 끝낼 수 있다. 이를 그림으로 표현하면 다음과 같다.

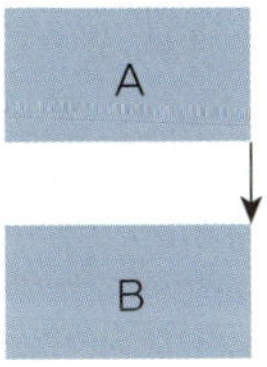

- SS관계(Start to Start Dependency): 선행활동을 시작하여야 후속활동도 시작할 수 있다. 이를 그림으로 표현하면 다음과 같다.

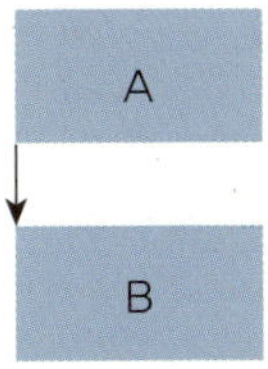

- SF관계(Start to Finish Dependency): 선행활동을 시작하여야 후속작업을 완료할 수 있다. 이를 그림으로 표현하면 다음과 같다.

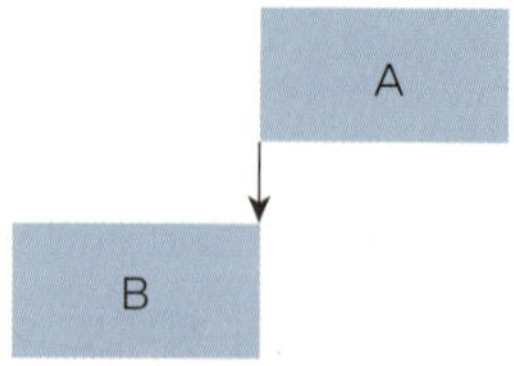

결론적으로 활동순서 배열단계는 활동과 활동 간의 연관관계를 고려하여 네트워크 다이어그램을 만든다. 이 네트워크 다이어그램은 프로젝트 전체에 대해 자세히 표현하지만 활동 간의 연관성만 표시할 뿐이지 시작일이나 완료일 등의 활동기간에 대한 내용은 표시하지 않는다. 네트워크 다이어그램에 대한 설명은 일정관리 도구에서 설명한다.

3.2.3 활동자원 추정(Activity Resource Estimating) 프로세스

활동을 수행하기 위해서는 자원이 필요하다. 자원은 큰 범주에서 인력, 장비, 재료 등이 있으며, 어떤 자원을 언제 얼마만큼 사용할 것인지를 추정한다. 자원별로 필요한 정확한 시기는 최종일정이 나오는 일정개발 프로세스에서 결정된다. 자원 추정은 원가 추정과 밀접한 관련이 있으며 프로젝트계획 수립의 핵심적인 부분이다.

활동에 필요한 자원을 추정하기 위해서는 활동속성이 담긴 활동목록과 사용 가능한 자원목록이 필요하며, 기업환경요인과 기업자산, 자원 가용성에 대한 데이터들을 활용하여야 한다. 과거 유사한 프로젝트에서 사용했던 자원에 대한 정보도 고려해야 하는데 이를 그림으로 표현하면 [그림 10-6]과 같다.

그림 10-6 | 활동자원 요구사항의 도출

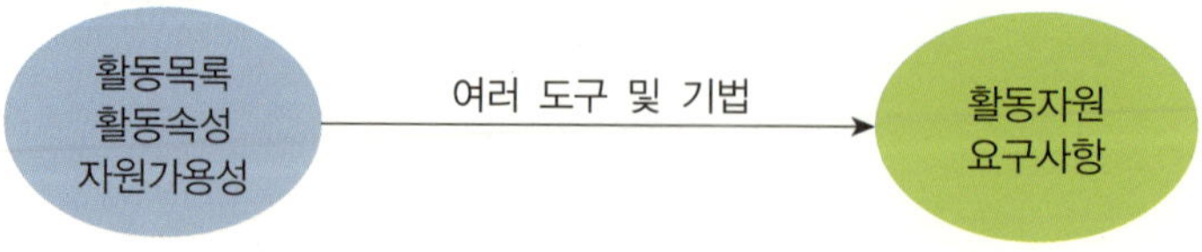

자원을 추정하는 방법은 여러 가지가 있는데, 전문가의 도움을 받아서 추정하는 전문가 판단이 가장 기본적이다. 그 외에 출판된 형태의 자원에 대한 자료를 참고해서 산정하는 추정자료집을 이용하거나 이에 대한 자료도 구할 수 없다면 활동을 더 세분화하여 분할하고 하나씩 누적하여 산정하는 상향식 산정방법을 이용한다. 자원을 추정할

때 프로젝트에 필요한 자원은 매우 다양하고 많기 때문에 일반적으로 프로젝트관리 소프트웨어의 도움을 받는다.

활동자원에 대한 추정이 끝나면 각 활동에 필요한 자원의 유형과 수량 등을 문서화하는데, 이를 '활동자원 요구사항(Activity Resource Requirement)'이라고 한다. 여기에는 자원에 대한 시기는 기재되지 않는데, 이는 이후 수행되는 일정개발 프로세스를 통해 결정된다.

3.2.4 활동기간 추정(Activity Duration Estimating) 프로세스

식별된 각 활동의 수행에 소요되는 기간값을 추정하는 프로세스로서 활동자원 추정 프로세스와 깊은 관련이 있으며 일반적으로 같이 수행된다. 활동기간 추정은 미래에 소요되는 기간을 예측하는 일이라서 정확하게 추정하기가 매우 어렵다. 또한 최초 예측 시에 정해진 기간은 기획단계에서 정해진 것이라 주변의 상황에 따라 프로젝트가 진행되면서 점진적으로 구체화된다. 이런 이유 때문에 일반적으로 프로젝트 일정은 변할 수밖에 없다.

프로젝트 일정을 결정하는 주요 요인으로는 첫 번째는 활동에 배정된 사원이다. 일반적으로 자원을 많이 투여하면 당연히 추진기간은 줄어들고, 초급기술자보다 고급기술자를 투여할 때 기간은 더 짧아지기 마련이다. 두 번째는 활동을 수행하는 지리적인 위치이다. 똑같은 활동이라도 도심 한복판에서 하는 것과 지원이나 자원 수급이 어려운 산간 오지에서 하는 것은 기간이 다를 수 있다. 활동기간을 추정하기 위해서는 [그림 10-7]처럼 여러 가지 자료가 필요한데, 활동목록을 기본으로 기업환경요인, 활동의 속성, 조직프로세스 자원, 제약요인과 가정, 리스크등록부에 있는 위험요소에 대한 예비시간, 자원의 가용성 등을 고려하여 다양한 기법을 통해 각 활동의 정량적인 기간값이 결정되고 이를 통해 일정개발이 진행된다.

그림 10-7 | 활동기간 산정 프로세스

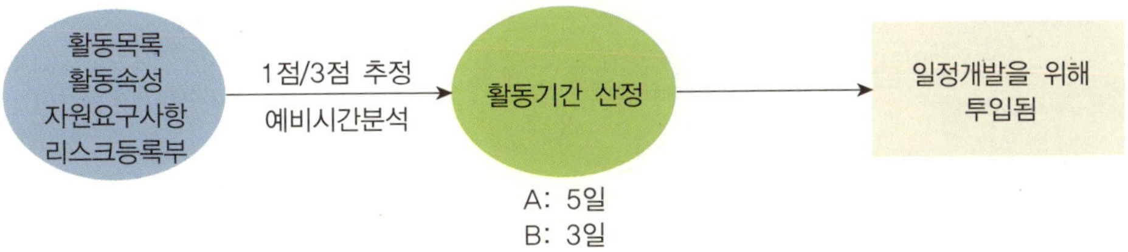

활동기간을 추정하는 방법은 전문가의 도움을 받는 전문가 판단, 과거에 진행된 유사 프로젝트의 실제값을 사용하는 유사산정(Analogous Estimating, Top-down Estimating), 모수를 정량적으로 1점(single point) 또는 3점(three-point estimates)으로 추정하는 기법이 있다. 모수 추정방법은 예를 들어 한 사람이 하루에 2페이지를 번역한다면 100 페이지를 번역하려면 50일이 걸리는 방식으로 추정하는 것이다.

프로젝트 추정이 잘못되는 또 하나의 원인은 추정을 하는 사람이다. 업무를 잘 아는 전문가에 의해 추정이 100% 이루어지기 어렵고 설령 그렇다 하더라도 계산된 추정값이 그대로 반영되기 어렵다. 고객의 무리한 요구나 경쟁을 위한 경영층의 외압에 의해 왜곡되는 경우가 현실적으로 다반사이다.

앞의 기법들을 사용하여 각 활동에 대한 기간을 추정하게 되는데, 여기에 활동을 수행할 때 발생할지도 모를 위험(risk)에 대비하기 위한 시간도 예비(reserve)로 책정한다. 이를 예비분석(Reserve Analysis)이라고 한다. 예를 들어, 금융상품 프로젝트에서 정부가 최종공시한 내용이 최초에 가정한 내용과 달라 재작업을 해야 할 경우 이에 대한 위험이 활동기간 추정에 반영되어야 한다. 이에 대한 자세한 내용은 리스크관리를 참조하기 바란다.

3.2.5 일정개발(Schedule Development) 프로세스

앞 프로세스들의 산출물 및 기타 사항을 고려하여 '프로젝트 일정'을 만드는 프로세스로서 프로젝트관리계획서가 완료되기 전에 완성되어야 한다. 의사소통, 리스크관리, 인력관리, 조달관리 등 결국 프로젝트는 일정에 따라 움직이기 때문에 프로젝트의 모든 부분이 일정과 통합되어 그 결과 프로젝트관리계획서가 만들어지게 된다. 즉 일정개발 프로세스는 프로젝트계획을 수립하는 데 가장 기본적인 계획이며, 차후에 이루어지는 모든 관리의 기본이 된다.

그림 10-8 | 일정개발 프로세스

프로젝트 일정을 개발하기 위해서는 [그림 10-8]에서 보듯이 앞의 3.2.1~3.2.4까지 네 가지 선행 프로세스는 사전 준비작업이며 최종일정이 개발되기 전까지 반복하여 수행되기도 한다.

앞에서도 언급했듯이 일정은 점진적으로 상세화되지만 일정개발을 통해 프로젝트관리계획서가 승인이 나면 그때부터는 진척도를 관리하는 일정기준선이 된다. 따라서 일정기준선은 향후 프로젝트 성과를 측정하는 기준이므로 임의로 변경할 수 없고, 변경사항이 발생할 시에 승인권자의 승인을 통해 변경하여야 한다. 앞의 선행 프로세스 완료 후에 진행하는 기획단계의 마지막 일정관리 프로세스이다 보니 고려하여야 할 투입물이 많지만, 많은 투입물을 고려해서 '프로젝트 일정'을 만들기 위해 '어떤 방법을 사용하는가'가 중요하다. 특히 일정상에 특정 공휴일, 행사, 교육, 휴가 등으로 인한 유휴가 발생하는지 여부도 미리 검토하여야 한다.

필요한 자료가 많은 만큼 일정개발을 위한 도구나 기법 또한 많다. 다양한 기법을 사용하여 프로젝트 일정을 개발하는 일정 네트워크분석(Schedule Network Analysis), 프로젝트는 미래에 대한 예측이 포함되고, 미래의 상황이 어떻게 변할지는 알 수 없기 때문에 미래에 일어날 수 있는 예측 가능한 불리한 상황을 미리 고려하여 일정이 어떻게 변하는지 분석하고, 그러한 상황이 발생할 경우에 대한 대비책을 준비하여 문제를 최소화할 수 있는, 즉 가상의 상황이 발생한다는 가정하의 분석기법으로 가정 시나리오 분석(What-if Scenario Analysis), 프로젝트 일정개발 시에 일정을 단축하기 위한 일정단축기법(Schedule Compression)이 있다.

일정단축기법에는 비용을 더 투자하여 일정을 단축하는 공정압축법(Crashing)과 순차적으로 진행해야 하는 단계나 활동을 병행하여 진행하는 공정중첩법(Fast Tracking)이 있다. 공정압축법은 비용을 더 투자하는 것이므로 원가효율적으로 추진하여야 하고 공정중첩법은 후행활동을 당겨서 하는 것이므로 리스크가 증가하여 실패할 경우 다시 작업을 해야 하는 것을 고려하여야 한다.

일정 네트워크 분석기법 중의 하나인 주공정법(Critical Path Method: CPM)은 여러 경로 중에서 가장 기간값이 긴 경로로 프로젝트 최종완료일에 영향을 주는 중요한 경로를 찾아내는 기법이다. 모든 자원 제약을 배제한 상태로 프로젝트 일정 네트워크경로에서 전진계산(Forward Pass)과 후진계산(Backward Pass)분석을 수행하여 모든 프로젝트 일정활동에 대한 이론적인 빠른 개시일 및 종료일과 늦은 개시일 및 종료일을 계산하여 경로를 찾아낸다. 주경로는 애로경로 또는 핵심경로라고도 하며, 일정에서 하나일 수도 있고 여러 개일 수도 있다. 주경로에 대한 구체적인 내용은 3.3 일정관리 도구에서 자세히 다룬다.

위의 기법들을 통해 프로젝트 일정이 출력물로 나오는데, 이는 프로젝트관리계획의 기본이 된다. 각 활동별로 시작일과 완료일이 정해지고 도식화된다. 프로젝트 일정 네트워크 다이어그램, 막대 차트(Bar Chart), 마일스톤 차트(Milestone Chart) 등의 형태로 표시된다.

3.2.6 일정통제(Schedule Control) 프로세스

프로젝트를 진행하면서 생기는 일정의 변경을 통제하고 실적을 수시로 평가하면서 계획보다 못할 경우 시정조치를 취하는 프로세스이다. 계획단계에서 이루어지는 앞의 다섯 개 프로세스와 달리 [그림 10-9]에서 보는 것처럼 감시 및 통제단계의 프로세스이다. 일정기준선이 실적과 비교하는 기준선이 되며, 성과보고서에는 이에 대한 실적 정보를 제공한다. 통제단계에서는 항상 계획과 실적이 주요 입력물이 되고, 비교결과와 시정조치가 주요 출력물이 된다.

그림 10-9 | 일정통제 프로세스

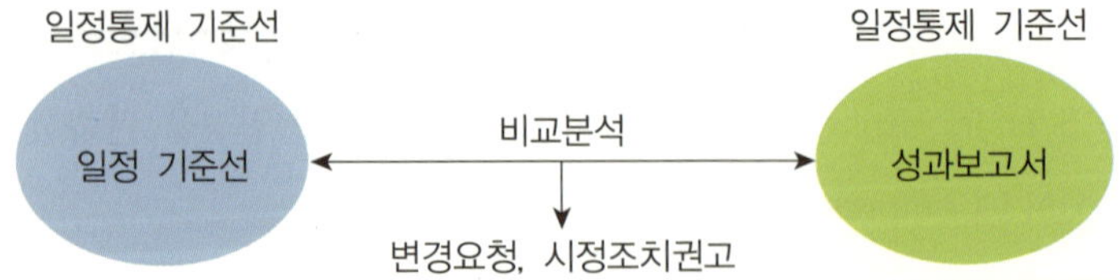

수시로 진행상황을 체크해야 하므로 일반적으로 프로젝트관리 소프트웨어를 사용하여 일반적으로 두 개의 막대를 이용하여 계획과 실적을 추적하고 분석하여 상황을 파악한다. 일정성과에 대한 분석은 보통 범위, 일정, 원가, 성과를 종합적으로 감시평가하는 획득가치분석(Earned Value Analysis)기법을 사용하는데 현재 일정이 계획보다 뒤처지는지 혹은 앞서고 있는지를 지표를 통해 파악한다.

성과분석 후에 이루어지는 시정조치나 변경요청은 공식적으로 승인된 경우에만 일정상에 갱신이 이루어진다. 이러한 갱신사항은 반드시 이해당사자들에게 공식적인 의사소통매체와 채널을 통해 이루어져야 한다.

3.3 일정관리 도구

앞에서도 설명하였지만 프로젝트관리는 프로젝트의 창출에서부터 사후평가까지 여러 단계를 거치면서 다양한 활동을 한다. 따라서 프로젝트의 추진에 있어 일정관리는 매우 중요한 행위이며 많은 도구가 개발되었다. 요즘은 소프트웨어로 제공되어 비교적 사용하기가 편해졌는데, 여기에서는 소프트웨어로 개발된 것을 사용하기 위해 알아야 할 기본적인 개념위주로 설명한다.

3.3.1 간트 차트

일정은 프로젝트 진행의 시간흐름을 나타내는 것이므로 도표에 의한 시각적인 표현이 효율적이다. 간트 차트(Gantt Chart)는 간트(Henry L. Gantt, 1861~1919)에 의해 창안된 것으로 일정관리를 위한 관리기법으로 널리 사용되며 계획과 실제 진행상황을 시간을 기준으로 표시하여 계획과 통제기능을 동시에 가능하도록 하였다. [그림 10-10]에서 보는 것처럼 간트 차트는 프로젝트의 주요 활동을 파악한 후, 각 활동의 일정을 그것이 시작되고 끝나는 지점을 연결한 막대모양으로 표시하여 프로젝트의 전체적 내용과 흐름을 알 수 있게 만든 도표이다.

그림에서 알 수 있는 것처럼 간트 차트는 누구나 이해하고 사용하기 쉽다는 장점이 있어 오래전부터 프로젝트관리의 대표적인 기법으로 자리잡았다. 그러나 간트 차트는

그림 10-10 | 간트 차트 사례

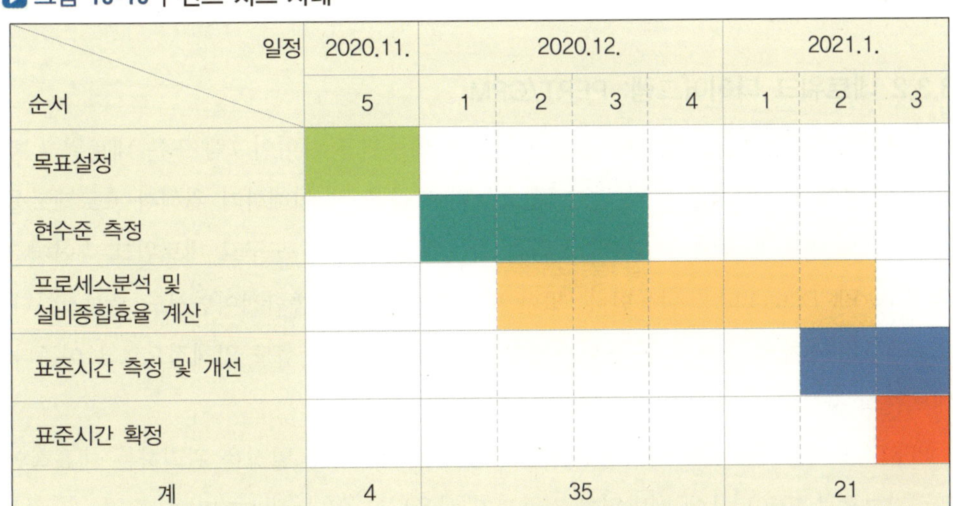

평면적이고 총괄적인 도표라서 프로젝트관리범위가 제한적이다. 프로젝트의 규모가 크고 작업의 수가 많고 구조가 복잡하면 그 내용을 간트 차트 위에 표현하기는 어려울 것이다. 따라서 간트 차트는 작은 프로젝트의 관리에 좀 더 유용하다. 간트 차트는 실무에서는 아래와 같은 세 가지로 주로 활용된다.

(1) 막대 차트(Bar Chart)

활동들을 막대로 표시한 차트로 활동 시작일과 완료일, 활동기간을 보여준다. 막대 하나가 하나의 활동을 의미하며, 막대의 위치가 그 활동의 시작시점과 종료시점을 나타낸다. 막대의 길이는 활동의 소요시간을 나타내고, 막대 간의 화살표는 활동 사이의 선후관계를 의미한다. 비교적 이해하기 쉽기 때문에 보고자료로 자주 사용된다.

(2) 마일스톤 차트(Milestone Chart)

본래 돌로 거리를 표시한 이정표라는 뜻으로 프로젝트의 주요한 시점을 확인하기 위해 사용한다. 주요한 인도물의 시작과 완료 일정을 시점으로만 표시한다는 점을 제외하고는 막대 차트와 유사하다.

(3) 작업진척도(Progress Chart)

각 활동별로 계획된 일정이 실제로 어떻게 진행되고 있는가를 보여주는 차트이다. 즉 계획과 실적을 같이 표시하여, 작업의 진척상황을 한눈에 확인할 수 있는 차트이다.

3.3.2 네트워크 다이어그램: PERT/CPM

간트 차트의 단점을 보완하여 개발된 기법이 네트워크 다이어그램 또는 네트워크 차트이다. 앞에서도 설명한 바와 같이 "활동들의 흐름을 잘 이해하기 위해서 프로젝트를 시각적으로 어떻게 그릴 수 있을까?"라는 질문에 대한 좋은 도구로 네트워크 다이어그램(Network Diagram)을 활용한다. 또한 네트워크 차트는 종합적이면서도 분석적이다. 프로젝트의 전체적 구조를 잘 보여주면서 활동들 간의 연관성도 입체적으로 보여준다. 네트워크 차트의 대표적인 것이 PERT/CPM이다.

PERT/CPM은 네트워크 다이어그램을 이용하여 프로젝트 일정을 관리하는 대표적인 관리기법으로 1950년대에 개발되어 지금까지 사용되고 있다. PERT(Program Evaluation and Review Technique)는 미 해군에 의해서 개발되었고, CPM은 같은 시기에 DuPont 사에 의해서 개발되었다. 이 두 기법은 사용목적이나 적용모델 면에서는 다소 차이가 있지만 기본원리가 같아서 서로의 장점을 수용하는 방향으로 발전되어 왔다. 오늘날에는 두 기법이 통합되어 PERT/CPM 또는 PERT라고 불린다. PERT는 개발 당시부터 연구개발을 목적으로 개발된 기법이기 때문에 대부분 과거에 없었던 신제품이나 신약 등 새로운 프로젝트관리에 적용된다.

PERT가 과거자료가 전혀 없는 새로운 프로젝트에 주로 적용되며, 확률적인 추정치를 기초로 최단기간에 목표를 달성시키고자 하는 반면에, CPM(Critical Path Method)은 공장건설 등에 관한 과거의 실적자료나 경험 등을 기초로 확정적인 추정치를 사용하여 목표일의 단축이나 비용절감을 목적으로 한다. PERT에서는 각 활동의 시간 추정치를 3점 추정을 통해 구하지만 CPM에서는 과거의 자료를 근거로 1점 추정치를 사용한다. 그러나 PERT의 확률적 모델이나 CPM의 확정적 모델은 어느 것이나 양쪽 기법에 모두 적용할 수 있다. PERT는 작성 및 분석, 평가과정으로 이루어진다. 신제품에 대한 설계사양을 확정하는 업무를 수행하는 경우를 예를 들어 실제 PERT를 작성하고 분석하는 업무를 설명한다. 확률을 응용하여 시간단축 등을 하는 평가 및 검토과정은 이 책에서는 생략한다.

(1) PERT의 작성

네트워크를 구성하는 과정으로서 프로젝트가 어떤 개별 과업으로 이루어지며 각 과업이 어떤 순서로 연결되어 있는지를 작성하는 과정이다. 앞에서 기술한 프로젝트 일정관리 프로세스의 활동정의와 활동순서 배열에 해당한다.

① 제1단계: 수행할 모든 활동을 파악한다(3.2.1 활동 정의 프로세스의 수행)

신제품의 설계사양을 확정하기 위해서는 설계부서에서 기술적으로 제품특성항목을 도출하고, 팔리는 제품을 개발하기 위해 고객요구사항을 분석하는 업무를 수행할 것이다. 또한 고객요구사항에 대한 과거 고객불만사항을 확인하는 일도 수행할 것이다. 제품특성항목을 도출 후 목표사양 확정을 위한 품질특성치의 결정을 할 것이다. 그리고 고객요구사항을 기술적 특성으로 변환하기 위한 품질기능전개 도구를 활용하고, 고객불만사항 결과와 결정된 품질특성치와 품질기능전개를 통하여 설계사양을 확정할 것이다. 위의 내용을 표로 정리하면 〈표 10-8〉과 같다.

▌표 10-8▐ 설계사양 확정 프로세스

활동	선행활동	활동내용
A	없음	고객요구사항 분석
B	A	고객불만사항 확인
C	없음	제품특성항목 도출
D	C	품질특성치의 결정
E	A	품질기능전개(Quality Function Deployment)
F	B, E, D	설계사양의 완성

② 제2단계: 활동순서를 네트워크로 연결한다(3.2.2 활동순서 배열 프로세스의 수행)

〈표 10-8〉에서 작성된 내용대로 활동에 대한 선후관계도를 작성한다. 작성할 때에는 〈표 10-9〉의 원칙에 의해서 작성한다. 여기서는 화살도형법(ADM)으로 작성한다.

▌표 10-9▐ 화살도형법의 마디와 가지의 의미

기호		내용
마디 (Node)		원 모양으로 사건(event)을 나타내며 사건은 하나의 시점을 의미
가지 (Arrow)	⟶	화살표 모양으로 나타나며, 하나의 화살표가 프로젝트를 구성하는 과업 중의 하나를 의미
	- - - - - - - - -➤	점선으로 표시된 화살표는 가상 과업(dummy task)을 표현

[표 10-9]의 원칙에 따라 작성하면 [그림 10-11]처럼 나타낼 수 있다.

그림 10-11 | 화살도형법의 선후관계도

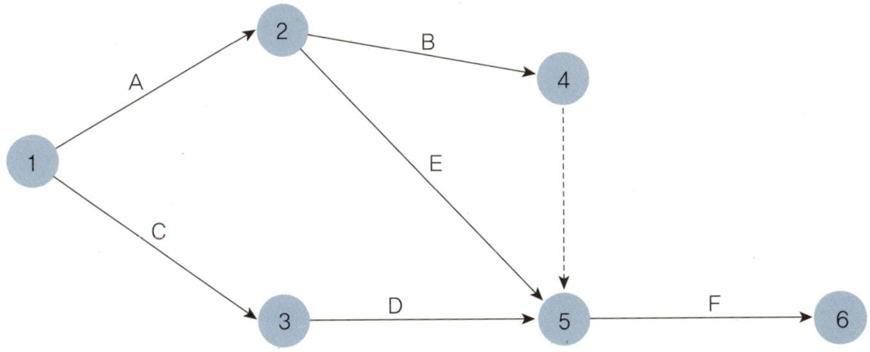

(2) PERT의 분석

선후관계도가 그려지면 각 활동의 소요시간을 추정한 후에 주경로(Critical Path)와 여유시간을 파악하는 단계이다.

① 제1단계: 활동시간의 추정(3.2.4 활동기간 추정 프로세스)

PERT와 같은 과학적 관리기법을 이용하여 일정관리를 하는 근본적 이유는 미래에 일어날 일에 걸리는 시간을 정확하게 알 수 없기 때문이다. 활동의 소요시간을 추정하는 방법으로는 불확실성이 없을 경우에는 단일값으로 추정할 수 있지만 현실적으로 미래에 일어날 활동에는 항상 불확실성이 존재함으로써 소요되는 시간은 다음 세 개의 추정 시간치를 구한다.

- 최단추정치(a: Optimistic Estimate Time): 활동을 수행하는 데 가장 적게 걸리는 시간, 즉 가장 낙관적인 시나리오에 의해 추정되는 시간이다.
- 정상추정치(m: Most Likely Estimate Time): 가장 확률적으로 가능성이 높은 시간이다.
- 최장추정치(b: Pessimistic Estimate Time): 활동을 수행하는 데 가장 많이 걸리는 시간, 즉 가장 비관적인 시나리오에 의해 추정되는 시간이다.

이 세 가지 값은 일반적으로 전문가나 가장 경험이 많은 사람에게 인터뷰를 통해 산정한다. 이들 세 개의 추정 시간치가 정해지면, 기대치(t_e)는 세 개의 추정 시간치가 베타분포를 따른다고 가정하고 다음 식으로 구한다.

$$t_e = \frac{a+4m+b}{6}$$

베타분포(Beta Distribution)를 가정하는 이유는 현장의 많은 프로젝트의 소요시간이 실제로 베타분포를 하고 있다는 것이 입증되었기 때문이다. 또한 프로젝트의 변동의 크기인 표준편차(σ)값을 구하는데, 베타분포의 경우 표준편차의 제곱인 분산값은 다음 식으로 구할 수 있다.

$$\sigma^2 = \left(\frac{b-a}{6}\right)^2$$

분산값은 변동의 크기를 의미하므로 최장추정치와 최단추정치값의 차이가 클수록 커지는 속성을 지닌다. 3점추정법으로 추정된 세 개의 값으로 활동 소요기간의 기대치와 표준편차값을 구하면 〈표 10-10〉처럼 계산된다.

표 10-10 활동시간의 추정과 기댓값 및 변동의 크기 계산

활동	선행활동	소요시간			기대치	분산	표준편차
		최단	정상	최장			
A	없음	1	3	5	3	0.44	0.67
B	A	4	6	14	7	2.78	1.67
C	없음	3	5	7	5	0.44	0.67
D	C	2	3	4	3	0.11	0.33
E	A	5	7	15	8	2.78	1.67
F	B, E, D	7	8	9	8	0.11	0.33

② 제2단계: 여유시간의 계산과 주경로의 파악

각 활동의 소요시간에 대한 기대치가 계산되면 다음의 작업은 주경로(Critical Path)와 여유시간(Slack)을 찾아내는 일이다. 주경로와 여유시간을 찾는 작업은 전진계산과정과 후진계산과정을 통해서 여유시간이 '0'인 주경로를 도출한다. 이와 같은 활동을 위해 먼저 알아야 할 용어는 다음과 같다.

- ES(Earliest Start Time): 어떤 활동을 가장 빨리 시작할 수 있는 시간
- EF(Earliest Finish Time): 어떤 활동을 가장 빨리 끝낼 수 있는 시간

- LS(Latest Start Time): 어떤 활동을 가장 늦게 시작할 수 있는 시간
- LF(Latest Finish Time): 어떤 활동을 가장 늦게 끝낼 수 있는 시간
- SLACK(여유시간): 어떤 활동이 가질 수 있는 여유시간으로 (LS-ES) 또는 (LF-EF)

위에서처럼 다양한 시간을 고려하는 이유는 프로젝트를 진행할 때에 수많은 활동이 서로 얽혀있어서이다. 예를 들어, 어떤 활동은 선행활동이 끝나야 시작할 수 있고, 또 어떤 활동은 다른 활동과 만나야만 진행이 되는 경우도 있기 때문이다. 이제 위의 용어 개념을 가지고 전진계산(Forward Pass)과 후진계산(Backward Pass)을 통하여 주경로와 여유시간을 계산해 보자. 전진경로과정은 ES와 EF를 구하는 과정이고, 후진경로과정은 LS와 LF를 구하는 과정이다.

전진계산방식과 후진계산방식에 의해 구해진 각 활동의 ES와 LS를 보면, 어떤 활동은 여유를 갖고 시작할 수 있는 반면에 어떤 활동은 여유 없이 시작해야 하는 경우도 있다. 가장 늦게 시작해도 되는 시간(LS)과 가장 빨리 시작할 수 있는 시간(ES)의 차이만큼이 각 활동이 가질 수 있는 여유(Float 또는 Slack)가 된다. 이는 그 여유시간만큼 활동이 지연되어도 프로젝트 전체일정에 영향을 주지 않음을 의미한다.

프로젝트 네트워크상에는 시작에서 완료까지 여러 경로가 존재한다. 그중에서 총여유가 0인 활동으로만 연결된 경로가 있는데, 이것이 주공정(Critical Path)이 된다. 주공정상에 있는 모든 활동들은 총여유가 0이기 때문에 프로젝트 전체일정이 지연되지 않기 위해서는 그 활동 자체가 지연되어서는 안 된다.

[그림 10-12] 프로젝트 네트워크 예제에 대한 주공정을 구해보자. 단, 휴일은 고려하

그림 10-12 | 프로젝트 네트워크 예제

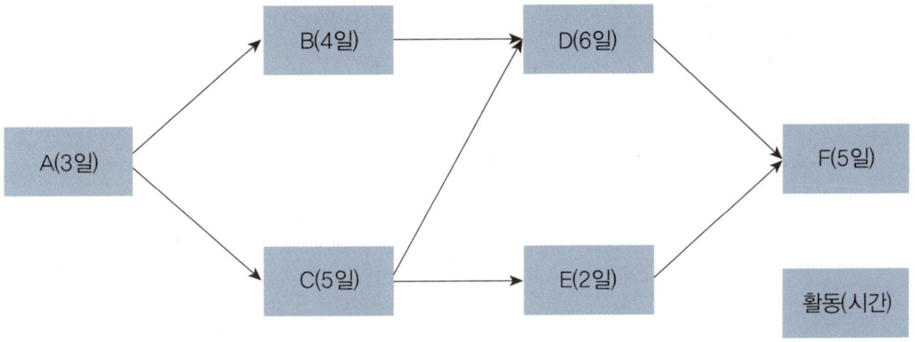

지 않고 1월 1일부터 시작한다.

먼저, 전진계산방식으로 각 활동의 ES와 EF를 구한다. 이때 각 활동의 선후관계를 주의 깊게 고려한다. 참고로 활동 D는 활동 B와 활동 C가 모두 끝나야 작업을 시작할 수 있기 때문에 활동 D의 시작시간(ES)은 두 활동의 EF 중 긴 시간 이후에 시작할 수 있다. 따라서 활동 B가 7일에 끝나더라도 활동 C가 끝나는 1월 8일까지 기다렸다가 다음 날인 9일부터 작업을 시작할 수밖에 없다. 전체 일정을 계산한 결과는 [그림 10-13]과 같다. 각 활동이 지연되지 않고 프로젝트가 완료되는 시간은 19일이 된다.

그림 10-13 | 전진계산방식

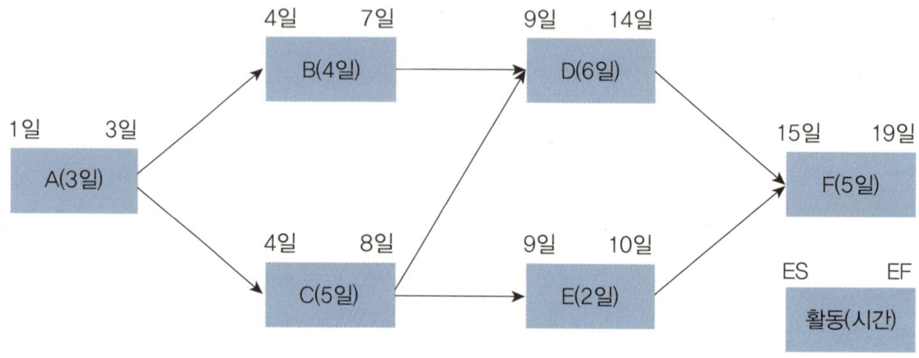

다음은 후진계산방식에 의해 각 활동의 LS와 LF를 구하면 [그림 10-14]와 같다. 참고로 활동 C는 후속활동인 D와 E의 LS, 9일과 13일 중 빠른 시간인 9일 이전에 끝나야

그림 10-14 | 후진계산방식

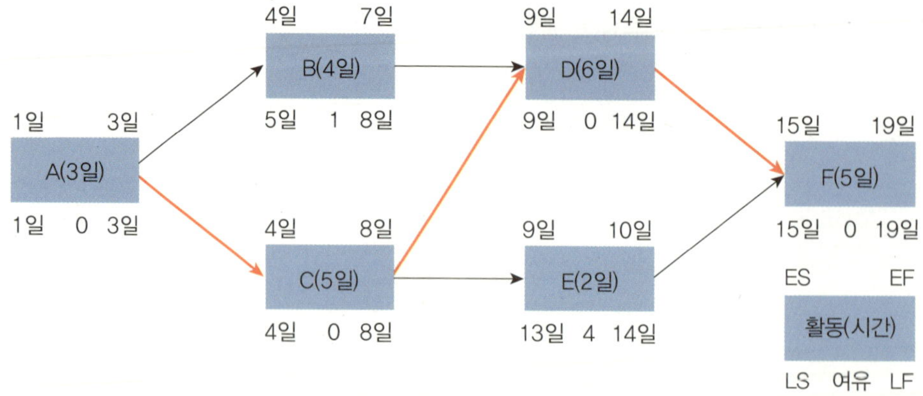

한다. 따라서 그 전날인 8일까지 끝내야 한다.

다음으로 여유시간을 계산해서 여유시간이 0인 활동들을 찾고, 이 활동들을 연결한 경로가 주공정이 된다. 위의 예제에서는 A–C–D–F가 주공정이 되고 프로젝트 전체 완료일정이 가장 긴 경로가 된다.

위와 같은 방법으로 [그림 10-11] 화살도형법의 선후관계도에 대한 ES, EF, LS, LF 및 여유시간을 구하면 〈표 10-11〉과 같이 될 것이고 여유시간이 '0'인 값을 연결하면 A, E, F의 주경로가 [그림 10-15]처럼 구해지는 것이다.

표 10-11 | 여유시간의 계산

활동	선행활동	t_e	ES	EF	LS	LF	여유시간
A	없음	3	0	3	0	3	0
B	A	7	3	10	4	11	1
C	없음	5	0	5	3	8	3
D	C	3	5	8	8	11	3
E	A	8	3	11	3	11	0
F	B, E, D	8	11	19	11	19	0

그림 10-15 | 주경로

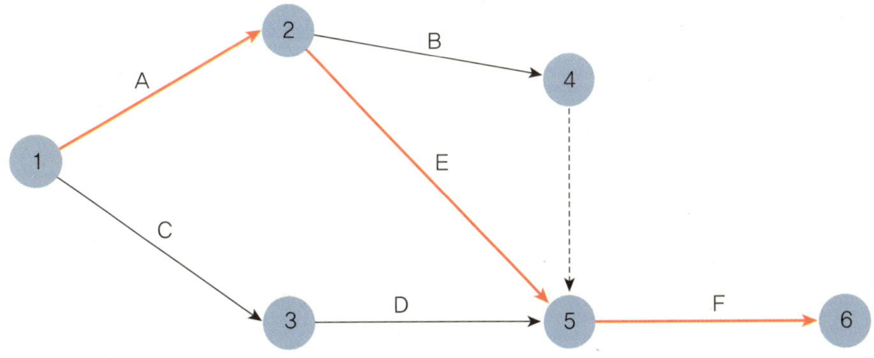

연습 문제

<객관식>

01 프로젝트에 대한 설명으로 적합하지 않은 것은?

① 반드시 목표가 있어야 한다.

② 프로세스의 집합으로 이루어져 있다.

③ 영구적인 활동이다.

④ 프로젝트를 진행할 인력구성이 필요하다.

02 프로젝트관리에 있어서 3중 제약에 해당하지 않는 것은?

① 범위 ② 시간

③ 원가 ④ 구성원

03 프로젝트관리의 특성에 관한 설명이다. 가장 적합하지 않은 것은?

① 성과지표는 반드시 측정 가능하여야 한다.

② 여러 이해관계자가 존재한다.

③ 프로젝트에 진행에 제약조건이 있다는 것을 알아야 한다.

④ 프로젝트 진행에 있어 스폰서의 역할이 제일 중요하다.

객관식 해답

01 ③ **02** ④ **03** ④

〈주관식〉

01 프로젝트관리에 필요한 주요한 의사결정에 대해서 기술하시오.

02 프로젝트 이해관리자에 대하여 사내·외로 구분하여 기술하시오.

03 프로젝트관리의 기법인 간트 차트(Gantt Chart)에 대해서 기술하시오.

※ 다음은 신제품개발 프로젝트의 일부 과업에 대한 선후관계 및 소요시간에 대한 추정치이다. 다음 질문에 답하시오.

활동	선행활동	소요시간			기대치	분산	표준편차
		최단	정상	최장			
A	없음	1	3	5			
B	A	4	6	8			
C	없음	3	5	7			
D	C	2	3	4			
E	A	5	7	9			
F	B, E, D	7	8	9			

04 각 활동의 기대치와 분산을 구하시오.

05 구한 기대치를 바탕으로 선행관계도를 작성하시오.

06 전진경로 및 후진경로를 이용하여 ES, EF, LS, LF를 구하시오.

07 여유시간을 계산하고 주경로를 구하시오.

참고문헌

박용태, '공학도를 위한 기술과 경영', 생능출판사, 2011.
박형호 · 노춘섭 · 최기 · 김영대 · 조건 · 소순후, '생산운영관리', 도서출판 청람, 2014.
배종태, 'R&D 프로젝트관리 강의안', KAIST Ub3-테크노경영대학원, 2009.
산업통상자원부 기술표준원, '프로젝트관리 표준(ISO 21500)이행가이드', 2013.
숭실대 PM연구소, 'Project Management', 2005.
신용백, '기술경영과 기술관리', 2009.
이상범 · 류춘호, '현대 생산운영관리', 제5판, 명경사, 2015.
황인극, '프로젝트 관리', 강의노트, 2020.

Rory Burke, *Project Management: Planning & Control Techniques*, John Wiley & Sons, 1999.
David Cleland, Lewis Ireland, *Project Manager's Portable Handbook*, New York: McGraw-Hill, 2000.
Clifford F. Gray and Erik W. Larson, *Project Management: The Managerial Process*, 2nd, New York: McGraw-Hill/Irwin, 2003.

제4차 산업혁명의 핵심요소기술과 기술경영

Chapter 11 제4차 산업혁명의 주요 요소기술과 기술경영
Chapter 12 사물인터넷과 비즈니스 모델
Chapter 13 디지털 트윈과 기술경영

CHAPTER 11

제4차 산업혁명의 주요 요소기술과 기술경영

1 인더스트리 4.0 개요

제4차 산업혁명 혹은 인더스트리 4.0은 M2M(Machine-to-Machine), 인간과 사물들이 연결되고 더 스마트한 기계를 만들어 제조에 혁명을 일으킨다. 인더스트리 4.0의 주요 목표는 '스마트공장'과 '사이버 물리시스템(CPS)'을 만드는 것이다.

스마트공장에는 일상적인 업무를 전달하고 예외적인 상황에서 무엇을 할지 결정할 수 있는 자율시스템이 존재한다. 그들은 재고보충시간과 유지할 재고 수준을 알려주고, 서로 다른 업무 간에 작업을 쉽게 전환할 수 있게 하여 준다. 새로운 산업혁명을 주도할 다양한 기술이 많은 주목을 받고 있다. 특히 빅데이터 및 분석, 자율로봇, 시뮬레이션, 산업 사물인터넷(IoT), 사이버 보안, 클라우드, 적층제조, 증강 및 가상현실(AR/VR) 등이 그것이다.

앞에서 언급한 기술이 이미 존재하지만, 인더스트리 4.0 목표를 달성하기 위해서는 이러한 기술이 더 많이 필요하게 될 것이다. 따라서 다음 10년은 이러한 기술과 실제로 새로운 인더스트리 4.0 기술의 발전을 체험할 것으로 예상된다. 예를 들어, 로봇은 제조업에서 흔하지만, 미래의 로봇은 의사결정을 위해 인간의 개입을 요구하지 않을 것이다. 이는 오늘날 다소 어렵지만 인공지능(AI)과 센서기술의 발전은 이를 실현시킬 수 있는 잠재력을 가지고 있다.

이 장에서는 미래의 기술경영자가 알아야 할 제4차 산업혁명의 핵심요소기술로 주목을 받고 있는 주요 요소기술에 대해 학습하고 이러한 기술이 시뮬레이션을 통해 스마트공장에서 어떻게 적용되는지를 알아본다.

2 인더스트리 4.0 주요 요소기술

2.1 빅데이터

2.1.1 빅데이터 개요

사물인터넷(IoT)환경이 성공적으로 운영되기 위해서는 상호 운용성, 호환성, 신뢰성 및 글로벌 규모의 운영효율성을 포함하는 표준화가 필요하다. 클라우드 컴퓨팅 시설과 IoT의 급속한 성장은 데이터의 급격한 성장을 초래하고 있으며, 엄청난 양의 네트워킹 센서는 클라우드에 저장 및 처리될 데이터를 지속적으로 수집하고 전송하고 있다. 이러한 데이터는 환경 데이터, 지리적 데이터, 천문 데이터, 로지스틱 데이터 등이 될 수 있다. 제조현장의 각종 장비 및 시설, 모바일기기, 교통시설, 공공시설, 가전제품 등이 IoT의 주요 데이터를 만들어 내는 장비로 볼 수 있다.

IoT환경에서 생성되는 데이터의 특성 때문에 이러한 데이터를 빅데이터(Big Data)라고 부른다. 따라서 IoT에서 생성된 빅데이터는 수집된 데이터의 유형이 다르기 때문에 데이터의 고유한 특성을 가지고 있으며, IoT 데이터의 가장 일반적인 특성은 이질성, 다양성, 비정형기능, 노이즈 및 높은 중복성이다. HP(Hewlett-Packard)의 예측에 따르면 "2030년까지 센서의 양이 1조 개에 이를 것으로 예상되며, 그 후 IoT 데이터는 빅데이터의 가장 중요한 부분이 될 것이다"라고 예측하고 있다.

[그림 11-1]은 IoT와 빅데이터의 관계에 대한 전체적인 관점을 보여준다. 이전에는 IoT시스템에서 생성되는 데이터의 양을 기존의 데이터분석기법으로 쉽게 처리할 수 있었다. 그러나 IoT시스템에서 생성되는 데이터의 양이 빅데이터로 변환됨에 따라 기존의 분석방법은 효과적이지 못하다. 기존의 데이터분석방법은 빅데이터에서 지식을 추출하는 데 적합하지 않다는 사실을 이해하는 것이 중요하다. 〈표 11-1〉은 기존 데이터와 빅데이터와의 차이점을 보여준다.

그림 11-1 | IoT와 빅데이터 간의 연관성

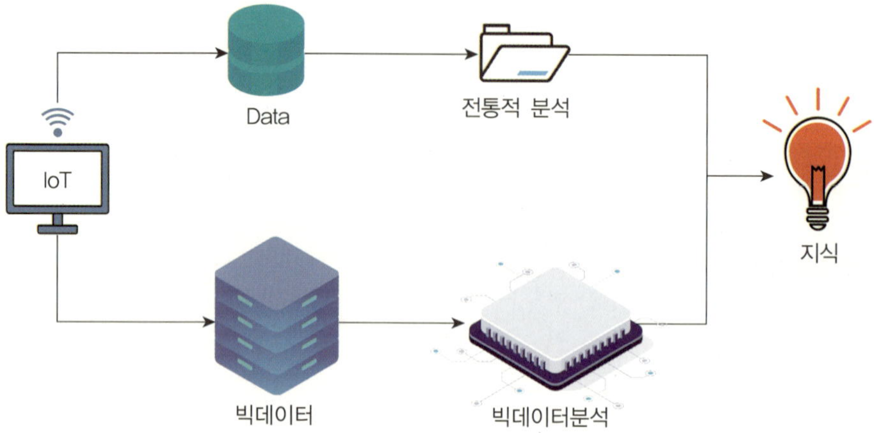

표 11-1 기존 데이터와 빅데이터와의 차이점

구분	기존 데이터	빅데이터
양	기가바이트(GB)	테라바이트(TB), 페타바이트(PB)
생산주기(속도)	시간, 일	실시간
구조	구조적	반구조 및 비정형
데이터 원천	중앙집중	분산
데이터 통합	쉬움	어려움
데이터 저장	RDBMS	HDFS, NoSQL

IoT에서 생성된 빅데이터에서 의미 있는 통찰력이나 지식을 얻으려면 일련의 강력한 데이터분석방법이 필요하다. 따라서 IoT시스템에서 생성된 빅데이터에 적합한 분석기술을 통합하는 것이 중요하다.

2.1.2 빅데이터의 정의

빅데이터의 개념은 기본적으로 시스템 구성(예 RAM, HDD 용량 등)에 따라 달라진다. 일반적인 용어로 빅데이터는 기존 IT 및 소프트웨어/하드웨어 도구에서 인식, 획득, 관리 및 처리할 수 없었던 데이터를 효율적으로 사용할 수 있게 하는 것을 말한다. 기업, 학자, 데이터분석가 및 기술 실무자와 같은 커뮤니티는 빅데이터에 대해 서로 다른 정의를 내리고 있다. 다음 정의는 빅데이터의 사회적, 경제적, 기술적 의미에 대한 이해를 제공한다.

- Apache Hadoop: 일반 컴퓨터에서 허용 가능한 범위 내에서 캡처, 관리 및 처리할 수 없는 데이터 세트를 의미한다.
- McKinsey & Company: 기존 데이터베이스 소프트웨어로 획득, 저장 및 관리할 수 없는 데이터 세트를 의미한다.
- Doug Laney: 3V 모델의 데이터 증가, 즉 볼륨, 속도 및 버라이어티의 증가로 인해 발생하는 문제 및 기회이다.
- IBM, Microsoft: 3V 모델에서 규모(Volume)는 대량의 데이터를 생성 및 수집함으로써 데이터 확장성이 점점 커지고, 속도(Velocity)는 빅데이터의 적시성을 의미하며, 다양성(Variety)은 오디오, 비디오, 웹 페이지 및 텍스트와 같은 구조화된 데이터, 반구조 데이터 그리고 비정형 데이터를 포함하는 다양한 유형의 데이터를 나타낸다.
- NIST: 빅데이터의 기술적 측면에 초점을 맞춘 중요한 수평 확대 · 축소 기술을 사용하여 효과적으로 처리할 수 있는 전통적인 관계분석방법을 사용하는 용량을 제한하는 데이터, 수집 속도 또는 데이터 표현을 의미한다.
- Manyika: 일반 데이터베이스 소프트웨어 도구의 캡처, 저장, 관리 및 분석기능을 초과하는 데이터 세트를 의미한다.

2.1.3 빅데이터의 특징

빅데이터의 특징을 설명하기 위해 3V, 5V 혹은 7V가 [그림 11-2]와 같이 사용되고 있다. 원래 3V(Volume, Variety, Velocity)로 정의되었다가 정확성(Veracity), 가치(Value)가 추가되면서 5V가 되었고, 다음은 타당성(Validity), 휘발성(Volatility)이 더해져서 7V가 되었다. 이것은 〈표 11-2〉과 같이 정의하기 나름이기 때문에 정답이란 없다고 볼 수 있다.

그림 11-2 | 빅데이터의 특징

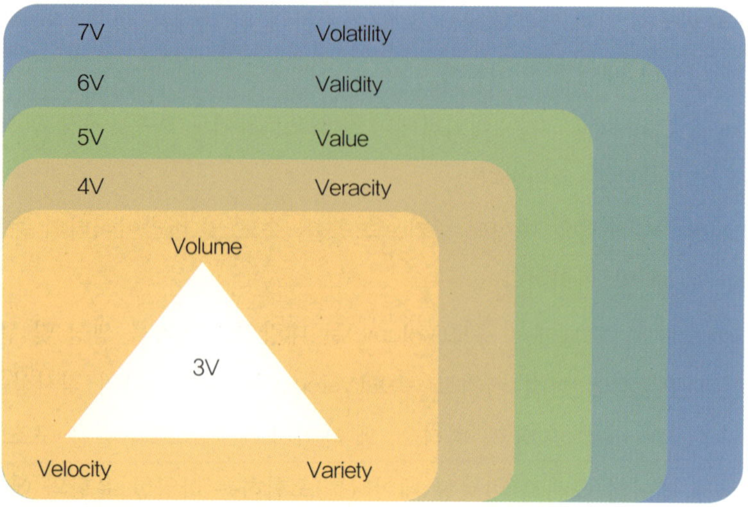

표 11-2 빅데이터 7V 정의

Volume (규모)	빅데이터분석의 주요 매력은 결과적으로 많은 기업들이 소셜네트워크 데이터, 의료 데이터, 금융 데이터, 생화학 및 유전 데이터, 천문 데이터 등 방대한 종류의 데이터를 저장하는 것이 추세이다.
Velocity (속도)	데이터 스트림, 구조화된 레코드 생성, 액세스 및 제공 가능 여부가 포함된다. 대부분의 인터넷 기반 애플리케이션은 본질적으로 스트리밍되며 빅데이터의 원천이다. 그 중요성은 피드백 루프 속도에 반영되어 입력에서 결정으로 데이터를 가져간다.
Variety (다양성)	다양한 유형의 데이터를 혼합한 것을 의미한다. 이러한 데이터는 고정된 구조를 가지고 있지 않으며, 완벽하게 정렬된 형태로 처리 준비가 된 경우는 거의 없다. 실제로 이러한 데이터는 고도로 구조화되거나, 반구조화되거나, 비정형화될 수 있다(비디오, 스틸 이미지, 오디오, 클릭 등).
Value (가치)	이 기능은 빅데이터 기술의 목적이다. 빅데이터 아키텍처가 고속 캡처, 검색 및/또는 분석을 가능하게 함으로써 매우 다양한 데이터 볼륨에서 경제적으로 가치를 추출하도록 설계되었다는 의미로 잘 표현된다. 이 가치는 분석적 사용과 새로운 비즈니스 모델, 제품 및 서비스 활성화의 두 가지 범주로 분류된다
Veracity (정확성)	진실성은 진실이나 사실, 또는 요컨대 정확성, 확실성, 정밀성을 규정한다. 불확실성은 불일치, 모델 근사치, 모호성, 속임수, 사기, 복제, 불완전성, 스팸 및 지연시간으로 인해 발생할 수 있다.
Validity (타당성)	데이터가 타당한지 정확한지 여부는 어떠한 결정을 내리는 데 중요하다. Veracity와 Validity는 비슷한 개념이나, 데이터에 Veracity가 없다면, 노이즈와 바이어스로 인해 잘못된 결론을 이끌어낼 수 있으며, Validity가 없다면 데이터는 규모가 크더라고 쓸모가 없어진다.
Volatility (휘발성)	데이터가 얼마나 오래 저장될 수 있고, 타당하여 오랫동안 쓰일 수 있을지를 나타내는 것으로 데이터는 단기적으로 활용하기보다는 장기적인 관점에서 유용한 가치를 창출할 수 있어야 한다.

기존 데이터분석 소프트웨어는 빅데이터환경에서 크고 복잡한 데이터 세트를 처리하기가 어렵다. 따라서, 작업공간 데이터뿐만 아니라 많은 양의 데이터를 생성하고 분석하는 제조현장의 경우 빅데이터 분석, 데이터마이닝, 머신러닝 등의 고급분석기법을 사용하는 것이 필수적이다. 이러한 기술을 채택하면 숨겨진 패턴, 시장의 동향 및 고객의 선호, 알려지지 않은 상관관계 및 관련 유용한 정보를 해결하는 데 도움을 얻을 수 있다.

빅데이터분석기술(Big Data Analysis: BDA) 구현으로 업계가 얻은 투자수익률 연구를 위한 설문조사가 진행되었다. BDA기법의 시행으로 약 15~20%의 투자수익률을 달성할 수 있는 것으로 밝혀졌다. 고객관계관리 데이터를 분석에 포함시킴으로써 고객참여와 만족도를 향상시킬 수 있다. 예를 들어, 자동차회사는 데이터마이닝기법을 통해 신차를 출시하면서 고객만족을 고려할 수 있다. 다양한 기계와 공정에서 얻은 데이터의 심층분석을 통해 생산성과 제조업체의 경쟁력을 진정으로 실현할 수 있다. 예를 들어, 제약업계에서는 생산 품질을 보장하기 위해 많은 수의 변수를 모니터링해야 한다. 중요한 파라미터는 제조업체에서 빅데이터 처리를 통해 검색할 수 있다. 생산활동에 심각한 영향을 미치고 제품 품질에 상당한 영향을 미치는 변수는 BDA기법을 통해 확인할 수도 있다

반도체 제조사인 A사는 생산공정 종료 시 테스트단계에서 캡처한 단일 칩 데이터와 프로세스 초기 웨이퍼 상태 단계에서 수집된 공정 데이터를 상호 연관시켜 실패를 줄였다. 이러한 방식으로 A사는 불량 칩을 생산공정 초기에 찾아내어 제거함으로써 생산 품질을 개선하는 데 큰 효과를 얻었다.

2.1.4 빅데이터의 응용

빅데이터는 다양한 분야에서 불가능을 가능으로 전환시킬 수 있는 비전을 제시하고 있으며, 정보기술과 빅데이터의 결합은 조직 내 연구개발 성과 및 속도를 향상시킨다. 빅데이터는 다양한 분야에서 활용할 수 있는데, 맥킨지가 제시한 빅데이터를 활용하여 가장 큰 효과를 얻을 수 있는 분야는 〈표 11-3〉과 같다.

표 11-3 빅데이터를 활용하여 가장 큰 효과를 얻을 수 있는 분야

도메인	분석 대상 데이터	예상효과
미국의 의료산업	제약사 연구개발 데이터, 환자 치료 · 임상 데이터, 의료산업의 비용 데이터	연간 3조달러로 0.7% 생산성 향상
유럽의 공공행정	정부의 행정업무에서 발생하는 데이터	연간 4.1조달러로 0.5% 생산성 향상
소매업	고객의 거래 데이터, 구매 경향	• 1조달러+서비스업자 수익 • 7조달러 소비자이익
제조업	고객 취향 데이터, 수요 예측 데이터, 제조과정 데이터, 센서 활용 데이터	• 60% 마진 증가 • 0.5~1.0% 생산성 증가
개인 위치 데이터	개인과 차량의 위치 데이터	• 개발 및 조립비용 50% 감소 • 운전자본 7% 감소

(1) 제조분야

제조는 보유 데이터양이 많고, 불량품 개선비용 등 적용효과를 계량화하여 빅데이터의 유용성을 손쉽게 확인할 수 있는 분야이다. 기존에도 품질관리 및 보증이 진행되고는 있으나, 인적 교육에 기반을 둔 현재의 방법론보다는 데이터 기반 방법론을 사용하면 안정적으로 품질관리 및 보증이 가능하다. 자동차업계는 빈번히 발생하는 리콜사태를 사전에 예방하고, 자동차 결함을 제품 출시 후 단기간 내에 파악하려고 빅데이터분석을 도입하고 있다.

(2) 정보통신분야

정보통신분야는 이동통신의 발전과 개인 단말기의 증가로 생성된 디지털 공간의 개인 데이터를 기반으로 목표 마케팅, 개인화서비스를 확대하며, 다른 분야보다도 인터페이스 측면이 강조된다. 현재 개인의 위치정보 수준에서 진행되고 있는 서비스들은 점차 사용자의 행동 패턴, 이력, 선호도, 주변상황에 따라 적절한 지식을 제공하는 서비스 형태로 진화할 것이다. 애플의 시리(Siri)는 사용자의 스마트폰을 음성으로 작동시키고 대화할 수 있도록 빅데이터분석과 편리한 사용자 인터페이스를 결합한 대표적인 서비스이다. 빅데이터기술이 발전하면 최근의 다변화된 현대사회를 더욱 정확하게 예측할 수 있고, 효율적으로 작동하도록 정보를 제공할 수 있다. 또한 개인화된 구성원들에게 맞춤형 정보를 제공, 관리, 분석할 수 있게 하며, 과거에는 불가능했던 기술까지도 발전시킬 수 있다. 대표적인 예는 이상현상 감지, 고객이탈을 사전에 감지한 T-Mobile,

위키리스크 데이터분석을 이용한 효과적인 정보 제공, 아마존닷컴의 추천상품 표시와 구글 및 페이스북의 맞춤형 광고 등을 들 수 있다.

(3) 이상현상 감지

이상현상 감지는 업무에서 발생하는 다양한 이벤트를 기록하여 정상상태, 비정상상태를 표시하는 패턴을 파악하고, 이 패턴을 기초로 새로운 이벤트가 발생했을 때 이상현상 여부를 판단하는 것이다. 예를 들어, VISA 신용카드사는 시스템 로그의 패턴을 분석하여 내부범죄 등 부정행위를 알아내어 카드 부정사용을 방지한다. 그리고 HP는 시큐리티, 이벤트관리 솔루션인 ArcSight를 도입하여 출입관리시스템, 네트워크, 업무용 응용 프로그램, 데이터베이스 로그 등을 종합적으로 분석하여 내부통제를 위반한 내부 부정행위를 적발한 적이 있다.

이상현상 감지를 부정, 범죄분석뿐만 아니라 마케팅분야에도 활용할 수 있다. 제품과 서비스에 변심한 고객을 감지하여 고객이탈 방지를 막는 데 활용하는 것이다. 콜센터의 고객 목소리를 음성인식 소프트웨어로 텍스트화하여 분석할 수 있으며, 스팸메일 필터링에 걸리는 특정 벡터를 하둡(Hadoop)으로 추출하여 고객 마케팅에 활용할 수도 있다. 또한 의료, 간호분야에서도 의료인들이 감지하기 어려운 이상현상을 신속하게 감지하는 데 활용한다. 캐나다 온타리오 공과대학은 집중치료실(ICU)에 있는 약 100명의 환우 아동을 대상으로 심전도, 심박수, 혈압 등 16종류의 검사결과 수치를 수집, 분석하여 패턴을 도출해 신생아 이상징후의 감지에 활용하고 있다.

3 로봇

3.1 로봇의 개요

많은 업계의 제조업체들은 복잡한 과제를 해결하기 위해 오랫동안 로봇을 사용해 왔지만, 최근 점점 더 자율적이고 유연하며 협력적으로 되면서 로봇은 훨씬 더 큰 효용성을 주면서 계속 진화하고 있다. 로봇분야는 최근 급격히 발전하고 있는 기계학습 기반 AI기술을 통해 로봇에 자율성, 사회성, 적응성 등 고도의 지능을 탑재한 지능형 자율로봇 중심으로 빠르게 재편되고 있다. 지능형 자율로봇은 외부환경을 인지, 분석하고 스스로 상황을 판단해서 자율적으로 동작을 하는 로봇을 말한다. 그들은 서로 교류하고 인간과 함께 안전하게 일하고 그들로부터 배울 것이다. 이 로봇들은 현재 제조에 사용되는 로봇들보다 비용이 적게 들고 기능범위도 넓어질 것이다.

3.2 로봇의 정의

'로봇'이란 용어는 1920년 체코의 소설가 카렐 차페크가 발표한 희곡 〈로섬의 유니버셜 로봇 : *Rossum's Universal Robots*〉에 처음 선보인 후 일반적으로 사용되었다. 로봇이라는 말은 체코어의 '일하다'는 뜻으로 'robota'가 어원이다.

로봇은 전통적으로 산업용 및 제조용 분야에서 공작기계의 형태로 발전해 왔다. 이와 같은 전통적 로봇은 산업사회에서 노동대체, 반복작업, 생산성 향상 등의 도구로서의 역할이 강조되었다. 그러나 산업사회에서 정보화사회를 거쳐 지식기반사회로의 발전에 따라 로봇의 패러다임은 노동대체수단으로서의 '전통적 로봇'에서 인간 친화적인 '지능형 로봇'으로 변화 · 발전하고 있다.

국제표준기구(International Standardization Organization: ISO)에서의 로봇에 대한 정의는 "세 개 이상의 축이 있고, 자동제어의 의해서 동작되며, 재프로그래밍이 가능하며, 다목적 매니퓰레이션 기능을 갖는 기계"로 정의하고 있으며, 일본공업규격(Japanese Industrial Standard: JIS)에서는 로봇에 대한 정의를 "자동제어에 의한 매니퓰레이터의 조작 또는 이동기능을 갖고 각종 프로그램에 의하여 실행할 수 있고, 산업에 사용되는 기계"로 정의하고 있다.

기존의 산업용 로봇과 현재의 지능형 로봇의 개념과는 차이가 있다. 지능형 로봇(Intelligent Robot)은 인간의 통제, 지원을 받지 않고 스스로 주변환경에 대한 정보를 수집, 인지(perception)하고 그에 대응해서 행동(action)할 수 있는 로봇을 의미한다. 또한 지능형 로봇은 새로운 지식의 습득능력, 인간이나 로봇 자신에게 해가 될 수 있는 외부상황의 변화에 대응할 능력과 더불어 일정한 수준의 자가 정비능력까지 갖추기도 한다.

지능형 로봇은 로봇의 3대 패러다임인 감지(sense), 사고(think), 행동(act) 각각의 요소에 자율성이 추가된 로봇이라 볼 수 있다. 이런 점에서 미래의 로봇들은 산업용 로봇이든 서비스 로봇이든 모두 지능형 로봇, 자율성을 지닌 로봇들이라고도 볼 수 있다.

3.3 로봇의 장점과 문제점

3.3.1 장점

- 제조업체들이 제품에 대한 생산성을 높이는 동시에 임금을 낮출 수 있도록 지원한다.
- 빠르게 변화하는 오늘날의 비즈니스 세계에서 경쟁하는 데 필요한 시장에 대한 유연성과 대응성을 개선한다.
- 디지털시대에는 혁신이 빠른 속도로 진행되어 새로운 발명이나 개선이 진행되면서 제품수명이 단축되어, 공장에서는 설계와 생산방법의 잦은 변화가 필요한데 이에 대한 대응이 가능하다.
- 직원들에게 새로운 것을 생산하도록 훈련시키는 것은 부담스러운 과정이 될 수 있으나, 사이버 물리시스템에서는 오직 한 대의 로봇만 프로그래밍되고 훈련시킬 수도 있다. 그런 다음 훈련된 기계는 공장의 다른 로봇들과 지식을 공유할 수 있으며, 클라우드를 통해 실시간으로 로봇들을 훈련시킬 수 있다.

3.3.2 문제점

- 장비 및 인프라 비용: 사람이 거의 또는 전혀 없는 공장을 만들기 위해서는 센서, 로봇, 컴퓨터, 소프트웨어 및 기타 부품의 구입과 유지보수와 빈번한 업데이트가 필요하다. 혁신과 개선으로 기술이 빠르게 쓸모없게 되면서 경제성은 특히 어려울 수 있다. 그리고 초기 사용자들은 처음에 그 특징들을 완전히 활용할 수 없어, 사이버 물리시스템이 제공하는 투자수익률을 거의 얻지 못할 수도 있다.
- 인건비: 로봇가격이 인간의 노동력을 절약함으로써 상쇄될 것이라고 일반적으로 생각되지만, 인건비는 가정한 만큼 감소하지 않을 수 있고 심지어 상승할 수도 있다.
- 로봇은 많은 육체노동자들을 대신할 수도 있지만, 로봇을 활용하는 관련 직업들은 더 낮은 임금을 지불하는 경향이 있을 수 있다.
- 기업은 프로그래밍, 분석, 시스템 통합, 상호작용 설계 및 기타 관련 기능(더 높은 급여를 받는 높은 수준의 작업)에 대한 기술을 갖춘 직원을 더 많이 고용해야 한다.

- **안전:** 로봇은 작업자들에게 위험이나 부상을 입히지 않으면서 사람 가까이에서 일하는 법을 학습하여야 한다.
- **변화에 대한 저항:** 작업자들은 자연적으로 변화에 대해 저항하고 공장에서는 인간을 로봇으로 대체하는 것이 문제를 가중시킬 수 있다. 이는 잠재적으로 인적자원 문제를 야기할 수 있다.

3.4 로봇의 분류

1987년 설립된 국제로봇연맹(International Federation of Robotics: IFR)에서 정의한

그림 11-3 | IFR의 로봇 분류방법(서비스 로봇(좌)과 산업용 로봇(우))

출처: https://www.zdnet.com/article/hyundai-debuts-dal-e-your-future-customer-service-robot/

로봇의 분류방법으로는 서비스용 로봇과 제조업용 로봇으로 분류한다. 최근에는 네트워크를 활용하여 언제 어디서나 서비스 제공이 가능한 유비쿼터스 로봇, 즉 네트워크 로봇을 포함하기도 한다.

최근 지능형 자율로봇은 용도에 따라 제조·산업용(예 조립, 용접, 도장, 포장, 검사), 전문서비스용(예 의료, 군사, 농수산업), 개인서비스용(예 가사, 교육, 돌봄)으로 구분할 수 있다.

3.5 지능형 로봇 활용의 응용

지능형 자율로봇이 가장 앞서 있는 분야는 산업특성상 로봇을 많이 사용하는 제조업이다. 예를 들어, 로봇장비 제조업체인 B사는 서로 상호작용하는 자율로봇을 만들어 판매하고 있다. 이 로봇들은 서로 상호 연결되어 있어 함께 작업할 수 있으며, 미조립 제품을 순서별로 정렬하여 조립할 수 있도록 자동으로 동작을 조정한다. 고급 센서와 제어장치는 인간과 긴밀한 협업을 가능하게 한다. 마찬가지로 산업용 로봇 공급업체인 ABB는 인간과 함께 제품(가전제품 등)을 조립하기 위해 특별히 고인된 양팔로봇 유미(YuMi)를 출시하고 있다. 두 개의 로봇 팔과 컴퓨터 시력은 안전한 상호작용과 부품 인식을 가능하게 한다.

미국 리싱크 로보틱스(Rethink Robotics)의 7축 이중팔 로봇 박스터(Baxer)는 부품의 조립, 물품 운송, 부품의 제거, 제품의 포장작업이 가능하다. 기존의 일반로봇은 지정된 위치에 부품이 없으면 작업을 할 수 없지만, 박스터는 작업환경을 인지하고 스스로 위치를 조정하여 작업을 수행할 수 있다. 한편 사용자의 간단한 시연이나 교시를 통해 로봇이 스스로 학습하는 기술도 활발히 연구되고 있다.

로봇의 학습시간과 시행착오를 줄이기 위한 연구도 활발하게 이루어지고 있다. 미쓰비시는 스마트 학습 AI개발을 통해 기존의 AI기술 대비 학습 연산량을 대폭 줄여 저사양 하드웨어 로봇에도 탑재 가능하며, 학습시간도 기존 방식 대비 1/10 수준으로 줄인 것으로 발표했다. 이와 같이 기존의 산업용 로봇은 AI 융합을 통해 자동화의 영역을 넘어 인간의 움직임을 모방하고 스스로 학습하고 판단해서 작업하는 자율로봇으로 빠르게 진화하고 있다.

3.6 로봇의 미래 비즈니스 모델

유망분야 중에서도 산업용 로봇은 주로 자동차, 전기 · 전자, 금속산업 등에 활용되는데, 현재 국내에서는 자동차산업과 전기 · 전자산업이 높은 비중을 차지하고 있다. 미래 제조산업의 핵심인 산업용 로봇은 스마트 로봇으로 진화하면서 성장세를 이어가고 있다. 원가 경쟁력 확보를 위한 자동화 요구 증대와 인더스트리 4.0의 영향, 인간과 로봇과의 협업 증대, 고품질 요구 증대 등이 성장 동인이 되고 있다.

표 11-4 8대 로봇 융합 유망분야

분야		중점분야	유망 비즈니스 모델
1	제조	스마트공장 구현지원을 위한 첨단제조 및 제조물류 로봇시스템	중력보상협업로봇, 양팔로봇, 공장자동창고용 로봇시스템 등
2	자동차	AIDA(Affective Intelligent Driving Agent)	대화형 카바타, 운전자상태감지 등
3	의료 · 재활	세계 최고 수준의 국내 임상기술 활용, 수술 · 재활로봇분야 신사업 개척	복강경 수술로봇, 중재시술로봇, 재활로봇(착용 · 보행 · 상지 · 손) 등
4	문화	가상 · 증강현실(VR/AR), HRI기술 등 기반으로 문화 연관 비즈니스 창출	전시 · 테마파크 로봇, 감성로봇(사물지능 인터랙션 로봇) 등
5	국방 · 사회안전	국방 · 재난 대응목적 민군겸용 로봇기술	드론(무인기) 등 무인로봇시스템, 근력증강로봇
6	교육	S/W 교육, STEAM 교육 등 창의인재 육성을 위한 교육용 로봇	S/W 교육용 로봇, 창작형 교구로봇 등
7	해양	Off-Shore 구조물, 교량 등 수중시설 검사 · 관리로봇 및 운용시스템	무인잠수정로봇(UUV: AUV/ROV)
8	농업	시설원예농업용 통합로봇시스템	비닐하우스용 시설원예 로봇시스템

출처: 관계부처 합동, 지능형 로봇 2015 실행계획(분야별 중점분야 및 유망 비즈니스모델(안))

4 사이버 보안

4.1 사이버 보안의 개요

오늘날 상호 연결된 디지털 세계의 사이버 범죄 공격자들은 인터넷의 세계적인 가용성으로 인해 언제 어디서나 전 세계 사이버 및 물리적 시스템에 사이버 위협 공격을 시작할 수 있다. 따라서 사이버 위협 공격과 관련된 보안과제는 악성 프로그램과 같은 사이버 위협 공격을 탐지, 방지 및 복구함으로써 사이버 위협 공격을 방지하는 효과적인 기술이 필요하다. 그러나 공격에는 이전에 알려진 잠재적인 사이버 위협 공격과 알려지지 않은 잠재적 사이버 위협 공격이 모두 포함된다. 그러므로 사이버 보안은 컴퓨터, 데이터 소스, 네트워크 및 프로그램을 사이버 위협 공격, 손상 또는 무단 액세스로부터 보호하기 위해 개발된 기술, 프로세스 및 관행에 대한 지식의 집합체로 볼 수 있다.

기존의 보안 접근방식은 가장 중요한 시스템과 장치를 사이버 위협 공격으로부터 보호하는 데 초점을 맞추었다. 따라서 중요도가 낮은 시스템은 사이버 위협으로부터 보호받지 못하여 예상할 수 있는 위험이나 알려진 공격정보가 적어 사이버 공격에 취약할 수밖에 없었다. 다양하게 변화하면서 증가하는 사이버 위협 공격환경에 대응하면서 이러한 격차를 극복하기 위해 첨단 사이버 보안 접근법이 개발되고 이용되어야 한다.

4.2 사이버 위협 공격의 종류

사이버 위협 공격은 허가된 접속이나 허가 없이 데이터를 획득, 변경, 파괴, 제거, 구현 또는 공개하여 기밀성, 무결성 및 가용성을 훼손하려는 시도를 포함하는 위협으로 볼 수 있다. 따라서 사이버 위협 공격은 개인뿐 아니라 공공 및 민간조직에도 영향을 미칠 수 있다. 이러한 배경에서 다양한 종류의 사이버 위협 공격이 무엇인지 알아볼 필요가 있다.

(1) 적극적 사이버 위협 공격

공격 대상 시스템 자원을 변경하거나 해당 작업에 영향을 미치는 공격을 의미하는데, 데이터 스트림의 수정이나 잘못된 문장이 포함된다.

(2) 수동적 사이버 위협 공격

시스템의 데이터를 사용하려고 하지만 공격된 시스템 자원에 영향을 주지 않는다. 그들은 송신을 도청하거나 감시하는 것에 가깝다. 그들의 목표는 전송되는 데이터를 얻는 것이다.

(3) 봇넷 사이버 위협 공격

멀웨어(malware)는 해커가 제어할 수 있는 인터넷 연결장치에 악성 프로그램을 심어 감염시키는 것이다. 애드웨어, 키로거, 랜섬웨어, 원격 액세스, 루트킷, 스파이웨어, 트로이 목마, 바이러스 및 웜 등의 공격자가 사용하는 여러 가지 형태가 있다. 사이버 범죄자는 봇넷(Botnet)을 사용하여 봇넷 공격을 유도한다. 봇넷 공격에는 계정 취득, 장치 및 장치에 대한 무단 액세스 및 네트워크 연결, 데이터 도난, 계획되지 않은 응용 프로그램을 유발하는 DDoS(Distributed Denial of Service) 공격 등이 포함된다.

(4) 브랜드잭킹 사이버 위협 공격

개인 또는 기업의 브랜드 지분을 취득할 목적으로 다른 기업의 온라인 ID를 취득하거나 다른 방법으로 가정하는 행위를 포함하는 피싱 사기이다. FDA가 피싱 사기를 피하기 위한 팁 목록을 발표했다.

(5) 클릭잭킹 사이버 위협 공격

웹 사용자가 자신이 클릭하고 있다고 인지하는 것과 다른 어떤 것, 즉, 공격자가 원하는 것을 클릭하도록 속이는 악의적인 기법으로 잠재적으로 공격자는 비밀정보를 유출시키거나 그들의 컴퓨터에 대한 제어를 획득할 수 있게 된다. 이것은 다양한 웹 브라우저들과 컴퓨팅 플랫폼들에서의 취약점으로서 브라우저 보안 이슈이다. 클릭재킹은 사용자의 인식 없이 실행될 수 있는 임베디드 코드나 자바스크립트(javascript)와 같은 스크립트의 형태를 갖는다.

(6) 내부 및 외부 사이버 위협 공격

공공 및 민간조직은 조직 안팎에서 저질러진 컴퓨터 범죄자의 사이버 위협 공격에 점점 더 직면하고 있다. 내부자 사이버 위협 공격(Insider Cyber Threat attack; 내부자 위협이라고도 함)은 공공 또는 민간조직의 컴퓨터시스템이나 네트워크에 대한 권한을 가진 사람이 컴퓨터시스템이나 네트워크에 가한 악의적인 공격이다. 따라서 내부자는 조직 리소스에 대한 합법적인 액세스 권한을 가진 사람이다. 게다가 내부자는 전적으로 혹은 부분적으로 신뢰받는 사람이다.

불행히도 많은 공공 및 민간조직이 외부공격으로부터 보호하는 데 초점을 맞추고 있기 때문에 내부자 공격에 대한 보안 수준이 떨어질 수 있다. 외부 사이버 위협 공격은 신뢰할 수 있는 사용자의 프로필을 조직 외부에서 넘겨받은 개별 공격자나 사이버 위협 공격그룹이 침투하여 보호된 정보를 얻으려고 할 때 발생한다.

(7) 피싱 공격

로그인 자격 증명 및 신용카드번호를 포함하여 사용자 데이터를 훔치는 데 사용되는 소셜 엔지니어링 사이버 위협 공격 유형이다. 또한 APT(Advanced Persistent Threat) 사고와 같은 대규모 공격의 일부로 공공 또는 민간조직의 네트워크에서 입지를 확보하는 데 사용된다. 이 시나리오에서 직원들은 보안 경계선을 넘거나, 폐쇄된 공공 또는 민간조직환경 내에서 악성 프로그램을 배포하거나, 보안 데이터에 대한 권한을 얻을 수 있다.

(8) 스팸 발송 공격

스팸메일의 전자 버전, 원하지 않는 메시지, 종종 원하지 않는 광고를 많은 수신자에게 보내 메일을 열어보게 함으로써 트로이목마, 바이러스, 웜, 스파이웨어 및 대상 피싱 공격을 선달하여 심각한 보인문제가 발생한다.

4.3 사이버 보안의 정의

사이버 보안이란 용어는 정보시스템에 저장, 전송 또는 사용되는 데이터를 보호하기 위해 고안된 기술과 관행을 말한다. 따라서 사이버 보안은 오늘날 디지털 변환에서 중요한 문제 중 하나이며, 이는 허가된 메시지가 언제 어디서나 올바른 장소와 실시간으로 아무런 방해 없이 악의적 공격 없이 전달되어야 하기 때문이다. 따라서 효과적인 사이버 보안은 사이버 위협 공격의 위험을 줄이고 공공 및 민간조직을 사이버 및 물리적 장치, 네트워크, 시스템의 무단 이용으로부터 보호한다. 그러므로 사이버 보안은 공격, 손상 또는 무단 액세스로부터 사이버공간의 데이터뿐만 아니라 컴퓨터시스템, 네트워크 또는 프로그램을 보호하도록 설계된 기술, 프로세스 및 관행과 관련된 지식의 집합체로 정의될 수 있다.

4.4 정보 및 사이버 보안의 특징

불행히도 오늘날에는 권한이 없는 인터넷에서 데이터나 정보에 접근하는 온라인 사용자를 공격자라고 불러야 한다. 이런 점에서 해킹능력은 어떤 특정한 방법이나 형태로 기술의 조작을 수반하는 기술이라는 것을 주목하는 것이 중요하다. 공격이 성공할 수 있는 사람을 공격자 또는 해커라고 부르며 해킹능력이 있음을 시사한다. 해커 커뮤니티는 좋은 해커와 악의적인 해커를 구별하기 위해 크래커라는 용어를 도입해 해킹기술을 이용해 범죄나 비윤리적인 행위를 하는 사람들을 특정하곤 한다. 이런 배경에서 정보 보안과 사이버 보안은 필수적이며 악의적인 크래커 공격으로부터 인증된 메시지를 보호하기 위한 조치에 초점을 맞추어야 한다.

정보 보안의 기본목표는 정보시스템뿐만 아니라 데이터도 무단 액세스, 파괴, 공개, 중단, 수정 또는 사용으로부터 보호하는 것을 말한다. 따라서 정보 보안의 세 가지 기본 원칙은 기밀성, 무결성 및 가용성의 원칙이며, 이 원칙은 공공 또는 민간조직 내에서 보안을 위한 정책을 안내하는 모델로서, 모든 보안 프로그램의 주요 목표이다. 이 모델은 미국 중앙정보국(CIA) 용어와의 혼동을 피하기 위해 CIA Triad(Confidentiality, Integrity and Availability)라고도 한다. 따라서 정보 보안의 특징은 다음과 같이 설명할 수 있다.

(1) 기밀성

기밀성(confidentiality)의 용어는 대략 사생활과 동등하다고 볼 수 있다. 이는 무단 접근 및 오용으로부터 데이터를 보호하기 위해 데이터에 대한 접근을 제한하는 일련의 규칙을 의미한다. 기밀성을 보장하기 위해 수행되는 조치는 중요한 데이터가 잘못된 사람에게 도달하는 것을 방지하여 적절한 사람이 실제로 데이터를 획득할 수 있도록 하기 위해 고안되었다. 데이터 암호화는 기밀성을 보장하는 일반적인 방법이다. 이와 관련하여 사용자 ID와 암호는 표준절차를 통해 만들어져야 한다. 다른 옵션으로는 생체인증(생체검증), 즉 하나 이상의 구별되는 생물학적 특성을 평가할 수 있는 생체검증, 네트워크 서비스에 대한 접근을 허가하기 위해 소유자가 휴대하는 소형 하드웨어 장치인 보안토큰, 그리고 생체에 대한 액세스를 제공하는 프로그램 가능한 소형 하드웨어장치를 의미하는 키 리모컨 등이 있다.

(2) 무결성

무결성(integrity)은 전체 수명주기 동안 데이터의 일관성, 정확성 및 신뢰도를 유지하는 것을 포함한다. 여기에는 데이터 무결성 및 시스템 무결성에 대한 중요한 주제가 포함된다. 데이터 무결성은 데이터의 정확성과 일관성이 보장된 상태를 의미하며, 시스템 무결성은 의도적이거나 우발적인 무단 조작으로부터 영향을 받지 않고, 손상되지 않은 방식으로 원하는 기능을 수행하는 시스템의 요구조건을 의미한다. 이러한 배경에서 무결성 결여는 사용된 디지털시스템의 메모리에 저장된 데이터와 프로그램의 수정을 가능하게 할 수 있으며, 이는 감지 없이 디지털시스템의 중요한 작동기능에 영향을 미칠 수 있다.

(3) 가용성

가용성(availability)은 정보, 데이터 및 프로그램은 필요할 때 인증된 사용자가 접근하여 원하는 정보를 얻을 수 있도록 하는 디지털시대에 필수적인 요건이다. 이렇게 하기 위해서 모든 시스템 하드웨어는 엄격하게 유지관리해야 하며, 필요할 때 즉시 하드웨어 수리를 수행하고, 소프트웨어 충돌이 없는 올바른 운영체제환경을 유지함으로써 보장될 수 있다. 필수적이고 중요한 운영체제가 필요할 때 필요한 데이터에 액세스할 수 없는 경우 운영체제의 데이터와 프로그램은 안전하지 않다. 이러한 가용성은 디지털 혁신시대에 성공적으로 디지털시스템을 구축하는 데 있어 기본적인 기능이다. 데이터 손실을 방지하기 위해 백업본을 지리적으로 격리된 위치, 어쩌면 디지털 보호장치에도 저장할 수 있다. 방화벽 및 프록시 서버와 같은 추가 보안장비 또는 소프트웨어는 서비스 거부 공격 및 네트워크 침입과 같은 악의적인 활동으로 인해 가동 중지나 데이터 및 프로그램을 연결할 수 없는 상황에 대응할 수 있다.

[그림 11-4]에 표시된 CIA Triad는 정보, 사이버, 데이터 및 시스템 보안분야에서 필요한 솔루션과 함께 문제영역을 식별하는 데 사용되는 보안정책개발의 잘 알려진 모델이다.

그림 11-4 | 정보 보안 CIA Traid

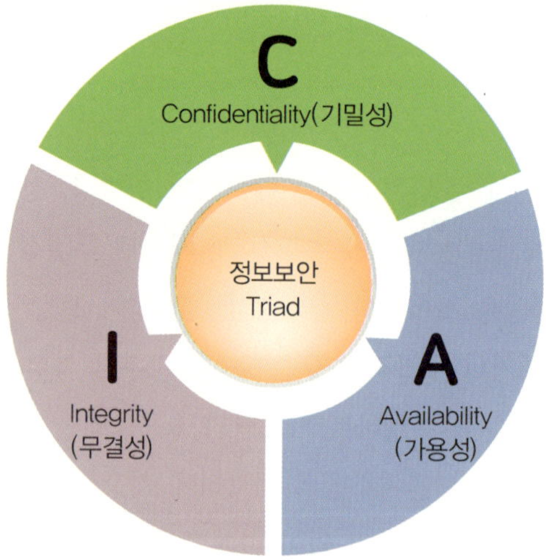

4.5 사이버 보안의 종류

컴퓨터 과학에서 사이버 보안영역은 정보 보안, 데이터 보안, 애플리케이션 보안, 네트워크 및 시스템 보안, 컴퓨터(H/W 및 S/W) 보안 및 기타 많은 영역을 포함한다.

(1) 애플리케이션 보안

응용 프로그램 수준의 보안조치를 통해 응용 프로그램의 보안 수준을 높이고, 응용 프로그램의 데이터 또는 코드가 손상 또는 도난되는 것을 방지하고, 응용 프로그램의 보안을 개선해야 한다. 이러한 공격 중 대부분은 개발단계에서 발생하지만, 앱이 배포되면 이를 보호하기 위한 도구와 방법이 포함되어 있다. 해커들이 점점 더 자신의 공격으로 애플리케이션을 공격 대상으로 삼으면서 이 문제는 더욱 중요해지고 있다.

(2) 컴퓨터 보안

컴퓨터시스템 또는 네트워크가 제공하는 서비스의 중단이나 잘못된 방향뿐만 아니라 컴퓨터시스템 또는 네트워크를 손상, 도난 및 무단 사용으로부터 보호한다. 컴퓨터시스템에 대한 의존도가 높아지고 스마트기기의 성장으로 인해 중요해지고 있다.

컴퓨터 보안은 다음과 같은 네 가지 주요 사이버 위협을 말한다.

- 사기
- 보호된 데이터의 불법 액세스 등 사생활 침해
- 데이터 도난
- 컴퓨터 바이러스에 의한 데이터 파괴 또는 파괴행위

(3) 데이터 보안

의도적이거나 우발적인 파기, 데이터 손상, 수정 또는 공개로부터 데이터를 보호하기 위해 컴퓨터시스템, 데이터베이스 웹사이트 및 기타에 대한 무단 접근을 방지하기 위한 표준 및 기술을 의미한다. 데이터 보안은 허가되지 않았거나 악의적인 사용자의 프로세스 접근을 최소화하거나 방지하기 위해 관리 통제, 물리적 보안, 논리적 제어, 조직표준 및 기타 안전보호기술을 포함하여 중요한 정보나 기밀을 필요로 하는 공공 및 민간조직의 IT 보안의 필수적인 주제이다.

(4) 정보 보안

컴퓨터시스템 데이터 또는 네트워크 데이터 패킷의 기밀성, 무결성 및 가용성을 보호하기 위해 고안된 전략(정보 보안의 CIA Triad)을 말한다. 정보 보안은 디지털 및 비디지털 정보에 대한 사이버 위협을 방지, 탐지, 문서화 및 대응하기 위해 필요한 프로세스, 도구 및 정책을 관리하기 위한 일련의 전략을 포함한다. 그러므로 정보 보안은 허가되지 않은 정보의 무단 접근, 파괴, 공개, 중단, 검사, 수정 또는 사용을 막는 데 필요하다.

(5) 네트워크 보안

네트워크를 보호하기 위한 다양한 기술, 장치 및 프로세스를 포괄하는 용어로 소프트웨어 및 하드웨어기술을 사용하는 데이터뿐만 아니라 컴퓨터시스템이나 네트워크의 기밀성, 무결성 및 접근성을 보호하기 위해 고안된 일련의 규칙과 구성을 말한다. 오늘날의 네트워크 아키텍처는 복잡하며 항상 변화하는 위협환경과 항상 취약성을 찾고 이용하려는 사이버 위협 공격자에 직면해 있다. 이러한 취약성은 장치, 데이터, 애플리케이션, 사용자 및 위치 등 광범위한 영역에 존재할 수 있다. 그러므로 네트워크 보안은 기업 공용 및 개인 네트워크에 침입하는 사고를 방지하고 보호하는 데 필요하다.

(6) 재해 복구 및 비즈니스 연속성 계획

사이버 위협 위험을 제한하고 예기치 않은 사고 발생 후 공공 및 민간조직에서 비즈니스 작업을 최대한 정상과 가깝게 운영하는 것을 목표로 하며, 모든 비즈니스에 유사한 작업방식으로 응용된다. 사이버 위협이 증가하고 고장시간에 대한 내성이 감소함에 따라 재해 복구 및 비즈니스 연속성 계획이 중요해진다. 따라서 재해 복구와 비즈니스 연속성 계획을 결합하는 추세가 계속되고 있다.

사이버 보안의 가장 문제가 되는 요소 중 하나는 사이버 위협 공격이 빠르고 지속적으로 진화하며, 공공 및 민간조직 컴퓨터시스템이나 네트워크는 원격 공격에 취약한 접근성과 연결성 때문에 사이버 위협 공격의 목표가 되고 있다. 사이버 보안전문가들은 수동 및 반자동 사이버 보안검사가 따라가지 못할 정도로 사이버 위협 공격환경이 복잡해짐에 따라 공공 및 사설 컴퓨터시스템이나 네트워크 정보를 보호하기 위한 전통적인 접근방식으로는 통제가 불가능해질 수 있다고 판단하고 있다. 따라서 이러한 배경에서 전 세계 사이버 보안팀은 취약점을 분석하여 사이버 위협 공격을 방어하기 위한 효율적인 사이버 보안전략을 구축하기 위해 취약점에 대한 심층적인 지식을 확보하려고 노력하고 있다.

4.6 사이버 보안의 예

사이버 보안의 예로 2011년 3월 뉴욕타임스 기사에서는 연구원들이 어떻게 원격으로 자동차를 해킹하여 자동차의 중요한 시스템을 제어할 수 있었는지에 대해 설명하였다. 이것은 오늘날의 많은 자동차들이 셀룰러 연결과 블루투스 무선기술을 포함하기 때문에 자동차의 내장형 통신시스템을 통해 이루어졌다. 이를 통해 원격지에서 접속이 가능한 해커가 차량 도어 잠금장치, 브레이크 등 다양한 기능을 공격할 수 있을 뿐 아니라 차량 위치추적, 차량 실내 도청, 차량 데이터 모니터링 등이 가능하다. 이러한 맥락에서 사용된 통합 사이버 및 물리적 장치 그리고 구성요소와 관련하여 이중 역할을 하는 차량시스템 내에 통신, 컴퓨팅 및 제어기능을 통합함으로써 복잡성이 더 증가하는 추세이다. 오늘날의 시스템과 구성요소는 규모와 복잡성으로 인해 설계된 기능 외에도 다양한 보안문제, 침입, 사이버 위협 공격 및 악의적인 공격에 취약하다.

5 클라우드 컴퓨팅

5.1 클라우드 컴퓨팅 개요

제4차 산업혁명을 가져오는 대부분의 혁신적인 기술들은 방대한 데이터를 수집, 저장, 분석, 가공하여 만들어지기 때문에 클라우드 서비스산업의 성장은 필연적이라고 볼 수 있다. 데이터의 중요성을 깨달은 글로벌 ICT기업들은 이미 하이퍼 스케일의 데이터 센터를 마련하는 등 관련 인프라를 확충하고 이에 내한 투자를 확대하고 있다.

5.2 클라우드 컴퓨팅 정의

인터넷기술을 활용하여 'IT 자원을 서비스'로 제공하는 컴퓨팅으로 IT 자원(SW, 스토리지, 서버, 네트워크)을 필요한 만큼 빌려서 사용하고, 서비스 부하에 따라서 실시간 확장성을 지원받으며, 사용한 만큼의 비용을 지불하는 컴퓨팅기술을 클라우드 컴퓨팅이라고 한다.

위키피디아는 [그림 11-5]와 같이 클라우드 컴퓨팅을 "인터넷 기반 컴퓨팅의 일종으로, 공유 컴퓨터 처리 자원과 데이터를 컴퓨터와 다른 장치들에 요청 시 제공되는 컴퓨팅으로, 구성 가능한 컴퓨팅 자원(예 컴퓨터 네트워크, 서버, 스토리지, 애플리케이션, 서비스)에 대해 어디서나 접근이 가능한, 주문형 접근을 가능하게 하는 모델"로 정의하고 있다. IBM은 "웹 기반 응용 소프트웨어를 활용해 대용량 데이터베이스를 인터넷 가상공간에서 분산처리하고, 이 데이터를 컴퓨터나 휴대전화 PDA 등 다양한 단말기에서 불러오거나 가공할 수 있는 환경"으로, 그리고 가트너그룹은 "인터넷기술을 활용해서 많은 고객에게 수준 높은 확장성을 가진 자원들을 서비스로 제공하는 컴퓨팅의 한 형태"로 정의하고 있다.

그림 11-5 | 클라우드 개요

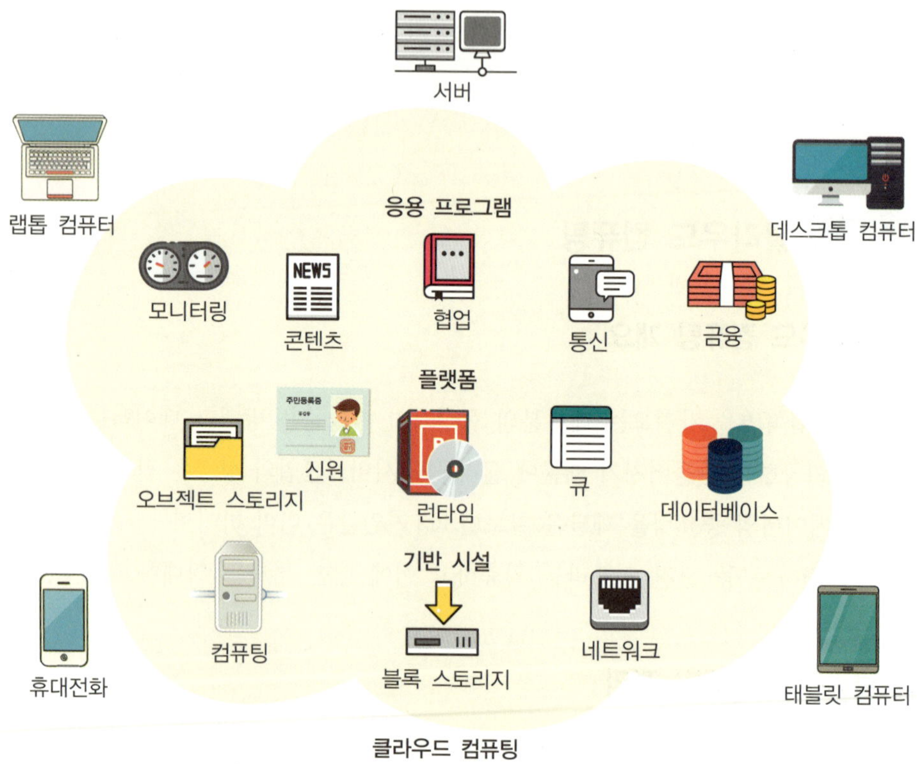

출처: https://amitrajsantosh.com/cloud-computing/

5.3 클라우드 특징

미국 국립표준기술원(National Institute of Standards and Technology: NIST)은 측정 가능 서비스, 신속한 탄력성 및 리소스 풀링, 광범위한 네트워크로 접속 및 주문형 서비스 등을 클라우드가 가져야 할 이상적인 다섯 가지 특징으로 제시하고 있는데, 여기에서는 NIST의 다섯 가지 특성을 좀 더 세분화하여 필수 특성을 여섯 가지로 나누었다.

(1) 주문형 서비스

클라우드 컴퓨팅 고객은 필요에 따라 서비스를 요청하고 필요에 따라 서비스를 정렬하며, 비즈니스 요구가 진화함에 따라 서비스를 확장하거나 계약할 수 있다.

(2) 서비스 카탈로그

고객은 이러한 서비스의 미리 정해진 카탈로그에서 필요한 서비스를 선택할 수 있다. 그런 다음 클라우드 데이터센터에서 선택한 제품들은 데스크톱, 랩톱, 태블릿, iPad 또는 스마트폰을 포함한 여러 장치에서 인터넷을 통해 접속할 수 있다.

(3) 인터넷 접속

전통적으로 사용자는 아래 한글이나 Microsoft Word 또는 PowerPoint와 같은 소프트웨어 패키지를 설치해야 한다. 사용자가 소프트웨어가 설치된 컴퓨터에 접근할 수 없으면 소프트웨어를 더 이상 사용할 수 없다. 그러나 이제 인터넷을 통해 필요한 많은 소프트웨어에 접속할 수 있다. 웹 기반 Google Docs와 같은 일반적인 소프트웨어의 무료 인터넷 버전은 사용자가 인터넷에 연결된 모든 장치에서 문서에 액세스하고 편집할 수 있도록 허용하므로 특정 사무실 기반 컴퓨터장치에 액세스할 필요가 없다.

(4) 동적 할당

처리 및 스토리지 모두 클라우드 기반 리소스는 서비스 중단 없이 신속하고 효율적으로 자동·동적으로 할당, 확장 및 축소될 수 있다. 필요한 용량에 큰 변동이 발생하는 경우, 클라우드 센터에 특정 작업기간 또는 지정된 기간 동안 애플리케이션 서버 및 스토리지 수를 일시적으로 늘릴 것을 요청할 수 있다. 클라우드 컴퓨팅의 기본사항으로 고객은 사용된 실제 용량에 대해서만 비용을 지불하고 임시적으로 필요한 경우 예비할 수 있는 대기 용량에 대해서는 지불하지 않는다.

(5) 측정 가능 서비스

클라우드 컴퓨팅 서비스 제공업체는 미터링(metering) 서비스시스템을 통해 실제 고객 사용량을 추적한다. 그런 다음 각 소비자가 사용하는 클라우드 자원에 대한 청구 및 비용청구정보를 고객문의에 사용할 수 있는 상세 사용 파일과 함께 제공한다. 미터링 소프트웨어는 사용된 CPU시간, 대역폭 및 스토리지 용량을 지속적으로 모니터링하고 청구와 함께 해당 사용량에 대한 보고서를 소비자에게 정기적으로 제공한다. 따라서 사용자는 자신의 데이터센터 운영과 관련된 막대한 자본 지출과 운영비용을 피하고 클라우드 컴퓨팅 공급자가 제공하는 서비스에 대한 사용비용만 부담한다.

(6) 빠른 탄력성

조직이 비즈니스 및 컴퓨팅 용량을 신속하게 확장하여 이러한 증가된 운영을 지원해야 하는 경우 클라우드 컴퓨팅 서비스는 자본 확충 및 추가장비 구입 없이도 이러한 요구사항을 신속하게 수용할 수 있다. 고객은 확장된 시설만 요청하면 되고 클라우드 공급업체는 리소스 풀에서 해당 시설을 할당하고 그에 따라 모니터와 청구서를 할당한다.

5.4 클라우드 모델

클라우드 모델은 퍼블릭, 프라이빗, 하이브리드 등 세 가지로 구성된다. 또한 클라우드에는 인프라, 플랫폼 및 소프트웨어 등 세 가지 제공 모델이 포함되어 있다.

(1) 퍼블릭 클라우드(Public Cloud, 공공 클라우드, 개방형 클라우드)

특정 기업이나 사용자를 위한 서비스가 아닌 인터넷에 접속 가능한 모든 사용자를 위한 클라우드 서비스 모델이다. 클라우드 서비스 제공자(CSP)가 하드웨어, 소프트웨어를 관리한다. 데이터나 기능, 서버 같은 자원은 각 서비스에서 사용자별로 권한관리가 되거나 격리되어 서비스 사용자 간에는 전혀 간섭이 없다는 장점이 있다.

간혹 공공기관이 도입하는 공공 클라우드와 퍼블릭 클라우드의 공공 클라우드를 혼동하는 케이스가 있다. 공공기관이 도입하는 공공 클라우드는 Government Cloud, 공용 인터넷망에 연결된 공공 클라우드는 Public Cloud이다.

(2) 프라이빗 클라우드(Private Cloud, 사설 클라우드, 폐쇄 클라우드)

제한된 네트워크상에서 특정 기업이나 특정 사용자만을 대상으로 하는 클라우드로 서비스의 자원과 데이터는 기업 내부에 저장된다. 또한 기업이 자원의 제어권을 갖고 있다. 따라서 보안성이 매우 뛰어나며 개별 고객의 상황에 맞게 클라우드 기능을 커스터마이징할 수 있다는 장점이 있다.

(3) 하이브리드 클라우드(Hybrid Cloud)

프라이빗 클라우드 서비스에서의 가상화를 통해 기업은 급격한 작업량 변동에도 불구하고 서비스 수준을 유지할 수 있다. 조직은 일반적인 사용을 위해 사설 클라우드 컴퓨팅센터에서 컴퓨팅 리소스를 사용하지만 덜 위험하고 최대 부하 요구사항을 위해 공용 클라우드에 액세스한다. 이를 통해 컴퓨팅 요구사항의 급격한 증가를 적절하게 처리할 수 있다. 조직은 데이터를 아카이브하기 위해 Amazon의 Simple Storage Service와 같은 퍼블릭 클라우드 서비스를 사용할 수 있지만 중요한 운영 고객 데이터를 위해 사내 스토리지를 계속 유지할 수 있다. 하이브리드 접근방식을 통해 기업은 미션 크리티컬 애플리케이션과 데이터를 타사 취약성에 노출하지 않고도 퍼블릭 클라우드 컴퓨팅환경에서 제공하는 확장성과 비용효율성을 활용할 수 있다

5.5 클라우드 서비스

조직의 유형 및 규모에 따라 클라우드 컴퓨팅 서비스를 얼마나 사용하느냐를 통해 용량을 확장할 수 있다. 제조기업은 새로운 라이선스 소프트웨어, 인력교육 및 라이선스 소프트웨어에 투자하지 않고도 이러한 작업을 수행할 수 있다. [그림 11-6]과 같이 IaaS(Infrastructure-as-a-Service)가 클라우드 제공업체로부터 필요한 서버와 저장소를 임대하고 클라우드 인프라로 자체 애플리케이션을 구축하는 것이라면, PaaS(Platform-as-a-Service)는 개발도구, 인프라, 운영체제를 포함한 애플리케이션 구축에 필요한 모든 것이 인터넷을 통해 제공되고, SaaS(Software-as-a-Service)는 사용자가 장치에 애플리케이션을 설치하는 대신 SaaS 애플리케이션이 클라우드 서버에 호스팅되고 사용자는 인터넷을 통해 애플리케이션에 접속한다.

클라우드 컴퓨팅 서비스의 신뢰성에 중대한 영향을 미치는 요인으로 보안 및 개인정보 보호 관련 문제, 데이터관리 및 리소스 할당, 가용성 및 확장성, 부하 균형 조정, 클라우드 마이그레이션 등이 있을 수 있다.

(1) IaaS(Infrastructure-as-a-Service)

IaaS는 클라우드 컴퓨팅 서비스 제공의 기본형태이며 다른 두 제공(SaaS 및 PaaS)의 기반이 된다. 서버, 라우터, 스토리지 및 네트워킹 구성요소로 구성된 클라우드 인프라

는 IaaS 클라우드 인프라 공급자에 의해 제공된다. 고객은 필요에 따라 이러한 자원을 사용하고 실제 사용량에 대해서만 비용을 지불한다. 고객은 제공된 컴퓨터에 자체 OS 및 애플리케이션 소프트웨어를 배포하고 실행할 수 있다. 고객은 기본 클라우드 인프라를 관리하거나 제어하지 않지만 OS 및 배포된 애플리케이션에 대한 제어권한을 행사한다. 그러나 고객은 IaaS 서비스를 최대한 활용하려면 각 애플리케이션의 자원 요구사항을 알아야 한다. 인프라 구성요소만 (필요에 따라) 제공되는 이 상황에서 필요한 자원의 정확한 추정과 순간 사용의 탄력성은 제공자가 아니라 소비자의 책임이다. 따라서 IaaS는 인프라가 제공되는 가장 기본사양만 사용하는 클라우드 데이터센터 서비스이지만 고객이 원하는 처리 수준을 제공하도록 필요한 자원(서버 및 스토리지)를 구성해야 한다. 따라서 이러한 수준의 서비스를 고객의 기대를 충족시키기 위해 사용하기 때문에 주요 책임은 고객에게 있다.

대표적인 IaaS 모델 중 하나는 Elastic Compute Cloud(Amazon EC2 및 Amazon S2)라는 이름의 Amazon에서 제공한다. 이는 온디맨드방식으로 확장 가능한 컴퓨팅 용량을 제공하는 IaaS 모델이다. 아마존의 EC2 서비스는 소비자가 초기 자본투자를 하지 않고도 아마존의 대규모 인프라를 활용할 수 있게 해준다.

그림 11-6 | 클라우드 서비스 종류

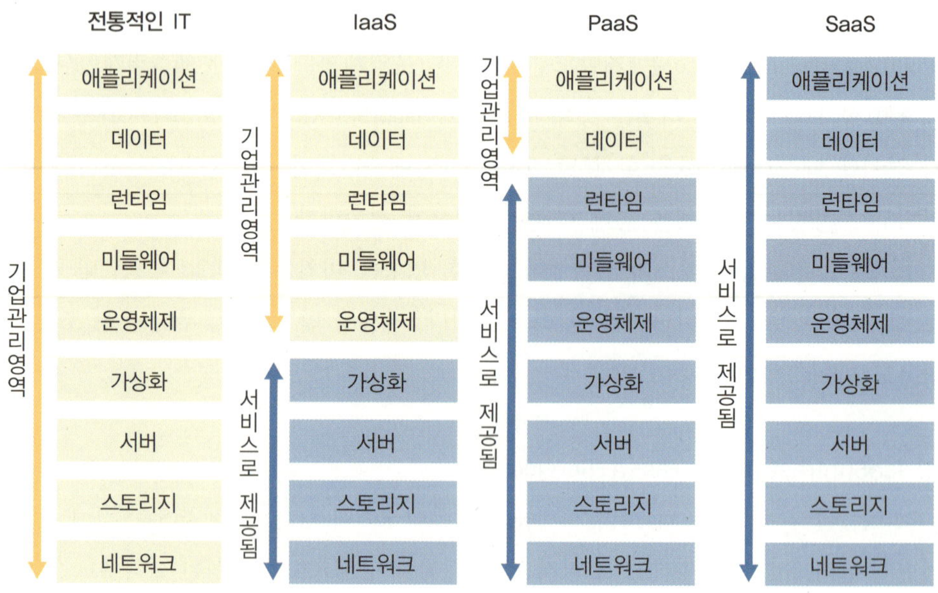

(2) PaaS(Platform-as-a-Service)

PaaS는 고객이 직접 생성하거나 획득한 애플리케이션을 클라우드 인프라에 직접 배포할 수 있는 기능을 제공하는 서비스이다. PaaS는 애플리케이션 개발환경과 프로덕션 운영환경을 모두 제공한다. 이러한 플랫폼에는 일반적으로 고객이 자체 애플리케이션을 개발하고 운영할 수 있도록 지원하는 통합개발환경(Editor, Compiler, Builder 및 배포 메커니즘)이 포함되어 있다. 고객은 애플리케이션을 개발하고 테스트한 후 클라우드 제공자가 제공하는 인프라에 애플리케이션을 배포한다.

소비자가 PaaS 공급업체의 플랫폼에서 실행할 자체 애플리케이션을 만들고 설치하면 클라우드 공급업체가 탄력성과 확장성을 투명하게 제공한다. 소비자는 네트워크, 서버, OS 및 스토리지와 같은 기본 클라우드 인프라를 관리하거나 제어하지 않는다. 대신 고객은 배포된 애플리케이션과 애플리케이션 호스팅 환경 구성을 제어한다.

PaaS 서비스의 경우, 소비자는 데이터베이스, OS 인스턴스, 미들웨어 소프트웨어 및 기타 관련 인프라비용과 같은 플랫폼 소프트웨어 구성요소의 사용에 대해 추가비용을 지불한다.

예를 들어, 구글의 앱 엔진은 소비자들이 일련의 API를 사용하여 웹 애플리케이션을 만든 다음 구글의 인프라에서 이러한 애플리케이션을 실행할 수 있도록 해주는 PaaS 제공의 예다. 구글의 앱 엔진은 고객이 완성된 애플리케이션을 설치하거나, 구축할 새 애플리케이션이 부하가 많이 걸리더라도 데이터가 안정적으로 작동할 수 있는 플랫폼을 제공한다.

마이크로소프트는 또한 PaaS제품인 Azure Platform을 보유하고 있다. 마이크로소프트의 Azure 플랫폼은 고객이 마이크로소프트 데이터센터에서 운영될 애플리케이션을 구축, 호스팅 및 확장할 수 있도록 다양한 툴, 리소스 및 기타 기능을 제공한다. 고객 애플리케이션 개발자는 비주얼 스튜디오와 같은 친숙한 Microsoft 도구를 사용할 수 있다. NET Framework, 응용프로그램 개발에 사용된다.

(3) SaaS(Software-as-a-Service)

SaaS는 클라우드 컴퓨팅 서비스의 가장 완벽한 서비스를 제공한다. 소비자가 클라우드 서비스에서 제공되는 클라우드 인프라의 모든 애플리케이션을 사용할 수 있는 기능을 제공한다.

이렇게 제공된 애플리케이션은 표준 웹 브라우저와 같은 클라이언트 인터페이스를 통해 많은 클라이언트장치에서 액세스할 수 있다. 고객구축, 고객운영 및 고객호스팅 애플리케이션은 개발, 실행 및 유지보수에 상당한 비용이 든다. SaaS 모델에서 고객청구, 고객관계관리(CRM), 판매관리, 이메일 및 인스턴트 메시징의 애플리케이션은 모두 공급업체가 사전 구축하여 클라우드 서비스 공급자가 패키지상품 애플리케이션 서비스로 제공할 수 있다. 고객은 필요한 애플리케이션만 사용하고 해당 사용량에 대한 구독료를 지불한다. 클라우드 서비스 제공자는 필요한 인프라를 관리하고, 이러한 서비스를 지원하는 애플리케이션 도구관리 및 제어기능을 제공하며, 고객이 요구하는 사전 구축 및 패키지형 애플리케이션 제품군(CIO)을 제공한다.

SaaS 공급업체는 보유하고 있는 소프트웨어에 대한 소프트웨어 유지보수, 테스트, 업그레이드 및 문제 수리의 상당부분을 수행함으로써 고객의 노력을 크게 줄일 수 있다. SaaS 서비스를 제공하기 시작한 공급업체도 적지 않다.

5.6 클라우드 컴퓨팅 응용

클라우드 컴퓨팅은 종종 전기, 수도, 전화, 가스 다음으로 '제5의 유틸리티'로 여겨지고 있으며 이는 현재 ICT의 발전 및 클라우드 컴퓨팅분야에서 수행된 일련의 연구 등으로 가능해졌다. 클라우드 컴퓨팅의 일반적인 애플리케이션으로는 교육, 의료, 운송, 제조 등이 있다. 정상적인 컴퓨터를 사용하여 실행할 수 있는 모든 애플리케이션은 올바른 미들웨어가 채택된 경우 클라우드 컴퓨팅의 프레임워크에 의해 만족스럽게 수행될 수 있다. 클라우드시스템은 워드프로세싱에서 조직을 위한 맞춤형 비즈니스 프로그램에 이르는 다양한 프로그램을 처리할 수 있다. 특히 기업의 경우 앞으로 더 많은 클라우드의 채택이 이루어질 것이라고 보는데 그 이유는 다음과 같다.

(1) 낮은 진입비용

클라우드를 사용하면 서버장비를 주문하고 기다릴 필요가 없으며, 서버 룸, 라이선스 소프트웨어를 대여하거나 인프라를 설정할 필요가 없다. 결과적으로 클라우드에서 빅데이터를 채택하는 것은 많은 비용과 노력을 절감하는 것과 같다.

(2) 간단한 확장성

Amazon S3와 같은 서비스는 수십조 개 이상의 객체를 쉽게 확장할 수 있는 인프라를 제공한다. 반면에 자체 내의 인프라를 확장하려면 새로운 장비, 새로운 아키텍처, 코드 및 새로운 노력이 필요하다.

(3) 비용

1TB의 클라우드 개체 스토리지비용은 월 20달러로 기업이 사내 HDFS(Hadoop File System) 인프라에 지불하는 비용에 비해 유리하다.

(4) 언어의 장벽

엔터프라이즈 세그먼트에서 데이터 과학의 출현으로 인해 Python 및 R로 ML 모델을 작성하고 반복해야 할 필요성이 높아졌다. 반면에 기업 내 Hadoop 및 Spark 설정은 기본적으로 Java 및 Scala를 선호한다.

6 적층제조

6.1 적층제조의 개요

적층제조(Additive Manufacturing: AM)는 고속 시제품 제작(Rapid Prototyping: RP)이라고 불리던 것을 공식화한 용어이며, 흔히 3D 프린팅이라고 한다. RP라는 용어는 다양한 산업에서 최종출시 또는 상용화 전에 시스템 또는 부품을 신속하게 생성하는 프로세스를 설명하기 위해 사용된다. 즉 어떤 것을 빨리 만드는 것에 중점을 두고 있으며, 그 결과물은 더 많은 모델과 최종제품이 파생되는 프로토타입 또는 기본 모델이라는 것이다.

제품개발환경에서 Rapid Prototyping이라는 용어는 디지털 모델 데이터에서 직접 물리적 프로토타입을 만든 기술을 설명하는 데 널리 사용되었다. 그러나 RP기술 사용자들은 이 용어가 부적절하며 특히 최근의 응용기술을 효과적으로 설명하지 못한다는 것을 깨닫게 되었고, 현재 전 세계 대부분의 표준기관처럼 ASTM(American Society for

Testing and Materials)에 의해 적층제조라는 용어가 표준으로 사용되었다.

적층제조는 인더스트리 4.0의 필수요소 중 하나로 간주된다. 그것은 제조부문이 비전통적인 접근방식을 성공적으로 수용할 수 있도록 한다. 적층제조는 정교한 제품을 설계 및 생산하는 능력으로 인해 고도로 맞춤화된 제품을 제조하는 핵심기술이 될 것으로 예상되며 고객만족도가 가장 높은 4차 산업혁명의 기술이다. 금속 첨가제 제조는 기존의 제조된 금속부품을 대체할 수 있는 알루미늄, 티타늄, 스테인리스 스틸 등을 사용하여 다양한 유형의 금속부품을 제조할 수 있는 적층제조의 최신 추세 중 하나이다.

6.2 적층제조의 정의

적층제조 또는 직접 디지털 제조라고도 하는 3D 프린팅은 일반적으로 재료의 연속적인 얇은 층을 쌓아서 3차원 디지털 모델을 통해 물리적 물체를 만드는 프로세스이다. 재료의 연속적인 계층화는 적층제조기술을 구성한다. 따라서 직접 디지털 제조라는 용어는 제품의 디지털 청사진에서 완성된 물리적 제품으로 가는 과정에서 비롯된다. 제조업체는 3D 프린팅을 사용하여 제품 프로토타입을 제작한 후 본격적인 생산에 돌입할 수 있다. 오픈소스 및 소비자 수준의 3D 프린터는 집에서 제품을 만들 수 있도록 하여 분산 적층제조의 개념으로 발전시켜 나아가고 있다.

3D 프린팅은 이제 제조세계에 활력을 불어넣고 있다. 3D 프린팅의 개념은 찰스 헐(Charles W. Hull)이 처음 개발했고, 최초의 상업용 3D 프린팅 제품은 1988년에 출시되었으며 자동차 제조업체와 항공우주업체들 사이에서 큰 인기를 끌었다.

국제표준 ISO/ASTM 52900에서는 적층제조를 "3D 모델 데이터에서 부품을 만들기 위해 재료를 결합하는 과정"으로 정의하고 있으며, BMW는 "적층제조방식은 이미 세계적인 제조시스템의 필수요소로 활용되고 있다. 미래에는 이러한 신기술이 부품의 생산속도를 더욱 가속화할 것이며, 도구 없이도 제조할 수 있는 잠재력 덕분에 더욱 많은 혜택을 가져다줄 것이다"라고 정의하고 있다.

그림 11-7 | 적층제조의 예

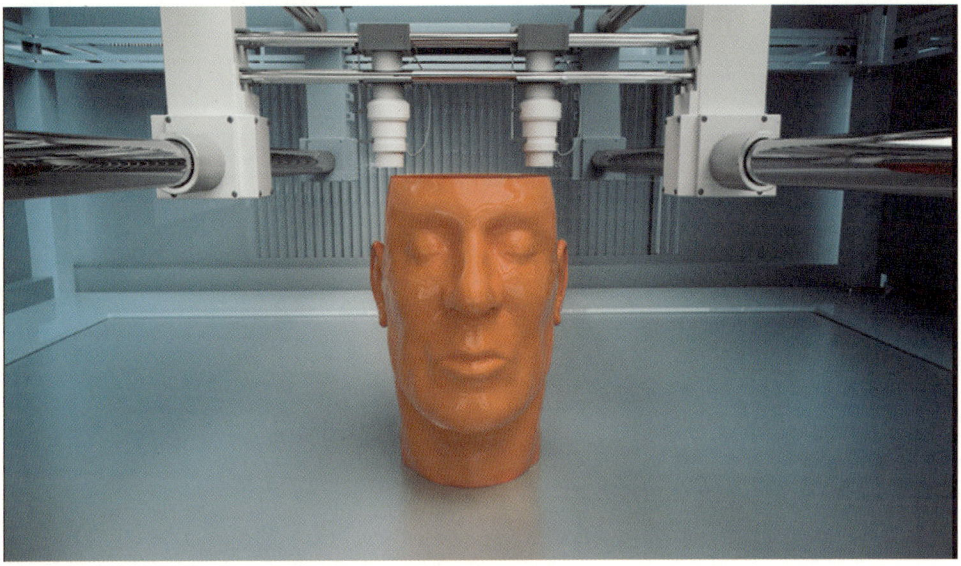

출처: https://www.wibu.com/es/revista/keynote-articles

6.3 적층제조의 기본 프로세스

오늘날 왁스, 플라스틱, 금속 등과 같은 다양한 재료를 사용하는 다양한 3DP(3D Printing)공정이 있다. 가장 널리 사용되는 적층제조(AM)공정은 SLA(Stereo Lightgraphy Apparatus; 광경화성 수조 조형), SLS(Selective Laser Sintering; 선택적 레이저 소결) 및 FDM(Fused Deposition Modeling; 응용 적층 모델링)이다.

다양한 AM공정이 있지만 거의 모든 공정은 액체, 분말 기반 또는 고체 재료를 사용하여 고체 물체를 형성하여 작동한다. 이는 이러한 모든 AM기술이 부품 생성을 위한 동일한 기본 프로세스를 따른다는 것을 의미한다.

간단히 AM이라고 하는 기술의 기본원리는 초기에는 3D CAD(Computer Aided Design)시스템을 사용하여 생성된 모델을 프로세스 계획 없이 직접 제작할 수 있었다. 비록 이것이 처음 들리는 것처럼 간단한 것은 아니지만, AM기술은 CAD 데이터에서 복잡한 3D 객체를 생성하는 과정을 상당히 단순화시킨다. 다른 제조공정에서는 부품 형상을 세심하게 분석하여 서로 다른 기능을 제작할 수 있는 순서, 사용해야 하는 도구 및 공정, 부품 완성을 위해 필요한 추가 고정장치 등을 결정해야 하지만, AM은 기본적인 치수 세부사항과 AM 기계의 작동방법 및 부품 제작에 사용되는 재료에 대한 약간의 이해만 있으면 된다.

이 기본 AM 프로세스를 좀 더 구체적으로 설명하면 다음과 같다.

① 설계의 CAD 모델을 만든다.
② CAD 모델을 STL 파일 형식으로 변환한다.
③ STL 파일을 2D 단면 레이어로 자른다.
④ 프로토타입을 실제로 제작한다.
⑤ 모델을 세척하고 마무리한다.

프로세스의 첫 번째 단계는 AutoCAD, Pro/Engineer 또는 Solid Works와 같은 CAD 소프트웨어 패키지를 사용하여 CAD 솔리드 모델을 만드는 것이다.

두 번째 단계에서는 제조할 부품의 CAD 파일이 STL 파일 형식으로 변환된다. 다양한 CAD 소프트웨어 패키지는 솔리드 객체를 나타내기 위해 서로 다른 알고리즘을 사용하기 때문에 STL 파일 포맷은 RP업계에서 사실상의 표준으로 선택되어 있다. STL 파일은 개체의 3D 표면을 평면 삼각형으로 나타낸다. STL 파일 형식은 '슬라이딩' 알고리즘에 대비하여 모든 표면을 표현하기에 가장 적합한 파일 형식이다

세 번째 단계는 모델이 생산될 3DP 기계 제조업체에서 제공하는 소프트웨어 프로그램을 사용하여 STL 파일을 '슬라이싱'하는 것이다. 전처리 소프트웨어는 STL 파일을 가져와서 사용자가 부품의 방향을 지정하고 모델의 크기와 슬라이스 두께를 조정할 수 있도록 한다. 층 두께는 기계의 성능에 따라 0.01mm에서 0.7mm까지 다양하다. 슬라이스 두께가 낮으면 프로토타입의 정확도가 향상되지만 프로토타입 제작시간도 증가한다. 또한 사전처리 소프트웨어는 모델 제작 중에 모델의 일부를 지원하는 구조를 생성할 수도 있다. 소프트웨어는 또한 프로토타입을 만드는 데 필요한 시간과 재료에 대한 정보를 제공한다.

네 번째 단계는 프로토타입의 실제 제작과정이다. STL 파일이 처리되고 저장되면 3DP시스템으로 전송된다. 3D공정의 이 부분에서 기계는 기본적으로 프로토타입을 한 번에 한 층씩 제작함으로써 프린터 역할을 한다. 대부분의 최신 3DP 기계는 초기 설정이 완료되고 인쇄 작업이 시작되면 자동으로 작동한다.

마지막 단계는 사용 전에 기계에서 부품을 제거하고 세척하는 것이다. 이 단계를 후

처리라고도 한다. 또한 감광성 재료의 후처리, 분말 재료 소결, 재료 제거 등도 포함된다. 일부 프로토타입은 표면 마감, 외관 및 내구성을 개선하기 위해 샌딩, 밀봉 또는 도장 등의 표면처리도 받는다.

6.4 적층제조의 응용

기업들은 이제 막 3D 프린팅과 같은 적층제조(AM)를 도입하기 시작했는데, 이들은 주로 개별 부품을 시제품으로 제작하고 생산하는 데 사용한다. 인더스트리 4.0과 함께 이러한 적층제조방법은 간단한 설계와 같이 시공상의 장점을 제공하는 맞춤형 제품의 작은 묶음을 생산하는 데 널리 사용될 것이다. 고성능 분산 적층제조시스템을 통해 운송 거리 및 재고량을 줄일 수 있다. 예를 들어, 항공우주회사들은 이미 적층제조를 이용하여 항공기 무게를 줄이는 새로운 디자인을 적용함으로써 티타늄과 같은 원자재비용을 낮추고 있다.

사전생산의 경우 제품개발주기가 확정되면서 제조공정에 관심이 쏠리게 된다. 이 단계에서는 제조공정에 필요한 설비, 지그 및 고정장치에 대규모 투자를 하는 것이 일반적이다. 프로세스의 이 단계에서 재료 전달, 하드웨어 구매, 도구 구매 등을 위한 복잡한 공급사슬이 만들어진다. 제조공정의 모든 측면에는 리드타임이 필요하며, 리드타임이 예상보다 길어질 경우가 많다. 이런 경우 최종제품 출시기간이 연장되면서 상당한 재정적인 손실이 발생할 것이다. 이 애플리케이션에 적층제조기술을 사용하면 다양한 방법으로 투자위험을 줄이고 리드타임을 대폭 단축하며 최종제품 출시를 위한 전체시간을 단축할 수 있다. 이 단계에서는 3D 재료의 기능적 성능이 매우 중요하다. 또한 정확성, 정밀성 및 반복성 역시 최종제품 품질을 달성하는 데 영향을 미치는 중요한 요소들이다.

디지털 제조의 경우 AM은 종종 자유롭게 제품을 제작하는 것과 연관되어 있으므로 일부 AM기술은 NC나 CNC 가공과 같은 기존 제조방법과 달리 제약 없이 사실상 무제한 형상을 만들 수 있다. 이를 통해 엔지니어 및 설계자는 제품기능 수준을 만들기 위해 설계 프로세스에서 더 많은 자유를 얻을 수 있다. 시간과 노동집약적인 기존 제조공정을 없애고 원료 폐기물을 줄임으로써 제조비용을 절감한다. 이 응용 프로그램에서 3D 프린팅된 부품은 주조 패턴과 같은 최종사용 부품 또는 제품지원요소일 수 있으므로 제조공정을 단순화하고 효율화할 수 있다. 3D기술 품질이 점점 더 향상되고 재료능력이 확장됨에 따라 더 많은 업계가 최종사용 부품에 3D 프린터를 사용하고 있다. 디지털 제조 애플리케이션의 경우, 핵심 3D 프린터 특성은 높은 정확도, 정밀도 및 반복성, 재료특성, 애플리케이션 요구사항, 부품비용 및 생산 용량을 위해 특별히 설계된 특수 페인트 재료이다.

7 증강현실과 가상현실(AR/VR)

7.1 AR/VR 개요

기술은 어제 불가능할 것이라고 생각했던 것들이 오늘은 가능해질 정도로 빠른 속도로 발전하고 있다. 가상현실(VR), 증강현실(AR) 등 최근 전개상황을 보면 가상공간과 물리적 공간을 다루는 메타버스(Metaverse)와 같은 여러 애플리케이션들이 개발되어 활용되고 있다.

VR과 AR은 개념, 사용 등에 있어 혼선이 있다. VR은 가상현실이나 비현실적인 환경을 만드는 반면, AR은 실제환경을 고려하고 그 환경에서 컴퓨터로 생성된 물체를 겹쳐 보이게 한다. VR에서 사용자들은 헤드셋을 이용해 시뮬레이션이나 컴퓨터가 만들어낸 현실에 몰입하는 한편, AR에서는 사용자가 현실세계에 있다고 생각하고 스마트폰, 헤드업기기, AR안경 등을 이용해 실제공간이나 환경의 디지털 콘텐츠를 오버레이한다. 한마디로 VR을 통해 실제공간을 가상공간으로 대체할 수 있는 것이고, AR을 사용하면 실제공간에 가상정보를 추가할 수 있다고 생각하면 된다.

7.2 AR/VR 정의

이용자들에게 몰입 경험을 제공해 주는 VR, AR, MR(Mixed Reality; 혼합현실)기술은 실감형 미디어로 통칭되며 최근에는 확장현실(Extended Reality: XR)이라고 불리기도 한다. 가상현실은 컴퓨터가 만든 가상환경 내에서 사용자의 감각정보를 확장 · 공유함으로써 현실세계에서 경험하기 어려운 상황을 실감 나게 체험할 수 있게 하는 기술이며, 증강현실은 현실세계 및 실제사물에 가상의 콘텐츠를 합성해 이용자에게 소통환경 및 정보를 제공하는 기술이다.

가상현실이 몰입형 장치를 통해 현실세계와 단절된 콘텐츠를 체험하게 해준다면, 증강현실은 실제세계와 융합된 콘텐츠를 제시한다는 점에서 구별된다. 최근에는 증강현실의 연장선상에서 가상세계와 실제세계의 결합이 더욱 자연스러워지는 혼합현실이 등장하면서 이용자의 몰입 경험을 극대화하는 기술이 개발되고 있다. 이러한 몰입 경험은 현재의 시각 기반의 가상정보범위가 오감으로 확장되고, 기기당 단일 사용자환경에서 복수의 사용자가 거리에 제약 없이 같은 가상공간을 공유하고 소통할 수 있는 다중 사용자환경으로 발전되면서 더욱 극대화될 것으로 예상된다.

7.3 AR/VR기술

가상현실과 증강현실을 구현하는 핵심기술로는 [그림 11-8]에 표현한 것처럼 우선 가상현실의 경우 몰입가시화기술, 실감 상호작용기술, 가상현실 환경생성 및 시뮬레이션기술을 꼽을 수 있으며, 증강현실의 경우 실세와 가싱의 이미지가 서로 합성되어 3차원 실제공간에 정합되고 실시간 인터랙션이 가능해야 하기 때문에 센싱 및 트래킹기술, 영상합성기술, 실시간 증강현실 상호작용기술을 핵심기술로 꼽을 수 있다.

증강현실은 "무언가의 그림에 디지털 정보를 추가하는 기술을 사용하여 생성된 현실의 개선된 버전"으로 알려져 있으며 간단히 'AR'이라고 쓴다. 증강현실기술은 카메라를 통해 스마트폰 및 태블릿용 애플리케이션에 사용되어 실제세계 모습을 사용자 앞에 표시한 다음 해당 모습 또는 모습 위에 텍스트나 이미지를 포함한 정보 레이어를 배치할 수 있다.

그림 11-8 | AR/VR의 대표 기술들

출처: 디지털타임즈, "가상현실 · 증강현실을 만드는 대표 기술", 2018.2.7. 재구성

7.4 AR/VR 특징

7.4.1 AR의 특징

물리적 세계에 대한 '증강된 관점(Augmented View)'의 개념은 1901년에 처음 시작되었다([그림 11-9] 참조). 작가인 라이언 프랭크 바움(L. Frank Baum)은 전광판 · 광경에 대한 아이디어를 소개했다. 1957년에서 1962년 사이에, 영화 촬영가인 모턴 하일리그(Morton Heilig)는 시각, 소리, 진동 그리고 후각효과를 내기 위해 센소라마(Sensorama)라는 시뮬레이터의 아이디어를 만들었다. 게다가 텍스트와 그래픽을 갖춘 최초의 웨어러블 컴퓨터는 스티브 만(Steve Mann)에 의해 만들어졌다. 망원경을 통해 천체와 실제 하늘 이미지를 연구하기 위해 더글러스 조지(Douglas George)와 로버트 모리스(Robert Morris)는 1987년에 헤드업 디스플레이(HUD)의 원형을 설계했고, 설계

그림 11-9 | AR의 역사

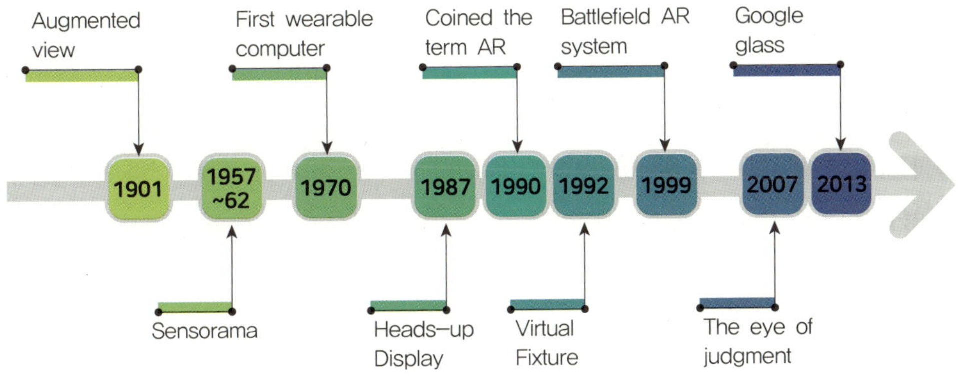

된 천문 망원경 기반 HUD는 AR의 전신으로 알려져 있다. 보잉사의 연구원인 토머스 코델(Tomas P. Caudell)은 증강현실이라는 용어를 만들었다. 그러나 최초의 기능하는 AR시스템인 Virtual Fixtings는 1992년 루이스 로젠버그(Louis Rosenberg)에 의해 미국 공군연구소에서 설계되었다. 또한 1999년 미국 해군연구소는 웨어러블시스템을 사용하여 인식과 훈련을 제공하기 위해 전장 증상현실시스템(BARS)이라는 프로토타입을 개발하였다

AR기술은 다양한 산업, 특히 위험물질과 작업환경을 다루는 산업 종사자에게 안전 교육을 제공하기 위해 널리 사용된다. 또한 1차 단계에서 프로세스를 최적화하기 위해 AR기술을 활용하여 프로세스를 시뮬레이션하고 설계한다. 따라서 AR은 중요한 역할을 하며 인더스트리 4.0 및 IIoT에서 광범위하게 적용된다. AR의 주요 특징은 다음과 같다.

- AR은 혼합현실 스펙트럼에 대한 인식을 생성한다.
- AR은 청각, 촉각, 감지, 후각, 및 시각의 여러 감각 양식을 사용하여 실제세계를 더 잘 볼 수 있도록 한다.
- 다중 감각 양식의 활용은 실제환경에 몰입하는 효과를 만든다.
- AR은 기존의 물리적 환경을 활용하고 그 위에 추가적인 유용한 정보를 추가한다.

7.4.2 VR의 특징

모던 하일리그는 1950년에 향상된 관점의 개념을 제안했다. 1962년 작가는 '센소라

마'라는 이름의 기계적인 원형을 고안했는데, 이 원형은 그의 다섯 편의 단편영화에서 다양한 감각(시력, 소리, 냄새, 촉각)을 활용했다. 1968년 미국의 컴퓨터 과학자 이반 서덜랜드(Ivan Sutherland)는 그의 제자 밥 스프롤(Bob Sproull)의 도움으로 최초의 헤드 마운트 디스플레이(Head Mounted Display: HMD)를 만들었다. 이반은 '컴퓨터 그래픽의 아버지'로도 알려져 있다. 그에 의해 개발된 이 장치의 이름은 '다모클레스의 칼'이었다. 1970년부터 1990년까지 VR은 의료 시뮬레이션, 비행 시뮬레이션, 자동차 설계 및 군사 훈련목적으로 널리 사용되었다.

가상현실이라는 용어는 1987년 미국의 철학자이자 과학자인 재런 러니어(Jaron Lanier)에 의해 만들어졌다. 데이비드 이엠(David EM)은 1977년부터 1984년까지 NASA 제트추진연구소(JPL)에서 항해 가능한 가상세계를 제작한 최초의 예술가였다. 에릭 하울렛(Eric Howlett)은 1979년에 LEEP(Large Expanse Extra Perspective) 광학시스템을 설계했다. 그의 시스템은 넓은 시야를 가진 입체영상을 만들어냈다. LEEP는 사진과 VR시스템에 널리 적용된다. 1991년, 최초의 입방형 몰입형 객실인 CAVE(Cave Automatic Virtual Environment)는 카롤리나 크루즈-네이라(Carolina Cruz-Neira), 다니넬 산딘(Daniel J. Sandin), 토머스 드판티(Thomas A. Defanti)에 의해 개발되었다. 또한 프로젝션 맵핑을 제공하기 위해 예술가, 발명가, 학자인 마이클 나이마크(Michael Naimark)가 구글의 최초의 '레지던트 아티스트'로 임명되었다. 간단한 VR의 역사는 [그림 11-10]과 같이 표현할 수 있다.

그림 11-10 | VR의 역사

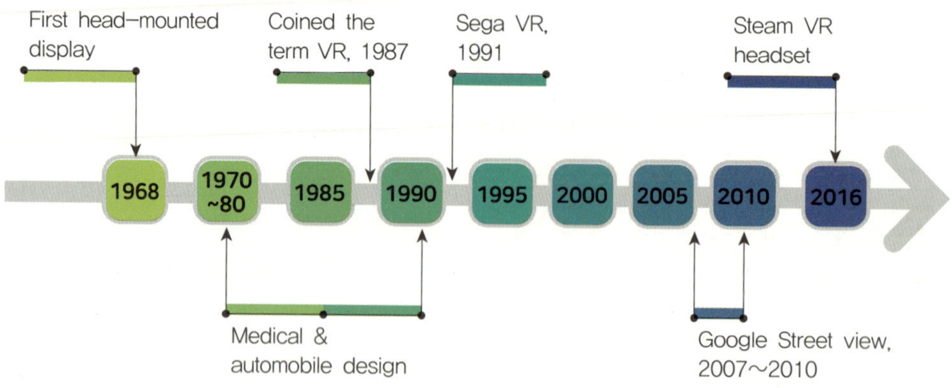

VR의 다양한 구성요소는 마우스, 조이스틱, 추적 볼, HMD, 콘솔 또는 개인용 컴퓨터와 같은 입력장치이다. 인더스트리 4.0 및 IIoT 시나리오에서 VR 기반 기술은 사용자가 실제 경험을 얻기 위해 널리 사용된다. VR의 주요 특징은 다음과 같다.

- VR은 컴퓨터 생성 그래픽을 생성 및 개선한다.
- VR은 사용자에게 비물리적 세계에 물리적으로 존재한다는 인식을 제공한다.
- 청각 및 시각 감각 피드백은 사용자에게 완전히 몰입된 경험을 제공하기 위해 통합된다.

7.5 AR/VR 응용

7.5.1 AR의 응용

엔지니어링 기반의 제조업에서는 현실세계를 바탕으로 한 정보의 시각화라는 증강현실기술의 특성이 주목받고 있다. 작업자에게 데이터를 제공하여 조립, 수리, 검증, 모니터링, 품질관리 및 교육분야에 적용되어 생산성과 업무효율을 높이는 데 활용될 전망이다. 대표적으로 마이크로소프트의 홀로렌즈(HoloLens)는 HMD를 통해 반투명 디스플레이를 통해 증강현실 영상이 사용자환경과 상호작용하여 재생이 가능하게 해주며 이용자는 손동작을 통해 증강현실 영상을 조작할 수 있다.

또 다른 예로 구글 글래스 기업용 버전인 Google Glass Enterprise Edition은 한쪽 눈에 정보를 제공하는 단안식 프로젝션 디스플레이를 탑재하여 산업현장에서 활용될 것으로 주목받고 있으며, 농업용 장비제조사 AGCO, 물류기업, 자동차제조사, 방위산업체 등 다양한 산업체에서 이미 증강현실기술을 활용하기 시작하였다.

증강현실 기반 시스템은 창고에서 부품을 선택하고, 모바일기기를 통해 수리지침을 보내는 등 다양한 서비스를 지원한다. 이러한 시스템은 현재 초기단계에 있지만, 미래에는 기업들이 증강현실을 훨씬 더 광범위하게 사용하여 근로자들에게 의사결정과 업무절차를 개선하기 위한 실시간 정보를 제공할 것이다.

예를 들어, 작업자는 수리가 필요한 실제시스템을 보고 있을 때 특정 부품을 교체하는 방법에 대한 지침을 받을 수 있다. 이 정보는 증강현실 안경과 같은 장치를 사용하여 시야에 직접 표시할 수 있다.

▶ 그림 11-11 | AR/VR의 응용

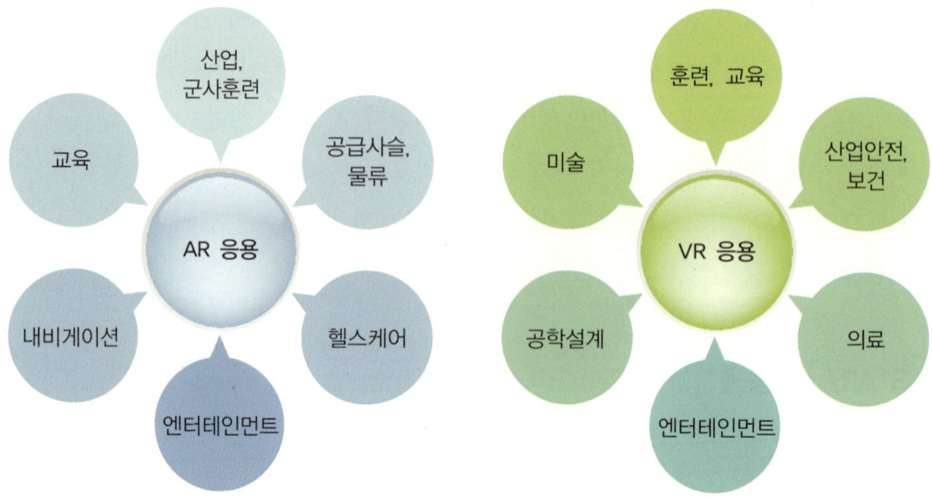

7.5.2 VR의 응용

VR은 '컴퓨터기술을 사용하여 시뮬레이션 환경 만들기'로 알려져 있으며 문자 'VR'로 상징된다. VR 콘셉트는 이전의 현실과는 완전히 다른 현실을 보여준다. VR은 움직이는 장면과 같은 인공적인 것일 수도 있고, 촬영되어 가상현실 애플리케이션에 포함된 물리적인 장소일 수도 있다. 마치 물리적으로 거기에 있는 것처럼 위아래, 옆, 뒤 등 모든 방향으로 움직이고 검색할 수 있다. 가상현실 애플리케이션을 사용하면 에베레스트산 정상 또는 심해 해저지역과 같이 방문할 수 없거나 방문한 적이 없는 장소를 탐험할 수 있다.

다른 애플리케이션은 가상훈련이다. Siemens는 COMOS 소프트웨어에 대한 가상 플랜트 운영자 훈련방법을 개발했다. 이 모듈은 증강현실 안경을 사용하는 현실적인 데이터 기반 3D환경을 사용하여 플랜트 직원을 비상사태에 대처하도록 훈련시킨다. 이 가상세계에서 운영자는 사이버 표현을 클릭함으로써 기계와 상호작용하는 법을 배울 수 있다. 또한 매개변수를 변경하고 운영 데이터와 유지보수지침을 검색할 수 있다.

향후 혼합현실기술로의 확장과 기업들의 증강·혼합현실기술을 통해 업무효율 및 생산성을 높이고자 하는 영역은 더욱 확대될 것으로 기대되며 이는 산업의 혁신을 가속화하는 핵심기술로 자리잡을 전망이다.

8 요소기술의 통합: 시뮬레이션

8.1 사이버 물리시스템(CPS) 및 디지털 트윈

CPS는 스마트 생산시스템, 스토리지시설, 공급업체조직, 최종수요 지점을 개인맞춤화하는 산업 비즈니스 프로세스 및 네트워크 플랫폼이다. CPS에는 스마트머신, 프로세스, 공장 및 스토리지시스템이 포함되어 있어 정보를 자율적으로 교환하고 장비·설비의 실행, 재고보충, 재공품 및 제품 주문 및 이동과 같은 필요한 조치를 취할 수 있다. CPS의 또 다른 정의는 기계, 전자 및 소프트웨어의 결합에 관한 것으로 데이터 교환매체를 통해 통신할 수 있는 기계 및 전자장치와의 소프트웨어 결합으로 볼 수 있다.

디지털 트윈(Digital Twin)은 CPS의 소프트웨어부분을 제어하는 용어로 사용된다. CPS에서 물리적 장치는 실시간으로 이러한 장치와 통신할 수 있는 소프트웨어 복제본에 의해 제어될 수 있는데, 예를 들어 디지털 트윈의 버튼은 기계를 켜고 끌 수 있다.

디지털 트윈은 제어장치뿐만 아니라 장치에서 수집된 데이터를 처리하는 데도 사용된다. 디지털 트윈은 실시간으로 동작할 수 있을 뿐만 아니라 동작의 효과를 예측할 수 있다. CPS에서 디지털 트윈의 역할은 가상환경에서 시뮬레이션하고 해당 작업의 가능한 결과를 예측하는 것이다.

이때 인공지능(AI)은 조치를 취하기 전에 위험을 인지하고 올바른 결정을 내린다.

그림 11-12 | 사이버 물리시스템 및 시뮬레이션

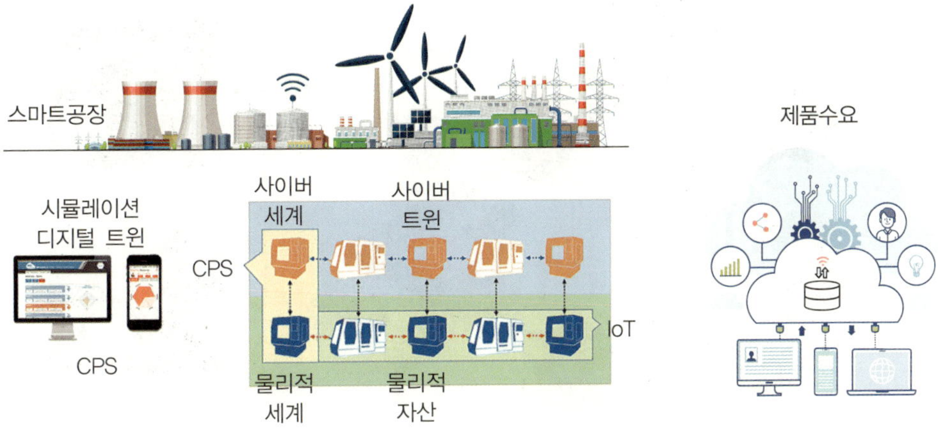

8.2 증강현실 · 가상현실(AR/VR)

AR은 제조시설에서 3D 관점으로 현장의 모습을 볼 수 있게 함으로써 각 기계의 병목현상에 대한 원인을 찾고 문제를 해결하는 데 도움을 줄 수 있을 뿐만 아니라 더 나은 제조 방향을 결정하고자 하는 의사결정자그룹에 많은 도움을 줄 수 있다. 또한 AR이 히스토그램이나 원차트와 같은 전통적인 시각화도구보다 더 나은 설득력을 제공하며, 또한 AR은 훈련, 협업, 생산계획에서도 효율적으로 사용될 수 있다.

VR(가상현실)에서 사용자는 컴퓨터 생성 그래픽으로 구성된 가상세계를 시각적으로 감지하고 가상 객체와 상호작용할 수 있게 한다. 사용자는 2D 화면에서 가상 객체를 관찰하는 대신 3D세계의 감각을 느낄 수 있다.

[그림 11-13]에 표시된 것처럼 AR/VR은 CPS의 일부이다. 현재는 옵션 사양으로 간주되지만, 앞으로는 CPS에 필수사항이 될 것이다. VR을 사용하면 시뮬레이션된 세계를 더 잘 이해할 수 있어, 사용자가 물리적 세계를 변화시키는 데 많은 도움을 얻을 수 있다. VR에서 '충실도(Fidelity)'는 해결해야 할 문제이다. 사실 'Fidelity' 문제는 AR로 해결된다. AR에서 컴퓨터 그래픽은 실제세계의 객체들에 의해 지원되며 필요한 사이

그림 11-13 | 스마트공장에서 증강현실(AR)과 가상현실(VR) 적용

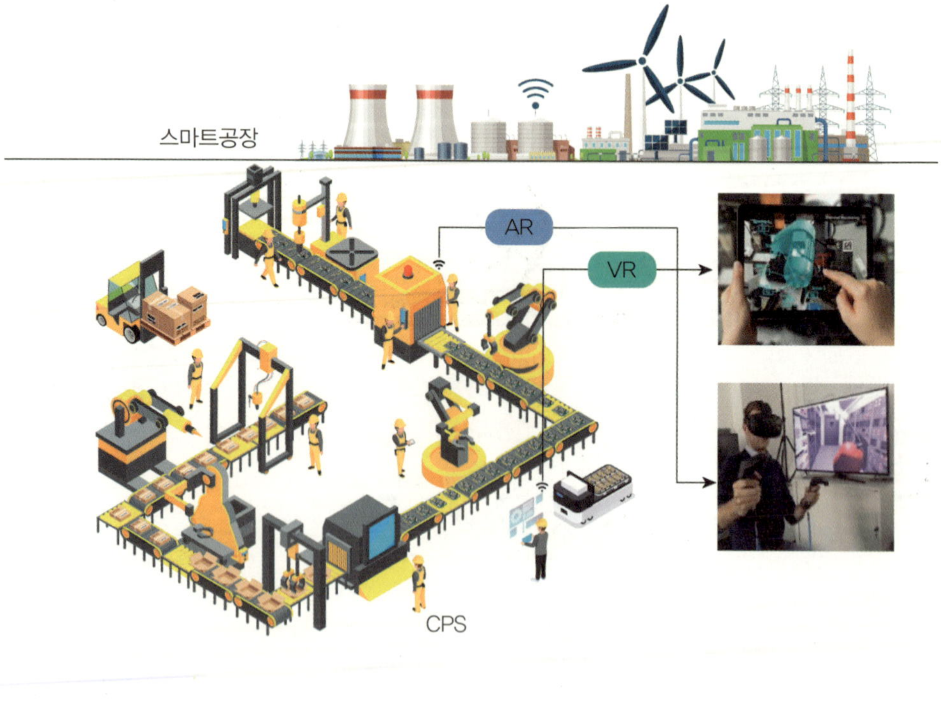

버, 시각적 객체들만이 생성된다.

만약 실제 물리적 세계와 상호작용할 수 있는 능력을 가진 높은 충실도의 VR시스템을 가지고 있다면, 우리는 AR이 필요하지 않을 것이라고 추측할 수 있다.

8.3 클라우드, 빅데이터분석 및 시뮬레이션 입력

가상모델, 즉 시뮬레이션에 해당하는 모델을 만들기 위해서는 시스템에 관한 많은 데이터가 필요하다. 이러한 요구사항은 현재상황을 최대한 반영하여 모델을 현실적으로 만들 필요가 있기 때문이다.

데이터 수집 작업은 센서, IoT와 같은 기술을 사용하여 수행된다. 그러나 데이터 수집의 표준화가 가장 큰 문제인데, 이를 위해 시뮬레이션 상호 운용성 표준기구와 같은 기관에서 연구가 진행되고 있다.

시뮬레이션을 사용하면 진단, 예측 및 규범분석을 위한 데이터를 분석할 수 있다. 제조시스템에서 발생률을 진단하고 이러한 현상이 발생한 이유를 이해하기 위해 시뮬레이션 모델을 사용한 민감도분석을 통해 궁금한 사항에 대한 예상결과를 알아볼 수 있다. 즉 시스템 변경의 영향을 예측하고 이 변경의 원인이 무엇인지 추정하기 위해 모델은 변경사항을 시뮬레이션하고 어떤 일이 일어날지 알 수 있다. 데이터분석에서 얻을 수 있는 이점을 개선하기 위해 시뮬레이션 모델은 'What-If' 시나리오를 실행하고 많은 대안 솔루션을 평가할 수 있다.

8.4 사물인터넷(IoT) 및 연결설계

IoT는 사물들이 서로 그리고 인간과 소통하도록 만든다. 사물인터넷(IoT), 산업사물인터넷(IIoT), 사물지능통신(M2M), 사이버 물리시스템(CPS) 등 관련 용어가 많지만, 인더스트리 4.0 맥락에서 'IoT'에 대한 공감대가 형성되어 있는 것으로 보인다. 제조 기계, 트랜스포터, 스토리지시스템 및 제품까지도 IoT기술로 정보를 주고받을 수 있다. IoT는 사물 측정에 필요한 자원과 프로세스의 실시간 데이터를 제공한다.

우리는 장비, 원자재, 공급업체의 제품, 인력을 포함한 제조자산을 추적할 수 있다. 이 귀중한 데이터는 사물을 보다 효율적으로 활용하는 데 사용될 수 있다. 사물인터넷은 사물들이 더 똑똑해지도록 도와준다. 임베디드 센서가 장착된 기계는 자신의 부품을 인식할 수 있으며 유지보수가 필요한 시기를 예측할 수 있다. 이를 통해 제조업체는 예방적 유지보수가 아닌 예측적 유지보수를 수행할 수 있다. 창고에 저장된 원료를 추적할 수 있으며, 원료가 소진되면 공급업체로부터 새로운 주문을 받을 수 있다. 자체 주문 공급시스템은 IoT기술로 가능하다. 공장의 생산라인에 있는 제품도 스스로 인지할 수 있고 똑똑할 수 있다. 제품은 자신에게 부족한 부분이 있는지 여부를 질문할 수 있으며, 누락된 부품을 완성하거나 생산라인에서 작업의 순서를 제어하는 데 도움이 되도록 공정관리부서에 요청할 수 있다.

시뮬레이션은 IoT기술을 설계하고 구현하는 데 사용될 수 있다. 공장에서 IoT를 사용할 경우 예상되는 이점은 시뮬레이션 모델링을 사용하여 테스트할 수 있다. IoT가 있는 공장과 없는 공장의 시뮬레이션 모델은 두 세계 간의 차이를 보여주고 투자결정에 도움을 줄 수 있다. 시뮬레이션 모델은 확장 가능하므로 부분 IoT 구현도 시뮬레이션을 통해 평가할 수 있다. 예를 들어, "창고에서 완제품을 추적하면 어떤 이점을 얻을 수 있는가"와 같은 질문은 시뮬레이션을 통해 답할 수 있다.

8.5 적층제조 및 제품설계

적층제조(AM)는 층을 이루는 재료층을 추가하여 3D 물체를 만드는 데 사용되는 일반적인 용어이지만, 새로운 제조방법이다. AM은 대부분 3D 프린팅으로 알려져 있다. 오늘날 3D 프린터에 사용되는 재료는 일반적으로 용해, 형상화 및 냉각이 가능한 플라스틱의 한 종류이다. 소재가 녹으면 반액화 소재가 표면 위에 제어된 방식으로 놓여진다. 객체와 객체를 형상화하기 위한 레이어링장치를 설계하는 CAD 소프트웨어를 사용한다. 오늘날 AM에 사용되는 다양한 금속 재료도 볼 수 있는데, AM의 미래는 기존 제조에서 사용되는 재료와 경쟁할 수 있는 새로운 복합 재료의 개발에 관한 것이다.

AM에서의 시뮬레이션은 설계단계와 제조 전 단계에서 이루어진다. [그림 11-14]와 같이 제조 대상 물체의 설계는 CAD 소프트웨어를 사용하여 수행하고, 객체가 제품의 구성요소인 경우, 이동영역 및 조립상태와 같은 객체의 메커니즘을 CAD 소프트웨어에서 시뮬레이션할 수 있다. 제조 전 단계에서 3D 프린터 소프트웨어는 재료 손실을 방지하고 안정성을 테스트하기 위해 인쇄 작업과 레이어 형성과정을 시뮬레이션한다.

그림 11-14 | 적층제조 및 시뮬레이션

연습 문제

〈객관식〉

01 빅데이터의 특징 중 3V에 해당하지 않는 것은?

① volume ② variety

③ velocity ④ value

02 로봇의 3대 패러다임이 아닌 것은?

① 감지 ② 대화

③ 사고 ④ 행동

03 정보 보안의 특징이 아닌 것은?

① 활용성 ② 기밀성

③ 무결성 ④ 가용성

04 개발 도구, 인프라, 운영체제를 포함한 애플리케이션 구축에 필요한 모든 것을 인터넷을 통해 제공하는 서비스는?

① IaaS ② SaaS

③ PaaS ④ FaaS

05 가상현실의 핵심기술은?

① 센싱 및 트래킹 ② 영상합성

③ 몰입가시화 ④ 실시간 증강현실 상호작용기술

객관식 해답

01 ④ **02** ② **03** ① **04** ③ **05** ③

〈주관식〉

01 AR의 주요 특징을 설명하시오.

02 AM(적층제조)의 기본 프로세스를 설명하시오.

03 클라우드 서비스 종류에는 어떤 것들이 있는지 기술하시오.

04 사이버 보안의 종류에 대해 설명하시오.

05 8대 로봇 유망 유망분야에 대해 설명하시오.

참고문헌

정보통신기획평가원, "디지털 전환의 핵심, 디지털트윈", ICT SPOT ISSUE(2019-26), 2019.12.

정보통신기획평가원, "주요국의 디지털 트윈 추진 동향과 시사점", S&T GPS(160호), 2020.2.

한국전자통신연구원 지능화융합연구소, '디지털 트윈 기술보고서', 2021.1.

Andreas Kamilaris, Volker Wohlgemuth, Kostas Karatzas, Ioannis N. Athanasiadis, *Advances and New Trends in Environmental Informatics: Digital Twins for Sustainability*, Springer, 2021.

Benjamin Schleich, N. Anwer, L. Mathieu, S. Wartzack, "Shaping the digital twin for design and production engineering", *CIRP Annals*, 66(1), 2017.

Christian Weber, J. Königsberger, L. Kassner, B. Mitschang, "M2DDM—a maturity model for data-driven manufacturing", *Procedia CIRP*, 63, 2017.

Cunbo Zhuang, J. Liu, H. Xiong, "Digital twin-based smart production management and control framework for the complex product assembly shop-floor", *The International Journal of Advanced Manufacturing Technology*, 96(14), 2018.

Elisa Negri, L. Fumagalli, M. Macchi, "A review of the roles of digital twin in CPS based production systems", *Procedia Manufacturing*. 11, 2017.

Eric J. Tuegel, A. R. Ingraffea, T. G. Eason, S. M. Spottswood, "Reengineering aircraft structural life prediction using a digital twin", *International Journal of Aerospace Engineering*, 2011.

Fei Tao, J. Cheng, Q. Qi, M. Zhang, H. Zhang, F. Sui, "Digital twin-driven product design, manufacturing and service with big data", *The International Journal of Advanced Manufacturing Technology*, 94(912), 2018.

Fei Tao, Meng Zhang, A. Y. C. Nee, *Digital Twin Driven Smart Manufacturing*, Academic Press, 2019.

Gerald L. Knapp, T. Mukherjee, J. S. Zuback, H. L. Wei, T. A. Palmer, A. De, et al., "Building blocks for a digital twin of additive manufacturing", *Acta Mater*, 135, 2017.

Kazi M. Alam, A. El Saddik, 'C2PS: A Digital Twin Architecture Reference Model for the Cloud-Based Cyber-Physical Systems,' IEEE Access 5, 2017.

Maryam Farsi, A. Daneshkhah, A. Hosseinian-F. Hamid Jahankhani, *Digital Twin Technologies and Smart Cities*, Springer, 2020.

Michele Ciavotta, M. Alge, S. Menato, D. Rovere, P. Pedrazzoli, "A microservice-based middleware for the digital factory", *Procedia Manufacturing*, 11, 2017.

Stefan Boschert, Roland Rosen, "Digital Twin—The Simulation Aspect", *Mechatronic Futures*, Springer, 2016.

Zheng Liu, N. Meyendorf, N. Mrad, "The role of data fusion in predictive maintenance using digital twin", *AIP Conference Proceedings*, vol.1949, 2018.

http://iot.altair.com/

http://www.apriso.com/library/Whitepaper_Dr_Grieves_DigitalTwin_Manufacturing_Excellence.php

http://www.digitaleng.news/de/digital-twins-land-a-role-in-product-design/

http://www.infosysblogs.com/finspeak/2017/03/digital_twins_manufacturing_em.html

http://www.rfidjournal.com/articles/view?17421

https://info.microsoft.com/rs/157-GQE-382/images/Microsoft%27s%20Digital%20Twin%20%27How-To%27%20Whitepaper.pdf.

https://raconteur.uberflip.com/i/839998-product-lifecycle-management-special-report/2

https://www.ansys.com/-/media/ansys/corporate/resourcelibrary/article/ansys-advantage-digital-twinaa-v11-i1.pdf

https://www.bsquare.com/blog/a-new-take-on-the-digital-twin/

https://www.dnvgl.com/software/digital-asset-ecosystem/digital-twin.html

https://www.dr-hempel-network.com/digital-health-technolgy/digital-twins-in-healthcare/

https://www.gartner.com/smarterwithgartner/gartners-top-10-technologytrends-2017/

https://www.gartner.com/smarterwithgartner/gartner-top-10-strategic-technology-trends-for-2018/

https://www.ge.com/digital/predix/digitaltwin

https://www.ibm.com/internet-of-things/spotlight/digital-twin

https://www.innovation4.cn/library/r19539

https://www.intellectsoft.net/blog/advanced-imagingalgorithms-for-digital-twin-reconstruction

https://www.plm.automation.siemens.com/global/zh/our-story/glossary/digital-twin/24465

https://www.ptc.com/en/digitaltransformation/service/digital-twin-service

https://www.sim-ci.com/digital-twincities/

https://www.tibco.com/blog/2017/01/30/doubling-efficiency-with-digital-twins/

https://www.twinthread.com/2017/05/11/what-is-a-digital-twin/

https://www.zdnet.com/article/the-rise-of-the-digital-twin-whythe-enterprise-needs-to-take-notice/

https://www2.deloitte.com/cn/en/pages/consumer-industrial-products/articles/industry-4-0-and-the-digital-twin.html

CHAPTER 12

사물인터넷과 비즈니스 모델

1 IoT

1.1 IoT 개요

오늘날 인더스트리 4.0의 제조 및 생산환경은 대부분 빠르게 변화하는 프로세스, 짧은 개발기간, 갑작스러운 기술적 진화와 개별 수요 및 맞춤형 제품에 대한 필요성을 특징으로 한다. 결과적으로 인더스트리 4.0을 발전시키는 데 필요한 미래 기술과 역량에 대해서도 상당한 변화가 사회와 기업에서 일어나고 있다.

컴퓨터와 연결되기 시작한 인터넷 네트워크는 이제 차량, 가정, 의료, 도시, 산업 등과 같은 스마트기기와 통신할 수 있게 되었다. 스마트시티, 주택, 에너지, 교통, 그리고 다른 많은 지능형 서비스분야를 창출하는 새로운 환경이 만들어졌다. IoT라는 용어는 인터넷만으로 설명할 수 없으며, 오히려 인간의 행동 없이 디지털로 관리 및 제어될 수 있는 독립 통신 네트워크라고 할 수 있다.

IoT의 기본 역할은 실제장치와 애플리케이션 간에 자율적이고 안전한 네트워크 연결을 만드는 것이다. 디지털기기의 역할을 강화하여 실제와 가상의 세계 간의 연결고리를 구축한다. IoT는 센서, 통신장치, 처리장치, 서비스장치, 보안제어장치 등과 같은 여러 장치로 구성되며, 클라우드 의사결정 및 작업 지향 시스템을 갖추고 있다

IoT가 교통, 의료 및 스마트홈에 영향을 미치는 반면, IIoT는 특히 산업환경을 가리킨다. IIoT는 인텔리전트 머신과 자율 머신, 고급 예측분석, 머신-휴먼 협업을 결합하여 생산성, 효율성 및 신뢰성을 향상시키는 새로운 산업생태계이다. 스마트하고 연결된 임베디드시스템과 제품이 더 큰 시스템의 일부로 작동하는 세상을 가져오고 있다.

IIoT는 이미 이전보다 훨씬 더 많은 양의 데이터, 훨씬 더 빠른 속도, 훨씬 더 효율적인 데이터 수집 및 접근성을 가능하게 함으로써 제조에 혁신을 일으키고 있다. 일부 혁신 기업들은 공장에서 지능적이고 연결된 장치를 활용하여 IIoT를 구현하기 시작했다.

사물인터넷의 원동력은 실시간 데이터를 정확하고 지속적으로 캡처하고 전달하는 데 있어 스마트머신이 인간보다 뛰어나다는 것이다. 이 데이터를 통해 기업은 비효율성과 문제를 훨씬 더 빨리 해결할 수 있으므로 시간과 비용을 절감하고 비즈니스 인텔리전스를 지원할 수 있다. 스마트센서기술, 로봇 및 자동화, 증강가상현실, 빅데이터분석, 클라우드 통합, 소프트웨어 애플리케이션, 모바일, 저전력 하드웨어장치 등의 확장성도 산업인터넷의 주요 원동력이다.

1.2 IoT 정의

IoT는 일상생활과 인터넷을 연결하는 혁신적인 기술이다. 그러나 종종 사물지능통신(M2M), CPS(사이버 물리시스템)과 사물인터넷(IoT)이 동의어로 사용되곤 한다. 이것은 각각의 고유한 특성, 기능, 설계 및 구현 요구사항에 대한 오해로 발생한다. M2M 및 IoT기술은 모두 데이터 전송을 구동하는 데이터 공유 및 링크와 관련이 있지만, 서로 차이가 있다. 즉 IoT는 인터넷에 연결되는 장치의 네트워크인 반면, M2M은 두 개 이상의 전자장치지원시스템(또는 기계 또는 장치) 간에 자동화된 방법으로 통신하는 공정을 말한다.

표 12-1 사물통신과 사물인터넷 비교

구분	사물통신 (RFID/USN, M2M)	사물인터넷 (IoT)
통신 · 네트워크	사물통신을 위한 목적망 (근거리망, 이동망 등)	자율화서비스를 위한 초연결망 (근거리망, 이동망, 저전력 · 장거리망 등)
디바이스 구성형태	RFID · 센서 중심	센서, 액추에이터 등 실제사물과 데이터와 프로세스 등을 포함한 가상 사물
사물의 구동 수준	수동적(단순 정보수집)	자율적(자율 판단하는 지능 보유)
서비스 플랫폼	모니터링 정보처리	의미 기반 모니터링 및 자율 제어
사물 연결 규모	수천만 개의 사물	수백억 개 이상의 사물
서비스 적용성	수직적 대응서비스 제공	즉시적 맞춤식 · 지능화 서비스 제공

출처: 정부사물인터넷 도입 가이드라인, p.4

그림 12-1 | IoT의 개념

IoT가 이동통신망을 이용하여 사람과 사물, 사물과 사물 간 지능통신을 할 수 있는 M2M 개념을 인터넷으로 확장, 사물은 물론 현실과 가상세계의 정보와 상호작용하는 개념이라면 CPS는 사이버 세계와 물리적 세계의 통합시스템으로 사물들이 서로 소통하며 자동적, 지능적으로 제어되는 시스템으로 연산, 통신, 제어가 결합되고 융합된 복합시스템의 성격과 와해성(disruptive) 기술의 특성을 창출하는 것으로 이해하면 된다.

표 12-2 CPS와 사물인터넷 비교

CPS	IoT
CPS라는 용어는 일반적으로 엔지니어링 커뮤니티에서 IoT보다 선호된다. 임베디드 시스템을 사용하는 컴퓨터 과학자들도 이 용어를 사용했다.	IoT라는 용어는 네트워크 및 통신 커뮤니티와 차세대 네트워크 및 미래 인터넷 발전 분야에서 연구를 수행하는 컴퓨터 과학자들에 의해 CPS보다 선호되는 경우가 많다.
미국에서는 CPS 용어가 IoT보다 선호된다.	유럽연합에서는 IoT라는 용어가 CPS보다 선호된다.
CPS는 시스템으로 간주된다.	IoT는 인터넷상에서 디바이스로 간주된다.
효과적이고 신뢰성이 높고 정확하며 실시간 제어 시스템의 개발이 CPS의 주요 목표이다.	서비스 품질(QoS) 네트워크를 통한 빅데이터 수집, 스토리지, 관리, 분석 및 공유가 IoT의 주요 목표이다.

다양한 이해관계자들은 IoT를 그들의 관점과 사업영역에 따라 〈표 12-3〉과 같이 다른 방식으로 정의했다.

▌표 12-3 ▌IoT 정의

기관	정의
전자전기공학연구원 (IEEE)	모든 사물이 인터넷에서 대표성과 존재감을 갖는 틀이다. 좀 더 구체적으로 IoT는 물리적 환경과 가상환경을 연결하는 새로운 애플리케이션과 서비스를 제공하는 것을 목표로 하고 있으며, 여기서 M2M(Machine-to- Machine)통신은 클라우드에서 사물 및 애플리케이션 간의 상호작용을 가능하게 하는 기본통신을 나타낸다.
OASIS 선진화 기구	유비쿼터스 센서를 통해 인터넷이 물리적 세계와 연결되는 시스템을 의미한다.
국립표준기술연구원 (NIST)	사이버 물리시스템(CPS)-IoT(Internet of Things)라고 부르기도 하는데, 교통, 에너지, 제조 및 의료와 같은 다양한 분야의 스마트기기 및 시스템을 근본적으로 새로운 방식으로 연결하는 것이 포함된다. '스마트시티/커뮤니티'는 운영의 효율성과 지속 가능성을 높이고 삶의 질을 높이기 위해 CPS/IoT기술을 채택하는 사례가 늘고 있다.
국제표준기구 (ISO)	물체, 사람, 시스템, 정보자원이 지능형 서비스와 함께 상호 연결된 인프라로 물리적, 가상세계의 정보를 처리하고 대응할 수 있다.
국제전기통신연합 (ITU)	이용 가능한 통신기술을 이용하여 우리 주변의 물리적 실체와 가상 실체를 상호 연결함으로써 네트워크와 통신서비스를 제공할 정보 커뮤니티를 위한 글로벌 인프라를 대표한다.
IETF(Internet Engineering Task Force)	콘텍스트에 기반한 원활한 통신과 서비스를 제공하기 위해 우리를 둘러싼 모든 가용 객체를 연결할 것이다. IoT의 주요 구성요소는 유비쿼터스 컴퓨팅의 개념을 가능하게 하는 RFIS 태그, 센서 노드, 스마트기기들이다.
Dorsemaine 외	연결된 개체를 상호 연결하고 해당 개체의 관리, 데이터마이닝 및 생성된 데이터에 대한 액세스를 허용하는 인프라 그룹을 의미한다.
Chen	'기계 간 통신'으로 정의되며, 인터넷을 통해 물리적 단어와 정보 단어를 병합한다.
Botterman	지능형 인터페이스를 활용해 스마트공간에서 작동하고 환경, 사용자, 사회적 맥락 안에서 상호작용하는 가상 개성과 함께 정체성을 갖게 된다.
Rayes와 Salam	사물의 네트워크로 명확한 요소 식별이 가능하고, 소프트웨어 인텔리전스, 센서, 유비쿼터스 인터넷 연결이 내장되어 있다.
한국인터넷 진흥원 (Kisa)	인간과 사물, 서비스 세 가지 분산된 환경요소에 대해 인간의 명시적 개입 없이 상호 협력적으로 센싱, 네트워킹, 정보처리 등 지능적 관계를 형성하는 사물공간 연결망을 의미한다.
위키백과	각종 사물에 센서와 통신기능을 내장하여 인터넷에 연결하는 기술, 즉 무선통신을 통해 각종 사물을 연결하는 기술을 의미한다.
Red Hat	각종 기기에 센서와 통신을 사용하여 데이터를 수집, 저장, 분석하는 기술이다. 본 토픽은 IoT 개념, 사례, 종류, 전망, 기술, 장점과 문제를 포함하여 설명한다.

1.3 IoT 기본 3요소

IoT의 정의는 이처럼 다르지만 사물(기기), 데이터(정보), 통신기술 등 세 가지 기본요소로 주로 구성된다. [그림 12-2]에 IoT의 주요 기둥인 세 가지 기본요소가 제시되어 있다.

그림 12-2 | IoT의 세 가지 기본요소

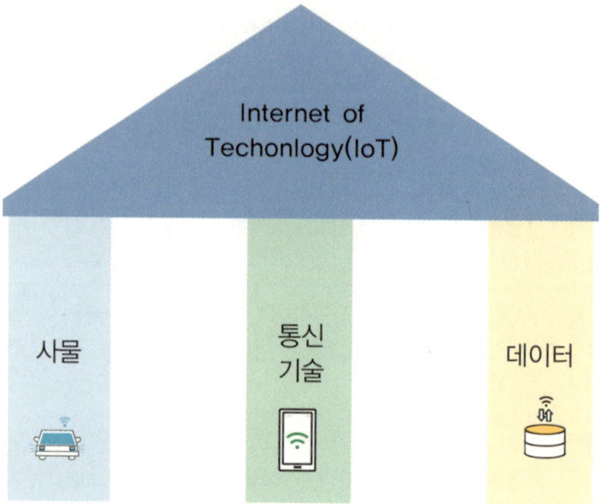

다양한 정의에 명시된 바와 같이 IoT의 첫 번째 기둥인 사물은 우리를 둘러싼 물리적 또는 가상적 요소, 즉 센서, 액추에이터, RFID 태그를 부착한 물체, 실내 또는 실외에서 사용하는 물체로 구성될 수 있다. IoT의 두 번째 기둥은 서비스를 통해 사용자에게 기기를 연결하는 통신기술이다. IoT에서 사용되는 대표적인 통신기술은 지그비, 근거리 무선통신(NFC), 블루투스, 블루투스 저에너지(BL), RFID, 셀룰러 네트워크, IP 유선·무선 네트워크 등이다. 세 번째 기둥인 데이터 혹은 정보는 IoT기기에 의해 감지되는 파라미터로, 환경변수나 사용자 건강변수 등이 이에 해당될 수 있다. 이러한 변수들은 사용자에게 실질적 이익을 제공하기 위해 서비스로 변환되어야 한다. IoT는 이러한 기술과 스마트기기를 연결하고 최종사용자에게 혜택을 제공한다. 간략하게 IoT에 포함된 주요 요소들은 다음과 같이 설명할 수 있다.

- **사물**: 정보를 수집·감지하는 데 사용되는 장치 또는 물체로 사물인터넷(IoT)기기는 크기, 계산능력 및 에너지원이 서로 다르다. IoT기기는 독특한 식별과 감지, 통신기능을 갖춘 스마트기기이다.

- **데이터**: 데이터는 콘텍스트를 결정하기 위해 배포되고 추가처리를 위해 제공되는 다양한 IoT장치로부터 수집된 이진 또는 방대한 정보의 조각이다. 처리된 데이터 외에도 IoT서비스를 통해 사용자의 삶을 더 좋게 만드는 데 활용할 수 있다.
- **통신기술**: IoT에서 통신이 핵심이다. IoT서비스의 장점을 얻기 위한 사용자와 기기 간의 인터페이스다. 사물인터넷(IoT)을 이해하기 위해서는 디바이스와 통신기술이 감지하는 데이터에 기반한 서비스를 정의해야 한다.
- **장치**: 장치는 감지 및 통신기능을 가진 모든 물리적 '무엇'으로 정의될 수 있다. 예를 들어, 스마트폰, RFID 태그와 센서가 있는 가정용 식료품, 약상자, 식료품점에 RFID 태그가 장착된 품목 등으로 혈당 센서, 온도 센서, 혈액 산소 센서, 심전도 센서, 이미지 센서, 동작 센서, 관성 센서 등이 포함된다.
- **서비스**: 서비스라는 용어는 맥락에 따라 다양한 의미를 갖는다. 여기서 서비스는 사용자가 IoT기기로부터 얻는 혜택을 말한다. IoT기기에서 감지되는 정보는 데이터 서버 · 클라우드에 저장 및 처리된다. 처리된 정보에서는 사용자에게 혜택을 제공하기 위해 서비스가 구축된다. 이러한 서비스는 'IoT서비스'라고 불릴 수 있다.

냉장고는 레벨 센서, RFID 태그 그리고 아이템과 수량의 만료일을 서버에 보내는 판독기가 내장되어 있다. 그리고 이 정보는 서비스로 전환된다. 이 서비스는 유통기한을 넘었거나 재고가 없는 품목을 찾아 필요한 수량을 구매할 것을 권한다.

IoT는 넓은 애플리케이션 도메인을 가지고 있으며, 모든 인터넷 애플리케이션에서 매우 중요하다. 모든 IoT 애플리케이션의 역할은 사용자에게 IoT서비스를 제공하는 것이다. 사용자의 요구와 요구에 따라 서비스를 제공하는 것이 IoT의 주요 과제다. 간단히 말해서 IoT는 사람들을 기기에 연결하여 그들의 삶을 더 쉽고 행복하게 만든다고 말할 수 있다. IoT는 IoP(Internet of People)와 IoS(Internet of Service)를 포함한다.

새로운 개념 IoP는 IoT와 사람을 조합한 것으로 구성되며 [그림 12-3]에 나타나 있다. IoT 시나리오에서 기술은 사람들의 상황을 고려하고, 그것으로부터 배우고, 상황과 기대에 따라 사전 조치를 취하여 사용자 개입을 최대한 피할 수 있어야 한다. 따라서 누군가 집에 늦게 도착할 계획이라면 실제로 집으로 돌아갈 때까지 에어컨이 꺼져 있기를 바란다. 이러한 시나리오를 구현하려면 사물인터넷에서 사람인터넷(IoP)으로 이동해야 한다.

그림 12-3 | IoP 개요

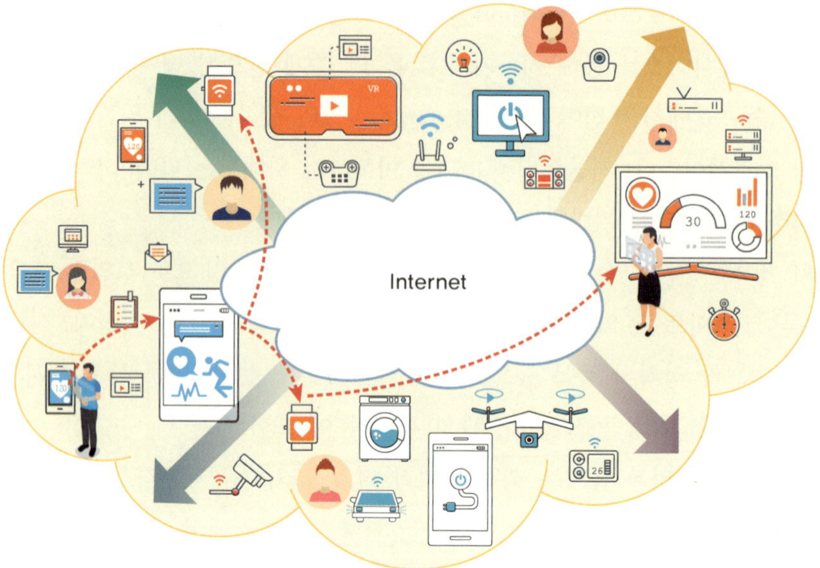

출처: https://ars.els-cdn.com/content/image/1-s2.0-S1574119217303723-gr4_lrg.jpg

그림 12-4 | IoT의 계층

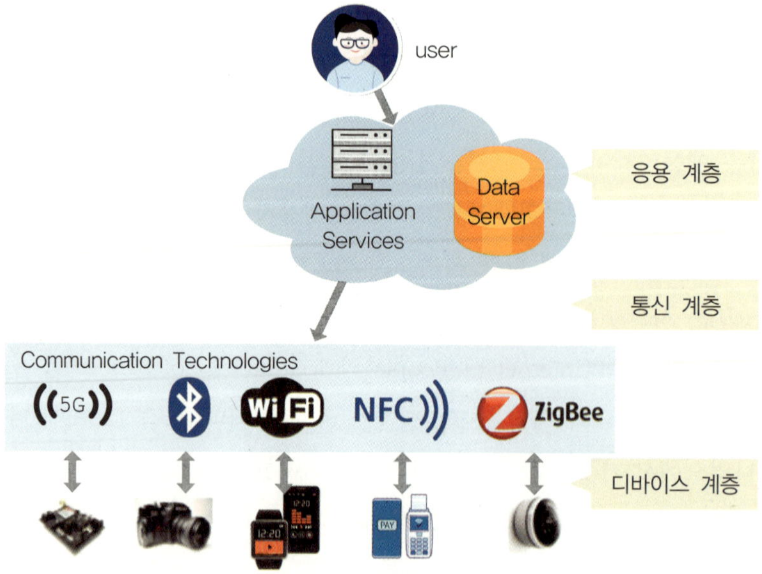

즉 휴대폰, 태블릿 그리고 다른 전통적인 개별 하드웨어와 관련 시스템 그리고 개발자들이 집단지성을 통해 영감을 얻고, 개발을 용이하게 하기 위한 시스템이 같이 하는 구조로 빠르게 전개되고 있다. 많은 웹정보로 얻어진 아이디어를 바탕으로 만들어진 주변장치와 옵션들이 재료와 제품에 반영되고 개선되어서 고객에게 배송되고 있다. IoP 물결은 기계에서 기계(M에서 M으로)로, 사람에서 사람으로(P에서 P로)로 통신을 이동시키고 있다. IoP는 센서의 협력, 클라우드의 지능 그리고 이를 통해 인간이 일을 하는 데 어떻게 변화를 줄 것인가? 이러한 똑똑한 것들이 인간의 삶의 관점을 어떻게 바꿀 것인가?

IoP를 유익하게 만들기 위해서는 특정한 전략이 필요한데, 전략은 사람과 사물의 사회적, 개인화된 행동을 고려하여 생각되어야 하며, 또한 이질적인 장치의 능동적 특성과 상호작용의 예측 가능성이 고려되어야 한다.

IoS라는 용어는 맥락에 따라 의미가 다르다. 여기서 서비스는 사용자가 IoT기기로부터 얻는 혜택을 가리킨다. 예를 들면, CPS(Cyber Physical Systems)는 물리적 프로세스를 모니터링하고 물리적 세계의 가상 사본을 생성하는 센서 및 액추에이터이다. IoT를 통해 CPS는 실시간으로 서로 및 인간과 통신하고 협력하며, 그런 다음 서비스인터넷(Internet of Services: IoS)을 통해 내부 및 조직 간 서비스가 가치사슬의 참여자들에 의해 제공되고 활용된다. 이처럼 서비스인터넷은 인터넷에서 이용할 수 있는 다양한 서비스를 수집하고 그 정보를 참조하여, [그림 12-5]에 나타난 것처럼 IoT 프레임워크를 통해 제공한다.

모든 IoT 애플리케이션의 성공 여부는 어떤 서비스를 제공하는지에 따라 결정된다. 따라서 "얼마나 혁신적인 서비스인가?" 그리고 "하나의 애플리케이션이 어떻게 최대의 서비스를 제공할 수 있는가?"에 답할 수 있어야 한다. 새로운 서비스 개발 프로세스는

그림 12-5 | IoS(서비스인터넷) 정의

서비스 혁신, 서비스 설계, 서비스 착수로 구성된다. 서비스 혁신은 고객중심 프로세스다. 그것은 고객의 방치된 요구를 충족시키는 또 다른 향상된 서비스 아이디어를 형성하는 방법이다. 서비스 혁신은 고객의 니즈를 파악하고 니즈의 우선순위를 제시한다. 서비스 설계는 서비스 혁신의 입력에 근거하여 전략을 만들고 서비스 설계는 이 아이디어를 실현하고 대중에게 판매하기 위해 필요한 모든 조치를 취한다. IoT의 미래는 콘텍스트 관리, 새로운 서비스의 혁신 그리고 그 서비스의 적응을 위한 프레임워크에 달려 있다. 위의 설명을 바탕으로 IoT를 정의한다면 다음과 같이 제시할 수 있다.

IoT는 자원 제약과 자원을 포함한 이기종장치로 구성된 스마트서비스 지향 통신 네트워크로 미래 인터넷의 필수부분이 될 것이다. IoT의 주요 구성요소는 RFID 객체, 센서 노드, 스마트폰이다. IoT는 주변의 모든 것을 연결하고 클라우드에 게시해야 하는 빅데이터를 생성하며, 이 IoT-클라우드 융합 역시 기존 네트워크 및 통신 프로토콜과 역호환되어야 한다.

1.4 IoT 기본특성

현대 IoT시스템의 모든 관점을 고려할 때, 몇 가지 일반적이고 필수적인 특성이 [그림 12-6]과 〈표 12-4〉에 설명되어 있다.

그림 12-6 | 기본 IoT 특성

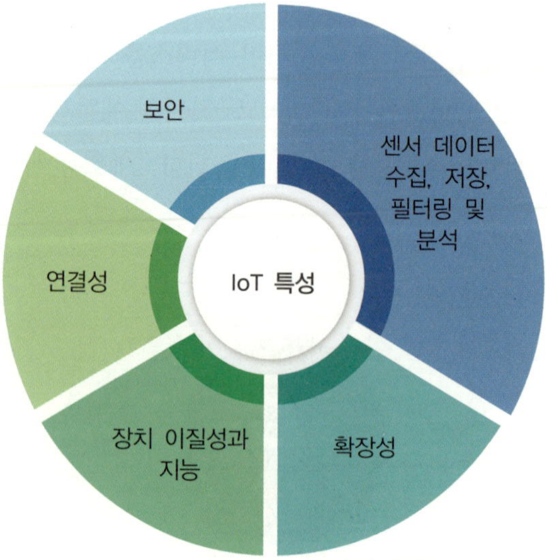

표 12-4 IoT의 기본적 특성에 대한 설명

IoT 특성	설명
센서 데이터 수집, 저장, 필터링 및 분석	분산형 센서(또는 스마트한 것)가 많아 물리적 환경 · 엔티티에 대한 관찰을 수집하고 비즈니스 워크플로우를 개선하기 위한 궁극적인 목표를 가지고 스토리지 및 분석을 위해 클라우드로 직접 이동
연결성	IoT는 인터넷과 글로벌 통신 인프라(유무선기술을 사용하여 구축)의 도움으로 물리적 환경과 가상의 상호 연결성 가능
확장성	과도한 IoT장치 연결로 인해 사람 간의 상호작용이 장치 상호작용으로 전환됨
보안	데이터의 보안을 보장하기 위해 엔드-디바이스 레벨뿐만 아니라 네트워크 레벨에서도 보안 패러다임을 구현해야 함
장치 이질성과 지능	하드웨어 · 소프트웨어 수준에서 주변 인텔리전스 프로비저닝과 장치(다른 하드웨어 및 네트워크 플랫폼 기반)의 상호 운용성은 지능형 상호작용을 지원

1.5 IoT기술의 핵심기술

사물인터넷(IoT) 기기에서 매년 생성되는 데이터양은 40제타바이트가 넘는다. 이를 일반적으로 사용하는 기가바이트로 환산하면 40조 기가바이트에 해당한다. 디지털 데이터를 물리적으로 정량화하기는 어렵지만 그 모든 데이터를 1990년대의 플로피 디스크로 변환해서 카펫에 펼쳐 놓는다면 지구 표면의 절반 이상을 덮을 정도라고 한다. IoT가 진화하려면 일련의 특정 기술도 동시에 발전해야 한다. 기술발전과 IoT의 진화 중 무엇이 먼저인지 논하기는 "닭이 먼저냐 달걀이 먼저냐"라는 질문처럼 어렵다.

(1) 연결성

IoT 데이터양의 급증은 데이터를 송수신하는 매우 강력한 인터넷과 클라우드 연결이 있어야만 가능하다. 현재 다수의 IoT기기는 복잡하고 볼륨이 큰 데이터를 전송하기 위해 로컬 Wi-Fi 네트워크를 이용하는데, 5G 및 기타 무선 네트워크가 발전하면서 맥킨지(McKinsey)는 최근 관련 영향 및 IoT기기가 Wi-Fi 네트워크에서 해방될 수 있는 가능성에 대한 보고서를 발행했다.

(2) 센서기술

IoT 센서 혁신에 대한 요구가 꾸준히 상승하면서 시장의 중심축은 특정 고객을 대상으로 하는 고비용 틈새 사업자에서 고도로 글로벌화되고 가격경쟁력을 갖춘 센서 제조업으로 이동했다. 2004년 이래 IoT 센서의 평균가격은 70% 이상 하락했으며, 관련 요구의 급증에 따라 더 나은 기능과 다양성을 선보이고 있다.

(3) 컴퓨팅능력

IoT기기가 생성하는 데이터는 현재 40제타바이트지만 향후 5년 내에 거의 2배로 늘어날 것으로 예상되며 그 이후에도 기하급수적으로 증가할 전망이다. 오늘날 기업에서 이러한 모든 데이터를 유용하게 활용하려면 메모리와 처리능력도 꾸준히 증가해야 한다. 이러한 요구를 충족하기 위한 경쟁이 급속도로 진행되면서 IoT의 연관성과 적용 가능성을 확대해 왔다.

(4) 인공지능 및 머신러닝

기업은 이러한 기술을 적용해 대량의 IoT 데이터를 관리하고 처리할 뿐 아니라 분석하고 학습할 수 있다. 빅데이터는 AI와 머신러닝이 가장 즐겨 찾는 도구이다. 데이터세트가 크고 다양할수록 AI 기반의 고급분석을 통해 얻을 수 있는 통찰과 인텔리전스도 더욱 강력하고 정확해진다. 인공지능은 IoT기기의 급증과 함께 발전했으며 IoT기기에서 나온 데이터는 인공지능의 강력한 기반이 되고 있다.

(5) 클라우드 컴퓨팅

연결성이 IoT 발전의 핵심요소이듯이 클라우드 컴퓨팅의 성장 역시 IoT의 진화와 밀접한 연관이 있다. IoT기기는 온디맨드방식으로 처리능력과 대용량 저장소를 제공할 수 있는 클라우드 IoT서비스를 사용해 계속 증가하는 크고 복잡한 데이터 세트를 원활하게 수집하고 전송할 수 있게 되었다. 또한 기업은 프라이빗 클라우드 솔루션으로 다양한 유형의 IoT 데이터를 대량으로 관리하는 동시에 폐쇄시스템의 보안을 유지할 수 있다.

(6) 엣지 컴퓨팅

IoT 네트워크 내의 기기는 대부분 지리적으로 넓은 지역에 걸쳐 분산되어 있지만 모두 단일 중앙시스템에 데이터를 전송한다. IoT 데이터 볼륨이 급증하면서 회사의 대역폭과 클라우드 용량의 대부분을 차지하게 될 수 있다. 또한 데이터가 수집, 전송, 처리되고 최종대상에 도달하는 데 시간이 걸릴 수 있다. 이러한 시간차, 즉 '지연'이 발생하면 비효율이 증가한다. 특히 데이터 처리시간에 매우 민감한 기업일수록 더욱 그렇다. 엣지 컴퓨팅 솔루션은 데이터 소스와 더 가까운 곳에서 처리하도록 함으로써 중앙에 집중된 시스템의 처리능력을 분산한다. 이는 지역화된 컴퓨팅시스템의 통합과 IoT기기 자체에 처리능력을 추가하는 작업을 통해 가능하고, 이렇게 처리된 데이터로 현장에서 즉각적인 조치를 취할 수 있으며, 중앙시스템에 데이터를 더욱 정형화되고 체계적인 형식으로 정기적으로 전송해 고급분석과 처리를 수행할 수 있다.

(7) 보안

최근 언론매체에 집중 보도되면서 세간에 널리 알려진 인터넷 보안 유출 및 정보 도난 사고로 인해 보안과 개인의 온라인 프라이버시 보장이 더욱 중시되고 있다. 물론 보안은 IoT의 성장과 도입에 가장 중요한 요인이기도 하다. 그렇기 때문에 사용자에게 자신의 커넥티드 자동차와 집이 해커의 표적이 되지 않을 것이라는 확신을 심어줘야 할 필요가 있다. 또한 의료용 기기에서 수집되는 지극히 사적인 정보 역시 해커들로부터 안전하게 보호되야 한다. 기업과 도시들도 자신들이 배포한 센서와 생산하는 데이터가 100% 안전하다는 확신을 필요로 할 것이다.

1.6 IoT 계층구조

IoT는 계층화된 아키텍처를 따른다. IoT는 주로 4개의 계층, 즉 [그림 12-7]과 같이 디바이스와 감지 계층, 네트워크 계층, 플랫폼 계층 그리고 서비스 계층을 가지고 있다.

(1) 디바이스와 감지 계층

이 계층은 물리적 계층(장치 계층)으로 주로 기기 구성에 초점을 맞춘다. IoT 디바이스의 이질성과 제약성 때문에 체계적 구성이 중요하다.

이 계층은 스마트기기와 센서로 구성되어 있고, IoT 아키텍처의 가장 낮은 계층이다. 다양한 목적을 위한 다양한 종류의 장치들이 있다. 이 장치들은 온도, 공기질, 습도, 압력, 흐름, 움직임, 속도, 전기 등을 측정할 수 있다. 데이터의 종류에 따라 위치, 온도, 방향, 동작, 진동, 가속, 습도, 공기 중의 화학적 변화 등에 대한 정보를 수집할 수 있다. 경우에 따라 물리적 특성을 사용하여 측정할 수 있으며 장치가 이해할 수 있는 신호로 변환할 수도 있다. 이 장치는 환경 센서, 차체 센서, 가전제품, 차량 텔레매틱스

그림 12-7 | IoT를 구성하는 계층

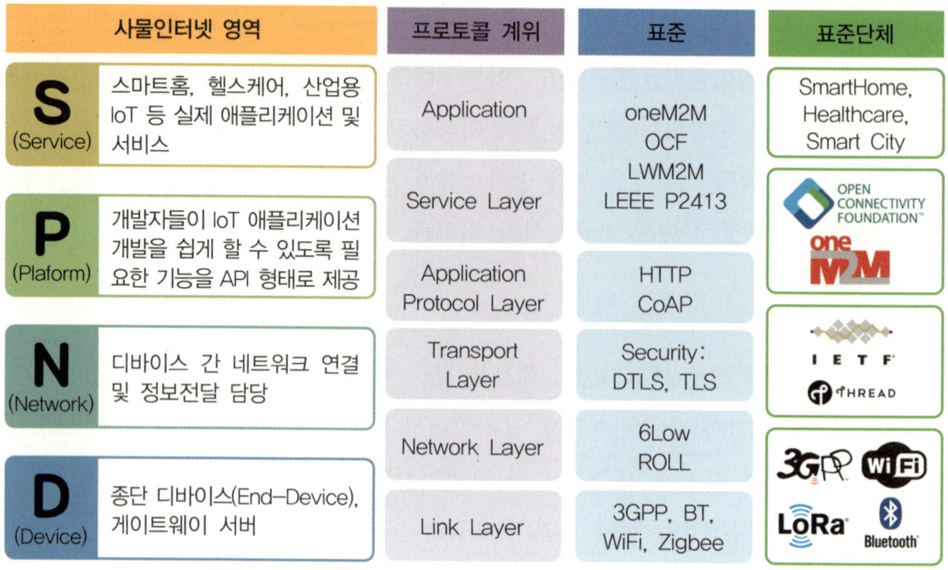

출처: TTA

센서 등과 같은 고유한 목적에 따라 그룹화된다.

대부분의 장치는 이더넷, Wi-Fi 등과 같은 LAN(Local Area Network)과 같은 네트워크 게이트웨이에 연결해야 한다. ZigBee, Bluetooth 및 UWB(Ultra Wide Bound)와 같은 개인 네트워크(PAN)들은 GSM, GPRS, LTE와 같은 WAN(Wide Area Network)을 통해 백엔드 서버와 애플리케이션에 연결된다. 낮은 전력 및 낮은 데이터 전송률은 WSN(무선 센서 네트워크)을 통해 연결된다. 이러한 장치는 적절한 배터리 수명을 유지하고 넓은 네트워크 영역을 포괄하면서 더 많은 센서 연결을 수용할 수 있다. 이 계층에서 해결한 사항은 디바이스의 구성 및 분류, 연결성 그리고 이질성이다

(2) 네크워크 계층

네크워크(Network) 계층은 사용자와 IoT장치 사이의 인터페이스로 작동하여 IoT서비스에 액세스한다. IoT 프로토콜의 일부로 사용하는 연결 형식은 디바이스, 해당 기능, 해당 사용자에 따라 다르다. 일반적으로 데이터가 이동해야 하는 거리(단거리 또는 장거리)가 필요한 IoT 연결 형식을 결정하는 데 있어, 통신에는 최종사용자에게 연결하기 위해 제공된 개별 IoT기기의 고유식별정보를 인식할 수 있는 능력이 있어야 한다.

통신에 사용되는 기술은 IPV4/IPv6, 6LowPAN, IPv6 라우팅 프로토콜(RPL), TCP/IP 및 UDP이다. 이 계층의 주요 해결해야 할 과제는 주소 지정 및 식별, 저전력 통신, 낮은 메모리 라우팅 프로토콜, 이동성이다.

(3) 플랫폼 계층

이 계층을 정보처리 계층이라고도 한다. 이 계층은 장치의 분석, 보안 제어, 프로세스 모델링 및 관리를 통해 가능한 정보처리를 나타낸다. 이 계층은 개체와 시스템의 상호작용을 결합하여 상황별 데이터로 만들고, 서비스관리와 데이터베이스 연결을 담당한다. 네트워크 계층으로부터 정보를 수신하여 데이터베이스에 저장한다. 데이터관리는 데이터 정보 흐름을 관리하는 기능이다. 정보는 데이터관리를 통해 액세스, 통합 및 제어할 수 있으며, 불필요한 데이터를 보호하고 데이터 소스의 개인정보 보호 위험을 줄인다. 데이터 유출 및 필수정보를 숨기기 위해 사용되는 데이터 필터링 기법을 통해 구현된다. 이 계층은 분석 및 저장을 위해 정보를 수집하고 원격서비스로 전달하는 역할을 하며, 네트워크 계층을 통해 직접 상호작용을 한다. 이 계층은 최고 수준의 보안을 유지함으로써 정보의 개인정보 보호 및 보안을 관리한다.

(4) 서비스 계층

이 계층은 IoT장치에서 수집된 정보를 저장하고 처리한다. 서비스 계층은 처리된 정보를 이용해 서비스를 정의하고, IoT서비스에 대해 사용자에게 알려준다. '사물(사람, 물건, 기기, 데이터 등)'을 인터넷을 통해 상호 연결하는 네트워크, 애플리케이션과 같은 소프트웨어, 서버 등 하드웨어시스템을 포함하며, 사물 간의 통신 및 상호작용, 보안·인증, 리소스 및 서비스관리 등이 사물인터넷서비스 제공의 핵심 역할을 담당한다. 사물인터넷(IoT)서비스는 사물인터넷(IoT)기기가 감지하는 정보에 따라 달라진다. 따라서 서비스 검색과 서비스 시행은 어려운 과정이다. 서비스 계층에 사용되는 기술은 물리웹, 하이퍼캣, 범용 플러그 앤 플레이(UPNP), 멀티캐스트 도메인 네임 시스템(mDSN), DNS-SD(DNS-SD) 등이다.

1.7 IoT 관련 주요국 정책 동향

세계 모든 선진국에서는 IoT가 미래에 얼마나 중요한 기술인가를 인식하고 다양한 정책을 통해 IoT기술을 개발하고 확대하려는 노력을 보이고 있다. 각 나라의 동향을 살펴보면 [그림 12-8]과 같다.

(1) 미국

국가정보위원회(National Intelligence Council)는 2025년까지 다양한 분야에서 미국의 국가경쟁력에 영향을 미칠 수 있는 6대 와해성 기술(Disruptive Civil Technologies, 2008)분야 중 '사물인터넷(The Internet of Things)'을 선정했다.

(2) EU

2009년 7월 EU는 인터넷 진보를 활용하는 것과 보안(개인정보)과 같은 문제가 될 우려가 있는 사항에 적절히 대응할 수 있도록 14개의 사물인터넷에 관한 액션플랜을 발표했다.

(3) 중국

주로 IoT에 관한 연구 및 사업지원을 위한 제반환경을 조성하고 있는 것으로 나타났는데 정책방향을 보면 중장기 과학기술 발전계획 수립(2006~2020년), M2M 연구센터 구축(2010년), 사물네트워크산업 기금 조성(2010년) 등이다.

(4) 일본

안전한 디지털 안심 · 안전 사회의 실현을 위한 'i-Japan전략 2015'에 이용자 관점에 입각한 인간중심(Human Centric)의 디지털사회 구현에 사물지능통신이 포함되었다. 2011년 8월 경제산업성에서 IoT를 중심으로 한 'IT융합에 의한 신산업 창출 전략'을 발표했다.

그림 12-8 | 해외 주요국가 IoT 추진현황

미국
- 국가정보위원회(NIC)가 국가 현상 파괴적 기술분야에 사물인터넷 포함
- 2025년까지 국가경쟁력에 영향을 미칠 수 있는 '6대 혁신적인 파괴적 기술' 중 하나로 '사물인터넷'을 선정하여 기술로드맵 수립
- Reshoring Initiative(제조업본국회귀)로 사물인터넷을 활용한 제조업 혁신 추진

유럽
- 사물인터넷 연구 클러스터 조성 및 14개 액션플랜 제시
- 영국은 사물인터넷 연구개발에 4,500만파운드 투입 발표(2014년 3월 9일)
- 독일은 인더스트리 4.0을 통해 사물인터넷을 활용한 제조업 생산성 3.0% 향상 추진

중국
- 사물인터넷(IoT)을 총리주도 정책에서 경제발전산업의 한 축으로 승격
- 12차 5개년(2011~2015) 계획에 '사물망 12-5 발전규획'을 발표(2011년)
- 감지(感知)중국의 전략으로 사물인터넷과 클라우드 등을 타깃으로 한 사물인터넷 시범단지(우한시 등 193개) 등 추진

일본
- 사물인터넷(IoT) 관련 워킹그룹 구성 및 국가 신산업 창출 전략화
- u-Japan 전략(2004년), i-Japan 2015 전략(2009년), Active Japan ICT전략(2012년) 등을 통해 사물인터넷 산업정책 추진 중

출처: IoT & 오픈소스

1.8 IoT의 응용분야

IoT 애플리케이션(응용)은 오늘날의 비즈니스 세계에서 다양한 분야에서 찾아볼 수 있다. 최근 방송이나 논문에서 자주 언급되는 10개의 응용분야는 다음과 같다.

(1) 자동차

IoT에 연결된 자동차는 데이터를 차량 내부와 주변에서 실행 가능한 아이디어로 바꾸어 준다. 예를 들어, 테슬라는 업그레이드가 가능한 하드웨어와 소프트웨어 탑재한 차량을 판매하고 있다. 그들의 차는 센서로 준비되어 있고, 소프트웨어 업그레이드는 인터넷 덕분에 자동차들이 더 똑똑해질 수 있게 해준다. 또한 고객은 업그레이드비용을 지불하면 테슬라가 보너스 혜택을 받게 된다.

(2) 에너지

IoT를 통해 수많은 네트워크기기가 실시간으로 정보를 공유할 수 있게 되어 효율적인 분배와 에너지관리가 가능해졌다.

(3) 의료서비스

IoT는 임상 웨어러블기술에서 응급처치 태블릿 및 복잡한 수술장비에 이르기까지 다양한 솔루션으로 의료산업을 재편하고 있다.

(4) 소비자 및 가정

IoT기술을 통해 사용자의 목소리를 인식하는 것부터 현관에 있는 사람을 아는 것까지 안전하고 스마트한 가정을 실현한다.

(5) 건물

건물관리시스템에서 데이터를 수집하는 장치를 연결, 관리 및 보호하여 에너지비용, 지속 가능성 및 규정 준수를 강화하는 솔루션을 제공한다.

(6) 제조

IoT기술을 통해 공장에서는 운영 효율성을 달성하고, 생산을 최적화하며, 작업자의 안전을 높일 수 있다.

(7) 소매

IoT는 소매업체가 공급망 효율성을 높이고, 새로운 서비스를 개발하며, 고객 경험을 재편성할 수 있는 무한한 기회를 제공한다.

(8) 운송

IoT는 무인자동차에서 지능형 교통 및 물류시스템에 이르기까지 사람의 생명을 구하고, 교통량을 줄이며, 환경에 미치는 영향을 최소화할 수 있다.

(9) 물류 및 공급망

IoT를 통해 공급망의 모든 요소를 지속적으로 관리하고 실시간 모니터링을 통해 보다 신속하고 안전한 프로세스를 제공할 수 있다.

(10) 금융서비스

IoT는 개인화된 서비스를 제공하고 고객의 행동, 지출 패턴 및 수익에 대한 데이터를 수집하고 분석하여 고객이 재정상태를 더 잘 관리할 수 있도록 지원하는 잠재적 솔루션을 제공할 수 있다.

위에서 언급한 분야에 이어 IoT가 가장 많이 논의되는 분야의 몇 가지 예는 다음과 같다.

IoT의 가장 필수적인 응용영역은 스마트시티이다. 이름에서 알 수 있듯이 스마트시티는 물, 에너지, 교통 및 폐기물관리, 교육 및 보건서비스와 같은 모든 과정에 인터넷 기술을 통합하는 도시이다. 도시에 사는 사람들의 삶의 질을 향상시키는 것이 스마트시티의 주요 목표이다. 스마트시티분야의 IoT 솔루션은 교통 · 공기 · 소음, 오염을 줄이고 도시를 더 안전하게 만들므로 다양한 도시 관련 문제를 해결한다.

또 다른 IoT 애플리케이션은 스마트홈 애플리케이션이다. 스마트홈(smart home)은 네트워크를 통해 전산화된 제어센터에 전기기기로 연결된 주택으로, 특정 조건에서 원격제어가 가능하거나 특정 작업을 자동으로 수행할 수 있다. 다시 말해서 이것들은 가정 내의 장치들이 이제 인간의 개입 없이도 적절한 시간에 작동할 수 있도록 보장할 수 있는 집들이다. 예를 들어, 사람이 집에 들어가거나 나갈 때 동작감지기나 음향감지기를 사용하여 실내에서 필요한 조명, 음악, 난방시스템의 작동을 시작하거나 중지시킨다.

또 다른 애플리케이션 영역인 웨어러블기술은 IoT 세계에서 가장 작지만 기능적으로 가장 유용하며 가장 편안한 구성요소로도 눈에 뛴다. 오늘날 가장 일반적인 예는 스마트시계와 피트니스(fitness) 추적기(매일 달리기, 칼로리 계산기와 같은 기능을 가진 장치)이다. 최근 몇 년 사이 빠르게 발전하고 있는 분야이다.

또 다른 필수 애플리케이션은 스마트그리드이다. 지능형 그리드는 전기 분배의 효율성, 경제성 및 신뢰성을 높이기 위해 소비자와 공급자의 행동에 대해 얻은 정보를 사용할 것을 약속하고 그리드의 모니터링 및 제어를 제공한다.

IoT는 보건의료분야에서도 중요한 응용분야에 활용된다. 만성질환자 또는 치료가 필요한 노인의 실시간 또는 주기적인 건강정보(혈당, 혈압, 심박수, 체온, 산소포화도, 즉각적인 신체상태 등)를 관련 의료기기에서 얻을 수 있다. 의사가 이러한 정보를 모니터링 및 분석하고 심각한 상황에서 즉시 반응할 수 있는 능력은 IoT 기반 시스템을 통해서만 실현할 수 있다.

또 다른 적용분야는 농업이다. 농업은 인간의 삶에 필수적인 요소이며 국가경제에서 중요한 역할을 한다. 이 지역의 문제에 대처하기 위해서는 농업과 기술의 통합을 보장하는 것이 중요하다. 이 시점에서 IoT는 농업부문의 환경 매개변수를 제어하는 동시에 생산수율을 높이고 생산비용과 에너지 손실을 최소화한다. 게다가 더 효율적인 프로세스를 제공한다. 온실의 기후를 조절할 수 있는 반면, 온실의 임베디드장치는 식물을 감시하고 통제할 수 있다. 동시에 센서는 발전소 요구조건에 따라 많은 다양한 파라미터를 측정하여 데이터를 처리할 수 있다.

IoT의 가장 빠른 발전 중 하나가 제조업이라고 할 수 있다. IoT 애플리케이션으로 비용 이점을 제공하는 동시에 고객만족도를 높여 성능을 향상시킬 수 있다. 제조 IoT의 목적은 프로세스의 실시간 모니터링 및 제어, 스마트머신, 스마트센서, 특정 통신 및 인터넷기술이 적용된 스마트컨트롤러 할당, 안전성과 신뢰성을 극대화하기 위한 고정밀 자동화 및 제어로 정의할 수 있다. 또한, 생산 · 제조와 관련된 산업시스템에서 전송할 수 있는 필요한 데이터를 정보시스템에 활용하기 위해 IIoT 개념이 도입되었다. IIoT의 정보 흐름은 우리의 일상, 기업활동, 그리고 산업 생산시스템에 긍정적인 영향을 미칠 수 있는 변화를 만들어 낸다. 산업과 IoT를 결합해 생산에 사용되는 스마트기기는 인적 오류를 최소화하고 의사결정 지원시스템으로 실시간 정보를 평가할 수 있게 해 생산품질 향상, 비용 절감, 경쟁력 있는 제품 창출 등 긍정적 효과가 크다.

게다가 IoT는 교통에 있어서 혁신적인 애플리케이션을 제공한다. 따라서 제어, 데이터처리 및 통신은 다양한 교통시스템 간에 통합될 수 있다. 지능형 교통통제, 자율항법, 차량통신, 긴급구조용 자동변속기, 보안 및 도로변 지원, 지능형 주차시스템 등 많은 예가 IoT 교통분야의 응용분야로 제공될 수 있다.

기술이 지속적으로 빠른 속도로 발전하고 있기 때문에 IoT는 특정 분야와 다른 많은 분야에서 계속 발전할 것이라는 데는 의심의 여지가 없다. IoT 애플리케이션은 우리가 살고 일하는 이 세상에 다른 관점을 가져다줄 것이며, 우리의 삶을 그 어느 때보다 더 단순하고 더 낫게 만들 것이며, 세계에 혁명을 가져올 것이다. IoT의 미래는 인간의 개입을 최소화하면서 수십억 개의 사물이 상호 연결되어 서로 대화하는 세상을 만들 것이다.

그림 12-9 | IoT를 활용한 분야별 응용 사례

구분	분야	사례 (업체명)	서비스내용 및 기대효과
개인 IoT	자동차	커넥티드카 (구글, 테슬라)	•자동차에 네트워크 연결기능을 탑재하여, 인포테인먼트 등 고도의 편의 제공
	헬스케어	스마트밴드 (JAWBONE)	•운동량 등 신체정보 제공을 통해 개인건강 증진 도모
	생활가전	스마트가전 (LG전자 홈챗)	•ICT 기반의 주거환경 통합 제어로 생활편의 제고
	물류	프라임에어 (Amazon)	•무인비행기를 이용한 택배서비스로 소비자의 이용 편리성 제고 및 원격제어 등을 통한 관리효율 향상
산업 IoT	농업	스마트팜 (SKT)	•시설물 모니터링, 농지, 작물의 생육과정 관찰을 통해 작업효율 개선
	공장	스마트공장 (GE, 지멘스)	•생산 · 가공 · 유통과정에 ICT기술 접목으로 생산성 향상 도모
공공 IoT	보안관제	원격관제, 전자발찌	•CCTV, 노약자 위치정보 등의 정보 제공으로 사전적 사고 예방
	환경	스마트크린 (LGU+)	•대기 질, 쓰레기양의 정보 제공으로 환경오염 최소화 유도
	에너지	스마트미터 (누리텔레콤)	•에너지 사용량의 원격검침, 실시간 과금으로 관리 효율성 증대

출처: KDB, 사물인터넷의 국내외 사례

2 산업용 IoT(IIoT)

2.1 산업용 IoT(IIoT)의 개요

IIoT는 IoT의 하위 범주에 속하며 이 용어는 산업환경에서 사용되는 IoT기술을 지칭하는 말로, 주로 제조시설에서 사용된다. IIoT는 인더스트리 4.0의 핵심기술로 연결된 기계와 기기, 센서를 산업적 용도로 사용하는 것을 의미한다. AI와 머신러닝 기능을 제공하는 첨단 ERP나 MES를 운영 중이라면 IIoT기기에서 생성된 데이터를 분석해 효율성과 생산성, 가시성 등을 개선하는 데 활용할 수 있다. IIoT 네트워크는 일반적으로 기계 간(M2M) 커뮤니케이션과 데이터 전송을 지원한다. 또한 IIoT가 내장된 기기는 중앙시스템에서 자동화 프로그래밍을 정기적으로 수신한다.

2.2 IIoT의 정의

현재 인더스트리 4.0이라고도 하는 4차 산업혁명의 한복판에 서 있다. 과거 세 차례의 산업혁명에서 '혁명'을 주도한 요인은 혁신적인 기술이었다. 첫 번째 산업혁명에서는 증기력, 두 번째 산업혁명에서는 조립라인과 기계화된 생산, 세 번째 산업혁명에서는 컴퓨팅능력이 바로 혁신기술에 해당한다. 인더스트리 4.0을 규정하는 혁명은 세상에 존재하는 다양한 개체들의 디지털화 및 사이버 물리시스템(CPS)의 형태로 나타나며 그 기반은 바로 IoT이다. IoT 가운데 기업과 안전 그리고 제조현장의 요구사항과 같은 특성을 반영하여 산업적인 측면에 더 중요한 영향을 주는 IIoT(Industrial Internet of Things; 산업용 사물인터넷)라는 하위집합이 있다. IIoT는 제조 및 산업 프로세스를 개선하기 위해 IoT기술을 사용하는 것이다. IIoT는 기계학습, 딥러닝 및 빅데이터기술을 통합하여 산업환경에 존재했던 센서 데이터, 기계 대 기계(M2M) 통신 및 자동화기술을 활용한다. 이를 바탕으로 IIoT를 정의하면 "연결된 기계와 기기, 센서를 산업적 용도로 사용하는 것"으로 말할 수 있다.

그림 12-10 | IoT, IIoT 그리고 인더스트리 4.0

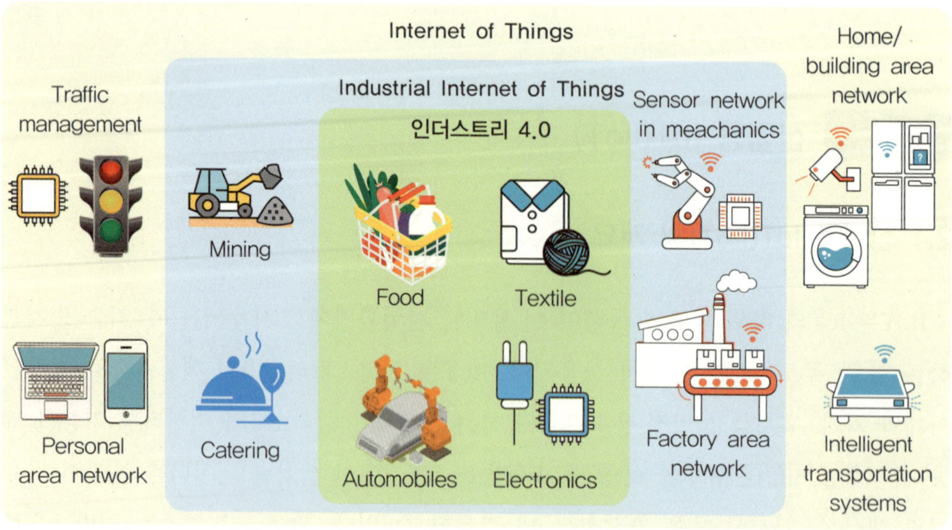

출처: Mohammad Azam, 2018

2.3 IoT와 IIot의 차이점은?

차이점은 작동방식보다는 활용방식에 있다. 전 세계 대다수 IoT 솔루션은 개인이 최종사용자인 경우가 많고 주로 스마트 가전제품, 디지털 비서 또는 휴대폰의 지리적 위치 추적기와 같은 사물에서 사용된다.

IIoT는 IoT의 하위집합이며 동일한 기본기술로 작동되기는 하지만 격리된 개별 사용자가 아닌 연결된 전체 조직의 자동화와 효율성에 더 집중한다. IIoT 네트워크에서 데이터의 수집과 선별 작업은 훨씬 더 복잡한 프로세스의 첫 단계일 뿐이다. 정확한 인사이트를 제공하고 워크플로와 자동화된 작업을 최적화해 조직의 도입효과를 극대화하려면 이들 데이터에 인공지능, 빅데이터와 머신러닝을 적용해야 한다.

2.4 첨단 산업부문의 IIoT기술 활용

(1) 스마트제조

기업은 고객 피드백과 미디어 동향, 글로벌시장으로부터 데이터를 수집한다. AI 기반 시스템에서는 이러한 데이터와 다른 관련 데이터를 종합해 제품개발 및 품질관리에 유용한 정보를 추출할 수 있다. 이러한 인사이트를 토대로 기계와 로봇장치로 구성된 '산업용 사물인터넷(IIoT)' 네트워크를 자동화해 스마트공장의 제품제조를 최적화할 수 있다.

(2) 회복탄력적인 공급망

공급망 관리자는 IIoT 네트워크와 이 네트워크를 실행하는 AI 기반 시스템을 통해 제품의 위치, 제품을 소유한 공급업체, 보유 재고 수량 같은 정보를 파악할 수 있다. 또한 기업은 사고와 운영 중단 등과 같은 상황에 실시간으로 대응할 수 있도록 IIoT기기와 기계를 즉시 프로그래밍해 비상계획을 마련하고 회복탄력성을 바탕으로 경쟁우위를 확보할 수 있다.

(3) 예측적 유지보수

IIoT기술은 산업조직들이 예측적 유지보수 프로그램 개선을 통해 효율성 향상을 할 수 있도록 지원한다. 예측적 유지보수에는 장치의 상태 및 성능을 모니터링하여 문제 발생 시기를 예측한다. 직원들은 유지보수를 수행하여 이러한 고장을 예방할 수 있다. 이는 문제 발생 후 직원들이 기기를 수리하는 사후관리와는 차별화가 된다. 스마트 센서는 기기 작동상태에 대한 상세한 정보를 제공하여, 직원들이 조기에 보다 정확하게 고장을 예측할 수 있도록 하고 직원들은 비정상적인 작동과 잠재적인 문제에 대한 알림을 받을 수 있다. IoT를 통해 가능해진 이러한 예측적 유지보수를 통해 기업들은 다운타임을 줄이고, 효율성을 향상시킬 수 있다.

(4) 지능형 물류

아마존효과란 사실상 모든 상품에서 익일 무료 배송서비스 제공을 요구하는 소비자의 기대 증가를 설명하는 용어이다. 이러한 기대를 충족하기 위해 물류사업자는 재고를 여러 지역으로 분산하고 3자 물류(3PL) 혹은 4자 물류(4PL) 파트너를 활용해야 한다. 관리자는 물류 네트워크에 IoT 솔루션을 적용해 드론, 화물 선박 등 회사의 모든 운송수단을 중앙에서 한눈에 볼 수 있다. IoT 센서의 실시간 데이터로 적하를 통합하고 폐기물을 최소화하며 배송 속도를 높일 수 있다.

(5) 에너지관리

에너지 소비량이 많은 대부분의 산업공정에서는 에너지관리에서의 작은 개선만으로도 많은 비용 절감과 환경보호에 기여할 수 있다. IIoT를 통해 관리자는 전체 회사 및 시설의 전체적인 에너지 사용에 대한 이해도를 향상시킬 수 있으며, 개별 기기의 에너지 소비량에 대한 세부정보도 확인할 수 있다. 기업은 스마트 센서의 데이터를 사용하여 에너지 사용을 최적화할 수 있다. 가장 많은 에너지가 소비되는 위치를 선정하고, 비효율적인 기계를 식별할 수 있게 할 수 있고, 설비에 재생 에너지 자원을 추가하는 데에도 도움을 줄 수 있다.

(6) 헬스케어

환자들은 IoT 모니터와 웨어러블기기로 의료진과 계속 연결되어 진료에 더 적극적으로 참여할 수 있다. 의료전문가는 이러한 기기에서 제공하는 데이터로 환자의 상태를 더욱 완벽하게 파악할 수 있다. 결과적으로 진단과 치료, 종합적인 웰빙에 보다 상세한 정보를 토대로 치밀하게 접근할 수 있다.

(7) 농업

기상과 자연력에 좌우되는 산업의 경우 위험과 취약성을 줄일 수 있는 도구가 있다면 매우 유용하다. '포브스'지는 현대식 농업부문에서 IoT 솔루션 채택 비율이 높아지고 있으며 "수자원 지속 가능성, 이미징, 생산, 농사 편의성 향상을 위해 현재 수천 개의 센서가 배포되고 있다"는 내용의 기사를 실었다.

2.5 IIoT 솔루션의 도입효과

디지털 전환 프로세스의 일부인 IIoT 네트워크는 회복탄력성과 경쟁력을 강화하기 위한 강력한 도구를 제공한다.

(1) 민첩성 향상

IIoT기기는 실시간으로 데이터를 공유하면서 데이터를 지속적으로 수집, 분석하고 그를 통해 학습하는 인텔리전스 네트워크에 기여한다. 비즈니스는 이를 기반으로 기회와 위험에 빨리 결단력 있게 대응할 수 있다. IIoT기기는 데이터를 전송할 뿐 아니라 데이터분석을 통한 지시사항을 수신해 자체의 자동화된 워크플로를 조정하고 최적화한다.

(2) 기계의 품질과 수명 향상

IoT 네트워크의 기기와 기계는 해당 작업 로그와 성능 데이터를 계속 전송한다. AI와 머신러닝 알고리즘은 이러한 센서 데이터를 이용해 예지정비에 대한 귀중한 통찰을 얻는다. 실제로 맥킨지(McKinsey) 조사에 따르면 "예지정비로 기계 다운타임이 보통 30~50% 감소하고 기계수명은 20~40% 증가"하는 것으로 나타났다.

(3) 효율성 향상

유감스럽게도 기업에서 운영 관련 요구사항의 우선순위를 정할 때 "고장만 안 나면 계속 쓴다"는 방식으로 결정하는 경우가 많다. 이러한 사고방식으로는 과거 좋았던 시절만 기억하며 비효율적인 기존 프로세스를 고수할 수 있다. 운영 네트워크에 IoT기기를 통합하면 이러한 기기에서 수집하고 전송하는 데이터는 완전히 객관적 자료이다. 이러한 데이터에 고급분석을 적용하면 프로세스를 업데이트하고 업무를 합리화하며 효율을 증대하기 위한 제안사항과 전략을 지속적으로 제공할 수 있다.

(4) 보다 스마트한 재고관리

미국의 기업들은 2020년 초에 이미 수년간 정치와 무역 관련 불확실성에 시달린 상태였다. 그중 많은 기업에서 팬데믹은 단지 회사의 재고관리시스템이 얼마나 취약하고 수동적인지 깨닫게 한 계기에 불과했다. 기업에서 적층(3D) 프린터 같은 기기를 IoT 네트워크와 연결하면 외부 제조 파트너에 대한 의존도를 줄이고 가상 재고를 보유할 수 있게 되어 필요한 제품을 온디맨드방식으로 제조할 수 있다.

(5) 작업자 안전 강화

산업현장에는 항상 부상의 위험이 상존한다. 오늘날 많은 기업은 IoT산업 안전기기를 사용해 이러한 위험을 줄여나가고 있다. 이러한 기기는 VR 헤드셋과 같은 웨어러블 장치를 통해 경고를 보내거나 지속적인 작업현장 패턴을 모니터링해 공장과 창고현장의 구조를 보다 안전하고 인체공학적으로 재구성한다.

(6) 고객서비스 개선

IIoT 네트워크로 회사 내의 기기와 기계만 연결하는 데 그치지 않고 고객의 경험과 의견을 통합할 수도 있다. 이러한 통합으로 더욱 유기적인 쇼핑 경험과 보다 투명하고 개인화된 물류를 제공하고 고객 피드백과 선호사항을 제조와 신제품개발에 더 적극적으로 반영하는 등 긍정적인 결과를 얻을 수 있다. 고객과의 의미 있는 실시간 상호작용으로 더 경쟁력 있고 회복탄력적인 비즈니스 모델을 구축할 수 있다.

(7) 보안 향상

기기나 기반시설의 원격제어는 어느 정도의 위험을 동반하지만, 전반적으로는 기반시설을 인터넷에 연결하여 보안기능을 강화시켜 준다. 종합적인 통합 보안기능을 갖춘 장치 및 소프트웨어는 승인되지 않은 접근과 데이터 손실로부터 조직을 보호한다. 사용자의 요구사항에 따른 높은 수준의 암호화, 보안인증 및 관리자 옵션을 통해 위험을 줄이고 데이터와 장비를 보다 효과적으로 관리할 수 있다.

(8) 보다 스마트한 의사결정

스마트 센서는 수집 데이터의 양을 증가시키고 데이터를 보다 세부적으로 파악 가능하게 한다. 정보 자체로도 유용하지만 빅데이터분석을 통해 데이터로부터 깊은 통찰력을 얻을 수도 있으며, 정보 기반의 현명한 의사결정을 내릴 수 있다. 또한 데이터는 미래 지향적인 예측과 변화에 대응할 수 있도록 해준다.

(9) 투자수익률 증가

IoT와 IIoT를 통해 조직의 수익 및 투자수익률(ROI)을 개선시킬 수 있다. 에너지효율 개선 및 예측적 유지보수를 포함한 다양한 수단을 통해 비용 절감을 지원한다. 더 나은 의사결정과 미래 지향적인 대응을 통해 조직의 경쟁우위를 유지하고 위험을 최소화할 수 있다. 또한 새로운 비즈니스 기회와 수익을 창출할 수 있다.

2.6 문제 및 과제

2019년 말에는 76억 개의 활성 IoT장치가 있었다. 'Transforma Insights'가 발표한 새로운 연구에 따르면 이 총액은 2030년에 241억으로 증가하여 연평균 성장률(CAGR)은 11%를 나타낼 것으로 예측하고 있으며 향후 몇 년 동안 IoT 및 IIoT기술의 채택은 지속적으로 증가할 것이다. 수익 측면에서 2019년 총 IoT시장의 가치는 4,650억달러였으며, 이는 2030년에 1조5,000억달러로 증가할 것으로 예측되고 있다.

그림 12-11 | IoT시장 예측

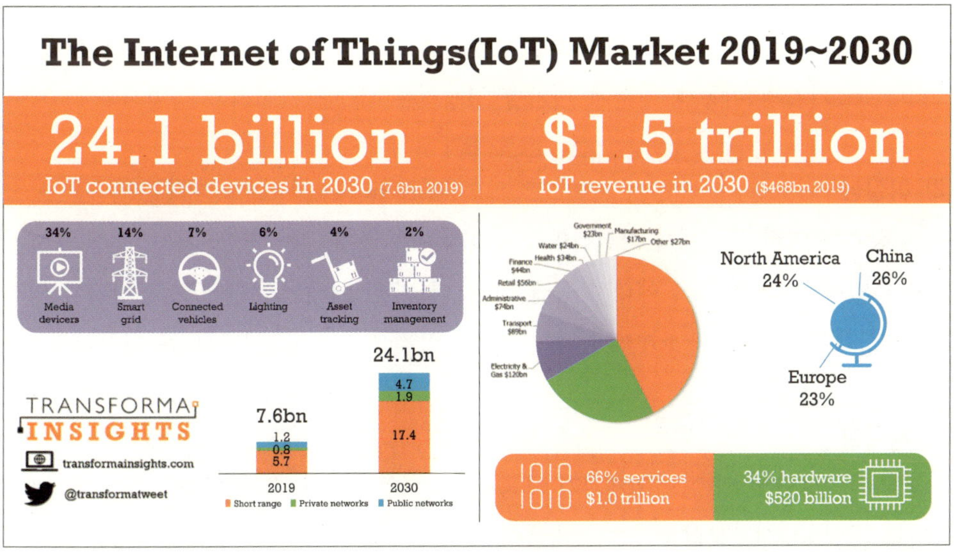

출처: https://www.iotglobalnetwork.com/

이러한 기술은 이미 소비상품에서 제조, 제약에 이르기까지 광범위한 분야에 영향을 미치고 있다. 다른 인더스트리 4.0 기술과 더불어 이들 기술은 디지털 혁신을 주도하고 있으며 거의 모든 부문을 변화시키고 있다. IoT와 IIoT는 자동화, 데이터분석, 인공지능 및 그 밖의 첨단기술과 함께 사용되어 더욱 큰 영향을 미칠 수 있다.

현재 IoT 및 IIoT는 기업들의 경쟁우위를 확보할 수 있도록 지원한다. 경쟁기업들에게 뒤처지지 않기 위해 점점 더 많은 기업들이 IoT 및 IIoT기술을 필요로 하게 될 것이고, 향후 몇 년 동안 이러한 기술이 비즈니스에서 갖는 중요성은 지속적으로 증가할 것이다. 이러한 기술은 소비자들의 일상 속에서도 점점 보편화될 것이며, 미래의 스마트-디지털 연결 세상에서 IoT와 IIoT는 업무 및 개인생활에 있어서 더 중요한 역할을 하게 될 것이다.

IoT는 표준화, 연결성문제, 이질성, 에너지효율성, 신뢰성, 확장성, 이동성, 상호 운용성, 폐기물처리, 저장, 보안, 프라이버시 등과 같은 기술적, 비즈니스적 과제가 더 많다. 간단하게 몇 가지만 알아보면 다음과 같다.

(1) 이동성

IoT시스템은 다양한 종류의 디바이스로 구성되어 있다. 모든 IoT장치에는 공기 습도, 전류 온도, 위치 등의 기본적인 기능이 있다. 복잡한 기능을 위해서는 더 많은 기기의 협업이 필요하다. 이러한 기기는 정적이거나 동적일 수 있다. 서로 다른 IoT기기를 협업해 복잡한 기능을 제공하려면 효율적인 방식으로 IoT기기를 구성할 필요가 있다. 그러나 IoT기기의 이동성 때문에 기기를 구성하는 데 매우 어려운 상황이다.

(2) 이질성

IoT장치는 여러 측면에서 이질적이다. IoT장치는 크기, 계산기능, 기능, 통신 등에서 차이가 있다. 인터페이스, 에너지 공급원 및 더 많은 매개변수 등으로 구성된 다양한 디바이스의 도움을 받아 IoT서비스를 형성하는 것은 IoT시스템에서 큰 과제다.

(3) 확장성

앞에서 언급한 바와 같이 IoT기기 구축 건수는 엄청나게 증가했으며 앞으로도 계속 증가할 것이다. 대부분의 IoT 애플리케이션은 다수의 정적 · 모바일 및 이기종 IoT 디바이스 등의 융합을 필요로 하며, 애플리케이션 내 디바이스 수가 기하급수적으로 변화할 가능성도 있다. 이처럼 많은 수의 디바이스를 구성, 연결 및 관리하기 위해서는 IoT시스템이 확장성을 지원해야 한다.

(4) 에너지효율성

IoT환경에서는 대부분의 디바이스가 배터리 전원이다. 장치는 데이터, 데이터 전송, 데이터 처리를 감지하고 감지된 데이터에 따라 조치를 취할 수 있는 에너지가 필요하다. IoT시스템은 에너지효율이 높아야 IoT기기의 수명을 늘릴 수 있다.

(5) 보안

IoT시스템은 수많은 이유로 공격에 엄청나게 취약하다. 첫째, 대부분의 시간장치는 방치되어 있고, 결과적으로 물리적으로 공격하기 쉽다. 둘째, 대부분의 통신은 무선이기 때문에 상대방이 해킹하는 것은 극히 간단하다. 마지막으로 IoT 객체의 대부분은 배터리, 계산 전력, 메모리 등 유한한 자원에 의해 제약되어 있어 복잡한 보안기법을 구현할 수 없다.

(6) 프라이버시 및 콘텍스트 관리

서비스 제공업체(SP)는 사용자에게 서비스에 대한 접속을 제공하기 전에 개인 데이터 공유에 관한 약관이 포함된 성책을 받아들이도록 요청한다. 사용자는 서비스의 이익을 얻기 위해 정책을 받아들여야 한다. 만약 거부 시 접속을 거부당할 수 있기 때문이다. 서비스는 사실 '받아들이거나 내버려 두거나' 같은 시나리오다. SP와 개인 데이터를 공유하면 사용자의 개인정보 보호권한이 침해될 수 있다. IoT환경처럼 다수의 서비스를 이용할 수 있다. 따라서 사용자 데이터는 더 많은 수의 SP와 공유되어 사생활 침해 가능성이 있다. 따라서 서비스에 접속하기 위해서는 최소한의 개인정보 공개 메커니즘이 요구된다. 따라서 프라이버시 인식 IoT 애플리케이션의 경우 사용자가 공유하는 최소한의 정보를 바탕으로 사용자의 콘텍스트와 선호도를 계산할 수 있는 메커니즘이 필요하다.

(7) 콘텍스트 관리 및 지식 검색

IoT와 AR은 콘텍스트 정보를 기반으로 하는데 콘텍스트 정보가 이기종이기 때문에 콘텍스트 정보의 처리와 AR로부터의 지식 검색은 IoT와 AR의 주요 과제다.

2.7 IoT와 IIoT의 비즈니스 모델

산업생산과 정보통신기술의 융합이 증가함에 따라 소위 IIoT로 알려진 Industrial 4.0이 제조세계로 유입되었다. 이런 현상은 사이버 물리시스템(CPS) 형태의 물리적 세계와 가상세계(사이버 스페이스)가 융합되면서 정보 · 객체 · 사람 간 연결이 가능해졌고 공장을 스마트환경으로 전환할 수 있게 되었다.

또한 비즈니스 세계의 급속한 디지털화로 인해 업계의 전통적인 장벽이 허물어지고 있으며 많은 학자들과 실무자들이 기존 비즈니스 모델을 버리고 기술경영중심의 비즈니스 모델로 가야 한다고 강조하고 있다. 또한 IIoT의 등장으로 세계는 혁신과 변화의 새로운 시대를 맞이하게 되었고, 학자들은 그것이 다음 혁신 물결의 촉발로 이어지는 수십 년 동안 혁신의 가장 강력한 원동력으로 간주하고 있다. 먼저 Industrial 4.0과 관련된 특징과 기존의 비즈니스 모델의 문제 그리고 디지털시대의 요구사항을 알아보고 IoT와 IIoT의 비즈니스 모델에 대해 알아보자.

표 12-5 인더스트리 4.0과 관련된 특징, 과제 및 요구사항

인더스트리 4.0의 주요 특징	기존 비즈니스 모델에 영향을 미치는 주요 문제	디지털 혁신에 직면하기 위한 주요 요구사항
• 상호 운용성(IIoT기술을 통한 인간과 스마트공장 간의 연결 및 통신) • 가상화 • 실시간 기능서비스 지향 • 모듈화	• 네트워킹 및 장벽 감소 • 제품 및 프로덕션시스템의 유연성 및 개인화 • 개별화된 대량생산 • 현지생산 • 저가 • 스마트상품 및 서비스 • 가치사슬의 단순화 • 생산의 세계화 및 분산 • 통합 생산시스템 • 자동화 • 인간의 독창성	• 표준화(시스템, 플랫폼, 프로토콜, 연결 등) • 작업조직 • 제품 가용성 • 새로운 비즈니스 모델 • 특허 및 기술자산 보호 • 숙련공의 가용성 • 연구투자 • 전문성개발 • 법체계

2.7.1 비즈니스 모델

비즈니스 모델은 이해관계자, 규칙 및 규정, 비전, 역량, 정보, 전략 및 개발된 제품을 포함하는 조직의 프로세스에 대한 전체적인 모습을 제공한다. 비즈니스 모델은 비즈니스의 조직구조와 재무구조의 결합이다. 경제학(비즈니스 스터디)에 대한 이론적 지식은 비즈니스 모델의 개념을 이해하기 위한 전제조건이 아니다. 비즈니스 모델의 핵심은 고객에게 가치를 전달하고 고객을 제품 구매로 유도함으로써 수익을 추구하는 과정이다.

비즈니스 모델은 비즈니스에 대한 논리를 제시하고 데이터와 추가정보를 제공하며, 비즈니스 모델을 통해 고객에게 비즈니스 생성과정과 가치를 보여준다. 이 가치는 비즈니스와 관련된 수익구조, 비용 및 이익에서 만들어진다. 혁신으로 수익을 내기 위해서는 기업 임원들이 제품혁신과 비즈니스 모델 설계에 최대한 공을 들여서 고객의 니즈를 파악하는 것이 필요하다. 좋은 비즈니스 모델의 결과는 가치제안이다. 이러한 결과는 기업이 제품과 서비스를 창출할 수 있는 충분한 가치를 창출할 수 있도록 함으로써 고객과 기업에게 유리하게 작용한다. 고객은 제품뿐만 아니라 특정 요구를 파악하고 해결할 수 있는 솔루션을 요구한다. 고객과 생산자 간에 소비자의 선택, 거래비용 및 이질성의 요인이 사업 모델에 커다란 영향을 미친다.

2.7.2 비즈니스 모델의 정의

인터넷기업들은 전통적인 오프라인기업과 비교해 가치와 수익을 창출하는 방식이 근본적으로 다르다. 이러한 차이를 비즈니스 모델이라는 용어를 사용하여 설명하면서 확산되었으며, 사업의 아이디어를 가지고, 어느 시장에서, 누구에게, 어떤 가치를 어떤 방법으로 전달하고 어떻게 수익을 창출할 것인지에 대한 전반적인 방향과 방법으로 정의한다.

2.7.3 비즈니스 모델의 기본단위

[그림 12-12]는 비즈니스 모델의 몇 가지 기본단위를 보여준다. 비즈니스 모델의 기본단위에 대한 자세한 설명은 다음과 같다.

(1) 가치제안

가치제안(Value Proposition)은 고객의 요구사항을 충족하는 선택된 제품 또는 서비스를 나타낸다. 고객에게 제공되는 가치는 양적 또는 질적일 수 있다.

고객의 요구사항에 따라 제품의 독창성, 서비스 개선 및 제품의 조정에 따라 가치가 창출된다. 예를 들어, 휴대전화의 등장은 이동통신의 새로운 산업으로 떠올랐다. 또한

그림 12-12 | 다양한 비즈니스 단위

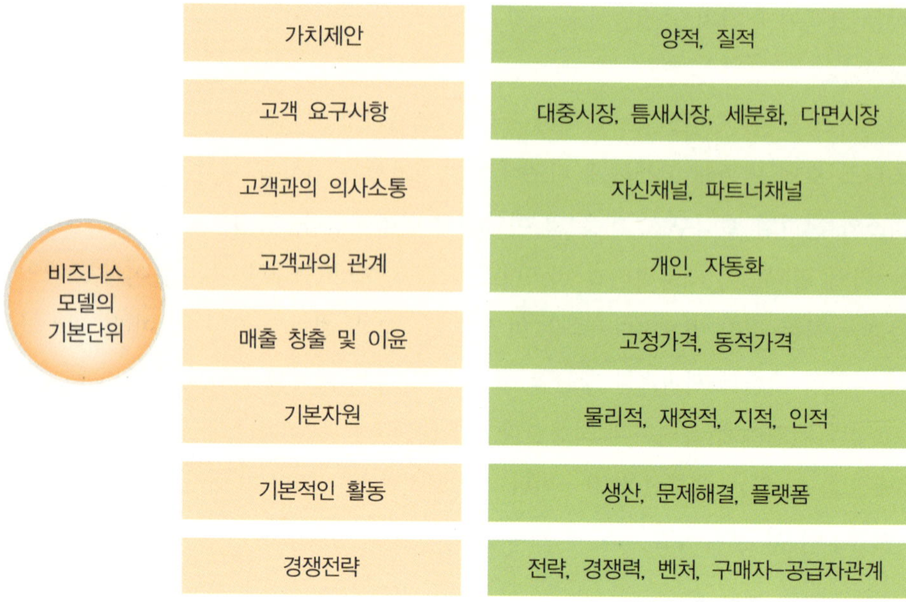

고객의 업무를 지원하고, 사용자에게 친숙한 디자인과 최적의 제품가격 선택을 통해 가치를 창출할 수 있다. 낮은 가격 가치제안은 비즈니스 모델에 상당한 영향을 미치는 경향이 있다. 서비스 수준 계약(Service Level Agreement: SLA)은 제품 또는 서비스를 구매하는 동안 고객이 초래하는 위험을 최소화하는 데 도움이 된다.

(2) 고객 요구사항

고객은 비즈니스 모델의 핵심을 형성한다. 이들의 요구사항에 따라 비즈니스 모델은 하나 또는 여러 고객그룹으로 설명할 수 있다. 비즈니스 조직이나 회사는 주로 고객의 영향을 받는 이익에만 의존한다. 고객의 요구사항을 적절히 충족시키기 위해서는 고객의 요구사항과 무시해야 하는 요구사항 사이의 적절한 구분이 중요하다. 이러한 니즈를 구분하는 것은 고객의 니즈, 고객의 커뮤니케이션 채널의 접근성, 고객 간의 관계 및 제품·서비스에 대해 고객이 기꺼이 지불할 금액에 따라 구분될 수 있다. [그림 12-12]에서 볼 수 있듯이 고객부문의 다양한 유형은 대중, 틈새, 세분화, 다양화 및 다면시장이다.

- **대중시장**: 이러한 유형의 시장은 가전제품부문에서 구입할 수 있다. 이러한 시장의

고객관계는 유사한 요구와 문제를 가진 소비자그룹에 초점을 맞춘다.

- **틈새시장:** 이러한 유형의 시장은 구매자-공급자 섹션에서 확인할 수 있다. 틈새시장을 추종하는 비즈니스 모델은 구체적이고 전문화된 고객그룹을 목표로 한다.
- **세분화된 시장:** 이러한 형태의 시장은 주로 시계산업, 자동차산업, 산업자동화에 기여한다. 거의 다른 요구와 문제를 가진 고객에게는 이 시장을 이용하여 서비스를 제공한다.
- **다양한 시장:** 이러한 형태의 시장은 다양한 요구사항을 가진 두 개 이상의 관련이 없는 고객그룹으로 형성된다. 예를 들어, Amazon은 소매업과는 별도로 고객에게 클라우드 플랫폼을 스토리지 및 주문형 서버로 제공한다.
- **다면시장:** 이러한 형태의 시장은 여러 그룹의 독립적인 고객들을 대상으로 한다. 예를 들어, 신용카드회사는 신용카드 소유자와 이러한 신용카드를 받는 상인으로 구성된다.

(3) 고객과의 커뮤니케이션

통신, 유통 및 판매 채널은 회사와 고객 사이의 인터페이스를 형성한다. 이러한 커뮤니케이션 채널은 고객에게 인식을 심어주고, 가치제안을 평가하는 데 도움을 주며, 고객에게 가치제안을 전달하고, 고객이 특정 제품과 서비스를 구매하는 데 도움을 준다. 조직은 통신 채널, 파트너의 채널을 통해 고객에게 연락하거나 두 채널을 모두 통합할 수 있다. 조직이 소유한 채널은 직접 또는 간접일 수 있으며 더 높은 마진을 얻을 수 있다. 소유 통신 채널은 초기단계에서 비용이 많이 들 수 있는 반면, 파트너의 커뮤니케이션 채널은 항상 간접적이며 결과적으로 마진이 더 낮다.

(4) 고객과의 관계

다양한 고객그룹과 회사가 유지하는 관계의 유형은 비즈니스 모델에서 또 다른 형식이다. 조직은 개인 또는 자동화된 관계를 설정할 수 있다. 개인적인 관계는 구매 완료 후 고객과의 인적 교류를 기반으로 한다. 일부 조직에서는 각 개별 클라이언트에 전담 담당자가 서비스를 제공한다. 또한 특정 조직은 고객과 직접적인 관계를 유지하지 않으며, 시스템을 생성하거나 고객을 돕기 위해 필요한 유사한 조치를 제공한다. 한편 일부 조직은 다양한 커뮤니티의 구성을 통해 고객과 상호작용한다.

(5) 매출 창출 및 이윤

조직의 각 고객그룹에서 창출되는 수익은 비즈니스 모델에서 중요한 역할을 한다. 생성된 각 수익 흐름은 서로 다른 가격 책정 메커니즘으로 구성될 수 있다. 비즈니스 모델은 두 가지 유형의 수익 흐름, 즉 트랜잭션과 반복 수익으로 구성된다. 거래 수익은 고객의 일회성 결제에서 창출된다. 한편 정기적(예 당뇨약이나 고혈압약)으로 고객에게서 전달된 지급액에서 반복적인 수익이 발생한다. 수익은 단체의 자산매각, 상품 또는 서비스의 판매로 거둔 수익, 청약수수료, 임대료·대여금, 광고, 다른 당사자에게 제공하는 중간서비스, 면허의 형태로 환전 등 다양한 형태로 창출할 수 있다. 기업은 고정 및 동적 가격의 형태로 이러한 수익을 창출한다. 고정가격은 정적 변수에 따라 미리 정의된 변수에서 생성된다. 동적 가격은 시장상황에 따라 다르다.

기업이 얻은 이윤은 비즈니스 모델을 운영하기 위해 발생하는 비용을 기준으로 회사가 얻은 이익을 설명한다. 창출 및 제공, 고객과의 관계 유지, 수익 창출에 따른 비용 절감효과를 제공한다. 따라서 기업이 얻는 이익을 높이기 위해서는 발생하는 비용을 최소화해야 한다. 사업 운영에 드는 비용은 비용구조를 줄이거나 제품의 가치를 향상시킴으로써 줄일 수 있다. 비즈니스 모델의 비용구조는 고정적이거나 가변적일 수 있다. 고정원가구조란 생산되는 재화나 용역의 양에 따라 고정되거나 정적인 원가구조를 말한다. 반면에 변동원가구조는 상품의 양에 비례하여 변동되는 원가구조를 말한다.

(6) 필수자산

자산은 비즈니스에서 중요한 역할을 한다. 이러한 자산을 통해 조직은 가치제안을 만들고 제안하고, 시장부문에 도달하며, 고객그룹과 관계를 유지하며, 돈을 받을 수 있다. 모든 조직이 소유·임대하는 자산은 물리적, 재정적, 지적 또는 인적자산일 수 있다. 물리적 자산은 조직이 소유한 건물, 차량, 기계 및 시스템과 같은 물리적 개체로 구성된다. 조직의 금융자산은 조직이 소유한 재무자산, 신용 및 현금으로 구성된다. 지식재산에는 조직이 보유한 특허, 저작권, 파트너십 및 고객 데이터베이스가 포함된다. 기업이 유지하는 인재도 비즈니스 모델에서는 자산으로 간주된다.

(7) 기본활동

조직을 성공적으로 운영하기 위해서는 비즈니스 모델이 몇 가지 기본활동을 따라야 한다. 이러한 기본활동은 생산, 문제해결 및 플랫폼으로 분류할 수 있다. 생산활동은 상당히 많은 양의 고품질제품의 설계, 생산 및 배송과 관련이 있다.

개별 고객의 질의에 대한 시기적절하고 만족스러운 응답도 조직의 기본활동의 일부이다. 플랫폼은 또한 기업의 기본활동에 영향을 미치는 필수적인 자원 역할을 한다.

(8) 경쟁전략

공급업체, 파트너 및 소비자의 네트워크가 비즈니스 모델을 형성한다. 비즈니스 모델을 최적화하고 리스크를 줄이고 고객과의 관계를 구축하기 위해 기업은 경쟁업체와 전략적 관계를 유지한다. 조직의 고유한 파트너십에는 네 가지 유형이 있다. 전략, 경쟁력, 공동 벤처, 구매자-공급자관계이다. 구매자-공급자관계는 자원을 최적으로 할당하는 가장 일반적으로 설계된 파트너십이다. 대부분의 조직에서는 회사가 소유한 리소스나 수행된 활동을 다른 파트너와 공유하여 비용을 최소화한다. 또한 경쟁환경에서 전략적 제휴는 리스크를 줄이는 데 도움이 된다. 일부 조직에서는 자체적으로 활동을 수행하거나 리소스를 공유할 수 있다. 라이선스, 지식을 통해 고객에 대한 액세스를 개선하기 위해 이러한 회사는 다른 업체와 파트너십을 맺을 수 있다.

2.7.4 IoT 비즈니스 모델 요구사항

IoT 이해관계자의 주요 과제는 비즈니스를 위한 가치를 창출하는 것이다. 또한 이해관계자는 요구사항과 기회를 식별하고 내부 조직문제를 해결하며 새로운 IoT기술과 관련된 복잡성을 극복하기 위한 다양한 방법을 찾으려고 할 것이다. IoT 기반 제품과 관련된 문제는 제품들 간의 통신이 실시간으로 처리되고 해결되어야 한다. IoT 생태계는 [그림 12-13]과 같이 복잡한 산업 프로세스에 대하여 다양한 이기종시스템으로 구성된 모델에 대한 솔루션을 제공해야 한다. 따라서 기존 비즈니스 프레임워크 및 비즈니스 모델은 신제품개발, 효율적인 프로세스, 향상된 자산 활용, 서비스 및 기술과 관련된 문제를 해결할 수 없다. IoT 기반 비즈니스 모델이 충족해야 할 다양한 측면은 다음과 같다.

- 각 기업은 모델을 설계하는 동안 대상 고객그룹에 서비스를 제공하고 고객의 문제를 식별 및 해결해야 한다. IoT 기반 비즈니스 모델은 조직 수준을 넘어 생태계 수준까지 고객을 지원할 수 있어야 한다.

그림 12-13 | 비즈니스 모델 요구사항

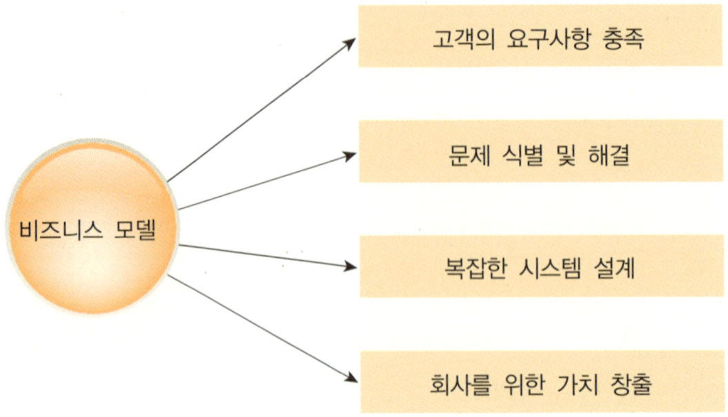

- 고객의 가치를 충족시켜야 한다. 각 회사는 고객의 요구사항을 충족하기 위해 선택한 제품 및 서비스를 제공해야 한다.
- 이해관계자 네트워크 내에서 복잡한 가치 흐름을 설계하면 조직의 가치제안을 구축하고 배포하는 데 도움이 되어야 한다.

  새로운 비즈니스 모델의 설계에는 제품 및 활동, 적절한 자산, 기능 및 이들 간의 적절한 조정이 포함된다.
- 각 비즈니스 모델은 데이터를 자산으로 간주하고 비즈니스와 연관되어야 한다. 기업의 주요 요소는 수익 메커니즘과 비용구조와 같은 다양한 측면에서 가치를 창출하는 것이다. 예를 들어, 에어비앤비는 일정금액의 처리비용을 받는 대가로 고객과 공급자를 연결하는 온라인회사이다. 에어비앤비는 시장 역할을 하며 아파트, 호텔, 요리 교실, 모험, 서핑, 콘서트에 대한 실시간 정보를 고객들에게 제공한다. 타깃 고객그룹은 다양하고 거대한다. 고객은 글로벌 웹사이트에 접속하고 필요에 따라 선별적인 서비스를 예약할 수 있다. 반면 공급자와 소비자는 그들 사이의 적절한 조율을 할 수 있고 그에 따른 비즈니스 모델은 경제 공유를 기반으로 구축되어 가치를 창출한다.

2.7.5 IoT 비즈니스 모델

사물인터넷(IoT)은 인터넷을 통해 센서, 액추에이터, 다양한 통신기술을 이용해 물리적인 기기나 사물을 연결한다. 이 기술을 상업적으로 탐구하기 위해 새로운 비즈니스 모델이 개발된다. 비즈니스 모델은 비즈니스의 주요 활동의 프레임워크를 제공한다. IoT의 다양한 비즈니스 모델은 다음과 같다.

(1) 구독 기반 모델(Subscription-based model)

IoT 시나리오에서 서비스 제공자들이 제공하는 애플리케이션과 서비스는 일반적으로 가입, 사용당 지불 기반 모델로 이용 가능하다. 즉, 제공되는 서비스는 미터링된 서비스의 형태이다. 고객은 특정 기간 동안 어떤 형태로든 일회성 결제 대신 자신이 사용한 서비스에 대해서만 요금을 지불한다. 그러나 조직은 기존 모델에서 구독 기반 모델을 지원할 수 있어야 한다. 이러한 혁신을 위해서는 프로세스, 규칙, 관련 인력 및 전체 인프라를 크게 변경해야 한다. 제공된 서비스는 고객으로부터 차액 지불 후 승인된다. 조직은 고객으로부터 창출되는 수익을 반복적인 수익의 형태로 재정렬한다. 반복되는 수익을 추적하고 수집하려면 새로운 정책, 시스템 및 프로세스가 필요하다. 또한 이 모델과 관련된 제품으로부터 지불방법의 업그레이드 또는 무료 프리미엄 모델의 구현을 통해 수익을 얻을 수 있다. 고객과의 반복적인 구독 후 상호작용으로 인해 이 모델은 고객과 지속적인 관계를 맺고 있다. 그러나 이 모델의 가장 큰 단점은 고객관리, 숙련된 인력 요구사항 및 주기적인 업데이트이다.

(2) 결과 기반 모델

비즈니스 또는 제품은 성과당 지불 기반 모델로 고객에게 결과를 제공한다. 예를 들어, 의료서비스를 이용하는 최종사용자는 서비스결과에 따라 비용을 지불한다. 이러한 제품 또는 서비스에는 정기적으로 자체 모니터링할 수 있는 기능이 있다. 따라서 고객은 제품의 유지관리에 대해 신경 쓸 필요가 없다. 전환은 거래를 통해 고객에게 제품 또는 서비스를 제공하는 것에서 고객에게 결과를 직접 제공하는 것으로 전환된다. 연결된 장치는 결과 기반 비즈니스 형성에 도움이 된다. 고객은 제품이나 서비스에서 얻은 결과에 대해 비용을 지불하고, 이로 인해 리스크 감소, 이익률 향상, 고객만족도 향상 등을 얻게 된다. 그러나 가격표준화, 결과의 안전한 제공, 새로운 인프라 및 정책은 결과 기반 모델에서 해결해야 할 중요한 과제이다.

(3) 자산 공유 모델

시간이 지남에 따라 활용도가 낮은 비즈니스장비, 기술 및 직원 지식을 특정 기간 동안 고객과 공유한다. 이 서비스는 시간당 지급기준으로 제공된다. 조직은 장비 및 인력에 대한 접근권한을 임대방식으로 제공한다. 따라서 이러한 기업은 공통 플랫폼을 사용하여 수익을 창출한다. 이 비즈니스 모델을 수행하는 조직의 주요 목표는 장비의 고장시간을 최소화하고 자산 활용도를 극대화하는 것이다. 성공적인 자산 공유를 위해서는 재정적, 지속 가능한, 사회적 기회가 필요하다. 또한 적절한 정책과 규칙을 설정하고, 수급 재고를 정기적으로 점검해야 한다. 예를 들어, 중장비 대여를 위해 2017년 1월에 'Dozer Access Platform'이라는 이름의 온라인 플랫폼이 시작되었다. 따라서 자산 공유는 기존 자원에 가치를 더하고, 이익 마진을 높이고, 낭비를 줄였다. 또한 제품에 대한 소유권을 줄이고 자원에 대한 소비자의 액세스를 향상시켰다. 디지털기술의 발전, 더 나은 연결성 및 조정은 이러한 비즈니스 모델을 추진하는 촉매제 역할을 한다. 그러나 소비자와 서비스 제공자 사이의 위험의 변화를 해결해야 하는 것도 필수적이다.

(4) 서비스로서의 IoT(IoT-as-a-service)

IoT 시나리오에서는 물리적 기기나 사물이 인터넷을 통해 상호 연결되어 기업이 임대 시 소비자에게 제품을 공급할 수 있다. 이러한 제품은 소프트웨어, 하드웨어, 정보 및 데이터일 수 있다. 소비자들은 이러한 제품을 사용량에 따라 유료로 사용한다. IoT 디바이스에서 센서는 연결된 시스템의 핵심을 형성한다. 따라서 물리적 세계와 디지털 세계는 서로 공존한다. 제품이 연결되면 반복적으로 서비스로 제공된다. IoT환경에서 해결해야 할 주요 과제는 상호 운용성이다. 이기종 센서에 의해 생성된 데이터는 생산성을 최적화하기 위해 이 센서와 호환되어야 한다. 또한 실행시간 중에 고장이 발생하면 데이터가 잘못 생성될 수 있다. 반면에 IoT as a Service는 라이선싱비용을 절감하고 수익을 향상시키며 고객관계를 개선시킨다.

신뢰성 기반 및 평판 기반 비즈니스 모델이 있을 수 있다. 신뢰성 기반 모델은 소비자가 IoT 제품에 직접 액세스할 수 있게 한다. 제공되는 제품 품질과 서비스에 따라 제품 및 서비스의 가격이 변동한다. 따라서 공급업체 · 서비스 제공자는 제품 및 서비스의 품질을 정기적으로 유지하고 개선할 필요가 있다. 반면 제품과 서비스의 질이 향상됨에 따라 그들의 가격 또한 상승한다. 따라서 서비스 제공업체의 이익은 물론 고객만족도도 개선되고 있다. 평판 기반 모델도 소비자의 관점에서 설계되었다. 이 모델에서 서비스 제공자가 성공적으로 제공한 서비스의 이력과 명시된 기간 내에 제품의 가격이 달라진다.

2.7.6 IIoT 비즈니스 모델

몇몇 학자들은 기술적 잠재력을 경제적 가치로 전환하는 요건을 충족시키기 위해 비즈니스 모델을 제시했다. 또한 자원과 시장 사이의 가치 있는 연결을 구축하기 위해 혁신적인 개념이 도입되었다. IIoT 비즈니스 모델의 주요 구성요소는 다음과 같다.

(1) 가치제안

실제제품 또는 서비스 사양이 결정되기 전에 특정 규칙이나 규정을 따르는 제품에 대한 가치가 생성된다. 사용자의 맥락에서 초기 관점은 사용가치를 향상시키는지 아닌지에 대한 제안을 식별하는 것이다. 반면에 IIoT의 관점에서 제품을 구입하거나 리스하는 제조업체의 경우 가치제안을 통해 투명성, 실시간 데이터 및 원격 데이터 접속이 가능한다.

(2) 가치 포착 메커니즘

서비스 제공자가 현재 자산의 가치를 재정적 가치가 있는 자산으로 변환하는 메커니즘을 가치 포착 메커니즘이라고 한다. IIoT 비즈니스 모델 설계의 주된 동기는 판매 제조 장비 및 서비스를 넘어 잠재적 수익 흐름을 확대하는 것이다. 즉 비즈니스 모델은 임대, 임대, 유지 보수 및 수리, 예측 모델링 및 프로세스 최적화를 포함하는 계약을 평가한다.

(3) 가치 네트워크

비즈니스 조직의 변화상태와 비즈니스의 개선된 연결성은 가치 네트워크를 통해 표현된다. 조직의 가치 네트워크 설계는 고객에게 서비스를 제공하기 위해 최대한의 기회를 활용할 수 있다. 따라서 모든 조직의 이해관계자 및 공급업체 생태계의 가치 네트워크 설계가 필요하다. 산업에서 상호 연결된 기계, 장치 및 프로세스를 구성하는 핵심은 네트워킹이다.

(4) 가치 커뮤니케이션

조직의 가치 창출은 기업 간의 인식과 상호작용에 따라 달라진다. 더욱이 IIoT에는 다양한 복잡성과 불확실성이 존재한다. 비즈니스 모델의 다양한 행위자 간 커뮤니케이션의 복잡성과 불확실성을 해결하기 위한 요구사항이 널리 퍼져 있다. 그러므로 관련된 의사소통, 신뢰, 그리고 자본은 사업에서 중요한 역할을 한다.

2.7.7 IIoT 사업기회

예측 불가능한 결과를 경제학의 불확실성이라고 한다. IIoT는 새로운 비즈니스 기회 창출을 위한 토대를 마련한다. 비즈니스 기회는 비즈니스를 설정하는 데 필요한 모든 제품, 서비스 또는 장비의 판매 또는 임대로 구성된다. 신기술의 진화는 새로운 디지털 경제에 중요한 역할을 한다. 서비스 제공업체, 시스템 통합업체 및 기술 파트너는 개선된 제품을 판매한 후 상호 이익을 얻을 수 있다. 따라서 IIoT의 사업기회에는 기업가정신과 거래비용이라는 두 가지 다른 측면이 있다.

(1) 기업가정신 측면

비즈니스 모델에는 가치를 창출하고 조직과 관련된 다양한 자산의 소유권이 필요하다. 인간과 기계의 협업을 통해 생산성과 노동자의 경험을 향상시킬 수 있다. 전통적으로 생산과정은 인간 대 기계로 표현되었고, 이제는 인간이 새로운 부가가치 결과를 전달하기 위해 기계로 작업한다는 개념으로 대체되었다. 서비스 기반 비즈니스 기회는 주로 사용량에 따라 고객에게 초점을 맞춘다. IIoT 시나리오에서 수집된 실시간 정보에 따라 서비스 제공자들은 이러한 자산에 맞춰 조직을 설계한다.

(2) 거래비용 측면

특정 기간 동안 물리적 장치나 사물(자산)을 공유하는 것과 같은 비소유권 가치제안은 수익 창출의 중요한 측면이다. 자산 공유 프로세스를 기반으로 소유자는 프로세스에 대한 투명성과 제어력을 높여 자산의 고장과 유지관리비용을 관리할 수 있다. IIoT 시나리오에서 산업용 장비의 수와 유형이 지속적으로 증가함에 따라 최종사용자는 서비스 제공업체에 서비스 수준 계약(SLA)을 요구하게 된다.

2.7.8 IIoT 비즈니스 모델 분류

현재 IIoT는 제조업과 비제조업에도 광범위하게 적용되고 있다. 전통적인 자동화는 1960년대에 기계가 인터넷을 통해 상호 연결되지 않았던 산업계에서 활용되었다. 현재 이 인프라는 센서에서 서버로 정보를 전달하는 장치로 크게 변형되었다. IIoT의 비즈니스 모델은 다음과 같이 분류된다.

(1) 클라우드 기반 비즈니스 모델

클라우드 기반 비즈니스 모델의 고객은 소프트웨어, 플랫폼 또는 인프라를 구매하지 않는다. 클라우드 리소스는 짧은 시간 동안 고객에게 임대로 제공된다. 전통적인 비즈니스 모델에서 센서 데이터는 인터넷을 통해 서비스 제공자에게 할당되고, 원시 데이터는 직원이 변환하고 분석한다. IIoT 시나리오에서 처리능력, 스토리지공간, 가상 운영체제 및 개발 지향 플랫폼과 같은 결과는 고객에게 'as-a-service'로 제공된다. 서비스 제공업체는 동일한 제품을 고객에게 반복적으로 판매하는 대신 판매 리소스에 집중한다. 이 비즈니스 모델은 처리능력, 데이터 스토리지 및 시스템 가상화로 구성된다. IaaS(Infrastructure-as-a-Service) 모델에서 하드웨어와 소프트웨어는 지불방식으로 고객에게 제공된다. 반면에 PaaS(Platform-as-a-Service) 비즈니스 모델의 경우 외부 엔터티에서 결과에 액세스하고 소프트웨어 애플리케이션 개발을 지원하며 애플리케이션을 기존 솔루션에 통합하는 데 도움을 줄 수 있다. 또한 SaaS(Software-as-a Service) 기반 비즈니스 애플리케이션에서 서비스는 온라인 및 맞춤형 소프트웨어 서비스로 고객에게 제공된다.

(2) 서비스 지향 비즈니스 모델

서비스 지향 비즈니스 모델은 데이터의 1차 활용, 분석 및 집계를 지원한다. 고객은 실제로 소유하지 않고도 결과를 알 수 있다. 전통적인 비즈니스 모델을 서비스 지향 비즈니스 모델로 전환하면 가치가 창출되며, 이러한 모델은 클라우드 기반 비즈니스 모델에서 구축한 인프라와 플랫폼을 통해 서비스를 요청하는 소비자그룹에 서비스를 제공한다. 소비자는 일반적으로 셀프서비스 인터페이스 또는 웹 포털을 통해 서비스를 이용하고, 소비자에게 제공되는 서비스 유형은 대부분 자동으로 수행된다. 반면에 이러한 비즈니스 모델의 가치 구성은 플랫폼, 인프라 및 애플리케이션의 유지관리 및 개발을 통해 달성할 수 있다. 비즈니스 모델의 핵심역량은 플랫폼, 데이터분석 및 실시간 데이터를 통해 고객의 요구사항을 충족하는 데 있으며, 소비자는 초기 시설구조 및 변동비용에 따라 이러한 서비스를 이용하기 위해 비용을 지불해야 한다.

(3) 프로세스 지향 비즈니스 모델

프로세스 지향 비즈니스 모델은 클라우드 기반 및 서비스 지향 비즈니스 모델의 특성을 모두 포함하는 하이브리드 비즈니스 모델이다. 서비스 제공업체는 데이터를 분석하고 활용 가능한 형식으로 변환한다. 공정 최적화는 가동 중지시간을 줄이고 기계의 가용성을 높이고, 프로세스의 최적화는 전체 조직에 유익한 것으로 입증되었다. 프로세스 지향 비즈니스 모델의 주요 응용분야는 3D 프린터, 프로세스 지향 및 데이터 지향 구조이다. 프로세스 지향 비즈니스 모델의 주요 기능은 조직 내 다양한 비즈니스 프로세스 실행하고 프로세스 성능을 평가하는 것이다. 수집된 데이터와 그 분석을 통해 프로세스 흐름을 최적화할 수 있다.

2.7.9 IIoT 기반 비즈니스 모델 개발의 주요 과제

클라우드 기반 비즈니스 모델은 주로 인프라 제공에 중점을 둔다. 서비스 지향 비즈니스 모델을 사용하는 기업은 데이터 스토리지, 분석 및 서비스화(as-a-Service) 결과를 제공하기 위해 클라우드를 채택한다. 반면에 프로세스 지향 비즈니스 모델은 클라우드 지향 비즈니스 모델과 서비스 지향 비즈니스 모델을 모두 활용하여 목적에 부합한다. IIoT 기반 비즈니스 모델 개발에서 직면한 주요 과제는 다음과 같다.

- 물리적 세계와 가상세계가 대규모로 결합됨에 따라 보안을 유지하고 데이터 개인정보 보호문제를 처리하기가 상당히 어렵다.
- 조직은 기기 수준 및 시스템 전반의 보증, 경직성 및 사고 대응 모델에서 인증을 제공하는 향상된 보안 프레임워크를 요구한다.
- 기존 시스템 간의 상호 운용성이 부족하기 때문에 시스템의 복잡성과 구축비용이 크게 증가한다.
- 기계와 다른 물리적 시스템(M2M 통신) 간에 데이터를 원활하게 공유하려면 기존 기술을 추가하거나 교체하는 데 상당한 비용이 든다.

연습문제

〈객관식〉

01 오늘날 인더스트리 4.0의 제조 및 생산환경을 설명한 것 중 적절하지 않은 것은?

① 빠르게 변화하는 프로세스　② 소품종 대량생산
③ 짧은 개발기간　④ 갑작스러운 기술적 진화

02 사물통신과 사물인터넷의 차이점을 설명한 것 중 사물통신에 해당하는 것은?

① 통신네트워크가 초연결망으로 되어 있다.
② 디바이스 구성이 RFID, 센서중심으로 되어 있다.
③ 사물의 구동 수준이 자율적이다.
④ 즉시 맞춤식, 지능화 서비스를 제공한다.

03 IoT의 기본 3요소가 아닌 것은?

① 사물　② 데이터
③ 통신기술　④ 사람

04 IIoT 비즈니스 모델에 포함되지 않는 것은?

① 클라우드 기반 비즈니스 모델　② 서비스 지향 비즈니스 모델
③ 프로세스 지향 비즈니스 모델　④ 생산혁신 기반 비즈니스 모델

05 IoT 계층에서 정보처리 계층이라고도 불리는 계층은?

① 감지 계층　② 통신 계층
③ 미들웨어 계층　④ 서비스 계층

객관식 해답

01 ②　**02** ②　**03** ④　**04** ④　**05** ③

〈주관식〉

01 IoT와 IIoT와의 차이점을 설명하시오.

02 IIoT 도입효과는 어떤 것들이 있는지 설명하시오.

03 IoT 핵심기술 5가지만 제시하고 기술에 대해 간단히 설명하시오.

04 비즈니스 모델의 기본단위에 대해 설명하시오.

05 IIoT 기본특성에 대해 설명하시오.

참고문헌

김원익 외, "이동통신 기반 Industrial IoT 기술 동향", 전자통신동향분석, ETRI, 제33권, 제5호, 2018.10.

김장원, "Industrial IoT Solution 소개 및 활용 방안" 한국스마트제조산업협회, 2017.11.

김평수, "사물인터넷 식별자 기술 연구 및 표준화 동향", 정보통신기술진흥센터, 주간기술동향 1830호, 2018.1.

보안뉴스, "마이크로소프트, 산업용 IoT 플랫폼 발표", 2018.4.25.

삼정KPMG 경제연구원, "4차 산업혁명과 제조혁신: 스마트팩토리 도입과 제조업 패러다임 변화", Samjung Insight, Issue 55, 2018.

조혜지, "ICT로 제조혁신, 스마트팩토리", ICT Spot Issue, 정보통신기술진흥센터, S17-11, 2017.

Microsoft Azure, Azure IoT Edge설명서, https://docs.microsoft.com/ko-kr/azure/iot-edge/about-iot-edge, 2018.6.

SIMTOS 산업정보, "자동화 솔루션 최신 트렌드-4차 산업혁명의 세상을 움직이는 힘", 2017.11.

Annabeth Aagaard, *Digital Business Models*, Palgrave, 2019.

AWS, AWS IoT Greengrass-Developer Guide, AWS IoT Greengrass Version 1.5.0, 2018.5.

B. K. Tripathy, J. Anuradha, *Internet of Things(IoT): Technologies, Applications, Challenges, and Solutions*, CRC Press Taylor & Francis, 2018.

Dimitrios Serpanos & Marilyn Wolf, *Internet-of-Things(IoT) Systems*, Springer, 2018.

Hassan, *Internet of Things A to Z: Technologies and Applications*, Wiley, 2018.

Kaushik Kumar & Divya Zindani, *Industry 4.0: Developments towards the Fourth Industrial Revolution*, Springer, 2019.

Nilanjan Dey and Aboul Ella Hassanien, *Internet of Things and Big Data Analytics Toward Next-Generation Intelligence*, Springer, 2018.

Qusay F. Hassan, *Internet of Things: Challenges, Advances, and Applications*, CRC, 2018.

Rajiv Ranjan, Karan Mitra, *Handbook of Integration of Cloud Computing, Cyber Physical*

Systems and Internet of Things, Springer, 2020.

Sheng-Lung Peng & Souvik Pal, *Principles of Internet of Things(IoT) Ecosystem: Insight Paradigm*, Springer, 2020.

Simone Cirani, *Internet of Things: Architectures, Protocols and Standards*, Wiley, 2019.

Srikanta Patnaik, *New Paradigm of Industry 4.0 Internet of Things: Big Data & Cyber Physical Systems*, Springer, 2020.

Wei Song, Kisung Lee, Zhisheng Yan, Liang-Jie Zhang & Huan Chen(Eds.), *Internet of Things-ICIOT 2020*, Springer, 2020.

CHAPTER 13

디지털 트윈과 기술경영

최근 산업계 뜨거운 화두는 '가상(Meta)'과 '우주(Universe)'의 합성어로 온라인 속 가상공간에서 아바타 모습으로 구현한 개인이 돈을 벌거나 소비하고, 놀이 · 업무 등 상호 소통과 현실활동을 그대로 실행할 수 있는 플랫폼으로 웹 · 인터넷 등 가상세계와 현실세계의 경계가 허물어지는 세계를 의미하는 메타버스(Metaverse)일 것이다. 2018년 스티븐 스필버그 감독이 메가폰을 잡은 영화 '레디 플레이어 원'은 가상현실세계 '오아시스'가 등장하는 2045년을 배경으로 메타버스의 미래를 보여주고 있다.

출처: 영화 '레디 플레이어 원' 스틸컷 ©워너 브러더스 코리아㈜

메타버스 생태계를 개척하는 데 가장 선두에 선 글로벌기업인 마이크로소프트(MS)는 메타버스에 대해 "메타버스에 대한 다양한 해석이 많지만 디지털 트윈 개념으로 설명도 가능할 것"이라며 "메타버스에 대해 80~90%는 엔터테인먼트와 관련이 있다고 보고, 사용자들이 보다 매일 경험하는 가상공간이 되기 위해서는 디지털 트윈으로 접근해야 한다"고 밝혔다.

현재 유행하고 있는 메타버스를 이해하기 위해서 디지털 트윈을 알아볼 필요가 있다. 이 장에서는 디지털 트윈이 무엇이며 제4차 산업혁명의 핵심요소인 CPS와 관련된 개념 및 다양한 응용분야에 대해 알아본다.

1 디지털 트윈의 개요

인더스트리 1.0에서 인더스트리 3.0까지, 제조는 더욱 자동화되고, 전산화되고, 복잡해졌다. 독일 정부가 2011년 Manufacturing의 지능을 높이기 위해 제안한 인더스트리 4.0은 보다 높은 수준의 효율성과 생산성, 자동화 달성을 목표로 하고 있다. 인더스트리 4.0을 달성하기 위해 미국 에너지부(DoE)와 미국 국립표준기술원(NIST) 등 여러 기관이 스마트 제조를 제안했다. NIST에 따르면 스마트 제조는 "공장, 공급망, 고객 니즈 등의 변화된 수요와 조건을 충족하기 위해 실시간으로 대응하는 완전 통합형 협업 제조시스템"이라고 정의하고 있다.

스마트 제조의 주요 특징은 공장 전반에 걸친 제품설계, 제조 및 일반 협업 비즈니스의 광범위한 통합이다. 이러한 프로세스 간의 상호 운용성을 실현하기 위해 공장의 모든 물리적 장비들은 사이버공간에서 가상표현을 필요로 한다. 물리적 실체와 가상실체가 연결되면서 스마트 제조의 핵심기술 중 하나인 사이버 물리시스템(CPS)을 형성하고, 가상환경에서는 디지털 트윈(Digital Twin: DT)이 만들어진다.

사이버공간에서의 DT는 물리적 실체를 추상화하는 것일 뿐만 아니라 물리적 실체의 두뇌도 된다. DT는 빅데이터분석과 인공기술을 결합해 물리적 공간에서 제품이나 공정의 성능 향상에 도움을 줄 수 있는 의사결정능력을 가지고 있다. DT 기반 스마트 제조는 여러 면에서 큰 장점이다.

- **출시시간 단축**: 제품의 DT는 개인화의 과제를 해결하는 효율적인 방법을 제공한다.
- **사용자 참여 증가**: 미들웨어 아키텍처로서의 DT는 기업과 소비자 사이의 상호작용과 정보교환을 가능하게 한다.
- **가시성 향상**: DT는 실시간으로 업데이트되는 명확하고 유연한 모델을 제공한다. 사업자가 증강현실(AR)과 가상현실(VR)기술로 제품과 공정을 보다 명확하게 모니터링할 수 있도록 한다.
- **최적의 작동 보장**: DT의 통신능력과 의사결정능력은 서로 다른 조건에서 실시간으로 운용 프로세스를 최적화할 수 있는 가능성을 제공한다.

2 디지털 트윈의 역사

'쌍둥이(Twin)'라는 개념은 NASA의 아폴로 프로그램에서 만들어졌는데, 이 프로그램은 두 대의 실제 동일한 우주선을 만들었다. 그중 하나는 임무를 수행하기 위해 공중으로 발사되었고, 다른 하나는 지구에 머물면서 엔지니어들이 발사된 한 개의 상태를 복제할 수 있게 하였다. 그리브스(Michael Grieves)가 작성한 백서에 따르면 DT는 제품수명주기관리(Product Lifecycle Management: PLM)에 관한 회의과정에서 처음 제안되었다. 기술 향상으로 DT는 미 항공우주국(NASA)과 미 공군에 의해 항공우주산업에 도입되었다. 이에 따라 지구에 남아 있는 우주선을 디지털 트윈 모델로 대체해 믿을 수 있고 신뢰도 높은 시뮬레이션을 통해 더 많은 통찰력을 제공할 수 있게 되었다.

NASA의 DT 비전에 영감을 받아 상당한 양의 작업이 제조영역에서 DT의 범위를 넓혔다. 오늘날 현장에서는 물리적 자산, 장비 또는 시스템의 모든 디지털 버전을 DT로 취급하려고 한다. 즉 오늘날 DT는 인력, 제품, 자산 및 프로세스 정의와 같은 제조요소를 가상으로 나타낸 것으로, 물리적 대응요소가 상태, 작업조건, 자원상태를 동시에 표현하도록 지속적으로 업데이트 및 변경하는 모델을 의미한다. 요즘 DT는 더 많은 분야에 적용되어 많은 사람들로부터 관심을 끄는 주제가 되었다.

[그림 13-1]과 같이 짧은 개발 역사를 가지고 있는 DT는 3단계로 나누어 볼 수 있으며, 이는 〈표 13-1〉과 같이 4~5단계의 수준으로 나누어 설명할 수 있다(A. M. Madni

그림 13-1 | 디지털 트윈의 역사

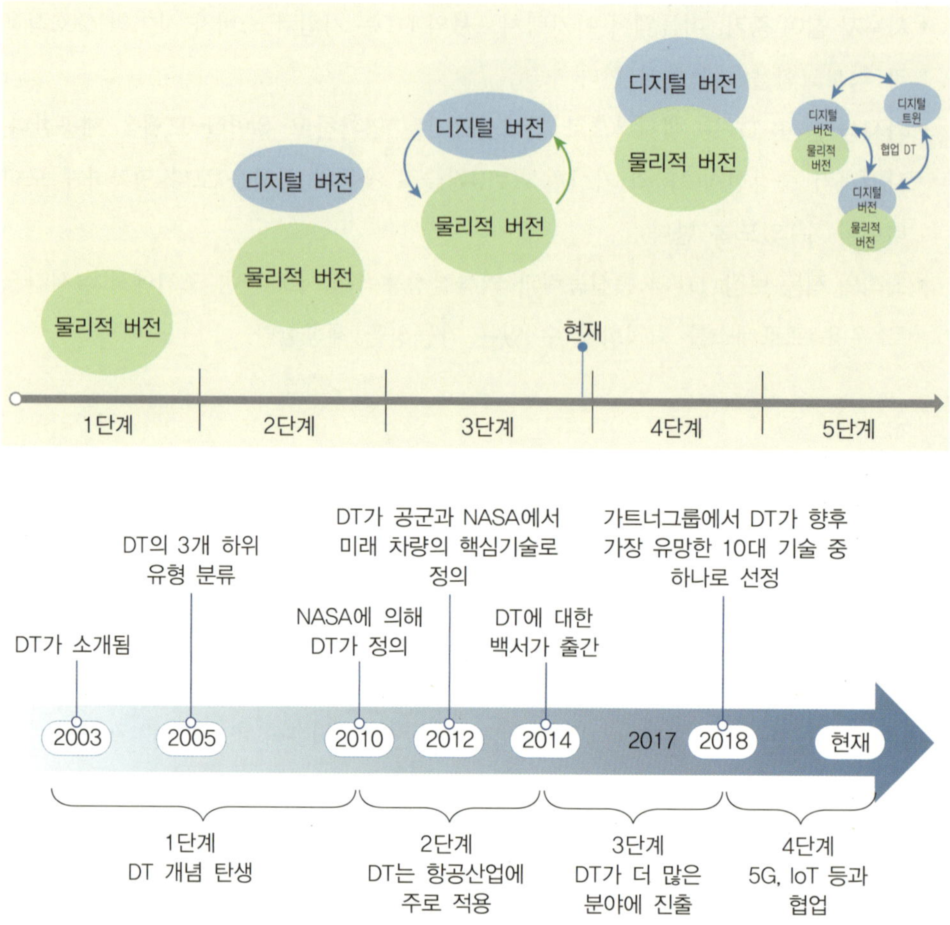

C. C. Madni, S. D. Madni & S. D. Lucero, 2019). 마드니(Madni) 등이 정의한 지능형 DT는 높은 수준의 자율성을 가진 DT로 실제와 비교하여 보다 세분화된 성능, 유지보수 및 상태 데이터를 분석할 수 있다고 정의하고 있다.

1단계의 경우 2005년에 DT를 DT 프로토타입, DT 인스턴스(instance), DT 통합(DT aggregate)을 포함한 세 가지 하위 유형으로 분류하였다. 그러나 기술적 · 인지적 한계로 인해 이후 5년간 관련 연구나 보고서는 거의 출간되지 않았다. 다행히 이 기간 동안 새로운 IT가 등장하고 발전하여 DT의 미래 발전에 토대가 마련되었다.

2010년에 NASA는 초기 모델링, 시뮬레이션, 정보기술 및 처리 로드맵에 우주 차량에 대한 DT의 정의와 기능을 자세히 설명하였다. 2011년에 미 공군은 항공기의 구조,

건강관리에 DT의 적용을 탐구했다. 2012년에 NASA와 미 공군은 공동으로 DT에 관한 논문을 발표했는데, DT는 미래 차량의 핵심기술이라고 기술했다. 그 후 항공우주분야의 DT에 대한 연구 건수가 꾸준히 증가하고 있다.

2014년에는 DT에 관한 백서가 발간되어 DT의 3D를 활용한 방법론이 널리 알려지게 되었다. 그 후 DT는 자동차, 석유와 가스, 헬스케어 및 의료와 같은 항공우주산업을 넘어 더 많은 분야에 도입되었다. 최근 몇 년 동안 많은 학회 및 관련 기관들이 DT에 큰 영향을 미쳤다. 2017년과 2018년, 가트너는 DT를 향후 10년 동안 가장 유망한 10대 기술 동향 중 하나로 간주했다. 2017년에 록히드마틴 스페이스 시스템사는 DT를 미래 방어 및 항공우주에 관한 6개 주요 기술 중 최고로 선정하였다. 현재의 추세로 볼 때 향후 몇 년 안에 DT가 모든 분야에서 급속히 발전할 것으로 예상할 수 있다.

표 13-1 디지털 트윈 4단계

수준	모델 설명	데이터 수집 및 유형
Pre-Digital Twin	가상시스템 모델은 기술/기술위험 감소에 초점을 맞추고 물리적 트윈은 존재하지 않음	사용할 수 없음
Digital Twin	물리적 트윈과 물리적 트윈을 연결하는 가상 모델	성능, 상태, 유지관리, 배치 업데이트
Adaptive Digital Twin	적응형 사용자 인터페이스를 갖춘 물리적 트윈의 가상시스템 모델(UI) 및 기계학습	성능, 상태, 유지보수, 실시간 업데이트
Intelligent Digital Twin	적응형 UI 및 강화학습을 지원하는 물리적 트윈의 가상시스템 모델	성능, 상태, 유지부수, 배치 · 실시간 업데이트 모두

출처: 마드니 외, 2019 수정

3 디지털 트윈의 개념

3.1 디지털 트윈의 이론적 정의

DT의 개념은 그리브스가 PLM과정에 처음 제시했던 2003년으로 거슬러 올라간다. 그러나 당시 DT는 구체적인 설명과 설명이 없이 물리적 물체, 가상 상대물, 연결 등 3차원 개념체계만 가지고 있었다. 2010년에 NASA는 우주 차량에 대한 DT의 상세한 정의를 “해당 비행 상대의 수명을 복제하기 위해 이용 가능한 물리적 모델, 센서 업데이트, 비행대 이력 등을 사용하는 차량이나 시스템의 통합 다중물리학, 다중물리 시뮬레이션”으로 발표했다. 이후 IoT의 등장과 컴퓨팅 파워의 증대, 최근에는 인공지능, XR기술 등과 결합하여 다양한 산업을 중심으로 디지털 트윈 기술 적용 사례가 늘어나고 있다. 2016년에는 미국의 제너럴 일렉트릭(General Electric)이 세계 최초의 산업용 클라우드 기반 오픈 플랫폼인 ‘프레딕스(Predix)’를 발표하였으며, 독일의 지멘스(Siemens)는 클라우드 기반 개방형 IoT 운영시스템인 ‘마인드스피어(MindShere)’를 발표하여 제조업 측면에서 혁신의 수단으로 디지털 트윈이 주목을 받기 시작하였다. 2018년에는 사회 필수 인프라와 도시정보를 데이터로 수치화하여 도시 운영의 효율을 높이기 위한 플랫폼으로 ‘버추얼 싱가포르(Virtual Singapore)’가 발표되어 큰 이슈가 되었다.

이렇듯 디지털 트윈을 구성하는 데 사용할 수 있는 새로운 기술의 출현 및 기존 기술의 발전과 더불어 단순한 3D 형태의 초기 모델에서 복잡한 형태의 디지털 트윈으로 인간생활 사이클에 대한 전 영역으로 진화하고 있다.

이러한 발전을 거치면서 각 단체나 기관이 생각하는 DT에 대한 개념들이 재정립하게 되었다. 각 기관이나 학자들이 생각하는 DT의 개념은 〈표 13-2〉에서 설명한 것과 같이 세부적으로 다양한 내용으로 전개되고 있다.

대부분의 정의들에서 DT는 라이프사이클 전체에 걸쳐 물리적 물체와 상호작용하는 가상 표현으로 간주되며 평가, 최적화, 예측 등을 위한 지능을 제공한다고 볼 수 있다.

그림 13-2 | 디지털 트윈의 개념도

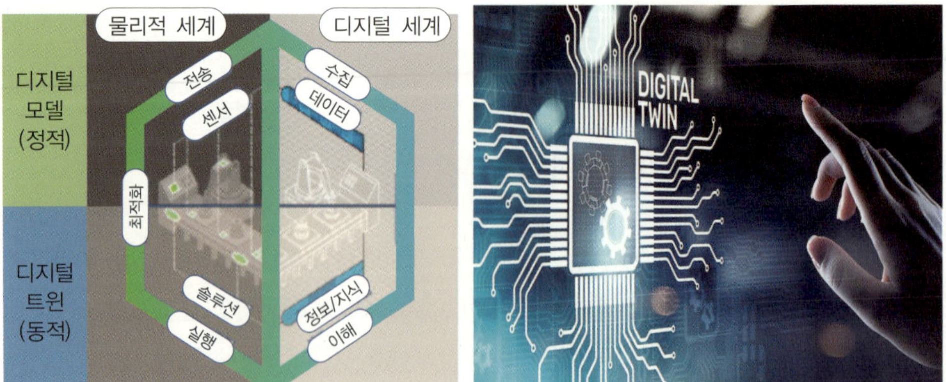

표 13-2 디지털 트윈의 정의

기관	정의
미국 공군 연구소	특정 기체를 제작하고 유지하기 위해 사용되는 재료 및 제조 사양, 제어장치 및 공정에 명시적으로 연결되어 있는 준공 및 유지관리 항공기의 초경량 모델
GE Global Research Center	실제 항공기 날개와 사실상 동일한 부하 이력을 비행하고, 항공기 날개 전체 수명에 걸쳐 다양한 불확실성 소스를 통합하며, 모델 매개변수의 불확실성을 줄이고, 측정 데이터를 사용하여 시간에 의존하는 시스템 상태를 추적하며, 만약 사용 가능한 데이터가 없는 경우 손상의 진화를 예측하는 디지털 모델
캐나다 국방성	실시간 감각 데이터를 사용하여 환경 또는 운영의 변화에 지속적으로 적응하고 예측 유지보수를 위해 해당 물리적 자산의 미래를 예측할 수 있는 살아있는 모델
Dassault	실제제품과 동등한 가상의 제품으로 전사적 인력이 보다 효과적으로 협업하고 지속적인 프로세스 개선을 달성함으로써 제조의 우수성 향상
IBM	실시간 데이터를 사용하여 이해, 학습 및 추론을 가능하게 하는 물리적 객체 또는 시스템의 라이프사이클 전체에 걸친 가상 표현
Microsoft	물리적 세계를 시각화하고, 지능적이고, 협력적이며, 상호작용적이고, 몰입적이며, 전자적이고, 기계적이며, 결합된 시스템 결과를 시뮬레이션할 수 있는 방법
Gartner	현실세계의 개체 또는 시스템에 대한 디지털 표현
Deloitte	사업 실적의 최적화에 도움을 주는 물리적 물체나 프로세스의 과거와 현재 활동이 기록된 진화하는 디지털 프로필

또한 DT 3D 프레임워크의 필수요소인 연결뿐만 아니라 물리적 측면과 가상 측면 모두에 초점을 맞추고 있다.

최근에는 많은 기업들도 DT에 매력을 느끼고 있다. 그들의 관점에서 DT는 가시성 제공, 제품개발 가속화, 운영 프로세스 최적화, 서비스 품질 향상과 같은 일련의 장점을 가지고 있다. 이에 DT를 자사 기업 및 제품과 적극 결합해 사업 추진 모델의 좋은 기회로 생각하고 있다.

3.2 디지털 트윈의 특성

DT의 중요한 특성은 각 물리적 객체에 대해 라이프사이클 전체에 걸쳐 함께 작업할 수 있는 디지털 동반자가 가상세계에 존재한다는 것이다. 본질적으로 디지털회사는 디지털화된 물리적 물체를 컴퓨터에서 3차원으로 볼 수 있는 일련의 모델로 구성된다. 이 모델들은 초기 개념인 '트윈'을 '디지털 트윈'으로 발전시켰고 시뮬레이션을 통해 더 깊은 통찰력을 제공했기 때문에 DT에서 매우 중요하다. 이 모델들은 센서, 정보시스템, 사람 등의 데이터와 결합하여 주로 다음과 같은 네 가지 기능을 가지고 있다.

첫째, 그들은 물리적 상대편의 실제속성, 행동, 규칙을 높은 충실도로 재현할 수 있고 따라서 물리적 상대편의 모든 변화를 기록하는 정확한 디지털 복제본을 형성할 수 있다. 둘째, 가상공간에서 자율적으로 운영하여 일련의 시뮬레이션 행동을 발생시킬 수 있으며, 물리적 객체의 작동을 안내하는 '이상적 행동'으로 간주할 수 있다. 셋째, 이들은 이러한 문제가 발생하기 전부터 물리적인 측면에서 문제를 예측하고 예방전략을 개발할 수 있는 능력을 가지고 있다. 넷째, 모델은 완성되기 전에 제품이나 시스템의 성능을 검증할 수 있다.

4 디지털 트윈의 가치

DT의 가치는 다음과 같이 요약된다.

4.1 가시성 향상

DT는 고신뢰성 3차원 모델을 제공하며, 실시간으로 업데이트되어 해당 물리적 상대와 일관성을 유지한다. 직원이 제품이나 시스템을 보다 직접적이고 명확하게 모니터링할 수 있게 해 가시성을 높인다.

4.2 시장 출시기간 단축

시장이 급변함에 따라 사용자들은 항상 신제품에 대한 열망이 높다. 시장수요에 대처하기 위해 DT는 한편으로 설계자들에게 제품이 완성되기도 전에 어떻게 동작하는지에 대한 통찰력을 제시함으로써 개발하려고 하는 제품에 대한 잠재적 고장이나 문제점을 제거할 수 있으며, 따라서 시장 출시기간을 단축할 수 있다. 반면 DT는 물리적 제품이 완성되기 전에 현실성이 높은 가상 대체를 생성할 수 있어 사전에 사용자에게 체험을 가능하게 한다.

4.3 최적의 작동 유지

DT의 가상 모델은 물리적 세계의 물리적 모델과 계속 연결되어 있다. 이러한 물리적-가상적 연결은 물리적 실체가 다른 조건에서 어떻게 수행되는지를 실시간으로 분석할 수 있는 가능성을 제공하며, 따라서 최적의 운영을 유지하기 위해 계획한 대로 정확히 작동하도록 실시간으로 조정한다.

4.4 에너지 소비 절감

단일 DT에서는 물리적 자산의 상태를 실시간으로 분석할 수 있기 때문에 성능 저하된 구성요소를 적시에 교체하여 추가 에너지 소비를 방지할 수 있다. 또한 여러 DT를 연결하여 각 DT가 서로 협상할 수 있도록 할 수 있다. 그것은 낮은 총에너지 소비를 실현하기 위해 다른 기간에 해당하는 물리적 상대편이 에너지를 사용하거나 사용하지 못하게 한다.

4.5 유지보수비용 절감

현대 리소스(자산)는 미래 문제가 발생할 수 있는 시기를 결정하기 위해 연구하고 평가할 수 있는 방대한 데이터를 생성한다. DT는 이러한 데이터를 통하여 도움을 받을 수 있는데, 물리적 자산과 가상 모델 모두에서 나오는 데이터를 결합하여 고장이나 유지보수에 대한 사건을 미리 예측하여 고장시간에 대한 손실이나 유지보수비용을 크게 줄일 수 있다.

4.6 사용자 참여 증가

신제품설계의 경우 사용자는 높은 충실도의 가상 모델 및 피드백에서 나오는 문제점을 파악하고 해결함으로써 설계도를 최적화할 수 있으며, 기존 제품의 경우 DT가 제품 행동을 실시간으로 기록·분석할 수 있어 사용자의 습관을 어느 정도 반영할 수 있다. 데이터를 기반으로 제품에 대한 개선과 혁신을 통해 사용자에게 보다 나은 서비스를 제공할 수 있다.

4.7 정보기술 융합

DT는 머신러닝, 시뮬레이션, 모델링, IoT, 클라우드 컴퓨팅, 빅데이터 등 다양한 정보기술을 융합해 복잡한 과제를 더 잘 수행할 수 있다. 예를 들어, DT는 센서 데이터, 시뮬레이션 결과, 머신러닝 알고리즘 등을 융합해 어떤 일이 일어날지 예측하는 능력을 보유하고 있으며, DT는 클라우드 컴퓨팅과 결합해 실시간으로 시뮬레이션을 수행하여 강력한 컴퓨팅 용량을 확보할 수 있다.

5 디지털 트윈 및 관련 개념

5.1 디지털 트윈 및 물리적·가상공간

DT는 두 공간, 즉 물리적 공간과 가상공간에 걸쳐 있다. 그것은 두 공간을 연결하고 그들 사이의 경계를 흐리게 할 수 있다. 물리적 공간은 3차원 공간이며 물질적으로 존재한다. 형태, 크기, 색상, 구조, 질량, 속도 등과 같은 물리적 존재 특성을 가진 많은 실체(예 사람, 장비, 인프라 및 하드웨어)를 포함한다. 각 실체는 한 장소를 차지하고, 물리적 법칙에 따라 행동하며 불확실한 환경에 놓여있다. 기업은 실질적인 기능을 가지고 있으며 시간, 비용, 품질 등에 대한 제약조건을 고려하여 특정 업무를 완성하기 위해 질서정연하게 조직되어 운영된다.

컴퓨터기술, 모델링 및 시뮬레이션, 통신기술, 인터넷, 클라우드 컴퓨팅, IoT 등과 같은 정보기술의 발달로 가상공간은 발전했고 사람들의 삶에 있어 점점 더 큰 역할을 하고 있다. 물리적 공간의 아날로그 데이터를 쉽게 저장, 처리 및 표시할 수 있는 이산 디지털 신호로 변환한다. 각 개체에 대해 가상공간은 3차원 디지털 복제 모델을 구축하는데, 이는 기하학적 외관뿐만 아니라 물리적 속성과 행동에서도 물리적 복제 모델과 유사하다. 가상현실(VR)과 증강현실(AR)을 통해 가상공간에 몰입할 수 있으므로 물리적 공간을 시뮬레이션할 수 있다. 감각과 인식을 통한 공간, 그리하여 완전 몰입이 실현된다.

가상공간은 인간 경험, 센서 데이터 및 도메인 지식과 같은 여러 소스의 데이터를 통합함으로써 라이프사이클 동안 물리적 개체에 대한 시뮬레이션, 예측, 최적화 및 검증을 제공할 수 있다.

DT에는 물리적 공간의 개체와 가상공간의 디지털 복제 모델이 모두 포함된다. DT의 각 개체에는 항상 함께 작동하고 발전하는 가상 파트너가 있다. 한편 모델은 실행 중에 개체의 속성과 동작을 정확하게 재현하기 위해 구축되고 보정된다. 반면에 실체는 모형의 사전 정의를 최대범위까지 근사하도록 통제된다. 물리적 공간과 가상공간 사이의 양방향 맵을 형성하여 두 공간을 동기화하고 일관적으로 만든다. 또한 DT는 개체와 가상 상대방으로부터 데이터를 얻을 수 있으므로 물리적 공간과 가상공간 모두에서 데이터를 융합하여 보다 포괄적이고 정확한 정보를 획득할 수 있다. DT는 두 공간을 연결하고 나아가 사이버 물리 융합을 달성하는 효율적인 방법으로 간주될 수 있다.

5.2 디지털 트윈 및 가상 프로토타입

가상 프로토타입은 물리적 프로토타입을 대체하여 CAD 및 CAE와 같은 컴퓨터 지원 도구를 통해 제품을 디지털환경에서 테스트하고 평가하는 3차원 가상 모델이다. 가상 프로토타입은 설계단계 초기에 결함을 감지하고 물리적 제품의 성능을 예측하는 가상 대체물로 사용할 수 있으며, 실수나 결함이 포착되면 쉽게 수정하고 조작할 수 있다.

가상 프로토타입이 완료되면 실제제품을 사용하기 전에 고객에게 보내 피드백을 받을 수 있다. 따라서 가상 프로토타입은 생산 중에 발생하는 값비싼 실수를 방지하고, 제품의 설계주기를 단축하며, 고객의 참여를 개선하여 빠르고 비용효율적인 제품개발을 유도할 수 있다. 가상 프로토타입은 DT의 기초로 간주할 수 있으며, 그것들은 다음과 같은 몇 가지 유사점을 가지고 있다.

- 그들 둘 다 상응하는 물리적 제품을 대체하기 위해 물리적 공간에서의 활동(예 제품 테스트, 평가 및 검증)이 시간과 비용 모두에서 비용을 줄이기 위해 가상공간에서 수행되도록 3차원 가상 모델을 구성한다.
- 전통적인 설계방법과는 비교된다. 물리적 프로토타입을 사용하는 방법, 가상 모델은 설계단계에서 제품을 최적화하기 위해 다양한 규모로 더 많은 통찰력을 생성할 수 있다.
- 고객은 모델과의 상호작용을 통해 제품 최적화를 위한 경험과 의견을 제공하기 위

해 설계단계에 참여할 수 있다.

그러나 가상 프로토타입은 DT와 동일하지 않다. DT는 가상 프로토타입에 비해 다음과 같은 이점이 있다.

- 가상 프로토타입은 주로 평가 및 검증을 위한 제품설계단계를 제공한다. 반면 DT의 가상 모델은 생성에서 폐기까지 라이프사이클 전체에 걸쳐 물리적 모델을 동반한다. DT는 제품의 풍부한 실제 데이터를 서로 다른 단계(예 제조, 판매 및 유지보수)로 통합하기 때문에 물리적 공간에서 발생할 수 있는 모든 상황을 고려하여 설계단계에서 보다 포괄적인 검증을 수행하여 잠재적 고장을 제거할 수 있다. 또한 제품수명주기 데이터를 통해 DT는 설계혁신을 촉발할 수 있다.
- 가상 프로토타입과 물리적 제품 사이에는 거의 연관성이 없다. 반면 DT의 가상 모델은 실제상태와 필수적인 통찰력을 실시간으로 반영하기 위해 라이프사이클 동안 항상 제품과 연결되어 있다. 이는 디자이너들에게 시장에 빠르게 적응할 수 있도록 제품을 개선할 수 있는 귀중한 정보를 제공할 수 있다.
- 가상 프로토타입은 단지 이상적인 제품만을 제공한다. 하지만 DT는 이상적인 제품과 실제제품을 모두 제시할 수 있다. DT에서 이상적인 제품 모델은 설계단계에서 구성되며, 실제제품 모델은 제조, 운영, 유지보수, 폐기 등에서 생성된 실제제품 데이터를 통합하여 설계 후 점진적으로 형성된다. 두 종류의 제품 모델을 비교분석함으로써 그들의 차이점을 직관적으로 찾아내고 제거할 수 있다.

5.3 디지털 트윈 및 제품수명주기

제품수명주기관리(PLM)는 "생애주기 전체에 걸쳐 제품을 관리하는 것"이며, 스타크(John Stark)에 의해 "가장 효과적인 방법으로 회사의 제품을 관리하는 사업활동: 제품에 대한 최초의 아이디어부터 폐기까지"로 정의되었다. 기업이 혁신을 개선하고 신제품 출시기간을 단축하며 기존 제품에 탁월한 서비스를 제공함으로써 수익을 증대할 수 있도록 한다.

PLM에서는 제품 라이프사이클에서 생성된 빅데이터를 관리하는 것이 가장 중요한 단계로, 참신한 제품의 통찰력과 신선한 아이디어 생성을 제공하고 제품제조 및 서비스를 안내하는 귀중한 정보를 제공할 수 있다. 라콘튜어(Raconteur)에서 발행한 PLM 특별보고서에서 언급했듯이 PLM이 혁신의 생명선이라면 데이터는 PLM의 생명선이다. 오늘날 제품의 라이프사이클 전체에 걸쳐 방대한 양의 데이터를 첨단 센서기술의 도움으로 얻을 수 있지만, 서로 다른 단계의 데이터는 여전히 고립되고 단편적이며 정적이어서 데이터 사용효율이 낮다. 따라서 많은 기업들은 PLM 데이터를 의미 있는 통찰력과 잠재적인 새로운 수익원으로 전환하는 것을 목표로 한다.

DT는 제품 라이프사이클의 데이터를 긴밀하게 통합할 수 있으며, 기업에 의미 있는 정보를 지속적으로 제공할 수 있다. 그것이 업계가 과심을 갖는 이유 중 하나이다. DT는 고화질 디지털 복제 모델을 구축하여 물리적 제품과 함께 실행한다. 라이프사이클의 서로 다른 단계에서 가상 복제본을 사용하여 실시간 데이터를 기록하고 물리적 제품의 다른 특성(예 그림, 표, 웹, 비디오 등)과 결합하며 데이터를 지속적으로 통일된 모습으로 변환하여 정보 장벽을 제거한다. 가상 모델은 데이터를 사용하여 제품을 360도로 볼 수 있으며 제조 프로세스, 사용 시나리오, 환경조건 및 기타 제품의 변수에 대해 수명주기 동안 정확하게 시뮬레이션, 최적화, 예측 및 검증할 수 있다. 게다가 DT의 도움으로 기업들은 다른 프로젝트에 데이터를 통합하고, 혁신과 지식 공유에 동기를 부여할 가능성이 더 높아질 것이다.

5.4 디지털 트윈 및 디지털 자산 · 기업 · 산업

DT는 단일 자산, 전체 기업 심지어 산업을 포함한 다른 수준에 적용되어 기존의 기능을 강화할 수 있다. 디지털 자산은 디지털 보고서, 청각 콘텐츠, 동영상 및 기타 관련 디지털 데이터를 포함하여 수정되는 물리적 자산(예 제품, 기계 및 인프라)을 위한 이진 형식으로 가상 표현한다. 디지털 자산은 물리적 자산을 보다 효율적으로 관리하기 위해 도입되며, DT의 외관은 기능을 더욱 강화할 수 있다.

- DT를 통해 각 물리적 자산은 매우 사실적인 3차원 형태의 고유한 디지털 복제본을 하나씩 소유하여 성능을 철저히 기술하고 분석함으로써 실시간 통찰력을 제공할 수 있다.
- DT는 자산이 형태별로 시작되기도 전에 자산의 운영을 검증하는 데 도움을 줄 수 있어 실제실행에서 발생할 수 있는 잠재적 실패를 줄일 수 있다.

- DT는 자산의 라이프사이클 전체에 걸쳐 데이터를 통합하고 혁신을 촉발할 수 있다.

디지털시대에는 기업이 가상환경으로 이동하면서 '디지털 엔터프라이즈'라는 용어가 등장했다. 그것은 IT(정보기술) 및 ICT(정보통신기술)산업의 기술과 역량을 기업에 적용 및 활용해 핵심적인 혁신수단과 경쟁도구로 활용하는 것을 의미한다. DT는 디지털 엔터프라이즈의 모든 사업부문에 적용될 수 있으며, ① 능동적이고 데이터 중심적인 의사결정능력 향상, 효율성 향상 및 잠재적 문제 방지, ② 신제품개발주기를 단축하고 출시기간을 단축하는 것, ③ 협업을 통한 차이점 간의 해결 등이 장점이다.

상품설계부터 생산, 소매까지 가치사슬을 아우르는 산업 전체가 점차 디지털화되었다. DT를 사용하면 업계에서 생산되는 대량의 데이터의 점유율을 높일 수 있다. DT는 가상 모델에 통일된 데이터와 표준화된 기능을 가진 캡슐화된 서비스를 제공할 수 있기 때문에 개별 제품에서 산업 간 가치 경험으로 초점을 전환함으로써 산업 경계를 재정의하는 산업 융합도 지원할 수 있다. 또한 고객의 요구에 더 잘 대처함으로써 설계, 제조, 물류, 사용에서 자원을 절약할 수 있다.

5.5 디지털 트윈 및 디지털 스레드

'디지털 스레드(Digital Thread)'는 항공기산업에서 시작되었으며 미 공군의 기술고문 크래프트(Edward M. Kraft) 박사는 "기업 데이터 정보 지식시스템에서 신뢰 있는 데이터, 정보 및 지식의 상호작용을 원활하게 촉진하는 확장 가능하고 구성 가능하며 에이전시 엔터프라이즈급 분석 프레임워크"로 정의하였다. 디지털화된 과정을 통해 생산된 제품은 각 설계, 구매, 생산, 유통, 판매, 제품 사용의 모든 단계, 즉 수명주기단계마다 데이터를 생성한다. 따라서 제품수명주기 동안 지속되는 데이터의 원활한 흐름이 중요해지는데 이를 디지털 스레드라고 부른다. 디지털 스레드가 엔지니어링과 제조를 연결할 경우 엔지니어링 측면의 데이터가 제조의 입력을 기반으로 업데이트할 수 있는 방법이 있어야 하는데 이것이 진화하는 디지털 트윈 개념의 기초이다.

디지털 스레드의 주된 동기는 디지털기술을 이용하여 미래 군사 프로그램의 성능을 향상시키는 것이다. DT는 군사 지출을 줄이기 위해 항공기 구조요소의 제조, 운영 및 유지보수에 높은 충실도를 가진 모델링에 적용하는 것을 목표로 디지털 스레드에 보존된 초기 기체 모델에서 개발되었다. DT는 평가, 분석, 업데이트 등을 위해 DT에서 사용되는 모든 데이터(예 모델, 센서 데이터 및 지식)가 스레드에서 획득되기 때문에 디지털 스레드에 의해 활성화된다.

최근 몇 년간 DT와 디지털 스레드는 항공우주산업을 넘어 다양한 분야에서 주목을 받고 있다. 설계, 제조 및 서비스에 대한 최상의 정보를 제공하기 위해 민간분야의 제품수명주기관리에 도입되었다. 광범위한 산업 애플리케이션을 지향하는 디지털 스레드의 광범위한 정의는 "기존에 격리된 기능적 관점에서 제품수명주기 전반에 걸쳐 연결된 데이터 흐름과 통합된 모습을 제공하는 통신 프레임워크"이다. 디지털 연결목표를 단일 프레임워크로 수렴할 수 있으며 적절한 정보를 적시에 적절한 장소에 제공할 수 있다. 따라서 많은 대기업들이 디지털 스레드에 초점을 맞추고, 점점 더 경쟁이 치열해지는 압력에 대처하기 위해 공급망, 제조공정, 서비스를 완전히 디지털화하기 위해 이를 적용하려고 하고 있다. 예를 들어, 지멘스(Siemens)는 디지털 스레드를 생성하면 제품 라이프사이클의 각 단계를 긴밀하게 통합하여 생산비용과 제조일정을 획기적으로 낮추고 제품의 품질을 향상시킬 수 있다고 주장한다. GE에서는 더 나은 의사결정, 운영 및 유지관리를 위해 기업 내 모든 사람이 서로 영향을 미치는 방식을 실시간으로 확인할 수 있도록 제조용 디지털 스레드를 구축하려 하고 있다.

디지털 스레드와 결합된 DT는 고품질 복제 및 시뮬레이션을 위해 전체 라이프사이클에서 사용 가능한 최상의 데이터를 얻을 수 있다.

[그림 13-3]과 같이 디지털 스레드는 제품 라이프사이클을 거치며 DT와 상호작용하여 작동을 계속한다. 스레드에서 추출한 데이터는 제품사슬, 가치사슬, 자산사슬의 여러 단계뿐만 아니라 설계 모델, 프로세스 및 엔지니어링 데이터, 생산 데이터 및 유지보수 데이터 등을 포함한 다양한 정보시스템에서 추출된다. 상이한 데이터는 연결되고 통합되며, 수요에 따라 지속적으로 DT에 주입될 수 있다. 이러한 데이터에 의해 DT는 물리적 자산에 대한 분석, 최적화 및 예측을 수행하고 시뮬레이션된 데이터의 양을 생성한 다음 다시 스레드에 공급된다.

그림 13-3 | 디지털 트윈과 디지털 스레드

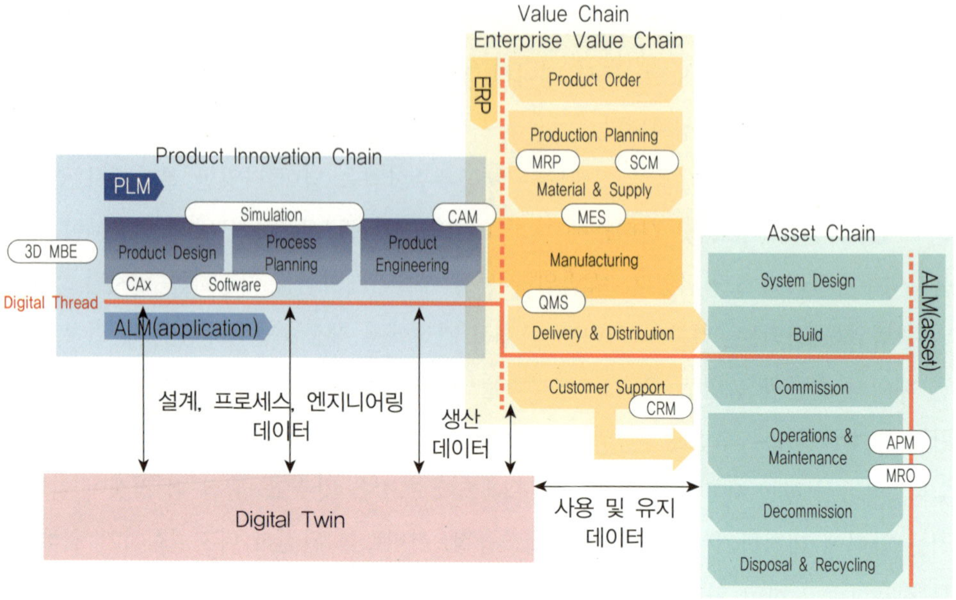

5.6 디지털 트윈 및 디지털 섀도우(그림자)

디지털 섀도우(Digital Shadow)는 전체 라이프사이클에 걸쳐 해당 개체와 결합하는 데이터 프로파일이며 개체의 형태와 과거, 현재 및 예상되는 미래상태를 반영하기 위해 모든 데이터와 지식을 전달한다. 디지털 섀도우에 있는 데이터는 흩어지지 않고 하나의 전자문서에 함께 저장되며 전용 소프트웨어 서비스 또는 소프트웨어 에이전트가 적극적으로 처리한다. 이를 통해 데이터를 효율적으로 통합하여 의미 있는 정보를 생성할 수 있게 한다. 디지털 섀도우의 주요 목적은 보다 지속 가능한 세상을 위해 물리적 리소스의 활용도와 효율성을 높이기 위한 의사결정을 지원하는 것이다. 디지털 섀도우에서 디지털 보안과 디지털 위험은 항상 중요한 문제이다.

DT는 전체 라이프사이클에 걸쳐 물리적 상대의 데이터를 전달하는 가상 표현이기 때문에 디지털 섀도우 개념과 유사하다. 그러나 두 용어는 여전히 차이가 있는데, DT는 다음과 같은 측면에서 디지털 섀도우보다 더 나은 장점을 가지고 있다.

- DT는 직관적이고 철저하게 실체를 묘사하는 높은 충실도의 디지털 복제 모델을 제공할 수 있다.

- 모델에 기초하여 물리적 프로세스와 활동을 실행하기 전에 검증할 수 있으므로 위험이 감소된다.
- 모델은 실체와 동기화하여 작동하며, 실제성과와 시뮬레이션된 성과 간의 차이를 포착할 수 있으며, 이는 평가, 최적화 및 예측에 가치가 있다.
- DT의 데이터는 물리적 세계뿐만 아니라 가상 모델에서도 생성되며, 일부 데이터는 합성, 통계, 연관성, 클러스터링, 진화, 회귀 및 일반화와 같은 두 세계의 데이터 융합에서 도출된다. 따라서 DT에서 데이터는 보다 정확하고 포괄적인 정보를 생성하기에 더 풍부하다.

그림 13-4 | 산업인터넷에서의 디지털 섀도우

딥러닝에 축소된 모델을 포함하는 디지털 섀도우는 철강생산에서 적응형 스케줄링을 가능하게 함

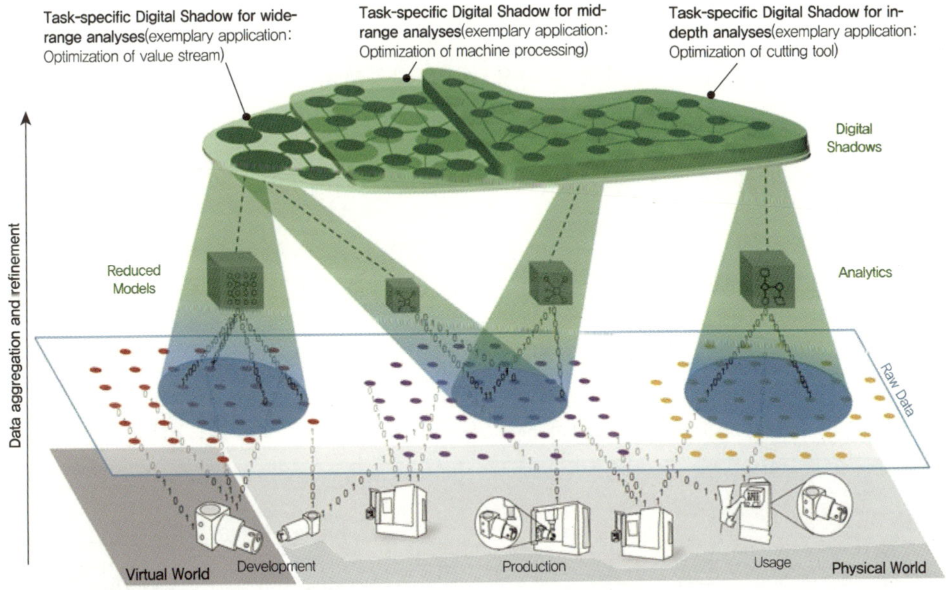

출처: IBF/WZL, RWTH Aachen University

6 산업영역에서 디지털 트윈

DT는 산업에서 광범위하게 적용되어 왔다. 각 산업영역에서 몇 가지 중요한 예를 알아보자.

6.1 항공우주분야의 디지털 트윈

항공우주산업은 NASA와 미 공군이 처음 시작한 DT를 채택한 가장 초기 산업영역이다. 그 후 노스럽그루만, 에어버스, 보잉, 제너럴 일렉트릭(GE) 등 많은 대기업들도 DT 기술을 항공기 정비, 생산, 조립, 안전 및 보안관리 등 관련 사업과 결합했다.

NASA는 우주 비행기의 오작동을 예측하고 정비전략을 설계하기 위해 항공기의 실제상태를 반영하기 위한 DT를 구축했다. DT에 실시간 데이터를 제공함으로써 항공기의 성능을 최적화하고, 잠재적 결함을 미리 예측하며, 지구에 있는 엔지니어들이 결함을 더 잘 이해하고 효율적인 해결책을 제공할 수 있게 했다. 현재 NASA는 또한 비행기가 고장 났을 때 승무원들의 안전을 보장하기 위해 DT를 사용하려고 시도하고 있다.

미국 공군연구소(AFRL)는 항공우주분야의 DT개발을 위한 계획, 즉 Spiral 1을 발표했다.

그림 13-5 | 항공기의 디지털 트윈의 예

출처: kr.mouser.com

노스럽그루만(Northrop Grumman)은 제조효율을 높이고 비용을 절감하기 위해 F-35 전투기의 최종조립라인에 DT를 적용했다. 불만족스러운 제품에 대한 의사결정을 지원하기 위해 디지털 스레드 기반 인프라를 구축하고, 여러 개의 엔지니어링공정을 개선했다. 일례로 인프라를 기반으로 F-35용 공기 주입구 가공결함처리 결정시간을 33% 단축시켰다.

2011년, 에어버스는 A350XWB 최종조립라인의 실체를 실시간으로 연결하고, 산업 프로세스와 장비 적용을 투명하게 하며, 공장 내 장비 분배를 파악하는 Ubisense(UBI)의 지능형 위치 솔루션을 채택했다. 그 이후로 UBI의 솔루션은 A330, A380, A400M과 관련된 에어버스의 조립라인과 항공기 프로젝트에 지속적으로 도입되었다. 이를 바탕으로 에어버스는 핵심공구, 재료, 부품에 RFID를 추가 배치하고, 마침내 모델을 기반으로 병목현상을 예측하고 오페라 성능을 최적화할 수 있는 조립라인 DT를 구축했다.

DT 애플리케이션 측면에서 항공우주분야는 비교적 성숙된 영역이며 상당한 양의 연구가 진행되었다. DT는 가상공간에서 실시간 예측과 고신뢰성 검증을 수행할 수 있어 항공기의 신뢰도를 높이고 사고를 줄이고 자원을 절약할 수 있어 이 영역에서 중요한 역할을 한다.

항공우주에서의 DT 적용은 비교적 성숙하다. 그 이유는 다음 세 가지 측면으로 볼 수 있다.

- 항공우주는 업계에서 가장 앞선 기술(예 높은 충실도의 모델링 및 시뮬레이션, 라이프사이클 데이터 통합 및 융합, 연결 및 상호 연결)을 채택하고 통합하므로 DT 도입의 최고 적용분야이다.
- 항공우주분야의 DT 응용 프로그램이 다른 산업보다 오랜 기간 동안 개발됨에 따라 더 많은 연구자와 실무자들이 해당 분야에 노력을 기울였고, 이는 상당한 개선과 발전을 가져왔다.
- 항공우주공학은 특별한 분야이다. 국방과 밀접한 관련이 있는 만큼 보안·비밀보호요건은 높지만 서비스요건은 상대적으로 낮다. 따라서 초기 3차원 DT 개념은 이 분야의 요구사항을 정확하게 충족할 수 있다.

6.2 발전용 디지털 트윈

전력산업은 전력의 발전, 송전, 분배, 판매 등을 포괄하는 산업발전과 국민의 일상생활과 밀접한 관련이 있다. 국가의 기본산업이며 DT는 일부 기업에서 발전산업에 도입되었다.

GE는 풍력의 미래를 재정의하기 위해 디지털 풍력발전소를 건설했다. 실시간 데이터(예 날씨, 구성요소 메시지, 서비스보고서)를 지속적으로 수집함으로써 각 풍력 터빈에 대해 DT를 구축하여 장비 유지관리전략을 최적화하고 신뢰성을 향상시키며 연간 에너지 생산을 증가시킬 수 있었다. DT를 적용하면 효율성이 20% 향상될 것으로 예상된다. 고객이 이를 실현할 수 있도록 GE는 풍력터빈 제품과 Predix 소프트웨어 플랫폼을 기반으로 구축된 일련의 소프트웨어 애플리케이션으로 구성된 통합 하드웨어 및 소프트웨어 솔루션을 제공한다.

지멘스는 핀란드 전력시스템을 위한 솔루션을 제공했는데, 핀란드 전력시스템은 전력 그리드를 위한 DT를 만들어 설비의 계획, 운영 및 유지보수에 사용하려 했다. 디지털 그리드가 가져오는 주요 이점은 ① 시뮬레이션에 관한 대부분의 수동 작업을 자동화된 작업으로 변환, ② 데이터의 활용도 향상, ③ 데이터 인터페이스 표준화, ④ 디지

그림 13-6 | 발전용 디지털 트윈의 예

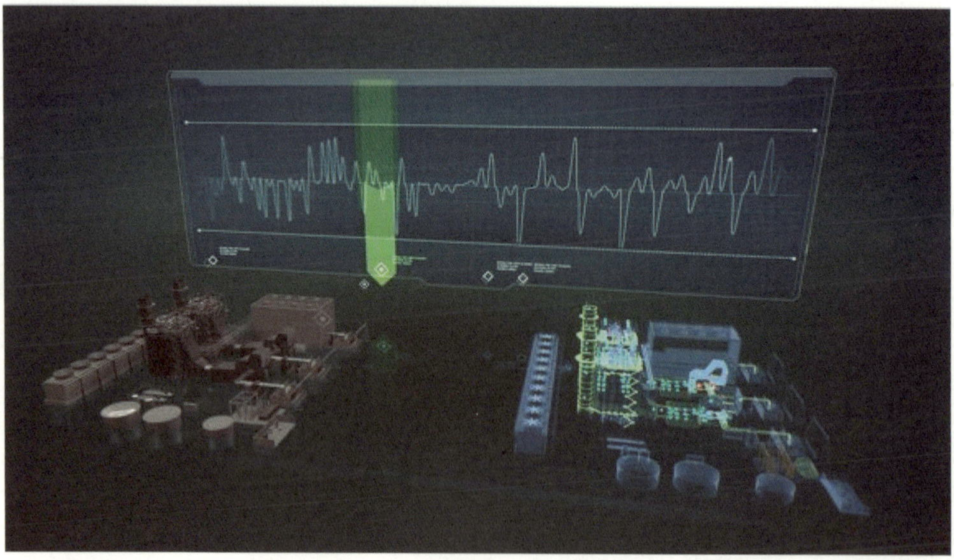

출처: GE사

털 그리드에 연결된 빅데이터를 기반으로 한 의사결정을 개선할 수 있는 엄청난 가능성을 제공하는 것이다.

DT는 전력망, 전력발전소 그리고 필수장비가 더 높은 신뢰도로 가동할 수 있는 능력을 갖추고 있어 공장과 기업의 원활한 운영을 보장하고, 사람들의 정상적인 일상생활을 보장하는 데 중요한 역할을 하고 있음은 분명하다.

6.3 자동차의 디지털 트윈

자동차산업은 설계, 생산 및 유지보수와 같이 자동차의 전체 수명에 걸쳐 다양한 단계를 포함한다. 현재 자동차구조가 복잡해짐에 따라 고정밀 테스트 및 유지관리에 대한 요구사항이 점점 더 높아지고 있다. Bsquare, PACCAR, ANSYS와 같은 일부 회사는 자동차산업에서 DT 애플리케이션에 노력을 기울이고 있다.

사물인터넷(IoT) 소프트웨어회사인 Bsquare는 트럭 엔진 또는 기타 부품에 대한 DT 모델을 구축하여 트럭 제조업체 PACCAR의 수리 시나리오를 작용하였다. DaraV 시스템의 센서와 정보를 사용하여 수집한 실시간 데이터를 최대한 활용함으로써 특정조건에서 엔진 모델을 만들어 트럭 유지보수를 지원할 수 있다. 이를 바탕으로 짧은 시간 내에 유지보수 관련 시간의 단축효과를 얻을 수 있으며, 유지보수시간을 20% 단축할 수 있나고 한다.

GE는 디지털 스레드와 DT를 사용하여 향후 수명주기 동안 기관차를 추적할 수 있다고 생각한다. 디지털 스레드와 DT를 사용하면 기관차의 설계, 구성, 제작, 운영 및 서비스를 디지털방식으로 추적할 수 있다. 특히 각 구성품의 상태와 관련 변수의 변화를 실시간으로 파악할 수 있어 엔지니어는 연비에서 예상치 못한 가동 중지시간까지 고려해 기관차의 운영을 최적화할 수 있다.

IBM은 DT가 몇 년 내에 차량에 엄청난 가치를 가져다줄 것으로 믿고 있다. 엔지니어는 실제차량을 제작하기 전에 DT를 구성하여 다양한 조건에서 DT가 어떻게 수행되는지, 다른 운전자와 어떻게 상호작용하는지, 취약점이 무엇인지 등을 시뮬레이션할 수 있다. 또한 언제든지 어떤 일이 일어나고 있는지 파악하고, 언제, 왜, 어떻게 고장이 발생하는지 파악하여 계획되지 않은 고장비용과 위험을 줄일 수 있다.

DT는 자동차산업에서 상태 모니터링, 운영 최적화 및 오류 예측에서 명백한 우월성

그림 13-7 | 자동차의 디지털 트윈의 예

출처: https://www.ptc.com/en/blogs/corporate/digital-twin-industry-4-0

을 보여주므로 해당 분야에서 유망한 기술로 간주될 수 있다.

6.4 석유와 가스의 디지털 트윈

석유와 가스는 주로 환경조건이 까다로운 외진 지역에서 채굴되기 때문에 공정관리에 많은 문제가 있다. 따라서 일부 회사들은 이 영역에 DT를 도입했고 관리효율성을 개선할 것으로 기대하고 있다.

ARC 자문그룹은 계획되지 않은 고장으로 인해 프로세스업계 매출과 연간 최대 1조 달러의 수익손실이 발생할 수 있다고 추산했다. 다행히 DT가 등장하면 석유 · 가스 정비와 운영을 개선할 수 있는 엄청난 계기가 마련되어 이 같은 상황이 철저히 달라질 것이라고 지적했다.

DT의 이점은 주로 다음과 같다. ① 운영팀이 리스크를 더 잘 이해할 수 있도록 돕고, ② 실행 가능한 계획 및 작업 일정을 수립하는 데 도움이 되며, ③ 설계의 변화를 식별하고 관리하는 데 도움이 된다.

CIMS RAPLES는 반잠수식 시추 플랫폼인 CIMC(China International Marine Containers) Blue Whale 1을 증강현실(AR) · 가상현실(VR), IoT, 가상화, 데이터 통합 등 첨단기술과 통합해 플랫폼의 DT를 구성하고 관련 관리시스템을 구축했다. 시각화 디스플레이, 연구개발 프로세스 디스플레이, 운영 및 유지보수관리를 실현했으며, 데이터 수집 및 상태 모니터링을 위한 효율적인 원격수단을 제공했다.

브리티시페트롤리엄(BP)은 유지보수계획, 폐로를 위한 장비 식별, 장비 설치계획 및 자산관리에 도움이 되는 새로운 유전 및 관련 인프라와 같은 물리적 프로젝트를 모델링하기 위해 DT를 사용했고, DT 기반 기술을 알래스카의 한 시설에 적용했다.

DT의 출현은 석유 및 가스산업에서 관련 인프라, 장비 및 프로세스에 대한 원격 모니터링 및 제어, 고장예측, 리스크 감소를 실현할 수 있는 효율적인 방법을 제공하여 관리효율성을 크게 향상시킬 수 있다.

그림 13-8 | 석유와 가스의 디지털 트윈의 예

출처: https://www.oedigital.com/news/465885-aker-solutions-launches-digital-twin-platform

6.5 헬스케어 및 의료분야의 디지털 트윈

헬스케어산업에서는 관련 기업과 단체가 의료서비스를 제공하고 의료장비를 제작하며 의약품개발을 통해 국민의 건강상태를 유지·개선하고 있다. 그것은 세계에서 가장 큰 산업 중 하나이며 모든 사람과 밀접한 관련이 있다. DT를 의료산업에 적용하여 디지털화과정을 가속화할 수 있다.

GE 헬스케어 캠든(Camden)그룹이 병원의 DT를 현실로 바꾸어 놓았다. 고급 데이터 모니터링 및 처리를 통해 DT는 병원 침대 계획, 직원 일정, 수술실 할당 등에 기여할 수 있어 환자를 위한 관리를 극대화할 수 있다.

다쏘시스템(Dassault Systèms)은 생명공학 센서와 스캐닝기술을 통해 인간의 심장을 위한 DT를 구축하기 위해 Living Heart Project(LHP)를 수행했다. DT는 실제 심장의 행동을 흉내낼 수 있는 전기 및 근육특성을 가진 심장의 개인화된 전 차원 모델이다. 심박조율기 삽입, 역전실, 단면 절단, 가상 실행 등 다양한 조작을 지원할 수 있을 뿐 아니라 심장의 가상분석기능을 제공해 질병이 시작되기 전에 심장병 환자에게 치료를 제공할 수 있다.

암스테르담대학교 연구원들은 인간의 디지털 복제물로 DT를 만들려고 시도했다. DT는 호흡, 보행, 심지어 다리 골절, 질병 발생과 같은 인간의 행동을 정확하게 모방할 수 있었다. 디지털 트윈은 개인화된 의술에 크게 기여할 것이며, 따라서 많은 환자집단에게 평균적인 최선의 치료법에 기초하여 전통적인 치료법을 변화시킬 것이다. 그것은 또한 새로운 약의 도입이 더 빠르고 더 효율적으로 이루어지게 하고 의학연구에 동물들의 사용을 줄일 것이다.

의료산업에서 DT는 기존 의료서비스와 인프라를 개선하여 한편으로는 더 나은 환자

그림 13-9 | 의료분야의 디지털 트윈의 예

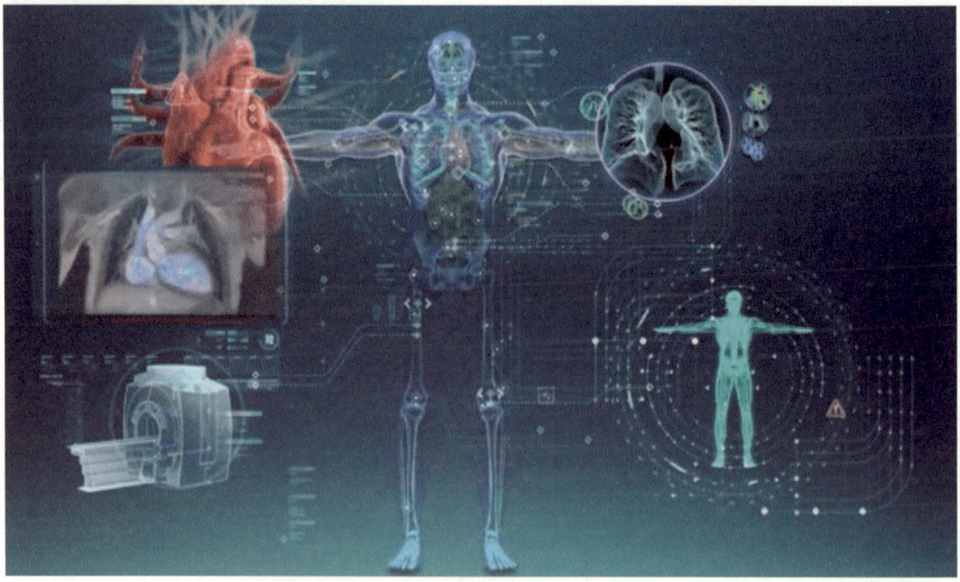

출처: https://medium.com/@yashbajaj900/digital-twin-application-in-healthcare-69bf4c0f87e7

진료를 창출하고, 다른 한편으로는 어려운 질병 사례를 처리할 수 있는 혁신적인 방법을 개발할 수 있다는 점에서 인간을 위한 건강관리에 밝은 전망을 가지고 있다.

6.6 해상운송의 디지털 트윈

해양산업은 수백 년에 걸친 역사를 가지고 있다. 해상운송, 해양개발, 국방건설 등이 수반되며 수출입무역에 추진효과가 크다. 현재 업계의 일부 기업은 첨단기술을 통해 관련 사업을 개선할 계획이다. 이에 DT는 상당한 주목을 받고있다.

GE는 미 해군과 국방부의 해양수송의 선도적인 제공자인 해상운송사령부(Military Sealift Command: MSC)와 협력하여 성과와 임무 준비를 개선하려 한다. 이를 위해 GE는 중요한 해양장비에 대한 고속 데이터 샘플링을 활성화하고 장비에 대한 DT를 구축할 것이다. Predix 플랫폼을 사용하면 물리적 장비의 실시간 데이터를 가상 모델의 시뮬레이션 데이터와 비교하여 차이를 탐지할 수 있으며, 이는 성능 저하로 인해 잠재적 장애가 발생할 수 있다. 그 차이를 바탕으로 운영자는 해당 문제를 사전에 파악하여 해결할 수 있으므로 장비의 신뢰성과 가용성을 높이고 유지보수비용을 절감할 수 있다.

그림 13-10 | 해상운송의 디지털 트윈의 예

출처: https://www.offshore-mag.com/production/article/14185502/offshore-industry-embraces-digital-twin-technology

노르웨이 노르셰 베리타스(DNV GL)는 설계자, 시공자, 운영자 등의 협업이 가능하도록 하여 선박 수명주기 동안 비용을 절감하고 효율성을 향상시키며 안전을 높이기 위해 물리적 선박을 위한 '동일한 가상 선박'을 구축하려고 한다. 해양산업의 다양한 이해관계자들의 관점에서 DT가 가져온 가치를 분석했다.

- **선박 소유자**: 선박 및 하위 시스템의 시각화 지원, 데이터 검증 및 분석, 성능 최적화, 내부 및 외부 커뮤니케이션, 자율 운영 및 해체
- **장비 제조업체**: 시스템 통합, 성능 데모, 시스템 품질 보증 및 추가 서비스를 위한 도구 제공
- **당국**: 정보 및 고품질 보고서를 자동으로 생성하는 체계적인 프레임워크를 제공
- **대학**: 관련 연구 및 교육지원
- **해양 아카데미**: 미래 및 기존 해양인력교육
- **컨설팅**: 비즈니스 기회 제공

DT를 통해 전통적인 해양산업은 첨단 디지털기술의 혜택을 받을 수 있으며, 중요한 해양장비에 대한 예측분석과 전체 선박에 대한 PLM은 미래의 응용분야가 될 것이다.

6.7 도시관리의 디지털 트윈

도시는 인구밀도가 높고, 기반시설과 건물이 밀집한 사람들이 거주하는 지역이다. 도시환경과 사람들의 삶의 질을 향상시키기 위해 DT가 이 영역에 적용된다.

싱가포르 정부는 대담한 새로운 아이디어를 시험하기 위해 다쏘시스템과 제휴하여 버스 정류장에서 건물까지 도시의 모든 것을 묘사하는 DT를 구축했다. 디지털 트윈을 사용하면 ① 도시에 대한 조감도 제공, ② 가상 실험이 관련 조치를 최적화할 수 있도록 지원, ③ 장기계획 및 의사결정 최적화, ④ 대규모 시뮬레이션을 지원하는 등 막대한 이점을 얻을 수 있다.

IBM 왓슨(Watson)은 공기조화(Heating, Ventilation, Air-Conditioning: HVAC)시스템을 제어하고 실내 기후조건을 모니터링하기 위해 DT를 인지(cognitive)하고 건물에서 사용하는 방법을 보여주었다. 건물 내에는 600개의 실내 센서(예 온도 판독, 조명 센서, 입주 모니터링)와 250개의 스마트미터, 169개의 HVAC 기계가 있고, 수집된 데이

그림 13-11 | 도시관리의 디지털 트윈의 예

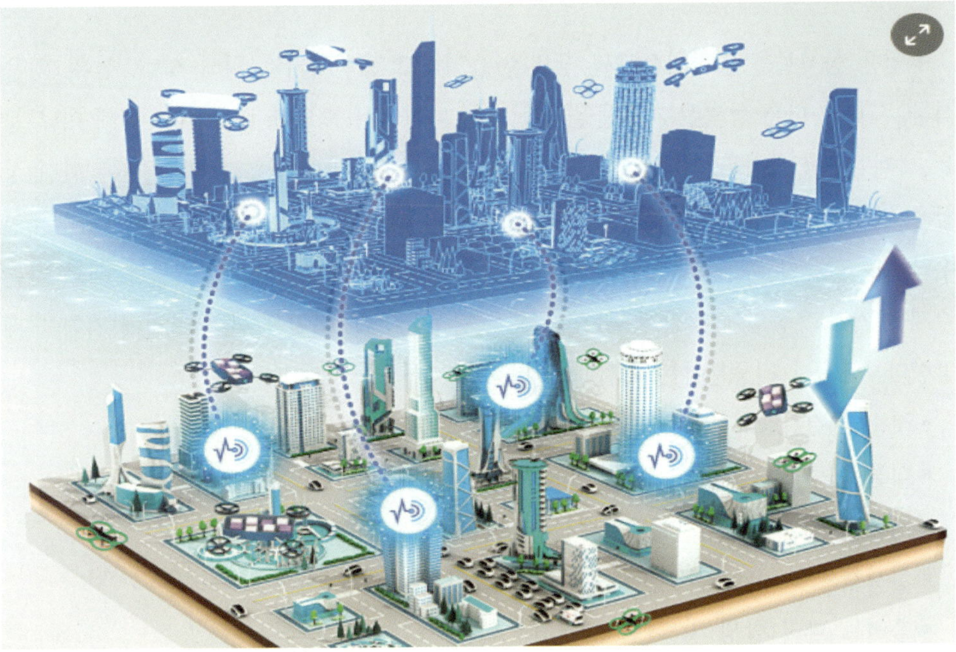

출처: ETRI

터를 기반으로 건물의 DT를 생성하여 엔지니어가 에너지 소비를 규제하고 잠재적인 사용 사례를 감지하여 기술자에게 안내서비스, 유지관리절차 및 기후 제어에 대한 지식을 제공할 수 있다.

시티제니스(Cityzenith)는 도시관리를 위한 '5D 스마트월드 플랫폼'을 구축했다. 디지털 이미지를 사용 가능한 데이터 세트와 통합하고 IoT 네트워크를 상황별 데이터 스키마와 겹쳐 도시 전체의 가상 표현을 구현했다. 플랫폼을 통해 인프라개발 프로세스를 디지털화하고 도시를 보다 통합된 디지털 라이프사이클을 활성화할 수 있게 하였다. 현재 이 플랫폼은 시카고, 런던, 도하 등 100여 개 도시에서 사용되고 있다.

DT가 도시관리에서 중요한 기술이라는 것은 명백하다. DT가 제공하는 높은 충실도의 가상화와 시뮬레이션으로 도시관리를 최적화할 수 있고, 운영·분석·예측 지능을 갖춘 스마트시티가 더 많이 구축될 것이다.

6.8 농업분야의 디지털 트윈

농업은 동식물을 경작함으로써 생명을 유지하고 증진시키기 위해 식량, 섬유, 약용식물, 그리고 다른 농축산 제품들을 생산하는 나라에서 중요한 분야이다. 현재 이 부문은 세계인구의 증가로 인해 극심한 압박을 받고 있다. 다행히도 DT의 출현은 현재 상황을 바꾸는 데 도움이 될 수 있다. 농생물 학자들은 DT가 농장을 관리하는 중심적인 수단으로 작용할 수 있고 농업에 혁명을 일으킬 수 있다고 믿는다. 그들은 서로 다른 주제를 가지고 농업에서 잠재적 DT 응용을 탐구했는데, 이것은 관련 기업에 지침을 제공한다. 잠재적 적용분야는 다음과 같다.

- 젖소의 건강상태를 원격으로 모니터링
- 식물 해충 및 질병 기록 및 식별
- 가축 농장의 사료, 사일로의 모니터링 및 보충 최적화
- 실시간으로 기계 차량을 추적하고 작물의 에너지 소비를 모니터링
- 올리브 파리 발생 및 확산 모니터링
- 질병, 해충 감염, 살충제 노출 및 독성을 식별하기 위해 양봉장 모니터링

마이크로소프트는 또한 DT가 농업 공급, 생산, 수확, 포장 및 유통, 판매 및 마케팅을 포함한 농업 관련 사업을 가속화할 수 있는 힘을 가지고 있다고 생각한다. 고객이

그림 13-12 | 농업의 디지털 트윈의 예

출처: fraunhofer.de

앞으로 펼쳐질 방대한 기회를 포착하고 농업의 지속 가능성을 지원할 수 있는 솔루션을 제공한다.

현재 농업분야에서의 DT 사용을 보여주는 실제 사례는 상대적으로 적다. 그러나 DT는 원격 모니터링, 가상화, 예측분석 등에서 큰 잠재력을 보여주므로 향후 농업산업에 필수적인 기술이 될 것이다.

6.9 건설에서의 디지털 트윈

건설은 설계, 건축, 장식 및 관리단계를 포함하여 건물 또는 인프라시설을 세우는 과정이고, 사람들에게 숙박과 오락을 위한 공간을 제공하며 경제, 문화 및 생활과 매우 관련이 있다. 일부 회사는 더 저렴하고 친환경적이며 내구성이 뛰어난 건물을 건설하기 위해 DT를 도입하려고 시도했다.

베럼(VEERUM)은 가상공간의 문제가 실제로 비용과 일정에 영향을 미치기 전에 예측하고 해결하기 위해 대규모 건설현장에 DT 솔루션을 제공한다. 베럼의 CEO인 스티브 피셔(Steve Fisher)는 "물리적 건설 사이트의 디지털 복제기술을 구축하면 프로젝트팀이 의사결정을 보다 확실하게 내리고 설계에서 건설에 이르기까지 프로젝트를 보다 효율적으로 제공할 수 있다"라고 말한다. 예를 들어, DT는 토양 유형 및 이동된 양에 대한 지속적인 진행 모니터링을 제공하므로 프로젝트팀은 프로젝트 진행상황과 환경을 인식하고 적시에 필요한 변경을 수행할 수 있다.

인텔렉트소프트(Intellectsoft)는 건설현장의 DT 애플리케이션을 탐구하고 있다. 건설을 위해 DT를 사용한다는 것은 사람들이 현재 건설 중인 작업과 설계 모델을 동시에 확인 작업할 수 있다는 것을 의미하며, 이를 통해 매일 및 매시간 두 부품 간의 차이를 감지하여 프로젝트의 초기단계에서 잠재적 문제를 발견할 수 있다. DT는 자동 자원 할당 모니터링 및 폐기물 추적기능을 제공하므로 자원관리를 위한 예측적이고 제한적인 접근방식도 지원한다. 관리자는 위험 발생을 방지하기 위해 작업자의 부적절한 행동을 조기에 알 수 있도록 도와준다.

프라이스워터하우스쿠퍼스(PricewaterhouseCoopers: PWC)는 건설업계의 디지털 전환에 대해 논의했다. DT는 모든 종류의 건물에 적용될 수 있다고 지적했다. 예를 들어, 사무실 건물환경에서 DT는 언제든지 사람의 수와 위치를 보여줄 수 있으며, 이것은 관리시스템에 예측분석과 최적화를 위한 귀중한 데이터를 제공할 수 있다. 건설에서 DT를 사용하면 물리적 공간과 가상공간을 함께 결합하여 더 저렴하고, 더 푸르고, 더 내구성이 좋은 건물을 짓고, 완성된 건물에 더 효율적인 재산관리를 제공할 수 있다.

그림 13-13 | 건설산업의 디지털 트윈의 예

출처: https://viridis.energy/en/blog/role-digital-twins-energy-and-utilities-management

6.10 환경보호의 디지털 트윈

자연환경을 보호하는 것은 환경과 인간 모두에게 이로울 수 있다. 그러나 과소비, 인구, 기술의 압력으로 인해 환경은 점차 악화되고 있으며, 이것은 사회적 진보와 인간의 생존에 영향을 미치고 있다. 오늘날 몇몇 회사들의 연구는 DT가 환경보호에 중요한 역할을 할 수 있다는 것을 보여준다.

메츠그룹, 티에토, CTRL 리얼리티는 '가상 숲'을 개발했는데, 이는 '디지털 숲 쌍둥이(twin)'라는 개념의 일부로 간주될 수 있다. 가상 숲은 VR 헤드셋, 모바일 디바이스, 웹 브라우저에서 실행될 수 있다. 이를 통해 사용자는 가상공간 내 숲을 방문해 다양한 산림관리활동의 영향을 보고, 각 활동의 소득과 비용을 추정하며, 나무 한 그루의 속성을 살펴보고, 향후 숲의 특색을 예측할 수 있어 지속 가능한 산림관리 발전에 도움이 된다.

Predix에 의해 구동되는 GE는 물관리를 위한 소프트웨어 솔루션을 제공할 수 있다. 상이한 데이터 세트를 알고리즘과 결합해 파이프라인의 잠재적 고장을 식별하고, 반응

속도가 빠른 유지보수를 가능하게 하며, 풍랑 · 하수도관리의 범람 빈도를 줄이기 위한 사전적 유지보수를 늘리고, DT기술을 활용해 고객 공장의 강력한 디지털 복제본을 만들어 수력발전소 효율을 향상시킨다.

지멘스는 물과 폐수공장의 디지털화에 초점을 맞출 것이다. DT에 기반한 계획 수립부터 운영 · 유지보수까지 발전소의 수명주기 전체를 커버할 수 있는 솔루션을 제공하여 수도관 모니터링, 종합적인 에너지관리, 잠재적 취약성과 위협의 조기 발견 등을 지원한다.

환경보호에서 DT는 관련 자원(수림 등)을 가상화하고 관리효율성을 높여 자원 낭비를 줄이고 환경의 지속 가능성을 지원하는 데 막대한 가치를 두고 있다.

그림 13-14 | 환경보호의 디지털 트윈의 예

출처: https://www.gereports.kr/everthing-about-digital-twin/

6.11 보안 및 비상시의 디지털 트윈

악성 공격으로부터 자산, 인프라, 개인정보를 보호하기 위해서 중요한 보안 및 비상조치는 다양한 산업에 공통적 관심사이다. DT는 더 낮은 비용과 더 나은 성능을 달성하기 위해 DT영역에 포함될 수 있다.

기존 상황에서는 기업의 기기나 기계가 고장 나면 내부시스템에 대한 접근권한을 정비팀에 제공해 고장 식별을 위한 개인 데이터를 수집해야 한다. 이것은 종종 보안 위험

표 13-3 DT의 주요 산업 응용·잠재 응용

산업	응용 프로그램
항공우주	• 우주선을 위한 항공우주 예측 및 유지관리 • 우주선을 위한 치명적인 오작동분석 • 조립라인 모니터링 • 조립라인의 의사결정 최적화 • 안전 및 보안관리
발전	• 풍력터빈 예후 및 유지관리 • 발전소 운영관리 • 전력망계획, 운용 및 유지관리
자동차	• 디자인 검증 • 다운타임 예측 및 유지관리 연료효율 최적화 • 다양한 조건에서 차량 성능 테스트
석유 및 가스	• 원격 모니터링 • 자산관리 • 생산 최적화 장비 장애 감지 유지관리계획
헬스케어 및 의료	• 건강 모니터링 • 심장연구 • 맞춤형 의료 • 의료 자원 할당 • 직원 일정 수립
선박의 해상운송	• 선박의 라이프사이클관리 • 선박 건조에 가장 적합한 솔루션 선택 • 연료소비 절감 • 고장예측 및 유지관리
도시관리	• 실시간 모니터링 • 계획 및 의사결정 최적화 • 정책 수립 지원 • 난방, 환기 및 에어컨(HVAC)시스템 제어
농업	• 농작물의 질병, 해충, 살충제 등 가축의 건강 모니터링 • 동물의 이동 추적 • 농장 기계 추적
건설	• 작업 일정 및 예산 조정 • 자원 할당 및 폐기물 추적 • 작업자 안전 모니터링 • 시공 품질 평가 • 장비 사용률 향상 • 진도 모니터링
환경보호	• 수자원관리 • 산림 이용 및 관리 최적화 기존 위험 또는 위험 완화
보안 및 비상	• 보안 네트워크 보호 치명적인 재해 방지

을 일으킨다. DT는 물리적 자산의 라이프사이클에서 대량의 데이터를 통합하고 컴퓨팅을 통해 귀중한 정보를 생성할 수 있는 기능을 갖추고 있으므로 잠재적인 오류 및 관련 유지관리전략을 회사에 자동으로 알릴 수 있다. 따라서 DT를 통해 회사는 외부 전문팀을 고용하지 않고도 사내에서 유지관리를 유지할 수 있으므로 잠재적인 보안 위험을 피할 수 있다.

시스템 애플리케이션 및 제품(SAP)은 해저장비와 같은 열악한 환경의 장비에 PHM 서비스를 제공하여 DT가 재해를 예방할 수 있다고 판단한다. 한편 DT는 복잡하고 비용이 많이 드는 물리적 검사를 비용효율적인 디지털 검사로 대체하거나 보완할 수 있다. 반면에 정확히 어떤 일이 일어나고 어떤 일이 일어날지 예측해서 의사결정을 최적화하기 위해 장비의 상태를 정확하게 시뮬레이션할 수 있다. DT를 사용하면 장비 및 관련 직원의 안전을 보장할 수 있다. 앞으로 DT를 통해 물리적 자산, 정보 심지어 인간까지 보안을 더욱 강화하고 비상조치도 최적화할 것이다. 이러한 DT의 산업 활용을 요약하면 〈표 13-3〉과 같다.

7 디지털 트윈의 미래 시장

DT는 차세대 디지털화의 급증을 나타내며, 인더스트리 4.0에서 물리적 공간과 가상 공간을 연결하는 가교로 간주될 수 있기 때문에, 향후 유망한 산업 전망을 가지고 있다. 일부 조직은 이를 위해 시장조사를 수행하고 관련 데이터 지원을 제공한다.

가트너는 "2021년까지 대기업의 절반이 DT를 사용하게 될 것이며, 이는 해당 조직의 효율성을 10% 향상시키는 결과를 가져올 것"이라고 예측했다. 또한 "DT시장이 2016년 18억2,000만달러로 평가되어 2023년에는 156억6,000만달러에 이를 것으로 예상되며 예측기간 중 37.87%의 연평균 복합성장률(CAGR)을 기록할 것이다"라고 보도했다.

DT시장은 앞으로 점점 더 많은 분야를 다루게 될 것이며 교육, 교통, 환경, 의료, 음식 등을 포함하는 사회의 모든 측면에서도 활용될 것이다. 따라서 다양한 영역의 기업들은 DT로부터 이익을 얻을 기회를 가진다. 이들은 DT를 자사 제품과 결합하여 제품

그림 13-15 | 디지털 트윈의 미래

출처: https://www.challenge.org/insights/digital-twin-and-iot-platforms/

업그레이드를 완료하고 고객에게 더 나은 서비스를 제공할 수 있다. 또한 DT는 기업 최적화, 에너지 절약, 시장 출시시간 단축, 혁신 촉발 등을 통해 더 나은 운영을 위해 회사경영에도 적용될 수 있다. 각각의 측면에서 DT는 기업에게 막대한 경제적 이익을 가져다줄 수 있으며 경쟁능력을 더욱 높일 수 있다.

위의 분석과 자료로부터 DT시장이 향후 몇 년 내에 유망할 것이며, DT 트렌드를 적시에 추종하는 기업들은 자기 분야에서 급속한 발전의 기회를 포착하여 시장에서 유리한 위치에 도달할 수 있을 것으로 믿는다.

8 디지털 트윈 애플리케이션의 당면 과제

DT 애플리케이션의 과제는 다음과 같은 일곱 가지 측면에서 요약된다.

8.1 인지 및 기술 수준

첫째, DT가 떠오르는 기술이기 때문에 대부분의 사람들은 포괄적인 이해가 부족하고 DT의 가치를 명확하게 파악할 수 없어 DT에 대한 관망으로 이어질 수 있다. 둘째, 심리적, 문화적 경계로 인해 사람들은 오래된 고정관념에 제한을 받을 수 있으며 새로운 접근방식에 도전하는 것보다 익숙한 방식으로 편안한 공간에 머무르는 것을 선호하는 경향이 있다. 셋째, 운영자의 기술 수준 차이를 고려할 때, 이들 중 일부는 DT로 작업할 수 있는 충분한 기술(예 모델링, 시뮬레이션 및 데이터 융합)을 가지고 있지 않다.

8.2 기술 및 인프라

DT 애플리케이션을 실현하기 위해 높은 충실도의 모델링 및 시뮬레이션, 실시간 데이터 수집 및 융합, 유연한 데이터 아키텍처 구축, 지속적인 양방향 상호작용 등과 같은 많은 기술이 포함될 것이다. 일부 기술은 아직 완전히 개발되지 않았고 관련 상용 제품도 부족해 DT의 대중화와 적용에 장벽이 생겼다. 또한 기반구조(예 인터넷 연결, 광대역 속도 및 센서 성능)도 해당 기술을 효율적으로 서비스하기 위해 개선되어야 한다.

8.3 지원도구

많은 연구자와 실무자들이 DT에 흥분하고 있지만, DT 애플리케이션에 대해서는 관련 지원도구에 대해 명확하지 않다. 일부 대기업(예 Siemens, PTC, GE, Microsoft)은 DT 애플리케이션을 지원하기 위해 각각의 소프트웨어와 하드웨어를 출시했지만, 이러한 툴은 여전히 단편화되고 격리되어 있으며 널리 채택되지는 않았다. 따라서 사용자의 경우 통합적이고 보편적인 도구 세트가 시급하다.

8.4 표준 및 규격

DT 애플리케이션의 경우, 관련 연구자, 공급업체 및 사용자가 공동으로 개발하고 모델, 인터페이스, 프로토콜, 데이터 등에 대한 표준을 공식적으로 설명해야 하는 표준 규격이 부족하다. 예를 들어, 서로 다른 소스의 이기종 데이터를 참여하고 처리해야 하지만, 데이터에 대한 표준화된 형식이 부족하기 때문에 DT에 귀중한 정보를 추가로 제공하기 위해 데이터 교환, 통합 및 융합을 완료하기가 어렵다.

8.5 비용 제어 및 관리

현재 완전한 DT를 구축하는 것은 비용이 많이 드는 프로젝트이다. 한편으로 개체 또는 프로세스를 정확하고 철저하게 시뮬레이션하기 위한 높은 충실도 모델을 구축하는 것은 시간이 많이 걸리고 노동집약적인 프로세스가 될 것이다. 반면 대량의 데이터에 대한 실시간 수집 및 처리를 실현하려면 고성능 하드웨어와 소프트웨어의 지원이 필요하다. 따라서 대부분의 경우 DT는 가치가 높은 주요 제품, 장비 또는 프로세스의 관리에 중요한 역할을 한다. 사용자에게 DT를 배치하기 전에 DT가 가져온 비용과 편익 사이의 균형을 완전히 고려하는 것은 필요하지만 어려운 일이다.

8.6 사이버 보안 및 지식재산권

DT를 통해 기업의 자산과 비즈니스를 디지털화하고 가상화할 수 있다. 따라서 사이버 보안은 민감한 정보를 보호하고 DT 애플리케이션의 성공을 보장하기 위해 중요하다. 새로운 위협에 대처하기 위한 보안시스템 개선, 생산 및 사무실공간의 네트워크시스템 보호, 감각장치에 대한 악의적인 공격에 대한 저항 등 보안을 보장하기 위한 충분한 조치가 취해져야 한다. 공정하고 질서 있는 DT 투자환경과 시장을 구축하기 위해서는 지식재산권을 효율적으로 보호하는 것이 의무적이지만 어려운 일이다.

8.7 디지털 트윈 개발 미흡

DT는 짧은 역사를 가진 새로운 기술이기 때문에 아직 초기단계에 있으며 개념의 혼란, 도구 및 기술의 부족, 재능 부족 등 DT 응용 프로그램에 어려움을 초래하는 많은 문제가 있다. 또한 신기술로서 DT는 향후 개발에 불확실성이 있으며 제품, 시장, 사업, 투자 등과 같은 여러 측면에서 위험을 초래할 수 있다.

연습 문제

〈객관식〉

01 디지털 트윈 기반 스마트제조의 장점이 아닌 거은?

① 최적의 작동 보장 ② 가시성 향상
③ 출시시간 단축 ④ 사용자 참여 감소

02 디지털 트윈의 역사를 살펴볼 때 현재는 몇 단계에 있는가?

① 제1단계 ② 제2단계
③ 제3단계 ④ 제4단계

03 기업 데이터 정보 지식시스템에서 권한 있는 데이터, 정보 및 지식의 상호작용을 원활하게 촉진하는 확장 가능하고 구성 가능하며 에이전시 엔터프라이즈급 분석 프레임워크을 무엇이라 하는가?

① 디지털 스레드 ② 디지털 트윈
③ 디지털 섀도우 ④ 디지털 자산

04 디지털 트윈은 어떤 분야에서 제일 발전하였는가?

① 의료분야 ② 항공우주분야
③ 자동차분야 ④ 석유와 가스분야

05 디지털 트윈 애플리케이션의 당면과제로 볼 수 없는 것은?

① 인지 및 기술 수준
② 사이버 보안 및 지식재산권
③ 비용 제어 및 관리
④ 사용자의 경우 통합적이고 전문적인 도구 세트의 개발 시급

객관식 해답

01 ④ **02** ③ **03** ① **04** ② **05** ④

〈주관식〉

01 디지털 트윈의 주요 산업 응용부분을 설명하시오.

02 디지털 트윈의 정의를 기술하시오.

03 디지털 트윈의 발달과정에 대해 간단히 기술하시오.

04 디지털 섀도우가 무엇인지 설명하시오.

05 가상 프로토타입과 디지털 트윈의 유사성에 대해 설명하시오.

참고문헌

공만식 · 채홍준 · 유보현, "사물인터넷(IoT) 기술동향과 전망", 기계저널, 56(2), 2016.

국경완, "인공지능기술 및 산업 분야별 적용 사례", 주간기술동향, 1888호, 정보통신기획평가원, 2019.

권구복, "로봇산업의 국내외 동향 및 전망", 산업이슈, 한국산업은행, 2016.

김윤정, "인공지능기술 발전에 따른 이슈 및 대응 방안", KISTEP Issue Weekly, 252호, 한국과학기술기획평가원, 2018.

김기홍, '제4차 산업혁명', 박영사, 2020

나형배 · 안예환 · 황인극, '스마트공장 개론', 도서출판 청람, 2020.

미래창조과학부, '3D프린팅산업 진흥 기본계획(2017~2019)', 2016.

미래창조과학부 · 정보통신기술진흥센터, 'ICT R&D 중장기 기술로드맵 2022', 2016.

박선우, "빅데이터 시대와 데이터 융합", 정보통신방송정책, Vol.30(1), 661호, 정보통신정책연구원, 2018.

서미란, "국내외 3D프린팅 활용사례와 시사점", 이슈리포트, 16호, 정보통신산업진흥원, 2019.

안성원, "빅데이터(Big Data)의 특성과 동향", 월간 SW중심사회, 소프트웨어정책연구소, 2016.

윤영진 · 표동진 · 황재진, '쉽게 배우는 4차 산업혁명 시대의 최신 기술 트랜드', 박영사, 2021.

이민식 · 김광섭, '가상 · 증강현실(VR · AR)산업의 부상과 경쟁력 확보방안', 이슈분석, 산은조사월보, 743호, 한국산업은행, 2017.

이준표, "가상/증강/혼합현실 기술의 발전과 동향", 주간기술동향, 1881호, 정보통신기획평가원, 2019.

임일, '4차산업혁명 인사이트', 더메이커, 2016.

임정선, "혼합현실(Mixed Reality)", KISTI Market Report, 22호, 한국과학기술정보연구원, 2017.

정보통신전략위원회, "4차 산업혁명 체감을 위한 클라우드 컴퓨팅 실행(ACT) 전략 – 제2차 클라우드 컴퓨팅 발전 기본계획('19년~'21년)", 2018.

정은미, '제4차 산업혁명이 주력산업에 미치는 영향과 주요 과제', KIET 산업경제, 산업연구원, 2017.

최병삼, "신기술과 산업 지형의 변화 ② 3D프린팅", 과학기술정책, 214호, 과학기술정책연구원, 2016.

클라우스 슈밥, '클라우스 슈밥의 제4차 산업혁명', 메가스터디북스, 2016.

클라우스 슈밥, '클라우스 슈밥의 제4차 산업혁명 더 넥스트', 메가스터디북스, 2018.

Brailsford S., Eldabi T., Kunc M., Mustafee N., Osorio A. F., "Hybrid Simulation Modelling in Operational Research: A State-of-The-Art Review", *European Journal of Operational Research*, 2018.

Malte Brettel, Niklas Friederichsen, Michael Keller, Marius Rosenberg, "How Virtualization Decentralization and Network Building Change The Manufacturing Landscape: An Industry 40 Perspective", *International Journal of Information and Communication Engineering*, 8(1): 37-44, 2014.

Pardeep Kumar, Vasaki Ponnusamy, Vishal Jain, *Industrial Internet of Things and Cyber-Physical Systems*, IGI Global, 2020

Srikanta Patnaik, *New Paradigm of Industry 4.0*, Springer, 2020.

Sudip Misra, Chandana Roy, Anandarup Mukherjee, *Introduction to Industrial Internet of Things and Industry 4.0*, CRC Press, 2020.

Tessaleno Devezas, Joao Leitao, Askar Sarygulov, *Industry 4.0: Entrepreneurship and Structural Change in the New Digital Landscape*, Springer, 2017.

https://www.britannica.com/event/Industrial-Revolution

https://www8.cao.go.jp/cstp/english/society5_0/index.html

https://www.pwc.com/gx/en/industries/industries-4.0/landing-page/industry-4.0-building-your-digital-enterprise-april-2016.pdf

https://www.sanayi.gov.tr/tsddtyh.pdf

https://doi.org/10.2196/jmir.1350

https://doi.org/10.1016/S0954-349X(03)00029-8

| 찾아보기 |

가상프로젝트 ··· 300
가상 프로토타입 ··· 451
가상현실 환경생성 및 시뮬레이션기술 ··· 381
가용성 ··· 363
가치공학 ··· 152
가치사슬관리 ··· 12
간트 차트 ··· 333
개방형 혁신 ··· 112
경영 ··· 53
경영기술 ··· 16
경쟁전략 ··· 69
경쟁환경 ··· 69
경제성공학 ··· 207
경제성평가 ··· 208
경제적 가치모형 ··· 209
고객세분화 ··· 153
고든 무어 ··· 41
공정기술 ··· 16
공정혁신 ··· 270
과학 ··· 7
과학적 관리법 ··· 54
관리 ··· 53
관리회계 ··· 230
교차기능팀 ··· 188
국가혁신시스템 ··· 126
국부론(國富論) ··· 53
국제특허 ··· 282
국제회계기준(IFRS) ··· 226
글로벌 공급망관리 ··· 296
급진적 혁신 ··· 111
기밀성 ··· 363
기술 ··· 3, 10, 268
기술가치평가 ··· 160
기술거래 ··· 146
기술구상도 ··· 74
기술로드맵 ··· 74, 89
기술료 ··· 161
기술마케팅전략의 개념 ··· 149
기술분석 ··· 286
기술분해 ··· 74
기술사업화 ··· 144
기술예측 ··· 26
기술의 평가 ··· 74
기술이전 ··· 145
기술사료 ··· 165
기술자산관리 ··· 27
기술전략 ··· 26
기술전략 수립 ··· 74
기술주도가설 ··· 118
기술판매 ··· 146
기술혁신 ··· 26, 105
기술혁신경영 ··· 72
기술혁신 패러다임 ··· 115
기술확보전략 ··· 94
기술획득방안 ··· 74
기업가정신 ··· 287
기업 고유 기술 ··· 17
기업어음 ··· 205
기업의 환경분석 ··· 74
기초기술 ··· 18

기타포괄손익 252

나선적 개발 188
내부금융 199
내부 및 외부 사이버 위협 공격 360
내부수익률법 220
네트워크 다이어그램 334
네트워크 보안 365
노동생산성 263

다윈의 바다 288
단기자금 197
대량생산 41
대체재 81
데이터마이닝 51, 351
데이터 보안 365
데이터분석 51
독자(자체)개발 95
동맹 96
DAF계수 183
디지털 섀도우 456
디지털 스레드 454
디지털 엔터프라이즈 454
디지털 자산 453

라이선스 146, 161
라이선스계약 164

마일스톤 차트 334
막대 차트 334
매입채무 205
매출액순이익률 262
매출액증가율 259
매출채권회전율 264
머신러닝 351
메타버스 380
명시적 기술 17
모듈형 구조 181
몰입가시화기술 381
무결성 363
묵시적 기술 16
민감도분석 389

발명 277
범용적 기술 17
벤처투자 202
변환단계 121
병렬처리 188
보육 272
보통주 200
봇넷 사이버 위협 공격 360
부채 233
부채비율 261
분산 적층제조시스템 379
브랜드잭킹 사이버 위협 공격 360
비용 234
BCG 매트릭스 149
비전 86
빅데이터 347
빅데이터분석기술 351

사업계획서 286
사업전략 70
사이버 물리시스템 50
사이버 보안 52, 361
사이버 위협 공격 359
사채 201
산업 고유 기술 17
산업구조분석 77
산업용 로봇 354
산업조직론적 접근 56
산업집중도 79
산업혁명 5
산업혁신시스템 129
산업화 33
삼중나선모형 110

상대적 순위모형 ········· 209
상표권 ········· 280
상품력 ········· 174
상호작용가설 ········· 124
생산성 ········· 263
서비스용 로봇 ········· 357
선후행도형법 ········· 324
성장성 ········· 259
세무회계 ········· 230
소비자분석 ········· 285
손익계산서 ········· 248
수동적 사이버 위협 공격 ········· 359
수요견인가설 ········· 119
수익 ········· 233
수익률지수 ········· 219
수익성 ········· 262
수익접근법 ········· 160
수직적 통합 ········· 48
수평적 통합 ········· 48
순이익증가율 ········· 260
순현재가치법 ········· 218
스마트 로봇 ········· 358
스테이지게이트 모델 ········· 156
스팸 발송 공격 ········· 361
스핀오프제도 ········· 284
시너지 ········· 190
시뮬레이션 ········· 51
시스템 고유 기술 ········· 17
시연 ········· 272
시장매력도 ········· 190
시장접근법 ········· 160
시장포지셔닝 ········· 156
신기술 ········· 19
신주인수권부사채 ········· 199
신흥기술 ········· 19
실감 상호작용기술 ········· 381
실용신안권 ········· 279
쌍둥이 ········· 443
아웃소싱 ········· 97
안정성 ········· 260
R&D 전략 ········· 71
R&D 프로젝트전략 ········· 71
애플리케이션 보안 ········· 364
에너지영역 ········· 38
S곡선 모형 ········· 123
SWOT분석 ········· 285
SS관계 ········· 327
SF관계 ········· 327
FS관계 ········· 327
FF관계 ········· 327
end-to-end 엔지니어링 ········· 48
엔터프라이즈 컴퓨팅 ········· 42
MR기술 ········· 380
연구개발 ········· 14
연구개발관리 ········· 26
연구개발전략 ········· 71
예산 ········· 221
예산관리 ········· 206
예산수립과 통제 ········· 197
외부적 의존성 ········· 326
What-If 시나리오 ········· 389
요소기술 ········· 19
우선주 ········· 200
원가우위 ········· 71
원가회계 ········· 230
유동적 상황 ········· 121
유비쿼터스 로봇 ········· 357
유연한 제조시스템 ········· 43
의무적 의존성 ········· 326
이상현상 감지 ········· 353
이자보상비율 ········· 261
인수 ········· 95
일반적으로 인정된 회계원칙 ········· 226
일정관리 ········· 319
임의적 의존성 ········· 326

자금조달 ··· 196
자기자본순이익률 ··· 262
자기자본증가율 ··· 260
자본 ··· 233
자본생산성 ··· 263
자본시장 ··· 197
자본예산 ··· 207
자본예산모형 ··· 215
자산 ··· 232
자산접근법 ··· 160
자원준거 관점 ··· 56
작업진척도 ··· 334
장기자금 ··· 197
재고자산회전율 ··· 264
재무관리 ··· 196
재무보고 ··· 237
재무상태표 ··· 241
재무제표 ··· 240
재무회계 ··· 226, 229
적극적 사이버 위협 공격 ··· 359
적층제조 ··· 50
전략 ··· 68
전략적 제휴 ··· 146
전방통합 ··· 82
전이활동 ··· 273
전진계산 ··· 331
전환사채 ··· 199
점수모형 ··· 209
점진적 혁신 ··· 111
정보기술 ··· 17
정보 보안 ··· 365
정상추정치 ··· 337
제1차 산업혁명 ··· 35
제1차 산업혁명의 특징 ··· 37
제2차 산업혁명 ··· 38
제2차 산업혁명의 특징 ··· 40
제3차 산업혁명 ··· 41
제3차 산업혁명의 특징 ··· 43
제조감안설계 ··· 181
제조업용 로봇 ··· 357
제품기술 ··· 15
제품 및 공정혁신과정 ··· 121
제품사용시험 ··· 184
제품수명주기관리 ··· 443, 452
제품시험단계 ··· 184
제휴 ··· 96
조직이론 ··· 54
주공정법 ··· 331
주당 순이익증가율 ··· 260
주석 ··· 258
죽음의 계곡 ··· 288
지각도 ··· 178
지능형 로봇 ··· 51, 354
지능형 자율로봇 ··· 354
지속 ··· 272
지식경영 ··· 158
지식재산권 ··· 276
지역혁신시스템 ··· 128
GE 매트릭스 ··· 149
진입장벽 ··· 79

차별화 ··· 71
착상 ··· 272
창업자분석 ··· 285
창업투자 ··· 202
청크 ··· 180
체인링크가설 ··· 125
초연결성 ··· 68
초지능화 ··· 68
촉진 ··· 272
총자본순이익률 ··· 262
총자산증가율 ··· 259
총자산회전율 ··· 264
최단추정치 ··· 337
최장추정치 ··· 337
친밀성 ··· 190

컨베이어시스템 ······ 54
컴퓨터 보안 ······ 365
컴퓨터 통합제조 ······ 43
크래커 ······ 362
클라우드 컴퓨팅 ······ 50
클릭잭킹 사이버 위협 공격 ······ 360

통합형 구조 ······ 181
트렌드 ······ 84
트렌드분석 ······ 84
특허명세서 ······ 159
특허제도 ······ 277
특허출원서 ······ 278

판매촉진전략 ······ 158
퍼베이시브 컴퓨팅 ······ 41
퍼블릭 클라우드 ······ 370
폐쇄형 혁신 ······ 112
포드시스템 ······ 54
포트폴리오 ······ 88
프라이빗 클라우드 ······ 370
프로젝트 ······ 295
프로젝트관리 기본지식체계 ······ 308
프로젝트 생애주기 ······ 315
프로젝트 이해관계자 ······ 318
프로젝트의 특성 ······ 297
프로파일모형 ······ 209
PDCA구조 ······ 158
PEST분석 ······ 75
피싱 공격 ······ 361

하이브리드 클라우드 ······ 371
할인율 ······ 216
합병 ······ 95
합작투자 ······ 97
핵심전략기술 ······ 152
혁신 ······ 105
현금흐름표 ······ 253

홀로렌즈 ······ 385
화살도형법 ······ 325
확장현실 ······ 380
활동기간 추정 ······ 329
활동 정의 프로세스 ······ 322
활동성 ······ 263
활동순서 배열 ······ 324
활동자원 추정 ······ 328
회계감사 ······ 231
회계활동 ······ 227
회수기간법 ······ 217
후방통합 ······ 82
후진계산 ······ 331

3DP공정 ······ 377
3V ······ 349
3중 제약 ······ 302
4P ······ 158
5V ······ 349
5가지 경쟁요인 ······ 69
7V ······ 349

APM ······ 302
BDA ······ 351
Bond ······ 201
CIA Triad ······ 362
Cost Leadership ······ 71
Differentiation ······ 71
Entrepreneurship ······ 287
GAAP ······ 226
HoloLens ······ 385
IaaS ······ 371
IIoT ······ 50
Industrial Revolution ······ 5
ISO 21500 ······ 310
Joint Venture ······ 97
Management Technology ······ 16
MPMBOK ······ 308

outsourcing ··· 97
PaaS ··· 373
PDCA(Plan, Do, Check, Action) ··· 301
Pervasive Computing ··· 41
PLM ··· 443, 452
PMI ··· 306
portfolio ··· 88
Process Technology ··· 16
Product Technology ··· 15
R&D ··· 14
Rapid Prototyping ··· 375
SaaS ··· 373
Spin off ··· 284
strategy ··· 68
technology ··· 3
Technology Transfer ··· 145
Twin ··· 443
validity ··· 350
Value ··· 350
Variety ··· 350
Velocity ··· 350
Veracity ··· 350
vision ··· 86
volatility ··· 350
Volume ··· 350
WBS ··· 323

| 저자약력 |

황인극

미국 Texas A&M University 대학원 산업공학 박사
(전) 공주대학교 종합인력개발원장
학생부처장, 취업지원본부장
한국프로젝트경영학회 회장
대한설비관리학회 회장
(현) 공주대학교 산업시스템공학과 교수

서지원

공학박사(산업공학)
기술사(건설기계, 산업기계)
기술거래사, 창업지도사1급
(전) 평가위원(중소기업기술정보진흥원, 농림식품기술기획평가원)
(현) 중소벤처기업진흥공단 수석부장

이문수

한양대학교 산업공학과 졸업
미국 Texas A&M University 대학원 산업공학 석사, 박사
(전) 삼성전자 메카트로닉스연구소 책임연구원
한국기술교육대학교 평생교육처장
직업능력심사평가원장
(현) 한국기술교육대학교 산업경영학부 교수

최면중

공학박사(산업공학)
(전) 대한민국 산업현장 교수
한국능률협회 본부장
(현) ㈜에스이컨설팅 대표

나상균

경영학 박사(생산관리)
(전) 전북연구원 연구위원
원광대학교 경영대학 경영교육 원장
(현) 원광대학교 경영대학 경영학부 교수

제4차 산업혁명과 기술경영

2022년 1월 3일 1판 1쇄 인쇄
2022년 1월 6일 1판 1쇄 발행

저 자 | 황인극 · 서지원 · 이문수 · 최면중 · 나상균
발 행 인 | 이수영
발 행 처 | 도서출판 청람
서울시 마포구 독막로 288(대흥동, 세양상가 109호)
전 화 | 02) 3272－2601~2
팩 스 | 02) 3272－2603
홈페이지 | http://www.crbooks.co.kr
이 메 일 | crbooks@daum.net
등 록 | 2000년 8월 26일 제6－0509호

ISBN 978-89-5972-846-6 93320 [정가 30,000원]

이 책의 무단전재 또는 복제행위에 대해서는 저작권법 제136조에 의거 5년 이하의 징역 또는 5,000만원 이하의 벌금에 처하게 됩니다.